中国文化 1000问

文若愚 主编

中国華僑出版社
北 京

图书在版编目(CIP)数据

中国文化 1000 问/文若愚主编. —北京:中国华侨出版社,2015.12(2019.11 重印)
ISBN 978-7-5113-5883-7

Ⅰ.①中… Ⅱ.①文… Ⅲ.①中华文化—问题解答 Ⅳ.①K203-44

中国版本图书馆 CIP 数据核字(2015)第 308682 号

中国文化 1000 问

主　　编:文若愚
责任编辑:芃　霓
封面设计:韩立强
文字编辑:朱立春
图文制作:北京东方视点数据技术有限公司
经　　销:新华书店
开　　本:720mm × 1020mm　1/16　印张:27.5　字数:706 千字
印　　刷:鑫海达(天津)印务有限公司
版　　次:2016 年 3 月第 1 版　2019 年 11 月第 2 次印刷
书　　号:ISBN 978-7-5113-5883-7
定　　价:68.00 元

中国华侨出版社　北京市朝阳区静安里 26 号通成达大厦 3 层　邮编:100028
法律顾问:陈鹰律师事务所
发 行 部:(010)58815874　　传　　真:(010)58815857
网　　址:www.oveaschin.com　E-mail:oveaschin@sina.com

前言

人类历史的发展成果有很多表现形式，其中非常重要的一个就是文化的积累。作为人类作用于自然界和社会的成果的总和，文化包括一切物质财富和精神财富。确切地说，文化是指一个国家或民族的历史、地理、风土人情、传统习俗、生活方式、文学艺术、行为规范、思维方式、价值观念等。中国文化亦叫华夏文化、华夏文明，是中华文明演化而汇集成的一种反映民族特质和风貌的民族文化。中国文化源远流长，博大精深，是中华民族5000年文明和智慧的结晶。

一个人的文化知识储备往往是其综合素质和能力的体现，继承和弘扬中国文化，了解和掌握必要的中国文化知识，是每个中国人义不容辞的责任。学习和掌握中国文化知识，是推动社会文化发展繁荣的需要，同时也有助于人们开阔视野、启迪心智、陶冶性情、增长知识，为走向成功的人生打下坚实的基础。然而，中国文化是一个庞杂的知识体系，包罗万象，浩如烟海，面对它，大多数人都会感到力不从心，很难在短时间内掌握其底蕴及脉络。即便是专业人士，所掌握的文化知识也不过是冰山一角。尤其是在知识爆炸、信息膨胀的今天，如何用较短的时间获取较多的文化知识和信息，是一个十分重要的问题。这除了读者本身的努力和恰当的方法之外，知识信息的载体及其表现形式是否科学、简明，也是一个非常重要的因素。

为了帮助读者更方便、更轻松、更快捷地了解和掌握必要的中国文化知识，开阔文化视野、丰富知识储备、提高人文修养，编者对中国文化材料进行了适当的取舍，选取了具有代表性、实用且读者感兴趣的内容，将浩如烟海的文化知识浓缩到近千个问答之内，辑成本书。本书是一个瞭望中国文化的窗口，透过这个窗口，你可以对中国文化有一个全面系统的了解。全书结合丰富的知识和史料，娓娓讲述各类事物的精彩历史，包括“宫廷规制·帝后故事”“朝政职官·名臣逸闻”“解说法制·揭秘酷刑”“天地玄奥·中华奇观”“趣话汉字·称谓释疑”“精彩典故·追根寻源”等23个篇章，涉及政治、军事、经济、天文历法、礼仪习俗、文学艺术、教育思想、地理名胜、科学技术、官衔称谓、成语俗语等，基本涵盖了人们需要了解和学习的中国文化知识。

本书在广泛收集资料的基础上，力求在“新、奇、趣”上下功夫。“新”就是鲜为人知的，很少被其他书籍提到的知识；“奇”就是不一般，能让人的精神为之一振的事物；“趣”即是兴趣，也是趣味，是人们想看、愿意看的东西。另外，为了方便阅读，本书采用了一问一答的方式，把数千字甚至数万字才能阐述清楚的问题压缩在数百字之中，以小见大，深入浅出，提纲挈领，让读者在最短的时间内获得尽可能多的知识。同时，书中还选配了100余幅包含多种文化元素的精美图片，与文字相辅相成，呈现给读者一幅更具趣味性、更准确的中国古代文化生活图景，使读者身临其境，对中国文化产生浓厚的兴趣，从中体味到中国文化的博大精深。

皇帝真的有“三宫六院七十二妃”吗？清朝为皇帝选秀有评委吗？你知道黄帝战蚩尤的真相吗？丞相和宰相是一回事吗？你知道乌纱帽的来历吗？为什么旧时文臣武将以上“凌烟阁”为荣？古人夜观天象和现在的天文观测一样吗？你知道为什么宝盖头下有头“猪”才叫“家”吗？在古代，是博士地位高还是学士地位高？古人是怎样验尸的？为什么公主的丈夫叫驸马？新婚的卧室为什么叫洞房？你知道“床前明月光”中的床其实另有所指吗……所有这些奇趣横生的中国文化知识，尽在《中国文化 1000 问》。这是一本浓缩了中国文化常识的知识宝库，集知识性、趣味性、科学性于一体。全书覆盖面大，涉猎面广，具有超强的参考性与指导性，既是一部容纳中国文化百科知识的实用工具书，又是休闲生活中不可或缺的文化快餐：一书在手，让你尽览中国文化全貌；一卷在手，让你轻松掌握中国文化精华。

目录

第一章　宫廷规则·帝后故事

第二章　朝政职官·名臣逸闻

第四章　农业生产·商业贸易

第五章　科技奇闻·神秘中医

第六章 哲学命题·伦理修养

第七章　思想智慧·答疑释问

第八章　神话传说·文学趣谈

第九章　图书文档·传承文明

第十章　教育要事·科举趣谈

第十一章 书画雅趣·歌舞风流

第十二章　吃穿住行·消遣休闲

第十三章　节庆习俗·文化溯源

第十四章　礼仪应酬·称谓讲究

第十五章　趋吉避凶·祈福迎祥

第十六章　趣话汉字·称谓释疑

第十七章　风趣俗语·至理民谚

第十八章 别称代指·本源流变

第十九章　天地玄奥·中华奇观

第二十章　奇闻逸事·百工器物

第一章

宫廷规则·帝后故事

“三皇五帝”真有其人吗？

我们经常能在书本上看到这样的句子：“自盘古开天辟地以来，从三皇五帝到如今，中华文明已有五千年的历史。”

用斧头开天辟地的盘古，无疑是神话传说中的人物。那么“三皇五帝”究竟是谁？他们是传说中的人物，还是真有其人呢？

史料记载中，有些说“三皇”是燧人氏、伏羲氏和神农氏，“五帝”是黄帝、颛顼、帝喾、尧、舜；有些说“三皇”是伏羲氏、神农氏、共工氏，“五帝”是少昊、颛顼、帝喾、尧、舜。总之，众说不一。大部分的意见是“三皇”为燧人氏、伏羲氏和神农氏，“五帝”为黄帝、颛顼、帝喾、尧帝、舜帝。

此外，“三皇五帝”是人是神，也没有明确的论断。比如，“三皇”中的太昊伏羲氏，史料记载他为古代东夷的部落首领，根据阴阳的变化创制了八卦，还模仿蜘蛛结网发明了渔网，并创制了乐器“瑟”，这很明显属于人类的行为。可是，他却是人头蛇身，用现在的眼光来看，恐怕只能排入妖怪的行列。

又如，神农氏。相传他用树木制作了耒、耜等农具，并发明了草药，为人治病。他虽然有着人身，却是牛头。

和人最相近的要算燧人氏。传说他发明钻木取火，以在森林中捕食野兽为生。

到了“五帝”时期，这些古代的英雄们已经没有牛头或蛇身的怪异长相了。他们不仅和人类一样吃肉食，吃水果，而且更热衷搞发明。比如，仅黄帝就发明了养蚕、缫丝、舟车、文字、音律、算术、历法、棺椁、器皿等。

这些仅属于传说，因为没有确切的年代，也没有相关的资料来证明。我们也可以说，“三皇五帝”是先夏文化时期神话传说和历史考古资料参半的人物。也可把他们看作是中国祖先处于史前各个不同文化阶段的象征。

不管是否真有其人，我们仍然景仰这些古代的英雄们。

知识链接

“皇帝”释义

“皇”本来的意思是“大”和“美”，古为上天、光明之意，“因给予万物生机谓之皇”。到了战国末期，由于上帝的“帝”字被作为人主的称呼，遂用“皇”字来称上帝，比如《楚辞》中的西皇、东皇、上皇等。

“帝”原指天帝，是生物之主，兴益之宗，“因其生育之功谓之帝”。“五帝”时期，“帝”指实力强大而成为部落联盟的领导者。

“皇帝”这一名称是怎样确定的？

在秦王嬴政即位之前，中国的最高统治者或称“皇”，或称“帝”，或称“王”，唯独没有“皇帝”一称。

那么，秦始皇是怎么确定这一名称的呢？

春秋战国时期，周王室逐渐衰微。于是，一些实力强大的诸侯国的国君便自称为“王”，如秦王、楚王、齐王、赵王、燕王等。公元前221年，秦国发展成为实力最强的诸侯国。于是，秦王嬴政挥鞭四举，灭掉了其他六国，平定天下。嬴政认为自己的功业是亘古未有的，甚至连“三皇五帝”都比不上。

秦始皇像

为了“称成功，传后世”，他决定改变“王”的称号。于是，他便召集群臣，商议改号之事。丞相王绾说：“三皇五帝虽然是天下共主，可他们实际上占领的土地不过方圆千里。可自商周起，称‘王’者才真正拥有了天下，而且他们的丰功伟绩可以维持七八百年。所以说‘王’的称号最好。”可秦王却不高兴。他认为：“商朝七百年、周八百年的天下不算什么，我要的是万世永传的朝代。”这时，李斯说话了：“如今四海之内皆是陛下的囊中之物，这是从未有过的事。陛下的功绩自然为三皇五帝所不及。古有天皇、地皇、泰皇，而泰皇最尊贵，臣认为陛下可称泰皇。”秦王听了很高兴，说：“依我看，‘泰皇’仍没多大区别。不如去‘泰’留‘皇’，采上古‘帝’号，称‘皇帝’。我称始皇帝，后世以数计，二世、三世，直至万世，传之无穷。”

就这样，秦王嬴政自称“始皇帝”，后世因而通称他为“秦始皇”。

知识链接

“皇帝”的别称

古代，由于称诸侯为“国”，称大夫为“家”，因此人们将“国家”作为国的通称。东汉时期，人们称皇帝为“国家”，因为皇帝是国的化身。

唐朝人认为皇帝“以天下为宅，四海为家”，所以，代称皇帝为“圣人”和“宅家”，后者为皇宫里面的皇帝称谓。宋代，取“五帝宫天下，三王家天下”之意，故以“庙”“祖”“官家”和“官里”称皇帝。

除了上面的称谓，皇帝的别称还有许多，比如陛下、天子、皇上、上、飞龙、乘舆、车驾、驾、万岁、万岁爷、至尊、人主、圣等。另外，也有以年号作为皇帝别称的。

2000 多年的封建社会，中国一共有多少个皇帝?

自公元前 221 年秦王嬴政称“皇帝”，到 1912 年最后一个封建皇帝溥仪在辛亥革命的炮声中宣布退位止，中国经历了 83 个王朝，2132 年。

这 83 个王朝共有多少位皇帝呢？从秦始皇算起，共有 408 位。秦朝 2 位，汉朝 31 位，三国 11 位，晋朝 16 位，五代十六国 78 位，南北朝 59 位，隋朝 3 位，唐朝 22 位，五代十国 55 位，宋朝 18 位，金辽西夏 35 位，元朝 18 位，明朝 16 位，清朝 12 位，另外，还有南明、北元；李自成、张献忠；太平天国洪秀全父子以及称洪宪帝仅两个月的袁世凯。

如果把秦始皇以前 840 年中的王、公、侯也列入皇帝之列，则应该是 829 位。

我们知道，中国皇帝都被称为“万岁”，但真正长寿的并不多，相反，短命的倒不少。10 岁以下的娃娃皇帝有 29 位，10～19 岁的有 28 位，20～29 岁的有 50 位，30 ～39 岁的有 62 位，40～49 岁的有 55 位，共 224 位。这些皇帝连知天命都没熬到。

如果把 60 岁以上的称为长寿的话，那么，长寿皇帝就很少了，总共才 53 位。其中有：汉武帝刘彻（69 岁）、康熙帝玄烨（68 岁）、元太祖成吉思汗（65 岁）、隋文帝杨坚（63 岁）、汉高祖刘邦（61 岁）、元世祖忽必烈（79岁）、唐玄宗李隆基（77岁）、明太祖朱元璋（70岁）、清高宗弘历（88岁）、梁武帝萧衍（85岁）、女皇帝武则天（81岁）、宋高宗赵构（80岁）和五代吴越武肃王钱镠（80岁）。

这些皇帝中，在位时间比较长的是康熙61年、乾隆60年、汉武帝和西夏仁宗都是54年、西夏崇宗53年；在位时间最短的是金末帝完颜承麟，从登基到驾崩仅有半天时间。

其他的，在位时间超过40年的有11位，在位时间超过30年的有19位，在位时间超过20年的有31位，在位时间10～20年的有103位，在位时间不满10年的皇帝有244位。

知识链接

紫禁城里住过的皇帝

紫禁城，明永乐十八年建成，是明清两代的皇城。既然是明清两代的皇城，里面究竟住过多少个皇帝呢？史料记载是24个皇帝。

这个数字是不确切的，少了一位，就是李自成。1644年，山海关大战之后，李自成在武英殿登基，定国号为大顺，年号永昌。42天后，清兵和吴三桂逼近北京城时，李自成率军退出北京城。

哪个皇帝最早使用“奉天承运，皇帝诏曰”，这句话什么意思？

在历史剧中，我们很容易看到这样一幕：传圣旨的人高呼“圣旨到”，众人马上跪在地上。传圣旨的人念道：奉天承运，皇帝诏曰……

不管什么朝代，圣旨好像都是以这一句开头的。这符合历史事实吗？

答案是不符合。因为据考证，“奉天承运，皇帝诏曰”的最早使用者是明太祖朱元璋，依据就是“奉天承运”中的“奉天”其实指的就是“奉天殿”，取意遵照天意，即皇帝的权力受命于天。而奉天殿正是明太祖朱元璋首建的。1368年，朱元璋在南京称帝后建造了一座皇城，并将其中规格最高的朝会大殿命名为“奉天殿”。燕王朱棣迁都北京，后来建紫禁城时，又将“奉天殿”原封不动“搬到了”北京。

关于此一说，清朝大学者俞樾也有考证。他在《茶香宝续钞》中说：“奉天承运”是“论奉天殿名而及之”。

说“奉天承运，皇帝诏曰”开始于明朝，还有一个依据，就是朱元璋所捧的大圭上面刻着“奉天承运”这几个字。此说法来源于明朝万历时期的天文学家沈德符。

其实，明朝圣旨的开头并不是“奉天承运，皇帝诏曰”，而是“奉天承运皇帝诏曰”，意即“奉天承运皇帝”朱元璋颁布的诏书。而“承运”指的是继承新生的气运，实指君权神授。

“奉天承运，皇帝诏曰”大意就是，皇帝遵照上天的旨意，对你下一些需要执行的命令。借用天命，无非是为了加强中央集权。

知识链接

“奉天承运，皇帝诏曰”

清朝入关后，因为继承的是明朝制度，所以，其诏书也多以“奉天承运，皇帝诏曰”开头。清朝诏书的格式是：“奉天承运，皇帝诏曰”开头，然后是所要诏示的内容，结尾是“布告天下咸使闻知”或“布告中外咸使闻知”。

清代还有制辞，其开头和诏书差不多，一般是“奉天承运，皇帝制曰”。

至于“奉天承运，皇帝诏曰”什么时候退出历史舞台的，这个问题其实很简单，既然是“奉天承运，皇帝诏曰”，没有皇帝自然也就没有“皇帝诏曰”了。如果说“奉天承运，皇帝诏曰”退出历史舞台的具体时间，应该是1912年宣统皇帝发布退位诏书那一天。

将皇帝称为“万岁”是从什么时候开始的？

“万岁”一词，从字面看，应该是一个表达祝愿的话，即“千秋万世，永远存在”。比如，有部电影叫《青春万岁》，意即“青春永驻”，内含“开心”的感情色彩。正是因为这种感情色彩，人们在遇到高兴事时常会喊“万岁”，就像俄语的“乌拉”，谁都可以说，谁都可以用。

可是，在封建社会，“万岁”一词可不是随便用的，因为它是皇帝的代名词，也只有皇帝才配用“万岁”这个词。除了皇帝，谁敢将自己与“万岁”联系起来，那是想让脑袋“搬家”。若是见了皇帝不呼“万岁”，也会被以大不敬罪论处。

那么，究竟是谁将“万岁”一词定为皇帝专有的呢？这事和汉武帝有关。为了加强君权、强化专制统治，汉武帝可谓煞费苦心。

元封元年春天，汉武帝登华山后发布诏书：“朕用事华山，至于中岳……翌日亲登嵩高，御史乘属，在庙旁吏卒咸闻呼万岁者三。登礼罔不答。”意思就是，朕登上了嵩山之巅，吏卒都听到了三声“万岁”。

荀悦当时注曰：“万岁，山神之称也。”意思是说神灵在向汉武帝致礼。汉武帝还称，听到呼声后，他向神灵致意还礼，神灵都一一应答。

15 年后，也就是太始三年三月，汉武帝又酝酿出了一出“好戏”。汉武帝称：“幸琅邪，礼日成山。登芝罘，浮大海。山称万岁。”即当他登上山东的芝罘山时，群山都喊他“万岁”。

既然神灵、山石都喊皇帝“万岁”，臣民百姓还有什么可说的？于是，就有了臣民给皇帝拜恩庆贺时的三呼“万岁”。

从此，皇帝宝座前，“万岁”之声不绝于耳。

帝王的正妻为什么称为“皇后”，这个称号从何而来？

在封建宫廷里，皇帝拥有“三宫六院七十二嫔妃”，在众多的妻妾中，仅有皇帝的正妻称为“后”，就是“皇后”。可是，为什么称皇帝之妻为“后”呢？

在周朝以前，天子的妻子都称为“妃”，周朝开始才称为“后”。如《礼记》记载：“天子之妃曰后。”到秦王嬴政统一六国后，改称号为“皇帝”，便定皇帝的正妻为“皇后”。不过，这时候的后妃制度还不完备，直到汉朝才开始执行较完备的后妃制度和等级划分。《汉书·景帝纪》记载：“朕亲耕，后亲桑，以奉宗庙粢盛祭服，为天下先。”《汉书·高帝纪》中有“尊王后曰皇后，太子曰皇太子”。

“后”原意指君主。在上古时代，“后”是帝王的称号。如大禹的儿子称为“夏后氏”，再如传说中射日的后羿。

《诗经》中记载：“商之先后，受命不殆，在武丁孙子。”郑玄笺曰：“后，君也。”《左传》中说：“其南陵，夏后皋之墓也。”《书经》说：“树后王君公，承以大夫师长。”可以看出，其中的“后”都指君主。

既然“后”在上古是帝王的称呼，为什么后来又用来称呼女性呢？

从字形来看，“后”是个会意字。甲骨文中的“后”字，口字在左下方，右上方是一拢起的手；到金文中，字形成镜像般翻转，拢起的手移到了左上方，便一直沿用至今。

《说文解字》中说：“后，继体君也，像人之形，施令以告四方，发号者，君后也。”在上古氏族部落中，女性具有崇高的地位，一般为发号施令者。这时，“后”的意思指有权威的女性长辈。可见，作为帝王正妻的“皇后”便是从此引申出来的。

戏中总唱皇帝“三宫六院七十二妃”，何谓三宫，何谓六院，只有七十二个妃子吗？

在民间，如果问一个人皇帝的老婆有多少，答案十有八九是“三宫六院七十二妃”。那么，“三宫六院七十二妃”是实指呢，还是泛指呢？

民间所谓的三宫，一般指后妃居住的中宫和东西两宫，其实这是明清以后才划分的。三宫最早指的是诸侯夫人的住所，而天子后妃居住处称六宫。《礼记》中记载：“王后六宫，诸侯夫人三宫也。”由于六宫为皇后居住地，所以往往用六宫指代皇后。

后来，三宫的含义发生了变化。汉朝时，以皇帝、太后、皇后合称为三宫，又称太皇太后、太后、皇后为三宫。唐代穆宗时又将两太后与皇后合称三宫。可见，历代说法各不相同。

六院原作六苑，指后妃居住的宫苑。白居易《长恨歌》“回眸一笑百媚生，六宫粉黛无颜色”；李贺《贝宫夫人》“六宫不语一生闲，高悬银牓照青山”。

七十二妃也是泛称，指皇帝后宫人数众多，实际上皇帝后宫侍妾的人数远远多于72人。《管子·小匡》记载：“九妃六嫔，陈妾数千。”《礼·昏仪》记载：“古者天子后立六宫，三夫人，九嫔，二十七世妇，八十一御妻。”

清朝曾对皇帝老婆的基本数量有过规定：皇后1人，皇贵妃2人，贵妃2人，妃4人，嫔6人。规定是规定，皇帝仍然可以随心所欲地无限“扩军”。比如，嫔以下的贵人、常在、答应等，就没有具体名额限制。据记载，康熙皇帝一生中曾拥有妻妾55名，数量之多令人惊讶。不过，这仅仅是“有名位”的一小部分，据说，他实际拥有妻妾200多名。

知识链接

清朝宫廷的后妃等级

清代宫廷的后妃制度，是在康熙朝确立的。

具体规定是：尊皇帝的祖母为太皇太后，母亲为皇太后。太皇太后、皇太后住慈宁宫；太妃、太嫔随住。皇帝的正妻为皇后，负责后宫事务。皇后下设皇贵妃1人、贵妃2人、妃4人、嫔6人，分住东西六宫；嫔以下设贵人、常在、答应，无定数，随妃嫔分住东西六宫。清后宫制度还规定，皇帝大婚之前，选8位比皇帝大的宫女侍奉。8位宫女都有名分，分别授以司账、司寝、司仪、司门的职衔。

改元和改朝换代是一回事吗，它们有什么区别？

世道兴衰，治乱更迭。当一个朝代腐朽到一定程度，就会爆发农民起义，继而被新的王朝取代。这便是中国历史上的改朝换代。从夏朝建立，历经商、西周、春秋和战国、秦、汉、南北朝、隋、唐、五代十国、宋、元、明、清，其间不知经历了多少王朝更迭。而新君登位，一般都会改元，采用新的年号。那么改元和改朝换代是一回事吗？

改元就是改变年号。中国古代最早使用的是干支纪年法，以十天干配合十二地支，60年一个循环，也称一甲子。在官方，统一使用的则是年号纪年法。一般新帝登基，都要改变以前的年号，然后这第一年则称“元”年。所以改变年号也称“改元”。

改元和改朝换代不同。改朝换代同时面临着年号的改变，改元在同一个朝代的不同皇帝之间也可以发生。通常新帝继位，都会改元，确立新的年号。就是同一个皇帝，也可以更换年号。如汉武帝改了11次年号，唐高宗用过14个年号，唐玄宗即位初年改元“先天”，这一年称先天元年，后改元“开元”，又改元“天宝”。

到了明代以后，才规定一帝一元，所以可以用年号来称呼皇帝。如清高宗年号是乾隆，就被称为乾隆皇帝。

“黄袍”是皇帝的“专利”吗，皇袍一定是黄色的吗？

960年，率兵北征的赵匡胤到陈桥驿时，手下的一些将领全副武装，带领一些士兵直奔他的寝室。赵匡胤刚穿好衣服，还未及反应，将领们便将他强行拖出去，并将事先准备好的黄袍披到他的身上。接着，大家跪拜在地高呼万岁。

这就是宋太祖因陈桥兵变而“黄袍加身”的典故。从此后，皇帝穿黄袍得以广为人知。

那么，“黄袍”是皇帝的“专利”吗？是不是只有皇帝才能穿黄色的衣服呢？

黄色服饰在中国古代一直比较流行，谁都能穿，只是到了隋唐时期，因为以黄为贵，“黄袍”才成为帝王的专用衣着。尤其是在唐朝，皇帝不愿意自己和一般人同着黄袍，就颁布了“禁士庶不得以赤黄为衣服”的命令。《野客丛书·禁用黄》中记载：“唐高祖武德初，用隋制，天子常服黄袍，遂禁士庶不得服，而服黄有禁自此始。”唐高宗时又重申“一切不许着黄”。但这时的规定并不严格，一般百姓着黄衣仍然较多见。

到了北宋，赵匡胤登基后，“黄袍”正式成为皇权的象征。宋仁宗时还规定：一般人士衣着不许以黄袍为底或配制花样。自此，不仅黄袍为皇帝所独有，连黄色亦为皇帝专用。

其实，在唐宋之前，君王、皇帝对穿什么颜色的袍服，并没有明确的规定。西周、东周时期，据《礼记·月令》记载，天子“着青衣”。春秋时期，各诸侯国纷争，国君的袍服更是五花八门。到了秦朝，由于盛行“五行”之说，秦王朝尚水德，以黑色为贵，所以，秦始皇就穿黑色袍服。而晋代，因为尚金德，以赤色为贵，所以，晋代的皇袍就采用了红色。

知识链接

龙袍的来历

龙，在上古时期只是人们心目中的一种神异的动物，带有一定的平民性。到了唐、宋时期，统治阶级为了利用人们对龙的崇拜心理，不但自诩为龙种，还垄断了龙形象的使用权，严禁民间使用龙的图案，甚至还严禁百姓提及“龙”字。到了明代，龙更成为帝王独有的徽记，正式形成了在皇帝服装上绣大型的团龙花纹的礼仪制度。所以，皇帝的衣服又叫龙袍。

皇帝的龙袍上到底绣有几条龙，为什么不多绣几条呢？

看电视时，我们也会注意到，皇帝的龙袍上七扭八拐地绣着好几条龙。那么，到底绣有几条龙呢？

在抚顺市博物馆，珍藏着一件清代光绪皇帝的御用龙袍。据介绍，这件龙袍长 125 厘米，两袖通长 172 厘米，下摆长 110 厘米。龙袍为圆领，右衽，具有满族风格的马蹄形袖。龙袍上的前胸、后背及两肩各绣有正龙，前后襟和底襟绣有升龙、降龙和行龙。

据史籍记载，皇帝的龙袍上都绣有九条金龙，胸前、背后各一，左右两肩各一，前后膝盖处各二，还有一条被绣织在衣襟里面。

为什么龙袍要绣九条龙呢？因为古代帝王受《周易》的影响，崇尚“九五至尊”。《易·乾》中说：“九五，飞龙在天，利见大人。”意思是说这条龙已经飞上天了，表示达到了最高境界。也是因为这个缘故，皇室建筑、家具陈设和生活器具等多用九、五两个数字。

为什么要将一条龙绣在里襟呢？因为九是奇数，很难在布局上做到均衡对称，于是，将一龙绣在里襟。这样，龙袍的实际龙纹不少于九条，而且在正面或背面看又都是五条（两肩之龙前后都能看到），正好与九五之数吻合。

不过，也有例外的，明朝皇帝龙袍的龙纹数就多于九条。

1958 年出土的万历皇帝的“缂丝十二章衮服”，就有十二条龙，被绣在一个圆形的中间，俗称“团龙”。

十二条龙因位置不同而有不同的名称，位于衮服前胸和后背位置的龙，是正身的龙，也就是面向外的龙，被称为“正龙”或者是“坐龙”；侧身的龙叫作“行龙”，行龙也按照朝向上下的不同分为升龙和降龙。

万历皇帝龙袍上龙的数目比起明世宗嘉靖七年创制的“燕弁服”上的就不能算多了。由弁帽、袍服、玉带、袜子和丝履构成的“燕弁服”上的龙纹呈九九之数：前身一个盘龙团纹，后身两个盘龙方纹，领子与袖子上的龙纹加在一起是 45 条，衣襟上的龙纹是 36 条。另外，在腰间的玉带上还装饰着九件刻有龙纹的玉片。

知识链接

帝王礼服上的十二章纹样

帝王礼服上的纹样，包括日、月、星辰、山、火、宗彝、粉米、龙、华虫、藻、黼、黻共十二种，几乎囊括了天地之间一切有代表性的事物，是中国儒家学派服饰理论的核心。这些花纹的使用很有讲究，只有天子的服装才可以全部使用，以下各级只能使用龙以下的八种纹样，并且级别不同，使用的纹样也不相同，充分体现了古代社会的身份等级制度和设计出这种礼服制度的最终意义。

古人把国家称为“江山社稷”，那么“社稷”是什么，有何来历？

古人把国家称为“江山社稷”。“社稷”是“社”和“稷”的合称，社是古代的土地之神，按五行方位：东方青土，南方红土，西方白土，北方黑土，中央黄土。五种颜色的土覆于坛面，称五色土，实际象征国土。稷，指五谷之神，有时特指其中的原隰之神——能生长五谷的土地神，这是农业之神。

传说，发明“社”的是共工的儿子句龙，共工氏族是世代的水正，发洪水的时候，句龙就让人们到高地土丘上去住，没有高地就挖土堆丘，土丘的规模是每丘能住25户，称之为“社”。句龙死后，被奉为土神，也叫社神。后人为了纪念他，就专门建造了房屋祭祀，称为“后土”。烈山氏的儿子柱做夏的稷正（主管农业的官职），在其死后，被奉为农神，也叫五谷神。

这是神与其原型的对应。从词源角度分析，“社”字在甲骨文中与“土”字一样，作“◇”，像女性生殖器。也就是说，社起源于原始时代的生殖崇拜。在春秋时代，还可以看见这种原始崇拜的流风余韵。社与“土”本是一字，后来加上了“礻”旁，也就成了土地神的名称。社祭的神坛也称为社。从天子到诸侯，凡是有土地者都可以立社，甚至乡民也可以立社祭祀土地神，社日成为睦邻欢聚的日子，同时还有各种欢庆活动，“社戏”“社火”就是很好的例子。现代生活中的“社会”一词，也与社日活动有关。稷原是周民族的始祖后稷，在西周始被尊为五谷之长，与社并祭，合称“社稷”，也与社日活动有关。

中华文明是从农耕社会开始的，由于人们崇拜大地和能生长谷物的神灵，于是产生了“社稷”的概念，并形成了从中央政权到地方百姓的祭祀活动。“社”和“稷”这两个神灵相近，人们便一起祭祀他们，久而久之形成了“社稷”的概念。据《周礼·考工记》载，社稷坛设于王宫之右，与设于王宫之左的宗庙相对，前者代表土地，后者代表血缘，同为国家的象征。

知识链接

社稷坛

社稷坛是古代祭祀土地和谷物之神的地方。现存明清两代的社稷坛位于天安门西，其位置是依周礼《考工记》“左祖右社”的规定，置于皇宫之右。社是土地神，稷是五谷神，二者合称“社稷”。北京社稷坛有内外两重，呈长方形布局。红色墙身，黄琉璃瓦顶。每面墙正中辟门，北门为主门，两边各一偏门，均为拱券式。东、南、西各置一拱券门，仿木绿琉璃单翘单昂五踩斗拱。

古代的“禅让”是怎样的制度，历史上真正实行过这个制度吗？

“禅让制”是中国古代部落联盟首领的传袭制度。相传尧年老时，经自己长期考察，确认舜才德出众，于是将首领位置让给舜；舜年老时按照同样的方法传位于禹。禅让制实际上是以传贤为宗旨的政治制度，后来被禹的儿子启破坏，代之以家天下的世袭制。

禅让制一直被孔子和后代的儒家学者所推崇，但也有人对此提出质疑。有人就认为在禅让的过程中，经常伴随着暴力和仇杀。尧执政后期，将争夺权力的丹朱囚禁起来，但舜杀光了尧的支持者和家人，逼尧退位。舜统治时期，爆发了大洪水，大禹的父亲被以治河不力的罪名杀掉，但实际上只是因为其是领袖地位的有力竞争者。

这些说法表面上看有些道理，其实不过是一些后世文人的主观臆断，并无证据可以佐证。据司马迁《史记·五帝本纪》载："尧辟位凡二十八年而崩。百姓悲哀，如丧父母。三年，四方莫举乐，以思尧。尧知子丹朱之不肖，不足授天下，于是乃权授舜。授舜，则天下得其利而丹朱病；授丹朱，则天下病而丹朱得其利。尧曰：'终不以天下之病而利一人'，而卒授舜以天下。"丹朱是尧的儿子，而不是争夺其权力的人。尧之所以把天下让给舜，主要看重的是他的才能。

禅让制在历史上确实存在，而且是以"让贤"为主要内容。到了禹，其传位给自己的儿子"启"，开始了中国几千年的"家天下"。

皇帝的坟墓叫"陵"，这种叫法是从什么时候开始的？

箫声咽，秦娥梦断秦楼月。秦楼月，年年柳色，霸陵伤别。乐游原上清秋节，咸阳古道音尘绝。音尘绝，西风残照，汉家陵阙。

这是李白的《忆秦娥》。词中说到的"汉家陵阙"，是指现在陕西关中平原上的西汉帝王陵墓。在中国，帝王陵墓很多，比如秦始皇陵、乾陵、明十三陵、明孝陵、清东陵、清西陵、定东陵、崇陵等。慈禧的定东陵是中国现存规制豪华、体系比较完整的一座皇后陵寝建筑群。

帝王们为了"厚葬以明孝""事死如事生"，登基即位伊始，就着手为自己建造陵墓，不惜花费大量的人力、物力和财力。

那么，为什么古代帝王的坟墓称为"陵"呢？这种叫法是从什么时候开始的呢？

周朝以前，君王的坟墓也都称"墓"。大约从战国中期以后，帝王的坟墓逐渐开始称为"陵"。《史记·赵世家》记载："赵肃侯十五年经营寿陵。"《秦始皇本纪》记载："秦惠文王葬公陵，悼武王葬永陵，孝文王葬寿陵。"

"陵"的本意是大土山。帝王为了显示王权至高无上的地位，便将坟墓建得像一座山陵，故皇帝的坟墓得名陵墓。唐代皇陵更是"因山为陵"，气势恢宏。有诗句描写乾陵"千山头角口，万木爪牙深"。

帝王陵墓，实际上包括陵墓及其附属建筑，合称为陵寝，不仅占地广阔，而且还有相当的高度。帝王以"九五"为尊，所以，规定将墓建成九丈高，可实际上，多数皇陵都超过了这个高度。

古代封禅大典到底是一种什么样的仪式，在哪里封禅？

封禅大典是古代帝王在太平盛世或天降祥瑞之时祭祀天地的大型典礼。"封"是指"祭天"，"禅"则是"祭地"，如《史记·封禅书》中的"登封报天，降禅除地"。"封禅"在《管子·封禅篇》和司马迁的《史记·封禅书》中均有记载。

封禅的产生，可追溯到新石器时代先民筑坛祭祀的习俗。当时由于自然科学的不发达，人们对日月山川、风雨雷电等自然现象不能准确地把握，因此产生原始崇拜。在此基础上产生了宗教祭祀活动，"祭天地"便是其中的一种礼仪，并从最开始的郊野之祭，发展到后来的"泰山封禅"。古代帝王为加强自己的统治，宣扬天命观念，便有了封禅大典。

封禅中的"祭天"一般选在很高的地方，嵩山和泰山都曾举行过封禅大典，但以泰山封禅最为著名，影响也最大。"封"为"祭天"，在山顶上筑圆坛以报天之功；"禅"为"祭地"，在泰山脚下的小丘之上筑方坛以报大地的恩情。至于"天坛"为"圆"，"地坛"为"方"则反映了古人"天圆地方"的自然观念。

封禅仪式早在三皇五帝时期就有，而非民国初年史疑论者认为的"系齐人杜撰"。据《史记·封禅书》载"自古受命帝王，曷尝不封禅"，"厥旷远者千有余载，近者数百载，故其仪阙然堙灭，其详不可得而记闻云"，然后从五帝之舜的封禅开始记起，并在文章中间引用《管子·封禅篇》的"……昔无怀氏封泰山，禅云云；羲封泰山，禅云云；神农封泰山，禅云云"。到了秦汉，封禅已经成为帝王们的盛世大典，秦皇汉武都曾举行，以彰其功。

封禅需要一定的条件，司马迁在《史记·封禅书》中提到，帝王在当政期间，如果出现太平盛世，或者天降祥瑞，即可封禅。"每世之隆，则封禅答焉，及衰而息"。也就是说，帝王治理天下，使得四方太平、民生安康才可封禅、向天报功。至于天降祥瑞，则是古人"天人感应"学说的产物，认为统治者贤明，天下太平，上天就会降下祥瑞以示表彰。

"黄泉相见"讲的是什么故事，是死后相会吗?

"黄泉"是指人死后所埋葬的地方，"黄泉相见"是指人死后在地下会面。但是，历史上却有活人"黄泉相见"之事，这就是郑庄公掘地见母的故事。

"黄泉"一词的来历说法颇多。有人认为天地玄黄，而泉在地下，所以称为黄泉。还有人认为中国古代以黄河流域为中心，泉水因黄土而变黄，故称为黄泉。此外还有术数方面的解释，大地为土，土的五行颜色所属为"黄"，而泉行于地下，故曰"黄泉"。

古人深信因果轮回，认为人死后有灵魂，亲戚朋友迟早能在地下见面，所以有"黄泉相见"一说，如白居易《长恨歌》："上穷碧落下黄泉，两处茫茫皆不见。"这里的"碧落""黄泉"和西方的"天堂""地狱"颇为近似。

"黄泉相见"还与郑庄公有关。郑庄公是中国春秋时期著名的政治家，其母姜氏与庄公胞弟姬段串通一气，给他制造麻烦。在母亲一再强求下，庄公不得不把姬段分封到京地，然而姬段贪欲不止，大修城邑，图谋不轨。郑庄公忍无可忍，发兵平定了叛乱。他一怒之下把母亲放置于城颍，发誓"不及黄泉，无相见也"。可不久又后悔了，于是出现了颍考叔献计的情节："君王何必担忧呢？如果掘地见水，打成地道去见面，谁能说这不是黄泉相见?"郑庄公听从了颍考叔的建议，如此，他对内对外都有了交代。

现在我们说的"黄泉见面"就是死后相见，多用来表达感情的浓厚或忠贞不渝。

齐桓公称管仲为"仲父"，这个称呼是什么意思?

管仲是中国春秋时期的著名政治家，曾经辅佐齐桓公九合诸侯、尊王攘夷，使齐桓公成为春秋五霸之首。齐桓公很尊敬他，由于其名仲，因此以"仲父"称之，意为"仅次于父亲的人"，那么"仲父"这个名称如何产生，历史上只有管仲这一位"仲父"吗?

中国古代兄长之间以"伯、仲、季"排行，老大称"伯"，老二叫"仲"。《说文·人部》："伯，长也。""仲，中也。"后来指月份也有"仲季"之说。所谓"仲父"就是仅次于父亲的人。在中国古代讲究三纲五常，父为子纲，父亲在家长制度下非常有权威。对于自己尊敬的人"以父事之"，但又不能认别人为父亲，所以"仲父"一词已经是非常高的尊崇了。

吕不韦也当过"仲父"。他原来是一位韩国商人，投机政治后一跃而成了秦国宰相。按理他已位极人臣，权倾天下了，可他并不满足，非逼着年幼的秦王嬴政封自己为"仲父"。但是"仲父"这个称号应该是帝王自愿给的，自己硬要来的，终归是个祸患，最后吕"仲父"被毒死，成为所有"仲父"中命运最悲惨的一位。

西周初年的姜尚姜子牙，帮助周文王、周武王父子伐商灭纣，开创了周朝800多年的基业，他就被周武王亲切地称呼为"尚父"。楚汉相争时，项羽的谋士范增被称为"亚父"，其实和"仲父"含义完全相同。"亚"是第二的含义，都是尊称。三国时期东吴的大臣张昭，位高权重，被人称为"江东仲父"。三国蜀汉丞相诸葛亮，被后主刘禅称为“相父”。

可见君主对臣子的极大荣誉便是称“父”，意为值得尊敬的长辈。其中又以“仲父”的称呼为多，表示仅次于父亲的人。

勾践“卧薪尝胆”，是真实的历史还是只是个传说？

“卧薪尝胆”常用来告诉人们做事一定要有恒心，有毅力，通过艰苦的努力才能最后取得胜利，这个典故与历史上著名的越王勾践有关：“越王勾践反国，乃苦身焦思，置胆于坐，坐卧即仰胆，饮食亦尝胆也。”

公元前 496 年，吴王夫差的父亲阖闾率兵攻打越国，但被击败，自己也因伤重身亡。夫差即位后，开始兴建水军，扩军备战。勾践不顾范蠡等人的反对，率兵攻打，结果被夫差奇兵击败，大将军也战死沙场。夫差要杀勾践，范蠡献计要勾践假装投降。吴国老臣伍子胥劝告夫差杀掉勾践以绝后患，但夫差不听，决意作践越王。在充当吴王奴仆的 3 年时间里，勾践饱受侮辱，最后终于被放回越国。勾践暗中训练精兵，每天晚上睡觉不用褥子，只铺些柴草，又在屋里挂了一只苦胆，时不时尝尝其苦味，为的就是不忘过去的耻辱。越国经过十年的休养生息，终于强大起来。一次，夫差带领全国大部分兵力去赴会，要求勾践也带兵助威。勾践则假装赴会，乘势攻下吴国都城，杀了吴国太子，又擒了夫差。

后世多有诗赞颂其勇气和毅力。如：“有志者、事竟成，破釜沉舟，百二秦关终属楚；苦心人、天不负，卧薪尝胆，三千越甲可吞吴。”明代著名思想家李贽《咏古》之一：“卧薪尝胆为吞吴，铁面枪牙是丈夫。”

由以上文字来看，“尝胆”是史实，而“卧薪”则有些缺少历史依据。

赵武灵王“胡服骑射”，功勋卓著，但他的下场是怎样的？

赵武灵王是战国时期赵国的著名君主，在任期间为了抵御北方胡人的侵略，实行了“胡服骑射”的军事改革，使赵国军事力量日益强大。随后，赵国打败了胡人，北灭中山国，成为“战国七雄”之一。

所谓“胡服骑射”是指学习胡人的短打扮服饰，同时也学习他们的骑马、射箭等武艺。“胡服骑射”这个典故告诉人们不要故步自封，应学习别人的长处，勇于改革。这个词语出自《战国策·赵策二》：“今吾（赵武灵王）将胡服骑射以教百姓。”

通过“胡服骑射”制度，赵国的军事能力得到很大提高，逐步统一了北方。但赵武灵王并不满足，希望打败西南方的秦后统一全国。为此他将王位让给自己钟爱的幼子赵何，即赵惠文王，并让有丰富政治经验的老臣肥义为相国，而自号为“主父”。他从烦琐的政务中解脱出来，统率他亲手缔造的骑兵，准备从河套一带南下袭秦。为了稳中求胜，赵武灵王冒着很大的危险，化装成使者入秦，窥审秦王态势，侦察关中地形，认真研究袭秦战略。这时候，国内却因争太子位发生了动乱。据《史记·赵世家》记载，惠文王四年，公子章“作乱”，杀了肥义。公子李成、李兑起兵靖难，击败公子章。公子章兵败后投奔主父，主父收容了他。公子成、李兑围攻主父所居的沙丘宫，杀死公子章。他们害怕主父报复，就将他围困在宫中。“主父欲出不得，又不得食，探爵鷇（小麻雀）而食之，三月余而饿死沙丘宫。”

赵武灵王的死和他游移的态度是有关系的。先是废长立幼，引来群臣和长子的不满。后来又转而宠爱长子，在究竟立谁为王的态度上不甚明朗。这直接导致了公子赵章的作乱，后来收留其长子可能是出于父亲的疼爱，但是已经不能为取得政权的次子所容。所以在宫里被困了 3 个月，竟然没人去救。一个很有作为的国王就这样被活活饿死了，但他的“胡服骑射”政策却对后世影响深远。

人们为什么怕赴“鸿门宴”，“鸿门宴”真的很危险吗？

怀有目的或暗藏杀机的宴席，我们通常

称为“鸿门宴”。而一个人是否有智慧和勇气就看他敢不敢去赴宴，或者是否能够巧妙化解对方对自己的敌意。

秦朝末年，残暴苛政导致社会矛盾激化，先是陈胜、吴广在大泽乡起义，然后项羽和刘邦起兵。项羽主力北上，与秦军主力决战于巨鹿，大败之。刘邦的兵力虽然没有项羽强，但却率先一步进入咸阳。这时刘邦驻军霸上，左司马曹无伤派人在项羽面前说刘邦打算在关中称王，项羽听后非常愤怒，下令兵士饱餐一顿，准备次日击败刘邦的军队。

这时候，项羽的叔叔受到刘邦拉拢，答应为之说情，并让刘邦次日来谢项羽。于是，鸿门宴开始了。席间，双方觥筹交错，美酒佳肴，但却处处杀机。项羽的亚父范增，一直主张杀掉刘邦，在酒宴上，一再示意项羽发令，但项羽却犹豫不决，默然不应。范增召项庄舞剑为酒宴助兴，欲趁机杀掉刘邦。项伯为保护刘邦，也拔剑起舞，掩护刘邦。

危急关头，刘邦部下樊哙带剑拥盾闯入军门，怒目直视项羽。项羽见此人气度不凡，只好问来者为何人。当得知为刘邦的参乘时，即命赐酒，樊哙立而饮之。项羽命赐猪腿，又问其能不能再饮酒，樊哙说，臣死且不避，一杯酒还有什么值得推辞的。樊哙还乘机说了一通刘邦的好话，项羽无言以对，刘邦乘机一走了之。刘邦部下张良入门为刘邦推脱，说刘邦不胜饮酒，无法前来道别，并向项羽献上白璧一双，向大将军范增献上玉斗一双。项羽收下了白璧，范增则气得拔剑将玉斗砍碎。

这次宴席上，刘邦险些被杀。后来人们就用“鸿门宴”来比喻那些不怀好意的宴请。

汉初封赏功臣，刘邦靠“功人”“功狗”论说服众将，“功人”“功狗”是什么意思呢？

汉高祖刘邦，初为泗水亭长，是个市井无赖，经常在酒店喝了酒欠账，别人也不敢说他什么。后来却与项羽争夺天下，攻入咸阳，最终建立汉朝。

论武功和勇力，刘邦没一点比得过项羽。

争功图　汉

此图描绘汉初天下始定，各位将领争功的场面，最后叔孙通奏议立礼仪规范，使高祖体会到做皇帝的高贵。

项羽曾要求和刘邦单独比武，但被刘邦以“吾斗智，不斗力”加以拒绝。从军事指挥才能角度看，刘邦也比不过项羽。真正击溃秦军主力的是项羽，巨鹿一战，破釜沉舟，威震敌胆。

那为什么刘邦最后能够战胜项羽呢？原因就在于刘邦善于用人，而项羽则刚愎自用。我们知道，任何一个要想做一番大事业的人，都必然需要他人的辅佐和支持。刘邦文有萧何，武有韩信，更有一个厉害角色吕后在身边。相反，项羽虽然能力出众，但却难以听得进下属的建议。亚父范增死后，更是只靠个人能力与刘邦周旋。

刘邦重视文官超过武将，用人理念在“功人”和“功狗”论中体现无遗。据《史记·萧相国世家》：“高帝曰：‘夫猎，追杀兽兔者狗也，而发踪指示兽处者人也。今诸君徒能得走兽耳，功狗也。至如萧何，发踪指示，功人也。’”刘邦初定天下，论功行赏，把萧何排在第一位。众将领都非常不服气，认为萧何手无缚鸡之力，并没有什么战功，于是刘邦说："打猎，追杀野兽和兔子的是猎狗；而发现踪迹和找到野兽处所的却是人。你们这些武将也就能抓抓野兽，所以是'功狗'；而萧何，是那个发现踪迹和指示处所的人，所以是'功人'。"

可见"功狗"指的是那些立有战功的武将，而"功人"则是指有功劳的文官。刘邦这些言论体现了对文人的尊重，后来儒家成为正统。重文轻武的观念也是从这个时候开始的。

女主"临朝称制"的做法是从谁开始的？

"临朝称制"是指皇后、皇太后或太皇太后在皇帝年幼的时候代理行使皇帝权力的制度。古代女子不得干预政治，后妃们要想掌权就得"临朝"。"制"是皇帝的命令，始于秦始皇。"临朝称制"最早的是秦昭王的母亲芈八子，但从实现大一统或"制"产生后来看，则是吕后。

芈八子是秦惠文王来自楚国的姬妾，其中"芈"是楚国姓，而"八子"是她的封号。八子的地位不高，位于皇后、夫人、美人、良人之后，在秦国后宫的八级（下面还有七子、长使、少使的封号）中只是居于中下游。因此，在秦惠文王身后，她和儿子嬴稷就在皇后和新君秦武王的合谋下，被送去燕国当了人质。三年后，秦武王死于意外。芈八子在燕国的支持下，果断地联络了自己的异父弟魏冉拥立嬴稷回国，经历了三年的"季君之乱"，终于使嬴稷登上了王位的宝座，成为秦昭王。她也因此成为宣太后，并在秦国"临朝称制"了 41 年。在她统治期间，秦国的国力日益强盛，为后来秦始皇嬴政统一六国奠定了基础。

汉高祖刘邦的皇后吕雉也是"临朝称制"的代表。她在儿子惠帝死后正式临朝代行天子之权，是当时西汉真正的掌权者。在她执政的七八年中，史书中直接以"高后某年"记事，《史记》《汉书》等正史也为她专门立了帝王资格的"本纪"。吕后的执政生涯也算成功，她虽然扶植诸吕，对待朝臣心狠手辣，但政治局面基本稳定，社会经济得到恢复，为其后的"文景之治"打下了基础。

在中国历史上，历代都有些"临朝称制"的后妃。其中唐朝的武则天和清末的慈禧太后就是其中很出名的两位。武则天不但"临朝称制"，还当上了女皇帝，并改国号为周。慈禧太后虽然没有更改大清国号，但控制中国政治长达数十年之久。

皇位传承中"立子杀母"之说是谁兴的规矩？

封建社会一般都是"母以子荣"。通常后宫嫔妃钩心斗角，也都是希望能够把自己的孩子送上皇位，即使为之付出生命代价也在所不惜。但是中国历史上也存在"立子杀母"之说，这一规矩和汉武帝有关。

汉武帝统治时期，政治清明，国力强盛，但他的遗嘱却很耐人寻味。他立刘弗陵（昭帝）为太子，却要杀掉刘弗陵的生母钩弋夫人。当时有人提出疑问，汉武帝说："往古国家所以变乱，多由于主少母壮。女主独居骄蹇，淫乱自恣，没有什么力量可以制约，你们没有听说过吕后事件吗？"

吕后是汉高祖刘邦的妻子，在惠帝年幼时，曾"临朝称制"，代行皇帝的权力。汉武帝有这样的遗嘱是害怕太后和外戚的专权，但是吕后干政毕竟已经年代久远，缘何武帝对自己宠爱的妃子也要行此杀手呢？这又与窦太后长期把持朝政，致使汉武帝自身理想和抱负难以施展有关。

窦太后喜欢老子的学说，文帝景帝时期主张的也是"无为"而治。汉武帝则喜欢儒家学说，喜欢和儒生来往，因为建"明堂"的事曾两度与太后翻脸，但是由于年少无权，只能听任宰割。武帝对于女子干预朝政是非常痛恨的，因而才会有这样的规定。

王昭君并没有被汉元帝封为"妃"，到匈奴后为"阏氏"，但为什么被称为明妃呢？

王昭君是中国古代四大美女之一。曾主

动和亲匈奴，嫁给呼韩邪单于为妻，称“阏氏”。她在汉元帝宫中并未被封为“妃”，但后世多以“明妃”称之，却是为何？

王昭君，又名王嫱，字昭君，乳名皓月。南郡秭归人，汉族。在汉元帝时期，以“良家子”的身份入选掖庭。当时，呼韩邪来朝，汉元帝敕以五女赐之。王昭君入宫数年，不得见御，积悲怨，乃请掖庭令求行。呼韩邪临辞大会，帝召五女以示之。据《后汉书》卷八十九载：“昭君丰容靓饰，光明汉宫，顾影徘徊，竦动左右。帝见大惊，意欲留之，而难于失信，遂与匈奴。”

王昭君天生丽质，聪慧异常，琴棋书画，无所不精。后来汉元帝选秀女，王昭君为南郡首选。元帝下诏，命其择吉日进京。传说王昭君进宫后，因自恃貌美，不肯贿赂画师毛延寿，毛延寿便在她的画像上点上丧夫落泪痣。昭君因此被贬入冷宫，3年无法面圣。

后来呼韩邪单于来朝，要求和亲。汉元帝尽召后宫妃嫔，问谁愿往。王昭君挺身而出，慷慨应诏。元帝遂以大量财帛成行。到达漠北后，被封为宁胡阏氏，意为匈奴有了汉女作“阏氏”（王妻），安宁始得保障。在昭君出塞后，汉匈两族团结和睦，国泰民安，“边城晏闭，牛马布野，三世无犬吠之警，黎庶忘干戈之役”，一片欣欣向荣的和平景象。

后世有人评价王昭君的功绩不亚于卫青、霍去病。她为汉、匈两族人民的和平友好做出了巨大贡献。汉元帝虽未封王昭君为妃，但她却被汉人称为“明妃”，这是为什么呢？“明妃”一词的来历主要与晋朝皇帝司马昭有关。因两人所用“昭”字相同，为避讳所以称王昭君为“明君”，于是她便有了“明妃”之号。

中国历史上最白痴的皇帝是谁？

要说中国历史上最白痴的皇帝，当以晋惠帝为最。

晋惠帝名为司马衷，是晋武帝司马炎的儿子。司马衷从小就不爱读书，整天只想着吃喝玩乐，看起来像个傻瓜。这使司马炎非常犯愁，这样下去祖宗开创的家业还不败在他手上？司马炎决定测验一下儿子的智力，就出了几道问题，限他三天内交卷。

要是司马衷自己答卷，肯定是要交白卷的，幸好他的妻子聪明，请了几位学识渊博的老先生代司马衷回答，蒙混过关。290年，司马炎驾崩，司马衷即位，是为晋惠帝。

说司马衷是历史上最白痴的皇帝一点都没冤枉他。某一年夏天，晋惠帝到华林园游玩，见到池塘里无数青蛙张大嘴“咕咕”乱叫，觉得很奇怪，就蹲在池塘边认真地研究起来，然后还问随从：“你说这些‘咕咕’乱叫的家伙，是在为官家叫，还是在为私人叫？”好在随从机灵：“在官家里叫的，就是为官家的；若在私家里叫的，就是为私人的。”

还有一年，因为闹灾荒，庄稼歉收，到处都有饿死的人。晋惠帝知道后，非常不解地问大臣：“好端端的人怎么会饿死？”大臣回奏说：“因为闹灾荒，庄稼歉收，百姓没粮食吃。”

晋惠帝更加不解：“为什么不叫他们多吃点肉粥呢？”闻听此言，大臣们个个目瞪口呆。

武则天与李治并称“二圣”，他们是最早这么做的帝后吗？

圣人指道德和才能都很高的人，春秋战国的诸子著作中有大量关于圣人的记述，孔子就曾周游列国，传授“圣人”之道。后代统治者皆以达到“圣人”的标准为追求。皇帝也称“圣上”，皇帝说过的话叫“圣旨”。

俗话说“天无二日，地无二主”。圣人既然专指皇帝，自然一国之内只有一圣，而不可能有二圣，但唐朝中期却出现了“二圣”。当时李治称“天皇”，武则天称“天后”，并称“二圣”。据《旧唐书·本纪第六·则天皇后》载：“永徽六年，废王皇后而立武宸妃为皇后。高宗称天皇，武后亦称天后。后素多智计，兼涉文史。帝自显庆以后，多苦风疾，百司表奏，皆委天后详决。自此内辅国政数十年，威势与帝无异，当时称为二圣。”

武则天本为唐太宗才人，与太子李治早就有染。后太宗驾崩，武则天被迫出家，削发为尼。李治对其念念不忘，重又接回宫中封为昭仪。后来武则天经过一系列宫闱斗争，终于当上了皇后。由于武则天很有才华，李治又常年患有头疾，所以很多政事就交到了武后手里。武后通过参政逐步扩大了在朝中的影响力，逐步有主导政局的趋势。

李治虽然有点怕老婆，但对皇后干预朝政还是心有疑虑。于是命上官仪草诏准备废皇后，结果武后得知，诛杀上官仪。后来武则天建议李治称“天皇”，然后自然就顺理成章地成了“天后”。由于在朝中的权力已经和李治不相上下，所以合称“二圣”。后来李治去世，武后干脆自己做了皇帝，改国号为周，成了中国历史上唯一一个女皇帝。

但是，李治和武则天并非最早并称“二圣”的帝后。隋文帝皇后独孤氏意志坚强，政治目光敏锐，在创立隋朝的过程中，居功甚伟。宫中人十分景仰，把她和杨坚并称“二圣”。

武则天是中国唯一的女皇帝吗？如果不是，那还有谁呢？

武则天是唐高宗李治的皇后，后改国号为周，自称圣神皇帝。史学界一般认为她是中国历史上唯一的女皇帝，但也有人认为中国最早的女皇帝是北魏孝明帝的女儿元姑娘。

北魏时，胡太后生了个儿子，取名元诩。宣武帝死后，年仅 4 岁的元诩当上了皇帝，这便是孝明帝。胡太后被尊为皇太后，并因孝明帝年幼而临朝听政。胡太后恣意擅权，生活上更是风流不羁，引起群臣的不满。在群臣的支持下，孝明帝决定向太后夺权。于是令秀容川、豪酋尔、尔朱荣率兵来洛阳，准备逼太后退位。胡太后知道后，召集心腹密商对策。这时恰好明帝妃潘嫔生了个女孩，胡太后假称是个男孩，大赦天下，改年号“孝昌”为“武泰”，接着暗中毒死孝明帝，然后奉其女元姑娘当皇帝，说是太子即位，中国历史上第一个女皇帝就这样登基了。后来，等人心安定下来，胡太后又说皇帝其实是个女孩子，要另立嗣君，就将元姑娘废了。

元姑娘其实是位公主，即位当皇帝也是胡太后一手包办，并很快被废，所以史学界很多学者并不承认其为中国历史上第一位女皇帝。此外，在唐高宗时期还有位民间义军领袖陈硕贞，她曾自称“文佳皇帝”。

陈硕贞，睦州淳安县梓桐人，自称仙人，民间奉以为神。她早年丧夫，家境贫寒，由于不忍见乡亲受官吏的压榨和迫害，便率众起义，表现了无比的勇气和才智。起义后，她自称“文佳皇帝”，任用章叔胤为尚书仆射，童文宝为大将，建立农民政权。后连续攻克桐庐、睦州，并逼近歙州、婺州，威名大震。朝廷闻讯后，派扬州刺史房仁裕带兵前往镇压，婺州刺史崔义玄亦赶紧征集兵力拒之。由于起义军缺乏实战经验，几经浴血奋战，死伤无数，最终全军覆没。

元姑娘是被太后挟持，陈硕贞的起义也没有成功，所以史学界一般只承认武则天是中国历史上唯一的女皇帝。

为什么称唐玄宗为“明皇”，为什么叫杨贵妃为“太真”？

唐玄宗李隆基又叫“唐明皇”，是中国唐朝著名的皇帝。在其执政早期社会安定，政治清明，经济空前繁荣，唐朝进入鼎盛时期，后人称这段时期为“开元盛世”。唐玄宗后期，他贪图享乐，宠信杨贵妃，并任用杨国忠、李林甫等奸臣，导致安史之乱发生，唐朝开始从强盛走向衰落。

玄宗是李隆基的庙号。其谥号为“至道大圣大明孝皇帝”，简称“唐明皇”。杨贵妃是其宠信的妃子，中国古代四大美女之一。杨贵妃是在开元后期进入皇宫的，白居易《长恨歌》中“春宵苦短日高起，从此君王不早朝”则是描写杨贵妃入宫后备受恩宠，唐明皇沉溺于美色而逐渐荒废政事的事。

“太真”是杨贵妃的号。据《旧唐书·后妃传上·玄宗杨贵妃》载：“时妃衣道士服，号曰‘太真’。”唐代诗人罗隐在《牡丹》诗中说：“日晚更将何所似，太真无力凭栏干。”元代王实甫《西厢记》第二本第一折：“（莺莺）有倾国倾城之容，西子、太真之颜。”明代杨珽的《龙膏记》中有：“丰若有余，柔若无骨，啧啧太真、飞燕，旷世兼长。”

“太真”本为混沌之气。据《文选》记载：“启太真之否隔兮，超遗物而度俗。”李善为这句话作注说：“太真，太极真气也。”《子华子·阳城胥渠问》：“太真剖割，通之而为一，离之而为两，各有精专，是名阴阳。”杨贵妃喜欢穿道士的衣服，所以称为“太真”，这当然与唐朝尊儒重道有关，而“玄宗”是明皇的庙号则表明他是一个对道教感兴趣的皇帝。

史上对外自称“儿皇帝”的是谁，还有人自称儿皇帝吗？

“儿皇帝”常用来形容对外称臣，甘当傀儡政权的首领。中国历史上第一位儿皇帝是五代时期后唐的石敬瑭。他为了获取契丹支持，对契丹可汗耶律德光称“儿皇帝”。语出自《新五代史·四夷附录第一》：“学士以先君之命为书以赐国君，其书常曰：‘报儿皇帝云。’”

唐朝末年，藩镇割据，天下大乱，李存勖推翻后梁，建立了后唐政权。石敬瑭是个非常受器重的人物，李存勖曾称赞他：“将门出将，言不谬尔。”李嗣源则将女儿嫁给他，任为心腹。后来明宗继位，加封石敬瑭为宣武军节度使，开国公，加驸马都尉，后改河阳节度使，赐号“竭忠匡运宁国功臣”。

歧阳兵乱后，兵士推潞王李从珂（李嗣源义子）为帝，唐闵帝（李嗣源之子李从厚）诏石敬瑭赴阙救援，双方相遇于道。乱世之际，忠义最难，石敬瑭权衡利弊，终于杀尽闵帝左右，奔投李从珂，致使自己的小舅子闵帝为李从珂毒杀。

按理说，石敬瑭应该支持其小舅子闵帝登位，但最后却投靠了李从珂，这主要由当时的形势决定。后来李从珂也不放心石敬瑭，有一次，石敬瑭的妻子到洛阳为李从珂祝寿，宴会后要回家见丈夫，李从珂趁酒醉说了句玩笑话：“这么着急干吗，是不是要回去和石郎一起造反啊？”终于二人矛盾激化，李从珂率大军讨伐石敬瑭。石敬瑭自知不是他的对手，遂向契丹借兵。

果然，耶律德光亲率军队自代州扬武谷南来，有众5万，号30万，旌旗不绝50多里。石敬瑭闻契丹兵至，连夜出城，拜见耶律德光，双方相见恨晚，“因论父子之义”。石敬瑭认耶律德光为父，但实际上他比耶律德光还要大十几岁。石敬瑭这一招，连其手下大将刘知远（后汉高祖）也觉过分，劝他说：“称臣就可以了，奈何以儿子居之！”石敬瑭不听，而耶律德光则大喜，在得到石敬瑭割送幽云16州、输岁币30万帛，并称“儿皇帝”的许诺后，马上册封这位比自己大十多岁的“大干儿子”为大晋皇帝，改元天福。然后二人联手克后唐，李从珂兵败，后唐覆灭。

这便是儿皇帝的由来。现多用来形容甘心认贼作父，充当傀儡政权的头目。如，宋灭后，金人立刘豫为皇帝，刘豫对金人便自称“儿皇帝”。近代史上的伪满洲国，溥仪称帝，其实也是日本控制下的“儿皇帝”，只不过没有明说罢了。

契丹人的国号“辽”是什么意思？女真人国号“金”又是从何而来？

在中国历史上，北方先后出现过很多少数民族建立的政权。如契丹人建立的“辽”朝，女真人建立的“金”等。那么契丹国号“辽”是什么意思，“女真”一词又源自何处呢？

“辽”这个词语不是契丹立国之初就有的，而是后来改来的，中间还经历过一次变故。辽建于907年，国号契丹，916年始建年号。937年（另说为947年）改国号为辽，983年夏又重称契丹，1066年仍称辽。契丹建政权于太祖耶律阿保机，定都上京，其疆域东临北海、渤海，西至阿尔泰山、流沙，北至克鲁伦河、鄂尔昆河、色楞格河流域，东北迄外兴安岭南麓，南接山西北部、河北白沟河及今甘肃北界。史载，契丹人起于辽水，更加之辽的疆域非常广阔，因此定国号为“辽”。

辽到后期，由于女真的崛起和自身内部的王权争夺逐渐衰落。1125年，辽天祚帝逃往西夏途中为金兵追获，辽亡。女真又称女贞，历史更为悠久。据《金史·世纪》记载：“金之先，出靺鞨氏。靺鞨本号勿吉。勿吉，古肃慎地也。元魏时，勿吉有七部：曰粟末部，曰伯咄部，曰安车骨部，曰拂涅部，曰号室部，曰黑水部，曰白山部。隋称靺鞨，而七部并同。唐初，有黑水靺鞨，粟末靺鞨，其五部无闻。”关于“金”的国号，比较权威的观点是，金人起于安出虎水，这条河译成汉语就是“金水河”，“大金”国号因此河而得名。

除此之外，“辽”和“金”国号的来历另有说法。据《金史·太祖纪》记载，1115年，阿骨打称帝。他说：“辽以宾铁为号，取其坚也。宾铁虽坚，终亦变坏，唯金不变不坏。金之色白，完颜部色尚白。”从这段话里可知，“辽”之国号，取镔铁坚硬之意；“金”取黄金不变不坏之意。但是，这个说法并不为史学界所认可。

为什么汉朝分为“西汉”“东汉”，宋朝却叫“北宋”“南宋”？

在中国历史上有个很有趣的现象，朝代更迭以成对的形式出现。比如“西周”后有“东周”，“西汉”后有“东汉”，“西晋”后有“东晋”，“北宋”后有“南宋”。仔细分析后就会发现，最初是以“西”和“东”来划分，后来则是“北”和“南”。如“唐”后有“南唐”，“明”后有“南明”，虽然存在的时间都很短，但却反映出地域变迁的特征。

楚汉之争后，刘邦夺取天下，定都长安，史称“西汉”（从公元前202年开始，到公元8年王莽篡汉结束）。王莽夺取政权后，采取了一系列稳定经济的措施，但效果却适得其反，引发了绿林和赤眉大起义。其中西汉皇族的远亲刘秀通过数年努力，剿灭了其他势力，统一了全国，史称“东汉”。

“西汉”和“东汉”存在前后相继的关系，也称“前汉”和“后汉”，刘秀也不认为自己建立了一个新朝代，而是光复了汉朝。他自认为是汉宣帝的继承人，继位后，追尊汉宣帝为中宗，由于当时长安在战乱中破坏严重，所以定都洛阳。从地理位置上，洛阳位于长安以东，所以人们称刘秀建立的朝代为“东汉”。

五代十国后期，宋太祖赵匡胤黄袍加身，当了皇帝，定都东京汴梁（今河南开封市），史称“北宋”。从公元960年登位，至1127年止，首尾历时168年，共传九帝。北宋末年，金兵攻破汴梁城，徽、钦二帝被俘。徽宗第九子赵构在应天府即位，后迁都于临安（今浙江杭州），史称“南宋”。“北宋”和“南宋”的划分还是从都城的位置和疆域考虑的，汴梁位于淮河以北，临安则在长江中下游地区；北宋拥有北方的大部分土地，而南宋则偏安于南方一隅。

从政治和经济发展角度考虑，中国领土从汉唐到宋元明时期，有个逐步扩大的过程，同时经济中心从西方向东方转移，由北方向南方转移。统治者为了加强对这些地区的控制，逐步将都城东迁。当北方游牧民族强大时，就可能南移。这反映到王朝更迭上，便是先“西汉”后“东汉”，先“北宋”后“南宋”。

宋朝“重文轻武”，与宋太祖“杯酒释兵权”有关吗？

宋朝“重文轻武”，兵权由皇帝亲自掌握，军队由文人控制，而武将则频繁调动，造成兵不识将、将不识兵的局面，其目的就是加强中央集权，打压武将，防止军人叛乱。这与宋太祖赵匡胤有密切关系，其“杯酒释兵权”更是个典型的代表。

宋太祖赵匡胤本为后周禁军统领，在陈桥驿发动兵变，夺得后周政权，建立宋。在即位后不到半年时间内，就有两位节度使起兵反对他。他好不容易平定后，就问丞相赵普："你说五代以来，为什么天下如此混乱呢?"赵普说："这都是由于唐以来藩镇势力过大的缘故。"赵匡胤又问："如何根除这种现象呢?"赵普说："只需要加强中央集权，削夺他们的兵权就可以了。"于是，赵匡胤召集开国的一些武将，如石守信、王审琦等人，对他们说："我知道你们对我忠心耿耿，但不代表你们的部下也忠诚于我。将来有一天，如果他们也给你们来个黄袍加身，那你们该如何处理呢?"众将惶恐，跪倒在地。赵匡胤乘势说："要不你们辞掉官职，回到家乡，我再赐你们些田宅金银，既可以给子孙留点家业，还能安享晚年，岂不快哉!"众将第二日便递上辞职奏章，赵匡胤一一准奏。

"杯酒释兵权"是削夺大将兵权，加强中央集权的做法。从这段文字我们不难看出，赵匡胤加强中央集权就是为了解决自唐以来藩镇对中央政权的威胁。宋朝的很多制度都是为了防止武将专权，重文轻武也从这而来。军队由文官控制，军队调动和指挥权分离等做法虽然一定程度上达到了防止武将专权的目的，但却削弱了军队战斗力。这也是北宋和南宋在与北方游牧民族较量过程中屡遭失败的重要原因。

"烛影斧声"是怎么回事，宋太祖是非正常死亡吗?

宋太祖赵匡胤驾崩后，赵光义即位，是为太宗。但太宗是赵匡胤的弟弟，这违背了古代"父传子，家天下"的原则。而且在赵匡胤驾崩的那天晚上，有人"遥见烛影下晋王时或离席"，并听见"柱斧戳地"之声。由此留下"烛影斧声"的悬案，意为赵光义通过弑兄的方式夺取帝位。

对于赵匡胤的死，历来争议颇多，民间传说为赵光义所杀。开宝九年（976年）十月十九日夜，赵匡胤病重，宋皇后派亲信王继恩召次子赵德芳进宫，以便安排后事。但赵光义早已窥伺帝位，王继恩被收买。在得知太祖病重后，赵光义即与亲信程玄德在晋王府通宵打探消息。王继恩奉诏后则直接去找赵光义。赵光义立即进宫，直闯太祖的寝殿。王继恩回宫，宋皇后即问："德芳来了吗?"王继恩却说："晋王至矣。"宋皇后知道事有变故，于是便以皇帝之谓"官家"称呼赵光义。乞求说："吾母子之命，皆托于官家。"赵光义答以："共保富贵，勿忧也!"史载，赵光义进入宋太祖寝殿后："但遥见烛影下晋王时或离席。"并传出"柱斧戳地"之声，赵匡胤随后去世。

但正史对这段经过却语焉不详，因此成为历史疑案。《宋史·太祖本纪》上只简略的记载："癸丑夕，帝崩于万岁殿，年五十，殡于殿西阶。"

司马光在《涑水纪闻》中则极力为宋太宗辩解，认为太祖死时，太宗当时不在寝殿，不可能"弑兄"。现代学术界一般认为宋太祖是非正常死亡，但具体原因说法不一。有人从医学角度认为死于下毒或家族遗传的躁狂忧郁症。还有人认为太祖与太宗之间没有太多矛盾，"烛影斧声"很可能是激情杀人。也有人认为是赵光义调戏太祖宠姬花蕊夫人，被太祖发觉后遭到怒斥，太宗自知无法取得胞兄谅解，便下了毒手。似乎都言之有理，但目前仍未找到确凿无疑的证据。

知识链接

金匮之盟

"金匮之盟"是指杜太后临终之际，召赵普入宫记录遗命。杜太后问太祖何以能得天下，太祖说是祖宗和太后的恩德与福荫，太后却说："你想错了，若非周世宗传位幼子，使得主少国疑，你怎能取得天下?你当吸取教训，他日帝位先传光义，光义再传光美，光美传于德昭，如此，则国有长君，乃是社稷之幸。"太祖泣拜接受教训。杜太后便让赵普将遗命写为誓书，藏于金匮之中。

由于年代久远，"金匮之盟"的真实性已很难考证，但太祖传位于赵光义则是有可能的。

月饼和朱元璋有关吗？

每逢八月十五中秋佳节到来之际，各地都有赏月和吃月饼的习俗。据说中秋佳节吃月饼的习俗和朱元璋有关，“八月十五杀鞑子”则作为各路起义军相互联络的暗号。这是真的吗？

中国古代帝王有春天祭日、秋天祭月的礼制。在民间，每逢八月中秋，也存在拜月或祭月的风俗。月饼最初是供奉月神的一种饼干，后来人们把中秋赏月与品尝月饼联系起来，作为家人团圆的象征。慢慢地，月饼也就成了节日的礼品。

月饼，最初起源于唐朝军队祝捷食品。唐高祖年间，大将军李靖征讨匈奴得胜，八月十五凯旋。当时有经商的吐鲁番人向唐朝皇帝献饼祝捷。高祖李渊接过华丽的饼盒，拿出圆饼，笑指空中明月说：“应将胡饼邀蟾蜍。”说完把饼分给群臣一起吃。宋朝时中秋赏月，吃月饼已很普遍。据南宋《武林旧事》载，当时的月饼是蒸制而成的，这种笼蒸的面饼是中秋必食之品。

可见在明朝以前，过中秋吃月饼的习俗已经存在，只不过在朱元璋时期得到了普及和推广。据说元朝末年，统治腐朽，各地起义不断。后来朱元璋联合各路反抗力量相约中秋举事，但朝廷搜查得很严，传递信息并不方便。于是军师刘伯温想出计策，命令属下把藏有“八月十五杀鞑子”的纸条藏入饼子里面，再派人分头传送到各地起义军中。到了中秋那天，各路起义军一齐响应。

后来朱元璋夺取天下，适逢中秋佳节来临，便把当年起兵时以秘密传递信息的“月饼”，作为节令糕点赏赐群臣。后来经明、清两代传承，中秋吃月饼现已成为中国节日文化的一部分。

为什么叫李世民为“唐太宗”，而叫朱棣为“永乐皇帝”？

古代皇帝都有谥号或庙号，如李世民称“唐太宗”，明朝第三个皇帝朱棣称“明成祖”，他在位时改年号为“永乐”，从 1403 年至 1424 年，前后共 22 年，所以明成祖也叫“永乐皇帝”。那么庙号和谥号有什么区别，年号又是如何产生的呢？

谥号是古代皇帝死后，后人对他们的称谓，比如汉武帝、光武帝、隋炀帝，皆以“帝”称。庙号在唐以前则严格按照“祖有功而宗有德”的标准，开国君主一般称祖，继嗣君主有治国才能者为宗。如宋朝赵匡胤称太祖，其后的赵光义称太宗，其余的称帝。在隋以前，并不是每一个皇帝都有庙号，因为按照典制，只有文治武功和德行卓著者方可入庙奉祀。唐以后，每个皇帝才都有了庙号。

可见，在唐以前，每个皇帝都有个谥号，但未必有庙号。而在唐以后，皇帝的谥号逐渐加长，人们更多称呼他们的庙号。一般开国皇帝都叫“祖”，第二个皇帝则称“太宗”，如李渊称“唐高祖”，李世民为其子，在其任上开创“贞观之治”，故称“太宗”。但明朝并不按此例，朱元璋为太祖，而朱棣却不称“太宗”而称“成祖”。“太宗”前一般有三祖：太祖、高祖、世祖，大概朱棣认为自己功绩大，堪称开国皇帝。

一般来说，庙号的选字并不参照谥法，但是也有褒贬之意。以清朝为例：太祖开国立业，太宗、世祖、圣祖发扬光大，世宗、高宗等都是守成令主的美号，仁宗、宣宗等皆明君贤主。其他朝代如中宗、宪宗都是中兴之主，哲宗、兴宗等则是有所作为的好皇帝。神宗、英宗功业不足，德宗、宁宗过于懦弱，玄宗、真宗、理宗、道宗等好玄虚，文宗、武宗名褒实贬，穆宗、敬宗功过相当，光宗、熹宗昏庸腐朽，哀宗、思宗只能亡国。

一般新帝登基都会更改年号。古代采用干支和皇帝纪年法，如朱棣登位后改年号为“永乐”，统治时间较长，并且明清两朝规定一帝一元，所以明成祖也称“永乐皇帝”。

皇太极为何把国号改为“清”，这个国号

与明朝有关吗?

皇太极是清朝第二个皇帝，又称“清太宗”。他当政期间，将原来年号天聪改为崇德，将国号改为清。至于“清”的来历，历来说法颇多，莫衷一是。

有人认为“清”字与努尔哈赤当年逃难骑过的一匹大青马有关。据说因为跑得太急，大青马活活给累死了，努尔哈赤却因此逃脱大难。他对这匹马很有感情，就说：“大青啊，大青啊，你是为我累死的，将来我得了天下，我这个国号就叫大青。”“清”跟“青”是谐音，后来皇太极在盛京称帝后便以此作为国号。

还有人认为“清”和“金”在满语中读音非常相近，所以用“清”。满族是金人的一支，清指出了这个民族的渊源。还有人说“清”就是“青”，不带三点水的“青”和带三点水的“清”是一个音，青天是通天、吉祥的意思。另外还有人认为是皇太极进兵中原的需要，因为“金”让人联想起南宋时候的大金国，人们一提起金人，就想起岳飞，改国号为“清”有利于减少阻力。

此外，有人认为皇太极懂得五行数理或在确定国号时得到高人指点。因“清”五行属水，而“明”由于左边有“日”，所以属火，而水克火。意思是大清必将战胜大明朝，取而代之。

翻遍正史也没有皇太极改国号为“清”原因的叙述，皇太极自己没有做解释，清朝的《太宗皇帝实录》亦无记载。所以这也就成了一个谜，上面的几种说法都是后人的推断。

知识链接

五德循环

“五德”是指事物的水、火、木、金、土五种德性或品质。“五德循环”就是“五德”相生相克和周而复始的循环。这种学说在中国古代的朝代更迭中最常见。据史书上记载从三皇五帝时就出现“五德循环”了，如伏羲氏为木德王，神农氏为火德王，明朝为火德，清朝为水德。

“五德”学说最早由战国时代的邹衍提出。以金、木、水、火、土五行之德配于各朝代，认为改朝换代就是五德的相生、相克和终始循环。《史记·孟子荀卿列传》：“邹衍睹有国者益淫移、不尚德。称引天地剖判以来，五德转移，治各有宜，而符应若兹。”五行配帝王之德有二法：一为依五行相生之顺序，伏羲氏（木）、神农氏（火）、轩辕氏（土）、金天氏（金）、高阳氏（木）、尧（火）、舜（土）、禹（金）、商（水）、周（木）、汉（火）。二为依五行相胜（克）之顺序，周火德，则秦以水德代之；秦水德，则汉又以土德代之。

在皇帝之最中，乾隆独揽三项，你知道是哪三项吗?

乾隆皇帝是雍正帝第四子，在他统治清朝的60年间，政治比较安定，社会经济繁荣，史称“康乾盛世”。乾隆皇帝能书善画，很有才华，在古代皇帝之最中，荣获三项桂冠，你知道是哪三项吗?

首先，他很长寿，是中国皇帝中寿龄最高的，享年88岁。在他之下的是北朝时的梁武帝萧衍活了85岁，女皇帝武则天享年81岁。古代皇帝生活一般骄奢淫逸，纵欲无度，所以很多短命。乾隆能有此高寿，完全和自身修养有关。他总结出养生四决：“吐纳肺腑，活动筋骨，十常四勿，适时进补。”其中“十常”为齿常叩，津常咽，耳常弹，鼻常揉，睛常运，面常搓，足常摩，腹常捋，肢常伸，肛常提。“四勿”为食勿言，卧勿语，饮勿醉，色勿迷。

乾隆还是中国历史上执政时间最长的皇帝。他生于康熙五十年（1711年），雍正元年（1723年）被立为太子，雍正十一年被封为和硕宝亲王，开始参与军国要务。雍正十三年（1735年），雍正去世，弘历即位，改年号乾隆。嘉庆四年（1799年）正月卒。乾隆共在位60年，退位后又当了3年太上皇，所以实际执政63年，超过康熙的61年。

此外，除了皇帝中的两项桂冠，乾隆皇帝还是历史上写诗最多的人。他在世 88 年，据统计共作诗 41800 首，平均每天作诗 1.3 首。乾隆作诗没有定稿，或即兴口授，或朱笔作草，称为“诗片”。诗片由延臣学士退下“抄录”，然后恭进，遂成御诗。其诗虽多，但仅韵平字正而已，无论是思想内容还是艺术形式，均无多大价值，流传至今能为人传诵者寥寥无几。故世人对乾隆亦无“诗人”之称。

慈禧太后是中国历史上唯一“垂帘听政”的人吗？

垂帘听政是指太后临朝管理国家政事。垂帘：太后或皇后临朝听政，殿上用帘子遮隔。听：治理。语出自《旧唐书·高宗纪下》：“时帝风疹不能听朝，政事皆决于天后。自诛上官仪后，上每视朝，天后垂帘于御座后，政事大小皆预闻之，内外称为二圣。”

垂帘听政最早可追溯到战国时期。当时

慈禧像

如果太子年幼，就由其母亲辅政。但是根据宫廷的规定，朝中官员不得直接观看和接触皇太后，所以辅政的皇太后一般坐在皇帝理政厅堂侧面的房间里，在房间和厅堂之间挂一帘子，听官员们与皇帝谈论政务。于是，这种由母亲帮助皇帝辅政的制度，就被人们形象地称为“垂帘听政”。

唐朝的武则天在称帝前，就进行过垂帘听政。宋朝有两个垂帘听政者。一个是北宋的高太后，她是宋英宗的皇后，英宗死后，宋神宗即位仅一年就死了，年仅 10 岁的宋哲宗即位。高太后“受英之托”，以太皇后（皇帝祖母）的身份听政。另一个是南宋的谢太后，咸淳十年（1274 年），宋恭宗即位时尊她为太皇太后，由她垂帘听政。这一时期辽萧太后在其子辽圣宗即位时，也以皇太后身份垂帘听政，其间与宋真宗订立了有名的“澶渊之盟”。

清朝末年，慈禧太后也曾“垂帘听政”。在中国历史上，由于皇帝年幼而“垂帘听政”的太后或太皇太后有十数位之多。“垂帘听政”和“临朝称制”都是古代帝后掌权的一种形式，但也存在一定的差异，“垂帘听政”并不临朝，主要是辅政，而不代替皇帝下达命令；“临朝称制”则是直接代行皇帝的权力，对朝政进行处理。

李莲英等人为什么叫慈禧太后“老佛爷”，这是她的专称吗？

慈禧太后在晚清末年曾长期主宰中国政坛，被称为“老佛爷”，据说这个称呼最早是李莲英开始叫的。但是“老佛爷”真是慈禧太后的专称吗？

传说“老佛爷”这个词最初是由李莲英拍马屁产生的。据说光绪初年，慈禧太后刚满 40 岁。由于朝中老臣反对她垂帘听政的企图，所以心中闷闷不乐。李莲英看出了慈禧的心思，于是命人在万寿寺建了一座佛，对太后说：“听说万寿寺大雄宝殿常常有双佛显光，这是大吉大利之兆，奴才想请太后驾临前往观看。”

当时清政府腐朽无能，处处受到帝国主义列强的欺压。慈禧听说有大佛显圣，心中愉快，便起驾出宫，和李莲英一起直奔大雄宝殿。到了殿上，一看还是原来的三世佛，便骂李莲英："明明是原来的三世佛嘛，哪来的双佛显光?"李莲英不紧不慢，将慈禧请到三世佛后，果见一慈眉善目的观世音坐在殿中央。此寺方丈住持，还有文武大臣都随侍慈禧身后。这时，李莲英喊道："老佛爷到。"其他人即刻跪伏高呼："恭迎老佛爷!"

于是，慈禧太后就这样成了"老佛爷"。也有人说这一称呼始于慈禧五十大寿以后，由当时为她庆祝寿诞的一位礼部侍郎率先提出。理由是她为"大清中兴"做出巨大贡献，有"皇朝巨擘之力"，又"威声远播泰西"，因此"堪为当世人主之效"。后来，这位四品侍郎升任官阶二品的山东学政。

但是"老佛爷"并非慈禧专有，清朝历代皇帝都可以叫作"老佛爷"，但皇后、太后或太皇太后中称"老佛爷"者仅慈禧一人。清朝帝王"老佛爷"的称呼，是从满族的祖先——女真族那里沿袭而来。女真首领最早称为"满柱"，"满柱"是佛号"曼殊"的转音，意为"佛爷""吉祥"。清军入关后，将"满柱"汉译为"佛爷"，并把它作为皇帝的特称。

清朝为皇帝选秀有评委吗，选秀的要求和选拔程序如何?

清代的选秀是一种挑选后宫粉黛的制度——凡满、蒙、汉军八旗官员、另户军士、闲散壮丁家中14～16岁的女子，都必须参加三年一度的备选秀女。

每到选秀年度，户部都会在奏报得到允许后，发文给八旗都统衙门的各级长官，命其呈报适龄女子花名册，先由八旗都统衙门汇总，再由户部上报皇帝。

皇帝决定选阅日期后，各旗选送的秀女会被骡车提前送到京城。应选前一天，秀女们要按照满、蒙、汉的顺序和年龄排列先后次序：宫中后妃的亲戚；以前被选中留了牌子的、本次复选的女子；本次新选送的秀女。

排好顺序的秀女，要在入夜时乘坐骡车进入地安门，等到神武门宫门开启后下车，在太监的引导下，按顺序进入顺贞门。秀女们乘坐的骡车则要离开一段时间——从神武门夹道东行，出东华门，由崇文门大街北行，经北街市，然后再经地安门到神武门外。骡车再次来到神武门外时，已是第二天中午了。

被太监引入宫中的秀女，或五六人一排，或三四人一排，或一人一排，供皇帝或太后选阅。被选中者，就留下牌子，再定期复选。没被选中的，就撂牌子。

复选再度被选中的，才有机会成为后妃的候选人，或被赐予皇室王公或宗室之家。

后妃候选人，还要屡屡"复看"，还会有留牌子的和撂牌子的。这一阶段留牌子的，有"记名"的，也有"上记名"的。"上记名"是指皇帝亲自选中留牌子的。

不管是"记名"的，还是"上记名"的，都还要经过"留宫住宿"进行考察。最后一关中会选定数人，其余的又都是撂牌子的。

知识链接

选皇后的标准

皇后是不是一定有靓丽的容貌呢?并非如此。清朝统治者选皇后有两条标准：一是品德，一是门第。清代册封皇后、妃、嫔的册文中常常见到的是宽仁、孝慈、温恭、淑慎，"诞育名门""祥钟华阀"，等等。其中，门第有更重要的作用。比如，光绪皇帝的皇后隆裕相貌平平，她能成为皇后，因为她是慈禧太后的侄女。

第二章

朝政职官·名臣逸闻

什么是“封建”，它最初的内涵与我们今天的理解一致吗？

翻开历史教科书，我们经常能看到类似“封建社会”“封建制度”的词汇，它是根据马克思主义理论划分的一种社会形态，与中国古代所讲的“封建”含义不同。那么在古代，“封建”的含义是什么呢？

“封建”一词最早见于《诗·商颂·殷武》：“命于下国，封建厥福。”它是指中国古代的一种分封政治制度。所谓“封建”便是“封土建国”，即古代帝王把爵位、土地分赐给亲戚或功臣，使之在各属区域内建立邦国。相传黄帝为封建之始，至周制度始备。

周朝时实行分封制主要是出于保卫中央政权的考虑，据《左传·僖公二十四年》载：“故封建亲戚，以蕃屏周。”孔颖达疏：“故封立亲戚为诸侯之君，以为藩篱，屏蔽周室。”但发展到后期，各诸侯国间亲戚关系逐渐淡漠，东周春秋和战国两个时期，诸侯连年征战不休，分封制度已名存实亡。

秦始皇统一中国后，废除分封制，设立郡县管理国家。严复在《论中国教化之退》中说：“秦并天下，更古制，更井田而为阡陌，废封建而置郡县，黜儒术而任名法。”汉朝初年曾实行过一段时间的郡国并行制，但后来被废除。可见“封建”制度只是先秦存在的一项基本政治制度，与我们通常所说的“封建”相差甚远。

现在我们说的封建制度是指社会形态的一种，它是以土地为主要生产资料，并与手工业相结合，以家庭为生产单位的小农经济形式。具有封闭性、独立性等特点。其中地主阶级占有土地，农民被束缚在土地上，地主阶级和农民是剥削的生产关系，二者尖锐对立。封建主义后被资本主义的生产关系所取代。

古书上常说“三公九卿”，这些官职具体是什么？

据《礼记》记载：“夏后氏官百，天子有三公、九卿、二十七大夫、八十一元士。”“设四辅及三公，不必备，唯其人。言使能也。”可见，夏朝时期已经设立三公九卿之职。

然而，“三公九卿”具体为何职位，众说不一。西汉今文经学家认为，《礼记》所载“三公”指司马、司徒、司空；古文经学家则认为太傅、太师、太保为“三公”。

秦朝变革官制，不设三公。“置左右丞相，无三公官。”又设太尉管理军事、御史大夫（掌邦国刑宪、典章之政令，以肃正朝列），为丞相副手。因为秦代最高职位有三，后人遂把“丞相”“太尉”“御史大夫”并称“三公”。具体而言：

丞相，最高行政长官，辅助皇帝处理政务，同时负责对文武百官的管理。

太尉，最高军政长官，负责管理全国军事事务，但他平时没有军权，战时也要听从皇帝的命令，而且要有皇帝的符节才能调动军队，军权实际上也是掌握在皇帝手里。

御史大夫，执掌全臣奏章，下达皇帝诏令，负责监察百官。也是副丞相。

秦汉时期，在这三大职位下设“九卿”，作为中央行政机关分掌具体事务，如祭祀、礼仪、军事、行政、司法、文化教育等。其中包括：

1. 奉常，掌管宗庙礼仪，地位很高，属九卿之首。

2. 郎中令，掌管宫殿警卫。

3. 卫尉，掌管宫门警卫。

4. 太仆，掌管宫廷御马和国家马政。

5. 廷尉，掌管司法审判。

6. 典客，掌管外交和民族事务。

7. 宗正，掌管皇族、宗室事务。

8. 治粟内史，掌管租税钱谷和财政收支。

9. 少府，掌管专供皇室需用的山海池泽之税。

随朝代的更替，“三公九卿”又有不同所指。如东汉确立大司马、大司空和丞相为鼎足而立的三公制；宋代以后，则称太师、太傅、太保为三公。

东汉时的九卿为太常、光禄勋、卫尉、太仆、廷尉、大鸿胪、宗正、大司农、少府。到了明清时期，九卿则改为吏、户、礼、兵、刑、工六部尚书，以及都御史、大理寺卿、通政司使。以前的九卿之官已成虚衔或加官、赠官。

“太子洗马”真的是为太子“洗马”吗？

“太子洗马”对很多人而言是个陌生的词汇。它当然不是指太子给别人送马，也不是替太子洗马，而是中国古代设置的一个官职名。

据《国语》记载：“勾践为夫差先马，先或作‘洗’也。”可见早在春秋战国时期，就存在洗马这个官职了。吴越争霸前期，越国战败，国君勾践被俘。为了将来报仇，他忍辱负重，甘为吴王夫差做臣子奴仆，其中就包括充当夫差的马夫，任由驱使。

《汉书·百官公卿表》中记录了“太子洗马”这个官职。“太子太傅、少傅的属官有洗马之官。”颜师古注引张晏说：“洗马原十六人，秩比谒者。”又引如谆注：“前驱也。”可见在汉朝“太子洗马”是太子太傅或少傅的下属，一共16人，职在“前驱”。

隋唐时期在司经局置洗马，一变而为掌管书籍的官。可见“洗马”有替太子做辅助工作的含义，引申为书籍官，以后历朝历代均设“洗马”。清代司经局所设洗马用满汉各一人，为从五品官。

可见，“太子洗马”最初是为太子服务的专业人员，后来词义发生变化，洗马之职成了掌管书籍的官。现在已经很少有人知道这个词了，但其表达辅助或次要角色的含义并未发生变化。

知识链接

太子东宫庞杂的官僚体系

东宫是太子居住的地方，故以东宫指代太子。如《诗·卫风·硕人》：“东宫之妹，邢侯之姨。”清朝李渔的《玉搔头·收奸》：“朱彬冒姓称儿，有窥伺东宫之想。”都以东宫代指太子。

东宫在早期存在很多的幕僚和臣属，因此是官僚体系的一部分。如太傅，又可简称为“傅”，属东宫官僚系统，负责辅导、教育太子，一般由德高望重、文化素养较高者担任。“傅”是太子“三师”的一部分，古代设太子太师、太傅、太保等职；此外还有“三少”，分别为太子少师、少傅、少保。另有“相室”，为太子管家。后来，这些官职逐渐虚化，很多只有头衔而无实际的职权。

“丞相”和“宰相”是一回事吗，“宰”“相”并称，是一个官职吗？

看关于古代的电视剧时，经常听到“宰相”或“丞相”之类的名词，都指代仅次于皇帝的最高行政官员，但历史上却没有“宰相”这个官职，这是为什么呢？

“丞相”一词最早起源于战国时期。秦武王开始，设左、右丞相，但有时也设相邦，魏冉、吕不韦等都曾居此职。秦统一后只设左、右丞相。西汉初萧何为丞相，后迁为相国，萧何去世后，曹参继任。到文帝初年，设左、右丞相，以后只设一丞相。汉初各王国拟制中央，也在其封国中各设丞相，景帝中元五年改称为相。

唐宋以后，尚书省或中书省有时设左、右丞相，相当于原来的尚书左右仆射，位居尚书令或中书令之次，握有实权。明初，中书省无令，仅设左、右丞相，权力极大。洪武十三年，明太祖朱元璋以“图谋不轨”之名诛杀了丞相胡惟庸，并下令撤中书省，废除丞相。由皇帝亲自掌管六部，直接管理国家政事。至此，中国历史上实行了1600多年的丞相制被废除。

“宰相”则并不是我们历史上存在的官名，它是泛指最高的行政长官，通常一人之下、万人之上。西汉的丞相陈平说：“宰相者，上佐天子，理阴阳，顺四时，下遂万物之宜，外镇抚四夷诸侯，内亲附百姓，使卿大夫各得任其职也。”所以它的官名随着朝代更替，先后出现过：相国、丞相、大司徒、司徒、中书令、尚书令、同平章事、内阁大学士、军机大臣等多达几十种官名。

可见，丞相是具体的官职名，宰相则是指最高的行政长官。但在中国长达2000多年的封建历史中，丞相和宰相区别并不大，以至于经常被混用。

“宦官”就是“太监”吗，二者有没有区别？

“宦官”在古代是伺候皇帝及后宫的人，在清朝，“宦官”和“太监”是画等号的，都是阉人，二者在外延上一致。但纵观中国历史，二者却不完全是一回事。

据记载，先秦和西汉时期的宦官并非全是阉人。自东汉开始，才全部用阉人。据《后汉书·宦者列传序》：“宦官悉用阉人，不复杂调它士。”这是由于在皇宫内廷，上自皇太后、太妃，本朝后、妃以及宫女等，女眷较多，如果允许男侍出入，难免会发生秽乱宫闱的事，所以绝不允许其他成年男性在宫内当差。

“太监”一词则产生于辽代。据《辽史·百官志》载，辽代南面官诸“监”职名中，有“太监”之称，但在具体称呼上，仅称监，如太府监。元代的太府和各监，多有“太监”一官（如仪文监、典牧监、典室监、太府监等均设太监）。明代诸监不设此官，但在宦官所领的二十四衙门，各专设掌印太监等，在宫廷内专门侍奉皇帝及其家族。明中叶以后，太监的权力扩大，出现了刘瑾、魏忠贤那样的奸臣太监。

可见“太监”在辽元时期是官僚机构的长官，与专门服侍皇宫大内的宦官有很大区别。明朝时不再设立“监”这一官僚机构（用别的名称替代），而专指宦官所领的二十四衙门的长官。这说明“宦官”和“太监”扯上关系，是在明朝。“宦官”和“太监”的区别在于，太监专指宦官的首领。

清朝时，宦官和太监已然没有区别了。只要在宫廷服侍的阉人皆可称太监。“宦官”和“太监”的存在，是中国王权腐朽和残忍的标志。辛亥革命后，太监这一不合理的现象，才最终彻底消失。

什么时候文官与武将开始分开的，上朝时文东武西的列班又起于何时呢？

文官与武将的分开，是指文官不再作战，而专门有了指挥作战的武将。人们对它们分开的具体时间有不同的观点。

《史记》中说，黄帝时期已设立了“司马”等军事首领官职。《尚书》称，商朝时期，有了文武百官。虽然夏商时期，文武百官已经分门别类，可是卿、士大夫们既要管理政治上的事务，还要领兵作战。并且“司马”平时只管政治，而无统兵之权，战时统帅也是由天子临时任命的，战争一结束，统兵之权又会上交天子。可以说，在西周之前，文官武将是不分的。

又据《史记》记载，在春秋时期，军队的最高统帅是天子，他常亲自领兵作战。《左传》中也说当时文官武将都可领兵去作战，可见那时“大夫”是文武一体。也可以说，文官武将在春秋时期尚未分开。

战国时期，地主阶级掌握了国家最高行政权。各国君主觉得那些既能管理行政事务、又能领兵作战的官员，一旦造反，后果将不堪设想。即使不造反，时间长了也会引起君权旁落。于是，他们决定采用文武分职的方法，让文官只负责管理内政，武将只负责领兵打仗。这样，几千年的封建君主专制体制得以确立。可以说，战国时期才出现了专职将军。

随着社会经济的发展，战争规模不断扩大，士兵总量不断增加，指挥作战逐渐成为一门艺术，一支军队的指挥必须要有军事方面的专业知识，富有管理、训练和指挥作战的经验。就在这个时期，一批名将应运而生，例如吴起、孙膑、乐毅、白起、廉颇等，都是专职武将。而文官则专职负责朝中政事，不再领兵出征。

可见，文官武将分开的具体时间，应是战国时期。

那么，上朝时，文东武西的列班又起于何时呢？《史记·刘敬叔孙通列传》记载："功臣列侯诸将军军吏以次陈西方，东乡；文官丞相以下陈东方，西乡。"据此可知，文东武西是汉初叔孙通所定的朝仪，文东武西的排列位次也是从这时候开始的。

周瑜被呼为"大都督"，他这个官职与后来的"总督""提督"是一回事吗？

《三国演义》中有这样一段记载。

瑜曰："臣为将军决一血战，万死不辞。只恐将军狐疑不定。"权拔佩剑砍面前奏案一角曰："诸官将有再言降操者，与此案同!"言罢，便将此剑赐周瑜，即封瑜为大都督，程普为副都督，鲁肃为赞军校尉。

从此，这位智勇双全、风流潇洒的周瑜便被人们称为"大都督"。那么，"大都督"是怎样的官职呢？它与后来的"总督""提督"是一回事吗？

一般来说，"大都督"一职是在战时设立的，为作战期间的最高军事领导，战后一般会收回，如司马懿、陆逊等；但也有例外，如周瑜，一直担任该职。

"总督"是在明朝时期开始设立的一种官职，指临时授大臣进行军务巡查，带有军事性质，如宣大总督、陕西三边总督等，其巡查范围有遍及数省者，也有限于一省内若干府州者。明宪宗成化五年（1469年），开始常设两广总督。从那时起，总督兼管民政，成为地方军政首长。清朝时期，设立了众多的总督，比如直隶总督、两广总督、湖广总督、陕甘总督、四川总督等，他们统辖一省或数省的行政、经济及军事事务。

可见，这里的"总督"与"大都督"还是有很大的区别。

"提督"一职从明嘉靖年间开始设立。各省巡抚或镇守总兵官常常加封提督军务、提督等衔，可见，明朝时期的"提督"并不是正式官名。清朝时期则在每个省设置一名提督军务总兵官，属于省绿营兵的最高长官，但是受到"总督"的节制，也不是正式的官名。

可见"大都督"是在战争期间设立的，而"总督""提督"在和平时期也存在，而且，所管理的范围也比"大都督"广，涉及了行政、军事上的事务。如果说三个官职有相同的地方，那就是都负责了一些军事上的事务。

何谓"三省六部"，这种制度是什么时候创立的？

中国历史上曾经实行过"三省六部"制，它是行政权力的一种划分方式，是最早从汉代开始，经隋朝确立，到唐朝完善的一种制度。其中三省是指中书省、门下省、尚书省，六部是指吏部、户部、礼部、兵部、刑部、工部。

唐朝三省为中央最高中枢政务机构，一般为中书决策，门下审核，尚书执行。三省长官分别为中书令（隋为内史令）、门下侍中（隋为纳言）、尚书令共行宰相之职。六部为尚书省属下的中央行政机构，分掌各方面的政务及政令的贯彻执行，并对中央担任具体

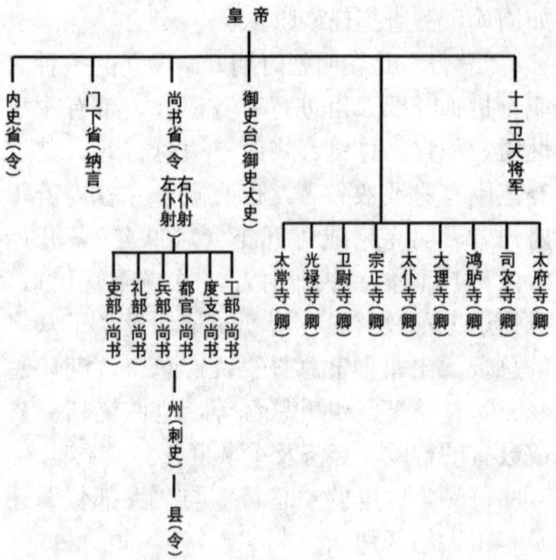

隋三省六部制简表

事务的九寺五监及地方上的府、州、县等，有领导、监督之权。

三省长官共议国政，执宰相之职，他们议政的场所叫政事堂。尚书令位高权大，自隋以来，基本不设（炀帝曾封杨素为尚书令），后唐太宗曾任此职，此后，唐朝不再授人以尚书令之职。左、右仆射代领尚书省事，职务等同宰相。贞观年间，唐太宗也经常召见品位较低的官员同三省长官共议国政，并加以“参知政事”“参预朝政”“参议得失”等头衔，后来又出现“同中书门下三品”“同中书门下平章事”等宰相名号。

这些做法表明皇帝任用宰相的范围已不限于三省长官。宰相成员增多，既便于集思广益，又使之互相牵制，从而避免出现权臣专权的局面。这样，大大加强了中央集权，防止皇帝大权旁落。但是由于职位重复与普遍化，所以三省六部制在唐中叶以后，趋向名存实亡。

宋朝沿用唐朝制度，亦设三省六部。元朝则只保留中书省，后来明代朱元璋废中书省，由皇帝直接领导六部，清代沿用明制，至此三省六部制退出历史舞台。

现在的“省”是一级行政单位，它与古代的“中书省”有关系吗？

“省”在中国指地方的一级行政单位。中国自隋唐以来就存在“三省六部制”，三省分别为中书省、门下省、尚书省。那么这两个“省”之间存在联系吗？

“省”是中华人民共和国的一级行政单位。截至 2006 年 8 月中国共有 34 个省级行政区域——23 个省、5 个自治区、4 个直辖市和 2 个特别行政区。

“省”最早的含义是指天子所居之所。唐朝时中央设三省六部，“尚书省”为其中一个。元代中央行政机关叫“中书省”，又于各地方行政区设“行中书省”，这是中书省的地方派出机关，简称“行省”。后来演变为“省”。现在“省”的概念由此发展而来。

“省”的概念反映出中国古代大一统的思想，是封建社会加强中央集权的象征。它说明中国从来就是一个统一的多民族国家。

知府见知州，谁给谁磕头？

知府和知州都是中国古代官职名，均为地方行政长官。但这两个概念又存在一定的差异，二者在官衔和职能方面都是不同的。

“知府”一词最早产生于唐，当时建都之地称府，以府尹为行政长官。宋升大郡为府，以朝臣充各府长官，称以某官知某府事，简称知府。明以知府为正式官名，为府的行政长官，管辖所属州县。清沿明制不改。知府又尊称太守、府尊，亦称黄堂。

“知州”的产生是为了削夺节度使权力。宋太祖为了防止唐、五代以来藩镇割据的局面重演，规定诸州刺史得直接向朝廷奏报和接受诏令，节度使不得干预除所驻州之外（所谓支郡）的政务。后来，逐步派遣京朝文官接替刺史管理州务，称“权知××州州军事”。“权”表示不是正式职务，只是代理；“知”就是管理的意思；州军事的“州”代表民政，“军”代表军政。简称知州。明、清以知州为正式官名，为各州行政长官。

据《日知录》载：“宋叶适言，五代之患，专在藩镇。艺祖思靖天下，以为不削节度，则其祸不息。于是始置‘通判’，以监统刺史，而分其柄；命文臣权知州事，使名若不正、任若不久者，以轻其权……唐制，京郡乃称府。至宋，则潜藩之地，皆升为府。宋初，太宗、真宗皆尝为开封府尹。后无继者，乃设‘权知府’一人，以待制以上充。”可见，宋以前实行的是秦汉以来的郡县制，并无“府”之说。

不过“州”是很早就有的，比如三国志中刘备曾为“益州牧”。那时候州比郡大，所以州牧就是一方诸侯，但没有“知州”的概念。唐初虽有“府”，但“府”的长官叫府尹，而非知府。准确讲，这两个官职都是宋以后才有的。一般来讲，知府比知州官衔要高，但也有和知府平级的；知州比知县管辖范围广，但也有和知县平级的。

科举制度是什么时候创立的，创立者是谁？

如果说“四大发明”体现的是中国人的具体智慧，那么，科举制度体现的则是中国人在政治制度方面的创造力。可以说，科举制度是中国人政治智慧的杰出体现。因而，有学者将科举制度称为中国的第五大发明。

的确，科举制度不仅改变了中国的社会结构，也塑造了中国人的性格。忧国忧民的士大夫精神，蔑视其他行业的“唯有读书高”的观念，一人得道、鸡犬升天的宗族观念，当官以求富贵的官本位观念，无不打着科举制度的烙印。

那么，这样影响深远的制度是什么时候产生的？又是谁首先提出了这一制度？

隋朝统一全国后，为了加强中央集权，决定由中央亲自选拔官吏。据史料记载，583年正月，隋文帝曾下诏举“贤良”；598年七月，又令五品以上的京官、总管、刺史，以“志行修谨”“清平干济”2科向朝廷举人。隋炀帝时期，607年四月，中央下诏，凡文武百官有职事者，可以“孝悌有闻”“德行敦厚”“结义可称”“操履清洁”“强毅正直”“执宪不饶”“学业优敏”“文才秀美”“才堪将略”“膂力骁壮”10科举人。609年正月，又诏令诸郡以“学业该通，才艺优洽”“膂力骁壮，超绝等伦”“在官勤慎，堪理政事”“立性正直，不避强御”4科举人。但此时的做法，只是为了满足临时选举人才的需要，尚未形成正式的制度。后来，隋炀帝又设置了明经、进士2科，并通过“试策”的方式选举人才，这标志着科举制度的正式诞生。

隋代科举虽然只是草创，但是它已经把读书、应考和做官三者紧密结合起来，为后来科举制度的发展奠定了基础。从此，无论门第高贵还是出身贫寒的读书人，都可凭借才学做官。

科举试卷收上去以后要弥封，这个制度是从何时开始的？

科举考试自隋唐以来，经历了漫长的历史演变。为了防止科举作弊，朝廷创立了弥封和誊录两种方法。现在举行重要考试，最后评卷前密封考生姓名、准考证号等信息的做法，就来源于科举试卷的弥封。

科举制度产生于隋朝，在唐代逐步完善。当时进行的考试，一般举人的姓名、籍贯等身份信息都是公开的，一些豪门贵族在发榜前就能够知道录取结果，考官也可从中玩弄手法，拉拢亲信。武则天时，因吏部选举多有不实，便命令应试举人将试卷上的名字糊起来，暗考以定名次。但是这种做法并未形成一种制度，考官在录取中，仍然“兼采时望，不专词章”。

北宋沿袭唐代旧制，考生“投卷”成风。主考官在去贡院的路上，达官贵人可以向他推荐人才，称为“公荐”。录取后，考生要登门向主考官谢恩，称主考官为“师门”“恩门”，而自称“门生”。为了防止权贵干扰、考官徇私和师生结党，赵匡胤和他的继承人采取了许多有力的措施。

据《宋会要辑稿·选举三》记载，建隆三年九月规定，“今后及第举人，不得辄拜知举官子孙弟侄”，“兼不得呼春官为恩门、师门，亦不得自称门生”。宋太宗淳化三年殿试，礼部采纳将作监丞陈靖的建议，初次实行“糊名考校”法。即在举人考前先糊住其试卷上的姓名、籍贯等项，在决定录取卷后，再拆弥封，查对姓名、籍贯，借以杜绝考官“容私之弊”。咸平二年的礼部考试中，朝廷曾选派官员专司封印卷首。明道二年七月，宋仁宗“诏诸州，自今考试举人，并封弥卷首”。从此，糊名考校就不仅施行于殿试、省试，也施行于诸州府了。这便是弥封制度。

弥封制度实行后，在一定程度上降低了作弊的可能性。但是后来发现有考官指使考生在试卷上暗做记号，有时考官还可以辨认字迹。为了防止这种作弊，朝廷采纳袁州人李夷宾的建议，将考生的试卷另行誊录。大中祥符八年，宋廷专设誊录院，派书吏将试卷抄成副本，考官评卷时只看副本，应举者考试成绩的优劣“一决于文字”。原来贵族和官僚利用科举搞腐败的特权被取消了。但是南渡以后，由于宋王朝的腐朽，徇私舞弊层出不穷，弥封也就流于形式了。

明清科举的“八股取士”是怎么回事，严格到什么程度？

我们经常听人说“八股文”害死人，那什么是“八股”，这种制度真有那么可怕吗？

其实“八股”只是行文的一种体例，但它与中国古代的科举制度密切相关。明代成化年间（1495～1487年），科举考试的方法做了变更，用排偶文体阐发经义，称为“八股”，亦称“时文”“制义”或“制艺”。以后便承袭下来，格式日益严格，而文章内容更加空泛。至清末光绪三十一年（1905年）科举制度被废除，其影响中国长达400多年。

八股文，是指文章由事先规定好的8部分构成。每篇由破题、承题、起讲、入手、起股、中股、后股、束股8部分组成。破题，开首用两句点破题意。承题，用三四句或五六句承接破题的意义加以说明。起讲，用数句或数十句作为议论的开始，只写题大意，宜虚不宜实。入手，一两句或三四句，为起讲后入手之处。以下起股至束股才是正式议论中心。这4股中，每股又都必须有2股排比对偶的语句，一般是一反一正、一虚一实、一浅一深，亦有联属者，共合8股，故名八股文。全篇总字数，顺治时定为550字，康熙时增为650字，最后改作700字。

八股文除了体例要求严格僵化外，从命题范围来讲，只许在“四书五经”范围内命题。应试者还必须按“四书五经”的内容代圣贤立言，不能发表自己的观点。也就是说，八股文从形式到内容都严格到“僵死”的地步，任何人都无法施展，因而具很大的局限性，弊病十分明显。

然而明清取士，却以科举为重，而科举又以八股文为主，于是教育重心当然就完全放在如何教八股文与如何作八股文上了，这就严重束缚了学子的思想与才华。八股文要求的排偶句式不务实，考试内容也仅仅是阐述清楚书中的“圣贤之言”，并不要求学子有任何解决实际问题的能力。这就造成很多考生闭门只读圣贤书，而对百姓和民间疾苦缺乏其本的观察力。最后考中的很多人并无真才实学，只是成为皇帝忠实的奴仆。

明清的科举考试和今天的高考一样吗，与公务员考试一样吗？

自隋唐开科取士以来，中国历代皆有考试制度，至今已有1000多年的历史。今天人们生活中也有各种各样的重要考试，比如想上大学就必须通过高考，想成为公务员要参加公务员考试。有人认为，这是明清以来科举制度的延续，但真的如此吗？

科举制度是中国古代通过考试来选拔人才的制度，它与封建等级和特权密切相关。很多寒门子弟，10年苦读只为一朝能够金榜题名，飞黄腾达。读书人走的道路叫“仕途”，更有人曰：“书中自有千钟粟，书中自有颜如玉，书中自有黄金屋。”于是有了“万般皆下品，唯有读书高”之说。

为何古人认为书中有钱粮、美女和权势地位呢？因为考中举人的人能享受一些特权，可以免除差役和税粮。“官本位”之所以在封建社会根深蒂固，是因为官员掌握国家权力，而考中进士的人又都有官做。所以，读书人无不对科举考试趋之若鹜。明清以来，实行八股取士。这种制度用僵化的文章体例束缚人思想的自由发挥所论之题，千篇一律，老生常谈。

而现代高考和公务员考试不光考查作文的功底，还包括其他自然科学知识。讲究知识的学以致用。通过合理的考查，达到真正选拔有用之才的目的，这与明清禁锢思想，只是为了选拔听命于皇帝的奴仆的考试存在本质差异。单就作文而言，高考或公务员考试题目都较为实际，考生有自由发挥的空间，更为科学。另外，高考录取后，学子并无特权；公务员考试录用，按法律来讲，也没有特权，这是现代考试与古代科举的另一显著差别。

“乌纱帽”有什么特别，为什么会成为官位的别称？

如今，“乌纱帽”已成为“官位”的代名词。那么，“乌纱帽”为什么会成为官位的别称？这又是从何时开始的？

乌纱帽原本是民间的一种便帽，正式作为“官服”则开始于隋朝，兴盛于唐朝，到宋朝时加上了“双翅”，明朝以后，戴乌纱帽才正式成为做官的代名词。

东晋成帝时，在宫廷中做事的官员都戴一种用黑纱制成的帽子，就是最早的“乌纱帽”。南朝宋明帝时期，王休仁对这种帽子做了改进。改进后的乌纱帽在当时很流行，官员百姓都喜欢戴。当时的乌纱帽颜色样式都不固定，全看个人喜好。

直到隋唐时期，乌纱帽仍然是作为常服的帽子。据《中华古今注》记载，唐武德九年（626年），唐太宗李世民下诏书说：“自古以来，天子服乌纱帽，百官士庶皆同服之。”但是，为了适应封建社会的等级制度，隋朝用乌纱帽上的玉饰来显示官职的大小。

宋朝初年，为防止议事期间朝臣们交头接耳，赵匡胤想了一个办法，从此改变了乌纱帽的样式。这种乌纱帽其实叫幞头，是方形的，上面有一折，幞头后背的左右两侧各伸出一只脚，用铁丝或者竹篾为骨，后来慢慢把脚加长。这种幞头貌似庄严，其实在官员群聚的朝廷，甚为不便。至于地位比较低下的公差等都戴交脚或局脚幞头，乐官则戴牛耳幞头、银叶弓脚幞头等。

明太祖朱元璋时期，乌纱帽的命运有了关键性突破。由于官员们特别爱戴乌纱帽，朝廷遂正式将它列为王公百官上朝及处理公务的必要配备。并下了规定：“凡文武百官上朝和办公时，一律要戴乌纱帽，穿圆领衫，束腰带。”从此，乌纱帽成了官员的特有标志。

知识链接

白纱帽

580年以前，不论当官的也好，平民百姓也好，都可以戴乌纱帽。可是，真正显贵的并不是乌纱帽，而是白纱帽。因为白纱帽只有皇帝才能戴。

宋朝末年，宫廷政变，叛将萧道成头上就戴了一顶白纱帽，萧道成便是后来的齐高帝。当时，白纱帽又叫高顶帽，即使皇太子也只能在自己屋子里戴，因为他是未来的君主，而在皇帝面前他也只能戴乌纱帽。

顶戴花翎是什么，官员们为什么要戴这些东西？

随着封建社会的发展，服饰也在不断变化。到了清朝，服饰经过漫长的演变，变得更为系统了。清廷对官员的服饰有极其严格的规定，官位不同，服饰的品质、数量、颜色也各不相同，甚至连帽子上一颗小小的珠子也有各种规定。这体现出森严的等级观念，而顶戴、花翎则是官员级别高低最典型的标志。

“顶戴”，就是官员戴的帽顶。从颜色来看，一、二品是红色；三、四品是蓝色；五、六品是白色；七品以下为金色。即使相同颜色的顶戴也不尽相同，比如，一、二品有纯红和杂红之分；三、四品有亮蓝和暗蓝之分；另外，进士、举人、贡生都戴金顶，生员、监生戴银顶。

此外，“顶戴”上戴的东西也有严格的区分：一品戴珊瑚；二品戴起花珊瑚；三品戴蓝宝石或蓝色明玻璃；四品戴青金石或蓝色涅玻璃；五品戴水晶或白色明玻璃；六品戴砗磲或白色涅玻璃；七品戴素金顶；八品戴起花金顶；九品戴镂花金顶。

“花翎”是皇帝赐予的一种插在帽子上的装饰品。“翎”分“蓝翎”和“花翎”。蓝翎是鹖翎，花翎是孔雀翎，它有单眼、双眼和三眼之分。六品以下的官员只赏给蓝翎，五品以上的官员赏给单眼花翎。双眼花翎赏给大官，三眼花翎只赏给皇族或是有特殊功劳的重臣。

一般来说，除军功外，非“异常劳绩”不得褒奖花翎，而且，限定每案不得超过三名。1848年，因修皇族的族谱，提调官增庆被奏赏花翎。从此，诸如皇上“山陵奉字”、海运事宜、劝捐、抽厘之类，都相互保荐花翎。大保案迭兴，加官加衔，各种新奇花样不可胜举，戴花翎者满街都是。到清朝末年，甚至用钱也可以买到“花翎”，此时，清王朝已到了穷途末路。

明清官服上绣有“禽兽”，为什么要绣这样的图案呢？

看明清时期的电视连续剧，可以看到众文武官员身着官服，头戴官帽，稍加留意不难发现，不论文官还是武官，胸前、背后皆配有动物图案。仔细观察，其图案又有所不同。

有些绣着仙鹤，有些绣着鹌鹑，有些绣着麒麟，有些绣着犀牛。总之，类型多样，不一而足。那么，政府为什么要规定在官服上绣这些图案呢？

原来是为了区分官职的大小。而为这些图案是官服制成后补缀上去的，故被称为“补服”或“补子”。不同的图案代表不同的官阶、身份与贵贱。只要一望官服上的“禽兽”图案，便可知道其人的品位和官阶，这和当今军人制服上的肩章有异曲同工之妙。

文官与武官所补缀的“禽兽”图案也有区别，主要是文官采用飞禽饰样，武官采用走兽图案。

文官补缀的图案分别为：一品为仙鹤，二品为锦鸡，三品为孔雀，四品为云雁，五品为白鹇，六品为鹭鸶，七品为鸂鶒，八品为鹌鹑，九品为练雀。

武官补缀的图案分别为：一品绣麒麟，二品为绣狮，三品绣豹，四品绣虎，五品绣熊罴，六品绣彪，七品绣犀牛，八品与七品相同也绣犀牛，九品绣海马。

制作这些“禽兽”图案的机构，是皇家专门织造丝绸锦缎的织造衙门。皇家织造衙门聚集了天下的能工巧匠，他们用各种绣丝彩料，运用精湛的织绣技术，织绣出了栩栩如生的图案。

织锦一品文官仙鹤补子

织锦都御史獬豸补子

这种补缀制度，到清朝时非常严格，任何人不得随意增添，否则将以刑法论处。如年羹尧的儿子因穿了四团龙补服，在给年羹尧定罪时，就有“非其人，不得服其服，顺礼也”。尽管清廷三令五申禁止私自补缀比自己官职高的“禽兽”，还是有官员因自己的职位低，为了利益，冒着杀头的危险，找绣工造假。而那些只为谋取利益，穿着官服不办实事的官员，便被老百姓称为“衣冠禽兽”。

知识链接

官服上绣“禽兽”溯源

据说，饰以禽兽纹样来区分官员等级的方法最早源于武则天时期。武则天命令内府制作了一种新式的绣袍，就是在袍服上加绣不同的纹样，以区分文武官员品级。具体说就是文官的袍服绣禽，武官的袍服绣兽。成语“衣冠禽兽”就出自这里。可见当初的“衣冠禽兽”并没有什么贬损之意，只是标志而已。

这种新式的绣袍，成为中国历史上又一款新式官服，明清时期的“补子”就是在这种绣袍纹样的基础上发展起来的。

清朝时，汉族大臣连对皇帝自称“奴才”都不可得，这是为什么？

“奴才”一词无疑是个贬义的称谓。可是，在清朝，满族人却以自己是皇上的“奴才”为荣耀，满族人自称“奴才”，表示自己是皇帝的臣子，是皇帝的家奴。而汉臣因为和皇帝没有主奴关系，只有臣子的身份，所以，就不能自称“奴才”。

1773年，也就是乾隆三十八年，天保和马人龙为科场舞弊案共上了一个奏折。奏折开头是这样写的：“奴才天保、马人龙……”看过奏折后，乾隆皇帝大为恼火，斥责马人龙是冒称“奴才”。

乾隆为什么要说马人龙冒称“奴才”呢？因为马人龙是汉人。本来，满族统治者一向严格要求汉人与自己保持一致，他们强迫汉人剃头发，易衣冠，搞得血雨腥风，都是为了让汉人归化于自己，臣服于自己，但唯独不肯让汉人也与自己一样称“奴才”。正因为这个原因，马人龙奏事时自称了“奴才”，才被认为是冒称。

从表面看，“奴才”似乎不如“臣”体面、有尊严，但这种判断与清朝的实际情况相去甚远。鲁迅先生在杂文《隔膜》里写过一段话，实际上回答了这个问题。他说：“满洲人自己，就严分着主奴，大臣奏事，必称‘奴才’，而汉人却称‘臣’就好。这并非因为是‘炎黄之胄’，特地优待，锡以佳名的，其实是所以别于满人的‘奴才’，其地位还下于‘奴才’数等。”

原来，“奴才”是满族人主奴之间的“自家称呼”，非“自家人”的汉人是没有资格这样称呼的。

过去官员出行为什么要鸣锣开道，什么人才能乘坐“八抬大轿”出行？

看古装戏，经常能看到官员出巡的情景。前面有差役鸣锣开道，后面是“八抬大轿”；一时间行人急着闪避，当官的耀武扬威而去。就是这样普通的细节，里面也有很多学问，它与中国古代封建等级制度密切相关。

鸣锣开道，现多用来指为某人或某物的出现做好准备，在过去则是为了宣扬官家的威严和权势。首先锣声的多寡就有讲究。锣鸣7下，表示县太爷起轿或行辕出行；鸣锣9下，是府一级的官员出行；鸣锣11下，代表省、道一级的官员出行；皇帝出行，则要鸣锣13下。

“轿子”也是中国古代官员或贵族喜欢乘坐的交通工具，产生年代非常早。《尚书·益稷》中，大禹自称：“予乘四载，随山刊木。”“四载”当中，就包括原始的轿子。1978年，在河南固始县侯古堆开掘的春秋战国的古墓中出土了3乘肩舆（古轿子）。它们的制作颇为精巧，包括屋顶式和伞顶式两种类型，这说明在此之前，肩舆已有了一段较长的发展过程。

先秦到两晋时期，统治者和官员出行主

要以乘车为主，但轿子一直存在。唐朝时，轿子的使用则仅限于皇帝或妇女、老弱。宋朝时，轿子得到普及，大到皇帝官员，小到普通百姓，皆有使用。按照用途不同，分为3类：皇室王公所用的，称为舆轿；达官贵人所乘的，称为官轿；人们娶亲所用的那种装饰华丽的轿子，则称为花轿。抬轿子的人有多有少，一般2～8人。

人们常说的“八抬大轿”起初是官员等级的一种反映。民间的便轿一般为二人抬，官员则分为四人抬和八人抬。如清朝就规定，凡是三品以上的京官，在京城乘“四人抬”，出京城乘“八人抬”；外省督抚乘“八人抬”，督抚部属乘“四人抬”；三品以上的钦差大臣，乘“八人抬”等。可见在清朝，“八抬大轿”是三品以上官员才能乘坐的，不像“鸣锣开道”，一个小县令也可以。

古代的官府为什么叫衙门，这个说法从何而来呢?

古代，人们都称官府为衙门。这种说法从何而来呢?

由于猛兽拥有利牙，人们便用利牙象征武力，而“爪牙”则指代地位重要的将领。《诗经·小雅·祈父》记载：“祈父，予王之爪牙。”《后汉书集解》记载：“武帝征四夷，有前后左右将军，为国爪牙。”由此可见，古代君王非常器重能力超群的将领，把他们视为左膀右臂，并让他们执掌国家军事和武卫。这些将领就是君王的爪牙——像猛兽的利牙一样。

君王为了突出自己的地位，常常将猛兽的爪牙摆放在办公和指挥场所。后来因为嫌麻烦，就在军营门外的营门两侧，用木头刻画夸张的兽牙作为装饰。这就是“牙门”。可见，“牙门”在古代是一个军事用语，是军旅营门的别称。

至于“牙门”何时演变为“衙门”，并成为官府的代称，没有详细的记录。但据史学家们研究，最迟应该出现在唐代。据唐人封演《丰氏闻见记》记载：“近俗尚武，是以通呼公府为公牙，府门为牙门，字稍讹变转而为衙也。”可见，当时官员都有点尚武精神。宋人周密《齐东野语》中也说：“近世重武，通谓刺史治所曰牙……俚语误转为衙。”

“衙门”一词在唐朝以后更加流行起来。到了北宋以后，人们几乎只知道“衙门”而不知道“牙门”了。以“衙门”为基础，又产生了一系列与官府相关的职业和物品的称谓，如“衙役”“衙内”“衙牌”等。到了近世和当代，“衙门”和“衙门作风”又逐渐演化成官僚主义的代名词。

为什么把报到称为点卯，古代的早朝都是卯时开始的吗?

“点卯”在北京方言中是指“到哪里报到或看一眼”，有打个招呼或应付差事的意思。在古代则是指衙门开办公事和早朝的时间，具体来说，这与中国古代地支计时的方法有密切联系。

古代通常把一天分为十二个时辰，分别用十二地支指代。如子时是指晚上的十一点到凌晨的一点，然后依次是丑、寅、卯、辰、巳、午、未、申、酉、戌、亥。一个时辰对应两小时，卯时就是凌晨的五点到七点这段时间。

以明朝早朝为例，大臣必须午夜起床，穿越半个京城前往午门。凌晨三点，大臣到达午门外等候。当午门城楼上的鼓敲响时，大臣就要排好队伍。到凌晨五点左右钟声响起时，宫门开启。百官依次进入，过金水桥在广场整队。官员中若有咳嗽、吐痰或步履不稳重的，都会被负责纠察的御史记录下来，听候处理。通常，当皇帝驾临太和门或者太和殿时，百官行一跪三叩大礼。大臣向皇帝报告政务，皇帝则提出问题或者做出答复。

可见凌晨五点是宫门开启的时间，皇帝在卯时接见大臣并讨论政务，故有点卯一说。而不需要上朝的官吏则将这个时间作为开办公务的时间。每次事先查点人数时称点卯，吏役听候点名叫应卯，其点名册称为卯册。若需签到，则称为画卯。如李存《义役谣》：

“五更饭罢去画卯，水潦载道归业晡。”

后来点卯制度流于形式，很多官员不过前去报个到或者敷衍应付一下。于是点卯也就有了应付差事的意思。北京是明清两代的定都之地，深受皇权文化的熏陶，于是成为民间俗语也就不足为怪了。

现代人星期天公休，中国古代的官员能休假吗？

现代人工作或学习都是一周公休两天，而在中国古代，普通劳动者是没有休假概念的，官员们的休假制度，则散见于各代官志中。

据《汉律》记载，早在西汉时就有明文规定：“吏员五日一休沐。”意思是公务人员上了四天班，第五天则放假洗澡更衣，修发刮脸。到了东汉，这个制度又有了放宽。据《史记·百万君传》载：“官员每五日洗沐归谒亲。”它规定官员不但可以洗澡更衣等，还可以回家看望老小、夫妇团聚。

到了唐代，休假制度从5日休一天改为10日休一天，即在每月的上旬、中旬、下旬的最末一天休息。除此之外，每年的“清明”“冬至”还放1～3天假，让官员回家祭祀祖宗，称为“至日”。宋朝公务人员的休假制度更加宽松，他们全年的实际休假达到98天。

明朝的休假制度较之宋朝有所改变。月假是3天，加上元旦、元宵、中元、冬至等节日可放假18天，每年休假只有50多天。清朝的休假制度前期基本上沿袭明朝，到后期则发生变化。鸦片战争以后，西方人大量进入中国，他们每星期休假一天，时间一长，国人产生了认同感。到了1910年，清朝政府在上层基本上实行了星期天为公休日制度。

可见，中国古代是有官员的休假制度的，除了正常的公休日，还存在节假日，这与现代相同，但在具体规定上却有差异。中国双休日的规定开始于1995年3月25日，国务院重新发布修改关于职工工作时间的规定，将每周工作时间改为40小时，即实行双休日工时制，从当年5月1日起实施。

西方国家现在的“内阁”与中国古代的“内阁”性质一样吗？

现在电视里经常有“某国首相”来访的新闻报道，这里的首相指的是国家行政首脑，即“内阁首相”。在中国古代也存在内阁大学士的称呼，在明朝时代行宰相职权。二者在性质上有什么差异呢？

“殿阁学士”一说在唐朝时就有，如唐朝集贤殿中的学士、直学士等，其职责主要是编辑图书、发现推荐文学贤才，并不是掌握行政权的中央机构。宋朝设立的“殿阁大学士”名目繁多，如“观文殿、端明殿、龙图阁、天章阁、宝文阁、显谟阁”等学士，但都是给做过宰相的人加上的荣誉衔，无实际职权。

明朝时，朱元璋废除宰相职，由皇帝亲自指挥六部，但又需要有人帮助处理政务。于是“殿阁大学士”一职应运而生。洪武十五年，明仿宋代制度，置华盖殿、谨身殿、武英殿、文渊阁、东阁等大学士，为皇帝顾问。又置文华殿大学士以辅太子，品秩都是正五品。明成祖即位后，特派解缙、胡广、杨荣等入午门值文渊阁，参预机务，称为内阁。仁宗时，任用杨士奇、杨荣为华盖殿、谨身殿大学士，权力加重。明世宗时，改华盖殿为中极殿，改谨身殿为建极殿，将大学士的朝位班次，列在六部尚书之前，地位大大提高。明代之内阁大学士虽无宰相之名，实有宰相之权。

清代沿置，天聪年间设内三院，顺治年间改称内阁。以大学士分兼殿、阁之衔。乾隆年间，规定三殿、三阁大学士之制。但因实权掌握在满洲贵族手中，内阁职权低落，参与重要政务的人多由皇帝指定，不一定是内阁成员。军机处成立后，实权集中到军机处，内阁徒有虚名，仅成为传达皇帝谕旨、公布文告的机关。但名义上仍为清代最高级之官署。

可见“内阁”一词始见于明成祖时期。西方直到20世纪才有“内阁”的称呼并确立其合法性，但产生历史却很早。“内阁制”是君主立宪制的一种形式，内阁是由议会中占多数席位的某个政党或构成多数席位的几个政党联合组成，由国家元首任命的。内阁最初始于英国，由英王的枢密院外交委员会演变而来。17 世纪英国资产阶级革命后，在英王威廉三世时，枢密院与外交委员会已有“内阁”之称。一般认为，正规的内阁制始于英国 1721 年成立的以华尔波尔为首的内阁。以后，内阁这一形式为许多资本主义国家所采用，成为这些国家的最高国家行政机关。内阁首相或总理就是政府首脑。

可见，二者是完全不同的两个概念。中国的“内阁制”虽然产生时间要早，但却是中央集权的反映，内阁成员属于皇帝的心腹或幕僚。西方的“内阁”则是资产阶级革命的产物，其本质是要限制王权，是政府的首脑机关。

“公侯伯子男”是中国创制的爵位制度，还是从国外引入的？

“公侯伯子男”是中国古代的爵位制度，而在西方也有公爵、伯爵或男爵的等级特权制度。那么它是中国本土就有的，还是后来从西方引进的呢？

“公侯伯子男”是中国最早实行的爵位制度。据《通典·职官·封爵》载：“黄帝时，方制万里，为万国，各百里。唐虞夏：建国凡五等：公、侯、伯、子、男。殷：公、侯、伯三等，公百里，侯七十里，伯五十里。周：公、侯、伯、子、男五等，公、侯百里，伯七十里，子、男五十里。周公居摄改制，大其封，公五百里，侯四百里，伯三百里，子二百里，男百里。”《孟子·万章篇》说：“天子一位，公一位，侯一位，伯一位，子、男同一位，凡五等也。君一位，卿一位，大夫一位，上士一位，中士一位，下士一位，凡六等。天子之制，地方千里。公、侯皆百里，伯七十里，子、男五十里，凡四等。不能五十里，不达于天子，附于诸侯曰附庸。天子之卿受地视侯，大夫受地视伯，士受地视子、男。”

不同爵位虽然封地范围有大小，但在本国内的地位和权力却是相等的，仅仅是礼节上的待遇有一定程度的差别。春秋战国时期，中国的诸侯国内部的爵分为有卿、大夫、士三级，每级又分上中下三等。各国按国之大小待遇不同，如《左传》中载“次国之上卿当大国之中，中当其下，下当其上大夫。小国之上卿当大国之下卿，中当其上大夫，下当其下大夫”，凡此种种，以后历代又存在变更和演化。

西方封建社会也存在类似的封爵制度，但是“公爵”“伯爵”这些名词仅仅是我们按照汉语文化术语进行的翻译。以英国的爵位制度为例，五爵制度包括：Duke（公爵）、Marquess（侯爵）、Earl（伯爵）、Viscount（子爵）、Baron（男爵）。下面还有 Baronet（从男爵）、Knight（骑士）等称号。法国与之类似。其他国家如德国将爵位分为十五等，波兰则实行四等爵位（没有子爵），匈牙利为三等爵位，没有侯爵和子爵。

可见，“公侯伯子男”的封爵制度在周朝以前就广泛存在，西方也存在封爵制度，但彼此不存在传承关系。

现今有退休制度，古代官员也可以退休吗？

目前，国家公务员退休年龄为：男 60 岁，女 55 岁。到了这个年龄，就可以回家养老，享受天伦之乐了。

那么，古代官员们也可以退休吗？当然可以，官员退休在古代有一个非常文雅的称谓，叫作“致仕”，意思就是“把官职还给君王”。

《周礼》记载，周朝是“大夫七十而致仕。”即做官的到了 70 岁就要告老还乡，“还禄位于君”。

周以后各朝各代基本都沿用了这个制度。唐朝规定“诸职官年及七十，精力衰耗，例行致仕”。明清两代则改成了 60 岁退休。尤其是清朝，官越小退得越早。低级武官的退休年龄是：参将 54 岁，游击 51 岁，都司守备 48 岁，千总、把总 45 岁。

官员退休后是否依然享受国家的俸禄呢？

唐以前，官员退休后，朝廷就不再发给他们俸禄了。比如，建初六年（公元 81 年），东汉大臣郑均退休后，皇帝只赐给他一个“终身尚书”的空名，没有分毫退休金。

唐代五品以上官员退休后，可拿到一半的禄米。宋代，真宗帝赵恒登基后，朝廷明文规定：文武百官退休后可按其俸禄，给予一半退休金。退休金制度便是从这时候开始的。

由于退休后，权力和地位都失去了，于是，有些官员便运用各种手段，尽量拖延退休时间。但也有不少贤达之士，退休年龄一到就主动退休，把事情让给年轻人来做。

有些人为此还写了退休诗以明心志。南北朝时期的梁代，人称“山中宰相”的陶弘景，既是医学家，也是文学家，退休后便写了一首“退休诗”：

眼前流水自悠悠，歇卧偷闲恋绿畴。
笑看金笼牵鼻去，等闲落得用鞭抽。

“八百里加急”的公文真的要求一天飞驰 800 里吗？

在文艺作品中，常能见到这样精彩的一幕：“一卷黄尘滚滚，骏马飞驰而至，但见人影一晃，跳将下马。大喝：‘八百里加急！御赐金牌，阻者死，逆者亡！’”话音未落，烟尘滚滚中，骑者已如箭一般飞驰而去。

这是古人在快马传递紧急公文，有点像现代的邮政特急件。

古代没有邮局，传递文件靠的是驿站，一般每隔 20 里设一个驿站，一站一站地往下传。文件传递时间则由紧急程度来定，紧急的要求每天 300 里，特别紧急的每天 400 里、600 里，所谓的“800 里加急”，就是特急件。遇到这样的信件，就要用最快的马死命跑，差不多可以日行千里。每到一个驿站换一次，吃喝全在马上。

非到万不得已，一般不会启用 800 里加急送信。因为这样的送信方式基本上是要跑死马的，如果送信人体质差一些，也会劳累过度而亡。历史记载，南北朝的北周宣帝曾亲自驾驭驿马日行 300 里。而唐朝的最紧急通信要求日行 500 里，其级别用的无疑是御马。比如，天宝十四载十一月九日，安禄山在范阳起兵叛乱。唐玄宗则在华清宫，两地相隔 3000 里。可 6 日之内唐玄宗就得到了消息，算下来每天传递速度达到了 500 里。

正如诗人岑参在《初过陇山途中呈字文判官》一诗中所写的“一驿过一驿，驿骑如星流；平明发咸阳，暮及陇山头”。

那么，对于这样紧急的任务，如果被强盗劫去了怎么办？

对于这一点，唐朝律法也有规定，如果耽误的是紧急军事文书，则罪加三等，一旦延误时机导致战事失败则处于绞刑。《唐国史补》中就记载了这样一件事：一个负责签发公文的员外郎，处理从河北发配到岭南的囚犯文书。本来应该向河北、岭南两处发文，因夜间疏忽，只发了岭南一地。事后，这个员外郎就被免了职，而泄露机密的人则被处以绞刑。可见，如此严厉的法律，一般强盗是不会抢劫的。

中国从“共和”元年才有确切的纪年，这个“共和”与民国的“共和”性质一样吗？

通常意义上的“共和”是一种民主制度，指通过选举方式产生国家机关和元首的政权组织方式。但在中国历史上，“共和”元年（公元前 841 年）是有精确时间纪年的开始。这个“共和”与民国时期孙中山倡导的“共和”是一个含义吗？

西周时期，厉王残暴不仁，乱杀谤王者遭到百姓反抗。国人起义后，他逃离镐京，这一年是公元前 841 年，也就是共和元年。关于为何称“共和”有两种说法。

一种说法是，厉王出逃后，周王室一直处于没有国君的局面，一度由朝廷重臣周定公和召穆公共同执政，据说二人经常在一起和其他大臣讨论政务，因此这段时期被称为

“共和”。据《史记·周本纪》记载：“召公、周公二相行政，号曰‘共和’。”宋代大文学家欧阳修《明正统论》亦记载：“昔周厉王之乱，天下无君，周公、召公共行其政十四年，而后宣王立，是周之统尝绝十四年而复续。然为周史者，纪周、召之年谓之共和，而太史公亦列之于‘年表’。”

另外有一种说法认为，“共和”与周、召二公无关，乃是指共伯和代理政事，故名。“共”是西周的一个诸侯国，伯是封爵，“和”乃是共伯之名。意思是当时国内无君，由当时很有声望的共伯和代理政事，因此这一年才被称为“共和”元年。唐代颜师古注：“共，国名也；伯，爵也；和，共伯之名也。共，音恭。”宋代学者赵应麟在其著作《诗地理考·共和》中亦提到：“共伯和者，厉王时之贤诸侯也，诸侯皆往宗焉，因以名其年，谓之共和，凡十四年。按《汲冢纪年》，共伯和干王位，故曰共和。”

可见，以上无论哪一种说法都和孙中山倡导的“共和”理念有区别，后者指的是一种依靠选举制度产生的政权组织形式。

“徙木为信”和“作法自毙”分别是什么意思？

商鞅是战国时期著名的改革家。秦孝公在位期间，先后通过一系列措施使秦国走上富国强兵的道路。“徙木为信”讲的是商鞅在新法公布前通过“徙木”赏金的方式来竖立威信，而“作法自毙”则是他逃亡过程中发生的故事。

“徙木为信”出自西汉司马迁《史记·商君列传》：“商鞅变法令既具，未布，恐民之不信己，乃立三丈之木于国都市南门，募民有能徙置北者予十金。民怪之，莫敢徙。复曰：‘能徙者予五十金。’有一人徙之，辄予五十金，以明不欺。卒下令，令行于民。”说的是商鞅在新法公布前，为了能够取信于民，于是在都城南门外竖立一根3丈之木，并称有能从南门搬到北门者，赏10金。没人响应。后加到50金，有一个人搬了过去，果然得到了50金。这样做显示出商鞅能够言必行、行必果，因此令行无畅，秦国变法取得了成功。

“作法自毙”则来自商鞅逃亡途中的感叹。由于商鞅废除了当时很多世袭贵族的特权，规定按军功大小给予爵位，因此遭到了很多贵族的反对，但由于秦孝公的支持，奈何不得。有一次，太子师触犯了法律，商鞅请示孝公后，依法严惩。太子前去说情，但也无济于事。

后来太子即位，为惠文王。那些痛恨商鞅的贵族便诬陷他谋反。惠文王虽然知道商鞅没有谋反的动机，但由于太子师的事情仍下令捉拿商鞅。商鞅无奈逃出其封地，准备去往他国。这日来到关下，已是傍晚时分。守关士兵云：“商君有令，黄昏后非公事不得出城。”商鞅无奈之下到一家旅店投宿，老板却说：“既是客人我们当然欢迎，请问您是谁，弄不清身份，我会被杀头的。这是商君的法令，违背不得呀！”商鞅当然不敢承认自己的真实身份，走出旅店，不由得仰天长叹：“我这都是作法自毙呀！”

陈胜、吴广起义是中国历史上最早的农民起义吗？

中国最早的农民起义是哪一次？这是个有争议的话题。现在史学家一般认为是陈胜、吴广领导的大泽乡起义，但在此之前也爆发过好几次起义，那么这些起义为什么不被认为是最早的大规模农民起义呢？

据说武王伐纣时，由于兵力空虚，商纣临时释放了大量奴隶，将他们武装起来和武王的军队作战。但奴隶在阵间起义，倒戈相向。西周厉王在位时期，禁止国民谈论国事，采取高压政策和严刑酷法来统治平民。公元前841年，忍无可忍的国人拿起武器，攻入王宫，赶走了残暴昏庸的周厉王，这在历史上被称为“国人暴动”。

春秋末期，有一位非常著名的盗跖。他率领手下9000人，攻城略地，专好杀富济贫，被当时的奴隶主阶层视为“盗”。

战国时期，庄蹻曾领导楚国人民大起义，杨宽的《战国史》称庄蹻是农民起义领袖，在《吕氏春秋》《荀子》和《商君书》上也有记载。这次起义发生在公元前 301 年，比陈胜、吴广起义要早 100 多年。

而秦末的大泽乡起义规模非常大。当时秦二世任用奸相赵高，大量征发人力修建阿房宫和骊山陵墓，又兼以严苛的法律，百姓怨声载道。公元前 209 年，陈胜、吴广一行 900 多名贫苦百姓被征发到渔阳，因大雨所阻，不能按时赶到，依秦律当斩。于是陈胜、吴广喊出“王侯将相，宁有种乎”的口号，率众起义。起义军很快发展到几十万人，给秦朝统治者以毁灭性的打击，但最后由于缺乏统一指挥和战线太长而失败。

史学家一般认为陈胜、吴广起义是中国最早的农民起义。这主要是依据中国历史的社会形态划分，一般认为春秋为奴隶社会逐步解体的阶段，而战国时期封建制度才逐步确立。所以以前的几次起义只能算作是奴隶起义，而不是农民起义；庄蹻领导的起义虽然发生在战国时期，但规模无法和大泽乡起义相比。

“成也萧何，败也萧何”这句话是怎么来的？

“成也萧何，败也萧何”意思是成也由于萧何，败也由于萧何，意为生死成败全系于一人。语出自宋朝洪迈的《容斋续笔·萧何给韩信》：“信之为大将军，实萧何所荐，今其死也，又出其谋。故俚语有‘成也萧何，败也萧何’之语。”

萧何是汉高祖刘邦的宰相，他曾月下追韩信，成就了韩信。但是，韩信之死也是因为他的谋划，所以大将军韩信的生死成败完全系于他，故有“成也萧何，败也萧何”之说。韩信年少家贫，后来投奔项梁，默默无闻；隶属项羽后，也只做个郎中，曾数次献策于项羽，均未被采纳。刘邦入蜀时，韩信弃楚投汉，仅捞到迎宾小吏的职位，却因犯法差点被斩首。他口出狂言，惊动滕公夏侯婴，被荐为治粟都尉。萧何发现韩信是个奇

萧何月下追韩信图　清　佚名　瓷板画

才，向汉王推荐，但仍未获重用。韩信自觉出头无日，便随众将逃亡。萧何未及请示，便月下追韩信。后来韩信被拜为大将军，这便是“成也萧何”。

之后韩信与项羽逐鹿于中原，为汉朝立下赫赫战功，封王列侯。但后来有人告韩信谋反，刘邦便削了他的兵权。陈王谋反，韩信暗中联络，但被家臣告发。吕后想召见韩信，但又恐其不肯就范，于是同萧何商议。萧何老谋深算，派人传旨韩信，声称陈王已经被捉拿斩杀了，列侯、群臣都要进宫朝贺。萧何欺骗韩信道：“你尽管有病在身，也得勉强进宫朝贺，以免皇上生疑。”韩信一时糊涂，踏进宫门，即被吕后预伏的刀斧手劫持捆绑，后在未央宫被杀。这就是“败也萧何”。

总之，萧何在韩信的人生中扮演了一个关键角色。韩信因他而被重用，最后又因为他的机谋而死，着实令人感叹。现在人们便用这个典故比喻事情的成功和失败都是由一个人造成的。

“不入虎穴，焉得虎子”典出何处，它与“投笔从戎”有何联系？

“不入虎穴，焉得虎子”的意思是不进入老虎的洞穴，怎么可能得到虎子呢？比喻不经历艰险，就不能取得成功。语出范晔的《后汉书·班超传》。“投笔从戎”意为扔掉笔，穿上戎装，比喻文人从军。这两个典故都与东汉的班超有关。

班超，字仲升，扶风平陵人，东汉著名

的军事家和外交家。据《后汉书·班超传》记载："为人有大志，不修细节。然内孝谨，居家常执勤苦，不耻劳辱。有口辩，而涉猎书传。永平五年。兄固被召诣校书郎，班超与母随至洛阳。家贫，常为官佣书以供养。久劳苦，尝辍业投笔叹曰：'大丈夫无它志略，犹当效傅介子、张骞立功异域，以取封侯，安能久事笔砚间乎?'左右皆笑之。超曰：'小子安知壮士志哉!'后超出使西域，竟立功封侯。"

"不入虎穴，焉得虎子"的故事便发生在班超出使西域的路途中。班超在西域出使多国，威名远播。一日，班超一行来到鄯善国。国王刚开始热情接待，但一段时间后却又变得十分冷淡。班超知道匈奴使节来访，是国王犹豫不决的缘故。于是召集手下随从商议："最近国王突然对我们变得冷淡，一定是匈奴使节来游说，让他不知该靠向哪边。"

一不做，二不休，班超决定杀了匈奴使节以坚定鄯善国王归顺汉朝的决心。当时他对随从说了句"不入虎穴，焉得虎子"。到了晚上，班超联合随从36人，冲入匈奴营寨，经过一番血战，匈奴使臣全部被杀。鄯善国王无法向匈奴交代，只好答应归顺汉朝。

班超出使西域几十年，加强了与西部少数民族的联系，沉重打击了匈奴的势力，为中国西部边陲的稳定和民族融合做出了重大贡献。

什么是"党锢之祸"，这里的"党"与现在的"政党"是一回事吗?

"党锢之祸"是东汉末年政治生态的反映，它是官僚士大夫和宦官矛盾尖锐化的体现。这里的"党"是指"朋党"，与现在政党的含义不同；"党锢"就是相关人士，如师吏门生、亲戚朋友一律不得重用。

东汉的历史是一部外戚和宦官专权的历史。汉章帝以后，外戚开始掌权，他们"贪孩童以久其政，抑明贤以专其威"，所以扶持了一群娃娃皇帝。和帝时，窦太后临朝称制，其兄窦宪当政，"窦氏父子兄弟并居列位"，"刺史、守令多出其门"。冲帝、质帝时期，外戚梁冀势力更大，皇帝的废立全取决于他。质帝骂他是"跋扈将军"，立即被毒死。

一些小皇帝长大后，手里并无实权，便倚重身边的宦官，以打击外戚势力。和帝、安帝、顺帝、桓帝都是如此。延熹二年，梁冀死后，桓帝把宦官叫到厕所里密谋，并利用宫中卫士剪除了梁氏外戚势力。从此，东汉开始了宦官专权的局面。宦官得到重用后，也和外戚一样，到处扶植势力，安插亲信，形成了一个强而有力的政治集团。

东汉末年的一些豪强地主，属于官僚士大夫阶层，拥有雄厚的经济基础和政治资源。东汉自兴办太学以来，各地儒生多达七八万人。官吏和儒生经常聚在一起抨击朝政，通过上书向皇帝指出宦官专权的危害，并打击了一些宦官势力。其中官僚集团以李膺、陈蕃为首，太学生以郭泰为代表。

宦官为打击他们，公元166年，将李膺等人逮捕，后虽释放，但终身不许做官。灵帝时，外戚解除党禁，欲诛灭宦官。事情败露后，宦官于公元169年将李膺等百余人下狱处死，后又陆续囚禁、流放、处死数百人。后来，灵帝在宦官挟持下下令凡"党人"的门生故吏、父子兄弟，都免官禁锢。历史上称为"党锢之祸"。

"党锢之祸"是东汉末年豪强地主阶层和宦官矛盾激化的反映。它在一定程度上反映了广大人民的愿望，其中体现出的不畏强暴、敢于抗争的精神尤其值得今天的人们学习，在历史上也有其进步意义。

东汉"清议"和魏晋"清谈"是一回事吗，它们各指什么?

在中国历史上，存在"清议"和"清谈"两种现象。清议有两种含义，一指按儒家伦理来选拔人才，二指东汉末年官僚士大夫阶层为打击宦官专权而进行的抨击朝政的活动，谈论内容多和政治有关。"清谈"则属于魏晋名士对哲学的探讨。

清议是庶族反对士族的一项制度。它是

指以儒家的伦理道德为依据，臧否人物。为官者一旦触犯清议，便会丢官免职，被禁锢乡里，不许再入仕。清议禁锢之科的设置从政治上来说是为了利用庶族来遏制士族，但客观上也起到了维护封建家族关系和封建伦理道德的作用。

此外，清议还指东汉末年官僚士大夫阶层和太学生反对宦官、抨击朝政的行为。当时宦官垄断仕途，引起士大夫和儒生等的不满，当时太学生已经发展到3万余人，各郡县的儒生也很多，他们入仕无门，就与官僚士大夫结合，在朝野形成一个庞大的官僚士大夫反宦官专权的社会政治力量。公开与宦官集团相对抗。

清谈则是魏晋文人一种娱乐和消遣的方式。围绕本和末、有和无、动和静、一和多、体和用、言和意、自然和名教等诸多具有哲学意义的命题进行深入的讨论。清谈的进行有一套约定俗成的程式，清谈一般都有交谈的对手，借以引起争辩。争辩或为驳难、或为讨论。

所以二者虽然都有“清”字，但在概念和意旨上却相去甚远。

“上品无寒门”这种现象出现在什么时间，又与什么制度有关？

“上品无寒门，下品无士族”是指在推荐的人才中上品中没有寒门子弟，而下品中没有门阀士族的势力。这与魏晋南北朝时期的九品中正制有关，是中国古代一种选拔和任用官吏的制度。

220年，曹丕称帝后，正式在各州郡设立“中正”官，负责察访本州郡的士人。郡置“中正”，州置“大中正”。大小“中正”又各有属员，叫“访问”。经过“中正”品评，将士人分别定为上上、上中、上下、中上、中中、中下、下上、下中、下下，称为“九品”。这种以“中正”为中心论品定级，选拔任用官吏的制度便是“九品中正制”。

九品中正制选拔人才，主要考察“品状”。所谓“品”就是祖先做过什么大官，有几代人做过官，家世如何。“状”就是品德，但往往并不受重视。中正官在通过调查和访问后，注明个人的“品状”如何，然后向当时主管官员选拔的吏部推荐。品级则完全由世家大族来确定，于是就出现了品状不一的情况。有的品德评语很好，但由于出身寒微，只能定在下品。

九品中正制为世家大族长期操纵政权提供了制度保证，门阀制度得以迅速发展。由于“中正”一职有向朝廷推荐官员的权力，所以地位显赫。一般都是由官居高位的名门大族把持。他们垄断了评定人物的大权，当然不会真正按才能选官，而只会单纯以家世名望高低来决定取舍。

九品中正制虽然给了一些庶族做官的机会，但其弊端是显而易见的。首先，它重家世，轻才德，把真正的贤才排斥在外，而纨绔子弟却高居官位。《晋论》言，崔、卢、王、谢几大士族子弟，胎毛未褪，就已身为列侯，有的尚在襁褓之中，头顶已戴上了乌纱。所谓“上品无寒门，下品无士族”正是这种情况的真实写照。这种状况造成了政治上的腐败。东晋南北朝时，国家权力由王、谢、瘐、桓等几大家族轮流执掌，士族门阀制度与当时国家的任官制度完全结合在一起。

其次，望族高门的士人品第虽高，但才能品德却一般。他们担任中正官后，往往徇私舞弊，贪赃纳贿。即使是不贪赃枉法，他们品评人物也完全凭个人好恶，正直清廉之士难有作为。作为被品评的士人，由于取得上品就可以做大官，不仅本人可获得政治和经济方面的特权，而且子孙后代的仕途也就有了保障。于是一些士族不顾道德廉耻而大肆贿赂中正官，制造假家谱，采取种种卑鄙无耻手段极力钻营奔走。这一度造成当时官场的黑暗。

九品中正制从曹魏时建立，由于政治斗争和农民起义的打击，士族门阀制度走向衰落，以此为政治基础的九品中正选任制度也受到动摇，开始走向末日。隋朝建立后，罢除了九品中正之法，开始实行科举制。

为什么是“东山再起”，而不是“西山”或“南山”？

“东山再起”常用来形容一个人退隐后再度出任要职，也比喻失势后重新得势。出自《晋书·谢安传》：“隐居会稽东山，年逾四十复出为桓温司马，累迁中书、司徒等要职，晋室赖以转危为安。”

淝水之战是中国古代著名的以少胜多的战例，其中一方的指挥就是当时晋朝的宰相谢安。当时前秦军队由苻坚率领，其步兵、骑兵，再加上车辆、马匹、辎重，队伍足有千里长，这使得晋孝武帝和京城的文武百官都慌了神儿，但谢安指挥若定，最后取得了胜利。

谢安是陈郡阳夏人，出身士族，年轻的时候，跟王羲之等人关系很好，经常在会稽东山游乐，吟诗谈文。他在当时的封建士大夫阶层中名望很高，大家都认为他是个非常有才能的人，但是他宁愿隐居在东山，不愿出来做官。有人曾推举他做官，他上任一个多月，就辞职回家了。于是士大夫中开始流传：“谢安不出来做官，百姓怎么办？”到了四十多岁的时候，他才又重新出来做官。由于其长期隐居在东山，所以后人就把他重新出来做官的事称为“东山再起”。

另有一种说法认为“东山再起”指的是宋代宰相李纲。李纲是北宋的主战派，曾力荐岳飞担任抗金的统帅。岳飞为秦桧陷害后，他自己也被贬到离京城最远的海南岛崖州。由于路途遥远和水土不服，李纲到海南东山岭时大病一场，无法继续前行，于是就暂时住在那里。有一次，他去庙里上香算卦，遇高僧指点，便上山修行。后来宋孝宗继位，秦桧被杀，李纲得到赦免并官复原职，一直做到宰相。

这两个故事都是开始时隐居或被罢官，后来再次有所成就。“东山”是他们再起的地点，故有“东山再起”之说。今天我们常用这个词语表达经历失败后再次成功。

“乱七八糟”与历史上哪两场著名的政治大动乱有关？

“乱七八糟”是个成语，也是口语中使用非常广泛的一个词。它常用来形容毫无秩序、乱糟糟的样子。语出自清代曾朴《孽海花》第五回：“你看屋里的图书字画，家伙器皿，布置得清雅整洁，不像公坊以前乱七八糟的样子了。”

“乱七八糟”与中国古代两场政治大动乱有关，分别为“乱七”和“八糟”。“乱七”指的是西汉初年的“七国之乱”，“八糟”指的是晋朝的“八王之乱”，都是皇权斗争激化的产物。

西汉初年，刘邦大量诛杀功臣，铲除异姓王。为了加强刘氏宗族势力，又分封了一批刘姓子弟为王。但是，随着诸侯王的势力扩大，其弊病也显现出来。经过几朝的演变，到景帝时诸王势力越来越大，其中齐、楚、吴三封国几乎占天下之半，严重地威胁着汉王朝的中央政权。大臣晁错建议景帝进行“削藩”，减少诸王的封土。景帝采纳了晁错的建议，引起诸王的强烈不满。景帝三年正月，吴、楚等七国以“诛晁错，清君侧”为名，发动武装叛乱，史称“七国之乱”。景帝听信谗言，诛杀了晁错，但诸王军队不退。景帝派太尉周亚夫率兵征讨。周亚夫以坚壁清野的战术，多次打败七国军队。三月，叛乱基本平定。这便是历史上著名的“周亚夫平七乱”。“乱七”一词，即出于此。

“八糟”指的是晋朝皇室争权夺利的“八王之乱”。西晋初年，司马炎建立晋朝后，担心其他大夫会夺去他的政权，便把皇室子弟分别封为诸侯王，并规定享受许多特权。司马炎死后，继位的惠帝司马衷昏庸无能，贾后把持朝政。为独霸朝野，贾后将皇太子司马遹废为庶人后毒死。赵王伦趁机发动兵变，打出了为太子司马遹报仇的旗号。永康元年，赵王伦发兵进攻洛阳，斩杀贾后及其亲党，一场持续 16 年之久的皇权混战就此开始。由于先后参与这场战乱的共有 8 个同姓王，所以史称“八王之乱”。

“七国之乱”和“八王之乱”都对当时的社会经济造成了很大的影响，老百姓的生活更加困难。因此后人就用“乱七八糟”来表达混乱或无序的状态。

上“凌烟阁”是旧时文臣武将的追求，他们为什么要上这个“阁”？

凌烟阁本为皇宫中的普通阁楼，但因挂有开国功臣的画像而闻名。北周时就曾建凌烟阁，庾信《周柱国大将军纥干弘神道碑》载：“天子画凌烟之阁，言念旧臣；出平乐之宫，实思贤傅。”但唐太宗造凌烟阁的事迹最为出名，上凌烟阁也成为很多文臣武将的追求。

凌烟阁本为贞观时三清殿旁一座普通阁楼，据唐刘肃《大唐新语·褒锡》记载：“贞观十七年，太宗图画太原倡义及秦府功臣赵公长孙无忌、河间王孝恭、蔡公杜如晦、郑公魏徵、梁公房玄龄、申公高士廉、鄂公尉迟敬德、郧公张亮、陈公侯君集、卢公程知节、永兴公虞世南、渝公刘政会、莒公唐俭、英公李绩、胡公秦叔宝等二十四人于凌烟阁，太宗亲为之赞，褚遂良题阁，阎立本画。”

贞观十七年，当时的开国功臣多半已亡故，尚在人世的多已老迈。唐太宗感念他们对国家的贡献，命阎立本在凌烟阁内描绘了24位功臣的图像，由著名书法家褚遂良题词，皆真人大小，经常前往怀旧。764年十一月，即代宗广德二年，代宗在凌烟阁为郭子仪画像，以表彰他的兴唐之功。

可见，凌烟阁是当时置放开国功臣画像的地方。后世文臣武将为了取得功绩和威名，当然心向往之，这已经构成唐朝文化的一部分。如唐代大诗人白居易《题酒瓮呈梦得》诗：“凌烟阁上功无分，伏火炉中药未成，更拟共君何处去，且来同作醉先生。”诗鬼李贺《南园十九首》诗：“请君暂上凌烟阁，若个书生万户侯。”后世也多有“凌烟阁”句，《水浒传》第五十四回：“且教：功名未上凌烟阁，姓字先标聚义厅。”孔尚任《桃花扇·迎驾》：“不要取笑，日后画在凌烟阁上，倒有些神气的。”欧阳予倩《木兰从军》第十场：“不求图画凌烟阁，只为家邦致太平。”

《天官图》为何专画郭子仪，为什么说他“五福俱全”？

《天官图》是中国古代民间悬挂在中堂内的画，画上人物是天官郭子仪。相传郭子仪不但生前功名显赫，而且是个“五福俱全”的人物。何谓“五福”，为什么《天官图》专画郭子仪，而不是别人呢？

郭子仪，汉族，华州郑县人，祖籍山西汾阳。唐代著名的军事家。武举出身，高七尺三寸，勇武不凡。安史之乱时任朔方节度使，在河北打败史思明。后联合回纥收复洛阳、长安两京，功居平乱之首，晋为中书令，封汾阳郡王。代宗时，郭子仪正确地采取了结盟回纥、打击吐蕃的策略，保卫了朝廷的安宁。郭子仪戎马一生，屡建奇功，在当时的朝廷和民间都具有很高的威望。

据《太平广记》说，郭子仪“权倾天下而朝不忌，功盖一代而主不疑，侈穷人欲而君子不罪。富贵寿考，繁衍安泰，终始人伦之盛无缺焉”。此人肚量宽宏，一生共有八子七婿，儿孙满堂，终年85岁。他死后，有人把他的画像悬挂在中堂，称《天官图》，以祈全福全寿，后来在民间流行。

“天官”是老百姓对于郭子仪的尊称，就像民间把关羽尊为武圣人、关帝爷一样。这与他为人大度、与人为善、品德淳厚是分不开的。由于其人生轨迹完全符合中国古代所言的“五福”特征，因此被称为“五福俱全”的人物。

据《尚书·洪范》记载：“五福，一曰寿，二曰富，三曰康宁，四曰攸好德，五曰考终命。”汉桓谭《新论》：“五福，寿、富、贵、安乐、子孙众多。”可见五福指的是长寿、富贵、健康、安乐、善终、子孙众多等含义。郭子仪享年85岁，就是在现在看来也算是长寿了，他一生荣华富贵，善始善终，八子七婿，可谓儿孙满堂。这在古人眼里就是完美人生的一种体现。人们崇敬他，也希望具有和他一样幸福美满的人生，于是称其为“天官”，并绘图加以供奉。

知识链接

五福临门

在中国的传统文化中，蝙蝠是好运和幸福的象征。人们常说的“五福（蝠）临门”，在一些民间绘图中，就是五只蝙蝠相互环绕的样子。

五福，第一福是长寿，第二福是富贵，第三福是康宁，第四福是好德，第五福是善终。长寿是命不夭折而且福寿绵长，富贵是钱财富足而且地位尊贵，康宁是身体健康而且心灵安宁，好德是生性仁善而且宽厚宁静，善终是能预先知道自己的死期或临终时没有遭到横祸，身体没有病痛，自然地离开人间。

唐朝宦官能做监军，宋朝宦官能做最高军事统帅，这是怎么回事？

宦官是指专供皇帝、君主及其家族役使的官员，是中国历史上特有的一种文化现象。在东汉、唐或宋末都曾出现过宦官专权的局面。中国唐朝时期，宦官可以外出监军，宋朝时宦官童贯曾作为最高军事统帅征讨辽。为什么宦官会有这么大的政治影响力呢？

唐朝宦官权力有个逐步膨胀的过程。唐太宗在位时期，鉴于前代宦官干预朝政的历史教训，对宦官限制非常严厉，宦官只是“门阁守御，庭内扫除，廪食而已”，稍有不轨便会遭到严厉的惩罚。武则天执政时，集权于内廷，以牵制外朝的功臣宰相，内官用事开始增多，但并没有形成气候。中宗复位后，韦后当政，为了扩大内朝权势，开始大力发展阉人势力，授予宦官品爵人数增加到3000多人。中宗还派宦官外出监军，开唐代宦官监军的先河。同时，各派政治势力为了窥测上意，探听消息，纷纷巴结拉拢宦官。李隆基为消灭韦后势力，就利用过宦官高力士等人。这说明宦官作为一股政治力量已不可忽视。

唐朝末期，从唐穆宗以后到唐亡的 8 个皇帝之中，有 7 个是宦官拥立的。皇帝为了保住帝位，也只得巴结、纵容宦官，如宦官杨复恭以拥立昭宗有功，自称“定策国老”，骂唐昭宗为“负心门生”，昭宗也无可奈何。“甘露之变”则是宦官专权的典型事件，一日之内 600 多名朝臣被杀，皇帝也被宦官软禁。

北宋宦官数量也有个膨胀的过程。据宋史记载，开国时纸面上的数字为“初定天下，掖庭给事不过五十人”，仁宗皇祐年间，纸面的数字升到了 180 人。南宋的李纲《厚德录》卷记载：仁宗晚年，实际的宦官人数已经超过了 4000 人。北宋徽、钦二朝宦官人数达到高潮，“动以数千”计。北宋的宦官不仅可监军，还可出使和领兵打仗。

宦官专权与中国的封建专制制度密不可分。有时候皇帝为了向外戚夺权，不得不倚重宦官。宦官在皇帝年幼或耽于淫乐时，就可能把持朝政，欺上瞒下，实现专权。唐宋时期，宦官监军制度使其发展了自己的势力，明朝的东厂和西厂也是直接归属太监统领的暴力机关，所以出现宦官专权也就成了一种历史的必然。

“长乐老”冯道堪称“官场不倒翁”，他真是个“奸臣之尤”吗？

在中国历史上，有一位被称为“官场不倒翁”的人冯道。此人先后经历六朝，侍奉过 11 个皇帝，无论谁家天下他都位居高官，朝朝为公卿，而且三次拜相，居相位长达 20 余年。虽然官场不倒，但其政治品德却很值得探讨。后世欧阳修、司马光对其多有鞭挞，谓之“奸臣之尤”。那么，真实的冯道是不是不忠不义之臣呢？

冯道，字可道，自号“长乐老”，瀛洲景城人。其父熟读诸子百家，对道家极为推崇。冯道出生不久，父亲便依据《道德经》开篇的“道可道，非常道；名可名，非常名”，为其取名为道，字可道。冯道年轻时，曾做过幽州刘守光的参军幕僚，后任河东节度使掌书记。后唐庄宗李存勖即位后拜冯道为户部尚书、翰林学士。李存勖死后，明宗即位，因明宗想以文治国，又因冯道“劝进”有功，于是提拔冯道做了宰相，冯道从此开始发迹。石敬瑭灭掉后唐，建立后晋，冯道任司空、同中书门下平章事等职，后又加封司徒兼侍中，封鲁国公。石敬瑭死后，契丹南下中原灭晋，冯道又主动投靠契丹，被封为太傅。后来契丹被迫北撤，大将刘知远建立了后汉政权，冯道官至太师。不久，郭威造反，冯道又率百官迎郭威进入汴京，加入后周政权，被拜为太师兼中书令。冯道死后，被周世宗追封为瀛王。

纵观五代历史，冯道先后任职于后梁、后唐、后晋、契丹、后汉、后周六朝。在那种动荡的时局下，就连皇帝都走马灯般的轮替，而冯道却能一直官运亨通，五代末年，其声望更是一度达到顶峰，实为历朝罕见，因此被称为“官场不倒翁”。而其做官秘诀便是不讲忠义，只看实力，“临难不赴，遇事依违两可，无所操决，唯以圆滑应付为能事”。

何谓“依样画葫芦”，宋朝“不杀文人”的祖训是怎么回事？

“依样画葫芦”又作“依葫芦画瓢”，语出自宋代魏泰《东轩笔录》卷一：“颇闻翰林草制，皆捡前人旧本，改换词语，此乃俗所谓诊样画葫芦耳，何宣力之有？”“不杀文人”的祖训则是宋太祖赵匡胤立下的规矩，与宋代重文轻武的政策有关。

据说北宋初年，有个翰林学士叫陶谷，在太祖身边担任起草各种文书公告的工作。时间一长，他认为自己有功劳，便向宋太祖讨个高官做。谁知宋太祖却认为：“翰林学士起草文告，无非是参照前人的旧本，其间不过换几个字句，充其量不过照葫芦画瓢而已，谈不上有什么贡献。”陶谷深感失望，一气之下就作诗自嘲，其中有两句：“堪笑翰林陶学士，年年依样画葫芦。”从此以后，“依样画葫芦”就成了一句俗语，在百姓中广为流传。

宋太祖虽然对陶谷等文人颇为不屑，但出于巩固政权的考虑，鼓励重文轻武，并留下了“不杀文人”的祖训。他要求后世子孙继位时，都要在他留下的“誓碑”前发誓，其中的一条就是凡上奏章的士大夫绝对不杀，不管他写的奏章多么激烈，都不能杀。文人即使犯了罪，通常也都是被流放了事。此外，宋代大大放宽科举名额，考中进士就可以直接授官。文官可以带兵，最高军事机构枢密院副使也长期由文官担任，北宋时仅狄青一人，南宋时也仅岳飞、韩世忠等名将任到此职。

所以，宋代是文人的乐土。当时文化繁荣昌盛，涌现出一大批文学家、史学家、书法家、画家。“学而优则仕，仕而优则学”成为当时文人的真实写照。没有“廷杖”，没有迫害，有的只是书生意气。虽然党同伐异，却都是忠君爱国。

但是同时对于武将长期戒备的态度以及采取的一些不适当措施，导致宋朝一度出现文强武弱的局面。后来辽、金相继入侵，北宋被迫南迁，最后为元朝所灭。

“溜须”与“拍马”并称，你可知“溜”的是谁人的“须”？

“溜须”常与“拍马”并称，比喻刻意讨好、谄媚他人。那为何“溜须”便是曲意逢迎，“溜”的又是何人之须呢？

这“溜须”之人便是北宋时期飞扬跋扈的副丞相丁谓，我们通常说的“眼中钉”也讲的是他。被“溜须”的是北宋著名宰相寇准，他的很多事迹都在民间流传。一个忠、一个奸，形成了鲜明的对比。

丁谓在宋真宗时即在朝廷的监察、财政部门担任要职。他伙同王钦若大营道观，屡上祥瑞，以迎合帝意，不久升任副宰相，即参知政事。当时的宰相是寇准，丁谓对之毕恭毕敬，唯寇准之言是听。某日，朝中议事，宰相、副宰相等聚在一起用餐，汤水淋漓，沾污了寇准的胡须。丁谓站起来为之揩拂，即溜其须。寇准笑曰：“参政，国之大臣，乃为长官拂须耶？”说得丁谓既羞又恼，从此对寇准怀恨在心，这便是“溜须”的由来。

寇准是北宋的大功臣，他最大的功劳是与契丹订立了“澶渊之盟”。1004 年，辽萧太后、圣宗皇帝率大军南下攻宋，深入宋境。大臣王钦若、陈尧叟主张迁都以避其锋，寇准则力排众议，建议宋真宗御驾亲征，鼓舞士气，打败辽军。皇帝勉从其议，至澶州督战，果然初战告捷，射死辽大将萧挞凛，胜而议和，订和约，史称“澶渊之盟”。从此，宋辽和平共处了 120 多年。

寇准为人耿直，看不惯丁谓的玩弄权术、阿谀谄媚，所以才有上面的讽刺。宋真宗晚年，丁谓抓住寇准工作中的失误，与刘皇后合谋，三贬其官，最后将其流放至广东雷州任参军。丁谓取寇准而代之，升任宰相，独揽朝政，贪污受贿，为所欲为，成为当时老百姓的“眼中钉”。后丁谓与刘皇后发生冲突，也被贬官，流放至崖州（即今海南省三亚市），路过雷州时，丁谓求见寇准，寇准拒而不见，因此人们说寇准是忠臣、丁谓是小人。

“雪中送炭”一词出自何处，最早“送炭”的人是谁？

“雪中送炭”是指在下雪天给人送炭取暖，比喻在别人有困难时给予物质或精神上的帮助。语出自宋代著名诗人范成大《大雪送炭与芥隐》诗：“不是雪中须送炭，聊装风景要诗来。”

南宋著名的诗人范成大一生写了许多脍炙人口的诗歌，深受人们的喜爱。范成大晚年退居故乡石湖，自号石湖居士，他的著作被编为《石湖居士诗集》，其中有一首《大雪送炭与芥隐》诗：“不是雪中须送炭，聊装风景要诗来。”意思是说并不是因为下雪才必须送木炭过来，而是用这个做借口来要诗。

这是“雪中送炭”一词的出处，但典故更早。历史上最早“送炭”的是人楚怀王。战国后期，有一年冬天，楚国降下鹅毛大雪，楚怀王点上炉火、穿上大皮袄后都还觉得寒冷。这令他想到民间百姓的疾苦，沉思一会儿后，下令给全国的贫苦百姓和游客都送去取暖的木炭。人们很高兴，十分感激楚怀王。这就是“雪中送炭”典故的由来。

现在多用来比喻在别人最需要的时候给予帮助。“雪中送炭”常与“锦上添花”相对，世人感叹人情冷暖，就会说：“只有锦上添花，哪得雪中送炭。”

世间雪中送炭者少，锦上添花者众。若一人身处窘境，急需帮助，亲戚朋友避之唯恐不及。雪中送炭者，实乃真感情，故有“千里送鹅毛，礼轻情意重”之说。

什么是“花石纲”，什么是“生辰纲”，它们关乎北宋的兴衰吗？

北宋末年，朝政腐败，宋徽宗喜欢奇花异石，故童贯、蔡京等人在江南设应奉局，置办“花石纲”，以投皇帝之所好。“生辰纲”则见于《水浒传》，该书以宋朝农民起义为背景，其中“生辰纲”为梁中书送给岳父蔡京的礼物。

高太后掌权 8 年后死去，宋哲宗亲政。他重新起用变法派，但是后来的变法者不像王安石那样真心实意地改革朝政，一批投机分子打着变法的幌子，趁机捣乱。宋徽宗赵佶即位后，朝政更加混乱。宦官童贯以改革之名举荐蔡京为相，二人共同为皇帝在江南置办“花石纲”。

“纲”意指一个运输团队，通常十艘船称一“纲”；运送盐的商船队，叫“盐纲”；运粮的叫“粮纲”，专门给皇帝运送花石的船就叫“花石纲”。由于花石船队所过之处，当地的百姓要供应钱粮并出民役，有的地方甚至为了让船队通过，拆毁桥梁，凿坏城郭。因此，江南百姓苦不堪言。

“生辰纲”中，梁中书送给蔡京的是价值十万贯的金银珠宝，可见当时搜刮民脂民膏的程度。在朝中，童贯、蔡京更以改革之名打击了一批正直的大臣，司马光、苏轼、苏辙都先后被流放。

“花石纲”和“生辰纲”是北宋末年朝政

腐败的反映。后来金大举南下，徽、钦二帝被俘，北宋灭亡，史称“靖康之耻”。

“岳母刺字”是真是假，岳飞背上有没有“尽忠报国”四个字?

岳飞是中国南宋时期著名的抗金英雄。相传在他年轻时，岳母在他背上刻下“尽忠报国”四个字。之后岳飞驰骋沙场，报效朝廷，做出一番事业。那么“岳母刺字”真的存在吗?

据后人考证，“岳母刺字”在宋人的笔记和野史中均无记载，包括岳飞的曾孙岳珂所著的《鄂王行实编年》中也没有记录。“岳母刺字”最早见于元人所编的《宋史本传》。书云：“初命何铸鞠之，飞裂裳，以背示铸，有‘尽忠报国’四大字，深入肤理。”但书中并未说明这四个字出自岳母之手。

到明代中叶，岳飞的故事开始广为流传。成化年间创作的《精忠记》，也仅提及岳飞背脊有“赤心救国”字样。明朝末年，李梅草创，冯梦龙改定的《精忠旗传奇》称：“史言飞背有‘精忠报国’四大字，系飞令张宪所刺。”

“岳母刺字”最早见于清乾隆年间杭州钱彩评的《精忠说岳》。该书第二十二回以“结义盟王佐假名，刺精忠岳母训子”为回目。该回讲述岳飞不受杨幺的使者王佐之聘，其母恐日后还有不肖之徒前来勾引岳飞，倘若一时失察受惑，做出不忠之事，英名迟早毁于一旦。于是祷告上苍神灵和祖宗，在岳飞背上刺了“尽忠报国”四个字。该书详细记叙了岳母刺字的整个过程：先在岳飞脊背上用毛笔书写，再用绣花针刺就，然后涂以醋墨，使之永不褪色。但有学者提出，文身刺字是一门特技，有严格的操作程序和技巧，绝非一般常人所能。岳母乃家庭妇女，不可能具有这种技艺，刺字一事显然是作者按照元、明有些传记中的记叙，加以想象发挥，艺术加工出来的。

岳王庙

知识链接

刺配

刺配是中国古代刑罚的一种，是指在面部刺刻标记，押送边疆服役或充军，重者终身不释。此制始于五代的后晋，宋、元、明、清仿用，但“刺”与“配”本是两种不同的刑罚。

“刺”又称“刺字”，源自商、周时期的五刑之中的“墨刑”。秦汉时又称“黥刑”。《说文》云：“黥，墨刑在面也。”墨黥之刑是对犯罪较轻的人的一种刑罚，其方法是在受刑者的面额上刺字，并染上黑色，以作为标记。“配”则从“迁”“徙边”“流”演变而来。东汉末年，“徙边”还成了死刑株连重刑中的一种，如“丈夫处死，妻子徙边”。南北朝时，北魏统治者改“徙边”为“流刑”，是新五刑（死、流、徙、鞭、杖）之一。到了五代，晋高祖滥用刑法，将废止了几百年的墨黥之刑又重新搬出来，“刺配”之刑由此产生。

郑和是七下西洋，还是九下东西洋，他为什么下西洋?

郑和是中国明代的航海家、外交家、武术家。据史书记载，郑和先后7次下西洋，但也有说法认为郑和九下东西洋。为什么有这两种争论，郑和又为什么要下西洋呢?

郑和，又称三保太监。明永乐三年(1405年)，郑和率领载有2.7万名士兵的船队从刘家港出发下西洋；到1433年最后一次航行结束，郑和先后7次下西洋，造访了东南亚、南亚、非洲的很多国家和地区，加强了与它们的联系，弘扬了国威。

但也有人认为，郑和九下东西洋，理由是郑和在下西洋前两年，曾先后到过暹罗（今泰国）、日本等地。研究郑和问题的专家潘群教授1980年发表《郑和使日问题初探》一文，引用了大量史料证明郑和航海次数决不限于7次。1983年，《航海》杂志上发表了一篇署名为志诚的文章，题目便以《郑和九下东西洋》为名，公开表示了对潘群教授的支持。

现在学者考证的结果一般认为，永乐二年，郑和确实曾出使日本，当时由于倭寇劫掠，明成祖派郑和前去晓谕道义。但是，郑和曾在永乐元年下西洋的说法则被认为是不能成立的。由于日本属于“东洋”，所以即使郑和去过日本，也不影响郑和7次下西洋的通俗说法。

郑和下西洋得到了明成祖的支持，主要为了宣扬明朝国威，但也有人认为是为了寻找流亡海外的建文帝。郑和下西洋无论目的是什么，都在客观上起到加强与世界各国联系的作用。

知识链接

三保太监

郑和，原姓马，字三保，宦官，曾与明成祖朱棣出生入死，立下赫赫战功。朱棣当上皇帝后，任命其为内官监太监，由于小字“三保”，所以又被称为“三保太监”。

郑和于洪武四年出生。年少的郑和受父辈影响，对外界产生了强烈的好奇心。明朝统一云南后，郑和被带到南京，做了宦官后到燕王府服役。燕王见他学习刻苦、聪明伶俐，遂选在身边，作为贴身侍卫。“靖难之役”中，郑和跟随朱棣南征北战，建立了许多战功，成为朱棣称帝的主要功臣之一。明成祖朱棣登上皇位之后，赐“郑”姓给郑和，又将其升迁为内官监太监，所以后世多称他为“三保太监”。

作为一个太监，魏忠贤竟被称为“九千九百岁”，这是怎么回事？

魏忠贤是明朝末年的宦官，在明熹宗时期专擅朝政，残酷镇压东林党人，被称为“九千九百岁”。那么这个称呼是如何产生的呢？

魏忠贤，原名李进忠，直隶肃宁人。市井无赖，后为赌债所逼自阉入宫做太监。在宫中结交太子宫太监王安，得其佑庇。后又结识皇长孙朱由校奶妈客氏，对皇长孙则极尽谄媚之事，甚得其欢心。泰昌元年，朱由校即位，就是明熹宗。魏忠贤随之被升为司礼秉笔太监。

当时东林党人士、吏部尚书赵南星，在朝廷中排斥反对派，于是非东林派愤而结交魏忠贤。1624年，魏忠贤遭到杨涟的弹劾，但幸免于难，于是开始大规模迫害镇压东林党人。天启五年，魏忠贤借熊廷弼事件，诬陷东林党的左光斗、杨涟、周起元等人有贪赃之罪，大肆搜捕东林党人。天启六年，魏忠贤又杀害了高攀龙、周宗建、黄尊素、李应升等人，东林书院被拆毁，讲学亦告终止，东林党被彻底消灭。

熹宗是个木匠皇帝，喜欢刀锯斧凿的工作，“朝夕营造”，“每营造得意，即膳饮可忘，寒暑罔觉”。这给魏忠贤把持朝政提供了机会，魏忠贤在各地收养“义子”，各地官吏阿谀奉承，也纷纷为他设立生祠。

魏忠贤喜欢听人谄媚，阉党势力也是不遗余力，投其所好。什么“尧天舜德”“至圣至神”之类的颂词不绝于耳。督饷尚书黄运泰在迎接魏忠贤时，竟行五拜五稽首的大礼，连呼“九千岁”。后来消息不胫而走，全国都知道有个只比皇帝少“一千岁”的魏忠贤。

拍马屁到极致便是“九千九百岁”，只比“万岁”差一点。后来崇祯即位后，魏忠贤遭到弹劾，被流放凤阳，在途中自杀。

第三章

兵法军制·酷刑揭秘

“法律”是个现代词汇，古代法律叫什么，“法”字怎么理解?

无规矩不成方圆，法律就是一种规则和秩序的体现。但是，中国古代虽然律例众多，也有“法”的概念，但却没有“法律”一词。那么古代法律叫什么，“法”字又该如何理解?

“法”之古体字写作“灋”，东汉许慎所著中国第一部字书《说文解字》如此解析：“灋”，刑也。平之如水，从水；廌，所以触不直者去之，从去。“法”以水为旁，喻法应“平之如水”；“灋”字中的“廌”是传说中的一种独角神兽，亦作“獬豸”，此神兽，性中正，辨曲直，故而“古者决讼，令触不直”，“有罪触，无罪则不触”。这反映了上古时代信奉神明裁判，又反映了“法”代表着公平、正直和正义。

法律在中国产生得很早。夏代是中国第一个奴隶制国家，其法律总称为“禹刑”。据《周礼·秋官·司刑》注：“夏刑大辟二百，膑刑三百，宫刑五百，劓刑各千。”商朝的法律制度叫“汤刑”。战国时期，魏国李悝在总结各国刑法典的基础上制定《法经》六篇，即盗、贼、囚、捕、杂、具。《法经》是以刑为主，是诸法并用的第一部封建法典。可见这一时期法律多以“刑”为名。

商鞅变法后，制定《秦律》6 篇，秦灭六国后全面推行，中国第一次建立起全国统一的封建法制。以后汉有《九章律》，魏晋时有《晋律》，《北齐律》，隋有《开皇律》。唐太宗时期，制定《唐律》12 篇，500 条。宋代为《宋刑统》。元世祖忽必烈统一中国后，颁布了《至元新格》，元英宗时制定了《大元通制》。明朝称《大明律》《明大诰》，清朝为《大清律例》。可见，自秦以后，法律多以“律”称，兼以“统”“制”“诰”等名。

“法律”一词来自西方，西学东渐后从日本引入。现代社会提倡依法治国，即依靠法律所确立的规则和秩序实现社会的正义。它是一种裁判的规则和人们应遵守的行为准则。与古代法律相比，中国已改变了过去“民刑不分”“诸法合体”的局面，各项法律制度趋于完善。

古代处决犯人一般在秋季，叫“秋决”，为什么这么安排呢?

在古代，除了秦时一年四季都可以执行死刑，其他各代处决犯人都在入秋以后，这就是古时常说的“秋决”。当然，如果是重要刑犯或处于非常时期，也是要立即处决的。

各朝代行刑的具体月份，也是不一样的。西汉时，在十月至腊月间执行死刑，其他时间不能执行死刑。唐宋时期，除犯恶逆以上及部曲、奴婢杀主之外，其他罪均不得春季执行死刑，否则要判一年徒刑。唐宋时的法律还规定在“雨未晴、夜未明”的情况下也不得执行死刑。有人在计算后认为，唐朝一年里能够执行死刑的日子不到 80 天。

明代规定在秋分以后、立春以前执行死刑，若有在“立春以后至秋分以前处死刑者，杖八十”。那么，为什么要在秋后处决犯人呢?

古时候，由于科学文化的落后，对于人类社会和自然界的一些现象，人们不能正确解释。因此认为在人类和自然界万事万物之外存在着一个支配万物的造世主。灾害、瘟疫、祥瑞、丰年都是造世主赐予的，因而所从事的一切行为必须符合天意。设官、立制不仅要与天意相和谐，刑杀、赦免也不能与天意相违背。春夏是万物滋育生长的季节，秋冬是肃杀蛰藏的季节，秋冬行刑，正是适应天道，顺乎四时。

这种思想发展到西汉，出了个儒学大师董仲舒，他说天意是“任德不任刑”，“先德而后刑”的，所以应当春夏行赏，秋冬行刑。从此，“秋冬行刑”被载入律令而制度化。

直到封建社会最后一个王朝清朝，也规定经朝审应处决的犯人，需在秋季处决。

“秋决”的具体月份随着朝代变更也稍有改动。西汉时期行刑的时间在农历九、十、十一、十二月；到了唐代，执行的时间定在十、十一和十二月。唐代这一规定一直为后世采用，直到清末。

我们常听说“午时三刻问斩”，为什么要选在这个时刻行刑？

我们常听说“午时三刻问斩”问斩，那么，古人为什么要选在“午时三刻”行刑呢？

这就要从古人的时辰划分说起。古人将一昼夜划分为12个时辰，又划为100刻（“刻”指的就是计时的滴漏桶上的刻痕。一昼夜滴完一桶，划分为100刻）。

“午时”大约在今天的中午11点至下午1点之间。午时三刻则将近正午12点，太阳挂在天空中央，是地面上阴影最短的时候。这在当时的人看来是一天当中“阳气”最盛的时候。

古人认为，杀人毕竟是件“阴事”，就算被杀的人真的罪有应得，他的鬼魂也会前来纠缠，会对法官、监斩官、行刑刽子手不利，而在阳气最盛的时候行刑，则可以压抑鬼魂。这应该是“午时三刻”行刑的最主要原因。

另外，“午时三刻”的时候，人的精力最为萧索，处于“伏枕”的边缘，此刻处决犯人，犯人的痛苦相对会小一些。也就是说，选择“午时三刻”行刑也是从体谅犯人的人道主义角度考虑的。

历史上真有“午门斩首”的制度吗？“午门”是什么地方？

古装戏中，大臣得罪了皇帝，皇帝一生气，便下令将其“推出午门斩首”。那么“午门”究竟是指什么地方，中国历史上真的存在这种制度吗？

“午门”在历代宫殿沿革中都存在。紫禁城中午门为正门，位于南北中轴线上，因其居中向阳，位当子午，故名午门。其前有端门、天安门、大清门，其后有太和门（明代称奉天门，后改称皇极门，清代改今名）。各门之内，两侧排列整齐的廊庑。这种以门庑围成广场、层层递进的布局形式是受中国古代“五门三朝”制度的影响，有利于突出皇宫建筑威严肃穆的特点。

午门的平面呈“凹”字形，沿袭了唐朝大明宫含元殿以及宋朝宫殿丹凤门的形制，是从汉代的门阙演变而成。午门分上下两部分，下为墩台，正中开三门，两侧各有一座掖门，俗称“明三暗五”。墩台两侧设上下城台的马道。五个门洞各有用途：中门为皇帝专用，此外，皇帝大婚时，皇后乘坐的喜轿可以从中门进宫；通过殿试选拔的状元、榜眼、探花，在宣布殿试结果后可从中门出宫。东侧门供文武官员出入。西侧门供宗室王公出入。两掖门只在举行大型活动时开启。正楼两侧有钟鼓亭各三间，每遇皇帝亲临天坛、地坛祭祀则钟鼓齐鸣，到太庙祭祀则击鼓，每遇大型活动则钟鼓齐鸣。午门整座建筑高低错落，左右呼应，形若朱雀展翅，故又有“五凤楼”之称。

午门是皇帝举办各种仪式的地方，如颁发诏书。皇帝在立春赐春饼，端午日赐凉糕，重阳日赐花糕也在这里举行仪式。每年腊月初一，要在午门举行颁布次年历书的“颁朔”

典礼。遇到战争，大军凯旋，要在午门举行向皇帝敬献战俘的“献俘礼”。明代皇帝处罚大臣的“廷杖”也在午门举行。

古代皇帝处决臣子一般不在午门举行，一般是押往柴市或菜市进行，如著名的“戊戌六君子”就是在菜市口被杀害的。那为什么会存在“推出午门斩首”的说法呢？这与上面提到的“廷杖”有关。明代时，如果大臣触犯了皇家的尊严，便以“逆鳞”之罪，被绑出午门前御道东侧行“廷杖”之刑。起初只是象征性的责打，后来发展到打死人。如正德十四年皇帝朱厚照要到江南选美女，群臣上谏劝阻，皇帝发怒。大臣舒芬、黄巩等受廷杖者130人，有11人被当场打死。嘉靖皇帝欲追封他的生父兴献王为帝，遭到群臣抵制。群臣百人哭谏于左顺门，皇帝下令施行廷杖惩罚，当场毙命17人，所以民间才有“推出午门斩首”的流传。实际上，午门是紫禁城的入口，绝不会轻易成为“刑场”。

“刑不上大夫”是什么意思，在古代得到彻底贯彻了吗？

“礼不下庶人，刑不上大夫”这句话，出自春秋时期成书的《周礼》。一般解释为“庶人没有资格接受礼遇，大夫拥有特权不受刑”。那么在古代是否真的“刑不上大夫”，它得到贯彻和执行了吗？

“大夫”是中国春秋战国时期官衔的一种品级，当时分为卿、大夫、士三个级别。每级又分为上、中、下。如上大夫就是“大夫”中职位最高的。在古代，官员犯罪，尤其是牵涉到官和民的诉讼中，“刑不上大夫”体现得很充分。例如百姓杀了官，是杀头的大罪，相反，皇室、官员杀死了百姓或奴婢则可能只是“杖责五十”。这是封建等级制度的表现，是人与人之间不平等的表现。

但大夫真的从不被上刑吗？当然不是。一旦触犯皇帝或宗室利益，恐怕就不只是大夫本人上刑，而且还要满门抄斩或灭九族了。比如，身为秦朝丞相的李斯就被腰斩，身为明朝帝王之师的方孝孺被诛十族，等等，这在中国封建社会不胜枚举。

古代同样有“王子犯法，与庶民同罪”的思想，但几乎从未实施。封建统治者对于官僚阶层的浪荡公子有时候可能会给予惩戒，但谁可以轻言处决皇子呢？所以最后也不过是一句空话而已。

有人也曾提出这句话的新解，认为“礼不下庶人，刑不上大夫”中“下”或“上”应做以动用法，表示鄙视或尊崇的含义。那么整个词义就反过来了，就是“礼并不因庶人而废，刑不以大夫为上”，这与现代法律面前人人平等的思想内涵一致。

戏里经常演“三堂会审”，“三堂”指什么，古代真是这样审案吗？

喜欢越剧的朋友都知道，“三堂会审”是《玉堂春》的著名选段。剧中讲述的是书生王金龙和名妓苏三的一段情缘。那么什么是“三堂会审”，古代真有这项制度吗？

越剧《玉堂春》中，南京官家子弟王金龙与名妓苏三发誓白头偕老。王公子钱财被盗，潦倒关王庙。苏三得悉后，赴庙赠金资助，使王金龙得以回到南京。后来，老鸨和山西富商沈延林以假信私下将苏三卖给沈延林为妾，沈延林之妻皮氏“大娘”与赵监生私通，用药毒死沈延林，反诬告苏三。洪洞县官受贿1000两，将苏三问成死罪，解至太原三堂会审。主审官恰为巡按王金龙，遂使冤案平反，王金龙、苏三得以团圆。

剧中的王金龙所任巡按一职，又称“巡按御史”，是古代官僚机构监察机关的一种设置。“三堂会审”指的是刑部、大理寺、御史台共同处理案件的一种制度。公元前221年秦灭六国后，在皇帝之下设置三个最重要的官职，即丞相、太尉、御史大夫，并称三公。丞相掌政务，太尉掌军务，御史大夫掌监察。这种体制奠定了中国几千年官僚政治的基本格局。汉承秦制，监察机构称御史台，长官为御史大夫。唐代监察机构内部形成严密的三院制，其监察制度还有一个特点是御史参与司法审判，重大案件皇帝“则诏下刑部、御史台、大理寺同案之”。这种制度延续到明清，人称“三堂会审”。明改御史台为都察院，与刑部、大理寺合称“三法司”，为中央最高审判机关。凡“三法司”参与审判的称“三司会审”，习惯的说法便是“三堂会审”。

可见“三堂会审”是从唐代开始的一项政治制度，它是统治机关内部监督的一种形式。类似于现在的检察机关，但又有不同。现代检察机关可以直接侦办官员违法的案件，但不参与案件的审理，而是作为公诉人一方存在。

古代有击鼓鸣冤，它是如何来的呢？

经常在电视上看到“击鼓鸣冤”的画面，鼓声一响，官员就必须立刻升堂，处理案件。它是中国古代老百姓申诉的一种方式。那么这种方式是如何产生的呢？

相传西周时期，平民如有冤情便可击鼓请求帝王的接见。从那时起，历朝历代，皇帝都将鼓设在宫外，鼓声将百姓的不平与冤屈上达朝廷。这种鼓叫登闻鼓，也称露鼓。汉代更是有专人管理，凡有人击鼓言事，所有人员都要提供方便，不准阻拦。

“击鼓鸣冤”真正形成诉讼制度是在汉代，这背后还有个流传很广的故事。汉高祖刘邦有个侄子依仗权势，胡作非为。一天，京城少女苏小娥正在街上行走，皇侄见她貌美若仙，遂生邪念上前调戏，被苏小娥一巴掌打在脸上。皇侄恼羞成怒，便要动手打人。这时一个好汉路过，拔刀相助。皇侄哪肯示弱，于是命令手下动武。一名手下刺大汉不成反刺中了皇侄的肚皮，致使其瞬间毙命。皇侄的爪牙恶人先告状，诬陷好汉杀人。刘邦闻悉，下令将大汉收监，准备处死。

苏小娥脱险后，深感内疚，决定独闯金殿。她和妹妹各持一小鼓小锣，来到金殿门前，边敲边高喊“冤枉”。锣鼓声频传，惊扰了刘邦。刘邦怒问何故，小娥回报：“万岁，小女若不击锣鼓，怎能面君，我的冤情如何得申呢？”接着便把皇侄劣迹陈述一番，然后指出真正凶手。刘邦听完，召囚犯和皇侄手下人对质。结果，奴才被斩，好汉被放，小娥平安回家。百姓闻讯，无不赞颂高祖英明。

此后，刘邦特传下圣旨，命令各级衙门必须左右各摆一面大鼓和一口大钟，并规定钟鼓一响官必上堂。这便是“击鼓鸣冤”的由来。宋朝时，钦宗为了议和而罢免主战派李纲，以太学生陈东等为首的数万人击鼓喊冤，上书要求复用李纲。清朝时规定“必关军国大务、大贪大恶、奇冤异惨”方可击鼓。上诉程序从基层到各衙门仍不得申冤者，方许擂鼓，否则要处以重刑，而且擂鼓之声并非都“直达圣听”。

历史上有“春秋决狱”的说法，它是说春天秋天才审案吗？

中国是一个重视伦理和道德的国家，传统伦理观念也必然会反映到法律制度上。这便是西汉董仲舒提倡的“春秋决狱”。“春秋决狱”不是字面理解的“在春秋两季审理案件”，而是一项法律裁判的原则。

《春秋》是孔子修订的一部鲁国的编年史。所谓“春秋决狱”便是用孔子的思想来对犯罪事实进行分析、定罪。即除了用法律外，可以用《易经》《诗经》《尚书》《礼记》《乐经》《春秋》六经中的思想来作为判决案件的依据。

春秋决狱主要是根据案件的事实，并同时追究犯罪人的动机来断案。如果他的动机是好的，那么一般要从轻处理，甚至可以免罪。如果动机是邪恶的，即使有好的结果，也要受到严厉的惩罚，犯罪未遂也要按照已遂处罚。首犯要从重处罚。

董仲舒关于断狱的案例还曾被汇编成十卷的《春秋决狱比》，在两汉的司法实践中被经常引用。到现在，原来的案例遗失很多，现存史料中仅记载了少量案例。如“父子相互隐匿不为罪”，他认为父子关系亲密，相互隐匿为人之常情，且《春秋》上有云，父子一方犯罪后可相互隐藏。所以不构成犯罪，唐朝亦采此说。

再如儿子误伤父亲，按律当处死。但考虑到动机并非真心忤逆，所以应为无罪。若父子关系已断绝，一方殴打另一方，不作“打父亲判死罪”处。

从这些案例中，我们可以看出，董仲舒提倡的决狱方式是以“父子”为基本框架的，这也是三纲五常的核心内容。其实法律是道德的底线，现代社会中动机和伦理也是法律考虑的范畴，如动机是可以作为量刑情节考虑的。董仲舒虽然也尊重事实，提出区分“既遂”和“未遂”，“首犯”和“从犯”之别，在当时具有进步意义，但与现代法制精神仍然存在差距。

古代审讯有“五听”的要求，“五听”具体指什么？

“五听”是指中国古代审判官在审判活动中，观察当事人心理活动的5种方法。这种手段始于西周，对后世影响较大。

《周礼・秋官・小司寇》记载：“以五声听狱讼，求民情，一曰辞听；二曰色听；三曰气听；四曰耳听；五曰目听。”后人注释，辞听是“观其出言，不直则烦”，指听当事人陈述，理亏则语无伦次；色听是“察其颜色，不直则赧”，指观察当事人表情，理亏则面红耳赤；气听是“观其气息，不直则喘”，指听当事人陈述时的呼吸，理亏则气喘；耳听是“观其聆听，不直则惑”，指观察当事人的听觉反应，理亏则听觉失灵；目听是“观其眸子视，不直则然”，指观察当事人眼睛，理亏则不敢正视。

自西周起，以后各朝各代均将“五听”作为刑事审判的重要手段，如《唐六典》规定：“凡察狱之官，先备五听。”

直到清朝，“五听”仍然是刑讯的后盾。

人们往往把罪大恶极的人称为“十恶不赦”，这“十恶”具体指的是什么？

形容一个人恶贯满盈的时候，我们经常会用到一个词“十恶不赦”，表示这个人罪大恶极、不可饶恕。在现代汉语中，“十恶”是泛指重大的罪行。

但是，在中国古代，“十恶”却是实有所指的。那么，“十恶”到底是指哪十种罪恶呢？

有律法规定的“十恶”，制定于1300年前的北齐。到了隋唐时期，内容略有增删，并正式定名为“十恶”写在法典的最前面。以后经历宋、元、明、清各代，都规定犯了“十恶”罪不能赦免。

“十恶”罪具体指的是：

1. 企图推翻朝政的谋反罪。对统治阶级来说，谋反罪历来都是十恶之首。

2. 毁坏皇室的宗庙、陵墓和宫殿的谋大逆。

3. 背叛朝廷的谋叛罪。

4. 殴打和谋杀祖父母、父母、伯叔等尊长的恶逆罪。

5. 杀一家非死罪3人及肢解人的不道罪。

6. 冒犯帝室尊严的大不敬罪，包括偷盗皇帝祭祀的器具和皇帝的日常用品，伪造御用药品以及误犯食禁等违法行为。

7. 不孝敬祖父母、父母，或在守孝期间结婚、作乐等不孝罪。

8. 谋杀亲属，或女子殴打、控告丈夫等不睦罪。

9. 官吏之间互相杀害，士卒杀长官，学生杀老师，女子闻丈夫死而不举哀或立即改嫁等不义罪。

10. 亲属之间通奸或强奸等内乱罪。

可以说，“十恶”之罪直接危害了君权、父权、神权和夫权，危害了封建专制制度，所以，“十恶”之罪确立后，历代封建法典皆将之作为不可以得到赦免的重罪。由于其影响深广，所以人们一接触到罪恶大、不可宽恕的事情，很自然就想到“十恶不赦”这个词。

知识链接

十恶最初指什么?

"十恶",最初是佛教用语,指 10 种招致地狱、饿鬼和畜生"三恶道"苦报的恶业,行"十恶"而程度严重的,要受大苦报。故又称"十恶业道"。《佛说未曾有经》说,"十恶"为:"起罪之由,为身、口、意。身业不善:杀、盗、邪淫;口业不善:妄言、两舌、恶口、绮语;意业不善:嫉妒、嗔恚、傲慢邪见。是为十恶,受恶罪报。今当一心忏悔。"

古代最残酷的刑罚是"诛九族",可是却有"诛十族"之事,这是怎么回事?

族诛是中国古代一种残酷的刑罚制度,即一人犯罪而实行残酷的株连法,尤其是犯了大罪,往往要被诛灭"九族",即"株连九族"。

那么,"诛十族"是怎么回事呢?这事要从明成祖朱棣说起。

朱棣夺取皇位后,颁布了一个奸臣榜,上榜之人都是对他登基进行过干扰的六部九卿大臣。然后,朱棣举起屠刀,将这些人一批批屠杀干净。其中,方孝孺死得最为惨烈,"被诛十族"。

为什么唯独方孝孺会被诛了十族呢?

燕王朱棣攻破南京后,方孝孺始终闭门不出,终日号哭。朱棣召他进宫,他也坚決不从。于是,朱棣将他逮捕下狱,并派人轮番劝说。可劝说者都被方孝孺骂回。

朱棣即位时要草拟诏书,大家纷纷推荐方孝孺。方孝孺不但没有理会朱棣,反而存心要为建文帝鸣不平。他身穿孝服,在大殿上痛哭不止。

朱棣离座劝慰他说:"先生不要自己苦自己。我只是效法周公辅佐成王而已。"

方孝孺问:"成王在哪里?"

朱棣回答:"他已经自焚死了。"

方孝孺又问:"为什么不立成王的儿子为皇帝?"

朱棣道:"他尚年幼,国家需要有能力的大人来治理。"

方孝孺步步紧逼:"那为什么不立成王的弟弟呢?"

朱棣此时已经很不高兴,他强压住心中的怒火说:"这是朕的家事。"同时,朱棣命人备好笔墨纸砚,请方孝孺起草即位诏书。

方孝孺挥笔写下了几个大字:"燕王篡位。"并高声说:"你就是杀了我,我也不会给你起草诏书。"

朱棣说道:"哪那么容易死!你就不怕灭九族?"

方孝孺厉声喊道:"即便是诛十族又怎么样!"

就是这一声喊,喊出了中国历史上绝无仅有的"十族"之诛。

不久,方孝孺的家人宗亲连同门生故旧共计 873 人被磔杀于市,整个行刑过程持续了 7 天。同时株连的 1000 多人被发配充军。十族全部清理完后,朱棣才对方孝孺本人下手。

1402 年,时年 45 岁的方孝孺被磔杀于聚宝门外(今南京雨花台东麓)。

知识链接

方孝孺

明代大臣方孝孺(1357～1402),字希直,又字希古,人称正学先生,浙江定海人,著名学者、文学家、散文家、思想家,其才学文章在当时颇负盛名,曾负责《明太祖实录》等书的编修。约洪武九年(1376 年)拜宋濂为师,洪武十五年,受明太祖朱元璋召见,洪武二十五年授汉中教授。

为什么把砍头叫作"枭首",这种古代刑罚跟枭有关吗?

为什么古人将砍头叫作"枭首"呢?这种刑罚和枭有关系吗?

传说,枭是中国上古时期的一种食肉鸟,羽色黑褐,头上长着两根上翘于天的白色羽毛,和猫头鹰极为相似。

由于它在出生后会把父母吃掉，只剩一个头颅，因而被古人认定为天下第一狠毒凶险的动物。所以，古人有“枭雄”“枭将”“毒枭”“枭首示众”等说法。

“枭雄”为雄霸一方的王者，“枭将”是战场上能征善战的人，“毒枭”为手段狠毒异常的人，“枭首示众”则是把人的脑袋砍下来并悬挂于高竿上警示世人。

可是，枭在出生后为什么要吃掉自己的父母呢？

在母枭孵化小枭的时候，由于没有食物可吃，公枭便把自己的身体奉献出来，公枭跳起来，用自己有力的勾喙咬住枭巢上方树枝，从此便不再松口。

处于孵化期的母枭在饥饿难耐的时候，便用锋利似刀的勾喙啄食公枭的身体充饥，直到小枭出生。

小枭出生后，母枭没有任何食物可以喂它。它只能像公枭那样将身体奉献出来，作为小枭飞离枭巢前的“食物”。母枭先给小枭示范：它跳跃起来啄食悬吊着的公枭残骸，等树枝上仅留下枭首，母枭便会毫不犹豫地用最后一丝力气，将身体悬吊在公枭咬住的那根树枝上。

小枭饥寒交迫之下，按照母枭示范的样子，奋不顾身地去撕咬“食物”，为了吃到下一口“食物”，小枭唯一能做的就是死命地腾跳啄食。最后，小枭出窝了，树枝上又多了一只枭首。

凌迟为什么又叫千刀万剐？这种酷刑真的是将人割上千万刀吗？

凌迟是中国古代封建社会最惨无人道的刑罚。凌迟本来写作“陵迟”，是指山丘较缓的斜坡，后来用作刑罚的名称，主要取缓慢之意，指用一种很慢的速度将人处死。

凌迟最早出现在五代时期，正式成为一种刑罚是在辽。金、元、明、清都将凌迟规定为法定刑。在明朝及明以前，这种刑罚主要用来处罚那些十恶不赦的罪犯，如谋反、大逆等。到清朝乾隆时期，一些触犯伦理道德的重罪，如打骂父母或公婆、儿子杀父亲、妻子杀丈夫等，也会被处以凌迟。

凌迟刑的历代行刑方法是有区别的。一般是切八刀，先切头面，然后是手足，再是胸腹，再是枭首，最后肢解。

明朝时期，凌迟超过了千刀。被凌迟处死的太监刘瑾，据说被割了 3 天，共 3357 刀。第 1 天割完后，刘瑾还喝了一点粥，第 2 天继续。

清朝时期，凌迟的刀数不同于明朝，并有几种不同的切法。

有切 24 刀的，也有切 36 刀、72 刀和 120 刀的。

凌迟刑是一种相当残忍的处刑方式，一刀一刀地割去人身上的肉，直到差不多把肉割尽，才剖腹断首，使犯人毙命，所以，民间也叫凌迟为“千刀万剐”。

清朝光绪年间，大臣沈家本在修订法律时，奏请删除凌迟等重刑，得到清廷准奏——凌迟、枭首、戮尸等法“永远删除，俱改斩决”。

司马迁所受的“宫刑”是什么样的刑罚？

司马迁是中国古代著名的史学家，鲁迅曾称赞他的《史记》为“史家之绝唱，无韵之离骚”。他本为汉武帝史官，后触犯帝威而被施以“宫刑”。那么什么是“宫刑”，为何遭受这种刑罚会令司马迁感到耻辱呢？

天汉二年，汉武帝派李广利领兵讨伐匈奴，另派李广的孙子、别将李陵随从李广利押运辎重。李陵带领步卒 5000 人出居延，孤军深入浚稽山，与单于遭遇。匈奴以 8 万骑兵围攻李陵。经过八昼夜的战斗，李陵斩杀了 1 万多匈奴，但由于得不到主力部队的增援，不幸被俘。由于信息传递有误，朝廷接到的消息说李陵投降了匈奴。汉武帝十分愤怒，询问太史令司马迁的看法，司马迁替李陵辩护，结果被打入大牢。后又传出李陵带匈奴兵攻打汉朝的消息，汉武帝信以为真，处死了李陵的母亲和妻子。司马迁也因此被判死刑。

按照汉朝刑法，死刑有两种减免办法：一是拿 50 万钱赎罪，二是受“腐刑”。司马迁官小家贫，当然拿不出这么多钱赎罪。腐刑既残酷地摧残人的身体和精神，也是对人格的极大侮辱。司马迁当然不愿意忍受这样的刑罚，悲痛欲绝的他甚至想到了自杀，可他最终还是选择了面对。据《史记》记载：“是以肠一日而九回，居则忽忽若有所亡，出则不知所往。每念斯耻，汗未尝不发背沾衣也。”因为受辱，所以坚韧，也才有了《史记》。

“宫刑”中“宫”作动词，即“丈夫割其势，女子闭于宫”，就是阉割男子生殖器、破坏女子生殖机能的一种肉刑。宫刑又称蚕室、腐刑、阴刑和椓刑。宫刑是古代最残忍的刑罚，为五刑之一，仅次于大辟（斩首）。

古代有对女子的“幽闭”酷刑，这是一种怎样的刑罚？

“幽闭”是对女子实施的宫刑，开始于秦汉。王夫之《识少录》中说：“传谓‘男子去势，妇人幽闭’，皆不知幽闭之义。”那么“幽闭”究竟是怎么回事呢？

鲁迅在《病后杂谈》中说：“对于这种刑罚，向来不大有人提起那方法，但总之是决非将她关起来，或者将它缝起来。近时好像被我查出一点大概来了，那办法的凶恶，妥当，而又合乎解剖学，真使我不得不吃惊。”鲁迅没有细说“幽闭”是怎么回事，他可能只是不忍说出或实在是耻于说出祖宗的这桩“伟大发明”。

清朝褚人获《坚瓠集》，在卷四里有“妇人幽闭”一条，作者引用明代王兆云《碣石剩谈》中的一段话，把“幽闭”解释为用“木槌击妇人胸腹，即有一物坠而掩其牝户，只能便溺，而人道永废矣。是幽闭之说也。今妇有患阴颓病者，亦有物闭之，甚则露于外，谓之颓葫芦，终身与夫异榻”。王兆云自称，这个解释得自“刑部员外许公”，大概是可信的。由此可见，“幽闭”就是人为地造成的子宫脱垂，是破坏女性生殖器官的酷刑。古人亦认为这是仅次于死的酷刑。所以王夫之说：“国初用此，而女往往多死，故不可行也。”大概正因为这样，此刑渐废。

宫刑与五刑中的其他四刑一样，后来被废除，这是人类进步的必然。

古代的“笞刑”只打屁股不打背，这是谁规定的？

“笞刑”是一种抽打犯人身体的刑罚，一般只打屁股不打背，并且对于施刑用的竹板也有详细规定。那么这个刑罚最初是如何产生的，只打屁股不打背又是谁规定的呢？

先秦时期，五刑为墨、劓、刵、宫、辟，都是破坏人体器官的残忍刑罚。到了汉朝，统治者有感于前朝统治者因严刑峻法灭亡的教训，制定了新五刑，就是人们常说的笞、杖、徒、流、死 5 种。笞是其中最轻的一种，汉以前虽然也有，但并非主要的刑种。汉文帝时实行刑法改革，笞刑从此成为常用的刑种。

但最初的笞刑并不规范，笞打什么部位、用什么刑具、怎样施刑，都没有严格的规定，笞数最多竟达 400，常常是刑未毕而人已亡。汉景帝八年颁布《棰律》，对笞刑做了详细的规定。规定用刑的部位为“臀”，这样就避开了人最重要的胸、腹、腰等要害部位。但并不包括笞背，相传只打屁股不打背的做法是唐太宗规定的。

甄权是唐初著名的针灸学家，曾长期担任潞州地方官李袭誉的随军征士。后来李袭誉官至少府监，甄权拿自己精心绘制的《明堂人形图》给他看。李袭誉将其献给唐太宗，李世民觉得很有用处，就下令修订，修订完成后唐太宗仔细观阅，他发现人体经络穴位多集中于胸和背，而臀部穴位则较少。唐太宗于是联想到五刑中的笞刑，遂下令以后施行“笞刑”一律不准打背，而只能打屁股，这便是只打屁股不打背的由来。

笞刑其实是一种很残酷的刑罚。关汉卿的《窦娥冤》中，窦娥这样唱道：“一杖下，一片血，一层皮。”足见其残忍。唐太宗的做法一定程度上避免了将罪犯打死，在当时是一种进步。现在世界各国已基本废除笞刑，这是人类法制文明的进步。

“象刑”是一种什么刑？中国历史上到底有没有这种刑罚？

美国作家霍桑的小说《红字》中，海丝特·白兰在丈夫两年生死不明、杳无音信的情况下，与丁梅斯代尔牧师相爱，并生下了女儿小珠儿。由于私自相爱，海丝特被判“通奸罪”，衣服上被强制绣上一个红字“A”。这红字“A”就是一种象征性的惩罚，意味着一个人被同类永久地、彻底地抛弃。

那么，“象刑”是一种怎样的惩罚，中国历史上有没有这种刑罚呢？

部分人士认为，“象刑”在上古时代就是象征性的刑罚，即用“画衣冠、别章服”的办法来代替肉体刑罚，以此达到惩戒的目的。

也有人认为，上古时代根本就没有肉刑，只有“象刑”。因为那时的老百姓根本就不犯法，即使有个别的违法行为，大家也只是用“象刑”警示他们，使他们因心理上感到羞耻而悔改。

荀子却认为，所谓“象刑”根本就不存在，是后人臆想的，他说：“杀人者不死而伤人者不刑，是谓惠暴而宽贼也。”意思是说，假如只是象征性地惩罚一下，不是太便宜恶人了吗？

荀子说得可能有点绝对，因为中国传统社会的治理方式主要是道德教化。最理想的境界就是民受教化而至淳朴，路不拾遗，夜不闭户，官员无案可审，监狱为空。

不管怎样，一个尊重犯人人格和尊严的社会，不仅是历史的进步，也是社会文明的象征。

为什么监狱又叫“班房”，古代监狱演进情况如何？

在古代，监狱里关押的主要是未决犯，即未经最后裁决的等待秋审的人犯。而那些已经批复的徒、流犯，则要解赴配所的驿站、仓场、衙门、军营、边疆做各种劳役和杂务，如无危险甚至可不收监。

当然，监狱也关押新捕获的案犯和解囚路过的人犯。

而班房则相当于“看守所”。衙役拘捕或传唤来人犯、人证等，恐其逃脱，延误审判，又想乘机敲诈，于是就有了“班馆”的出现。发展到现在，人们就用班房泛指监狱了。

那么，古代监狱经过了怎样的演变呢？

远古时代，狱是用来驯养野兽的栅栏或岩穴。到了氏族社会，狱则用来关押俘虏。到夏朝，正式出现了中国最早的监狱。

商周时期，监狱也叫“圉”“圜土”或者“囹圄”。周朝监狱中关押的犯人，如果能改过自新，重罪3年后释放，中罪2年后释放，轻罪1年释放，但是释放后3年内不能被当平民对待。

到了春秋战国时代，监狱规模不断扩大。到秦朝时，监狱数量更多，基本上各郡县都有监狱。秦律中已有了监狱管理方面的详细规定。

汉朝时期的监狱更多更滥，中央设廷尉狱，各官府、地方各县也自行设置监狱。当时，全国有监狱2000多所。像这样监狱泛滥的现象，在东汉以后得到了改变——实行了地方州县各置监狱的制度。

后世多沿袭东汉的监狱体制，只是在形式上有所改变。隋唐以大理寺为中央司法机关，设大理狱；明清以刑部为中央司法机关，改设刑部监狱，同时对监狱的管理也做了明确规定。

知识链接

中国最早提出创建监狱的人

皋陶，与尧、舜、禹同为“上古四圣”，是舜帝执政时期的士师，相当于国家司法长官。皋陶又是上古时期伟大的政治家、思想家、教育家，被史学界和司法界公认为是“司法鼻祖”，他的“法治”“德治”思想，与今天的“依法治国”和“以德治国”有着很深的历史渊源。唐玄宗以李氏始祖皋陶为荣，于天宝二年（公元743年）追封其为“德明皇帝”。皋陶被认为是中国最早提出创建监狱的人。

古代军队为什么把人头称为“首级”，与军功有关吗？

“首”是象形字，在古代汉语中就是“头”的意思。金文中，上半部分代指头皮和毛发，下半部分则指人的脸部和五官。“首级”也是表示头颅的含义，那么“首”和“级”是从什么时候起联系到一起的呢？

这与中国古代的军功制度密不可分。古代打仗，无论将军还是士兵，都希望能够建功立业。评定军功的大小主要看杀敌的多寡。战国时清点记功，有采取割敌左耳的方式。如《左传·宣公二年》中记载“俘二百五十人，馘百人”，其中“馘”就是割敌耳朵的含义，意为杀了100多人。

“首”和“级”联系起来源于秦国的商鞅变法。商鞅废除原来的爵位世袭制度，代之以20级军功制度。从低到高依次为：公士，上造，簪袅，不更，大夫，官大夫，公大夫，公乘，五大夫，左庶长，右庶长，左更，中更，右更，少上造，大上造，驷车，大庶长，关内侯，彻侯。

具体规定为秦国的士兵只要斩获敌人“甲士”（军官）一个首级，就可以获得一级爵位“公士”、田一顷、宅一处和仆人一个。斩杀的首级越多，获得的爵位就越高。证据是敌人的人头（首级）。就是说在战后，要把敌人的人头砍下来，带回军营，作为证据。如果一个士兵在战场上斩获两个敌人“甲士”首级，他做囚犯的父母就可以立即释放。如果他的妻子是奴隶，也可以转为平民。杀敌人5个“甲士”可拥有5户人的仆人。

这样，斩获敌人头颅就和级别联系起来，因此称为“首级”。秦国的20级军功制度保证了秦军的战斗力，秦军因此成为“虎狼之师”，为后来的统一奠定了基础。但这种制度也有弊端，后来发生将领以屠杀百姓取头邀功或士兵为争功而自相残杀的情形。北宋时，该制度在大将狄青的提议下被废除。

何谓“三军”，形成于什么时候？

看古典演义小说或戏剧经常能听到“三军”的说法。统帅在下命令的时候，开头一句便是“三军听令”。那古代所说的“三军”是现在所指的陆、海、空三军吗？

很明显，古代有水军，却没有大规模海上作战的船只；至于空军的出现，则是在飞机发明以后。所以按照逻辑判断，古代所指的三军与现在绝不是同一个概念。“军队”一词的产生源于周朝的分封制，当时规定各诸侯国可以有一定数量的武装力量存在。编制为2万多人，称为一个军；军中最小的编制是队，“军队”因此而得名。

到了春秋战国时期，东周王室统治力逐渐衰微，很多强大的诸侯国开始扩充军队，积极进行土地兼并和掠夺的战争。著名的春秋五霸之一晋文公打破祖制，将原来的一个军扩充到3个军（约7万人），并分别称他们为“上军”“中军”“下军”。这便是“三军”称呼的最早来源。后来，随着社会的动荡和兼并战争的加剧，很多诸侯纷纷仿效晋文公，将军队扩大为“三军”。比如楚国的三军叫“左军”“中军”“右军”。各军分设将、佐；其中“中军”大将为全军统帅。

随着时代的发展，上、中、下三军的称呼逐渐被前军、中军、后军所取代。唐宋时期，这样的编制是军队的固定编制，各军的职责和任务也发生了变化。其中前军为先锋部队，中军为大将所率之主力，后军则担任运输粮草或警戒的任务。古代军队编制中，军为最大的单位，但由于编制方式的不同人数存在一定差异。如汉代实行五人一伍，二伍为火，五火为队，二队为官，二官为曲，二曲为部，二部为校，二校为裨，二裨为军的编制。

古代战争讲究行伍编队、阵式战法与冷兵器的使用有着密切的关系。一个摆开的合理的阵势往往容易取得战斗的胜利，所以团队的组织以及保证队伍在作战过程中连贯通畅（不受阻隔和分散）非常重要。

古人常说“大战三百回合”，什么是“回合”？

有人认为，古代作战，武将骑在马上，往来厮杀。一次交战的过程便是“合”，一次交战完成后退便是“回”，因此叫“回合”。大战三百回合也就是大战300个来回。这种解释有一定道理，但最初的“回合”却不是指骑马作战，而是指车战。

车战比大规模的骑兵作战要早，中国从商朝后期到西汉初期一直是以车战为主，在春秋战国时期更是普遍。当时衡量一个国家军队力量的强弱和国力大小经常就用“有车多少乘”来表达。车战以战车为基本单位，按照《司马法》的记载，车一乘有甲士3人，步兵72人。步兵就是徒兵，车上3人分别为“射”“御”“车右”。“射”是精通弓箭之人，在双方战车未接触前，拿弓箭对射；“御”负责驾驭马匹、驱动战车，一般为一车四马，中间两匹为服，左右两边的称“骖”；“车右”的职责为保护和警戒，手持长矛和坚盾，由勇力过人的武士担任。

“射”和“御”的人选一般为宫廷贵族，战车后面的徒兵为“国人”。战斗开始时，双方战车互相靠近，先拿弓箭对射，然后靠近后交战便是“合”，“合”就是“合战”，双方勇士各持长矛对刺。一“合”结束后，双方战车各自返回本军阵营，便是“回”的过程。战场上一来一往，便是一个“回合”。经过很多回合后，一方战败后撤退便不再“合”，另一方“回”后再“合”却又找不到作战对象了，所以这种战法想要活捉对方将领是很困难的。到了汉武帝时候，由于频频与匈奴作战，骑兵逐渐取代了战车成为主要的兵种，但这种“回合”制的作战方式一直还保留着。此外，象棋中的“回合”也出自这里，指双方各走一步棋。

“将军”这个称谓是怎么来的？

“将军”这个词语相信大家都不会陌生。中国现行军衔制度分为将、校、尉三级，其中校和尉分为少、中、上、大四级，将分为少将、中将、上将三级。“将军”通常指拥有少将以上军衔的人。“将军”一词产生的时间非常早，在春秋时期就已经有了。

按照周礼，天子统六军，诸侯可领一军。晋文公时期，为适应争霸战争的需要，扩建三军，为“上、中、下”三军，其他诸侯纷纷效法。三军之统帅，由三卿任之，出将边营，入掌机密。春秋时尚没有“将军”的官职，至于三卿，据《礼记·王制》：“大国三卿，皆命于天子。”孔颖达疏：“崔氏云：三卿者，依周制而言，谓立司徒，兼冢宰之事；立司马，兼宗伯之事；立司空，兼司寇之事。”可见，三卿指的是司空、司徒、司马三个官职，大诸侯国的三卿如果严格按照周礼规定还需要周天子的任命。

“三军”产生后，由三卿各掌一军，卿代行将军之职。“将军”的初始含义就是“将领一军”的意思。战国时期，开始设立“将军”的官职。后来由于军队的数量一再扩充，将军也越来越多，需要一人来加以统帅，所以又有了“大将军”或“上将军”的称呼。汉代以后，由于兵种的增多，一个大将军也管不过来了。所以又有了骠骑将军、车骑将军、卫将军等级别。明清两代，有战事出征，置大将军和将军，战争结束则免。清朝，将军为宗室爵号之一，驻防各地的军事长官也称将军。

知识链接

古代军衔

现在世界各国大多采用西方的军衔制度。中国古代的军衔制度则完全不同，也没有彼此传承的关系。从春秋时代开始，陆续出现了元帅、将军、校尉等官衔，到清朝时已经发展成完备的军衔体系。

除上述“将军”外，“元帅”最为大家熟悉。“元帅”一词始于唐代，有战事时临时设立，为军队最高统帅。宋代有兵马大元帅，元有都元帅、元帅。

校尉为专掌特种军队的将领。始于汉武帝，有中垒、屯骑、步兵、越骑、长水、胡骑、射声、虎贲八校尉。

“士”的称呼早在夏商时期就有，当时官职分为“卿、大夫、士”三种，“士”又可分为上士、中士、下士等，属低级官职，与军队职衔没有关系。

“冠军”开始就是指比赛的第一名吗？

“冠军”一词多用于体育比赛，但它最初的含义是指比赛的第一名吗？

这个词语的来历与秦末农民起义有关。秦朝末年，赵高把持朝政，二世昏庸无能，终于在公元前209年引发了中国历史上第一次大规模的农民起义。陈胜、吴广自大泽乡揭竿而起，沿途百姓纷纷响应。当时楚国有位大将叫宋义，英勇善战，战功卓著，屡次打败秦兵。由于功劳显赫，位居众将之上，于是将士尊称其为“卿子冠军”。据《史记·项羽本纪》载：“诸别将皆属宋义，号为卿子冠军。”这是历史上第一位获得“冠军”称号的人。

汉代有“勇冠三军”的说法，出自汉李陵《答苏武书》：“陵先将军功略盖天地，义勇冠三军。”另《汉书·霍去病传》载，霍去病以战功官拜骠骑将军，封“冠军侯”。汉朝以后，战功卓著的武将，多封以冠军的官衔。魏晋南北朝时期，均设有“冠军将军”。唐朝也设有“冠军大将军”的官衔。清朝护卫帝王的銮仪卫及旗手卫的首领，也称为“冠军使”。

可见，“冠军”一词最初和军事关系密切，它用来称呼那些作战勇敢、战功卓著的武将。被封为“冠军将军”的人一般都为国家和社稷立过汗马功劳，所以“冠军”有超出其他将军，居于第一位的意思。

进入现代以后，词义发生迁移，人们也把各项比赛的第一名称为“冠军”。

中国古代不重视海权，是不是从来没有建立过海军？

中国幅员辽阔，海岸线漫长。虽然造船技术一直处于世界领先的地位，但对领海权并不重视。但这是否意味着中国从未建立过海军呢？回答当然是否定的，早在2500多年前的春秋末期，中国就已经产生了海军，只不过那时候的名称叫舟师、水军或水师。

中国造船技术长期处于世界领先地位。7000年前，先民就已经发明了独木舟和船桨。大型战船的出现则是在东周。三国时期的战船高三四层，有“楼船”“蒙冲”“走舸”等不同船型，并能以风帆为动力。明成祖时期，郑和率领当时世界上最庞大的海军七次下西洋，弘扬了国威。

造船技术的进步为舟师的产生和发展奠定了良好的基础。中国是世界上最早建立海军的国家。夏朝军队曾讨伐过一个叫斟寻的小国，据说双方士兵在水上作战。吴越争霸时，名将伍子胥在太湖训练水军。公元前485年，吴王夫差与齐国争霸，曾派海军越黄海直抵山东半岛，结果双方水军在黄河遭遇，发生一场激战，这是有史以来关于海战的最早记载。

三国时期，孙吴在赤壁依靠水军击败了北方的曹操。当时东吴水军非常强大，东海、黄海、南海皆是其活动范围。隋时的一种“五牙”大战船，能以巨石砸毁敌船。11世纪以后，随着火药和火器的发明，中国海军战船又开始配备火箭武器。南宋时期，战船

东汉斗舰复原图

上配置火炮武器已非常普遍。

所以，中国古代不但有海军，而且造船技术也是世界领先的。战船早在夏商时期就已经用于水上作战。在整个封建社会时期不断发展壮大，成为一支装备精良、能征善战的海军，对统一中国、抗击外敌海上入侵，起了重大作用。

古代的军队依据什么给军人加官晋爵，都实行过哪些爵位制度？

在中国古代，有君主授予贵族和功臣爵位的制度。古代君主为巩固自身统治地位，调整统治阶级内部关系，经常封给亲属或功臣一定的爵位。爵位分为不同的等级，有些可以世袭。受封爵位的人可以获得爵禄，通常为一定的食邑或相当数量的财富。封爵制度在数千年的历史进程中经历了数次演变。

封爵制度很早就有，但最初只封给与统治者有亲属关系的人群，分为公、侯、伯、子、男五等。商鞅变法后，庶民也可依靠军功获得爵位，这是中国最早的军功等级制度。秦军功爵位制度共分为20级。商鞅信奉法家的思想，他设立这一制度的目的在于提高秦军战斗力。为奖励军功，商鞅规定：凡行伍中人，不论出身门第，一律按照其所立军功的大小接受赏赐。宗室若未立军功者不得列入宗族的簿籍，也不得拥有爵位。

至于具体军功奖励的办法，则以斩获的敌军首级数为依据。商鞅的奖励军功制度，大大提高了秦军的战斗力，使秦军成为所向披靡的“虎狼之师”。汉承秦制，基本继承了秦代的20级军功爵位制度。不过，这20级大体又可分为四类：一是侯级爵，包括关内侯和列侯；二是卿级爵，相当于秦10级到18级的爵位；三是大夫级爵，相当于秦5级到9级爵位；四是小爵，相当于秦1级到4级。

曹操执政时，废20等爵。魏文帝即位后，定爵制为九等：王、公、侯、伯、子、男、县侯、乡侯、关内侯。两晋南北朝时期，军功爵位制度甚是混乱。李渊父子定天下后，设定亲王、嗣王、郡王、国公、郡公、县公、郡侯、县侯、县男、县子十等爵位，封赏宗亲功臣。比如，李渊封自己的从弟李神通为淮安王；李世民封大将秦琼为英国公。

宋承唐制。明朝，王爵专封皇族，另有公、侯、伯3等爵授予功臣，比如胡大海被封为越国公，沐英被封平西侯，刘基被封诚意伯。清朝时，形成完备的爵位制度，乾隆十六年定制，分爵位为9阶27等。9阶分别为公、侯、伯、子、男、轻车都尉、骑都尉、云骑尉、恩骑尉。比如，为清朝平定太平天国的曾国藩就被封为一等勇毅侯。

双方士兵压住阵脚，将领进行决战，这叫“斗将”，古代战争中有这种主将单挑吗？

《三国志》中有大量“斗将”的描写。如曹操东征袁绍时，命张辽和关羽为先锋，至白马坡后，“羽望见（颜）良麾盖，策马刺良于万众之中，斩其首还，（袁）绍诸将莫能当者，遂解白马围”。魏将张辽率领500死士攻破孙权大营一战。此战中，张辽“被甲持戟，先登陷陈，杀数十人，连斩二将，大呼自名，冲垒入，至权麾下”。另《三国志》注解中引《英雄记》称，郭汜攻长安，吕布对郭汜说：“且退兵，你我决一胜负。”于是二人对战，吕布以矛刺中郭汜。这是正史中有关“斗将”的描写，《三国演义》中这种情节就更多了，似乎成了主要的作战方式。

那么古代到底有没有“斗将”呢？据《兵筹类要》载：“两阵既立，各以其将出斗，谓之挑战。”可见挑战和斗将是同一含义。这些在各类稗史、小说、笔记中记载颇多，但除《三国志》外，其他正史中提及较少。后来，清朝两位著名的考据专家王士和赵翼就从正史中发现了一些关于“斗将”的记载。

王士认为古代真有斗将之事，并非稗官之妄说。其引《剧谈录》说：“唐时白敏中征讨吐蕃，有一黑衣酋帅上前挑战，这时本军阵中有一员小将驰马而出，弯弓搭箭，射中其面，然后冲上前去抽剑将酋帅砍落马鞍。”

此外王士还举了白孝德斩贼将刘龙仙及《五代史》中周德威生擒陈夜叉的例子作为证据。赵翼举的例子更多，他说《左传》中提到："鲁国公子友帅军在郦击败了莒国军队，当时公子友对莒挐挐说：'我们两人之间有仇隙，士卒何罪？'于是屏退左右而相互搏杀，莒挐被击败而活捉。"这可能是关于"斗将"最早的记载。

此外，其他正史上也有一些关于"斗将"的记载，但并不多见。我们认为，"斗将"在历史上应该是存在的，正史虽然描述不多，但已经涉及了。但"斗将"并不是古代战争的主要形式，也不能决定整个战争的胜负。

"击鼓而进""鸣金收兵"，古代军队有如此规定吗？所鸣之"金"指什么？

关于古代战争，历来有"击鼓进军"和"鸣金收兵"的说法。所谓击鼓进军就是在战争开始前敲击战鼓，激励士气，命令军队向前推进；"鸣金收兵"是个成语，意指敲打钲发出声音以停止军队的前进，结束战斗。那么古代军队是否真有这样的规定，这里"鸣金"用的"钲"又究竟为何物呢？

《荀子·议兵》载："闻鼓声而进，闻金声而退。"意为听到鼓声就前进，闻到金声就后退。《左传》中有："战，勇气也。一鼓作气，再而衰，三而竭。"这里击鼓也是进军的意思。俗语"鼓噪而进"意指一边敲打着战鼓，一边大声喊叫着前进。由此可见，古代战争确实有"击鼓而进"的规定。

关于"鼓"的来历有个传说。据说源于黄帝与蚩尤作战时制造的是革鼓。黄帝从东海流波山上猎获了一种叫作"夔"的动物。形状像牛，全身青黑，并有幽光，头上没有角，而且只有一只脚。这种动物目光如电，叫声如雷，非常威武。当时黄帝为它的叫声所倾倒，就剥下它的皮制成了八十面鼓，请玄女娘娘亲自击鼓，顿时声似雷霆，直传出五百里外。"金"有人认为是锣，但实为"钲"，为古代的一种铜制乐器。《说文解字》："钲，似铃，柄中上下通。""鸣金"最初指的就是敲打这种乐器，后来可能为锣一类的工具所取代。

评书中常说"顶盔贯甲"，"盔"与"甲"有何区别，它们是什么样的装备？

"顶盔贯甲"意思是戴着头盔，身披战甲。后代常把"盔"和"甲"合称"盔甲"。那么它们究竟是什么装备，又有什么区别呢？

"盔"在古代又叫首铠，是用来保护头部的装备，多用金属制成，如"头盔""钢盔"。也用来表达像盔或半球形的，如"帽盔儿"。盔后面的丝织饰物叫"盔缨"，多为红色。盔也称"胄"，长期以来变化不大。"甲胄"就是指"盔甲"。

唐末农民起义军领袖黄巢有诗云："待到秋来九月八，我花开后百花杀，冲天香阵透长安，满城尽带黄金甲。"甲是古代军人打仗护身的衣服，一般为皮革制成（士兵用），也有金属制成的（将军用）。如"带甲百万""甲兵""甲士"都是指武士或军队服役人员。

盔甲在中国历史上有着漫长的演变过程，各代盔甲的制式都不尽相同。春秋战国以铁盔皮甲为主，秦汉时铁甲开始普及。魏晋南北朝时期，出现了用铁甲重重防护的重装骑兵。与之相对，也出现了防护不够严密，但行动便捷的轻骑兵。中国铁甲多是仿皮甲制成，为鱼鳞甲片。隋唐广泛使用铠甲（前心后背加上铜铁制成的大块护心镜），较前代有所进步。宋元以后没太大变化，火器兴起后，盔甲逐步朝现代形式演变。

古代铠甲与冷兵器时代要求相适应，既讲究良好的防护效果，又强调轻捷性。随着热兵器的大量使用，铠甲的防护效果已不明显。

西汉的骑兵配有马镫吗，这种工具是什么时候发明的呢？

马作为一种运输工具，轻捷健走、力大温良的优点很早就被人类所认识。在新石器晚期，中国古老的氏族部落就开始驯养马。但骑兵的产生却比步兵和战车要晚得多。春秋战国时期，军队作战以“车战”为主，后面跟上大队的步兵。赵武灵王胡服骑射，中国骑兵兵种才正式建立，但是，当初的骑兵没有马镫。

根据出土的证据，马镫产生的历史应不早于西汉。相关史料表明，马镫当为鲜卑发明。来自北方游牧地区的鲜卑，在发明马镫后，骑兵的战斗力猛增，因而强盛一时。1960年，考古人员在南京象山发掘了东晋琅琊王氏族墓群，7号墓中出土了一件装双镫的陶马，墓葬年代为东晋永昌元年（公元322年）或稍后。这件陶马的双镫是已知马镫的较早实例。同时期，考古工作者在辽宁北票西官营子发掘了北燕冯素弗墓。北燕是公元5世纪初建立的鲜卑族政权，冯素弗是北燕王冯跋的弟弟。所以，这是一座时代明确的北燕墓葬。墓中出土了一副马镫，形状近似三角形，木芯外面包镶着鎏金的铜片。

可见，马镫最初应为北方游牧民族所发明，西汉的骑兵应是没有配备马镫的。汉武帝时，卫青、霍去病率领的骑兵主要装备为“马刀”。有人认为“马刀”的存在说明当时已经有了“马镫”，否则很难舞动马刀。其实并非如此。古代骑兵打仗，在没有马镫时，多为骑射，因为对面的交战产生的颠簸很容易把骑士摔下马来。但汉朝时期，汉朝骑兵的弩不及匈奴骑兵的弓，所以远射非常吃亏。卫青、霍去病吸取教训，主要采取突然袭击的方式，迅速靠近匈奴营寨，然后斩杀匈奴骑兵。这时候，弓的作用就不如大刀了。

西汉骑兵刚刚产生，没有考古证据证明在西汉之前就已经有了马镫的存在。所以我们认为西汉骑兵是没有马镫的。

“十八般武器”具体指什么，这个说法是什么时候形成的？

古代说人武艺高强常说：“十八般武艺，样样精通。”这十八般武艺指的是18种兵器，那么它们究竟是哪些呢？

兵器的产生，最早是在新石器时代。我们的祖先为了防身和狩猎需要，开始制造和使用木棒、石刀、石斧等一类原始的兵器（也是生产工具）。在中国各地出土的新石器时代文物中，还发现了用石料、兽骨和蚌壳磨成的箭镞。商代由于青铜器的发明，出现了青铜铸造的刀、枪、钺等兵器。春秋战国时期，铁制工具开始广泛使用，各种生铁铸造的武器相继走向战场。到了汉、魏晋时期，冶金技术获得进一步发展，人们已经可以制造各种“钢刀”，武器的种类也逐渐丰富。到了明代，“十八般武器”基本定型。

十八般兵器，泛指各种武艺，最早见于元曲。如《古今杂剧》收录《敬德不服老》中就有“他十八般武艺都学就，六韬书看的来滑熟”的句子。明代谢肇《五杂俎》和清代褚人获《坚集》两书所载：“十八般兵器”为：弓、弩、枪、刀、剑、矛、盾、斧、钺、戟、黄、锏、挝、殳（棍）、叉、耙头、锦绳套索、白打（拳术）。今天，武术界认为的“十八般兵器”是指刀、枪、剑、戟、斧、钺、钩、叉、鞭、锏、锤、抓、镗、棍、槊、棒、拐、流星。

其实，早在汉武帝元封四年（公元前107年），政府经过严格的挑选和整理，就曾筛选出18种类型的兵器：矛、镗、刀、戈、槊、鞭、锏、剑、锤、抓、戟、弓、钺、斧、牌、棍、枪、叉。三国时代，著名的兵器鉴别家吕虔，根据兵器的特点，对汉武帝钦定的“十八般兵器”重新排列为九长九短，刀、矛、戟、槊、镗、钺、棍、枪、叉为九长；斧、戈、牌、箭、鞭、剑、锏、锤、抓为九短。

可见，“十八般兵器”一词虽然产生较晚，但早在汉武帝时期，就存在这种划分。这些分类还只是一级科目。如果再往下，各种五花八门的兵器就更多。这里的“十八般兵器”中的“般”字是“类”的意思，而不是指某个具体的武器。

火炮是中国人发明的吗，它最早出现在什么时候？

火炮是现代战争必不可少的武器。火炮

具有火力强、灵活可靠、经济性和通用性好等优点，已成为战斗行动的主要内容和左右战场形势的重要因素。火炮既可摧毁地面各种目标，也可以击毁空中的飞机和海上的舰艇。因此，作为提供进攻和防御能力的基本手段，火炮在常规兵器中占有稳固的地位。

火炮按用途分为地面压制火炮、高射炮、反坦克火炮、坦克炮、航空机关炮、舰炮和海岸炮等。其中地面压制火炮包括加农炮、榴弹炮、加农榴弹炮和迫击炮。

现代火炮已经发展到非常完善的地步，但最初的火炮却是一种投石机，火炮的“炮”字最初也是“石”字旁。它利用杠杆原理，用几十人甚至上百人拉动，将石头抛出去以作攻城和杀伤敌人之用。唐代发明火药后，北宋时期出现了一种叫突火枪的装置。它是一种用竹子做的管状火器，内安“子巢”，战时点燃火药，喷火烧敌，能够起到震撼敌人的作用。这种火器的出现，对近代火炮的产生具有十分重要的意义。

后来在突火枪的基础上产生了金属管状火器——火铳，并逐步发展成为青铜火炮。目前世界上发现的最早的青铜炮，是宁夏回族自治区武威出土的西夏时期的火炮，该炮口径为 100 毫米，使用铁弹丸，这一发现使铁弹丸使用的历史提前了近 1 个世纪。13 世纪初，中国的造炮技术经阿拉伯传到欧洲，并在欧洲得到了长足的发展。16 世纪中叶，欧洲出现了青铜和熟铁制造的长管炮，亦称长炮，代替了以前的短管炮（臼炮）。16 世纪末，出现了将子弹或金属碎片装在铁筒内制成的霰弹，用于杀伤人马。1846 年，意大利制成了后装线膛炮，命中精度和发射速度都有明显提高。

火药和火炮最早都是由中国人发明的，但却没有得到很好的继承和发展。相反，这些武器在传入西方后，不断获得改进和进步。直到第一次鸦片战争爆发，西方列强用“坚船利炮”轰开中国大门的时候，很多人才开始意识到自己落后了。

青龙偃月刀是关公的标志，历史上的关羽真的使用过这样的兵器吗？

《三国演义》中，基本每个大英雄都有一把专属的武器。如吕布的叫“方天画戟”，刘备的叫“双股剑”，张飞的叫“丈八蛇矛”。其中被后世尊为“武圣人”的关羽，据说用的是一把青龙偃月刀。那么历史上关羽真的使用过这种兵器吗？

青龙偃月刀，又名“冷艳锯”。刀长 9 尺 5 寸，重 82 斤，刀身上镶有蟠龙吞月的图案，因而得名。据说为天下第一铁匠所造。当炼到最后一火时，天上一轮皓月当空，突然炉火迸出雪亮的毫光，直射天空。这时天上恰好有一条青龙经过，被毫光击中而受伤，滴下 1780 滴血，于是刀便打好了。由于此刀吸收了青龙之血，所以锋利异常，并具有灵性，能够自己寻找主人。青龙偃月刀相传曾为东汉光武帝刘秀的爱将“美髯公”岑彭所使用，但武圣人关羽手提青龙刀斩颜良、诛文丑的形象更为深入人心。斩颜良一刀，诛文丑只不过 3 个回合。高强的武艺配合宝刀的威力，再加上赤兔马，这是人们心目中的“武圣”形象。青龙偃月刀的名气也不胫而走，后世便把青龙偃月刀称为关王刀了。当然，这些只是传说而已，当不得真。

实际上，关羽可能从未使用过刀。正史《三国志》中并未记载关羽使用什么兵器。《三国志》中有解白马围一段：“绍遣大将颜良攻东郡太守刘延于白马，曹公使张辽及羽为先锋击之。羽望见良麾盖，策马刺良于万众之中，斩其首还，绍诸将莫能当者，遂解白马围。”

这段文字中关羽杀颜良用的是“刺”，如果使用的是刀，则应为“劈”或“砍”之类。据专家考证，汉代“戟制最盛，矛次之”，在三国时代应该是没有青龙偃月刀之类的长柄大刀。这种偃月刀出现在唐宋时期，当时主要用于操练，以示军威雄壮，实战并不使用。因此，青龙偃月刀很可能出自杜撰。

《三国演义》中，张飞使一把“丈八蛇矛”，中国古代真的有这种兵器吗？

《三国演义》中张飞是一员猛将，他长相粗犷，性烈如火，手使一把丈八蛇矛，所向披靡。先后在虎牢关、当阳桥、葭萌关、瓦口关等地立下赫赫战功。可以说丈八蛇矛就是张飞的化身。那么，这丈八蛇矛究竟从何而来，它是古代的一种兵器吗？

据说桃园三结义后，刘、关、张三人招兵买马，打造兵器，准备起事。刘备打造了双股剑，关羽有了青龙偃月刀，唯独张飞还没有称心的兵器。因此闷闷不乐，便叫来负责打造兵器的汤鑫说：“你给我打造一把世上都没有的兵器。”汤鑫很为难，但又不方便直接回绝他，于是就说：“我们打铁的，都是依葫芦画瓢。你要新兵器，也得先说个样子吧！”张飞烦躁，便说：“你先打，等我想好了再告诉你。”汤鑫无奈，只好先打了根一丈长的铁棍，又去问张飞。张飞也没想好，正寻思间，忽然抬头看到梁上窜出一条大乌蛇，于是灵机一动：“就打成蛇形的样子，要别人看了就害怕。”

但实际上丈八蛇矛并非张飞所创，它在汉朝不过是一种普通的兵器。据汉代刘熙《释名・释兵》载：“矛长丈八尺曰俏，马上所持，言其俏俏便杀也；又曰激矛，激截也，可以激截敌阵之矛也。”可见，这种长矛主要为激截敌阵之用，在制造上有一定规格。全用镔铁点钢打造，矛杆长一丈，矛尖长 8 寸，刃开双锋，作游蛇形状。按照汉朝的计量单位，约为 2.61 米长。

《岳飞传》中提到金军使用的“铁浮图”和“拐子马”是什么，宋军是如何对付的？

关于“铁浮图”和“拐子马”，在《宋史》《岳飞传》、岳珂《鄂王行实编年》以及一些稗官野史中都有记载。郾城大捷中，金大将兀术调来自己最精锐的“铁浮屠”和“拐子马”部队，还是被岳飞杀得大败。《鄂王行实编年》中说，自金人起兵以来，凡用“拐子马”即战无不胜，至岳飞才识破其弱点，大破其阵，“拐子马由是遂废”。那么“铁浮图”和“拐子马”究竟厉害在哪里，宋军又是如何战胜它们的呢？

“铁浮图”又叫“铁浮屠”。“浮屠”，佛教术语，原指佛教徒，后转指有德僧人死后葬身之铁塔。这里指兀术的铁甲骑兵，有远望之如“铁塔”之义。当时的顺昌通判汪如海如此描述：“兀术所恃，号常胜军。其所将攻城士卒号铁浮屠，又曰铁塔兵，被两重铁兜鍪，周匝皆缀长檐，其下乃有毡枕。三人为伍，以皮索相连。后用拒马子，人进一步，移马子一步，示不反顾。”“拐子马”为两翼之骑兵，据岳珂所载：“兀术有劲军，皆重锁，贯以韦索，凡三人为联，号拐子马，又号铁浮图，堵墙而进，官军不能当，所至屡胜。”

可见，“铁浮屠”和“拐子马”是金军的精锐部队，担任攻城和冲杀敌军的主要任务。这两个兵种在本质上没太大区别，都是重装骑兵，但用法不同。前者据说是 3 匹马为一伍，相互连在一起，又称“连环马”；只能前进，不能后退。“拐子马”是一种用于冲击和突破敌军的铁骑，一般列于部队两翼，能对战争起到决定性作用。

金军与辽打过无数次仗，每次金军都能以少胜多，凭借的就是这两种特殊的作战部队。那么宋军又如何对付的呢？史籍载：岳飞在郾城大捷中，大破兀术的铁甲兵，主要的战法就是砍马腿。之前，宋军也有过一些对抗“铁浮屠”和“拐子马”胜利的经验，最早是在顺昌大捷中，当时的战法是这样的：“先以枪揭去其兜鍪，即用刀斧斫臂，至有以手撮扯者。极力斗敌。”后来韩世忠发现了大斧敲打的方法，因其甲厚，行动不便，从侧翼迂回后，用大斧猛砸，“纵甲不能破，则亦难免伤筋断骨”。但这两种方法都不如岳飞直接砍马腿来得便捷和有效。

宋军对抗“铁浮屠”和“拐子马”应是集体智慧的结晶。岳飞在他们的基础上又有所改进和突破，所以能最终取得郾城大捷。

至于其孙岳珂所著的《鄂王行实编年》中所述“拐子马由是乃废”却未必准确，因在后来的一些战役中，仍有金军使用“拐子马”的记录。

朝廷往往把兵书列为禁书，这是为什么？

“禁书”是被国家查禁，不允许公开流通和传播的书籍。统治者通过这种方式希望钳制思想，奴化人民。中国历史上禁书很多，先后被查禁的包括谶纬、天文、儒道、淫词小说类图书。先秦、唐时，《孙子兵法》被列为禁书，宋朝更是全面禁止兵书。这是为什么呢？

《孙子兵法》堪称中国兵书的集大成者，相传为孙武所作。它向人们深入揭示了战争的规律，历代备受推崇，但在先秦和唐朝时都被禁止，因其对战争认识太过透彻，统治者担心一般人学习它，不利于国家安定，故严厉禁止传播。

宋朝时禁书达到了一个高峰，其中兵书被全面查禁。这与宋太祖赵匡胤的武将出身有关，他深知兵法韬略对一个人的影响。他认为，唐朝之所以衰落，是因为地方藩镇势力过于强大，各地节度使拥兵自重。而五代时期，皇帝走马灯似的换，但无一例外皆是军政寡头。在赵普的建议下，赵匡胤不但“杯酒释兵权”，还留下重文轻武的祖训。一切兵书，均在禁绝之列。

《孙子兵法》被列为禁书，兵学遭到禁锢，武将不受重视，使得北宋王朝在面临外敌入侵时经常处于下风。

后来金崛起、西夏政权的建立给宋朝边疆安宁造成了很大的威胁，兵书才又引起统治者的重视，不再列为禁书。康定元年，宋仁宗下令修编大型军事专著《武经总要》。宋神宗时，以官方名义颁行《孙子兵法》等7部兵书，这就是被历代军事家经常提到的“武经七书”。此外，兵、儒并重，开武举，以“七书”取士。

历代统治者把兵书列为禁书，主要还是为了维护自身统治，宋代禁书的例子能够很好地说明这一点。但是依靠钳制思想统治人民的做法并不可取。宋代以后，统治者一般都不再把兵书列为禁书。

密码是现代军事的重要技术，中国古代有密码吗，最初形式是什么？

密码在现代军事学上是一项非常重要的技术。通过破译密码，可以知晓对方的行军或作战部署，得到这些信息后就可以提前做好准备，从而取得战争的胜利。那么中国古代是否有密码，最初又是什么形式呢？

密码在中国起源很早，相传它的发明人是姜子牙。他在与周武王的谈话中，曾提到两种密码方式：阴符和阴书。据《六韬》载：太公曰：“主与将，有阴符，凡八等。有大胜克敌之符，长一尺。破军擒将之符，长九寸。降城得邑之符，长八寸。却敌报远之符，长七寸。警众坚守之符，长六寸。请粮益兵之符，长五寸。败军亡将之符，长四寸。失利亡士之符，长三寸。诸奉使行符，稽留，若符事闻，泄告者，皆诛之。八符者，主将秘闻，所以阴通言语，不泄中外相知之术。敌虽圣智，莫之能识。”武王问太公曰：“符不能明，相去辽远，言语不通。为之奈何？”太公曰：“诸有阴事大虑，当用书，不用符。主以书遗将，将以书问主。书皆一合而再离，三发而一知。再离者，分书为三部。三发而一知者，言三人，人操一分，相参而不相知情也。此谓阴书。敌虽圣智，莫之能识。”

可见，阴符是一种尺寸长短不同的简或牍片；不同的尺寸代表不同的含义，一共8种。如前方获得大胜，用来传达军情的符长一尺，然后依次递减，最短的一种只有3寸，代表军队完全战败，丧失土地。但这8种简单的符号对于传递复杂的军情是远远不够的，于是又有了“阴书”。其做法便是把一份完整的军事文书分成3份，即“书皆一合而再离，三发而一知”，送信的各持一份，这样即使送信的被抓，也不至于泄露全部的军事机密。

当然，这种密码体系并不完善。到了宋代，军事家曾么亮发明了一种密码系统。他将当时军中常用的40个短语分别编上序号，另以一首没有重复的五言律诗（也刚好40个字）作为解码的工具。当部将率部出征时，主将会分发给他们一本密码本，并临时约定某首诗作为解码的工具。这样主将只要看到其发来文书中所包含的诗中“字”，就可以对应找到与之相关联的特定含义。这是一种相对可靠的军事密码，较之阴符、阴书有显著进步，可以说是现代密码的雏形。

人们称有智谋的人“富有韬略”，为什么这么说？“韬略”具体指什么？

人们称有智谋的人“富有韬略”，那么，“韬略”具体指什么，人们为什么要这么说呢？

“韬略”的“韬”最初指《六韬》这本兵书。相传为西周吕望所著，共6卷。吕望姓姜，字尚，亦字子牙，多谋善断，长于用兵，他曾助周灭商，封于齐，官至太师，俗称姜太公。但经考证，《六韬》一书乃战国时期辑成。“韬”乃用兵之谋略，“六韬”包括文韬、武韬、龙韬、虎韬、豹韬、犬韬。全书共60篇，计2万余字，以问答形式论述了先秦军队编制、管理、训练、行军、布阵、攻守、战具、兵器及其军事理论等方面的内容，涵盖范围非常广泛。内有夹注，语言生动，说理充分，是一部普及性的古军事专著，受到历代兵家名将的重视。司马迁《史记·齐太公世家》称：“后世之言兵及周之阴权，皆宗太公为本谋。”北宋神宗元丰年间，《六韬》被列为“武经七书”之一，为当时学武者必读。

“略”指的是《三略》，相传为黄石公所作，传授给张良。据《史记·留侯世家》：“张良尝闲步游下邳，有一老父……出一编书曰：‘读此书则为王者师。’旦视其书，乃《太公兵法》也。”这段文字是黄石公授书的记载，但为《太公兵法》。班固、班昭的《汉书·兵家》中并无《三略》一书著录。东汉末年建安年间，陈琳在《武军赋》中始提到“三略六韬之术”。魏明帝时，李康《运命论》始有“张良受黄石公之符，诵《三略》之说”。可见，《三略》应成书于东汉末年至魏晋时期，然后附会于张良和黄石公之事。《隋书·经籍志》著录《黄石公三略》三卷，题下邳神人（指黄石公）撰。《三略》一书杂采儒家的仁、义、礼；法家的权、术、势；墨家的尚贤；道家的重柔；甚至还有谶纬之说。全书侧重论述政治策略，而直接讲军事的内容反而比较少。

中国历代均有大量兵书问世，如《孙膑兵法》，曹操的《孟德新书》，诸葛亮和明代刘基也都写过兵法战策。由于《六韬》和《三略》成书较早，影响力大，后世就用二者的合称“韬略”来表示军事谋略，用“韬略精熟”来赞美那些对兵法和计策非常熟悉、足智多谋的人。

“伍”为何义，为什么把参军叫作“入伍”呢？

“伍”字最初为军队编制。“伍”字拆开为“五人”。据《周礼》记载，“伍”是过去最小的军队编制单位。“五人为伍，五伍为两，四两为卒，五卒为旅，五旅为师，五师为军。”天子统六军，诸侯可领一军。《管子》中：“五人为伍。”《墨子·公输》：“全伍为上，破伍次之。”这里的“伍”均为军队基础编制单位。五人设一个“长”，有“伍伯”“伍长”“伍部”等称谓，类似于现在一个班，但人数要少。

中国古代的户籍制度，也是五家编为一伍。如“伍籍”是指平民的户籍，“伍侯”指编民为伍，相为侯望。这种行政单位也叫“比”，五户为一比。每当征兵时，五户人家各送一名男丁，一共要送五人，恰好组成军队中的一“伍”。无论干什么事情，这五个人总被分在一起，因此，参军当兵，就叫作“入伍”。

以后历代的军队编制在不断地变化，但“伍”的叫法一直流传下来，人们也习惯把参军服兵役叫作“入伍”。在古代，由于封建等级制度的存在，爵位世袭。要想获得一定的封赏，立军功是一种方式。中国自秦代开始实行军功奖励制度，以后历代均有发展。“行伍出身”常用来描述那些依靠打仗和立军功起家的人。

古代有“好铁不打钉，好男不当兵”的说法，人们为什么要这么说？

“好铁不打钉，好男不当兵”是一句俗语，在中国民间曾长期广泛流传。从字面意义上理解就是“好铁不会用来打造钉子，好男儿不会去当兵”。在中国漫长的封建时代，当兵被人视为一种低贱的职业，所以好男儿是不会去当兵的，这反映出古人重文轻武的文化心理特征。

其实最初武将非常受重视。春秋战国时期，正是诸侯纷争、干戈四起的时代。各诸侯为争夺土地连年征战，统治者普遍“尚武”。到了汉代，由于仕进制度的出现，社会风气开始重文。唐朝时，社会风气又有所改变，社会“尚武”的精神有所抬头，出现了诸如王昌龄、岑参、高适这样的边塞诗人。他们所作的诗篇多描写瑰丽的边塞风光和军队征战的场面，表达了对军旅生活的向往。唐中期著名诗人李贺写道：“男儿何不带吴钩，收取关山五十州。请君暂上凌烟阁，若个书生万户侯。”表达了读书不如建功立业的理想和信念。进入宋代以后，“重文抑武”之风盛行，军队由文人指挥。

“好男不当兵”除了与重文轻武有关外，还与“兵员”的来源有关。古代的兵员有些是来自监狱的囚犯，如“牧野之战”时，城内兵力空虚，商纣临时武装囚犯与周军队作战，并许诺如果打退进攻可以获得赦免或宽恕。宋朝时，有些是社会上的流氓和游民，成天无所事事，在走投无路的情况下只好去当兵。

三十六计中，“围魏救赵”十分有名，它来自一场怎样的战争？

“围魏救赵”是中国古代的一个经典战例，被列为三十六计之一。它来自春秋战国时期著名的桂陵之战，与中国古代著名军事家孙膑有关，典出自《史记·孙子吴起列传》。

孙膑和庞涓都是鬼谷子的学生，二人年轻的时候曾一起学习。孙膑的才华要高于庞涓，遭到庞涓的嫉妒。二人出师后，庞涓到了魏国，很快受到魏王的重用。后来孙膑也来到魏国，庞涓一边假惺惺地说要帮其引荐，另一方面又在魏王面前说了很多孙膑的坏话。于是孙膑被剜去两个膝盖骨，成了废人。后来在齐国使臣的帮助下才逃出魏国。

魏王为了报赵国夺中山之仇，命令庞涓率领大军攻打赵国。庞涓认为中山不过弹丸之地，还不如直接攻打邻近的赵都邯郸。魏王采纳了他的意见，命令大军攻打赵国的都城。邯郸告急，赵国向齐国求救。齐威王以田忌为大将、孙膑为军师率军 10 万来解赵国之围。大军行到赵国边境，孙膑建议说，去邯郸还不如直接攻打魏国，因为这种情况下，魏国精锐部队全部调走了，国内空虚。如果避实就虚，那么庞涓就不得不回救，到时候我们再在他回归的路上设伏，就能打败魏军。于是田忌转而攻打魏国，庞涓果然撤军，在桂陵遭到齐国军队的伏击，伤亡惨重，自己勉强逃回大梁。

这便是成语“围魏救赵”的来历，比喻通过袭击敌人后方的军事要点以迫使进攻之敌撤退的战术。后来庞涓又和赵国一起攻打韩国，韩国向齐国求救。孙膑利用减灶的办法制造齐国军队大量逃亡的假象，引诱庞涓轻敌冒进。在马陵道上，庞涓中伏，被乱箭射死。从这两个案例我们可以看出，孙膑的确是个了不起的军事家，他所著的《孙膑兵法》一直是后代战略家必读之物。

“围魏救赵”的本质在于避实就虚，调动敌人，再寻找机会歼灭敌人。作为一次著名战役，“围魏救赵”堪称军事史上的教科书战例；作为一种军事思想，至今它依然闪耀着光芒。

“纸上谈兵”说的是谁，他在哪一场战役中兵败身死，并给赵国带来灭顶之灾？

“纸上谈兵”，意思就是在纸面上谈论打

仗。比喻空谈理论，不能解决实际问题。这个典故出自《史记·廉颇蔺相如列传》：赵括是赵国名将赵奢之子，幼习兵法，谈论兵书战策常常口若悬河，就连其父也难不倒他。但后来在长平之战中由于只按兵书办事，不懂变通，结果被秦军打败。

赵奢是赵国的名将，其子赵括年轻时受父亲影响，熟读兵书，每每父亲提问，都能对答如流。但赵奢并不夸奖他，赵奢妻就问其中的缘故。赵奢说："他虽然兵书战策读得很熟，但却不会灵活运用。我死以后如果赵国不用他为将也就罢了，用他必然导致大败。"

赵孝成王七年，秦赵两国对峙于长平。是时廉颇虽老，但仍可将兵。秦军多次挑衅，廉颇只是深沟高垒，避而不战。后来白起使出反间计，到赵国首都邯郸散布流言说："秦国除了赵括谁都不怕。"于是赵王决定任用赵括为将。

赵括的母亲知道后，劝赵王收回成命，并讲了赵奢对于赵括的评价，但赵王听不进去。赵母只能请求日后出事全家能够幸免，赵王应允。

赵括就这样来到前线，白起诈败，诱敌深入。接着从侧翼迂回，阻断赵军退路。赵军军心涣散，在长平被重重围困。赵括数次突围均未成功，在战斗中被杀，赵国40万降秦士卒全部被活埋。这一战后，赵国元气大伤，没过多久就灭亡了。人们就用这个成语来讽刺那些只会空谈理论而没有实干才能，只知道夸夸其谈的人。

"背水一战"是怎么来的？

"背水一战"比喻没有退路，与敌人决一死战。这个典故和韩信有关。韩信是刘邦手下的著名将领，还定三秦的战略就是他制定的。在打败项羽之前，他先后击败了背叛刘邦的魏王豹和赵王歇。"背水一战"这个成语便来自他征讨赵王的经典战例。

《史记·淮阴侯列传》载："信乃使万人先行，出，背水陈。赵军望见而大笑。平旦，信建大将之旗鼓，鼓行出井陉口，赵开壁击之，大战良久。于是信、张耳佯弃鼓旗，走水上军。水上军开入之，复疾战。赵果空壁争汉鼓旗，逐韩信、张耳。韩信、张耳已入水上军，军皆殊死战，不可败。信所出奇兵二千骑，共候赵空壁逐利，则驰入赵壁，皆拔赵旗，立汉赤帜二千。赵军已不胜，不能得信等，欲还归壁，壁皆汉赤帜，而大惊，以为汉皆已得赵王将矣，兵遂乱，遁走，赵将虽斩之，不能禁也。于是汉兵夹击，大破虏赵军，斩成安君于水上，擒赵王歇。"

韩信的部队要通过井陉口，赵王手下有谋士名为李左军的建议据守井陉口，并抄后路切断汉军的辎重粮草，韩信如无后援，就一定会败走。赵国大将陈馀不听，认为自己人多势众，要与汉军正面对决。韩信听说后暗自高兴，下令背水安营扎寨。夜间，命士兵饱食待战，并命2000精锐埋伏于赵军营寨的后面。约定只要赵军全部出动，就进去更换他们的旗帜，以乱其军心。第二天，双方展开激战，韩信假装战败，赵军倾其营寨之兵来攻。这时候，汉军主力上场，背水一战，士兵勇猛。赵军不能取胜，后退时却发现营寨已被劫。军士大乱，四散奔走，韩信率军掩杀，取得了整个战役的胜利。

后来有人问韩信："兵法上都说打仗要前面临水，背靠山峦。你为什么反其道而行之呢？"韩信哈哈大笑："这叫置之死地而后生。"由此我们可以看出，世间万物均无绝对，关键在于灵活运用，具体问题具体分析。

知识链接

一饭千金

一饭千金，比喻"滴水之恩，涌泉相报"。语出自《史记·淮阴侯列传》："信钓于城下，诸漂母漂，有一母见信饥，饭信，竟漂数十日。"又："信至国，如所从食漂母，赐千金。"

韩信在年轻的时候有段时间相当落魄，以钓鱼维持温饱，但是鱼并非每次都能钓到，所以经常要挨饿。河边的一位老婆婆心很好，就分给他一些粥饭。韩信后来帮助刘邦平定天下，当了齐王。他命人给老婆婆送去黄金千两作为酬谢。这便是成语“一饭千金”的来历。现多告诉大家要懂得感恩，尤其是对那些在困难的时候帮助过你的人，更要懂得报答。

中国历史上著名的“飞将军”是谁，他真是一个命运不济的人吗？

在中国历史上有位著名的“飞将军”李广，他曾先后在汉文帝、汉景帝和汉武帝三朝任职，对匈奴先后作战 70 余次，勇猛无比。王昌龄《出塞》“但使龙城飞将在，不教胡马度阴山”中的“飞将”就是指李广。卢纶《塞下曲》：“林暗草惊风，将军夜引弓。平明寻白羽，没在石棱中。”更是描写李广箭法出众，力大过人。但就是这样一个人物最终却没能封侯，这是什么缘故呢？

有个成语叫“冯唐易老，李广难封”。典出自《史记·李将军列传》：“李广与从弟李蔡俱事汉，蔡为人在中下，名声出广下甚远，然广不得爵邑，官不过九卿，而蔡为列侯，位至三公。”意思是说，李广和他从弟李蔡均在汉朝为官，李蔡才能平庸，名声和李广比起来也相差很远，但最后却封侯拜相，而李广官位最高的时候也不过九卿之位。后遂用“李广难封”来慨叹功高不爵，命运多舛。

在《史记·李将军列传》中还记叙了这样一个故事。一次，李广和算命的王朔交谈。李广说：“攻打匈奴的战役我基本都参加了，就是我下属的一些将领依靠军功取得侯位的也有数十人，为何我就不能封侯呢，难道是命吗？”李朔说：“你在当陇西太守时，羌族人造反，你诱降并杀死了他们。人之罪过没有比杀降更大了，这就是你不得封侯的原因。”

仔细分析史书，可以发现李广虽然威名远播，战争经历丰富，但同样也犯过很多过错。如七国之乱时，李广随太尉周亚夫抗击吴楚叛军，因夺取叛军帅旗在昌邑城下立下显赫战功，但却接受了梁王私自授给他的将军印。回朝后，因此没得到封赏。公元前 129 年，李广率军出雁门关，被成倍的匈奴大军包围，因寡不敌众而受伤被俘，但最终逃脱。汉朝廷把李广交给法官，法官判李广部队死伤人马众多，自己又被匈奴活捉，应当斩首。后来，李广用钱赎罪，成为平民。公元前 121 年，李广以郎中令身份与博望侯张骞的部队一起出征匈奴。虽然击退匈奴兵，但自己的军队也几乎全军覆没，李广功过相抵，没有得到赏赐。公元前 119 年汉匈决战，李广更因迷失道路，寸功未立，而羞愤自杀。

汉朝沿用秦朝军功制度，以斩首数计算军功大小。由于李广数次全军覆没，所以虽然勇气和威名远播，但终不能封侯。

“匈奴未灭，何以家为”是谁的豪言壮语，他的战功能否配得上这句话？

“匈奴未灭，何以家为”是汉代著名军事家霍去病的名言。据说一次霍去病打完胜仗回来，汉武帝亲自迎接并要为他修建精美的房舍，霍去病说：“匈奴还没有彻底消灭，要家干什么？”表达了自己的高尚情操。那么历史上的霍去病战功如何，是否真配得上这句话呢？

霍去病是卫青的外甥，好骑射，善于长途奔袭。为人沉默寡言，但很有气魄，敢作敢为。18 岁参军，亲率一小分队偷袭匈奴大本营，杀死匈奴单于的爷爷，俘虏了匈奴的相国和单于的叔父，被封为“冠军侯”（冠军是第一，古代常把这称号封给战功最为昭著的将领）。他攻无不胜，战无不克。公元前 121 年，年轻的霍去病作为统帅，率军出征匈奴。在千里大漠中闪电奔袭，扫荡强敌。此后，他又孤军深入，在祁连山斩敌 3 万余人。匈奴不得不退回漠北，汉朝收复河西平原。曾经强悍无比的匈奴哀唱：“亡我祁连山，使我六畜不蕃息；失我焉支山，使我妇女无颜色。”

公元前119年，汉朝与匈奴决战，霍去病率领大军横越大漠，追击匈奴军队2000余里，直到狼居胥山下，并举行宏大的祭天仪式，立碑为念。辛弃疾的词“元嘉草草，封狼居胥，赢得仓皇北顾”便是描述霍去病威临狼居胥山的事迹。此战后，匈奴分为南北两支，再也没有能力对汉朝进行大规模的进攻，北部边境几十年没有发生战争。

霍去病等人击破匈奴，不仅为汉朝消除了北部边境的威胁，还大大拓展了汉朝疆域。从那时起，祁连山以西和蒙古草原的大部分地区也成为中华民族共同繁衍生息的地方。故而，称其为伟大的英雄并不过分，他的历史功绩绝对配得上“匈奴不灭，何以家为”的豪迈之言。

帮助刘秀创建帝业的赫赫有名的“云台二十八将”都有谁？

汉光武帝刘秀，字文叔，为汉景帝后裔。新朝末年，起兵反对王莽，先后平王郎，降铜马，一统天下，定都洛阳，重新恢复汉室政权，为汉朝中兴之主。刘秀执政后，政治措施以清静俭约为原则，兴建太学，提倡儒术，尊崇节义，是中国古代一位贤明的君王。

刘秀礼贤下士，手下能臣武将很多。汉明帝永平三年（公元60年），刘庄在南宫云台阁命人画了28位功臣画像，称为云台二十八将。这二十八将是追随光武帝开创东汉基业并且战功卓著的将领，皆封侯。由于当时谶纬之学的盛行，人们便把这二十八将和天上的二十八宿联系起来，认为是它们的转世。同时也证明光武帝刘秀是“真命天子”。

这二十八位将领联系各自爵位和对应星宿分别是：太傅高密侯邓禹，角木蛟；大司马广平侯吴汉，亢金龙；左将军胶东侯贾复，氐土貉；建威大将军好畤侯耿弇，房日兔；执金吾雍奴侯寇恂，心月狐；征南大将军舞阳侯岑彭，尾火虎；征西大将军夏阳侯冯异，箕水豹；建义大将军鬲侯朱祐，斗木獬；征虏将军颍阳侯祭遵，斗金牛；骠骑大将军栎阳侯景丹，女土蝠；虎牙大将军安平侯盖延，虚日鼠；卫尉安成侯铫期，井木犴；东郡太守东光侯耿纯，室火猪；捕虏将军扬虚侯马武，奎木狼；中山太守全椒侯马成，胃土雉；河南尹阜成侯王梁，昴日鸡；琅邪太守祝阿侯陈俊，毕月乌；骠骑大将军参蘧侯杜茂，参水猿；积弩将军昆阳侯傅俊，觜火猴；左曹合肥侯坚镡，危月燕；上谷太守淮阳侯王霸，鬼金羊；信都太守阿陵侯任光，柳土獐；豫章太守中水侯李忠，星日马；右将军槐里侯万修，张月鹿；太守灵寿侯邳彤，翼火蛇；骁骑将军昌成侯刘植，轸水蚓；城门校尉郎陵侯臧宫，壁水貐；骠骑将军慎侯刘隆，娄金狗。

历代开国功臣多为皇帝所忌，被以莫须有的罪名杀掉的更不在少数，但光武帝刘秀却并非如此。他赐予他们很高的爵位和封赏，如果立下新功，则增加封赏；对于功臣的一些小过错，也以宽大为怀，很少追究。外国进贡的宝物和礼品也是优先赏给这些功臣。因此，云台二十八将皆荣华富贵，得以安享晚年。

刘秀死后，以后各代皇帝对这二十八位功臣的后代，均给予很高的礼遇，其中封侯29人，位列三公者2人，官至大将军者13人，列卿14人，校尉2人，州牧和郡守多达48人。尽可能保持了他们在政治和经济上的特权地位，甚至对已经被废除爵位功臣之后也格外开恩，赐予田宅和衣禄。

赤壁之战，曹操是败于火攻还是败于瘟疫？

赤壁之战是中国历史上著名的以少胜多的战例。当时曹军兵力至少是孙刘联军的三倍，但在赤壁却被周瑜打得大败。在《三国演义》中，周瑜先利用黄盖诈降，然后火烧赤壁，接着水陆并进，曹军丢盔弃甲，死伤无数。至此三分天下定矣！

赤壁大战图

但据《三国志·武帝纪》载："公至赤壁，与备战，不利。于是大疫，吏士多死者，乃引军还。备遂有荆州、江南诸郡。"也就是说，曹军北还的原因在于瘟疫的流行。《蜀书·先主传》："先主遣诸葛亮自结于孙权，权遣周瑜、程普等水军数万，与先主并力，与曹公战于赤壁，大破之，焚其舟船。先主与吴军水陆并进，追到南郡，时又疾疫，北军多死，曹公引归。"《吴书·吴主传》："瑜、普为左右督，各领万人，与备俱进，遇于赤壁，大破曹公军。公烧其余船引退，士卒饥疫，死者大半。备、瑜等复追至南郡，曹公遂北还。"

三段关于赤壁之战的描写虽侧重点有所不同，但均提到曹军疫病流行。《周瑜传》中对整个战争的过程描述更详细些："权遂遣瑜及程普等与备并力逆曹公，遇于赤壁。时曹公军众已有疾病，初一交战，公军败退，引次江北。瑜等在南岸。瑜部将黄盖曰：'今寇众我寡，难与持久。然观操军船舰，首尾相接，可烧而走也。'乃取蒙冲斗舰数十艘，实以薪草，膏油灌其中。裹以帷幕，上建牙旗，先书报曹公，欺以欲降。又豫备走舸，各系大船后，因引次俱前。曹公军吏士皆延颈观望，指言盖降。盖放诸船，同时发火。时风盛猛，悉延烧岸上营落。顷之。烟炎张天，人马烧溺死者甚众，军遂败退，还保南郡。备与瑜等复共追。曹公留曹仁等守江陵城。径自北归。"

综合这些材料，我们不难作出判断：曹军在与孙刘联军交战过程中失利，同时军中又暴发了大规模的瘟疫，因此败退。交战失利是一方面的原因，但如果军中没有暴发瘟疫，曹操未必会那么快北还。在曹操写给孙权的一封信中，也说了自己撤退的真实原因是军中瘟疫流行，而非周瑜之功，当然这也可以理解为曹操不愿意承认自己失败的托词。

事实上，曹军多为北方军队，不服南方水土，对一些南方的传染病免疫力不足，因而致病。至于疫病的开始，很可能在大规模交战前就已经有了一些病例。等到战争进入白热化的阶段，曹军中疫病流行更多。周瑜火攻赤壁，曹军伤亡颇重。于是曹操才下令焚毁剩余战船。曹操当时可能还想再战的，但疫病这时候已经非常严重了："时又疾疫，北军多死。"所以最后不得不撤军。

诸葛亮的"八阵图"就是一座石阵吗？中国的阵法创于何时？

唐代大诗人杜甫在避乱于成都期间，曾多次游览武侯祠，并留下了很多脍炙人口的诗句。比如"三顾频烦天下计，两朝开济老臣心"是赞美诸葛亮鞠躬尽瘁、死而后已的精神；"功盖三分国，名成八阵图"则是赞美其丰功伟绩和高明的军事才能。这里的"八阵图"究竟是什么，中国最早的阵法始于什么时候？

阵法与冷兵器时代密切相关。在中国漫长的氏族社会时期，部落之间经常发生斗殴和流血冲突。那时打仗都是一哄而上，没有特定的组织方式和作战规律。据说最早的阵法始于黄帝时期，当时为打败蚩尤，黄帝曾得“九天玄女”传授兵书和阵法。进入奴隶社会后，奴隶主为巩固统治和掠夺更多的奴隶，开始注重利用阵法来提高军队战斗力。

有史可考的阵法源于商朝后期，当时编制了左、中、右“三师”，从“三师”的命名来看，军队已经采用固定的阵形。公元前1046年，武王伐纣时，“周师三百五十乘，陈于牧野”，“陈”通“阵”。阵法的普遍使用，则是在春秋战国时期，当时的很多兵书都记载了各种军队排兵布阵的方法，如《六韬》(相传为姜尚所作，但有后人考证为汉或战国)、《吴子》(战国名将吴起所作)、《孙膑兵法》等。后代《唐太宗与李卫公问对》深研阵法。南宋岳飞留有兵法残篇讲授阵法。明代戚继光撰《纪效新书》《练兵实纪》，创立有“鸳鸯阵”和“三才阵”，在抗倭战争中显现了威力。

其中最有名的还是“八阵图”，此阵法在唐朝时传入日本，成为日本各种阵法的起源。“八阵图”相传为诸葛亮所创，《三国志·诸葛亮传》记载：“亮长于巧思，损益连弩，木牛流马，皆出其意；推演丘法，作八阵图，咸得其要云。”《三国演义》中也有大量关于“八阵图”的描述，其中非常有名的是诸葛亮在“鱼腹浦”立巨石阵以阻东吴追兵，陆逊误入阵中差点没有走出来。

“八阵图”是行军打仗的一种阵法。诸葛亮按照太乙方位确定为休、生、伤、杜、景、死、惊、开八门，依靠八卦阴阳之理设定，实际上是周易数理的一种运用。

“借荆州”是吴蜀矛盾的焦点，荆州到底是刘备所借，还是孙权所送?

荆州是赤壁之战后吴蜀矛盾的一个关键所在。刘备入川后，孙权讨要荆州，刘备以凉州未打下来为由拒绝。后来吕蒙白衣过江，关羽败走麦城被杀，刘备为关羽报仇，陆逊火烧连营八百里均与此有关。那么荆州到底是刘备借的，还是孙权送的?

据《资治通鉴》记载：“建安十四年（公元209年）十二月……权以瑜领南郡太守，屯据江陵；程普领江夏太守，治沙羡……会刘琦卒，权以备领荆州牧，周瑜分南岸地以给备。备立营于油江口，改名公安。”“十五年（公元210年）十二月……备以周瑜所给地少，不足以容其众，乃自诣京见孙权，求都督荆州……权以鲁肃为奋武校尉，代瑜领兵，令程普领南郡太守。鲁肃劝权以荆州借刘备，与共拒曹操，权从之……复以程普领江夏太守，鲁肃为汉昌太守，屯陆口。”

《江表传》记载，周瑜为南郡太守，分南岸地以给备。备别立营于油江口，改名为公安。刘表吏士见从北军，多叛来投备。“备以瑜所给地少，不足以安民，(后）从权借荆州数郡。”

可见，确有刘备向东吴借荆州之事。江陵大战后，刘备攻取荆州四郡后，周瑜将南岸的土地分给刘备；刘备把军队驻扎在油江口，改名公安。后来刘表的很多吏士都来投靠，刘备便以周瑜所给的地少，不足以安抚百姓为由，亲自前往江东求见孙权，要求统领整个荆州。恰好这期间周瑜病逝，亲刘的鲁肃上台，便劝孙权把荆州借给刘备，以共同对抗曹操。孙权同意后，刘备“借荆州”终于成功。

孙权借给刘备“荆州”主要还是出于政治的考量。当时曹操势力最强，唇亡必齿寒，所以孙权把荆州之地借与刘备。一方面表示友好，另一方面却是对抗曹操的军事需要。刘备也承认荆州是借的，据《三国志吴主传》记载：“是岁刘备定蜀。权以备已得益州，令诸葛谨从求荆州诸郡。备不许，曰：吾方图凉州，凉州定，乃尽以荆州与吴耳。”《先主传》记载：“二十年，孙权以先主已得益州，使使报欲得荆州。先主言：须得凉州，当以荆州相与。”这里孙权提出归还荆州，刘备并没有说荆州不属于东吴，而是找借口说“须得凉州，当以荆州相与”。

空城计名闻天下，诸葛亮真用此计吓退了司马懿吗？

在《三国演义》中有一段诸葛亮使用“空城计”吓退司马懿的精彩描写：“‘如魏兵到时，不可擅动，吾自有计。’孔明乃披鹤氅，戴纶巾，手摇羽扇，引二小童携琴一张，于城上敌楼前，凭栏而坐，焚香操琴，高声昂曲。”

三国后期，诸葛亮用人不善，马谡失掉街亭后，司马懿率兵直逼西城。诸葛亮手中并无兵马可以调遣，但他镇定自若，大开城门，自己在城楼上弹琴唱曲。司马懿怀疑设有埋伏，引兵退去。等得知这不过是“空城计”后，赵云已赶回解围，最终大胜司马懿。这是“空城计”的大致经过，但诸葛亮真的摆过空城计吗？

空城计至少在正史中是没有记载的。《三国志》中倒是有两处关于“空城计”的记叙，但均与诸葛亮无关。《三国志·赵云传》中记载：“值操扬兵大出，云猝与相遇，遂前突其陈，且斗且却。魏兵散而复合，追至营下，云入营，更大开门，偃旗息鼓。魏兵疑云有伏，引去。”赵云以“空营”虚张声势，骗走曹军。《三国志·文聘传》：“孙权尝自将数万众卒至。时大雨，城栅崩坏，人民散在田野，未及补治。聘闻权到，不知所施，乃思唯莫若潜默可以疑之。乃敕城中人使不得见，又自卧舍中不起。权果疑之，语其部党曰：‘北方以此人忠臣也，故委之以此郡，今我至而不动，此不有密图，必当有外救。’遂不敢攻而去。”就这样，文聘以“空城计”，退了孙权大军。

空城计作为一种军事谋略，在很早就有。据说春秋时期，楚国的公子元，在他哥哥楚文王死后，非常想占有漂亮的嫂子文夫人。为讨得文夫人的欢心，他率车五百乘攻打郑国。大军迅速逼近郑国首都，但齐国援军未到。这时有个叫叔詹的郑国大臣献策，命令士兵全部埋伏起来，不让敌人看见一兵一卒。店铺照常营业，大开城门，放下吊桥，摆出完全不设防的样子。公子元看到这种情况，以为有埋伏；又听到齐国大军将近，料难取胜，就撤兵了。这可能是“空城计”的最早记载。

兵法有云：虚者虚之，疑中生疑；刚柔之际，奇而复奇。“空城计”作为一种军事战略，很早就有。即使在三国时期，赵云和文聘也曾使用过。关于诸葛亮的“空城计”，虽具传奇色彩，确是于史无据。

小说中的张飞不但威猛，而且颇有谋略，历史上张飞真的如此吗？

张飞为蜀国五虎上将之一，《三国演义》上描写他“豹头环眼，燕颔虎须”，有万夫莫当之勇，当阳长坂坡一役中，更是一人喝退曹军10万雄兵。其为人莽撞，《三国演义》中有多处记载，《三国志平话》更说他不仅随便杀人，还把袁术的儿子活活摔死。戏剧中的张飞黑头花脸，文盲一个，出台便唱：“大字黑麻麻，小字我认不得它！”历史上的张飞真是如此吗？

其实张飞除了作战勇猛外，还是很有谋略的。在当阳长坂坡一战，他凭借的不仅是勇敢，否则就是喊破嗓子恐怕也无济于事。当时他手下只有20余骑，为制造疑兵之计，便命令手下士兵在马尾上绑上树枝，在树林中来回跑动，一时间“桥东树林之后，尘土大起”，后来曹军到来，果然不敢靠近。在进攻蜀国的途中，张飞为先锋，他散布假消息，并用替身骗得严颜晕头转向，抓住严颜后更是“义释”之。这样严颜归顺刘备，为平定西川铺平了道路。瓦口隘一战中，他利用别人知道自己酗酒的缺点装醉，巧施连环计，把号称智勇双全的张郃打得一败涂地。就连诸葛亮都称赞他：“张将军能用谋。”

张飞出身屠夫，那么是否真就是个“大老粗”，大字不识一个呢？据考证张飞不仅是个书法家，还是个善画美人的画家。据南北朝陶弘景《刀剑录》载，张飞拜新亭侯，亲书刀剑铭文：“新亭侯，蜀大将也。”明代《丹铅总录》：“涪陵有张飞刁斗铭。其文字甚工，飞所书也。”但这些物证已殁，无从稽考。不过现存清光绪年间一个拓本，为《张飞立马铭》。关于善画美人，明代卓尔昌编《画髓元诠》说张飞：“喜画美人，善草书。”清代《历代画征录》：“张飞，涿州人，善画美人。”

看来历史上的张飞除了脾气暴躁、做事鲁莽外，还是具有一定谋略的。此外能书善画，似乎风流儒雅更胜其他五虎上将。但长相和屠夫的出身，让人对其产生了一定的误解。所以，后人看到的只是“猛张飞”，而忽略了他其他方面的优点。

“杨家将”英名世代传扬，流传的说法合乎史实吗？

“杨家将”的故事世代相传，从杨业，到杨延昭、杨宗保的儿子杨文广，再到佘太君、穆桂英挂帅，最后寡妇和奴婢出征。整个故事可谓荡气回肠，蕴含了浓厚的情感。经宋元戏曲和元代评话的改编和完善，已深深地扎根于中国传统文化之中。那么历史上真实的“杨家将”与戏文中存在差异吗？

“杨家将”讲述的一门忠烈保家卫国的故事，始起于杨业。杨业本为北汉侍卫新军都虞候，后来投降宋朝。对于边防和对辽作战非常有经验。曾多次打败辽的军队，威名远播，其子杨延昭继承父亲遗志，戍边卫国，立下赫赫战功。北宋文学家欧阳修称赞他们：“父子皆名将，其智勇号称无敌，至今天下之士至于里儿野竖，皆能道之。”

宋元时期，民间艺人将杨家将的故事变化成戏曲，搬上舞台。明代文学家又把他们的故事编成《杨家将演义》《杨家将传》，情节包括七郎八虎闯幽州、血战金沙滩、穆桂英挂帅、杨门女将、十二寡妇征西、佘太君百岁挂帅、杨排风等，这在一定程度上丰富和完善了人物角色和故事情节。

真实的杨家将却与此存在出入，但确实存在杨门三父子抗辽的史实。首先是杨业，在雁门关战役中，他大败辽驸马萧咄李，缴获马匹辎重无数。以后辽军只要看到杨业的大旗，都不敢轻易和他交锋。杨延昭子承父业，当时宋朝对辽采取防御策略，因为保护边防，杨延昭深受爱戴，延续了杨家将的威名。杨文广则是杨延昭的儿子，杨宗保在正史中根本不存在。当时由于宋辽议和，杨文广虽有壮志但终难舒展，成就比起他的祖父辈又逊了一筹。

至于佘太君和穆桂英，正史中并无记载。害死杨业的应是王诜，而非潘美。杨延昭也并非杨业的第六个儿子，史书记载其为长子。至于“六郎”称呼的来历，则是辽人迷信，认为其为北斗第六颗星转世，专克辽，这也从一个侧面反映出杨延昭对辽的威慑力。

皇帝召岳飞退兵，连发十二道“金牌”，这种“金牌”究竟为何物？

现在我们通常说的金牌是指各项比赛的第一名所获奖牌。中国古代也有各种各样的金牌，比如“免死金牌”，还如宋朝皇帝下令岳飞班师回朝的十二道“金牌”，这些金牌究竟为何物呢？

“免死金牌”在中国民间曾广为流传，戏文中也经常出现。又称为“金书铁券”或“丹书铁券”，它是古代帝王赐给功臣世代享受优待或免罪的凭证。其材质为铁，上用朱砂写字，因此又称“丹书”。为防止假冒，将铁券从中分开，朝廷和受赐人各持一半。唐代后改用嵌金的方法（金书）。据《辍耕录》载，吴越王钱镠曾受赐一块铁券，形状如瓦，高尺余，阔三尺许，券词黄金镶嵌。誓词包括所封的爵衔、官职以及功绩等内容，另刻有“卿恕九死，子孙三死，或犯常刑，有司不得加责”。

丹书铁券始于汉高祖时期，最初为一种身份和爵位的象征。免死金牌的确可以免死，但谋反等罪名除外，如明沈德符《野获编》：“所谓免死，除谋反大逆，一切死刑皆免。然免后革爵革薪，不许仍故封，但贷其命耳。”

宋朝皇帝下令岳飞班师回朝的十二道此“金牌”是一种红漆金字的木片，为皇帝专属，可以不经过三省（政府机构）和枢密院

(最高军事机构)直接下达。沈括《梦溪笔谈》中对此有详细记载:“驿传旧有三等,日步递、马递、急脚递。急脚递最遽,日行三百里,唯军兴则用之。熙宁中,又有‘金字牌急脚递’,如古之羽檄也。以木牌朱漆黄金字,光明眩目,过如飞电,望之者无不避路,日行五百余里。有军前机速处分,则自御前发下,三省、枢密院莫得与也。”

名将袁崇焕是一个怎样的人,他为何会惨遭凌迟,含冤而死?

袁崇焕是中国明朝末年著名将领。他少年出仕,后单骑赴塞外考察辽东防务,先后打败努尔哈赤、皇太极的多次进攻,取得宁远、宁锦数次大捷,为朝廷立下赫赫战功,后来官至兵部尚书。他是怎样的一个人,为何最后会被崇祯皇帝处死?

袁崇焕,字元素,生于万历十二年。祖籍广东东莞。万历四十七年,袁崇焕考中三甲第 40 名,赐同进士出身,授福建邵武知县。在邵武任上,袁崇焕救民于水火,处理了大量冤狱。《邵武府志》载:“明决有胆略,尽心民事,冤抑无不伸。”此外,他关心辽事,天启二年,到北京朝觐,接受朝廷的政绩考核。他利用在京的时机,察视边塞,了解形势,为辽事进行准备。

后被提拔,督师辽东,固守宁远,并多次打败努尔哈赤和皇太极的进攻,在朝廷威望日高,被封为兵部尚书。后皇太极改变行军线路,改由长城、遵化一线进攻北京。袁崇焕先一日赶回北京,开始北京保卫战。但崇祯皇帝听信太监谗言,并中了皇太极的反间计,怀疑袁崇焕谋反。崇祯二年十二月初将袁崇焕逮捕入狱,审讯半年,后以“袁崇焕咐托不效,专恃欺隐,以市米则资盗,以谋款则斩帅,纵敌长驱,顿兵不战。及至城下,援兵四集,尽行遣散。又潜携喇嘛,坚请入城”等罪名凌迟。行刑时,群众争食其肉。

《明史》中有袁崇焕被下狱的真实记载:“会我大清设间,谓崇焕密有成约,令所获宦官知之,阴纵使去。其人奔告于帝,帝信之不疑。十二月朔再召对,遂缚下诏狱。”可见,崇祯帝中了皇太极的反间计为真,而之前的种种罪名不过是借口。袁崇焕死时临危不惧,留下“一生事业总成空,半世功名在梦中。死后不愁无勇将,忠魂依旧守辽东”的遗言。

袁崇焕死后,明朝积弊更甚,后李自成攻破北京,明朝灭亡。

清朝的“八旗制度”到底是怎么一回事,“八旗”分别指什么?

清朝是中国封建社会的最后一个朝代,从努尔哈赤在明万历二十九年(1601 年)正式创立,到 1912 年中华民国成立时瓦解,前后存续 300 余年时间,历经兴衰。可以说整个清朝的历史,也就是一部清朝“八旗子弟”从兴起、繁荣、落后再到衰亡的历史。

满族是女真人的后裔,早期主要以采集和狩猎为生。依靠血缘和地域形成以氏族或村寨为单位的部落,部落集体组织的方式称为牛录制,总领称为牛录额真,额真又称厄真,是“主”的意思。努尔哈赤统一女真各部后,建立了四旗:黄旗、白旗、红旗、蓝旗。后来由于归附者众,就将原来的四旗改为正黄、正白、正红、正蓝四旗,并增设镶黄、镶白、镶红、镶蓝四旗,总称八旗。这是八旗制度的形成。八旗之下每 300 人为一牛录,设牛录额真一人,五牛录为一甲喇,设甲喇额真一人,五甲喇为一固山,设固山额真一人,副职一人,称为左右梅勒额真。

皇太极时期为扩大兵源,在满八旗的基础上又建立了蒙古八旗和汉军八旗,编制与满八旗完全相同。满、蒙、汉八旗共 24 旗构成了清代八旗制度的整体。清入关后八旗军又分成了禁旅八旗和驻防八旗。

八旗中,正黄、镶黄和正白旗为上三旗。上三旗归皇帝亲自指挥,兵是皇帝亲兵,皇宫侍卫也从上三旗中挑选。下五旗包括正红旗、镶红旗、镶白旗、正蓝旗、镶蓝旗,由诸王、贝勒和贝子分别统领。八旗初建时兵民合一，全民皆兵，凡满洲成员皆隶于满洲八旗之下。旗的组织具有军事、行政和生产等多方面职能。入关前，八旗兵丁平时从事生产劳动，战时荷戈从征，军械粮草自备。入关以后，建立了八旗常备兵制和兵饷制度，八旗兵从而成了职业兵。

八旗制度是清王朝统治全国的重要军事支柱，为发展和巩固多民族统一的国家、保卫边疆和防止外来侵略做出过重要贡献，但随着历史的发展，八旗制度中落后的一面也日益显现，战斗力也逐渐减弱，在清朝后期更是屡战屡败，不得不依靠汉族的一些地主武装。

晚清战争题材的影视剧中，士兵的军服后有的写"兵"，有的书"勇"，这是怎么回事?

晚清战争题材的电视剧中，在一些战争场面上，士兵军服背后的字并不一致。有的写"兵"，有的为"勇"。那么，"兵"和"勇"有区别吗?

要弄明白这个问题，首先就要明白清朝军队的编制。清军最初的军队编制为努尔哈赤开创的八旗部队。后来随着队伍的不断扩大，又增加了蒙八旗和汉八旗。八旗兵实行世兵制，平时耕猎，战时出征。"兵"在16岁以上的八旗男性子弟中挑选，剩下的叫"余丁"，不满16岁的叫"幼丁"，属于预备兵的范围。

清军入关后，又陆续招募了大量绿营兵。绿营兵插绿色旗帜，以营为建制单位，故称绿营兵。八旗兵和绿营兵都属于"兵"的范围。但后来八旗兵养尊处优，逐渐丧失了战斗力。平定三藩叛乱时，康熙主要借助的就是绿营兵的力量。到雍正时，由于一再强调"八旗乃满洲之根本"，士气有所恢复。八旗兵一般卫戍京师，绿营兵则分散于全国各地。

"勇"的产生是在乾隆以后，当时由于战争大量减员，需要及时补充兵员。于是一些乡勇、团练被临时招募来组成军队，战争结束后就解散。可见"勇"和"兵"比起来就是杂牌军，没有正式的编制。太平天国运动时期，曾国藩曾大量招募乡勇组成湘军，定兵制，发饷粮，称为勇营。从此后"勇"逐步代替了"兵"，成为国家军事的主要力量。勇营是拿国家粮饷的私募武装，所谓"兵为将有"；士兵和军官只效忠于自己的长官，不直接听命于皇上。

第四章

农业生产·商业贸易

俗话说“人吃五谷杂粮”，其中的“五谷”具体指哪几种农作物？

“五谷”是粮食作物的总称。俗话说“人吃五谷杂粮”为生，那些整日享乐、不知民间疾苦的纨绔子弟被讽刺为“四体不勤，五谷不分”。那么，“五谷”具体指哪五种粮食作物呢？

早期人类种植的谷物有上百种之多，比《论语》成书更早的《书经》中，只见“百谷”，没有“五谷”之说。从“百”到“五”经历了漫长的历史演变，一是受当时阴阳五行学说的影响，人们以“五”代指所有谷物。另外也反映出人们经常长期实践，逐步确定了5种最主要的粮食品种。

“五谷”有两种说法。一说认为指稻、黍（黄米）、稷（粟，谷子）、麦、菽（大豆）；另一种说法是麻、黍、稷、麦、菽。二者的区别在于前者有稻无麻，后者有麻而没有稻。麻籽虽然可以供食用，但是主要是用它的纤维来织布。谷指的是粮食，前一种说法没有把麻包括在五谷里面，比较合理。但是从另一方面来说，当时的经济文化中心在北方，稻是南方作物，北方栽培的有限，所以五谷中有麻而没有稻，也有可能。

五谷的争论主要集中在“稻”和“麻”上。我们更认同“稻”而非“麻”，因麻确非主要粮食作物，而北方无“稻”则说“稻”非“五谷”也有失偏颇。实际上，春秋战国时期南方的楚国和吴越并不比北方的诸侯弱，夏商的文献中也存在大量南方的记载。

后世又将两种说法结合起来，得出稻、黍、稷、麦、菽、麻6种作物。战国时代的名著《吕氏春秋》里有4篇专门谈论农业的文章，其中“审时”篇谈论栽种禾（稷）、黍、稻、麻、菽、麦这6种作物的情况；“十二纪”篇中说到的作物，也是这6种。

“一亩三分地”做何解释，这个说法有何由来，语义又是如何演变的？

“一亩三分地”常用来指个人利益或势力范围，如：“别人的事你就别过问了，还是先管好自己的一亩三分地吧！”那么，为什么用“一亩三分地”来代指个人利益，为何是“一亩三分”，而不是别的什么呢？

这与传统农耕社会有关。我国历代统治者都非常重视农业，存在祭祀社稷之神的仪式和典礼。在每年农耕时节，统治者亲自耕作，做出表率，以诏告天下，新一年的春耕又开始了。清朝建立后，在先农坛划出一块地，叫“演耕田”，每年由皇帝、皇后亲自耕种，以便及时了解农时，熟悉节令。

由于皇帝所种之地恰好“一亩三分”，他人不得将地改为他用。所以后世用“一亩三分地”来表示个人势力范围。当然这种制度并非清朝才有，相传上古时期，三皇之首的伏羲氏“重农桑，务耕田”。每年农历二月初二这天，便由“皇后送饭，御驾亲耕”，自理一亩三分地。

古代帝王为显示自己以苍生社稷为重，效法伏羲、尧舜那样的明君，也在惊蛰（惊动蛰伏的动植物、鸟兽，春天来了）前后，进行自理“一亩三分地”的活动。后来词义演变，人们就用“一亩三分地”来表示个人的事情、利益或势力范围。

在古文中经常出现“耒”和“耜”等古代的农具名称，它们的形状如何，用途是什么？

从农业的产生来看，最初人类发现可以通过种植一些固定的植物来获得果实，于是农耕应运而生，最初刨地的方式是用手。进入新石器时代后，人们把石、木打磨或削尖后并辅以一定的长柄就制成了最古老的农具。“耒”和“耜”是我国夏商时期广泛使用的耕作工具。

“耒”是个象形字，形如木叉，上有曲柄，下面是犁头，用以松土，是犁的前身。“耒”是汉字部首之一，从“耒”的字都与原始农具或耕作有关。耜用于起土，耒是耜上的弯木柄。

考古学家认为，耜是一种曲柄起土的农器，即手犁。各地曾出土木耜、骨耜，青铜耜出现于商代晚期，实际出土的都是耜头。形制为扁状尖头，装在厚实的长条木板上。木板肩部连接弯曲而前倾的长柄。柄与耜头连接处有一段短木，末端安横木。使用时，手执横木，脚踩耜头短木，使耜头入土起土。

在古代文献中，存在大量“耒”和“耜”的记载。如《说文》中：“耒，手耕曲木也。”《礼记·月令》：“天子亲载耒耜。”《后汉书·章帝纪》中有：“耒其柄，耜其刃。”

可见，“耒”和“耜”是古代早期农具，产生比犁要早。耒主要指这种农具的柄，耜则更多指农具的前端用于翻土的部分，最初为木或骨制，后改为青铜和铁器，相当于今天所说的“犁头”。

“耕”字为何不用“牛”作偏旁，用牛耕地起于何时？

众所周知，我国古代耕地是用牛拉犁。那为何“耕”字以“耒”为偏旁，而不像“犁”用“牛”做部首呢？牛耕到底是什么时候开始的呢？

“耕”是个会意字，左边为“耒”，右边为“井”。耒是我国古代犁产生以前主要的耕作工具，而“井”则反映了夏商周时期的井田制度。用“耒”在“井田”上劳作，便是耕。所以“耕”这个造字是很形象的。由于使用牛耕远比“耒”耕要晚，所以不以“牛”为偏旁。而“犁”通常指铁制翻土工具，这时候已大量使用牛代替人力，故以“牛”为部首。

牛耕始于何时？存在争论。大致有三种说法：一说认为产生于西汉中期，我国古代著名农学家贾思勰的《齐民要术》中有“赵过始为牛耕”的说法。据《汉书·食货志》载，西汉武帝时，搜粟都尉赵过在陕北一带推广牛耕，并令当地善耕种者前往学习。这是我国史籍明确记载的第一次大规模推广牛耕技术。

可见，当时只是推广牛耕，其产生应该更早。史学界比较一致的观点认为牛耕在战国时期已经很普遍。

古代皇帝十分重视农业，春耕之前，要行一种“籍田”礼，这种礼的具体内容是怎么样的？

“籍田”是我国古代社会一种礼仪，属天子之礼。天子通过此礼诏告天下重视农业，祈愿风调雨顺。那么，什么叫“籍田”，典礼的具体内容如何？

据《诗经·周颂·载芟》：“载芟，春籍田而祈社稷也。”毛传：“籍田，甸师氏所掌，王载耒耜所耕之田，天子千亩，诸侯百亩。籍之言借也，借民力治之，故谓之籍田，朕亲率耕，以给宗庙粢盛。”颜师古注引韦昭曰：“籍，借也。借民力以治之，以奉宗庙，且以劝率天下，使务农也。”《通典·礼六》：“天子孟春之月，乃择元辰，亲载耒耜，置之车佑，帅公卿诸侯大夫，躬耕籍田千亩于南郊。冕而朱纮，躬秉耒，天子三推，以事天地山川社稷先古。”

可见“籍”是借的意思，“籍田”就是“借民力治田”的意思。同时“籍田”还表示皇帝重视社稷和农业，有劝百姓务农之意。

这反映出我国古代的“农本”思想。

举行“籍田”礼的时间一般定在孟春正月。所谓孟春就是立春到惊蛰的这段时间，春季的第一个月份。一般在二月初二左右，就是民间俗称“龙抬头”的日子。春耕之前，天子率诸侯亲自耕田以为表率。这源自原始社会，部落酋长在春初带头耕种，然后才开始大规模春耕生产的原始风俗。它是“祈年”的礼俗之一，又称“亲耕”。寓有重视农耕之意，自周、汉以下，各代多行之，然并非每年举行，亦有废而不举行者。

举行仪式那天，以太牢祀先农神，在国都南面近郊，天子执耒三推三返。群臣以次耕，王公诸侯五推五返，公卿大夫七推七返，士九推九返。然后籍田令率其属耕播毕，礼成，命天下州县及时春耕。

“籍田”礼是我国农耕文化的反映，是周礼的一部分。其产生于原始社会，一直延续到我国封建社会结束，虽时有废，但从未断绝。

唐平民又称布衣，“布衣”就是指棉布做成的衣服吗？

我们知道，古代的平民被称为“布衣”，在多数人的印象里，“布衣”应该是棉布衣服，其实这个判断是错误的。因为棉布在我国出现得很晚，而“布衣”一词出现得要早得多。

在棉花推广、棉布出现以前，我国先民最早用于纺织的原料主要是葛、麻和蚕丝。一般王公贵族或有权势的人多穿绫罗绸缎，一般老百姓购买不起昂贵的丝帛，又因为法律的禁止，所以只能穿麻布的衣服。故而，人们用“布衣”指称一般平民。

葛就是葛藤，其长数十米，皮坚韧，用沸水煮过，就能抽出白而细的纤维来。这种纤维最早用来搓绳、结网，随着纺织技术的进步，葛被织成布，用来制作衣服。先期时期，这种布是平民服饰的最基本材料。

秦汉时期，麻布取代葛布，成为民间服饰的主要衣料来源。麻包括苎麻（南方）和大麻（北方），比葛更容易加工处理。在长沙楚墓中出土的战国细苎布细密坚韧，可见我国劳动人民很早就掌握了熟练的麻纺技术。《战国策》中说的“布衣之士”，和诸葛亮《出师表》的“臣本布衣”，都说到“布”，这“布”指的就是麻布。

棉布取代了麻成为主要纺织原料，则是在宋元以后。据学者考证，棉花最迟在南北朝时已经传入中国，主要在边疆地区种植，传入中原地区很迟。而且，宋以前，我国只有带丝旁的“绵”字，没有带木旁的“棉”字。“棉”字最早出现在《宋书》中。宋末元初，内地开始种植棉花，史载：“宋元之间始传其种于中国，关陕闽广首获其利，盖此物出外夷，闽广通海舶，关陕通西域故也。”

由此可知，汉唐时期的平民，穿的是“麻布衣”，而不是“棉布衣”。

古代描绘农业生产的名画《耕织图》绘于何时？

《耕织图》是我国古代描绘农业生产活动的名画。现存大量彩绘和临摹本，详细刻画了我国小农经济时代男耕女织的社会生活场景。那么《耕织图》是什么时候绘制的呢？

《耕织图》最早产生于南宋，刘松年和楼俦都曾画过《耕织图》。作品得到了历代帝王的推崇和认可。天子三推，皇后亲蚕，男耕

《耕织图册·收刈》 清

女织，这是中国古代农业社会的典型写照。楼俦在任于潜令时，绘制《耕织图诗》45幅，包括耕图21幅、织图24幅。

清朝康熙南巡，见到《耕织图诗》后，感慨农民生活的艰辛，传命内廷供奉焦秉贞在楼绘基础上，重新绘制，计有耕图和织图各23幅，并每幅制诗一章。焦绘《耕织图》令康熙皇帝龙颜大悦，加盖自己的大印，并令广为印制，赐给手下诸大臣。

《耕织图》是我国古代农业社会的缩影。由于其“图绘以尽其状，诗文以尽其情”，形象生动、细腻地描绘了劳动者耕作与蚕织的场景和详细的生产过程，所以起到了普及农业生产知识，促进社会生产力发展的巨大作用，其本身也是极其珍贵的艺术瑰宝。

胡萝卜何时传入中国，与它一同传入的农作物还有哪些？

胡萝卜具有很高的营养价值。除了煲汤、炖肉外，它还具有治疗夜盲、保护呼吸道等药用价值。它为什么叫“胡萝卜”？是何时传入中国的？

胡萝卜又称甘荀，原产于亚洲西南部，在阿富汗的栽培历史可追溯到2000年前。胡萝卜富含胡萝卜素，20世纪时，人们认识了胡萝卜素（含丰富维生素A）的营养价值，从而提高了胡萝卜的身价。

胡萝卜于10世纪从伊朗引入欧洲大陆，15世纪见于英国，16世纪传入美国。胡萝卜从伊朗引入中国是在13世纪的宋元时期，并于16世纪从中国传入日本。同时期传入中国的还有越南的占城稻、红薯、马铃薯、玉米等农作物。这是宋元时期我国对外交流加剧的表现。

“胡”在汉语中指的是北方或西域的少数民族，后来词义演变，人们把外国人统称为“胡人”。把胡人的衣服叫“胡服”，胡人不遵守礼仪和原则说的话或做的事叫“胡说”“胡作非为”。这种从西域引入的萝卜就被称为“胡萝卜”。

水果蔬菜中冬瓜、西瓜和南瓜是以什么命名的？

民以食为天，瓜果蔬菜，每天必食之物。比如各种瓜类，如黄瓜、苦瓜，这是按颜色和味道命名，另有一类按方位，如西瓜、南瓜，这些蔬菜名是怎么来的？

先说“冬瓜”，明明是夏天成熟，为何叫“冬瓜”？原来在冬瓜成熟之际，表面上会有一层白粉状物质，就好像是冬天所结的白霜，故曰“冬瓜”。也正是这个原因，冬瓜俗称白瓜。冬瓜耐热，产量高，易于贮运，是夏秋的重要蔬菜品种之一。

接着看“西瓜”，夏天到了，人们很渴的时候，便想起它来。相传，神农氏尝百草时发现了西瓜，由于水多肉少，谓之“稀瓜”，后来人们传讹成了“西瓜”。不过比较通行的说法还是此瓜来自西域。西瓜原产地为埃及，后来传入中国。据明代科学家徐光启《农政全书》：“西瓜，种出西域，故之名。”同时代李时珍《本草纲目》载：“按胡娇于回纥得瓜种，名曰西瓜。则西瓜自五代时始入中国；今南北皆有。”可见，西瓜在我国已有很长的栽培历史。

西瓜因出自西域而得名，南瓜也一样。南瓜本产于中南美洲，故曰“南瓜”。

黄瓜的颜色并不黄，可为什么要叫黄瓜呢？

黄瓜是家常菜肴常见的材料，或炒或拌，鲜嫩可口。市场上黄瓜大多青葱可爱，叫“青瓜”似乎比黄瓜合适；浑身带刺，叫“刺瓜”也不错，为什么要叫“黄瓜”呢？

这背后还有个鲜为人知的故事。黄瓜并非中国土产，而是来自西域，最初叫“胡瓜”。南北朝时期，后赵政权建立者石勒本是入塞的羯族人。他在襄国登基做皇帝后，对国人称呼羯族人为胡人大为恼火。石勒颁布了一条法令：无论说话写文章，一律严禁出现“胡”字，违者问斩不赦。

有一次，石勒在单于庭召见地方官员，这时襄国郡守樊坦衣衫褴褛地走进来。石勒见状，很不满意，就说："樊坦，你为何衣冠不整就来见朕？"樊坦慌乱之中不知如何是好，只好随口应道："这都怪胡人没道义，抢了我衣物，害得我只好褴褛来朝。"话刚说完，樊坦立刻意识到自己犯了禁，急忙叩头谢罪。石勒见他知错，也就不再指责。等到召见后例行"御赐午膳"时，石勒又指着一盘胡瓜故意问樊坦："这是何物？"樊坦知道石勒有意考问，于是恭敬答道："黄瓜也。"石勒听后方才满意。

自此以后，胡瓜就被称为黄瓜，在朝野之中传开了。唐朝时，黄瓜已成为南北常见的蔬菜。现在黄瓜的种类很多，大致分为春黄瓜、架黄瓜和旱黄瓜。而闻名全国的品种是北京刺瓜和宁阳刺瓜，二者均外形美观、皮薄肉厚、爽脆可口。

古代有良种选育活动吗，起于何时，哪位皇帝曾亲自选育稻种？

选育良种是利用生物遗产特征进行种子培育的过程。现代农业种子多由农科院选种培育，并由种子公司生产，然后由农民种植。古代有良种选育活动吗？起于何时？亲自选育稻种的皇帝是谁？

我国古代对于生物遗产特性很早就有认识，如《越绝书》："桂实生桂，桐实生桐。"《吕氏春秋·用民篇》说："夫种麦而得麦，种稷而得稷，人不怪也。"明朝代学者王廷在其著作《慎言·道体篇》中阐述了遗传物质的气种说。他认为元气是"通极上下造化之实体"，元气中蕴含万物的种子，是元气生成了万物。

选育良种的历史也非常早。可以追溯到4000多年前的后稷教稼时代。《诗经·大雅·生民》有诗句："诞后稷之穑，有相之道。拂厥丰草，种之黄茂，实方实苞。"其中"种之黄茂，实方实苞"是对选种的具体要求。要求种子色泽好，粒大穗沉。战国时白圭也说："长斗石，取上种。"可见我国古代很早就知道粒选法的存在。

西汉成帝时的《氾胜之书》记载了穗选法："取麦种，候熟可获，择穗大强者，斩束立场之高燥处，曝之极燥。无令有白鱼，有辄扬治之。取干艾杂藏之，麦一石，艾一把；藏以瓦器竹器。顺时种之，则收常倍。取禾种，择高大者，斩一节下，把悬高燥处，苗则不败。"后又发展出在混合选穗基础上繁殖良种的方法。据《齐民要术》记载："凡五谷种子……常岁岁别收，选好穗纯色者，劁刈高悬之。至春，治取别种，以拟明年种子。其别种种子，常须加锄。先治而别埋，还以所治穰草蔽窖。"这比西方要早1300多年。

清朝时混合选种法更为完善，康熙皇帝曾亲自选种。他运用单株选择法，成功地培育出一种新的优良品种"御稻"。据《康熙几暇格物编》载："丰泽园中，有水田数区，布玉田谷种，岁至九月，始刈获登场。一日循行阡陌，时方六月下旬，谷穗方颖，忽见一科，高出众稻之上，实已坚好，因收藏其种，待来年验其成熟早否。明岁六月时，此种果先熟。从此生生不已，岁取千百，40余年以来，内膳所进，皆此米也。其米色微红而粒长，气香而味腴，以其生自苑田，故名御稻米。"

后来康熙在全国各地推行培育出来的"御稻种"，使得稻米产量大为提高。康熙的选种实践为达尔文所称道，他在《动物和植物在家养下的变异》一文中写道："中国皇帝的上谕劝告人们选择显著大型的种子，甚至皇帝还亲手进行选择。"

"商人"的名称来自商朝吗？

现代社会是个商业社会，各种市场主体生产出商品用以交换。专门从事商业活动的人被称为"商人"，"商业"也成为一个行业的代名词。那么，"商人"一词出自何处，与商朝有联系吗？

答案是肯定的。商代由于农业和手工业的发展，社会分工的扩大，出现了专门以从事商业交易为生的人员，被称为"商人"。"商葩翼翼，四方之极"是形容当时商业的盛况。商代出现了许多牵着牛车和乘船从事长途贩运的商贾，到后期，都邑里出现了专门从事各种交易的商贩，姜子牙就曾在朝歌以宰牛为业，还在孟津卖过饭。商代统治者鼓励经商，还修整大路，以利天下物流。

可见，"商人"职业产生于商代后期。武王伐纣后，商朝灭亡。一些商朝遗民没有了生活来源，便以经商为生。这部分人走街串巷，吆喝叫卖。人们听到他们的声音，就知道"商人"来了。据载，西周初期，周成王年幼，管、蔡二叔与纣王之子武庚联兵反叛。周公东征平叛后，将洛阳建为军事要塞，称为"成周"，"成周既成，迁殷顽民"。原来商朝的遗老遗少们被遣送到成周监视起来，这些人丧失了政治权利，又没了土地，只好通过贩卖物品为生，这便是"商人"的来源。

后来人们从商业贸易中发现了利润，很多周人也参与到市货买卖中来。于是，商人的意义泛化，成了一个职业的代称，直到今天我们仍然沿用。

古人为什么把富翁称为"陶朱公"，这个叫法因何而起，先秦时期的大商人有哪几位？

古代称呼富翁为"陶朱公"，陶是地名，朱公是范蠡退隐后的名字。众所周知，范蠡是春秋末期吴越争霸的关键人物，是著名的政治家。为何将富翁称为"陶朱公"，当时除了"陶朱公"，还有别的大商人吗？

范蠡是辅助勾践灭吴复国的第一谋臣，官拜上将军。

后来，范蠡认识到勾践是个可以共患难但不能同安乐的人，于是急流勇退，毅然弃官而去。首先他到了齐国，改名为鸱夷子皮。但是齐国人知道他的品德才能，请他当宰相。由于他退归林下的决心已下，不久又辞官而去。后来到了当时的商业中心陶地定居，自称"朱公"，人们称他"陶朱公"。他在这里既经营商业，又从事农业和牧业。凭借非凡的经商才能，在19年时间内有三次赚了千金之多。但他仗义疏财，因此有"富而行其德"的美名，成为几千年来我国商业的楷模。

春秋战国时期，是民族融合和商业大发展的时期。当时著名的大商人还有吕不韦，史载他"往来贩贱卖贵，家累千金"，结识秦流亡公子异人并资助其回国即位，从而成功实现个人由商从政的历史性转变。端木子贡则是儒商的代表，他是孔子的弟子，是孔子能够周游列国的主要经济来源，曾担任鲁、卫两国宰相，为孔门弟子首富。孔子称他乃"瑚琏之器"，后世多用"端木遗风"来赞美儒商。此外还有以智慧闻名的大商人白圭，《汉书》中称其为商业生产贸易的理论鼻祖，即"天下言治生者祖"。他是先秦著名经济谋略家和理财家，诸如"人弃我取""知进知守"等经商理论至今仍具有指导意义。

"飞钱"是一种会飞的钱吗，为何叫这个名字，它是什么时候产生的？

古代贸易买卖除了金银外，多用铜钱交易。买卖双方一手交钱，一手交货，钱自然是不会飞的。但在唐朝中期，出现了一种"飞钱"，它是指会飞的钱吗？

这要从古代贸易说起。最初贸易范围并不大，后来随着生产和贸易活动日益发展，不同地域之间也经常发生贸易。而付款的一方携带大量铜钱是很不方便的，于是一种号称"飞钱"的业务产生了，它是指将银钱存入官办或私办的信用机构内，获得凭证，然后再到交易发生点用凭证交易的形式。

这种业务中，钱虽然存在此地，但却可以在彼处购买商品和货物，因此被称为"飞钱"。"飞钱"始于唐宪宗元和初年，有两种形式：一是官办，商人在京城把钱交给诸军、诸使或诸道设于京城的"进奏院"，携券到其他地区的指定地方取钱。二是私办，大商人在各道或主要城市有联号或交易往来，代营"便换"，以此牟利。

"飞钱"这种汇兑方式在唐代发端后，被北宋沿用。宋开宝三年（公元971年），官府在开封设置官营汇兑的机构"便钱务"，为行商直接办理异地汇款。

古人把路费叫“盘缠”，还有一个成语叫“腰缠万贯”，钱财为何与“缠”缠上了呢？

古人将差旅费叫“盘缠”，一般人出外办事都会带上盘缠。与之相关的词语叫“腰缠万贯”，形容财大气粗。那么，为何钱财会有“盘缠”的怪名，古代钱真是缠在腰上的吗？

这要从古钱币的形状说起。古钱一般都是外圆内方，中间有孔的金属硬币，常用绳索将1000个钱币穿成串再吊起来，穿钱的绳索叫作“贯”，所以，1000钱又叫1吊钱或1贯钱。古时人出门之时，只能带上笨重的成串铜钱。把铜钱盘起来缠绕腰间，既方便携带又安全，因此古人将这又“盘”又“缠”的旅费叫“盘缠”了。

“腰缠万贯”语出自南朝殷芸的《小说·吴蜀人》：“有客相从，各言所志，或愿为扬州刺史，或愿多赀财，或愿骑鹤上升。其一人曰：‘腰缠十万贯，骑鹤下扬州。欲兼三者。’”与“盘缠”的来历大相径庭。

现代社会由于纸币的流行，很少有人把钱缠在腰间，但“盘缠”一词却沿用至今。

我国现在的货币单位是“元”，古代的货币单位是什么，“元”是怎么来的？

我国目前发行的人民币以“元”为单位，辅以“角”和“分”。古代的货币单位是什么？元这个词语又是如何产生的呢？

商代以前，都是广泛用自然物作为交换的媒介，也就是龟甲和贝壳。在殷墟出土的大量甲骨文中有大量这类买卖的记录，当时使用的计量单位为“朋”。

后来金属货币产生，成为一般等价物，有金、银、铜等。其中较易发现和开采的是铜，所以春秋战国时期所铸的钱都是铜钱，各国不统一，各种形状的都有。秦始皇统一六国后，颁令实行统一的度量衡，货币得到统一，才有了两、文这些计量单位。

“两”和“文”在我国封建社会长期占据主导地位，元则产生明朝中后期。万历年间，欧美流行最广泛的货币“银圆”传入中国，最通行的是墨西哥银圆，钱面有鹰的图案，所以又称鹰洋。因其质地为“银”，形状呈圆形而得名。一枚就称为一圆。“圆”既是货币名称，又是单位名称。为了书写方便，后来人们就借用同音字“元”代替了。此后，虽然又使用过多种货币，单位“元”却一直沿用。

可见，“元”最初来自“圆”，是金属货币的形状。

古人喜欢把钱称作“孔方兄”，为什么这么叫？

“孔方兄”在古代指钱币，由于铜钱大多外圆内方，所以又被称为“孔方”。

“孔方兄”的由来与一些历史典故有关。西晋惠帝元康年间，政治腐败，贪污贿赂盛行，达官贵人多有“钱癖”，社会风气也是“唯钱是求”。鲁褒作《钱神论》讽刺当时的庸俗社会风气：“钱之为物，无德而尊，无势而热，排金门，而入紫闼，危可使安，死可使活，贵可使贱，生可使杀，是故忿争非钱不胜，幽滞非钱不拔，怨仇非钱不解，令闻非钱不发……凡今之人，唯钱而已！”“钱无耳，可使鬼”，“钱为世神宝，亲之如兄，字曰孔方。失之则贫弱，得之则富昌。”其中，“亲之如兄，字曰孔方”形象刻画了人们对于金钱的追逐。之所以为“兄”，以其“可使鬼”故，以其为“神也”，故不曰“弟”或“叔”。

“孔方兄”一词最早见于宋朝大诗人黄庭坚的诗句“管城子无食肉相，孔方兄有绝交书”。当时黄庭坚被朝廷贬职，他的亲友开始和他疏远。伤心之余，黄庭坚写了这首诗。意思是笔墨（管城子）没有庸俗相（食肉，比喻），钱却与我疏远了（引申为嫌贫爱富的亲戚朋友）。由于此诗的广泛流传，“孔方兄”也就成了“钱”的代名词。

知识链接

元宝

元宝，古钱币。最早见于唐肃宗时史思

永乐通宝

明在洛阳铸的“得壹元宝”和“顺天元宝”。顺天元宝是由得壹元宝改制的。这两种钱可以说是一种占领货币。大历年间曾铸有大历元宝，制作不精。当时钱价很低，铜价却很高。因此官铸也不精良。以后还有天福元宝、淳化元宝、圣宋元宝、宣和元宝、靖康元宝等。

“元宝”名称的由来，一说是将唐朝“开元通宝”误读为“开通元宝”，另一说认为是“元朝之宝”的含义。元朝至元三年，以平准库的白银熔铸成“锭”，凡重量达 50 两者，名曰“元宝”。“元宝”一般为银，但也有金元宝，是财富的象征。过去元宝中间并没有凸出的部分，颜色也是银色。之所以演变成今天的样子，一是人们的忌讳（原本的形状有点像棺材），二是为了造型美观，颜色更亮丽（金色）。

世界上最早的纸币名叫“交子”，它出现在哪里，为什么叫这个名字?

“交子”是世界上最早的纸币，最早出现在四川。那为什么这种货币叫“交子”，它又是如何产生的呢?

“交子”顾名思义就是交换的媒介，这里明确指出了北宋交子的货币流通职能。交子是伴随着我国古代商品经济的发展出现的，源于唐朝的“飞钱”。飞钱类似于现在的汇票，可以在异地支取，但却不具备货币的流通职能，只是一种存取款的凭证。飞钱又叫飞子，后来买飞子者不复支钱，转相授受，乃渐成一种习惯上的通用货币。《宋史·食货志》亦有：“交子之法盖有取于唐之飞钱。”

最初的交子由商人自由发行。北宋初年，四川成都出现了专为携带巨款的商人经营现钱保管业务的“交子铺户”。存款人把现金交付给铺户，铺户向存款人发放存款证明，写在一种楮纸制作的卷面上；当存款人提取现金时，要付一定的利息。这种临时填写存款金额的纸券便是“交子”。这时的“交子”，只是一种存款和取款凭据，而非货币。

随着商品经济的发展，“交子”的使用也越来越广泛。一些商人联合成立专营发行和兑换“交子”的交子铺，并在各地设交子分铺。由于交子铺户恪守信用、随到随取，所印“交子”他人又难以伪造，所以赢得了很高的信誉。商人之间的大额交易，为了避免搬运的麻烦，很多都用“交子”结算。后来一些交子铺户开始印刷有统一面额和格式的“交子”，作为一种新的流通手段向市场发行。这种“交子”已经是铸币的符号，真正成了纸币。

可见，交子是从最初的飞钱逐步发展而来的一种货币，由“私交”到“公交”经历了长时期的演变。作为世界上最早的纸币，交子要比西方早数百年。

纸币又称“钞票”，这个词是怎么来的，最早出现在什么时候?

现在人们通常把纸币称为“钞票”，但是我国在北宋时期首次出现的纸币叫“交子”，后又叫“钱引”，明代发行过“大明宝钞”，均无“票”的说法。那么“钞票”一词究竟是如何产生的呢?

纸币最早产生于中国，宋代成都地区曾长期使用“交子”作为交换的媒介。清代《续通典·食货》上载：“交子三年一届，始于宋代之铜钱与铁钱溷用而不便于携；迄神宗时，交子正式由官方所承认，即熙宁初年将伪造交子等同于伪造官方文书。”“交子”的含义是交换的媒介，但并不见“钞票”之名称。

宋徽宗大观元年，宋朝政府改“交子”为“钱引”。元政府曾大量使用“金钞”，由于准备金不足，引发通货膨胀，最终危及政权。明朝政府也曾使用“大明宝钞”，但以失败告终。清朝在顺治时曾发行过纸币，以后被禁止。清朝咸丰年间，太平天国起义爆发，政府军费开支浩繁，为了筹措资金，先后发行两种纸币。一是以钱制为单位的“大清宝钞”，二是以银两为单位的“户部官票”，亦称银票。

在当时市场流通中，由于用小额货币需使用大清宝钞，用银两就使用户部官票。老百姓出行购物须带两种纸币。为了便于称呼，人们就把两种纸币合称为“钞票”。这便是“钞票”的由来，一直沿用到今天。

知识链接

阿堵物

“阿堵物”是钱币的别称。“阿堵”在两晋口语中代表“这个”，阿堵物就是“这物件”的意思。

据说，王衍是一位有名的清谈家，有洁癖，鄙视金钱。一遇到有人谈论金钱，便嗤之以鼻。王衍的老婆郭氏对王衍的清高很瞧不起，就想治治他。一天夜里，当王衍睡熟后，郭氏叫侍婢拿出很多钱，将王衍的床围得水泄不通。第二天早晨，王衍起床，见四周都是钱，他的妻子郭氏站在旁边想看他的笑话。王衍不碰“钱”，只在床上呼唤侍婢：“快，把阿堵物搬走!”后来人们就用“阿堵物”来作为金钱的代名词。

古代有没有“下海”一词，原意与“大海”有关吗?

改革开放之初，很多人从体制内走出来经营商业的活动被称为“下海”。最初的“下海”是什么意思呢?

下海最初是稀里糊涂做某事。据元代戏曲《洛阳桥》载，宋朝的一个蔡姓状元遵照母亲遗愿为家乡建一座洛阳桥。在建桥过程中，桥墩突然打不下去，于是请来阴阳先生，说是海龙王不同意。于是，蔡状元贴出布告，寻求能下海之人。结果数月过去，还是无人应征。衙役担心县官怪罪，就胡乱在酒馆里找了个叫“夏德海”的人，谎称找到了“下得海”的人。

以上是民间故事，事实上，“下海”在古代含义众多。旧时戏曲界票友转为职业演员为“下海”。老舍的《四世同堂》中有：“论唱，论做，论扮相，她都有下海的资格。可是，她宁愿意做拿黑杵的票友，而不敢去搭班儿。”另外，妓女第一天接客也称为“下海”。如老舍《四世同堂》：“每逢有新下海的暗门子，我先把她带到这里来，由科长给施行洗礼，怎样?”

现代流行的“下海”基本上只是指放弃原来工作而经营商业。

我国古代有经纪人吗，最早叫什么名称，具体有哪些职责?

经纪人是市场经济的一个活跃主体，它在促进买卖双方达成交易方面起到了不可替代的作用。现在的券商、二手房买卖中介都是经纪人。那么我国古代有经纪人吗?经纪人又有哪些职责?

经纪人古已有之。唐代以来经纪人的正式称谓，主要有“牙”“牙人”“牙商”等。为何称“牙”呢?其实是传讹造成的。“牙”系“互”字之误。古代贸易称“互市”，商人称“互郎”，“牙郎”乃由“互郎”讹衍而来。“牙”与“侩”均指经纪人，所以又被称为“牙侩”。

清末民初，上海俗称经纪人为“掮客”。掮，本指以肩扛物，用以称经纪人，当含常言所谓“一手托两家”之义。现代口语又称经纪人为“跑合的”或“对缝的”，意思是在交易双方作中间商，从中撮合，有的也直称为“介绍人”或“中间人”。

“市”与“井”有何关系，为什么人们要用“市井”来指称商品交换的场所?

“市井”在古代指商品交换的场所，也叫市廛，是指商肆集中的地方。那么，为什么“市”和“井”能联系到一起?

《管子·小匡》曰：“处商必就市井。”尹

知章作注："立市必四方，若造井之制，故曰市井。"可见最初的"市场"是四方的，在东、西、南、北都可以买到商品，状如"井"字，所以称为"市井"。《木兰辞》中"东市买骏马，西市买鞍鞯，南市买辔头，北市买长鞭"概指此义，只不过后来格局变迁，多为"东、西二市"。

市井在城市布局中属于商业区。按照礼制，一般为"前朝后市"。市场在城市空间位置被定位于宫殿或官衙的背后，这是周礼的一种体现。但是城市商业的发展却未被"礼"所完全束缚。自汉至隋唐，在一些大的城市，以"市"命名的区域并非一处。如汉代长安有9个市，6个市在大路西边，统称西市；3个市在大路东边，统称东市。东西市以外还有个槐市。北魏洛阳有东市、大市、四通市等。

古代"市井"虽然提供了一定的商业空间，但也存在封闭性。商业区和居民区完全分离，并不利于商业的发展。通常，市周围围以市墙，分设四门，以时启闭。如唐代的市，由司市掌管锁钥。"凡市，以日中击鼓三百声而众以会。日入前七刻，击钲三百声而众以散。"市场门禁甚严，"越官府廨垣及坊市垣篱者，杖七十，侵坏者亦如之"。可见当时"市井"贸易受到严格的管制。

至于"市井"中自然有人缺斤短两，有人偷窃，或为鸡毛蒜皮互相叫骂，众生相具足，人们便用"市井小人"或"市井无赖"来形容那些平庸之辈。"市井""市侩"这些词语的贬义也反映出我国古代重农抑商的政策。

会计是最常见的职业，这个职业最早出现在什么时候，"会计"一词有何由来？

会计是现代经济生活常见的职业，一般企业或事业单位都有自己独立进行核算的人员。那么，这个职业最早出现在何时，"会计"一词的准确含义又是什么呢？

会计有两层含义。一是以货币为主要计量单位，运用一定程序和方式对经济进行统计和分析的一种管理活动。二是从事上述会计活动的人员。

会计职业的出现伴随着人类的记账、算账活动而产生，在中国有着悠久的历史。据史籍记载，我国早在西周时代就设有专门核算官方财赋收支的官职——司会，司会对财物收支进行"月计岁会"的计量工作，这可能是最早的"会计"了，后来的"会计"便产生于此。当时"零星算之为计，总合算之为会"。

西汉时期出现了专门的会计账册，称为"计簿"或"簿书"。以后各朝代都设有官吏管理钱粮、赋税和财物的收支。宋代办理钱粮报销或移交，要编造"四柱清册"，通过"旧管＋新收＝开除＋实在"的平衡公式进行结账。这是我国会计学科发展过程中的一个成就。明末清初，出现了以四柱为基础的"龙门脉"，它把全部账目划分为"进""缴""存""该"4大类，运用"进－缴＝存－该"的平衡公式进行核算，这又是一次巨大的进步。

今天"会计"进一步细化。

古代的酒楼饭店的服务人员，被人呼为"店小二"，这个称呼是怎么来的？

古代客栈饭店里的伙计为什么被称为"店小二"呢？

这要从古代人的日常称呼说起。在古代，妇女很没有地位，因此经常跟着自己男人姓，如一张姓女子嫁入王家，就叫"王氏"，如果想加上自己娘家的姓，最多叫"王张氏"（并不流行）。如果官人三妻四妾，也不直呼名，就按顺序"大娘，二娘，三娘……"或"大奶奶，二奶奶……"的称呼。

这在一定程度上体现出男女的不平等，但其实很多男子也没有名。通常情况下，那些读书人和当官的人才取名字。但一般老百姓由于名字并没有那么重要，只以排行和辈分论之。如明朝开国皇帝朱元璋的二哥叫"重六"，三哥叫"重七"，他本人叫"重八"。

古代酒店或旅店里的服务人员，也是普通老百姓，所以，为了称呼方便，人们也要给他们取数目字代号。老板叫“店老大”那是当仁不让，识两个字能记账的叫“先生”。那些服务人员也就被人们称为“店小二”或“小二哥”了。

酒店从什么时候开始有女招待的，是从“文君当垆”开始的吗?

我国最早是何时开始有女招待的，是从“文君当垆”开始的吗?

“文君当垆”是个千古流传的佳话。据《史记·司马相如传》载：“尽卖其车骑，买一酒舍酤酒，而令文君当垆。”这里垆是指旧时酒店放置酒坛子的土台，“文君当垆”就是让卓文君卖酒。由此可知，“当垆”其实是女掌柜的卖酒，而不是女招待。那么女招待究竟起源于何时?汉代文献上除卓文君当垆外，其他文献几乎没有这方面的记载，可推断为没有。

“女招待”最早记录应是唐代。唐开元天宝年间，社会经济非常繁荣，但荒淫纵欲、奢靡之风也很严重。唐代歌妓的数量众多，以妓酤酒，在唐代已是司空见惯。《唐语林》卷三《方正》云：“武宗数幸教坊作乐，优倡杂进。酒酣，作技谐谑，如民间宴席，上甚悦。谏官奏疏，乃不复出，遂召优倡人，敕内人习之。”由此可见，民间私家宴席尚且召妓与饮，酒楼以女招待延客，自然也没什么新鲜。

到了宋代，女招待也更多。这在酒肆的大量增加中有所反映。据《大业杂记》载当时的洛阳有：“一百二十行，三十余肆……市四壁有四百余店，重楼延阁，互相照映，招致商旅。”唐代《开元天宝遗事》载：“长安自昭应县至都门，官道左右村店之民，当大路市酒，量钱数多少饮之，亦有施者与行人解之，故路人号为‘歇马杯’。”

唐代贾至《思春诗》云：“红粉当炉弱柳垂，金花腊酒解酴，笙歌日暮能留客，醉杀长安轻薄儿。”《广异记》载：“洛阳有名妓郭大娘，居敏村里，以当垆为业。”显而易见，汉代卓文君当垆与唐代“红粉当垆”以及名妓当垆有区别，前者仅为酒店掌柜，后者大多为女招待。

古代酒店饭店多挂有幌子，这个幌子有何作用，什么时候开始出现的?

“幌子”在我国古代有两层含义。一种是由图腾崇拜演化而来，传达政治、文化信息的旗帜；另一种则是在商品生产和商品交换过程中，起陈列广告作用的高度抽象化且较为成型的表、帜、帘。我们所说的幌子，是指后一类。那么，幌子是什么时候产生，又有什么作用呢?

幌子的产生年代很早，现已不可考。其来历主要与气候有关。北方寒冷，从前商店无陈列窗，冷天紧闭窗门，顾客不知店内经营何物，故产生了作为标志的幌子。

唐代饮酒之风日盛，酒店多悬挂长方形布幔，中间写斗大一个“酒”字，这便是酒幌。古代文献里，对酒幌的称谓各不相同，较常见的有“望子”“招旗”等。孟元老在《东京梦华录》里就有“至午未间，家家无酒，拽下望子”之说。长篇小说《水浒传》中亦有“当日晌午时分，走得肚中饥渴，望见前面有一个酒店，挑着一面招旗在门前”的记载。

幌子形状各异。葫芦形、三角形、菱形以及各种实物形状的幌子广告的出现，打破了布幔特有的长方形形状，使幌子广告的表现形式日益丰富多彩。因不同形状的幌子广告均有特定的含义，代表不同商品的经营类别，因此，幌子广告逐渐成为各种行业的特殊标记。

什么是“水牌”，这个物什有何作用，现在还有吗?

现代社会，人们娱乐可以打纸牌、桥牌，那么“水牌”是一种什么牌，今天还存在吗?

其实“水牌”是一种登记账目、记事用的漆成白色或黑色的木板，一般被店家挂在墙壁上，上面记录了店家要告示给顾客的一些内容，如商品目录、价格等。是告示牌的一种，俗称“水牌”，例如饭店的酒水牌。可见，水牌在古代只是商家传递价格或相关信息的一个平台。

至于为什么叫“水牌”，估计最初与商家多在木板或铁板上记录酒水价格有关。古代店家为表示明码标价，童叟无欺，多在进门显著的地方立水牌，让顾客一目了然，按自己需要取舍。这与菜单的作用类似，但后来由于价格的变动，对木板或铁板上的价目修改不便，于是“水牌”逐渐被菜单所取代。

“水牌”是一种传递信息的方式，所以流传至今。传统文化中有很多关于水牌的记载，如元杂剧《破风诗》第三折：“你将这三门闭上，怕有宾客至，你记在水牌上，等我回来看。”四大名著之一的《红楼梦》第六十一回：“把天下所有的菜蔬用水牌写了，天天转着吃。”

旅店古已有之，它最早出现在何时，是官营还是民营?

俗话说“投亲不如住店”，意思是有事出门，到亲戚那住宿还不如找家旅馆。这除了反映出古人不愿意叨扰亲朋，不方便外，也说明旅馆古已有之。那么它最早出现在何时，是官办还是民营的呢?

旅馆是伴随着驿站发展起来的。古代由于战争，需要迅速往来传递信息，于是一种专门为情报人员提供便利的机构——驿站产生了。驿站可以为他们提供住宿、换马等方面的服务，这便是最早的旅馆。根据历史记载，商朝时就有“驿站”，当时是供官方传递文书和往来宾客居住的处所。西周初期，为了方便诸侯进贡和朝觐，在通往都城的道路上广修客舍，所谓“凡国野之道，十里有庐，庐有饮食”，“市有候馆……以待朝聘之官也”。来宾按爵位高低，分别受到不同的接待，这实际是一种“官营”的旅馆。

春秋战国时期，由于商业兴盛和交通发达，民间旅馆渐渐兴起。这些旅馆最初叫“客栈”或“旅店”，食宿不分，主要为商人服务。西汉时期，旅馆的范围得到扩大；都城长安不光有各地客商住的“郡邸”，还有供外宾居住的“蛮夷邸”。唐朝时，旅馆业就更发达。据《旧唐书·太宗本纪》载，唐太宗时恢复了地方官朝觐制度，为使官员住宿方便，下令建造邸第300余所。后来，又在少数民族地区修建了一条“参天可汗道”，供来访中国的外国客人使节居住。当时甚至还按宾客的国籍或民族，分设国家宾馆，由鸿胪寺属下的典客署负责管理接待。到了元代，旅馆已成为最兴旺的行业之一，甚至出现了皇家开办的旅馆。明清时，因科举需要，京城出现接待应试举子和客商的“会馆”。光绪初年，北京共有会馆367所。

可见，旅店最初为官办，是从驿站逐步发展而来。后来，由于商品经济的繁荣，各种贸易往来不断，旅馆数量又有很大增加。

除了陆路，中西还有一条海上通道，这条通道究竟是“丝绸之路”还是“陶瓷之路”?

我国历史悠久，在漫长的历史进程中，一直与世界各民族保持着广泛的联系。丝绸之路是陆上通西域各国的道路。但你是否知道“陶瓷之路”以及它对中西方贸易和文化交流的贡献呢?

陶瓷是中华民族的传统工艺。进入中世纪后，随着中国瓷器的大量外销，中国开始以“瓷国”享誉于世。从公元8世纪末开始，中国陶瓷开始向外输出。经晚唐五代到宋初，达到了一个高潮，从而形成了“陶瓷之路”。

“陶瓷之路”是我国与世界沟通的海上交通线。当时主要有两条：一是从扬州、宁波经朝鲜或直达日本的航线；二是从广州出发，到东南亚各国，或出马六甲海峡，进入印度洋，经斯里兰卡、印度、巴基斯坦到波斯湾的航线。这两条道路，在很长一段时间，被人叫作“海上丝绸之路”，但是，从贸易的商品看，却以陶瓷为主，实际上是“陶瓷之路”。

宋元时期，我国主要输出的瓷器有景德镇青白瓷、青花瓷、釉里红瓷、吉州窑瓷、定窑瓷等。与唐朝相比，除了品种增加外，贸易范围也有所扩大。除了东南亚、南亚和西亚的大部分国家，还包括非洲东海岸各国及内陆的津巴布韦等。明代中晚期至清初是中国瓷器外销的黄金时期。输出品种除传统瓷器外，还能够按国外定制生产，这被称为纹章瓷。运输路线可绕过好望角或通过墨西哥横越大西洋到达欧洲。

可见，“陶瓷之路”丝毫不亚于丝绸之路对于人类的贡献，它促进了世界各民族的交流，对人类历史发展具有深远影响。

“经济”和“经理”是当今常用的词语，古代这两个词的词义与现在一样吗？

“经济”和“经理”是现代经济生活常见的词汇，前者是指人们从事的物质资料的生产、交换活动，后者则指一个企业的管理决策者。古代中国也有这两个词汇，它们与现代含义一致吗？

现代“经济”一词来源于希腊语，其意思为“管理一个家庭的人”。唯物主义代表色诺芬在他的《经济论》中将“家庭”及“管理”两词的结合理解为经济。严复曾将“经济”一词译为生计。日本人将其正式译为经济，后由孙中山从日本将这一说法引入中国。其实，“经济”一词早在东晋时代就已正式使用，在中华传统文化中的本义是“经世济民”“经国济物”，也就是治国平天下之意。

“经理”通常指一个企业的经营决策者，对董事会负责，受监事会监督。按照职权大小，又可分为总经理、部门经理等，甚至普通业务员也可以称为“经理”，其实是经手办理之意。古代汉语中，“经理”含义众多。最初为常理，据《荀子·正名》：“道也者，治之经理也。”杨倞注曰：“经，常也；理，条贯也。言道为理国之常法条贯也。”宋代沈括《杭州新作州学记》：“仰而观其上，则宫庙室庐，莫非先王之法象也；俯而履其下，则疆井径术，莫非先王之经理也。”也指经书的道理，如《后汉书·光武帝纪下》：“每旦视朝，日仄乃罢。数引公卿、郎、将讲论经理，夜分乃寐。”

“经理”作动词用有治理、经营管理、照料等义。如《史记·秦始皇本纪》：“皇帝明德，经理宇内，视听不怠。”

可见，“经济”在古代多指经世济民，“经理”则是常理或经书的道理，后来词义发展，才有了经营管理之义，与现代“经理”指企业负责人存在一定差异。

当铺在中国经济史上颇有名气，它的起源是怎样的？

当铺是收取他人动产，并按一定折扣向质押人放贷的机构，旧称质库、解库，亦称质押。在中国经济史上，当铺和市坊的名气不相上下。

当铺起源很早，南北朝时期已有寺院经营以衣物等动产作抵押的放款业务。唐朝当铺称为质库，唐玄宗时有些贵族官僚开设质库，从事商业和高利贷剥削。会昌年间，朝廷的一则文告中曾说，高官贵族还有一些闲散职务的官员都私设质库楼店，与民争利。宋代当铺称长生库，由于宋朝商品经济日益发展，长生库亦随之发达。富商大贾、官府纷纷经营以物品作抵押的放款业务。抵押的物品除一般的金银珠玉钱货外，有时甚至还包括奴婢、牛马等有生命的物品，而普通劳动人民则多以生活用品作抵押。长生库放款时限短、利息高，还任意压低质物的价格，借款如到期不还，则没收质物，因此导致许多人家破产。

元代当铺称解库。典当放债的利息很高，典当人多有无钱赎当者，自己的质品被当铺吞没。“当铺”一词产生于明朝，当时商人经营的范围之较前更广泛，不仅一般平民受剥削，有的富有之家也因典当而濒临破产；小乡镇中还有“代当”的业务。清朝的当铺就更为普遍，乾隆时北京已有当铺六七百家，利息苛重，而且达到一定时期不能取赎即成死当，质品没收。

旧时当铺是高利贷的一种形式，质押人只按质押物价值的一定折扣，通常为一半获得贷款。如果到期不能还本付息，则没收质押物。由于利息苛重，当户又多为贫苦百姓，所以经常不能按期回赎。

票号是现代银行的雏形，中国最早的票号出现在何时，叫什么名字？

票号又称汇兑庄或票庄，是一种金融信用机构。开始主要承揽汇兑业务，后来也进行存放款业务。票号是现代银行的雏形，最早经营的是汇兑业务。

票号是明清时期社会经济发展的产物。明代中叶以后由于社会生产力的提高，国外白银流入的刺激，商品货币经济有了明显的发展。这种势头一直延续到康熙、乾隆年间。据刘献廷《广阳杂记》卷四载："天下有四聚，北则京师，南则佛山，东则苏州，西则汉口，然东海之滨，苏州而外，更有芜湖、扬州、江宁、杭州以分其势，西则维汉口耳。"可见当时商品经济已有相当发展。

商品经济的发展，刺激了人们的金融需求，于是各地票号便发展起来。对于票号产生的年代，学术界看法不一。有认为在明末清初，陈其田《山西票庄考略》认为，票号开始于山西的康氏。清初，李闯王从北京败退，所携金子悉放于康氏的院子里而去，康氏拾得800万两，遂创票号。徐珂所著《清稗类钞》也称："相传明末李自成携巨资败走山西，及死，山西人得其资以设票号。"

此外，亦有康熙朝说，乾隆、嘉庆时说，道光初年说。公认的我国最早的票号是清道光三年创办的日昇昌票号。据陈其田《山西票庄考略》载："大概是道光初年，天津日昇昌颜料铺的经理雷履泰，因为地方不靖，运现困难，乃用汇票清算远地的账目，起初似乎是在重庆、汉口、天津间，日昇昌往来的商号试行成效甚著。第二步乃以天津日昇昌颜料铺为后盾，兼营汇票，替人汇兑。第三步在道光十一年北京日昇昌颜料铺改为日昇昌票庄，专营汇兑。"

日昇昌票号内景

昇昌票号是晋商的典型代表，是中国第一家专营存款、放款、汇兑业务的私人金融机构。总号设于山西省平遥县城内繁华的西大街路南，占地面积1000多平方米，分号达35处之多，遍布全国。

"会馆"原是一个什么所在，后来为何成为各地商人的行业组织？

"会馆"是我国明清时期城市中由同乡或同业组成的社团。最早产生于明代前期，已知最早的会馆是建于永乐年间的北京芜湖会馆。主要为同乡官僚和科举之士提供居留、聚会之处，故又被称为试馆。嘉靖、万历时期同乡会馆趋于兴盛，清代中期最多。

明清会馆大致分为三类：北京的会馆以试馆居多，因当时科举殿试在京城举行。此外亦有少部分会馆为工商业性质。苏州、汉口、上海等工商业城市的会馆，大多数是以工商业者、行帮为主体的同乡会馆。四川的会馆，大多为清初各地移民所建，以联系同乡情谊为主。可见，早期会馆与工商业联系并不密切，更多是一种应试或同乡组织。

明朝中后期，商业贸易逐渐繁荣，资本主义萌芽不断发展，具有工商业性质的会馆才大量出现。会馆制度开始从单纯的同乡组织向工商业组织演变，但仍然保持着浓厚的地域观念，绝大多数都是工商业者的同乡行帮会馆。即使到了清代后期，突破地域的行业性会馆仍然只是个别的、以同业公会的形式出现。明清时期工商业会馆的出现，对于保护工商业者的自身利益有一定的促进作用；

但会馆与乡土观念及封建势力的结合，也在一定程度上阻碍了商品经济的进一步发展。

清代著名的商帮有哪些，它们是怎样发展起来的，实力最强的是哪个?

商帮是以亲缘、地缘关系为基础的商业组织。在明清时期，商业繁荣，竞争激烈，出现了“十大商帮”。它们是如何发展起来的，实力最强的是哪个?

明清时期，我国商品行业日益繁杂，数量不断增多，商人队伍也日渐壮大，竞争激烈。而封建统治者向来推行重农抑商的政策，在社会阶层的排序“士、农、工、商”中，商也是居于末位。国家对商人没有明文的法律保护，民间又多以“奸商”之名进行歧视。因而，商人自相联络，互相支持，商帮应运而生。

在彼此竞争过程中，逐步形成了著名的十大商帮。具体为山西晋商、徽州徽商、陕西商人、福建闽商、广东粤商、江右赣商、洞庭苏商、宁波浙商、龙游浙商、山东鲁商。这些商帮均以亲缘和地缘关系为纽带，反映出中国人浓厚的乡土观念。商帮按地域划分，有本帮和客帮之分；按行业划分，又有行帮之分。

在十大商帮中，尤以山西晋商和徽商实力最强。晋商多以皇商、官商的身份出现，与政府关系密切。我国近代金融业多为晋商从事，最早的日昇昌票号在全国各地分号达30多处。徽商与晋商齐名，多贩卖食盐、茶叶，或经营文房四宝等。徽商贸易范围广泛，东进苏杭，北上京冀，南抵港粤，西进巴蜀，甚至出海和日本进行贸易，实力雄厚。明清时期，有“无徽不成商”之说。

第五章

科技奇闻·神秘中医

传说大禹用“息壤”治水，“息壤”是什么，为何能消除水患？

“息壤”是大禹治水时留下的遗迹，位于荆州古城南门外，是座长约 40 米、宽约 10 米的土丘。其上有石柱四根，以做标识。据《山海经》载：“禹以息壤堙洪水。”意思是说禹用“息壤”成功治理了洪水。

何谓“息壤”？其实是一种沙石填充物。当时长江泛滥，经常出现管涌的现象，大禹采取堵水眼的办法治理水患，终于成功。因此这种土壤在一般老百姓看来就带有了一定的神秘色彩，以致被神化。

神话传说中的息壤是一种能自动生长的土壤。据说上帝发下大洪水惩罚世人，地上的百姓生存艰难。这时候，一个叫鲧的人出现了。他本来是天上的神仙，但私自下界并偷了天帝的宝贝——息壤。在鲧的帮助下，眼看治水就要成功了，天帝却知道了宝贝被盗之事。于是大为震怒，令火神祝融杀死了鲧。

鲧死后三年尸体都没有腐烂，有人感到奇怪就剖开了他的尸体，禹就从尸体里蹦了出来，而鲧化成黄龙飞走了。禹继承父亲的遗志治理洪水，天帝大概是感到愧疚，就派了应龙来帮助禹。禹治水非常勤奋，三过家门而不入。他采用疏导和堵截相结合的方式，很快让水患得到了根治，人们就拥立禹做了王。

万里长城驰名世界，除它之外中国还有别的长城存在吗？

万里长城东起山海关，西到嘉峪关，全长 1.3 万多里，是中华民族精神和文化的象征。长城早在春秋战国时期就有，秦统一六国后，将原来各国长城连成一线，以抵御北方少数民族的入侵，后经汉、明等朝数次修缮。那么，除了万里长城外，还有别的长城存在吗？

万里长城东起山海关，西到嘉峪关的部分被称为长城的“主线”，是长城文化的核心。除此之外，其他地方还保留着一些古老的小长城，主要有：穆陵齐长城，位于山东省沂水县城北 50 公里穆陵关两侧，系战国齐长城遗址，长约 45 公里；华阴魏长城，在陕西省华阴市华山脚下，长城向北蔓延，穿过韩城直达黄河边，长约 150 公里；烧锅营子燕长城，在辽宁省建平县张家湾村，乃燕时所筑长城遗址，长约 7 公里。

此外还有围场古长城，在河北省围场县

万里长城第一台遗址

在秦代修筑长城时，榆林这个地方是当地处势最高、烽火台最大、里面驻军最多，也是两路长城会合的地方。自秦以后，历代均以此台为镇守北方的重要军事要地，号称镇北台。

岱尹上村附近。是乾隆十七年皇帝狩猎时发现的一段燕长城，绵延达200公里。宁夏回族自治区战国秦长城，在宁夏回族自治区西吉县境内，甘肃镇原县有一部分。临洮秦长城，在甘肃北部临洮县，是秦统一六国后西向长城的起点，呈南北走向，高约1米，全部为黄土结构。疏勒河汉长城，在甘肃西北疏勒河南岸，是汉朝保留至今最好的遗址，全长约150公里。

可见，这些长城多为战国或秦汉时所筑，因为国家的灭亡或主干线的改变而逐步沦落。虽历经岁月的风霜，它们依然挺立，与万里长城一起，成为中华民族的象征。

古人没有钟表，他们是如何计时的，使用的计时工具是什么？

我们现代人都使用钟表进行计时。现代的钟表是西方人发明的，传入时间是在明末清初的17世纪。那么在更早的时候，我们的祖先靠什么来计时呢？

人们最初使用的是一种叫“圭表”的计时器，它是一种依靠计算日影长度来计时的工具。所谓“圭表”由两部分组成：直立在地面测日影的标杆或石柱叫作表，南北放置测量表影的刻板叫作圭。时间又被称为“光阴”，意即太阳在地上留下的阴影，“光阴”一词就和圭表有关系。

在圭表的基础上，人们又发明了“日晷”，还是以光的投影来判断时刻。日晷由一根晷针和一个刻有刻线的晷盘组成。当太阳的方位变动时，晷针在晷盘的投影所指向的方向也不一样。古人根据长期的观察，确立了12个时辰所对应的日影方位并以此来判断时间。比如“午时三刻”指的其实就是日晷盘午时位置的第3个刻度。

圭表和日晷都是利用太阳来计时的方法。但碰到阴雨天如何计时呢？古人发明了“漏刻”的方法。“漏刻”就是利用水流的均衡性原理，在壶里盛水，通过观察壶上刻有时间的标尺（叫刻箭）位置来判断时间。“漏刻”的方式由于不受天气和气候的影响，在中国民间长期广泛使用。

机械动力的计时器在中国古代也是存在的。宋代苏颂在张衡发明的水运浑天仪的基础上改造完成的水运仪象台可以准确报时，并显示12个时辰。除此外，还有香篆、油灯钟、蜡烛钟、沙钟等计时工具。17世纪后，西方更为精密的钟表传入，人们逐渐放弃了原有的计时工具。

在计时方法上，古人采用百刻制的方式，即将一昼夜均分为100刻，一刻约等于14.4分。隋唐时期发明了12时辰计时。西方钟表传入中国后，为适应24小时计时的方法，百刻制改为96刻制；一个时辰两个小时，一个小时四刻。

中国最早的运算工具是什么，阿拉伯数字传入中国之前，古人是如何计数的？

现在的人进行较为复杂的计算都使用电子计算器，方便又快捷。有很多人可能知道，在电子产品出现前，中国很长一段时间是使用算盘作为运算工具的。那么算盘是否也是中国最早的计算工具，古人又如何计数呢？

据载，中国最早的计算工具叫算筹，早在春秋时期就出现了。1972年8月，中国陕西省宝鸡市千阳县西郊的西汉古墓中，发现了一小堆长短一致、粗细相同的鸡腿骨。经考证，这些鸡骨就是计算工具算筹。《汉书·律历志》中详细描述了算筹的材质和形状：一般为圆形竹棍，也有由木头、兽骨、象牙、金属制成的。

算筹与算盘的计数方法类似，以纵横两种排列方式来表示单位数目。1～5直接用相应数目的算筹表示，6～9则用上面的算筹再加下面的算筹表示。表示多位数时，个位用纵式，十位用横式，百位用纵式，千位用横式，以此类推，遇零则置空。据《孙子算经》记载：“凡算之法，先识其位，一纵十横，百立千僵，千十相望，万百相当。”

阿拉伯数字传入中国相对较晚，在这之前中国古代计数有结绳、刻契、黏土证物计数几种方法。其中结绳计数最简单，有几个数就打几个结，形状和大小不同反映的计数内容也不同。在文字发明以前，这种计数方法在各民族中均有运用，有些民族甚至沿用至今。刻契计数法又叫签筹计数，就是在木片或其他材质上划上刻痕，以此来表示数目的多寡，汉朝刘煦《释名·释书契》：“契，刻也，刻识其数也。”

可见，算盘不是中国最早的计算工具，古人所采用的计数方法也不是我们现在通行的阿拉伯数字。算盘取代算筹带有一定的历史必然性，因其更有利于携带和方便计算；阿拉伯数字比起以前的计数方式，又具有简单易学、便于计算的特点。可见人类的每一次进步都是历史自然选择的结果。

知识链接

算盘

算盘，中国传统计算工具，中国古代重大发明，在阿拉伯数字出现前曾是世界上使用最广泛的计算工具。最原始的计算工具是算筹，随着生产的发展，原先用分散的竹或木棍计算的方法逐渐不能满足人们需要，在此基础上产生了算盘。

算盘最早可追溯到公元前600年，最初叫“算板”。算盘为长方形，四周为木框，上穿有珠子。上面的珠子一个代表五，下面的珠子一个就代表一，计算的时候采用十进位的方式。

算盘有自己的计算规则和口诀，可进行加减乘除，甚至开方的运算。算盘的出现，被称为人类历史上计算器的重大改革。直到今天，仍有很多人喜欢珠算，因为除了运算外，它还具有启迪心智、锻炼手指和眼睛的功用。

中国的小学生都要求背诵“九九乘数表”，这套口诀是什么时候创立的？

“九九乘法表”对于小学低年级学生来说是必须掌握的。我们上学的时候，都是从“一一得一，一二得二”，一直背到“九九八十一”的。古人是反过来背的，也就是从“九九八十一”到“二二得四”结束。

“九九乘法表”又叫“九九乘法口诀”，早在春秋战国时期就开始流行了。当时的一些著作如《荀子》《管子》《淮南子》《战国策》中均有“三九二十七”“六八四十八”“四八三十二”“六六三十六”的记载。

中国的“九九乘法表”对世界文化的发展具有巨大贡献。欧洲直到13世纪都没有像样的乘法表。古希腊和巴比伦文明倒是发明了乘法表，但是计算过于烦琐。而中国汉代和两晋时期的数学成就是惊人的，祖冲之已经将圆周率计算到小数点后第七位。

13世纪左右，东方的计算方法通过阿拉伯人的贸易活动传入西方，欧洲人发现了“九九乘法表”的简便和易用，就学习了这个方法，这是中华民族对世界文明又一重大贡献。

人们把造纸术的发明归功于蔡伦，难道在蔡伦之前真的没有纸张吗？

“造纸术”是中国古代的四大发明之一。它的出现，是中华民族对世界文明的重大贡献。隋唐时期，中国封建社会繁荣，商业贸易非常发达。很多阿拉伯商人来到中国，将学到的造纸术经由丝绸之路传到欧洲。

造纸术相传为东汉的蔡伦所发明，人们也因此将植物纤维纸张叫作“蔡侯纸”。其实，蔡伦只是造纸术的改造者，纸张早在西汉初年就出现了。只不过后人为了缅怀他的功绩，普遍认同他是造纸术的发明人。根据考古方面的资料，迄今发现最早的纸张出土于新疆维吾尔自治区罗布淖尔古烽燧亭中，年代不晚于公元前49年。后来又在西安市、陕西扶风、甘肃敦煌等地相继发现西汉时期的纸张。这些都说明早在蔡伦改进造纸术前，中国已经有纸张了。

许慎在《说文解字》中说：“纸，从‘丝’旁。”可见，最初的纸张可能是以丝帛为原料的。在《汉书·赵皇后传》中记载，皇后赵飞燕嫉妒成帝妃曹伟能生皇子，于是用“赫蹄”纸包裹毒药赐死她。这里的“赫蹄”可能是用丝帛打浆制成的一种名贵的纸张。

最初制纸的原料较为贵重，所以民间很少采用。蔡伦改进了造纸术。他用树皮、麻头、破布、渔网等材料，通过挫、捣、抄、烘等手段提取植物纤维，终于制成了质地优良、价格便宜的纸张，这是现代造纸术的鼻祖。原料获取的廉价和制作的方便使蔡伦的造纸之法很快在民间得到推广和发展。纸开始由王宫贵族的案头走向寻常百姓之家，为文化的昌盛和繁荣创造了条件。

第一位造纸的肯定不是蔡伦，但蔡伦对于造纸术的改进却让更多的人受益，而且现代意义的造纸术也是从他那里产生，所以今天认为他为造纸术的发明人。

指南针的指针本来是指向北方的，可人们为什么叫它“指南针”？

指南针是一种可以用来判断方位的仪器。由于其前身为“司南”（勺柄指向南方），后世就把这种能够指示南北方向的仪器叫“指南针”。指南针的主要组成部分是一根装在轴上能自由转动的磁针，在地磁场的作用下，就产生指示南北的性质。指南针在测量、航海和军事等领域应用广泛。

指南针是四大发明之一，对于世界文明的发展做出过巨大贡献。它的产生最初来源于先民对磁铁矿的认识。他们首先发现了磁石吸铁的性质，然后又发现了磁针的指向性，经过长期的观察和实践，终于发明了实用的指南针。

指南针早在战国时期就有了，当时叫“司南”，由一块天然磁石打磨而成，样子很像汤勺，可以在平滑的地盘上转动，静止时勺柄指向的方位就是南方。如韩非子云：“先王立司南以端朝夕。”意思是说先王利用司南来正四方，确定方位。随着人们对磁石认识和理解的加深，后来相继出现了“指南鱼”和“指南针”。“指南鱼”是将细铁片制成鱼形，经磁化后置于水面，就可以指示方位；指南针则是将磁石打磨成非常细小的针，如沈括《梦溪笔谈》载：“方家以磁石摩针锋，则能指南。”

最初的“指南针”并非置于转轴之上，而是有水浮法、碗唇旋定法、指甲旋定法、缕悬法等多种指南方法。后来又出现了指南龟和罗盘。指南龟是指在木龟腹内放置磁石，然后用竹针支立；罗盘则是为了更进一步精确方位的需要，给指南针配以方位盘。

知识链接

司南

司南，中国最早的指南仪器，是指南针的前身。春秋战国时期曾广泛应用，它由磁勺和底盘两部分组成。磁勺由古代的能工巧匠利用天然磁石打磨而成，为勺子形状，其柄指向南方；盘由青铜器制成，中间非常光滑。需要使用时只要轻轻转动磁勺，其静止时勺柄指向的方位就是南方，勺口则指向正北。

司南的产生源于磁石的发现，人们先是发现了磁能吸铁，然后发现其指南北的性质。司南由磁石制成，在当时的一些典籍《韩非子》《山海经》《管子》《鬼谷子》中均有记载。

司南的本义为“掌握、指向南方”，在现代汉语大词典中还有行动纲领或指引的意思。

世界上第一个想乘火箭飞行的人是谁，他是如何做的？

火箭是以热气流向后喷出，利用反作用力向前运动的推进装置。现代运载火箭技术在军事、卫星、航天等领域有广泛的运用。火箭最早是由中国人发明的，你知道第一个想乘火箭飞行的人是谁吗？

火箭早在三国时期就有了，距今已有1700多年的历史。当时两军交战，士兵把易燃物绑在箭上，用火点燃后射向敌军。这是火攻的一种手段，与现代意义上的火箭还存在距离。火药发明后，宋代有人把装有火药的筒绑在弓箭上，点燃引线后射出，借助火药产生的推力，箭可以射得更远。

到了明代，有个叫万户的官员第一次产生了“飞天”的愿望。他把 47 只自制的火箭绑在椅子上，自己坐在上面，手拿两只大风筝，然后命令仆人点燃所有的火箭。万户本想借助火箭的推力和风筝飞向前方，不幸的是火箭发生爆炸，他也牺牲了。

这个故事最早是美国火箭专家赫伯特·S. 基姆在其《火箭和喷气发动机》一书中提到的，后来陆续出现在苏联、英、德等国一些专家的著作中。20 世纪 70 年代的一次国际天文学会上，美国国家航天局把一座月球背后的环形山命名为“万户”。

万户在当时也是出名的能工巧匠，曾与朋友班背一起制造过“火鸟”。他的勇气和探索精神是值得我们后人敬仰和纪念的。

印刷术是中国古代的四大发明之一，最早的印刷技术究竟如何？

“印刷术”是中国古代的四大发明之一。它的出现有利于文化的交流和传播，很大程度上推动了社会进步。在现代印刷术出现以前，中国广泛使用的是活字印刷术。但它是最早的印刷术吗？

据沈括《梦溪笔谈》记载，发明活字印刷术的是一个叫毕昇的普通劳动者，他首创了“泥活字印刷术”。方法是先在黏土上雕刻好文字，然后用火烧制成硬块，这就是一个个的活字。需要印刷的时候，事先放一块铁板，板上置有铁框，把需要的字挑选出来放入，这就是制版；然后用火烧铁板，让附着在铁板上松香或蜡融化，等蜡烛凝固后就可以固定“活字”。工作的时候，准备两块铁板，一块印刷，一块制版，这样轮流交替，极大地提高了印刷效率。在现代印刷术出现以前，我们一直采用的是活字印刷术。

活字印刷术的一个显著进步在于“活字”的运用，比起更早采用的雕版印刷术，不需要重复雕刻，省时省力。在宋以前，印刷主要采用雕版的形式，即把需要印刷的文字逐页雕刻成版，然后涂上墨汁，进行拓印。这种古老的印刷术是印章、拓片和印染技术互相融合的结果。

毕昇雕像

印章与雕版相比，只是字数不同。雕刻方法除了阴刻就是阳刻，均为反体字。印章上面一般为人的姓名或官职名。中国古代有对公文或书信进行加封的习惯。在纸张发明前，简牍多用泥封，就是一种保密的方法；有了纸张后，就直接在纸上盖戳，这已经是个小小的雕版了。

拓片技术是临摹碑文的一种方法。首先在石碑上盖一张湿润的纸，轻轻敲打，使纸陷入石碑的凹纹处；纸干后，用布包上棉花，蘸上墨汁，在纸上轻刷，就能显现与石碑上一模一样的字迹。印染技术是在木板上刻出花纹，涂上染料后染在布上。雕版技术可能受其启发，只不过这里的染料换成了墨汁，布换成了纸张。

在中国科学界，有个著名的“李约瑟难题”，它具体指什么？

李约瑟，英国著名生物化学家，剑桥大学李约瑟研究所名誉所长，长期致力于中国科技史研究，撰有 15 卷本《中国科学技术史》。他在深入比较东西方科学发展历程后，提出了著名的“李约瑟难题”。

“李约瑟难题”在原文中是一个两段式的提问：为什么在公元前 1 世纪到 16 世纪之间，古代中国人在科学和技术方面的发达程度远远超过同时期的欧洲？为什么近代科学没有产生在中国，而是在 17 世纪的西方，特别是文艺复兴之后的欧洲？

“李约瑟难题”提出了一个很有意义的问题，这也是中国知识分子长期希望求解的一道难题。众所周知，中国古代科学技术水平是相当高的，很多发明创造动辄领先西方数百年甚至上千年；造纸术、印刷术、指南针、火药这些对于文化和文明传播具有巨大意义的发明都是在中国先出现的。美国学者坦普尔在其《中国，文明的国度》一书中写道：“如果诺贝尔在中国古代设立，那么各项奖金的得主，将毫无争议地都属于中国人。”那为什么到了近代以后，中国的科技水平却停滞不前，至今尚无诺贝尔奖获得者呢？

李约瑟在其著作中提出了自己的答案。他认为主要原因包括三个方面：一是中国不具备宜于科学成长的自然观念；二是中国人的发明过于讲究实用，更多停留在经验阶段，从未深入探讨过其中包含的物理或化学知识；三是中国科举制度的存在扼杀了大部分知识分子的创造力，思想被严重束缚。

其他学者也从政治、经济、文化甚至心理学和哲学层面给出了自己的答案，对于思考中国科技落后的原因和吸取经验教训具有积极意义。我们认为，科学精神的缺失是其中非常重要的一个因素，我们缺乏对科学足够的认识，我们同样缺乏严谨的逻辑思维和实证创新的传统。想在科技上赶超世界一流水平，除了需要铲除一切不利于科学发展的制度弊病外，还需要国人培养起足够的科学精神。

《黄帝内经》是一部怎样的经典，它真是黄帝的著作吗？

《黄帝内经》是中国中医学理论的奠基之作，成书于春秋战国时期，是长期医学实践经验和理论的总结。《黄帝内经》以华夏文明始祖“黄帝”的名字命名，它真是黄帝的著作吗？

《黄帝内经》与《伤寒论》《金匮要略》《温病条辨》并称为中国传统医学的四大经典著作，《黄帝内经》成书时间最早，以阴阳五行学说为依据，囊括了“脉象学说”“藏象学说”“经络学说”“病因学说”“病机学说”“病症”“诊法”“论治”“养生学”以及“运气学”等学说，反映了古人天人合一的思想理念。

《黄帝内经》包括《素问》和《灵枢》两部分内容，各 9 卷 81 篇。内容除了医学方面，还包括了当时天文学、历算学、生物学、地理学、人类学、心理学等领域取得的成就。后世的著名医学家华佗、张仲景、孙思邈、李时珍等人均熟读《黄帝内经》，他们很多医学方面的成就和建树都受到其启发。

《黄帝内经》以阴阳五行学说为基础，体现了整体性的思维观念。关于其性质，主要有三个方面的看法。其一，它是一部中医理论经典，是公认的中医学奠基之作，曾为人类的健康事业做出过卓越贡献。其二，它是一部养生宝典，《黄帝内经》强调“不治已病治未病，不治已乱治未乱”。其三，它是一部关于生命的百科全书，如它提出“内视”“内炼”的观念，主张通过改变人体内环境来实现健康长寿的目标。

《黄帝内经》与《易经》《道德经》并称中国古代三大奇书，是中华民族的瑰宝。作为中华儿女，我们应该在新的历史条件下批判性地继承，使他们的价值真正发挥出来。《黄帝内经》虽冠以华夏始祖“黄帝”的名号，却不是黄帝的著作，其中只有经络脉穴疗法始于黄帝时期。

中医为什么被称为“岐黄之术”，这个说法因何而来？

中医理论又被称为“岐黄之术”或“岐黄之道”。与之相关的词语还有：“岐黄家”，指以中医给人治病的医生或医学家；“岐黄书”，指有关中医理论的著作；“岐黄业”，指中医行业。

为什么“岐黄”是中医的代名词呢？相传黄帝时期，中国中医理论经过长期的总结和临床实践，已经取得了很大的成就。黄帝和他的臣子岐伯都是治病的高手，二人经常聚在一起探讨中医理论和养生之道。后来，他们的谈话便被记载在《黄帝内经》里。

《黄帝内经》约成书于春秋战国时期，是中国中医学公认的奠基之作。这部著作以“黄帝”和“岐伯”问答的形式，讲解了很多中医理论和养生之道，包括《素问》和《灵枢》两部分。《素问》以研究人体的生理、病理问题为主；《灵枢》主要讲解针灸之术的要略，又被称为“针经”。《黄帝内经》以阴阳五行学说为基础，强调治病于未然，把天人合一作为自己追求的境界。

这部书与《易经》《道德经》合称“三书”，对中华传统文化的发展具有不可估量的影响。关于“内经”名称的由来，有人认为这是讲人体内在规律的，有人认为是讲内科，还有人认为“内经”是“内求”，意思是要想身体健康，就要注意内在的调理和生息。

不过《内经》是内科的说法似乎更科学些，因当时存在《外经》，据《汉书·艺文志》记载，共有“七经”。除《黄帝内经》外，还有《黄帝外经》《扁鹊内经》《扁鹊外经》《白氏内经》《白氏外经》和《旁篇》。有说法称《外经》为黄帝时另一位擅长外科手术的俞跗所创，但具体真相还有待进一步考证。

由于《内经》采用“黄帝”与“岐伯”问答的形式，古人为了表达对先祖的尊敬，就以他们名字的合称“岐黄”来代指中医学。以后“岐黄业”也就逐渐成了中医行业的代名词了。

中药店为什么称“堂”而不称“店”，这个叫法从何而来？

中药店为什么叫“堂”呢？这个称呼究竟是从何而来的？

相传这与“医圣”张仲景有关。张仲景，河南南阳人，生于东汉桓帝元嘉、永兴年间（约公元150～154年），死于建安末年（约公元215～219年）。曾为长沙太守，有张长沙之称。张仲景年轻的时候就博览群书，尤其喜欢医书，其同乡何颙曾称赞他：“用思精而韵不高，后将为良医。”

张仲景生活在东汉末年，当时朝政腐败，民不聊生，人民颠沛流离。全国各地相继暴发瘟疫，洛阳、南阳等地疫情严重：“家家有僵尸之痛，室室有号泣之哀。”其中伤寒病占到70%。张仲景立志改变这种现状，在《伤寒论》中他表达了自己的理想和抱负：“上以疗君亲之疾，下以救贫贱之厄，中以保身长全，以养其生。”

他刻苦钻研，认真研究了《素问》《灵枢》《难经》《阴阳大论》《胎胪药录》等古代医书，师从同宗张伯祖，尽得其真传，在医学上有很高的造诣。在长沙担任太守期间，当地疫病流行，他索性在官府大堂上给人看病，分文不取。在给病人开具的药方上，他经常在自己名字前加上“坐堂医生”几个字，以示自己治病救人的决心。

张仲景后来辞官隐居，潜心研究医学，终于写出传世医学巨著《伤寒杂病论》，被后人尊称为“医圣”。其人品和医学成就都是非常令人敬仰的，后代中医为了纪念他，也把自己开的药铺称为“堂”，时间长了就成了中药店的代名词。

“杏林”的说法是怎么来的？

“杏林中人”指从事医学事业的人，“杏林之家”常用来形容一家人医术都很高。那为什么把医学界叫“杏林”呢？据说这与东汉末年的神医董奉有关，语出自《神仙传》：“奉居山不种田，日为人治病，亦不取钱。重病愈者，使栽杏五株，轻者一株。如此数年，计得十万余株，郁然成林。”

董奉是东汉著名的医学家，与当时谯郡的华佗、南阳的张仲景并称“建安三神医”。

他早年学医，信奉道教，民间流传着很多他治病救人的故事。交州太守杜燮（一说吴士燮）病危，僵死已经三天。董奉恰好路过，用水使他服下三粒丸药。不一会儿，病人手脚就可以动了，肤色也渐渐缓和过来；一天后即能坐起，四天后可以说话，不久完全康复。有一个县令的女儿得了怪病，多方请求名医无效，请董奉医治就好了，于是县令便把女儿嫁给他为妻。

董奉晚年隐居庐山，替人治病从来不收取钱财，只要求治愈的重症患者栽杏树五株，轻的栽一株，四乡闻讯赶来治疗的父老乡亲络绎不绝。时间长了，整个庐山南坡都栽满了杏树。等到杏子成熟的时候，董奉就把杏子分给贫穷人家或流离失所的饥民，要不就储藏起来，卖了钱赈济灾民。据说有老虎主动前来镇守“杏林”，以防不肖之徒偷吃，这便是“虎守杏林”的典故。董奉深受老百姓爱戴，他死后人们修建了杏坛、真人坛、报仙坛来纪念他。

董奉的高超医学技术和高尚的品德是值得后人学习的。后来我们常用“杏林”来代指医学界，用“杏林春暖”和“誉满杏林”来比喻那些像董奉一样具有高尚医德的医生。

为什么要把行医说成是“悬壶济世”，古代医生真的在诊所门上“悬壶”吗？

“悬壶济世”常用来比喻从事医生的职业，古代还真有在自己诊所前“悬壶”的。那么为什么行医叫“悬壶济世”，医生为什么有在自己诊所门面“悬壶”，而不是其他的东西呢？

传说历史上有个叫壶翁的隐士医生，他经常在自己诊治的地方悬挂一个壶作为行医的标识。姓名已不可考，也有人说他叫谢元。卖药从不讲价，所治过的病人都痊愈了。他甚至能事先说出病人痊愈的时间，没有不应验的。每天行医所得之钱达数万，但他都分给了贫民。

相传壶翁曾传费长房岐黄之术，据《后汉书·方术列传·费长房传》记载，费长房曾为市井小吏，他经常看到一个老翁在市场上卖药，悬挂一个壶作为标识。等到停市的时候，就跳进壶里面，市人都没有看见，唯独费长房在楼上喝闷酒的时候偶然瞥见了。他料定此人绝非普通人，就带上酒礼前去拜访。老翁知道费长房对他的神通感兴趣，就对他说：“你明天来吧！”费长房第二天去赴约，老翁请费长房到壶中一游。只见里面异常富丽堂皇，有各种美酒和佳肴，二人饱饮后方出来。过了一段时间，壶翁又找到费长房说：“我本神仙，因为犯了错才到你们这里卖药，现在事情完结，我也该回去了。你愿意和我一起走吗？如果不愿意的话，楼下准备了些酒，算是与你的告别。”费长房听后，就想学道，随壶翁入深山。壶翁将一身技艺都传授给了他。费长房学成后，回到家乡。能医百病，驱瘟疫，令人起死回生。

当然这只是神话传说，历史上是否真有“壶翁”尚待进一步考证。我们倾向于认为“壶翁”的存在，其人大概是东汉时期人，医术高明，“悬壶”是他诊病的标识。“壶”与“葫”同音，后世有人仿效，就在药铺门前悬挂药葫芦。久而久之，“悬壶济世”就成了行医的代名词。

“大夫”“郎中”都是官职名，人们为什么拿来称呼医生？

中医有很多别称，古代有“岐黄”“杏林”等称呼，宋代以后人们又用“大夫”“郎中”称呼医生。“大夫”“郎中”本义指官名，为何用来称呼医生呢？

“大夫”，中国古代官职名。始于西周。当时朝中官员分卿、大夫、士三级，大夫能够世袭且有自己的封地。秦汉以后，中央要职有御史大夫，级别稍低的有谏议大夫、中大夫、光禄大夫等。唐宋尚有御史大夫及谏议大夫之官，至明清废。

“郎中”最初为皇帝的随从官员。战国时期开始设立，主要担任保卫、建议等职能。隋唐以后，国家实行三省六部制，各部下设司，各司长官即为“郎中”。其职能与战国秦汉有很大区别。据《明史》卷七十二《职官一》载，工部下设“营缮、虞衡、都水、屯田四清吏司，各郎中一人（正五品），员外郎一人（从五品），主事二人（从六品）”。

可见，这两个名称本来指官职，产生时间很早。那什么时候开始用“大夫”和“郎中”称呼医生的呢？医生最初的含义又是什么？

医生现泛指一切以行医为业的人，但最初却是指医科的学生，始见于《唐六典》：“医生四十人。”唐朝学堂始开医科，招收学生。

宋朝医事制度和医学教育高度发展，掌管医疗事务的官员不断增多。当时，国家将翰林医官院的医官定为七级二十二种，如：和安大夫、成和大夫、成全大夫、保安大夫等。由此，人们开始把医生称为“大夫”。五代以后，官职逐渐泛滥。人们为了表示对医生职业的尊敬，便称医生为“郎中”“大夫”。

在使用地域上，存在一定的差别。“大夫”一般在北方地区使用，“郎中”在南方使用得更普遍些。从这里我们也可以看出，医生这个职业在古代是地位比较高的，曾有诗云：“不为良相，则为良医。”

“太医”和“御医”是一回事吗？中国古代有医院之类的医疗机构吗？

“太医”和“御医”是古代给皇宫大内或朝廷大员及其家眷看病的医生统称。这些称呼产生于什么时候，“太医”和“御医”是否存在区别？中国古代有供病人住院和治疗的“医院”吗？

“太医”一词最早可追溯到秦代，当时设有“太医令”一职。西汉时已有太医的官职设置。唐宋时期在太常寺设有太医署或太医局，金朝开始称太医院。元代的太医院已经成为独立机构，负责医疗，并制作御药。明代太医院则已经有了分科。

“御医”的级别比太医要高，一般只给皇帝或其姻亲眷属看病。从明清两代的太医院

太医丞印

太医是专门为宫廷服务的医生。战国时代的秦国已有太医令之设置，作为宫廷医院的最高行政长官。汉代，太医丞是职位仅次于太医令的医官。图为故宫博物院收藏的一枚“太医丞印”。

官职设置我们可以看出二者的区别。据《清史稿·职官志》记载，太医院的大夫分四个级别，第一等叫“御医”，只有13人，雍正乾隆时期为七品，和县令一个级别。第二等称为“吏目”，只有26人，八品与九品各13人。第三等叫医士，共20人，“给从九品冠带”。第四等叫“医生”，有30人，无品。

“御医”只有第一等大夫13人，连院使（正五品）和左、右二判（两位副院长）在内才16人。“太医”则包括整个太医院的医生，共有92人。其中御医、吏目、医士这三级的59位大夫可以独立看病，有处方权；第四级的“医生”只能当助手。

医院在中国产生得也很早，春秋战国时期已见其萌芽。据《诸子集成·管子卷》记载：“凡国都皆有掌养疾，聋盲，喑哑，偏枯，握递，不耐自生者，上收而养之疾，官而食衣之，殊身而后止。”齐国管仲当时在首都临淄创建“养病院”，收容各种残疾人进行集中疗养，但还不是“医院”。

“医院”的产生与疫病流行有很大关系，这时候需要把大批病人集中起来进行治疗。如西汉元始二年，黄河旱灾，疫病流行，皇帝专门安排地方和屋子，选派医生免费为百姓看病。延熹五年（公元162年），皇甫规任中郎将，军中疫病流行，死亡率很高。他专门租用民房，集中病员进行治疗，叫“庵

庐”，很像现在部队的野战医院。北魏孝文帝时在洛阳设有“别坊”，免费提供诊疗和药物，贫穷无力出钱者均可前往治疗，这是公立慈善医院的雏形。

唐朝时医院叫“病坊”，全国各州县均有设立。宋朝时改名为“安乐坊”“安济坊”，并开始开设门诊部，称“和剂局”，和剂局的药方叫“和剂局方”，算是当时通行的一种处方手册。这些机构均为官办，民间则以游医和药房为主。

知识链接

最早的医学校

中国最早的医学校是唐朝的太医署。它是国家创办的正式医学专科学校。始于唐高祖武德七年（公元 624 年），由行政、教学、医疗、药工四大部分组成，与现在医学院校的教育行政机构设置类似。

“太医署”分为医学和药学两部，医学下又分为四大科：医科、针科、按摩科和咒禁科。四科当中，医科最大，总共有 164 人。其中医师 20 人，医工 100 人，医生 40 人，典药 2 人，医博士 1 人，医助教 1 人。学生入学后，必须先学《素问》《神农本草经》《脉经》《针灸甲乙经》等基础课程，然后再分专业学习。针科学生先学医学基础理论，然后重点学习针灸专科。按摩科以学习按摩专门技术为主。咒禁科则要学习道禁和佛教中的五禁。

“太医署”学生除参加入学考试以外，每月、季、年均有考试。学习满 9 年仍不及格者，勒令退学。对于考试成绩优良的，予以奖励。太医署不仅对学生进行测试，而且也经常考核教师。这样保证了师资队伍的质量，有利于整个医学校的教育质量的提高。

中国古代有没有女医生?

中国古代到底有没有女医生呢？有人答曰：“有，稳婆是也。”想想也是，接生婆也算妇科大夫了。那一般意义上的女医生有没有呢？答案当然是肯定的。只不过中国古代男尊女卑，一些中医师又规定传男不传女，所以女医生就比较少见了，但依然有些女医生的故事流传了下来。她们医术精湛、救死扶伤，深受当时百姓的爱戴。

西汉时期，山西省复县有位叫义妁的女子，是中国历史上早期著名的女医生。她从小就对学医感兴趣，十几岁就上山采药，为乡亲邻居治病，积累了相当丰富的实践经验。有一次，村里来了一个腹部膨大的人，奄奄一息。义妁认真察看后，用针灸在他腹部和腿上扎了很多针，并喂他服中药。过了一段时间，病人肿块消退，竟奇迹般痊愈了。汉武帝知道后，就召义妁进宫，专为太后看病。义妁可以说是中国历史上一位了不起的女医生。

晋代葛洪是个著名的炼丹家，著有《抱朴子》一书。他的妻子鲍姑也是一位了不起的医学家，二人夫唱妇随，在深山老林炼丹采药好不快活。在岭南一带的罗浮山，二人经常为民治病，人们尊称她为“鲍仙姑”。据说《肘后备急方》为其与丈夫合著。在越秀山下，至今还有纪念她的“鲍姑艾”和“鲍姑祠”。

宋代也有一位著名的女医生，叫张小娘子。她的医术既不是来源于祖传，也不是随夫行医所得。据说她年轻的时候曾遇到一位云游郎中向其讨水喝，张小娘子一看此人皓首银髯、气度不凡，就赶紧让到屋里，好酒好菜招待。临走时，老人传授给她很多开刀和制膏的外科秘方，并赠她一本《痈疽异方》。后来张小娘子通过不断实践，终于成为一名外科名医，经她医治的疮疡痈肿病人都是药到病除。

明代有一位叫谈允贤的女名医，其父曾担任朝中侍郎之职，祖父母也精通医道，算是医药世家。她非常喜欢学医，祖母临终的时候把秘方和制药工具都传给了她。她在妇科方面非常有名，当时一些大家闺秀得了妇科病，碍于礼教不便医治，就去找她。她的《女医杂言》流传后世。

为什么把走方医生叫“铃医”，他们都是些卖“大力丸”的江湖骗子吗？

“铃医”是中国古代民间走方医生的一种称呼。又叫“走方郎中”“草泽医”。铃医自古就有，神医扁鹊和华佗都是走乡串户，为乡邻百姓治病。到了宋元时期，铃医开始盛行。

“铃医”名称的由来与江湖郎中的行为习惯有关。据说古时候铃医走方，一手持着铃铛摇动，一手举着自己的招牌，通常上面有“路顺堂”三个字和一些秘方、草药的名字。摇动铃铛是告诉乡邻谁家有了病人赶紧送出来诊治，“路顺堂”则来自古代对于药店的称呼。

铃医替人看病，多依据一些民间疗法和秘方。比如针灸、拔火罐、推拿之法，以及历代口传心授的秘方或单方。很多人只是稍微懂点医术，但对治疗某个方面的病症可能有独到之处。也有些铃医水平不高，就靠着一张嘴，靠卖药骗取钱财，因此又被称为“卖嘴郎中”。所以民间对于铃医的看法向来褒贬不一。

铃医是时代的产物。在封建社会，农村百姓很多看不起病，买不起药。又多是些跌打损伤、伤风感冒的小病症，技术要求不高，于是铃医这种职业便应运而生。它的出现，满足了古代中国农村落后地区对于医疗和药物的需要，同时也使一些民间偏方和治疗手段得以传承。到了清代，名医赵学敏和铃医赵柏云合作编成《串雅内、外编》，对当时的民间医术方药经验进行了总结。赵氏认为：“顶串诸术，操技最神，而奏效甚速。”“药物不取贵”，有“灵验”与“价廉”之特点。

宋八卦星月纹串铃

串铃又名虎撑。医生将铁圈做成中空扁环状，内盛铁球，一摇即响，成为外出行医的一种信号和标志，尤为走村串乡的江湖郎中常用。

“大力丸”是一种能够增加气力、强身健体的药物，成分简单。那些卖“大力丸”的人经常被当成骗子。从上面的分析来看，虽然大多数走方郎中医术不高，但有些偏方和药物却能起到出人意料的效果。所以把铃医都当成江湖骗子的做法也不可取的，否则，赵名医也不会以他所撰的民间方术命名为“串雅”了。

古代为什么把接生婆叫“稳婆”，她们还有别的名称吗？

“稳婆”是旧时民间以替人接生为业的人，一般为中年妇女，又叫“隐婆”“产婆”“收生婆”“接生婆”“老娘婆”等。“稳婆”一词的来源，最早见于蒋一葵所著《长安客话》：“每年都要选收生婆多名，以备官府选用。”

“稳婆”作为一种职业，最早形成于东汉时期。唐宋时期，稳婆已非常普遍。由于官方选拔稳婆既要求良好的体质，还要求有良好的容貌，所以称“稳婆”，含有稳定、顺利、母子平安等含义。从事稳婆行当的人一般在门前都挂有“快马轻车，某氏收生”的招牌。意思是说，送子娘娘马快车轻，收生婆眼明手快。

稳婆职业的兴盛，与中国传统伦理观念十分密切。在中国古代，生儿育女、传宗接代是头等大事，“不孝有三，无后为大”就是讲传递香火的重要性。无论帝王将相还是平民百姓，都非常重视分娩和胎儿的顺利生产。在分娩前期，稳婆就被早早地请来，早早做好准备；接生的时候，门窗紧闭，任何人都不能随便进出。

稳婆一般随身携带刀、剪之物。如果婴儿顺利生产，就剪除脐带，收拾胞衣，并用清水洗净后穿好衣服，向主人家报喜。如果遇到难产、横生、倒产等情况，就很考验稳婆的技术和水平了。

总之，稳婆类似于现在的妇科医生。在现代医疗技术条件出现之前，中国民间一直有“稳婆”职业的存在。它的存在有利于胎儿的顺利分娩，在历史上的作用值得肯定。

“炮制”是什么意思，“如法炮制”又做何解释？

“炮制”是制取中药的一种方法，又称炮炙、修事、修治等。由于传统中药材多来自于植物根茎，为生药。生药上又多附有泥土、杂质，或有毒和异味、潮湿易坏不容易保存，所以需要通过一定的“炮制”手法，达到除去杂质、降低毒性、增强疗效、便于保存等目的。“炮制”不光指我们常见的“火制”手法，还包括修制、水制、水火共制以及其他制法等。

“修制”是对药物进行纯净、粉碎和切制的处理方法。“水制”是用水或者其他液体辅料对药材进行漂洗、浸泡以达到清洁药物，软化药物，调整药性之目的。“火制”是通过炒、炙、煅、煨等手段将药物置于锅中不停翻动，达到一定程度后便于粉碎加工和缓和药性。“水火共制”，则是运用蒸、煮的办法来增加疗效或降低副作用。其他制法包括制霜、水飞、发酵等。此外，炮制药物可能还需要用到如酒、醋、米泔水、白矾等辅料。

可见，炮制手法众多，药物不同，其炮制方法也不尽相同。成语“如法炮制”便来自这里，原意是指按照一定的方式或方法进行中药的制取。后来借指按照别人的方法走，依样画葫芦。最早见于清代李汝珍《镜花缘》第九十八回：“即如法炮制，果然把阵破了。”

什么叫“药方”，什么叫“方剂”，它们有何区别？

“药方”是指针对各种疾病总结的治疗经验，并不针对特定人。中医在长期的理论实践中，总结了众多的药方。这些药方很多到现在仍被广泛使用，具有成本低廉、效果佳等特点。“方剂”则是参考药方做出的，其中的“方”就是药方的含义，《隋书·经籍志》：“医方者，所以除疾保性命之术者也。”“剂”，古作“齐”解，是调配的含义。《汉书·艺文志》：“调百药齐，和之所宜。”

从以上描述我们不难看出，方剂是根据药方产生的，是根据各种药方或药物属性不同，按照一定的配伍原则，结合病人的实际情况以若干药物调配而成的规范化药方。在中国的医学实践中，早期用一种药物治疗疾病，后来发展到几种药物配合。几种药物经过煎煮后，熬成的汤液便是最早的方剂。《黄帝内经》奠定了方剂学的理论基础，所涉及的药方虽然只有 13 个，但对中医的治疗原则、方剂的组成结构、药物的配伍规律以及服药宜忌等内容都有详细的描述。

长沙马王堆汉墓中发现的《五十二病方》，是现存最早的一部方书。张仲景的《伤寒论》载方 113 个。《金匮要略》载方 262 个，由于组方合法，选药精当，用量准确，变化巧妙，疗效卓著，被后世尊为经方。唐代孙思邈著的《千金要方》，载方 5300 个。王焘的《外台秘要》载方 6000 多个。宋代由政府组织编写的《太平圣惠方》载方 16834 个，《圣济总录》载方 2 万余个。明代组织编著的《普济方》共载方 61739 个，是迄今为止记录药方最多的医书。

方剂一般由君药、臣药、佐药、使药四部分组成。“君臣佐使”的提法最早见于《黄帝内经》，在《素问·至真要大论》中有“主病之为君，佐君之谓臣，应臣之谓使”的记载。现代方剂学是研究中医方剂的组成、变化和临床运用规律的一门学科，是中医学的基础学科之一。方剂学的内容包括方剂的组成原则、药物的配伍规律、方剂的组成变化、剂型及方剂的用法等。

方剂学讲究辨证施治，主张根据病人病情程度、身体状态、环境要素等多方面考虑病情，并综合运用药物配伍的一些规律来寻求最有利于治病的方法。

知识链接

“七方”“十剂”

“七方”和“十剂”是中国传统医学方剂分类的一种方法。所谓“七方”是指大方、小方、缓方、急方、奇方、偶方、复方七种；所谓“十剂”指的是宣剂、通剂、补剂、泄剂、轻剂、重剂、滑剂、涩剂、燥剂、湿剂。

“七方”的正式提出是在金朝成无己的《伤寒明理论》中，但其渊源可追溯到《素问·至真要大论》，其曰：“治有缓急，方有大小。”“补上治上制以缓，补下治下制以急。”又说：“君一臣二，奇之制也；君二臣四，偶之制也。”“奇之不去，则偶之，是谓重方。”“十剂”一般认为最早是由北齐名医徐之才在《雷公药对》中提出来的，但也有人认为出自唐朝陈藏器的《本草拾遗》，因其有“药有宣、通、补、泄、轻、重、涩、滑、燥、湿，此十种者，是药之大体”的说法。宋金时，成无己便在《伤寒明理论》中提出“制方之体，宣、通、补、泄、轻、重、涩、滑、燥、湿十剂是也”。至此“十剂”之说正式确立。

人们爱用“定心丸”来打消他人顾虑，“定心丸”真是一种药吗？

我们常说“定心丸”一词，比如“给某人吃了个定心丸”，意思是做了某事让对方感到放心和心情愉快，打消顾虑。但“定心丸”的本义是什么，它是一种药物吗？

历史上确有“定心丸”，这种中成药，在明朝时还是军中必备之物。古代战争，刀光剑影，伤员众多。很多人因为难以忍受病痛的折磨而死去。还有些人因过于紧张，容易情绪失控，尤其受伤后往往会表现出过度沮丧或歇斯底里。为了安抚伤员的情绪，帮助他们治疗，随军医生发明了“定心丸”。这种药物可以使伤员的情绪得到放松，安静下来。

据明朝末年茅元仪所辑的《武备志》记载，定心丸的配方为：“木香、硼砂、焰硝、甘草、沉香、雄黄、辰砂各等份，母丁洋减半。”其中的木香可解痉、抗菌；硼砂可解毒，防腐；焰硝可解毒消肿；甘草可镇痛，抗惊烦；沉香可治呕吐呃逆，胸腹胀痛；雄黄可治破伤风、惊痫；辰砂可治癫狂、惊悸、肿毒、疮疡。这几味药合炼为丸，功效可想而知。

现代也有“定心丸”，只是与古代成分存在差异。其成分为：党参、当归、地黄、茯苓、柏子仁、酸枣仁、麦冬、石菖蒲、五味子、朱砂、甘草、远志、黄芩、琥珀、虫白蜡。具有益气养血，宁心安神之效，用于心血不足，烦躁失眠，健忘怔忡，惊悸多梦。

可见，两种“定心丸”用途不同，其处方也不一样。最初的“定心丸”用于战争，除了“定心”外，还注重解毒、消肿和镇痛。现代药物“定心丸”则更强调宁神和静气，多用于失眠、健忘、烦躁、惊悸等症候。

梁山好汉爱下“蒙汗药”，古代到底有没有这种能把人麻翻的药物？

《水浒传》中梁山好汉个个身手不凡，但也经常使用蒙汗药来对付厉害的对手。“智取生辰纲”中，青面兽杨志等人正是被蒙汗药麻翻在地，一觉从日色当午直到二更方醒。那么古代是否真有能把人麻倒的蒙汗药，它的成分又是什么呢？

总结古代小说中关于蒙汗药的使用，大致有以下几个特点：一是药性很强，人服用后会迅速昏迷，经过一段时间方能苏醒。二是经常与酒水混合，以掩盖其颜色或苦味。三是都有解药，只要以冷水喷面或灌特制的药汤就可快速醒转。

根据以上特征，不难看出蒙汗药其实是一种麻醉剂。中国古代有华佗制“麻沸散”的记载。如《后汉书》：“乃令先以酒服麻沸散，既醉无所觉，跨破腹背，抽割积聚；若在肠胃，则断截前洗，除去疾秽。”可见，麻沸散的功效已经不是轻度麻醉那么简单了。李时珍的《本草纲目》中记载了一种印度传入的“曼陀罗花”，有信味，有毒，可做麻醉药。割疮、炙火先服此药后，就不觉得痛苦。

曼陀罗花又叫洋金花，其主要成分为东莨菪碱、莨菪碱、阿斯托品。此三种成分在临床上都有麻醉致幻的作用，与小说中关于蒙汗药的描绘基本吻合。洋金花自身气味辛苦，所以要用酒来调和，掩盖其味道。同时酒精本身就有麻醉作用，与洋金花配合就不容易被迅速察觉。

《桂海虞衡志》载："曼陀罗花，盗采花为末，置入饮食中，即皆醉也。据是，则蒙汗药非妄。"可见，中国古代的确存在蒙汗药。

"夜明砂""龙涎香"这些名称雅致的药物是用什么原料制成的？

"夜明砂""龙涎香"都是传统中药的成分，名字听起来非常雅致。夜明砂让人联想起"夜明珠""朱砂"；龙涎香则是一种香料，点燃时香味四溢，比麝香还香。事实上，它们都来自于动物粪便。

夜明砂，又名天鼠屎、鼠法、石肝、黑砂星、檐老鼠屎。为蝙蝠科动物蝙蝠、大管鼻蝠、大耳蝠、蹄蝠科动物大马蹄蝠及菊头蝠科动物马铁菊头蝠等的粪便。具有清热明目、散血消积、软坚散结之功效，主治青盲雀目、内外障翳、瘰疬、疳积、疟疾等症。

龙涎香，抹香鲸科动物抹香鲸肠内分泌物的干燥品。其味甘、气腥、性涩，具有行气活血、散结止痛、利水通淋、理气化痰等功效；用于治疗咳喘气逆、心腹疼痛等症。

关于龙涎香的发明，一说在中国汉代，渔民在海里捞到一些白色蜡状漂流物（成品龙涎香），从几千克到几十千克不等，有一股强烈的腥臭味，但干燥后却能发出持久的香气。当地的一些官员收购后作为宝物献给皇上，在宫廷里用作香料，或作为药物。由于谁也不知道它的来历，就请宫中的炼丹术士解释。他们认为这是海里的"龙"在睡觉时流出的口水凝固而成，因此叫它"龙涎香"。也有人认为中国早在殷商和周代就已经使用"龙涎香"了，当时人们把龙涎、麝香和植物香料混合后做成香囊，挂在床头或身上。另一说法认为龙涎香最早在公元前 18 世纪就已经被发现了，古巴比伦、亚述和波斯的宗教仪式中所用的香料，除植物香料如肉桂、檀香、安息香等之外，就有龙涎香。虽然龙涎香发现很早，但人们一直搞不清楚它的来历。后来，沙特阿拉伯科特拉岛的渔民解开了这个谜题。原来，大乌贼和章鱼口中有坚韧的角质颚和舌齿，不容易消化，当抹香鲸吞食它们后，这些生物的颚和舌齿在抹香鲸的胃肠内积聚刺激肠道，肠道便分泌出一种特殊的蜡状物，将残核包裹起来，慢慢地就形成了龙涎香。

"何首乌"这个药材的怪名字从何而来，它真的能让人白发变黑吗？

"何首乌"是传统中药名。据《本草纲目》载，何首乌，"一名野苗，二名交藤，三名夜合，四名地精，五名何首乌。本出顺州，江南诸道皆有。性温，味苦涩。苦补肾，温补肝，涩能收敛精气。养血益肝，固精益肾，健筋骨，乌髭发，为滋补良药，不寒不燥，功在地黄、天门冬诸药之上"。

关于何首乌名称的来历，向来说法颇多。一说认为春秋时有个叫"何公"的国君，因服食此药后头发变黑，故名"何首乌"。还有传说来自汉武帝时深山的一个野人。其本是秦始皇时人，因避抓壮丁而逃进深山，以一种长藤植物根茎为食。后来，他被进深山采药的一对师徒发现。当时那个人黑发齐腰，黑髯齐胸，双目炯炯有神。采药老者看到该人头发乌黑亮丽，就把那人所食药材取名"合首乌"，后讹传为"何首乌"。

最流行的说法与一个叫何田儿的人有关。他是顺州南和县人，喜欢喝酒，天生性功能障碍，所以直到 58 岁还未娶妻生子。有一天晚上，何田儿喝得酩酊大醉回家，倒在路上便睡着了。等到醒来的时候，看到田里有两棵树藤缠绕在一起，交会后分开，然后又缠在一起。他感到很奇怪，就挖了根回去问村里人这种植物的名字。大家也不知道，有个同乡就开玩笑说："你这么老了都还没有孩子，这个藤如此神奇，能够交合，这可是神药，你何不吃吃看？"

何田儿就把它研成末，用酒服下。过了七天，何田儿就有了想找女人的想法；一个月后，浑身上下感到轻健，于是他就娶了当地一个寡妇为妻。这样又过了两年，何田儿的所有旧病都好了，人也变得年轻了。他一共有 19 个子女，一直活到 160 多岁才去世。子女们也都服食此藤，皆长寿多子。乡亲们感到非常惊奇，就向何田儿的孙子何首乌讨要，以至于人们一见到何首乌就想起“交合藤”来。时间长了，人们就用何首乌来代指这种神奇的药物。

何首乌具有很高的医用和保健价值，具有促进造血、增强免疫功能、降血脂和抗动脉粥样硬化等功能。能够润肠通便，调节内分泌，滋补养颜和延缓衰老等。

灵芝真的是“仙药”吗，为什么？

“灵芝”为传统名贵中药，味苦，但有香味。又名灵芝草、菌灵芝、木灵芝、三秀、瑞草、仙草等。具有防病治病、益寿延年的功效。据中国第一部药物学专著《神农本草经》记载：“灵芝有紫、赤、青、黄、白、黑六种。”常见为紫芝和赤芝，颜色不同，功能和主治也存在差异。紫芝，坚筋骨，利关节，疗虚劳。赤芝，解胸胃郁结，补中益气，使人神志清明。青芝，明目，补肝，安神，增强记忆力。黄芝，益脾胃，安神。白芝，止咳益肺，安神，亦增强体力。黑芝，利水道，益肾气。

灵芝为菌科植物，主要含麦角甾醇、有机酸、氨基葡萄糖、多糖类、树脂、甘露醇和多糖醇等，又含生物碱、内酯、香豆精、水溶性蛋白质和多种酶类。灵芝广泛分布在亚洲、大洋洲、非洲及美洲的热带及亚热带，少数分布于温带。中国地跨热带至寒温带，灵芝科种类多而分布广。

灵芝能够治疗多种疾病，《神农本草经》把灵芝列为上品，并举出起许多功效。现代医学证明，灵芝可以治疗慢性支气管炎、支气管哮喘、冠心病、心律失常、病毒性肝炎、神经衰弱、糖尿病等疾病，并有抗过敏的作用。

由于灵芝可以治疗多种疾病，又具有很好的医疗保健功能，食之可祛病养颜、延年益寿，所以被称为“仙草”。

我们常用“五毒俱全”形容坏透了的人，那什么是“五毒”呢？

关于“五毒”，历来说法不一。有人认为“五毒”就是 5 种社会丑恶现象：骗、赌、帮、烟、娼，人们通常所说的“嫖”包含在“娼”中。还有人认为“五毒”是古代的 5 种酷刑：鞭、捶、灼、徽、纆。佛教中“贪、嗔、痴、慢、疑”这 5 种情绪也被称为“五毒”，认为众生只有勘破这五毒之“障”，方可修成正果。

民间传说普遍认为“五毒”就是 5 种毒物：青蛇、蜈蚣、蝎子、壁虎、蟾蜍。也有把蜈蚣换成蜘蛛的。以前过端午节有驱“五毒”的习俗。民谣说：“端午节，天气热，‘五毒’醒，不安宁。”于是民间多以红纸印画 5 种毒物，再用 5 根针刺于五毒之上，寓意毒物已经被杀死。这是一种古老的辟邪巫术遗俗。还有在衣饰上绣制五毒，在饼上印五毒图案，或用彩色纸把五毒剪成图像（剪纸），以避诸毒。

相对科学的说法，“五毒”是指石胆、丹砂、雄黄、矾石、慈石 5 种有毒的矿物。古代常用这 5 种药材混合后来治疗外伤。如《周礼·天官》说：“凡疗伤，以五毒攻之。”丹砂主身体五脏百病，雄黄主鼠瘘，慈石主周痹风湿。其制作方法是把这五种药材置在坩埚之中，连续加热三天三夜，之后产生的粉末，即是“五毒”的成药。

“五毒”的成药有剧毒，但传统中医理论认为，以毒攻毒可收奇效，因此它又是疗毒和外伤的良药。现在使用的“五毒”多为贬义，形容那些违法乱纪、无恶不作的人。

古人是怎么验尸的呢？

现代社会，有专门的法医进行“开棺验尸”的工作，然后出具尸检报告，据此进行侦查或提取证据。古代科学技术并不发达，但为了破案和获得证据有时也需要进行验尸。那么，古人是如何进行验尸的呢?

在长期的实践中，人们逐渐摸索出一套行之有效的验尸方法。在中国历代关于刑讼的著作中均有记载，如五代时和凝父子撰编的《疑狱集》、宋代郑克撰编的《折狱龟鉴》、宁代和桂万荣所著《棠阴比事》、清代胡文炳撰编的《折狱龟鉴补》等，其中尤以宋慈撰编的《洗冤集录》最著名。

古代司法人员验尸，会事先准备糟醋、葱、川椒、食盐、蜡梅等。因为人死后一般皮肤会泛青色，不容易辨认伤口。这时只要在可疑部分用水把皮肤洒湿，将葱白捣碎敷在伤口上，然后用纸蘸醋盖上约一个时辰，用水洗净，伤口则显现。如果尸体青黑，则用滴水法。水滴在伤口处，停滞不流；完好的皮肤较松软，水会自动流走。

检验尸伤或骨伤，如果看不到伤痕，先用糟醋洗敷全身，然后抬到露天处。对着太阳光用新油过的丝绸或雨伞看，就能发现伤口。阴雨天则燃起炭火，隔着照，有同样的效果。如果以上诸法都不奏效，则将白梅与葱、川椒、食盐和在一起捣碎，做成饼子放在火上炙烤。再用一张纸贴在要验看的地方，将白梅饼在上来回熨烙，伤痕就会显现出来。

法医学起源于西方，后来引入中国。而今，人们更多利用现代科学知识来进行尸检，并形成一个专门的学科分类，为案件的侦破起到了很好的帮助作用。

现代医学解剖术来自西方，难道中国古代从来没有做过人体解剖吗?

众所周知，现代医学解剖源于西方。中国古代中医理论一直是以内科为主，外科以治疗伤疮痔疣为主，很少有人从事过人体解剖。按儒家伦理，身体发肤受之父母，私自摘去谓之“不孝”，“凌迟”更是被看作最严厉的刑罚。所以很少进行人体解剖，但并非没有。

据《汉书·外戚传》记载，公元16年，王莽活捉了政敌王孙庆。“使太医、尚方与巧屠共刳剥之，量度五脏，以竹筵导其脉，知所始终，云可以治病。”这次解剖手段极其残忍，参加解剖者有太医、尚方官员和熟练的屠夫；研究的项目是内脏的大小和相对位置，以及血管的分布和循环规律。这种解剖的确可以在一定程度上获得“治病”的科学根据，但从人性角度上看，则应该受到谴责。

《晁氏读书志》上记载了宋徽宗崇宁年间的一件事：“泗州刑贼弃市，郡守李夷行遣医家并画工往，亲决肤，摘膏肓，曲折图之，尽得纤悉。介校以古书，无少异者，比欧希范‘五脏图’过之远矣！实有益医家也。”

可见，中国古代是进行过人体解剖的，但主要是针对一些罪犯。近代解剖学则源于意大利的维萨里，他于1543年出版《人体的构造》一书。其中详细描述了人体的骨骼、肌肉、血管和神经的自然形态和分布等内容，是生物学发展史上的一个里程碑。

众所周知接种“牛痘”能免疫天花，有比“牛痘”更早的“人痘术”吗?

“天花”是一种急性传染病，现已被消灭。这种病最早可追溯到古埃及法老拉美西斯五世等人的木乃伊上，据说其脸上的疤痕就是天花所致。天花在人类历史上曾造成大量人口死亡。法国国王路易十五、英国女王玛丽二世、德皇约瑟夫一世、俄皇彼得二世等，都是因感染天花而死的。整个18世纪，欧洲死于天花的人数达1亿以上。

1795年，英国人琴纳率先发现牛痘术。他发现挤牛奶的妇女得过牛痘后就不会再生天花了。琴纳由此得到启发，认为可能是牛痘对天花产生了抗体。于是他从一个正患牛痘的挤奶女孩手上，沾了一些痘浆接种在一个8岁的未患天花的男孩手臂上，接种部位生了一个典型的牛痘。6周后琴纳再给这个男孩接种天花痘浆，结果这个男孩安然无恙，说明他对天花有免疫力。经过反复实验，琴纳最终发明了牛痘术。

牛痘术后来传入中国，由于安全方便，

被广泛采用。但在之前包括欧洲在内，一直采用的是中国的“人痘术”。包括琴纳本人小时候也接种过人痘。那什么是“人痘术”呢，它最早又产生于何时?

据清代朱纯嘏《痘疹定论》记载，宋真宗时，宰相王旦一连生了几个孩子都死于天花。幼子王素出生后，为避免重蹈覆辙，专门聘请了峨眉山人称神医的道人为其接种人痘。种痘7天后，幼子便发烧出痘，12天便结疤。后来王素没患天花，活了67岁。峨眉山道人的这种人痘法被世代继承传播。《重修湖州府志》记述，清初雍正时有人目睹痘医胡美用此法施术。

种痘有很多种方法。早期是痘衣和痘浆法：痘衣法是把害天花小孩的内衣，交给另一小孩穿上，这个小孩便会染上天花；这种方法最为原始，危险性很高。痘浆法采取痘疮的泡浆，用棉花蘸染后，塞进被接种者的鼻孔；这也是直接感染，危险性最大。后来又发明了旱苗法和水苗法：旱苗法是把痘痂研细，用银质的小管吹入被接种的鼻孔；这种方法较为安全，效果也相对可靠。水苗法则是把痘痂研细并用水调匀，用棉花蘸染塞入被接种者的鼻孔；此法更为安全，效果也优于旱苗法。

后来又发明了“熟苗”，其本质是一种减毒的疫苗，已经发生了“质”的改变。欧洲中世纪天花流行，中国的人痘术又是当时最领先的医术，所以，人痘术先后流传到俄罗斯、朝鲜、日本等国，又经过俄罗斯传到土耳其及欧洲。

知识链接

天花

天花是一种急性传染病。症状为先发高热，全身起红色丘疹，继而变成疱疹，最后成脓疱。十天左右结痂，痂脱后留有疤痕，俗称“麻子”。

天花病是世界上严重危害人类的恶性传染病之一。几千年来，曾使千百万人死亡或毁容。即使在预防天花病的牛痘疫苗发明后。天花病患者的死亡率仍高达1/3。后来，发达国家逐步控制了这种疾病，但非洲农村仍有流行。

1979年10月26日，联合国世界卫生组织在肯尼亚首都内罗毕宣布，全世界已经消灭了天花病毒，并且为此举行了庆祝仪式。现在，天花病的病毒只保留在一些国家的实验室中，以供研究之用。

“悬丝诊脉”是事实还是传说?

“悬丝诊脉”是指一种诊脉方法，医生将一根丝线拴在病人手臂上，借此推断病人脉象，然后根据诊断的情况看病抓药。相传中国唐代名医孙思邈就曾用“悬丝诊脉”的方法替当时的长孙皇后治好了难产。那么一个细小的丝线真能探知脉象吗? 它究竟是事实还是传说?

据说唐太宗时期，长孙皇后怀胎十月而不见临盆，卧床不起，虽然经很多名医治疗，但都不见好转。唐太宗心神不宁，就找来大臣徐茂功商议。徐茂功听说后，便向太宗推荐当时的名医孙思邈。他说：“华原县有位民间医生孙思邈，常到各地采药为群众治病，对妇儿科尤其擅长，经他诊治的病人无不药到病除。”

太宗听说，就赶紧派人去请。孙思邈来到宫中认真问询了皇后的饮食起居和病症特点，并拿出太医们做的病历查看。很快，他就对皇后的病情有了大概了解。当时封建礼教甚严，讲究“男女授受不亲”。皇后的凤体不是一般人可以触碰的。孙思邈只好在她手上系上红丝，自帘后拉出，算是“引线诊脉”了。

孙思邈再次见到太宗，就说：“万岁，皇后的病是胎位不顺，民间又叫小儿扳心。只需在中指上扎一针就可治愈。”于是，侍女将皇后左手扶出，孙思邈看准穴位猛扎了一针，皇后疼痛，浑身一阵颤抖。不一会儿，就顺利产下皇子。唐太宗非常高兴，要留孙思邈在太医院任职，但孙思邈心在百姓，婉言拒绝了。

这便是“悬丝诊脉”的故事。有人认为“悬丝诊脉”纯属子虚乌有，因为丝线无法传递脉搏的振动，那么悬丝诊脉法根本无从谈起。还有人认为之前孙思邈已经问过宫女，看过病历了，所以悬丝诊脉不过是走个形式。诚然，单凭悬丝诊脉的确难以判断病情，还需要其他手段。

知识链接

四诊法

“四诊法”是指望、闻、问、切四种中医诊断的基本方法。相传，春秋时期的著名民间医生扁鹊对“四诊法”的形成和确立作出了巨大贡献。

“四诊法”用来判断病人病情。“望”是指通过肉眼观察病人的神态及各种排泄物来推断疾病。“闻”是指通过嗅觉的气味和听觉的声音来判断病情。“问”是医生通过和病人或其家人直接对话，了解病人的症状、疾病的发生和演变过程、治疗经历等情况以作为治疗的依据。“切”主要指切脉，通过病人脉搏的频率、强度、节律等因素来了解病症的内在变化。

神奇的中华针灸是如何起源的，最早的针灸用针是金属的吗？

“针灸”是针法和灸法的合称，是一种非常有特色的中医治疗理论。讲究“由外治内”，通过经络、腧穴的作用，以及应用一定的手法，达到治疗全身疾病的目的。针法是用特制的针刺扎身体特定位置，运用捻转、提插等手法刺激穴位；灸法则是用燃烧着的艾绒产生的温度和热量炙烤皮肤（特定穴位），以达到治疗疾病的目的。

因为其所使用的工具不过是一根细小的金属针，中医针灸曾一度在世界上引起轰动。最早的针灸术是用金属针吗？关于这个问题可以在《山海经》中找到答案：“有石如玉，可以为针。”据考证，最早进行针灸的工具是一种叫作“砭石”的工具，为石器打磨而成。关于针法的起源可追溯到更早，刀耕火种的

针灸画像石拓片（局部）东汉

画像石于山东微山县出土，为墓室内装饰图案。图左面有一个人面鸟身的神医，手执砭石正为病人做针刺治疗。把医者比做成鸟像，正是为了象征战国名医扁鹊。

远古，人们经常被一些石头或荆棘刺伤皮肤，疼痛虽然难以避免，但也有人惊奇地发现，某些疾病竟然不治而愈了。于是人们开始有意识地用一些尖利的石块来刺激身体的某些部位以减轻病痛，治疗疾病。

灸法则来自火的发现和使用。最初人们是看到雷电所引发的大火感到恐慌，继而开始储藏火种，到后来发明钻木取火。在与火长期打交道的过程中，人们发现身体一些部位经火烧灼或烘烤后可以治疗疾病。于是，古人用兽皮或树叶包裹烧热的砂土、石块进行局部热烫，这便是灸法的起源。后来人们又发现了艾叶这种易于燃烧、气味芳香、易于获取和加工储藏的材料，便把它作为灸法的燃料。

“砭而刺之”和“热而熨之”最终发展成为成熟的针灸理论。现代中医理论认为，针灸是利用刺激人体穴位的方式影响大脑中枢神经，从而达到舒经活络、平衡阴阳的目的。针灸理论的科学性已经被临床实践反复证明，为很多患者解除了痛苦。

世界上最早的人体模型是什么，是什么时候设计的，现在何方？

世界上最早的人体模型是天圣针灸铜人，它是北宋翰林医官、医学家王惟一设计制造的。集合了当时针灸学、雕塑艺术学、冶金

制造学和绘画艺术等方面的成就，被称为“国宝”。

针灸是中国古老的中医治疗方法。早在新石器时代，人们就利用砭石来治病。据《黄帝内经》载，伏羲不仅画八卦，而且制造了用于针灸的“九针”。春秋战国时期，针灸理论趋于成熟，并出现了各种描绘人体穴位的图谱。唐代设太医署，当时针灸科教学主要采用人体实例教学的方法，并不方便学生的学习。

由于只有文字叙述或图形表示，错讹颇多。宋天圣四年（1026年），朝廷征集、校订医书。王惟一负责整理古籍，考订针灸著作，修正谬误。他绘制了人体正面、背面、侧面图，并在上面详细标明了腧穴的准确位置。在总结古今临床医学实践的基础上，写成针灸学著作三卷本，呈于宋仁宗。仁宗阅后，认为“古经训诂至精，学人执封多失，传心岂如会目，著辞不若案形”，下令“创铸铜人为式”，令王惟一负责监制铜人。

王惟一经过反复摸索和多方征求意见后，终于在天圣五年（1027年）用精铜铸成铜人两具。铜人仿成年男子而制，全裸直立，身高162厘米，胸围88.6厘米，共有穴位657个，穴名354个。造型逼真，结构精巧，体内雕有骨骼脏腑；躯壳由前后两件构成，可拆合。外部刻穴位名，穴位与体内相通，外涂黄蜡，内灌水或水银，用针刺中穴位，则液体溢出，稍有偏差则针不能入，因而可作教学或考试之用。铜人之一置于医官院供学习和考试用；一置于大相国寺仁济殿，供观摩用。

后来金人攻进宋都，北宋皇室携铜人逃难，途中丢失一具。另一具宋亡后献于忽必烈。至明代，天圣铜人下落不明。1988年，开封市重铸天圣针灸铜人成功，还置于大相国寺，但失落的两尊铜人至今仍没有找到。

第六章

哲学命题·伦理修养

“气”在中国古代哲学思想中是个什么样的概念，它有哪些方面的意义？

“气”，在中国古代哲学中是一个特别重要而又非常复杂的概念，在各种典籍的不同阐述中有着各不相同的内涵。从根本上来讲，“气”体现的是关于物质存在和运动的哲学范畴，具体说来，中国古代学者从以下几个意义上阐释“气”这一基本概念。首先，气是运行不息而且无形可见的一种极细微的物质，是构成宇宙万物的本原或本体，如《庄子·知北游》说：“人之生，气之聚也。聚则为生，散则为死。”另见《列子·天瑞》：“夫有形者生于无形，则天地安从生？故曰有太易，有太初，有太始，有太素。太易者，未见气也；太初者，气之始也；太始者，形之始也；太素者，质之始也。气，形质具而未相离，故曰浑沌。”其次，气分为阴阳二气或五行之气，各种气之间的交互运动，推动着宇宙万物的发展与变化，如《老子》说：“万物负阴而抱阳，中气以为和。”周敦颐在《太极图说》里讲：“二气交感，化生万物。万物生生，而变化无穷焉。”气充塞于宇宙万物之间，与万物相互渗透，是万物之间相互感应的中介物质，令万物之间相互联系、相互影响，从而使万物处于和谐有序的运动之中并且相互感应而构成一个有机的整体。气也同样地存在于人体之内，是人体生命的体现，是推动和调控人体生命活动的动力源泉，人的生命状态与气密切相关，气的运动停止标志着人体生命活动的终结，如《管子·枢言》所说：“有气则生，无气则死，生者以其气。”人要保持健康的身体，则必须认真保养运行于人体中的气。气还表现着一种崇高的道德状态和人生修养境界，即孟子所言的“至大至刚，以直养而无害，则塞于天地之间”的“浩然之气”。

哲学意义上的“道”是路的意思吗，在宇宙本体和事物运行规律这两重意义上它又包含怎样的内容？

“道”，在中国古代哲学中是一个表达宇宙本源与自然规律的范畴。“道”字的原本意义是指供人行走交通的路径，后来引申为一种抽象的含义，用来表达道理、道义，而作为一个哲学概念来表述，则始于老子。道家的经典著作《老子》，就分为《道经》与《德经》两部分，因而又合称为《道德经》。老子超越了纷纭变幻的凭人类感性所能觉知的经验范围，而将人事运行做了一种形而上的思索和阐发，在其思想体系中，“道”是一个核心性的概念，“道”字在5000余言的《老子》一书中出现达70余次之多。概括而言，“道”在老子看来基本有两种含义：一种是作为宇宙本原的“道”，一种是作为自然规律的“道”。到了庄子那里，“道”的意涵又有了新的表述：“夫道有情有信，无为无形，可传而不可受，可得而不可见；自本自根，未有天地，自古以固存；神鬼神帝，生天生地；在太极之先而不为高，在六极之下而不为深，先天地生而不为久，长于上古而不为老。”庄子认为，得“道”者可以达到一种“天地与我并生，万物与我为一”的逍遥境界，即是后来所传称的“得道成仙”。“道”，成为宇宙人生的真谛，代表着人生所能达到的最高修化。而“道”并非道家哲学的专有概念，儒家也有关于“道”的论述，例如西汉董仲舒曾说：“道之大原出于天，天不变，道亦不变。”但儒家思想中的“道”基本上指的是更为实在的自然与社会的运行秩序和发展规律，并不如道家之“道”那样高深玄妙。唐代韩愈则用“道”来阐发自上古尧舜时期以来直至孔孟历代相延传的中国正宗的文化价值系统。宋代朱熹又将“道”表述为“天理”，指出：“理者也，形而上之道也。”朱熹由此把“道”提升至本体论的范畴来阐述，从而使“道”成为儒家学说的一个核心概念。总体而言，“道”的阐述基本体现于宇宙本体和事物运行规律这两重意义上。

“三纲”的具体内容是什么？

“三纲”，即所谓“君为臣纲，父为子纲，夫为妻纲”。“纲”的本义为提网的总绳，其喻义为事物中占据支配和控制地位的关键成分。“三纲”的提法并非出于儒家，而是始于韩非：“臣事君，子事父，妻事夫，三者顺则天下治，三者逆则天下乱，此天下之常道也。”孔子对君臣关系的看法是：“君使臣以礼，臣事君以忠。”而孟子则认为：“君之视臣如手足，则臣视君如腹心；君之视臣如犬马，则臣视君如国人；君之视臣如土芥，则臣视君如寇仇。”可见，孔子、孟子所言的君臣关系是相互的、双向的对等关系，而韩非所言的君臣关系以及父子关系、夫妻关系则是单向的、一方对另一方具有控驭权的服从关系。韩非将君臣完全对立起来，倡扬权术和法制的重要性，而儒家则强调亲情和仁义是维持社会关系的根本。“三纲”的正式提出者是西汉时期的董仲舒，他在《春秋繁露》中说：“君臣、父子、夫妇之义，皆取自阴阳之道：君为阳，臣为阴；父为阳，子为阴；夫为阳，妻为阴。”又言：“阴者阳之合，妻者夫之合，子者父之合，臣者君之合。”“合”，是配合的意思，也就是被支配的一方。这也就是后来统驭中国社会思想2000余年的“王道三纲”。“三纲”虽然打着儒家的旗号，但与孔孟之学相去甚远，实则是后来君主专制社会的思想家为迎合政治需要而制定的伦理规范。朱熹曾经说自孟子之后真孔学即失传，这表明后来在中国社会占据思想主导地位的儒家学说相较于儒学创始时期孔孟的思想言论发生了很大变异。

“五常”的具体内容是什么？

“五常”，指仁、义、礼、智、信这5种精神信念与行为规范，是儒家伦理思想的核心。“五常”的定称，出于董仲舒《天人三策》：“仁、义、礼、智、信五常之道，王者所当修饬也。”之所以将仁、义、礼、智、信称作“五常之道”，是因为“常”表达的是永恒不变之义。后来，“五常”与“三纲”常常并称，成为中国传统社会的最高伦理准则，但是实际上“五常”的观念比“三纲”早很多，在孔子之前就已经是社会上广为认同的德行规范，孔子继承了华夏文化的优秀传统，并将之发扬光大，泽于后世。可以说，“五常”作为一种思想理念，有着比“三纲”更为广泛的适应范围，当今虽不再有“五常”的提法，但是仁、义、礼、智、信这些基本理念仍在相当程度上影响着中国人的思想和行为。

“三纲”“五常”

此长卷形象地展示了“三纲”“五常”的内涵。

作为一种伦理规范，“主敬”的具体内涵是什么？

“主敬”是儒家思想中的一条重要的伦理规范。所谓的“丧主哀”“祭主敬”，也就是强调在从事丧礼和祭礼的时候，要避免徒具形式，而一定要有悲哀和敬重的心理。“敬”的对象原为天地、鬼神、祖宗等，后来扩展到人事，通过一套繁复的礼仪来表达“敬”的心理。孔子对于“敬”的精神高度重视，有过“色难”的著名表述，也就是说，子女在侍奉父母的时候一直保持怡悦的表情这一点是很难做到的，这一点恰恰正是孔子所要强调的。他曾非常感慨地说道：“今之孝者，是谓能养。至于犬马，皆能有养；不敬，何以别乎？”当今所谓的孝，也就是能够养活父母的意思罢了。可是对于犬马来说，它们也都能够得到养活；如果没有敬的态度，孝父母与养犬马又有什么区别呢？孔子的这种表述至今而言都有着极佳的借鉴意义。由于孔子对于“敬”的强调，“主敬”成为儒家思想的一个核心理念，宋代程颐在谈论儒家所崇奉的至为繁多的礼仪时曾说其精神可一言而蔽之：“毋不敬。”一切的礼法都以一个“敬”字为依归。

“孝”是中华民族的优良传统，你知道它的具体内容吗？

孝，指的是子女对父母所应当尽的职责和义务，包括尊敬、顺从、赡养、送终、守制等内容。在动物界中存在着“反哺”的现象，人类的孝在生物意义上来讲也是以这种“反哺”为基础的，但是人作为一种“道德动物”，这种“反哺”就具有了较之动物界的本能现象远为复杂的含义，并且升华为“孝”的概念。应当说，“孝”是全人类所共有的伦理行为，但是在中国有着尤为重要的意义。早在上古时期，孝的理念在中国人的意识中就已经相当强烈。这种理念的产生，或与原始的宗教情感有关，先民们认为祖先的在天之灵可以福佑子孙，因而对祖先产生一种敬畏的心理。另外，在中国古代的宗法制社会中，家国同构，宗统与君统合二为一，孝与忠紧密相连，这也加重了中国人孝的意识。在孝的内容中，“慎终追远”是尤为重要的一条，语出《论语·学而第一》：“曾子曰：‘慎终追远，民德归厚矣。’”其意为，慎重地办理父母的丧事，虔诚地祭祀远代的祖先，这样就可以令人民的品德归于忠厚。又如，孔子在解释孝的时候说：“生，事之以礼；死，葬之以礼，祭之以礼。”这表明了孝不仅在于父母的生前，而且亦重于父母的身后。由于对父母葬祭格外重视，所以古代有“守制”的规矩，也就是父母亡故之后要在家守丧三年，而不得从事嫁娶、应官、交游等活动。关于此点，孔子说：“子生三年，然后免于父母之怀。夫三年之丧，天下之通丧也。”守丧的礼法尤其展现出中国人在对待孝这一问题上的独特性。

什么叫“万物类象”，它是哪种学说中的理论表述？

“万物类象”，是易学中的一项重要的理论表述。在易学中，八卦是研究象的，天地万物有万般形态，凡此形于外者皆叫作象。易学中将世上庞杂纷繁的万物进行分类，分别归类于一个卦，用八卦来拟象万物，即万物类象。一个卦所拟象的物类难以数计，而归类的依据是八卦本身的爻象及其意义，通晓了这一点就可以知道各种物类应当归属于哪一卦。换言之，“健、顺、动、入、陷、附、止、悦”这宇宙万物的8种功能属性即8类动态之象，是据象归类的本纲。如乾卦，其卦象为三阳爻，纯阳之卦，其数一，五行属金，居西北方，色白。《易经》曰：“乾为天、为圆、为君、为父、为玉、为金、为寒、为冰、为大赤、为良马……为木果。”乾卦三阳爻，纯阳刚健，故为天；天体进行圆周运动，故为圆；天生万物，如君王管理万民，如父亲主管家庭，故为君，为父；纯阳爻为刚强坚固之象，所以为玉，为金，为冰；阳盛则色极红，故为火红，即大赤色；马有刚健之性，故为马……树上的果实呈圆形，故为木果。总而言之，凡是具有刚健、圆形、权威、珍贵、富有、寒冷、坚硬等属性的事物都归于乾卦。

“有与无”的哲学定义是什么，是我们通常理解的有和没有吗？

有与无，是道家关于宇宙起源和本体问题的哲学范畴。“有”指实有，为事物的存在之意；“无”指虚无，为事物的无有之意。最早提出有无范畴的是老子，他指出：“天下万物生于有，有生于无。”又言：“无名天地之始，有名万物之母。”也就是说，天地万物起始于“无”，“有”从“无”中生发而来，这是老子关于天地起源和万物源生的哲学观点。而后庄子言：“泰初有无，无有无名。”并且说：“有始也者，有未始有始也者，有未始有夫未始有始也者；有有也者，有无也者，有未始有无也者，有未始有夫未始有无也者。俄而有无也者，而未知有无之果孰有孰无也。”这段话可以看作是庄子对老子的有无论的进一步深入。宇宙生成于“无”，而这“无”又从何而生的呢？庄子对这一问题的解答是，“无”并非宇宙的起点，无穷地追溯上去，“有”与“无”都是不可知的，不能够断定终极的有无。关于有无的论述在庄子这里变得更加玄奥，而这种玄而又玄的问题在相当长的时期内遭受到人们的冷落，直到魏晋之际老庄之学盛起之时才又被提上案端，有无之辩成为一个流行的哲学话题。在辩难之中，形成了“贵有”与“崇无”的两派，如王弼以“崇无”论出发，主张“以无为本”，而裴则认为“至无”是不能够生“有”，因而主张“以有为本”。有无之论是中国古代哲学所特有的哲学范畴，与西方哲学中的唯心论和唯物论并没有对应关系，以西方的和当代的视角来简单地框定中国的和古代的哲学论题是十分荒谬的。

“名与实”的哲学定义是什么？

名与实，是关于事物的实质与其概念的哲学范畴。“名”，指名分、概念，“实”，指实际、实质。对名与实之关系的论述最初是一个政治层面的话题，孔子曾提出“正名”的说法，《论语·子路第十三》记载：“子路曰：‘卫君待子而为政，子将奚先？’子曰：‘必也正名乎！’”子路问孔子：卫国国君等待您去治理国政，您准备先做什么呢？孔子回答说，议定书是纠正名分上的用词不当吧。子路认为孔子的想法很不切实际，名分又有什么可以纠正的呢？孔子于是接着解释说：“名不正，则言不顺；言不顺，则事不成；事不成，则礼乐不兴；礼乐不兴，则刑罚不中；刑罚不中，则民无所措手足。故君子名之必可言也，言之必可行也。君子于其言，无所苟而已矣。”这里的“正名”，指的是依据人的等级名分来明确其权利和责任以及一整套从于礼法的行为规范。孔子指出，概念不明确，说话就不能顺理成章，礼乐制度就不能实施，而没了礼法的尺度，定刑判罚就会失据，老百姓就会手足无措。概念明确了，社会生活才能纳入正道，次序井然。以人为例，君、臣、父、子的概念都明确了，身当其位的个人才能各守其职分，享有相应的权利，担起相应的责任，履行相应的义务。这就是孔子对齐景公所讲的为政之道，是言“君君，臣臣，父父，子子”，这4种关系所表达的实际就是名与实的问题。孔子强调的是要让行为的实际符合其所承担的名分，即追求所谓的名副其实。荀子继承了孔子的“正名”思想，提出“制名以指实”，后来韩非子也主张“循名而责实”。名实之论发展到后来演变为哲学上的问题，战国时代很多学说流派都对名实关系提出了自己的见解，如墨子提倡“取实予名”，即认为“名”是“实”的反映，应当依实而赋名，而庄子主张“名者实之宾”，“实”为主体。《尹文子·大道上》说：“形以定名，名以定事，事以验名。”惠施、公孙龙等名家则将逻辑学引入对名实问题的论说，提出了诸如“白马非马”“鸡三足”“规不圆”等一系列诡谲的命题，这些论点在开启人们思路的同时也带有浓重的诡辩和谬论的色彩。

“知与行”包含的哲学内容是什么，二者有怎样的关系？

知与行，是儒家学说中关于认知与实践之关系的哲学范畴。《论语·季氏第十六》载：“生而知之者，上也；学而知之者，次也；困而学之，又其次也；困而不学，民斯为下矣。”这是孔子对于知的观点。孟子充分肯定了“生而知之”的提法：“人之所不学而能者，其良能也；所不虑而知者，其良知也。”“良能”和“良知”是与生俱来的，也就是“恻隐之心”“羞恶之心”“恭敬之心”“是非之心”等，这也是孟子性善论的出发点。这里仅言“知”而没有提到“行”，但是显然人所具有的这些知能是先于“行”，即先于人的实践而存在的。其后的儒家学者也大都主张“知先行后”的观点。这里的“知”，并不是指具体的生活知识，着重指向的是人心所本有的道德法则。这种知识是先于实践而存在的，“知”是“行”的依据，而“行”则是“知”的结果。程颐在论述“知在行先”时曾举例说：“譬如人欲往京师，必知出哪门，行哪路，然后可往。”这种“知在行先”的观念并非轻视“行”，而是强调在“知”的指导下身体力行的重要性。朱熹曾形象地以眼睛和脚的关系来比喻“知”与“行”二者的关系：“知与行常相须，如目无足不行，足无目不见。”这明确了表达了知行并举，认知与实践皆予重视的观点。王守仁更是直接强调“知行合一”，言：“知而不行，只是未知。”王守仁还阐述说：“食味之美恶，必待入口而后知，岂有不待入口而已先知食味之美恶者邪？路歧之险夷，必待身亲履历而后知，岂有不待身亲履历而已先知路歧之险夷者邪？”他指出，必要有亲身的实践而后方能获得真知，与“知在行先”相反，这里的表达成了“行在知先”，其实这两个命题是根据“知”与“行”在不同的语境中存在不尽相同的含义和论题所强调的不同的侧重点而分别提出的，并不存在直接的对立，这是由语言表达的模糊性而造成的，但是在未详知其意的人看来往往会产生误解。

何谓“常与变”？

常与变，是中国古代哲学中关于法则的恒定性和变化性与执行的原则性和灵活性的命题。《孟子·离娄上》记载了孟子与淳于髡的一段著名的对话：“淳于髡曰：‘男女授受不亲，礼与？’孟子曰：‘礼也。’曰：‘嫂溺，则援之以手乎？’曰：‘嫂溺不援，是豺狼也。男女授受不亲，礼也。嫂溺，援之以手，权也。’”此中的“权”，即为权变之意。由此可见，孟子虽然严格坚持礼法的原则性，但在此基础上，提倡针对实际情况和具体问题而采取灵活的对策。这就是儒家对于常变问题的基本态度。《易经·系辞传下》中有言：“《易》之为书，不可远。为道也屡迁，变动不居，周流六虚，上下无常，刚柔相易，不可为典要，唯变所适。”这也体现了对于“变”的强调。“变”的思想在社会面临改革之际更是被领潮者所主张，清末维新变法的核心人物康有为曾说：“盖变者，天道也。天不能有昼而无夜，有寒而无暑，天以善变而能久；火山流金，沧海成田，历阳成湖，地以善变而能久；人自童幼而壮老，形体颜色气貌，无一不变，无刻不变。”又说：“法既积久，弊必丛生，故无百年不变之法。”可见，常，是相对的；而变，则是永久的。

“形而上”与“形而下”具体包含什么内容，它们之间的联系和区别是怎样的？

形而上与形而下，是中国古代哲学中分别用来描述抽象与具象两种范畴的概念，语出《易经·系辞传上》：“形而上者谓之道。形而下者谓之器。”“形”，是指形体、形迹等可见之象，所谓“形而上者”即指没有形体、形迹的抽象存在，也就是“道”；相应地，“形而下者”即指有形体、形迹的存在，也就是“器”。朱熹对此的阐述是：“理也者，形而上之道也，生物之本也。气也者，形而下之器也，生物之具也。”朱熹的观点是理在气先，理本气末。而王夫之则认为：“器而后有形，形而后有上。”意思是说，形而上的存在是以形而下的存在为基础的，即“无其器则无其道”，这与朱熹的观点正相对立。

“天理人欲”的哲学内涵是什么，它为什么遭到人们的诟病？

关于天理人欲的最早论述见于《礼记·乐记》：“夫物之感人无穷，而人之好恶无节，则是物至而人化物也；人化物者也，灭天理而穷人欲者也。”意思是说，人受到外物的诱惑而丧失了清静寡淡的天性，从而恣心纵欲。“于是有悖逆诈伪之心，有淫作乱之事。是故强者胁弱，众者暴寡，知者诈愚，勇者苦怯，疾病不养，老幼孤独不得其所，此大乱之道也。”正是出于此理，先王要制订礼乐，以此来节制人欲，达到社会的和谐。在唐代以前，儒家思想强调的是人伦和修齐治平之法，是倾向于外的，而到宋代之时，因为受到佛教和道教的影响，开始强调人的心性，思想由侧重于外而转为侧重于内，如此，天理人欲这一话题就被重视起来，得到了深入的阐发。最早把“天理”作为一个哲学上的核心概念进行论述的是程颢。程颢认为，“天理”具有永恒性和超越性的意涵，是一种最高的宇宙范畴，对于人来讲，“天理”即作为“性”，也就是仁义礼智信等与生俱来的善端，而与之相应的人欲则是恶端。朱熹传承了程氏的天理观，指出：“人之一心，天理存则人欲亡，人欲胜则天理灭，未有天理人欲夹杂者。”朱熹将天理和人欲截然对立起来，提出了著名的“存天理，灭人欲”的主张，这一论断遭到后人的极大诟病。实际上，朱熹所言的“人欲”并非指人的欲望，而是指超过人的生活之本然需求的奢侈的欲望，强调的是清心寡欲，而不是完全泯灭人的任何欲望。

人们常说的“知天命”中的“天命”指的是什么？

“天命”，简单地解释，就是所谓天的意志，朱熹曾这样阐述：“天命，即天道之流行而赋于物者。”意思是说，天命就是施加于世间万物的天道运行的自然规律。中国古代的天命观认为，天的意志是不可违逆的，是人的力量所不能够扭转的，人的所行所为必须遵循天命。《尚书·汤誓》曰：“有夏多罪，天命殛之。”《诗经·商颂·玄鸟》云：“天命玄鸟，降而生商。”这些言说都体现了“受命于天”的思想底色。在夏、商、周三代，天命的观念是极为盛行的，后来董仲舒的“天人感应”理论就是以天命观为基础而创立的。在儒家学派的开创者孔子的学说中，天命亦占有重要的地位，孔子将“知天命”作为人生修养的一项重要因素，曾言：“不知命，无以为君子也。”并且在讲述自我人生发展历程的时候有“五十而知天命”的说法。可以说，在整个中国古代，天命是人们思想中的一个核心概念，甚至到了现代，中国人的头脑观念中仍或隐或显地存有天命思想的遗痕。

“天人合一”的思想具体指的是什么，它为什么是中国传统思想的核心？

“天人合一”，是中国古代哲学中对于天人关系的经典命题。天人关系，是哲人所必然要面对、要思考的一个基本问题，其关键在于对“天”的理解。在原始社会人的智慧尚未开化的阶段，华夏先民将“天”视为有意志的神灵，原始巫术的基本意义就是进行天人之间的沟通，《易经》中所载伏羲发明八卦，其意图就是“以通神明之德，以类万物之情”。“天人合一”的命题建立在天人相通的基础上。发展到东周时代，在人们的社会生活中巫术的作用已经淡化，这时人们的关注重心已经由“天”转向人，“天”的神化色彩也开始消退，逐渐转向自然和人伦意义的一面。孟子将“天”视为道德的本原，认为人的心性受之于天，尽心知性而可与天地相通达。“仁义忠信，乐善不倦，此天爵也”，孟子在此即用天赐的爵位来表示人的高尚道德。“夫君子所过者化，所存者神，上下与天地同流”，这是君子的道德修养所能达至的崇高境界。在庄子看来，“天”指向自然的意涵，人是自然的一部分，所以天人本来就是一体的，而天与人的分隔是人的文化造成的，所以庄子倡导“绝圣弃智”，返璞归真，从而可达天人相融的本然境界。最早明确表述“天人合一”这一命题的是西汉的董仲舒，他在《春秋繁露》中提出“天人之际，合而为一”的主张。此后，“天人合一”一直都是中国传统哲学思想中的核心。

“天人感应”是谁提出来的，是一个怎样的哲学命题？

“天人感应”是董仲舒提出的关于天与人交互感应的命题，这其中蕴含着天有意志和天人相通两个前提，就科学的观点看来，这两个前提都是靠不住的，但在古时，人们认为这两个前提是自然成立的，因而也就对“天人感应”之说产生信任。“天人感应”思想源于中国先秦哲学，到西汉时，董仲舒将这一思想发展为一套系统的神秘主义学说，其基本意涵为，人的活动与行为全都处于上天的观测之中，人若为善，天则喜悦，也会示人以祥瑞，即出现凤凰、麒麟、灵芝等吉祥之物；反之，人若为恶，天就会愤怒，从而对人施以恶兆，就会发生地震、冰雹、日食等灾异的事件。汉武帝有感于历史兴替、福祚无永，因问策于天下贤良，以求讨“大道之要，至论之极”，是一种博大渊然的具有终极性的道理和谋略，而不是仅可施于一时一事的权宜之计。董仲舒连上策三篇作答，即著名的《天人三策》。在《天人三策》的首篇中，董仲舒集中论述了天人关系，说道：“国家将有失道之败，而天乃先出灾害以遣告之；不知自省，又出怪异以警惧之；尚不知变，而伤败乃至。以此见天心之仁爱人君，而欲止其乱也。”指出天子如有过失，将遭受上天的警示，也就是所谓的“天谴”。“天人感应”是一种有悖于客观实际的唯心主义观念，但是在历史上产生过积极的作用。封建王朝，帝王一人独尊，但是在“君权神授”的观念控驭下，皇帝也不可恣意妄为而违背天的意志来行事，这对皇帝的行为具有一定的约束力。历史上曾有过的皇帝下达“罪己诏”的事件以及免租减赋等益民之举，往往就与“天谴”的发生有关，这在古代史书中会找出很多相关的事例。流传至今，“天人感应”的思想仍然在某种程度上存在于中国人的意识理念中。

“自强不息，厚德载物”出自哪里，包含了怎样的哲学思想？

“君子自强不息”，语出《易经·乾卦》：“天行健，君子以自强不息。”与此相应，在《坤卦》中有：“地势坤，君子以厚德载物。”这是《易经》中最为人所熟知的两句话，清华大学引为校训：自强不息，厚德载物。这两句话的意思是：天的运动刚强劲健，君子处世也应像天一样，积极追求自我的进步，刚毅坚卓，奋发图强，永不停息；大地的气势厚实和顺，君子也应当像大地一样，增厚美德，容载万物。一个人若想有所作为，自强不息作为个人品性是必须具备的；而一个国家若欲强大兴盛，自强不息作为一种民族精神也是不可缺少的。千百年来，自强不息，成为中华民族一代又一代的志士仁人持身自省的根本精神，激励着一代又一代的中华儿女积极进取、奋勇向前，为自我崇高的理想和民族辉煌的明天而拼搏不息。

“心外无物”说的是人的主观意识决定客观物质的存在吗，如果不是，那它说的是什么？

“心外无物”是中国明代哲学家王守仁提出的哲学理念。宋代心学的创始者陆九渊提出“心即理也”和“宇宙即是吾心，吾心即是宇宙”的重要命题，这种观念最早可追溯至孟子的“万物皆备于我”的提法。王守仁发展了陆九渊的心学思想，提出“心外无物，心外无理，心外无事”的核心观点。王守仁所说的“心”，是一个内涵较为复杂的概念，它指代一种最高的本体，如“心即道，道即天”，也指称个人的主观意识，如“心一而已，以其全体恻怛而言谓之仁，以其得宜而言谓之义，以其条理而言谓之理”。这两种意涵往往是交杂在一起的，这比陆九渊学说中“心”的内涵要更为宽泛。“心外无物”的基本含义是，心与物同为一体，物不能离开心而存在，心也不能离开物存在。离开灵明的心，便没有天地万物；而离开了天地万物，也没有灵明的心。一方面，灵明的心是天地万物的主宰；另一方面，心无体，以天地万物感应的是非为体。客观的事物没有被心知觉，就处于虚寂的状态。如深山中的花，若未被人看见，则与心同归于寂；而若被人看见，则此花的颜色就一时明白起来。王守仁所谓的“心外无物”，并不是说人的主观意识决定着客观物质的存在，而是指外界事物的存在离开了人的主观体验则没有意义，它指向的不是宇宙本原问题，而是存在与意识之关系的问题。

在中国古代，“诚”为什么具有至高无上的地位？

诚，是儒家思想的一个核心范畴，不贰与不妄，则是诚的基本含义。《礼记·中庸》曰：“天地之道，可一言而尽也，其为物不贰，则其生物不测。”所谓“不贰”，即始终如一，亦即是诚，“生物”是指化生万物的意思，而所谓“不测”，是言数量之无限。朱熹认为：“诚者何？不自欺、不妄之谓也。”“不妄”，也就是不虚假的意思，也就是诚。“诚”，是《礼记》中《中庸》一篇的核心表述，其篇有言：“诚者自成也，而道自道也。诚者物之始终，不诚无物。诚者非自成己而已也，所以成物也。”由此可见，在《中庸》的表述中，天地之道就是一个字“诚”，“诚”是天地之道运动变化的属性，或者说是一种与天地同存的属性，“诚”可以与天地共存，“诚”亦能够化生万物。在这里，“诚”，已经远远超越了伦理的范畴，而具有了本体论的意义。孟子说：“反身而诚，乐莫大焉。”这与《中庸》所言的“至诚如神”都是将“诚”推到了一种至高无上的地位。

“性三品说”是谁的观点，具有怎样的哲学内涵？

“性三品”是董仲舒提出的人性论。董仲舒将阴阳的观念引入对人性的分析，如同天有阴阳一样，人也分善恶。人所具有的善的品质，体现了天的阳性，董仲舒称之为“性”；人所具有的恶的品质，体现的是天的阴性，他称之为“情”。尽管“性”蕴含着善的一面，但并不等同于善，而只是意味着善的可能，他比喻说：“性比于禾，善比于米；米出禾中，而禾未可全为米也；善出性中，而性未可全为善也。”董仲舒依据人所具有的“性”和“情”的地位不同而将人性分为三品，上品为“圣人之性”，是“性”主导，而“情”很少，因此不教而可为善的品性；下品为“斗筲之性”，是“情”主导，而“性”缺乏，因此虽教而亦不能为善的品性；介于两者之间的为“中民之性”，是“性”“情”相当，是为善而亦可以为恶的品性。董仲舒的“性三品”说将先天的人性进行了有差异的类分，这与孔子所言的“性相近”和孟子所说的“人皆可以为尧舜”是迥然不同的。东汉时期的思想家王充指出，董仲舒之言本性有善有恶，说的是普遍的人的本性；孟子之言性善，说的是上等人的本性；荀子之言的性恶，说的是下等人的本性，几种言说的差异在于论说对象范畴的不同。王充的这种提法对董仲舒的“性三品”说给予了充分的肯定。到唐朝，韩愈作《原性》，对董仲舒的“性三品”说进行完善，更进一步地将“性”与“情”都分为上、中、下三品，“性”与“情”相互对应，“上品之性”发为“上品之情”，“中品之性”发为“中品之情”，“下品之性”发为“下品之情”，这是一种更为精致化的“性三品”说。

“道法自然”出自哪里，具体内容是什么？

“道法自然”，语出《老子》第二十五章：“人法地，地法天，天法道，道法自然。”其中的自然是指事物的本然之义。道法自然是道家哲学中的一个核心观念，其基本含义在于强调自然的崇高地位，而相应地去掉人为的力量，即所谓的绝圣弃智、返璞归真，达到一种素朴无为的自然境界。庄子曰：“夫赫胥氏之时，民居不知所为，行不知所之，含哺而熙，鼓腹而游，民能以此矣。”这句话就是对人之去除雕饰、任其真性的自然境界的一种形象的说明。道法自然的重要价值在于告诫人们要遵从自然之理，所行所为不要违背自然之性，要回归自然的人性，而弃除人性的异化。

“人伦”指的是什么，为什么在中国古代人们的思想中那么重要？

人伦，是儒家伦理学说的一个基本概念。伦，为条理、顺序之义，《说文解字》中言：“伦，辈也。”人伦，是指儒家思想中所特别重视的人与人之间的关系，又特别指尊卑长幼之间的辈分关系。《孟子·滕文公上》说：“人之有道也，饱食暖衣，逸居而无教，则近于禽兽，圣人有忧之，使契为司徒，教以人伦：父子有亲，君臣有义，夫妇有别，长幼有叙，朋友有信。”可见，在孟子看来，父子、君臣、夫妇、长幼、朋友之间的人伦关系是人与禽兽之别的一个基本方面。《管子·八观》言：“背人伦而禽兽行，十年而灭。”这里表达了与孟子一致的观点。《汉书·东方朔传》载：“上不变天性，下不夺人伦。”宋代周密《齐东野语·巴陵本末》言：“人伦睦，则天道顺。”从这些表述中可以发现，人伦已经被提高到与天性、天道同等的位置，可见人伦在中国古代社会人们思想中的重要性。“只是父亲伯叔兄弟之伦，因是圣人遗训，不敢违忤。”这句话说的是贾宝玉。贾宝玉在《红楼梦》中以性格叛逆著称，但是对于人伦大道这样的圣人遗训还是甚为尊奉的，由此可以推知人伦思想对人的强大的约束力。

“礼义廉耻”的具体含义是什么？

“礼义廉耻”，语出《管子·牧民》：“何谓‘四维’？一曰礼，二曰义，三曰廉，四曰耻。”又言：“国有四维，一维绝则倾，二维绝则危，三维绝则覆，四维绝则灭。”由此可观，礼义廉耻占有着作为国家纲纪的崇高地位。管子解释说：“礼不愈节，义不自进，廉不蔽恶，耻不从枉。故不逾节则上位安，不自进则民无巧诈，不蔽恶则行自全，不从枉则邪事不生。”意思是，礼要求人们的行为不超越一定的界限，义要求人不自矜，廉要求人们不隐瞒自己的过错，耻要求人有羞耻之心，不跟邪恶者同流合污。做到了这四点，就可以避免种种社会问题的产生。欧阳修在《新五代史·冯道传》中对管子的这一论说大加激赏：“善乎，管生之能言也！礼义，治人之大法；廉耻，立人之大节。盖不廉，则无所不取；不耻，则无所不为。人而如此，则祸乱败亡，亦无所不至，况为大臣而无所不取，无所不为，则天下其有不乱，国家其有不亡者乎！”

“五伦”是儒家思想中人伦关系的基本，它具体包含哪些内容？

“五伦”，指的是君臣、父子、夫妇、兄弟、朋友这5种基本的人际关系，也是儒家思想中人伦关系的基本方面。《孟子·滕文公上》说：“父子有亲，君臣有义，夫妇有别，长幼有叙，朋友有信。”这就是孟子对五伦的简要的阐述。《礼记·礼运》中对孟子的五伦说做了进一步的阐释，解为“十义”，即“父慈，子孝，兄良，弟悌，夫义，妇听，长惠，幼顺，君仁，臣忠”。“五伦”是儒家所倡导的人际关系的基本准则，是中国传统社会伦理思想的核心内容。

怎样理解“父慈子孝”？

父慈子孝，指父母对子女慈爱，而子女对父母孝顺，语出《礼记·礼运》：“何谓人义？父慈，子孝，兄良，弟悌，夫义，妇听，长惠，幼顺，君仁，臣忠。”父慈子孝，是儒家伦理思想中父子关系的规范，这与后来“三纲”中所谓的“父为子纲”的提法是有差别的。“父为子纲”强调的是子对父的绝对服从，父亲处于完全的支配地位，而“父慈子孝”在重视“子孝”的同时也言明了“父慈”的一面，表达的是父子之间双向的对应关系，是对父与子的共同的要求，而“父为子纲”表达的则仅仅是对于子女的要求。

过去人们常说“不孝有三，无后为大”，这种说法是从哪里来的？

“不孝有三，无后为大”，语出《孟子·离娄上》：“不孝有三，无后为大，舜不告而娶，为无后也，君子以为犹告也。”其意为，不孝的表现有三种，其中以断绝后嗣这一点的罪过最大，舜没有禀告父母就娶妻，是怕没有后嗣，所以君子认为舜虽然没有禀告，也是相当于禀告父母了。关于“不孝有三”，《十三经注疏》中汉代经学家赵岐的解释为：“于礼有不孝者三事，谓阿意曲从，陷亲不义，一不孝也；家贫亲老，不为禄仕，二不孝也；不娶无子，绝先祖祀，三不孝也。”“不孝有三，无后为大”这一理念体现了中国人对于家族的绵延与继嗣的格外重视。在古时，孝的内容不仅有“生之以养”和“死之以葬”，而且还有极为重要的一点，就是要保持对父母和先祖的祭祀的延续，而这种延续必然要以后嗣的承继不绝来实现，如果没有后人，相当于断了祭奉祖先的香火，这是一种大不孝。这种观念在当代不少中国人的心中仍然有着极深的影响。

“出则悌”的含义是什么？

“出则悌”，“出”是相对于父母的住处而言，由于子女与父母不在一起住，所以有“入”“出”的说法，“入”，即入父宫，也就是进入父母住的地方，而“出”也就是指离开父母的住处；“悌”，是弟爱兄的意思，也引申为幼者对于长者的敬爱。“出则悌”，语出《论语·学而第一》：“弟子，入则孝，出则悌，谨而信，泛爱众而亲仁。”这句话的意思是，年纪幼小的人，在父母面前要孝敬，在外时则要敬爱兄长，说话要严谨可信，要广泛地去爱众人而亲近有仁德的人。清代李毓秀所作的启蒙读物《弟子规》中有一篇即谓“出则悌”。与“入则孝”相应，“出则悌”是儒家思想中人伦规范的另一个基本方面。

“忠”作为一种基本的道德要求，具体包含什么样的内容？

忠，是中国传统社会中一项基本的道德要求。“忠”最初是指对别人尽心尽力的忠诚态度，而不是专指臣对君的道德规约和行为职责。《论语·述而第七》载：“子以四教：文、行、忠、信。”忠，是孔子的四项基本教育内容之一。在先秦时代，并没有后来那样的忠君观念，孔子关于臣对君忠的看法是：“君使臣以礼，臣事君以忠。”也就是说不是单方面地要求臣对君的忠诚，首先提到的是君要以礼待臣。孟子更说：“贼仁者谓之‘贼’，贼义者谓之‘残’。残贼之人谓之‘一夫’。闻诛一夫纣矣，未闻弑君也。”由此可见，在孟子看来，暴虐之君如纣者，实为民贼独夫，杀掉这样的暴君，是无所谓弑君的。这样的话是完全没有死忠、愚忠的色彩的。而要求臣下绝对忠于君主的始作俑者还是法家的韩非。韩非认为，根本不存在所谓的共同的国家公利，君主和臣民之间的利害完全相反，因而绝无道义可言，彼此之间纯粹是相互利用的关系。但是，韩非是以君主本位来处理君臣关系的，他倡言：“故人臣毋称尧舜之贤，毋誉汤武之伐，毋言烈士之高，尽力守法专心于事主者为忠臣。”这可以说是汉代大一统时期董仲舒的“君为臣纲”的理论渊源。自从“忠”被列入“三纲”之后，这一观念为封建统治者绝对化，皇帝作为万民之君，受命于天，受权于神，要求民众对皇帝无条件地忠诚，也就是所谓“君让臣死，臣不得不死”。另外，在帝制时代，皇帝往往是作为国家的代表被看待的，臣民效忠于皇帝常常与尽忠于国家是合在一起的，出于对国家的情感和职责，贤臣也要求自己尽到对皇帝的忠诚。

作为自我修养与评价他人的一项根本准则，“仁者爱人”具体指什么?

“仁者爱人”，语出《孟子·离娄下》：“君子所以异于人者，以其存心也。君子以仁存心，以礼存心。仁者爱人，有礼者敬人。爱人者，人恒爱之；敬人者，人恒敬之。”其实在《论语》中就已经有了“仁者爱人”这样的表述，只是没有在字面上将其连接起来。“樊迟问仁。子曰：‘爱人。’”“仁”，是儒家思想的核心理念，《汉书·艺文志》在阐述儒家学派的特点时概括说：“游文于六经之中，留意于仁义之际。”而早在孔子之前，“仁”就已经是华夏民族的一个重要的道德范畴，《尚书·商书·太甲下》中记载：“民罔常怀，怀于有仁。”也就是说，唯有仁德才是民心的常归之所。孔子将“仁”这一为世人所崇尚的理念发扬为一种至高的人生境界。在《论语》一书中，有关“仁”的表述屡屡可见，诸如：“志士仁人，无求生以害仁，有杀身以成仁。”“士不可以不弘毅，任重而道远。仁以为己任，不亦重乎？死而后已，不亦远乎？”“克己复礼为仁。一日克己复礼，天下归仁焉。”“仁者先难而后获，可谓仁矣。”孔子对“仁”进行了多种不同角度的阐释，“仁”可以说是孔子心目中的道德准则。后来孟子继承和发展了孔子的“仁”的学说，积极倡导“仁政”，提出“仁者天下无敌”的观念，将“仁”看作是帝王为政的最高标准。孔孟之后，“仁”的思想更是深深地刻在中国人的头脑中，“仁”成为自我修养与评价他人的一项根本准则。

“克己复礼”的哲学内涵是什么?

“克己复礼”，语出《论语·颜渊第十二》：“颜渊问仁。子曰：‘克己复礼为仁。一日克己复礼，天下归仁焉。为人由己，而由人乎哉？’”这段话的意思是，颜渊向孔子请教仁的含义是什么。孔子说：“克制自己，令自己的言行思想符合礼的要求，这就是仁。一旦做到了克己复礼，那么天下的人就都会称许你是仁人。实践仁德，全靠自己，难道还能靠别人吗？”仁，是孔子道德思想的核心理念，在不同的时候，孔子对于“仁”的内涵有着不同的阐发，而在这次对颜渊的回答中说的是“克己复礼为仁”，回答得干脆而肯定，可见，孔子是将“克己复礼”视作“仁”的基本要求的。之所以说“克己复礼为仁”，是因为孔子强调礼治，在其思想中是有着一套严整的礼法规约的，而履行这种礼法，使自己的言行适合自己的身份、符合礼法的约定，这对于人际的和谐与社会的稳定是至关重要的。因此，“克己复礼”，是儒家思想中对于自我人身修养的一项基本要求。

作为传统的价值规范，“义”的具体内容是什么?

义，是中国传统的基本价值规范之一。“义”的本义是指合宜的行为表现，而这种合宜的判断标准是社会公认的准则，“义”的繁体字为“義”，在造字上含有群我关系的因素，也就是说令自己的言行符合群体的规范要求者乃称为“义”。概而言之，“义”体现着一种超乎个人利益之上的道德范畴。孔子曾言：“不义而富且贵，于我如浮云。”并且有“义然后取”“见得思义”“见义勇为”等关于“义”的行为要求，孔子是将“义”作为自身去就取舍的准则来看待的，如有所取，必当符合义的要求而后可；若有所去，亦当首先思考是否符合义的标准。孟子发扬了孔子的义的思想，言称：“生，我所欲也；义亦我所欲也。二者不可得兼，舍生而取义者也。”由此人们常将“舍生取义”与“杀身成仁”相并述，“仁”“义”二字也成为儒家思想的标志，作为中国传统的核心价值理念，传承千年，根深蒂固。

作为中国传统价值的核心，“礼”的具体内容包括哪些?

礼，是中国传统价值的一个核心范畴。礼最初是指祭神的宗教仪式，后来发展到人事方面，表示与人的身份地位相应的行为规范和仪式制度。《礼记·中庸》载：“礼仪三百，威仪三千。”可见当时的礼仪是非常繁复的，礼制涉及人们生活的方方面面，无大无小，细至举手投足之间都有相应的礼节来规范。如此繁缛的礼仪显然只有在物质生活富裕的贵族阶级才能施行，所谓“刑不上大夫，礼不下庶人”。根据传统的说法，西周初年，周公旦制订了严密的礼乐体系，奠定了以礼为治的教化传统。孔子对周公之礼极为尊奉，将礼视作修身与治国的基础，曾对其子孔鲤言：“不学礼，无以立。”并且提出著名的“克己复礼为仁”的论说。礼之所以具有如此重要的地位，是因为礼所反映的不仅仅是行为上的一套规矩，更是体现着言行规范的后面所蕴含的严肃的道德伦理基础，其严格的形式性承载着重要的实质性。

“智”的具体含义是什么？

智，是儒家的核心价值范畴之一。儒家思想中的“智”，指的并不是科学智慧，而是一种道德智慧，也就是辨别善恶、是非的能力，也就是孟子所言的人的与生俱来的“是非之心”。《论语·雍也第六》记载：“樊迟问知（即智）。子曰：‘务民之义，敬鬼神而远之，可谓知矣。’”孔子的解释是，致力于民众应当遵从的义德，尊敬鬼神但是并不亲近它，这就是可以叫作“智”了。又，《论语·宪问第十四》记载：“子曰：‘君子道者三，我无能焉：仁者不忧，知者不惑，勇者不惧。’子贡曰：‘夫子自道也。’”孔子在这里将“知者不惑”作为君子所具有的基本美德之一，其后孟子进一步指出，所谓“智”，就是生而有之的“是非之心”，只要尽心将这种智慧来发扬，就能够做到知性，由知性而知天，知天则意味着达到超凡脱俗的人生之境，这是“智”的最高境界，也是儒家思想中作为一种道德智慧范畴的“智”的概念的本真之义。

我们常说，做人要讲诚信，那么，“信”具体指什么？

信，是中国传统的核心价值范畴之一。信，就是诚，是无欺，是使人无疑。“信”不仅被奉为人际相处的起码准则，亦是治理国家的基本理念。孔子曾说：“人而无信，不知其可也。大车无輗，小车无軏，其何以行之哉？”孔子将人没有诚信比作车没有輗、軏（輗和軏，指车辕与横木相连接的关键部位）无法立足于世。孔子在回答子贡关于政事的提问时指出“足食”“足兵”与“民信”这基本的三点，又言其中最为重要的是取信于民这一点，称：“民无信不立。”另外，孔子的弟子子夏也说：“与朋友交，言而有信。”曾子的每日三省其身中的一项重要内容同样是“与朋友交而不信乎”。在法家的治国之术中，尤其重视对人民的守信，商鞅“南门立木”就是重信的一个明证。到了汉代，“信”这一道德准则被奉为五常之一，更是确立了至高无上的地位和影响力。

作为儒家的重要道德规范，“勇”的具体内涵是什么？

勇，是儒家的重要道德范畴之一，指勇敢、果断的品格，孔子将勇看作是仁者所必备的条件，并且将勇与智和仁相并举，曰：“知者不惑，仁者不忧，勇者不惧。”但是君子的勇是应当以义为前提的，“君子以义为上，君子有勇而无义为乱，小人有勇而无义为盗”。孔子又说“恶勇而无礼者”，可见，勇的品质的发扬是应当以对于礼和义的尊崇为基础的。孟子继孔子之后对勇的内涵做了更为详细的阐发，指出真正的勇是深明大义，能够通过自省而作出进退选择的“理性”之勇，是合于气节、道义，敢于担当的道德之勇，而不是逞强好胜的血气之勇、匹夫之勇。孟子以气养勇，以义配勇，崇尚“舍生取义”，其勇与“心”“志”“气”有着密切的关系，是一种体现情感与行动相统一的道德品质。孟子认为勇的培养需要立其志、养其气，从而最终形成具有浩然之气的理想人格。

“寡欲”是儒家提倡的修身方法，它的具体含义是什么？

“寡欲”，是儒家提倡的修身方法。《孟子·尽心上》：“养心莫善于寡欲。”欲望本是一种生物本能，但在人的身上却有着特殊性，一方面因为人类世界较动物的世界更为复杂，相比于动物很单纯的欲望而言，人类的欲望呈现出纷繁之状。另一方面，动物的欲望追求仅限于几种基本的生理欲望的满足，而生理欲望一般而言都是有限度的，不会产生过度膨胀的问题，人类的欲望则不然。俗语说“人为财死，鸟为食亡”，这句话很好地表现出人的欲望与动物的欲望的区别。鸟为食而奔逐，人则为财而争斗，食者为一腹之欲，食量再大也是有限度的，有了一定的食物就可以满足；而财则是一种无限的欲望，人对财的追求是没有限的，也就是说没有“满足”的可能，所以人类有贪得无厌之说，动物却不大可能出现这种情况。人类这种欲望的特殊性，决定了人常常要遭受欲望得不到满足之苦（事实上，从一定意义上来讲，人的欲望必然是永远不会获得满足的），与此同时，一些人为追逐欲望不择手段而给社会带来罪恶。这样，如何正确处理欲的问题就成为思想者所必然要认真面对的一大人生困局。思想家们常常不约而同地选择人要对自身的欲望进行限制，但是具体的提法却有所差别。与佛教的严格禁欲相比较，儒家对于人的欲望方面是很为开明的，认为饮食男女乃人之大欲，是完全应当追求和满足的，只是提倡“欲不可纵”，人对自身的欲望要有所节制，这也就是儒家的“寡欲”思想。宋代理学家所提出的“存天理，灭人欲”的主张，不应简单地按字面理解为禁欲主义，这里所说的“人欲”实际上指的是超出人的基本生理欲求的过分的欲望。寡欲虽然有倡导人们安于清心素朴的生活以免去诸多的扰攘纷争的积极的一面，仍未免失之于保守，如言“美味”即是应当革去的“人欲”，实在是过于严苛，另外，这种提倡如果达到有失分寸的过分化的地步，对社会的发展前行也是不利的。更为正确的提倡应当是求欲而有道，也就是不应当只看一个人的欲望本身是处于一种什么样的程度，而且更要看其对欲望的追求是否是以遵守既定的道德规范与公认的行为准则并且以不为害他人为前提的。同时，应倡导对欲望不要过分地热衷，也就是说，“寡欲”依然是人们持身的一种重要参照，只是不必机械地去一味尊奉。

人们常说“知足常乐”，你知道“知足”具体指的是什么吗？

“知足”，是道家提倡的伦理观念。《老子》第四十六章：“罪莫大于可欲，祸莫大于不知足，咎莫大于欲得。故知足之足，常足。”第四十四章：“名与身，孰亲？身与货，孰多？得与亡，孰病？甚爱，必大费；多藏，必厚亡。故知足，不辱；知止，不殆，可以长久。”老子提倡去掉身外之欲，劝导人们知足知止，而可常足常乐。人们处于一个物欲横流的世界，老子的话有着鲜明的规劝意义，只是要让人们在实践中对这样的理念给予执守和认同却并非易事。试问，面对纷纭杂陈

老子像

的诱惑，能够做到静然不动心者能有几人？知足的戒条在明晃晃的利诱面前往往显得十分脆弱。

什么叫“坐忘”？

“坐忘”，是道家所讲的一种修养方法和一种至极的精神境界，语出《庄子·大宗师》：“堕肢体，黜聪明，离形去知，同于大通，此谓‘坐忘’。”这段话的背景是，一天颜回去见孔子，说自己有了长进，因为自己已经忘却了“仁义”，但孔子觉得这还不够；又一天，颜回再见孔子，提到自己的长进，说已经忘却了“礼乐”，但孔子认为还不够；再过了些日子，颜回又去见孔子，在表述自己的长进时说自己已经达到了“坐忘”的境界。孔子吃惊地问：什么叫“坐忘”？颜回在向孔子解释什么是“坐忘”时说了上面的那段话。意思是说，不知四肢形体的存在，弃却视听的感觉，分离身形，去掉智慧，和同于大通之道，这就达到了“坐忘”的境地。孔子对颜回的论说非常佩服，于是说：“和同就不会偏执于个人的好恶，顺化则不会拘泥于世俗的常理。你果真成为贤人了！我孔丘愿跟在你的后面学习。”人们一般认为这是庄子在假借孔子和颜渊的对话来表述自己的思想。唐代司马承祯在《坐忘论》中阐释说：“夫坐忘者何所不忘哉！内不觉其一身，外不知乎宇宙，与道冥一，万虑皆遗，故庄子云同于大通。”“坐忘”是指人有意识地忘记外界一切事物，甚至忘记自身形体的存在，达到与“大道”相合为一的得道境界，也指人在修炼中控制意志、排除杂念的内修方法，是对生命本意的深度体认和对生命主体性的高度把握。

“温、良、恭、俭、让”这5种美德具体指的都是什么？

“温、良、恭、俭、让”，是儒者所具有的5种美德，语出《论语·学而第一》：“子禽问于子贡曰：‘夫子至于是邦也，必闻其政，求之与，抑与之与？’子贡曰：‘夫子温、良、恭、俭、让以得之。夫子之求之也，其诸异乎人之求之与？’”这段话的意思是，子禽问子贡：“孔子到了一个国家一定会了解到那个国家的政事，这是主动问来的呢，还是别人自动告诉的呢？”子贡回答说：“那是孔子依靠温、良、恭、俭、让这些美德所得来的，孔子得到这些听闻的方式与别人获取的方式是不相同的吧。”温、良、恭、俭、让，指的就是温和、善良、严肃、节俭、谦虚这5种品德，这是孔子的学生对他的评价，可见孔子自身是躬行着这些美德的，而这也成为后世效法的榜样。

“己所不欲，勿施于人”的内涵是什么？

“己所不欲，勿施于人。”语出《论语·卫灵公第十五》：“子贡问曰：‘有一言而可以终身行之乎？’子曰：‘其恕乎！己所不欲，勿施于人。’”子贡向孔子求教是否有一句话可以终身奉行的呢，孔子回答道，大概就是恕吧，并且解释说，自己所不想要的，就不要给予别人。这句话是《论语》中被传诵最广的名言之一，是君子持身处世的一项基本的准则。《论语·里仁第四》记载：“子曰：‘参乎！吾道一以贯之。’曾子曰：‘唯。’子出，门人问曰：‘何谓也？’曾子曰：‘夫子之道，忠恕而已矣。’”也就是说，以曾子的理解，孔子一以贯之的道，可以用“忠恕”两个字来概括，忠，说的是对他人尽心；恕，说的就是推己及人，也就是先前所言的“己所不欲，勿施于人”。

“知耻”具有怎样的哲学内涵？

“知耻”是儒家思想中的一个重要的道德范畴，指的是个人通过自己内心的省察而产生羞恶感。孔子曾以“行己有耻”来表述士人之行，也就是说要以羞耻之心来约束自己的行动，自己认为羞耻的事就不会去做。这是知耻的重要意义。知耻则有所不为，若不知耻则无所不为，知耻是君子之行的一条基本的道德约规。孔子言：“知耻近乎勇。”朱熹对此的解释是，“勇”指“勉力而行、自强不息”的精神，是君子必当具备的美德。孟子将“知耻”称作“羞恶之心”，将其作为人皆有之的“良知”。荀子继承和发展了孔孟的知耻观念，并且对荣辱问题进行了详细的阐述，将“知耻”作为人生修养的要则。明末清初的思想家顾炎武提出：“朝廷有教化，则士人有廉耻；士人有廉耻，则天下有风俗。”并且说：“士大夫之无耻，是谓国耻。”可见，知耻与否不仅关乎个人之善恶，亦系于国家之荣辱兴衰。

“立德、立功、立言”语出自何处，具体内涵是什么？

立德、立功、立言，即“三不朽”，语出《左传·襄公二十四年》：“太上有立德，其次有立功，其次有立言。虽久不废，此之谓不朽。”当年，鲁国的叔孙豹与晋国的范宣子就何为“死而不朽”这一问题各自发表过见解。范宣子认为，他的祖先自虞、夏、商、周以来世代为贵族，家世显赫，香火不绝，这就是“不朽”。叔孙豹则以为不然，他认为这只能叫作“世禄”，而并非“不朽”，在言及什么是真正的“不朽”时，叔孙豹说了上面那段话。唐代孔颖达在《春秋左传正义》中对立德、立功、立言三者分别做了明确的阐释：“立德谓创制垂法，博施济众”；“立功谓拯厄除难，功济于时”；“立言谓言得其要，理足可传”。也就是说，“立德”指道德操守，“立功”乃指事功业绩，而“立言”指的是把真知灼见形诸语言文字，著书立说，传于后世。“立德”“立功”与“立言”，指向的都是身后之名的流传不绝，因此而谓之“不朽”。而对身后不朽之名的追求，正是古圣先贤超越个体生命的局限而追求永生、超越物质欲求而追求精神满足的独特形式。孔子说：“君子疾没世而名不称焉。”屈原在《离骚》中说：“老冉冉其将至兮，恐修名之不立。”司马迁在《报任安书》中也说道：“立名者，行之极也。”这些话语都表达了先贤对于不朽之名的热衷，不朽之名与通常而言的名利之名并不是一回事，因为不朽之名指向的是一种极致的人生境界，对这种人生境界的追求，激励着个体生命拼搏奋进，敢于取舍，从而释放出无比巨大的能量，昭己名于后世，亦泽被于千秋，而绝非针对求得一时的浪声虚名以得心慰而已。

“独善”和“兼济”的具体内涵分别是什么？

独善和兼济，是儒家提倡的修身准则，语出《孟子·尽心上》：“穷则独善其身，达则兼善天下。”“独善”和“兼济”，是这两句话的简括提法，其意为，一个人在不得志的时候，要汲汲于修善己身，而在发达的时候，则要有志于普济天下，惠及苍生。孟子还说：“得志，与民由之；不得志，独行其道。”“得志”，就是“达”；而不得志，也就是“穷”。这里的“达”与“穷”，意指是否有为官参政的机会，只有获得了执掌政权的机会，才能够将自己的治世理想进行实践和推广，否则自己的一腔热情只是纸上空谈，即使是一介平民，依然要严格自律，保持操守，而不可放任自流，放弃自我的修养。这就是儒家的退则修己身、进则济天下的积极入世的人生观念。

“气节”的含义是什么？

“气节”，是儒家所提倡的一种道德操守，是指坚持正义、面对强压而不屈服的高贵品质。分开来讲，“气”指的是一种精神状态，孟子所言的“浩然之气”就是一种高渺的修养境界；而“节”指的是节操，是一种道德品格，是在重大是非面前所表现出的正确抉择，是《论语》中所言的“临大节而不可夺”乃“君子人也”之意。后来“气”“节”并称，指称充满正义和正气的坚贞的人格，《史记》中评价汲黯“好学，游侠，任气节”，此之谓也。汉代苏武持节牧羊的事迹就是气节的一个最佳的说明。

“三从四德”具体包括哪些内容？

“三从四德”是中国古代社会对妇女的德行所做的规范。

“三从”出自《仪礼·丧服》：“妇人有三从之义，无专用之道，故未嫁从父，既嫁从夫，夫死从子。”“三从”在这里与后来习称的“三从四德”的含义并不一样，“三从”原本指的是贵族妇女为亲属服丧的仪制，“从”的意思是在仪制上的依从，而不是权力关系上的服从。

“四德”出自《周礼·天官》：“九嫔掌妇学之法，以教九御，妇德、妇言、妇容、妇功。”据郑玄的注释，“妇德”指贞顺，“妇言”指辞令，“妇容”指修饰，“妇功”指纺织，这是王妃所应当学习的4种“妇道”。东汉才女班昭作《女诫》，将其称为“女人之大德”，并阐释说：“清闲贞静，守节整齐，行己有耻，动静有法，是谓妇德；择辞而说，不道恶语，时然后言，不厌于人，是谓妇言；盥浣尘秽，服饰鲜洁，沐浴以时，身不垢辱，是谓妇容；专心纺绩，不好嬉笑，洁斋酒食，以奉宾客，是谓妇功。”这也就是“四德”所蕴含的具体内容。

“三从四德”开始时是作为贵族妇女的日常仪德而制定的，后来经过儒家的提倡，成为全社会所遵奉的“妇道”。“三从四德”对妇女所做的要求体现出明显的男权色彩，因而在“五四”新文化运动中备受抨击，尤为女性主义者所不容。

“君君，臣臣，父父，子子”指的是什么？

“君君，臣臣，父父，子子”，语出《论语·颜渊第十二》：“齐景公问政于孔子。孔子对曰：‘君君，臣臣，父父，子子。’公曰：‘善哉！信如君不君，臣不臣，父不父，子不子，虽有粟，吾得而食诸？’”这段话表达的意思是，齐景公向孔子询问治理国家的方略，孔子回答的对策是，要令做君主的像个君主的样子，为臣的要像个臣的样子，当父亲的要像个父亲的样子，而做儿子的要像个儿子的样子，也就是说，要各自都按照自己的身份行事，各就其位，名副其实。齐景公对孔子的论述非常肯定，并且说如果不这样的话，即使国家有很多的粮食，自己都会吃不上的，非这样做不可，否则国家就会大乱的。孔子的这种关于君臣父子的表述被后世演化为“君为臣纲，父为子纲，夫为妻纲”的伦理准则，其实这与孔子的原意是相去甚远的，孔子强调的是每个人都应当依照礼法来做符合自己身份的事情，而“三纲”强调的是君对臣、父对子、夫对妻的统领，两者的目的都是实现国家与社会的安定有序，但办法却是不同的。

生活中，我们常会用到“名正言顺”这个成语，那么，你知道“名不正则言不顺”的哲学观点吗，它是谁提出来的，具体指什么？

“名不正则言不顺”，语出《论语·子路第十三》：“名不正，则言不顺；言不顺，则事不成；事不成，则礼乐不兴。礼乐不兴，则刑罚不中；刑罚不中，则民无所措手足。”孔子说这段话所要表达的是，做任何事情，都要名义正当，如果名义不正当，讲话就不能通顺，事情就做不成，礼乐制度也就无法兴办，刑罚也就不会得当，如此一来，老百姓也就会不知所措。孔子是极为重视名分的，在这里从名之不正的负面影响的角度来讲述了正名的重要意义。孔子所讲的名正，是实至而名归的“名”，通过正名所要强调的是事理的端正，名之正是行事有方的端始。前面的话从正面来讲就是，名正而可言顺，言顺而可事成，事成而礼乐可兴，礼乐兴则刑罚为中，刑罚为中则民可有所循，如此则天下治。

“万物皆是一个天理”是谁提出来的，其具体内涵是什么？

“万物皆是一个天理”，是程颢、程颐兄弟所提出的理学观念，他们认为，“理”或“天理”是一个例外的存在，不是从事物中所抽象出来的，这唯一的“理”是永恒存在的，而且是先验地存在于一切事物之中的。“所以谓万物一体者，皆有此理”，世界必先有一个普照万物的理，然后才有被照的万物存在。

天理之照物，犹如“月印万川”，也就是说，千万条河流中都映照着月亮，可是这许多条河流中的月亮却全都是那同一个月亮。这就是程氏兄弟的“天下只有一个理”“万物皆是一个天理”的理学思想。

“知行合一”的哲学观点是由谁提出来的，具体内涵是什么？

“知行合一”是王守仁的哲学观念，明武宗正德三年（1508年），王守仁在贵阳文明书院讲学时首次提出“知行合一”的说法。王守仁所讲的“知行合一”，指的并不是实践与认识相符合的含义，这里的“知”，是一种良知，也就是指人的道德意识和思想理念，而“行”，是指人的道德践履。王守仁指出，“知”与“行”二者之间，互为表里，不可分离，知必然要表现为行，不行不能算真知。而良知，无不行，自觉的行，也就是知。在王守仁看来，知决定着行，道德意识是人之行为的指导思想，按照道德的要求去行动就是达到良知的工夫，在道德指导下产生的良知是行为的开始，符合道德要求的行为则是良知的完成。

“无为而治”是怎样一种哲学思想，其具体内容是什么？

“无为而治”，是道家的基本思想，首先是由老子提出来的。老子认为天地万物都是由道化生的，而且天地万物的运动变化也都遵循着道的规律，而道所遵循的又是自然的规律，也就是“道法自然”。既然道以自然为本，那么对待事物就应该顺其自然，无为而治，让事物按照自身的必然性自由地发展，使其处于符合道的自然状态，不对它横加干涉，不以有为影响事物的自然进程，只有这样，事物才能正常地存在和健康地发展。老子说：“是以圣人处无为之事，行不言之教。”“上德无为，而无以为；下德有为，而有以为。”“为学日益，为道日损，损之又损，以至于无为。无为而无不为。”这些讲的都是“无为而治”的好处。当然，所谓“无为”，并不是一无所为，不是说什么都不做，而是不妄为，不随意而为，不行违反自然规律之为。

“损一毛利天下而不为”说的是谁，其中包含了怎样的哲学思想？

“损一毛利天下而不为”，语出《孟子·尽心上》：“杨子取为我，拔一毛而利天下，不为也。”杨子，就是杨朱，是战国时期的一个重要的思想家，但是没有著作流传。杨朱的思想被记载下来的部分概括起来是“贵生”“重己”，也就是珍视自己的生命，反对因利于他人而损伤自己的利益，也就是所谓的“损一毛利天下而不为”，这与墨家的“摩顶放踵利天下而为之”的“兼爱”思想是正相对立的。

“小康”社会一度被认为是理想的社会，那么，所谓的“小康”到底指的是什么？

“小康”，是儒家所描述的一种社会状态，《礼记·礼运》中记载孔子在讲述“大同”之后接着说道：“今大道既隐，天下为家。各亲其亲，各子其子，货力为己。大人世及以为礼，城郭沟池以为固，礼义以为纪，以正君臣，以笃父子，以睦兄弟，以和夫妇，以设制度，以立田里，以贤勇知，以功为己。故谋用是作，而兵由此起，禹汤文武成王周公，由此其选也。此六君子者未有不谨于礼者也，以著其义，以考其信。著有过，刑仁讲让，示民有常。如有不由此者，在势者去，众以为殃，是谓小康。”在孔子看来，禹汤文武成王周公之时的社会可以称作“小康”，“小康”虽不及“大同”，却也是一种比较好的社会风貌。康有为根据《春秋公羊传》的“三世”说，将“小康”比作“升平世”，将“大同”比作“太平世”，社会的发展规律是由“据乱世”走向“升平世”，再进入“太平世”。

“中和”是一种怎样的哲学思想？

“中和”，原为中正、平和之义，后来引申为中庸之道的思想内涵，成为一个哲学概念。《礼记·中庸》言："喜怒哀乐之未发谓之中，发而皆中节谓之和；中也者，天下之大本也，和也者，天下之达道也。致中和，天地位焉，万物育焉。"这段话的意思是，喜怒哀乐没有发作失控，叫作"中"；各种情绪表现出来而又都恰到好处，叫作"和"。"中"，是天下最大的根本；做到"和"，天下才能归于道。君子如果能将中和做到完美的程度，天地都会赋予他应有的位置，万物都会养育他。可见，"中和"是儒家所提倡的一种最为高尚的修养范畴。

"君子重义，小人重利"是谁提出来的，具体包含怎样的内容？

"君子重义，小人重利"，这是孔子所讲的君子与小人之间的区别之一，也可说是孔子的义利观，孔子的原话是："君子喻于义，小人喻于利。"也就是说，君子所看重的是义，而小人看重的则是利。由此而引发，君子做事，是以义为标准的，如孔子所言："不义而富且贵，于我如浮云。"君子非义毋得，而唯义是取，为了对义的保持和维护，甚至不惜牺牲自己的生命，也就是孟子所言的"舍生取义"。而小人则不然，小人行事取舍的标准是利，非利不为，唯利是图。一个人一旦达到了唯利是图的地步，便可以为所欲为，无所不为，置仁义道德于不顾，这种理念和行为给社会所造成的危害是可想而知的。长久来看，这对其本人也是没有好处的，《左传·隐公元年》有云："多行不义必自毙，子姑待之。"自毙，就是不义的可耻下场。

我们通常所说的"男子汉大丈夫"和孟子所说的"大丈夫"是一个意思吗？

"大丈夫"是用于表达杰出人物所具有的不凡之品质的一个概念。关于何谓大丈夫，孟子有过一段著名的阐述："居天下之广居，立天下之正位，行天下之大道。得志，与民由之；不得志，独行其道。富贵不能淫，贫贱不能移，威武不能屈。此谓大丈夫也。"意思是说，居住在天下最广大的居所里，站立在天下最正大的位置上，行走在天下最广阔的大道上，能实现志向就与民众一起去实现，不能实现志向就独自固守自己的原则，不受富贵诱惑，不为贫贱动摇，不为武力屈服，这才叫大丈夫。孟子在这里用"大丈夫"这一概念来表述自己所崇尚的人格理想，讲述的是一种巍巍然乎、具有浩然之气的君子品格。

人们常说"忠孝如何两全"，为什么？

"忠"，指的是报效于国家，尽忠于君主；"孝"，指的是能够很好地实现对父母的赡养和孝敬。忠孝两全，被视为一种人生理想，元代高明的《琵琶记·高堂称寿》中说："人生须要忠孝两全，方是个丈夫。"可是忠与孝时常会发生矛盾，以致有"忠孝不并""忠孝难两全"的说法。"忠"与"孝"是人所应当具有的两种最为基本的品德，而且二者之间又是密切相关的，在家国一体的中国传统社会，孝于父母和忠于国家两者具有一致的思想内涵，孝是忠的基础，忠则是孝的延伸，那么又为什么常常说"忠孝难两全"呢？当然，这并不是说忠和孝这两种品德难以同时存在，而是说尽忠和尽孝这两件事难以同时做好，照顾周全。因为人无分身之术，在一定的生命过程中，时间和精力都是有限的，报效国家，则相应地用来照顾父母的就会有所减少，而孝敬父母，则尽忠于国家就会受到影响，从社会学的角度讲，这是一种角色冲突。一种极端的情况是，如果一个人为国捐躯，就再也不能对父母尽孝了，可是在关键的时刻，如果考虑到还要尽孝于父母而怜惜自己的生命，则必然失之于对国家的忠诚。对于如何做到忠孝两全，只能是辩证地来看，从积极的一面来讲，忠于国家和孝于父母两者之间实质上是统一的，所以有"尽忠于国"是"至孝于家"的说法，不宜将两者完全地对立；而从消极的一面来讲，忠与孝之难以两全，又是一种不能够消除的冲突，是一种必然的存在，人们只能是选择在具体的事务中进行一定程度的协调，做到两者之间的平衡。当然，主流的价值观仍是倡导个人当以大局为重，在特别的时刻，宁舍孝而毋失于忠。

“君权神授”的具体内涵是什么？

“君权神授”，意即君主的权力是神所赋予的，这是对君主的一种神化。统治者宣扬自己的地位是上天所赋予的，从而强调自身统治的合法性，增强人民的认同和服从。《尚书·召诰》说：“有夏服天命。”这是有关君权神授思想的最早记载，也说明，自夏朝开始，君权神授就已经成为一种有关政权的重要理念。商朝的统治者创造了一种“至上神”的观念，宣称“帝”或“上帝”是上天和人间的最高主宰，又是商王朝的宗祖神，因此，人民应当服从商王的统治。周朝统治者则用“天”代替了“帝”或“上帝”的概念，周王称为“天子”。周朝毛公鼎上面的铭文记载：“丕显文武，皇天宏厌厥德，配我有周，膺受天命。”这是对“君权神授”思想的明确宣扬。到汉朝，董仲舒提出“天意”“天志”的概念，并且提出了“天人相与”的命题，认为天是有意志的，是最高的人格神，是自然界和人类社会的最高主宰，天和人之间是相通的，人应当按照天的意志来行动。董仲舒以“天人相与”作为理论基础，系统地发展了君权神授的思想，强调君权的天然合理性和神圣不可侵犯性。君权神授的思想在中国古代有着非常深远的影响，历代帝王以至起义的农民领袖，无不假托天命，自称“奉天承运”，或者说“替天行道”，虚构神迹，利用谶纬迷信，把自己的活动说成是受上天的指使，从而达到神化自己及其活动的目的。陈胜和吴广在谋划起义时，先用丹砂在丝绸上写“陈胜王”，将其放在别人用网捕获的鱼的肚子里面，然后又暗中潜伏到戍卒驻地旁边丛林里的神庙中去，在晚上用竹笼罩着火装作鬼火，像狐狸一样叫喊：“大楚兴，陈胜王！”这就是君权神授的迷信思想深入人心的一个鲜明的例证。

“罢黜百家，独尊儒术”是谁的主张，它对中国社会有何影响？

“罢黜百家，独尊儒术”，是董仲舒所提出的主张，汉武帝元光元年（公元前 134 年），召集各地贤良求问治理天下的策略，董仲舒在进策中提出：“《春秋》大一统者，天地之常经，古今之通谊也。”他认为当时执政者的理念无法统一，而百姓也莫知所从的原因是“师异道，人异论，百家殊方，指意不同”，于是他倡导进行文化上的统一，尊崇孔子的学说，而罢黜其他各家的思想观点，也就是独尊儒术。董仲舒的这一建议为汉武帝所采纳，儒学自此取得中国官方正统学术的地位，并且绵续 2000 余年，对中国古代的意识形态和社会生活都有着极大的影响。“罢黜百家，独尊儒术”为汉武帝政治上的大一统创造了思想基础，这一方面加强了君主专制制度，另一方面对统一的民族国家的形成和巩固也产生了巨大的积极作用。

“大一统”最早见于什么时候，它的内涵是什么？

“大一统”，也就是尊崇一统的观念。孔子在作《春秋》的时候，开篇说：“隐公元年，春，王正月。”意思是讲，鲁隐公元年的春天，就是周王的正月。《公羊传》解释说：“何言乎‘王正月’？大一统也。”唐代徐彦注疏：“王者受命，制正月以统天下，令万物无不一一皆奉之以为始，故言大一统也。”《汉书·董仲舒传》说：“《春秋》大一统者，天地之常经，古今之通谊也。”《汉书·王吉传》也说：“《春秋》所以大一统者，六合同风，九州共贯也。”可见，在春秋时期，大一统已经成为一种被社会所崇尚的观念，孔子说：“天下有道，则礼乐征伐自天子出。”“礼乐征伐自天子出”，就是大一统的表现，这意味着“天下有道”。周王东迁，天下诸侯各立，呈现出分崩离析的局面，但是大一统作为一种深入人心的观念并没有因此而抹去，思想界虽有“百家争鸣”，在政治理念上有“王道”

和“霸道”之别，但大一统这一点是各家共同秉持的观念。孟子在回答梁襄王所提出的“天下恶乎定”的问题时回答说：“定于一。”荀子所提出的“四海之内若一家”的理想，还有墨子“尚同”的主张，等等，这些都是春秋战国时期大一统思想体现。到秦始皇统一六国，实现“书同文，车同轨”，再及至汉武帝“罢黜百家，独尊儒术”，中国最终在文化与政治两大基本领域都确立了大一统的秩序。

“存天理，灭人欲”是谁提出来的，阐述了怎样的哲学思想？

“存天理，灭人欲”，这一说法的提出习惯上被归于朱熹，而实际上，类似的提法早有渊源，《礼记·乐记》中说：“人化物也者，灭天理而穷人欲者也，于是有悖逆诈伪之心，有淫作乱之事。”意思是讲，人为外物所诱惑而丧失了天理、纵容人的欲望，于是有了各种邪恶的想法和恶劣的行为。这里已将“天理”和“人欲”相对立，“天理”，也就是孟子所说的人的与生俱来仁、义、礼、智等良知，而“人欲”则是对“天理”的违背，是为所欲为的不善之举。程颐说：“人心私欲，故危殆。道心天理，故精微。灭私欲则天理明矣。”这也是将“人欲”和“天理”相对立的表述，说的也就是“存天理，灭人欲”。朱熹传承了这种思想，说道：“孔子所谓‘克己复礼’，《中庸》所谓‘致中和’，‘尊德性’，‘道问学’，《大学》所谓‘明明德’，《书》曰‘人心惟危，道心惟微，惟精惟一，允执厥中’，圣贤千言万语，只是教人明天理，灭人欲。”朱熹实际上并非“存天理，灭人欲”的首倡者，但是他将此看作是儒家思想的精髓之所在，并且对其进行了详细的阐发，极大地提高了这一观念的影响力。值得注意的是，朱熹并非是一概反对人的任何欲望，他所说的“人欲”是指那些超出了正当要求以及违反了社会规范的欲望，是属于非分之想一类的欲求，只是后来人们脱离了具体的语境对字面的含义产生了误解，因而严厉地抨击朱熹对于人欲的否定。事实上，朱熹的这种倡导之于纷杂混乱的社会实际乃及乱世之中人的行为操守也并非是毫无积极意义的，但不可否认的是，朱熹的这种表述对后来的社会思想产生了很为不良的影响，以致出现了“以理杀人”的现象。“存天理，灭人欲”的错谬的根本之处不在于对“人欲”的否定，而在于将“天理”和“人欲”相对立，使“理”和“欲”之间不是相和谐的关系，而是此生彼灭的相冲突的关系。

“无为而治”的思想内涵是什么？

“无为而治”，是道家的基本思想，首先是由老子提出来的。老子认为天地万物都是由道化生的，而且天地万物的运动变化也都遵循着道的规律，而道所遵循的又是自然的规律，也就是“道法自然”。既然道以自然为本，那么对待事物就应该顺其自然，无为而治，让事物按照自身的必然性自由地发展，使其处于符合道的自然状态，不对它横加干涉，不以有为影响事物的自然进程，只有这样，事物才能正常地存在和健康地发展。老子说：“是以圣人处无为之事，行不言之教。”“上德无为，而无以为；下德有为，而有以为。”“为学日益，为道日损，损之又损，以至于无为。无为而无不为。”这些讲的都是“无为而治”的好处。当然，所谓“无为”，并不是一无所为，不是说什么都不做，而是不妄为，不随意而为，不行违反自然规律之为。

“治大国若烹小鲜”是一种怎样的哲学思想？

“治大国若烹小鲜”，语出《老子》第六十章，意思是治理大国就如同烹制美味的小鱼一样，这是老子所崇尚的治国方法。据说上古时期的贤君汤曾向伊尹询问治国的主张，伊尹用这样的比喻来说明：“做菜既不能太咸，也不能太淡，要调好作料才行；治国就如同烹饪，既不能操之过急，也不能松弛懈怠，只有恰到好处，才能把事情办好。”老子取用了伊尹的这个说法来表达自己的政治方略，强调治理国家要依照规律循序行事，一切有条不紊，长此以往，国家必定和谐而昌盛。

“小国寡民”是一种怎样的哲学思想，为什么说它是一种后退的意识？

“小国寡民”出自《老子》第八十章：“小国寡民，使民有什佰之器而不用，使民重死而不远徙。虽有舟舆，无所乘之；虽有甲兵，无所陈之，使民复结绳而用之。至治之极，甘其食，美其服，安其居，乐其俗。邻国相望，鸡犬之声相闻，民至老死不相往来。”“小国寡民”是老子对自己的社会理想所作的阐述，这种社会生活状态，颇有桃花源式的意境，也是一种只能形诸书面的空想，无论在既往，还是在未来，都是不可能出现的情形。有人批判老子的这种思想表现的是一种后退的意识，而其实这是老子有感于当时社会纷争扰攘的混乱局面所提出的一种以寡欲思想出发的、人民世代安居乐业的美好愿望，不宜过分地奢求和妄评。

“合纵”与“连横”分别指的是什么？

“合纵”与“连横”，指的是战国时期列国之间为了配合自己的军事行动和捍卫自己国家的利益而根据随时变化的政治形势所采取的两种不同的外交策略。《韩非子·五蠹》言：“纵者，合众弱以攻一强也；横者，事一强以攻众弱也。”到了战国后期，由于秦国独强，实力远远超过其他各国，“合纵”就主要指的是东方六国相联合以共同抵御西方强大的秦国，而“连横”则基本上是秦国所采取的外交方略，是对东方各国“合纵”策略的瓦解，令六国之间分崩离析，从而将六国各个击破。这两种策略驰骋匹敌，相互颉颃，造就了一批叱咤风云的纵横家，张仪和苏秦是其中最为杰出的代表。东方各国之间因为有着明显的利益分歧，面对日益强大的秦国，只图取眼前的一时利益，而缺乏长远的筹算，并不能够真正地联合一心，这使得“合纵”政策始终没有得到良好的执行，结果是秦国的“连横”策略占据上风，最终六国相继覆灭，秦国结束了长达数百年的诸侯纷争，实现了天下的统一。

第七章
思想智慧·答疑释问

每当改朝换代，皇帝大臣们总要“改正朔，易服色”，这是为什么？

“正”即正月，“朔”指初一，“改正朔”即重新规定每年的正月初一的具体时间，引申为颁布新的历法。在中国历史上，每当新的朝代开始，皇帝和大臣们便要“改正朔”。比如，商代夏后，改夏的十二月为正月，改“以天明为朔”为“以鸡鸣为朔”；周代商后，以夏的十一月为正月，又将“以鸡鸣为朔”改为“以夜半为朔”；到了秦朝，则又以夏朝的十月为正月，而汉武帝则重新又改回了夏正。

之所以如此频繁地改变历法，并非因为帝王们都是天文历法迷，而是出于一种政治目的。中国古代统治者往往以建立新的历法作为本朝的开国标志，从而体现新政权的权威与尊严。正如唐朝经学家孔颖达所言：“改正朔者，正谓年始，朔谓月初，言王者得政，示从我始，改故用新。”为此，有的帝王甚至不惜弃用前朝的先进历法，而改头换面袭用过时的旧历。某些帝王虽然沿用前朝历法，但出于“重定正朔”的考虑，往往改换历名重新颁行。比如明代开国皇帝朱元璋建明之初，颁新历曰《大统历》，其实便是将元朝的《授时历》改了下名称而已。

不过，自汉武帝改用夏正以后，除了王莽、武则天、太平天国等改正朔外，后世的帝王一般只改年号而不改正朔。虽然如此，改年号、颁历法仍然是天子体现皇权的重要手段。旧时称历书为皇历，也是因为此。甚至直到近代，历法正朔，仍被视为政权的标志。比如，清末革命党所办报纸多不使用清的正朔，而以黄帝纪元，以示不承认清的合法性。

而“易服色”，也不是改变一下衣服的颜色那么简单，而指制订新的服饰制度。历朝都制定有专门的服饰制度，详细规定上自皇帝后妃、王公大臣，下及庶民百姓衣冠服饰的款式、色泽、纹饰以及换季时间和节日穿戴等。因为在中国古代，“易服色”也是改朝换代的象征，人们的衣着服饰与社会政治密切相关。比如，清代初期为了“剃发易服”而杀汉族男性无数，就是这种政治背景的产物。

什么叫“汤武革命”，这里的“革命”和现在的“革命”意义相同吗？

“汤武革命”语出《易·革》：“汤武革命，顺乎天而应乎人。”其包含历史上周武王伐纣与商汤伐桀两次改朝换代事件。之所以将这两次改朝换代事件放在一起，是因为这两次改朝换代接连发生，模式又非常相似，并且与其后的历次改朝换代都不太一样，构成了一种独特的“汤武”模式。

历史上，夏朝最后一个皇帝桀贪婪成性，荒淫无道，黄河下游的一个部落——商对夏桀进行了讨伐，最终在首领成汤的带领下杀死夏桀，灭夏建商。600多年后，商朝也出现了一个荒淫残暴的皇帝——纣，其下面的一个诸侯国周起而反之，在周武王的带领以及姜子牙等贤人的辅佐下，在牧野之战中打败商纣王的军队，逼得商纣王抱着珠宝纵火自焚，推翻了商朝的统治，建立了周王朝。这两次改朝换代是中国历史上最早的两次通过暴力改朝换代的事件，史学和政治学意义都很大。尤其商汤伐桀，打破了皇权不可动摇的权威，也为中国历史上频繁的暴力改朝换代埋下了伏笔，并由此引出了中国人长期以来的关于“汤武革命”的合法性的争论。

“汤武革命”的“革命”，意思是天命的变革，其实质只是最高统治者的易主，与现在的“革命”的意思大不相同。现在我们所说的“革命”所包含的意义要复杂得多。严格说，需要具备三个条件：必须以新的生产方式取代旧的生产方式，用新的政治制度替代旧的政治制度；必须通过暴力而不是用和平的方式去实现社会及政治的变革；往往含有顺应“民主自由”的历史潮流的性质在内。对比可以发现，“汤武革命”中的“革命”与现在我们所说的革命只有在第二点上是相同的，即通过暴力而不是和平方式实现政治的变革。相比于现在的“革命”，“汤武革命”所说的“革命”对于社会本身结构的改变要小得多，严格说，并不是真正意义上的革命，而只是一种统治阶层内部的暴力政变。

什么是“中庸”？

“中庸”是儒家思想所推崇的“仁”“义”“礼”“信”等几种核心理念之一，也是中国哲学的重要思想之一。孔子的孙子子思专门写了《中庸》阐述“中庸”思想。孔子则将“中庸”解释为“中立不倚”“执两用中”“过犹不及”。北宋的程颢、程颐对之解释为：“不偏之谓中；不易之谓庸。中者，天下之正道。庸者，天下之定理。”南宋的朱熹在《四书章句集注》中这样解释中庸：“中者，就是不偏不倚。无过无不及之名。庸，平常也。”现代也有学者提出：“中庸之道，就是忠恕之道。”

“中庸”的中心思想是儒学中的中庸之道，表面上看，似乎并不复杂。许多现代人望文生义地将之简单理解为中立、平庸、折中主义，其实并非如此。中庸之道的理论基础是相当深奥的“天人合一”思想，这反倒与一向反对儒家的道家思想的理论根基相同。而“中庸”的主旨在于修养人性，其主题思想是教育人们通过一种自我管理，将自己培养成为具有理想人格的人。

因为儒家思想在中国 2000 多年来被尊为“圣学”，所以中国无论是政治、文化，还是社会生活的方方面面都打上了“中庸”的痕迹。古语所说的“利不十，不变法”，便是一种中庸思想之下的政治保守主义，而我们所遵循的“己所不欲，勿施于人”，也可以说是我们在处理人际关系时体现出来的一种中庸主义。

需要注意的是，“中庸”之“中”并非是始终不变的，而是会随着时间的推移与条件的变化而变化。

“五行”学说是怎么回事，为何按“金木水火土”排序？

“五行”学说，是中国古人用五个文字符号代表物质能量的形态间相互关系及运动变化规律的学说，是中国古代的一种物质观。该学说大概发源于战国时期。五行学说认为

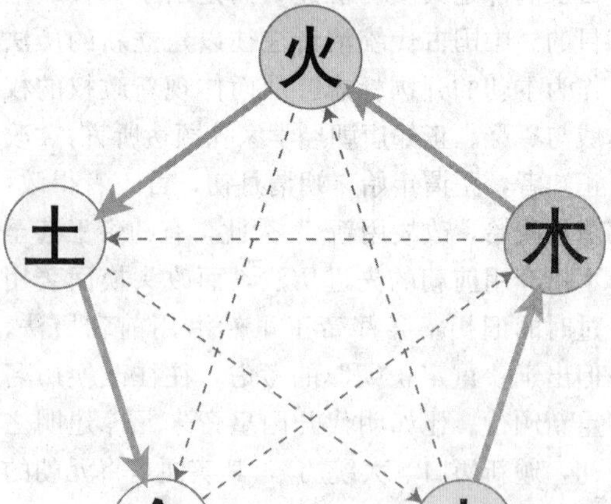

五行图

五行说是中国古代论说宇宙间构成万物的元素论，它的特点是从万物中分析出五种完全不同形质的基本物质——水、火、木、金、土，认为这是构成宇宙万物的根本元素。图中实箭头所示为相生关系，虚箭头所示为相克关系。

宇宙万物都由木、火、土、金、水五种基本物质的运行和变化所构成。随着这五个要素的盛衰，大自然产生变化，宇宙万物循环不已。

需要指出的是，五行学说中的“五行”并不仅仅指具体的五种物质，而是根据事物的不同性质、作用和形态，采用“比象取类”的方法，将宇宙间所有事物或现象大体上分为五类，分别归于金、木、水、火、土五行之中。“五行”之间有其内在的联系，首先体现为相生、相克理论。在相生关系中，金生水，水生木，木生火，火生土，土生金；在相克的关系中，金克木，木克土，土克水，水克火，火克金。除此之外，五行之间还存在相乘、相侮、制化、胜复的关系。古人运用五行和五行之间的复杂关系，认识宇宙并将宇宙万物的内在运行规律化。

五行学说的产生和五行观念的形成，对中国古代哲学和中国人的世界观、生活方式都产生了极其深远的影响。中国先贤把五行理论运用于医学领域，以五行辩证的生克关系来认识、解释生理现象，通过掌握人体运行机制来防病、治病。比如，肝主升而归属于木，心阳主温煦而归属于火，脾主运化而归属于土，肺主降而归属于金，肾主水而归属于水。当代仍有中医在研究“五行”在医学上的进一步运用，以期医治西医无法解决的疑难杂症。另外，中国人在占卜、取名时也往往要运用到“五行”学说。在古代算命中，往往通过一个人的出生年月日时所对应的天干地支配起来的八个字，推算此人的命属于某种“命”，比如“水命”；还可推算出此人命中五行缺什么，然后在名字中通过某个字加以弥补。比如鲁迅小说《故乡》中便有这种情况：“闰土五行缺土，因此取名为闰土。”除此之外，季节、方位等万事万物都可以按“五行”归类。

关于五行的排序，有多种排法，其中按相生的顺序为“木火土金水”，按相克的顺序则为“水火金木土”，而“金木水火土”这种排法却找不到内在规律的依据，之所以在人们口中流行，大概是因为念起来比较顺口吧。

什么是“阴阳”学说，它是什么时候形成的，对中国人的影响有多大？

“阴阳”学说是产生于中国古代的一种古老的哲学思想。“阴阳”两字最初只是指阳光的向背。向日为阳，背日为阴。经过引申，夜晚为阴，白天为阳；雌性为阴，雄性为阳；下为阴，上为阳，等等。《易经》中“一阴一阳谓之道”将该学说上升为宇宙间最根本的规律和最高的准则。阴阳学说的基本内容包括阴阳一体、阴阳对立、阴阳互根、阴阳消长和阴阳转化5个方面。

随着“阴阳”学说的发展，“阴阳”两字所代表的意思越来越抽象、丰富。最终，凡是剧烈运动着的、外向的、上升的、温热的、明亮的，都属于阳；相对静止着的、内守的、下降的、寒冷的、晦暗的，都属于阴。“阴阳”两字最终成为组成这个宇宙的最基本的两种元素。两者相互依存，相互影响，此消彼长。两者的运动变化成了宇宙万物变化的最基本原因。另外，“阴阳”学说的重要特征便是强调了“变”，万事万物都时刻处在一种变化之中。事物的阴阳属性，也不是绝对的，而只是相对的。这种相对性，表现为在一定的条件下，阴和阳之间可以发生相互转化，所谓“阳极则阴，阴极则阳”。

“阴阳”学说，大概萌芽于西周初年，成形于战国时期。对中国的哲学、文学以及中医等产生了巨大的影响，并深刻影响了中国人的世界观和人生观。在中国历史上占有重要地位、由老子所创立的道家哲学便把“阴阳”理论作为自己的基础理论之一；而民间俗语所说的“乐极生悲”“苦尽甘来”“福祸相倚”的典故，显然也是一种“阴阳”思想的反映。

尤其“阴阳”与“五行”相结合的阴阳五行学，对中国的天文学、气象学、化学、算学、音乐和医学等，都产生了深远的影响。

《黄帝内经》便是第一本将阴阳学说成功地应用于中医学的伟大医学理论著作。

“八卦”是用来算命的吗，为什么八卦还有“先天”和“后天”之分？

“八卦”是中国最古老、最神秘的文化之一，相传为华夏先祖伏羲氏所做。当时伏羲氏将他观察到的一切，用一种数学符号（这种二进制数学模式成为当今计算机技术发展的基石）描述了下来，这就是八卦。

“八卦”用“—”代表阳，用“— —”代表阴，用三个这样的符号，组成八种形式，叫作八卦。春秋时期，人们开始对“八卦”做出哲学阐释，认为每一卦形代表天地间一种最原始的物质：乾代表天，坤代表地，坎代表水，离代表火，震代表雷，艮代表山，巽代表风，兑代表沼泽。后来《易经》又对“八卦”做出了进一步阐释，提出了比较系统的理论：无极生太极，太极生两仪，两仪生四象，四象生八卦，八卦生六十四卦，并最终以六十四卦象征各种自然现象和人事现象。民间有时用汉字“三求平未，斗非半米”来记八卦符号。

需要指出的是，虽然“八卦”一直被算命先生们拿来作为算命的工具，而且也确实具有占卜的功能，并且在西周时期一度相当流行，但其绝对不仅仅是一种用来算命的“小玩意儿”。其深邃的化繁为简的哲学思想一直影响着中国人的思维方式，最终提出了“大道至简”的哲学理念；而“八卦”在中医中也有应用，中医中的推拿穴位名，多有以“八卦”命名的；此外，随着现代科技的发展，“八卦”所蕴含的科学知识也越来越得到人们的进一步认识。

至于八卦的“先天”与“后天”之分，相传是因为伏羲和周文王先后都创造了八卦，人们为区别它们，将伏羲所创的“八卦”称作“先天八卦”，而将周文王所创的“八卦”称为“后天八卦”。后天八卦只是和先天八卦位置不同，其卦面及含义不变。

有人把中国正统思想儒学称为“儒教”，能这么说吗？

中国的儒家学说究竟是一个学术流派，还是一种宗教，学术界历来争论不一。

认为儒家是“儒教”的人认为，儒家学说本来只是一门学问，但自从汉武帝利用政治权力定儒教于一尊，孔子学说便宗教化了。孔子的言论因为政治的强制而成了不容置疑的类似于戒律的东西。隋唐时期，“儒”开始与“释”“道”并称为三教。在封建政权的支持下，儒教体系最终完成于宋代。它以中国封建伦理“三纲五常”为中心，吸收佛教、道教的宗教思想和修养方法，信奉“天地君亲师”。有当代学者专门撰文《儒教就是宗教》，从崇拜对象、戒律、因果规律、天命观、修炼方法5个方面找出儒家与基督教的类同之处，以此证明儒学就是“儒教”。

还有学者则从“儒教”与基督教的修道者在具体行为方面的相似之处，证明儒学是宗教。比如，他们指出，基督徒是指跟随耶稣或其传人（彼得、保罗等）修道的人，他们吃斋、持戒、祷告修行，爱人如己、敬畏上帝、向往天国，并且有着同样理想、信念，并遍布全世界。而中国古代儒教所称的君子也同样是这样的人，他们不在意物质生活，爱人，严格管制自己的思想和行为，重视“省吾身”，信奉天命。并且，他们还有与众不同的“儒生”打扮。这些行为与基督徒非常类似，而一般的学术派别只是一种思想，而很少有如此完备的行为规范以及终极信念。

但又有许多学者认为儒家并非“儒教”，而只是一个学术派别。他们提出，“儒”这个字，原本是古代对学者的尊称，它的字义是“优”及“和”的意思，说他们的思想学问，能够安定社会，说服别人。所以它只能称为“儒家”。宗教的特质是要完全地改变人们的生活方式，追求彼岸的解脱，而儒家是典型的此岸哲学，强调人而非神明，注重现世现实。并且宗教必须是“先验”的，超自然的，会有一个“创世说”，但儒家没有，它只是一套逻辑演绎的体系。因此，总的来说，儒家只是一门与宗教有相似之处的学术派别，本质上并非宗教。

知识链接

“儒”字的解释

《说文解字》对“儒”的解释是：“‘儒’，柔也，术士之称。从人，需声。”中国人自古以来重视丧葬礼仪，这种广泛的社会需求促成了一个特殊的社会阶层——“儒”。

在中国古代社会，最晚到殷代开始有了专门负责办理丧葬事务的神职人员。这些人就是早期的“儒”，或者称为术士。他们精通当地的丧葬礼仪习俗，时间久了，便形成了一种相对独立的职业。但是，由于这种职业地位低微，没有固定的财产和收入，做事时还要仰人鼻息，所以形成比较柔弱的性格，这就是“儒”的本意，即柔。

“儒”这一名词的最早记载应该是在《论语·雍也》。孔子告诫他的学生子夏说，要当就当“君子儒”，千万不要当“小人儒”。此后，“儒”这个词逐渐摆脱了它的原初含义，而逐渐独立为“孔门”的专用术语。

“知其不可为而为之”是孔子的信条，他为什么要这样做，为什么拒绝做隐士？

孔子自己倒是没说过“知其不可为而为之”这句话，这是别人对于孔子的评价。《论语·宪问》记载了一个故事：孔子的弟子子路在鲁国都城看门人那里投宿，看门人问他的来历，他回答自己是孔子的弟子。那个看门的人便说：“哦，是那个知其不可为而为之的人啊!”能说出这样的话，这个看门人多半也是个隐士，不然的话，也不会一提到孔子，便用“知其不可为而为之”来说孔子。可见，在旁人看来，孔子当时为推行自己的政治主张而努力的结局是十分清晰的，必然要失败。的确，在当时那样一个诸侯纷争的年代，行“仁”重“德”这一政治理想的确显得有些不合时宜。旁观者已经看透了的现实，恐怕孔子自己心里也一清二楚，之所以不肯归隐，选择周游列国，宣传自己的主张，多半也正是出于一种“知其不可为而为之”的信念。

关于此，孔子自己曾做过一次解释。有一天，孔子一行周游到楚国负函一带，被一条大河挡住了去路。孔子看到两个人在水田里劳动，就派子路去问路。这两个人一个叫长沮，一个叫桀溺，都是楚国的隐士。当得知这一行是孔子和他的弟子时，两个隐士不但没有帮忙指路，反而教训了子路一顿：“现在都是一些乱臣贼子、昏君乱相在治理天下，世道一片黑暗，谁能够听你们的说教，谁又能够跟着你们一块儿去改变这个状况？就凭你们这几个人，怎么可能改变天下？你的老师为什么不告诉你这个道理？你又为什么不明白这个道理呢？你与其跟着你老师这样躲避昏君，做避人之士，还不如跟着我们这些避世之士。”子路回去后，对孔子复述了隐士的话。孔子听了以后说：“人怎么可以和鸟兽同居呢？我不和天下人同群，又和谁同群呢？如果天下安定、人民幸福，当然不需要我们来改变什么了，这时做隐士或许还可以。但如今天下混乱，民生艰难，正需要我们努力去改变啊!”这里孔子便道出了自己“知其不可为而为之”的原委，也说出了自己不做隐士的原因。不是不愿意做隐士，而是考虑到自己的责任，社会需要自己做出努力时，即使明知不可为也要争取一下，这正显示了孔子的伟大之处。后人对隐士只是欣赏，对孔子则是崇敬。

知识链接

隐士

隐士，即隐居不仕之士。隐士的“隐”，大体有两种情况。一种“隐”是相对于政治而言，指有才能，能够出来做官的人却不出来，故意躲避政治，或务农，或经商的人。这种隐士在天下纷乱或政治昏暗的时期比较多，孔子周游列国时便遇到许多这样的人。春秋战国时期以及魏晋之际，隐士相当多。著名的有庄周、陶渊明、写《陈情表》的李密、出山之前的诸葛亮等人。还有一种“隐”

更为彻底，指相对于这个社会而言，躲开人群，找个清净悠闲的山林，隐居起来。这种隐士，往往是看破了俗世与人生，怀有一种修道的念头。

需要说明的是，无论是哪种，都首先要强调“士”，即首先都很有知识与才能，然后隐居起来，才称得上是“隐士”。

孔子为什么对管仲赞誉有加?

管仲，又名夷吾，也称敬仲，春秋时期任齐国宰相，辅佐齐桓公创立霸业，是春秋时期的大政治家。管仲以自己卓越的管理才能，将齐国治理得井井有条、国强民富。因为管仲在出任齐桓公的宰相之前，本来是辅佐齐桓公的君位竞争对手公子纠，在公子纠被齐桓公杀死之后，他转而投靠了齐桓公，这在当时颇受非议。

一次，子路问孔子：“齐桓公当年杀死了公子纠，召忽为此自杀了，而同样辅佐公子纠的管仲却不自杀，因此管仲这个人不仁，对吧?”孔子却说：“齐桓公能够不用战争而团结起多个诸侯，抵御四夷，这完全是管仲的功劳，这是非常大的仁啊!”管仲虽然违背了君臣之义，但因为他利用和平的手段使诸侯团结了起来，抵御北方的蛮族，使人们得以安居乐业，孔子便称赞他。由此可见，强调君臣节义的孔子，并不将君臣之义放在最高的位置上，而是将民生放在了高于君的位置上。这里体现了孔子以民为本的价值取向。

另一次，子贡又以同样的问题问孔子，孔子便将自己的想法阐释得更清楚了：“管仲辅佐齐桓公，称霸诸侯，匡正天下，人民到今天还享受这个好处。如果不是管仲，我们都可能被夷人统治而成为野蛮人，一些平常的小信用的丧失怎么会影响管仲的大功劳呢?”

从孔子的两次回答我们可以看出，针对管仲的不为公子纠殉死反而投靠政敌的行为，子贡和子路都以为管仲是不忠，也是不仁的，但是又有些犹疑不定，所以就来询问老师孔子。结果出乎他们的意料，孔子大大地夸赞了管仲的功绩，而对他不为公子纠殉死却只字不提，这说明孔子看问题和人物并非单一地固守某种标准，而是整体统一地来看待。

另外，管仲辅佐齐桓公称霸的过程中，对于鲁国也多有侵犯，不仅对鲁国使用经济制裁，而且还占领了鲁国的不少土地，但孔子并不因为自己是鲁国人而否定了管仲，这也说明了孔子不以狭隘的一己利害为标准，而是从客观的角度评判别人。

孔子真的见过老子吗?

孔子小老子20岁，两人算是同时代的人，并且都是当时名人。孔子又四处游历，拜访名人，因此孔子拜见老子在客观上是十分可能的。事实上，在《礼记》《庄子》《史记》中，均记载有两人见面的故事。考古发现的汉代画像砖上，也有不少以此为题材的图画。可见，从春秋末期到汉代，孔子见老子的故事流传得相当广。

根据孔子的一些言行记录，应该可以相信，这两位中国两大文化流派的创始人是见过面的。只是由于各种文献中记载的细节有出入，人们对于两人见面的具体时间、地点以及见面的次数有争议。一种观点认为，两人只见过一次面，即孔子“适周问礼”的那次；另一种观点认为，孔子与老子的会面至少三次，甚至三次以上。

据《礼记》记载，孔子曾经跟随老子在巷党这个地方办理丧事，其间遇到了日食，老子告诉他该如何看待此事。这次见面的背景是老子在周王朝丢了官，来到鲁国，以办理丧事谋生，孔子跟随老子学习丧礼。

另一次提到孔子与老子见面的是《史记·孔子世家》，司马迁记载孔子与南宫敬叔一起到周朝都城洛阳访问，孔子借此拜访了时任周王朝守藏史的老子，向老子求教有关周礼的问题。对于此次会面的可信度，多数学者都表示支持，并对此次见面的时间多有考证。一种说法是鲁昭公十五年（公元前527年），此年孔子25岁，老子45岁；另一种说法则是鲁昭公二十一年（公元前521

孔子问道图

老子与儒家学派创始人孔子是同时代人，年龄比孔子长。由于老子学识渊博，孔子对他十分钦佩，曾亲自请教过他。《礼记·曾子问》一篇中就有几处记载孔子问礼于老子之事。

年)，孔子当时31岁，老子51岁。多数人倾向于第二种说法。而这次会面也是持两人只见过一次面观点的学者认同的唯一一次会面。

另外，《庄子》中记载，老聃晚年预测到天下将大乱，辞去了周守藏史的职务，回到了故乡宋国沛地相邑。时年51岁的孔子与弟子前往沛地相邑拜见老子，二人讨论了天道的问题。

除以上三次有文献记载的之外，有学者还认为两人还有两次交往，即两人会面次数在五次以上。总之，孔子和老子这两位文化巨人应该是见过面的。

对鬼神的态度，孔子是“敬鬼神而远之”，这种思想对中国有何影响?

中国殷商时代的鬼文化非常发达，人们相信人死了之后会变成鬼，飞到天上，关注并保佑他们在世的子孙。天地之间的种种自然现象以及人的命运都是由神掌控的，鬼神可以给世间的人带来好处，也能带来灾祸。因此商代的巫文化非常发达。到周朝之后，鬼文化不再像商朝那么感性。虽然理性了许多，但人们仍然普遍相信鬼神的存在，并继承沿袭了商朝的许多祭祀制度，希望能从鬼神那里祈福。正是在这样的文化背景之下，孔子提出了“敬鬼神而远之”的说法。

孔子认为鬼神与天命一样，是存在的，但不是一个可以追问与讨论的问题，而企图通过祭祀从鬼神那里得到好处也是不可能的。孔子提出，人对于鬼神的真正敬畏与侍奉，是按照上天赋予人的德性，尽到自己的本分与责任。孔子说：“非其鬼而祭之，谄也。”祭祀与己无关的别人家的鬼，是一种谄媚。有人向他请教鬼神的问题，他以“未知生，焉知死”回避这个问题，又说“未能事人，焉能事鬼”。从这些言语可以看出，孔子反对人们用功利的心态去祭祀鬼神，认为对鬼神只要心存敬意就行了，不要过分深究。他主张通过对鬼神的敬畏净化自己的心灵，提高自己的德性，并将精神集中在自己的心灵，注重内在精神生活，过好现实生活。他在《论语》中言：“慎终追远，民德归厚矣。”意思是谨慎对待丧事，怀念自己的先祖，人民的德性自然便回归淳朴了。可见，孔子将祭祀归为社会教化的一部分。

与“敬鬼神而远之”相照应，孔子又提出了“天地之性人为贵”“人者，天地之心也”的看法。孔子这种“人本主义”思想对后世产生了深远的影响。

何谓“儒家文化圈”，这个圈包括哪些国家和地区，被世人认可吗?

所谓儒家文化圈，是指那些以儒家文化的基本价值观和伦理原则作为社会主流价值原则的国家或地区所构成的一个群体。目前来说，这个群体主要包括东亚的中国、日本、韩国、朝鲜，南亚的越南，以及东南亚的新加坡等国。

“儒家文化圈”这个说法是直到现代才有人提出的，而作为一个事实上的儒家文化圈，则很早就已经有了。西汉时期，汉武帝为巩固政权，接受董仲舒的建议，罢黜百家，独尊儒术。从此直到清朝，中国社会从文化到日常生活的各个层面都以儒家的价值原则为基准。强调“仁义礼智信”“忠孝节义”“中庸之道”等儒家理念；诗歌、小说、戏曲等文艺作品，也大多打上了儒家的烙印；科举考试中所考的“四书五经”中，都是儒家经典。

西汉时期，儒家思想开始传入朝鲜半岛。公元前后，百济、新罗纷纷积极推行儒家思想，并开始祭祀孔子。直到今天，韩国仍有着对孔子的祭祀，儒家文化的价值观仍然是支撑韩国社会的重要的价值原则。

公元285年，《论语》被人带到日本，受到上层人士欢迎。公元513年，日本设立“五经”，儒家文化逐渐融入日本人的思维方式、行为规范和日常生活之中，成为日本文化的重要基础。直到现在，儒家的重义轻利观念依然是日本经济发展的道德支柱；儒家的“忠君”思想则转化为现代企业中的员工对领导与企业的一种忠诚观念。

而儒家对于越南的影响也可以追溯到汉代，至今，儒家文化在越南仍然深深地影响着社会的文化和观念；新加坡因为以“下南洋”的华人为主体公民，加之“国父”李光耀提出以儒家文化治国的理念，整个社会更是不可避免地打上了儒家的烙印。

目前，随着日本、韩国、中国等国经济的发展，国际影响力的日渐扩大，“儒家文化圈”的说法也得到了世界的普遍承认。

知识链接

“四书五经”

古人说到读书，指的就是读“四书五经”。读其他的书，不叫读书，叫消遣。

南宋理学家朱熹将《礼记》中的《大学》《中庸》两篇单独提出来，和《论语》《孟子》并列在一起作为读书人必读的四本儒家经典。因为它们分别出于早期儒家的四位代表性人物曾参、子思、孔子、孟子，所以称为“四子书”，简称为“四书”(也称四子)。

“五经”是儒家作为学习基础的古代五本经典书籍的合称，相传它们都经由儒家创始人孔子编辑或修改。儒家本来有六经，分别是《诗经》《尚书》《仪礼》《乐经》《周易》和《春秋》。因秦始皇“焚书坑儒”，《乐经》失传。明清科举选仕，试卷命题必出自“四书五经”。这也正是古人将读“四书五经”视为唯一正经书的原因。

“唯女子与小人为难养也”，这句话什么意思，能据此说儒家歧视女人吗？

“唯女子与小人为难养也”这句话出自《论语·阳货》：“子曰：‘唯女子与小人为难养也！近之则不逊，远之则怨。’”对于这句话的理解，历来众说纷纭，尤其因其似乎存在歧视妇女的观念而成了孔子备受争议的一句话。

《论语》的大部分注解，都将“女子”理解为一般的女人，把“小人”理解为与“君子”相照应，德行不好的人。南北朝时期皇侃的《论语义疏》将这句话解释为：“君子之人，人愈近愈敬；而女子与小人，近之则诚狎而为不逊从也。君子之交如水，亦相忘江湖；而女子小人，若远之则生怨恨，言人不接己也。”说君子和人交往时，别人越亲近他，他越恭敬别人。而女子和小人，别人亲近他们，他们就会对别人失去恭敬心，变得放肆；君子之交淡如水，即使彼此因为距离远没有来往了，友谊依然存在。而女子和小人，别人若疏远他们，他们就会产生怨恨，抱怨别人不和他们来往。

南宋的朱熹则提出了不同的见解，认为“此小人，亦谓仆隶下人也。君子之于臣妾，庄以莅之，慈以畜之，则二者无患亦”。朱熹将“小人”理解为奴仆下人，将“女子”理解为小妾。并提出建议，认为君子对于这两种人要慈爱和庄重的态度并举，就不会有孔子所说的麻烦了。而到了近代，又有学者提出了新的理解，认为“女子”就是指普通的妇女，而“小人”则是指那些不知不学的人。小人因为没有自己的精神，女子因为经济地位不独立，他们的共同特征便是没有自己独立的人格，过分在意别人的眼光。因此孔子这样说并非歧视，只是一种客观的看法。

此外，还有人从句法结构上解读这句话，认为“近之则不逊，远之则怨”是“女人与小人”的定语，因此并非所有的女子与小人都难养，只是“近之则不逊，远之则怨”的“女子与小人”难养。

总之各种解释五花八门。

知识链接

妇道

妇道，泛指中国古代社会要求出嫁后的女子遵循的规矩。其中核心的内容是“三从”“四德”。“三从”最早见于《仪礼》中：“妇人有‘三从’之义，无‘专用’之道，故未嫁从父，既嫁从夫，夫死从子。”意思是女子一生应该扮演好三种角色，即为人女、为人妻、为人母。应该说这是从宏观的角度对女子提出的要求。

“四德”是指：妇德、妇容、妇言、妇工。具体而言，第一要紧是品德，能正身立本；然后是外表要端庄稳重持礼，行为不要轻浮随便；言语要懂得该说什么不该说什么；最后，要懂得治家之道，具体包括相夫教子、尊老爱幼、勤俭节约等生活方面的优点。这可以说是从微观角度对女子提出的四项具体要求。

孔子自称“述而不作”，而孟子却说他“作《春秋》”，孔子的做法对中国学术有何影响？

《论语》中记载孔子说过这么一句话：“述而不作，信而好古，窃比于我老彭。”意思是，综合阐述前人的学说，却不有意创立新说；相信古人而且喜爱古人的学说，我私自把自己与老彭并列。老彭是商朝贤人，也是“述而不作，信而好古”之人。这里孔子道出了自己做学问的一个基本态度。

孔子晚年一共整理了六本书，即“六经”：《易经》《仪礼》《乐经》《诗经》《尚书》《春秋》。对于《春秋》之外的五本书，后人都承认孔子并非作者，但对于《春秋》，孟子有了不同意见。孟子在《孟子·滕文公下》中言：“孔子惧，作《春秋》，《春秋》，天子之事也。”这里，孟子首次指出孔子“作”了《春秋》。他认为，《春秋》以鲁国12国君为顺序，记载春秋时代242年的历史，其间多有“微言大义，”孔子将美丑善恶的标准也巧妙地寓于其中，对历史人物和历史事件有暗中褒贬。况且，孔子并非史官，却执笔著史，目的显然并不在史实本身，而是因为看到周道衰微，诸侯纷争，礼崩乐毁，欲以史为鉴，告诸后人。用西晋杜预的话说，是“上以遵周公之制，使旧典更兴；下以明将来之法，令后世有治国之法”。因此，《春秋》里其实寄寓了孔子的政治见解。孟子正是看透了孔子的用意，才称其为“作”。其实不仅孟子，司马迁也在《史记·孔子世家》中说孔子“乃因史记作《春秋》”，班固则在《汉书·司马迁传赞》说“孔子因鲁史记而作《春秋》”，他们都使用了“作”字。

孔子的这种做法对于后人产生了很大影响。他“微言大义”的作史态度，开创了后世作史服务于政治的先河。中国古代史学中崇尚微言大义、重在阐释的史鉴传统，就是效法孔子并发扬光大的。但这种“史以载道”的传统也使得中国历史产生了“正史不如野史可信”的尴尬局面。而明末清初著名文学评论家金圣叹对孔子“作”书本身的影响说得更严重，称孔子开创了私人著书的先例，于是后世之人纷纷效仿，这是后世动乱的根源。

什么是“春秋笔法”，为什么说《春秋》一书包含着圣人的“微言大义”？

所谓“春秋笔法”，顾名思义，是一种写作方法，或者说是一种使用语言的艺术，因孔子写《春秋》时首次使用而得名。这种写作方法的特点是寓褒贬于曲折的文笔之中，不直接在文中做判断。形象点说，好比是故意给文章糊上一层窗户纸，读者能否明白作者的意思便只能凭自己的眼力了。

孔子当时根据鲁史作《春秋》时，对于当时那些重大的、不好定论的史实，往往欲言又止，采取讳而不言的态度。即不明记其事，只以三言两语，作蜻蜓点水的提示，然后让读者自己体味；有时则暗含褒贬，行文中虽然不直接阐述对人物和事件的看法，但是却通过细节描写、修辞手法或对材料的筛选，委婉而微妙地表达自己的观点。春秋三传之一的《春秋公羊传》认为孔子有其明确的原则，即为尊者讳耻，为贤者讳过，为亲者讳疾。孔子的这种“春秋笔法”后来被广泛应用于中国的史学、文学、艺术等领域。

孔子并非史官，却要越俎代庖地做一部史书流传后世，确实是有着“微言大义”的心思，他的目的是借历史表达自己的思想。甚至许多经学家认为，《春秋》每用一字，必寓褒贬。战国时期史学家左丘明最先对这种“微言大义”作了精当的概括：“《春秋》之称，微而显，志而晦，婉而成章，尽而不污，惩恶而劝善，非贤人谁能修之？”意思是，《春秋》的记述，用词细密而意思显明，记载史实而含蓄深远，婉转而顺理成章，穷尽而无所歪曲，警诫邪恶而褒奖善良。如果不是圣人谁能够编写？这里提出了《春秋》为善恶、正邪立标准的目的。孟子又有言：“孔子作《春秋》，而乱臣贼子惧。”这里提出孔子作《春秋》的用意并非只是记录史实，而是要起到“警世”之用。孔子自己也曾对弟子说过：“后世知丘者以《春秋》，而罪丘者亦以《春秋》。”意思是：后代了解我的凭这部《春秋》，而怪罪我的也凭这部《春秋》。可见，孔子的确是在《春秋》之中寄予了自己的政治思想和是非观的。

古人把人分为“君子”和“小人”依据的标准是什么，这种分法体现了怎样的思想？

古人之所以将人分为“君子”和“小人”，完全是继承了孔子的说法。而其标准也大体上是按照孔子针对这两种人的言论而定，只是后来逐渐有所发展完善，形成了一种普遍而固定的说法。

孔子的言论中对于“君子”和“小人”的说法相当多。按照孔子的说法，“君子”与“小人”首先不一样的地方在于“畏”。“君子有三畏，畏天命，畏大人，畏圣人之言。小人不知天命而不畏也，狎大人，侮圣人之言。”这里提出了君子不以自己为大，心存敬畏，敬畏天命，敬畏有德行的人，敬畏圣人的教诲；而小人在内心里以自己为大，没有敬畏，不信天命，不敬畏圣人，任意而行。这里道出了君子、小人深层心理上的区别。

其次，君子的行为与小人的行为的出发点不一样：“君子喻于义，小人喻于利。”君子行事是依据道义所在，超脱自己的利害得失和好恶。如同孔子所说：“君子之于天下也，无适也，无莫也，义之于比。”意思是君子对于天下之事，没有一定执着的，没有一定否定的，只按照“是否合乎道义”的原则来衡量。而小人则是按照一己的利害行事，所谓“拔一毛而利于天下，不为也”。这里从行为动机上道出了君子与小人的区别。

还有，“君子和而不同，小人同而不和”。意思是君子之间见解不一定相同，各自拥有独立的思想，却可以相处得很融洽；而小人之间因为没有自己的精神坚持而显得彼此相同，却不和睦，这里从人际关系的处理上说出了君子与小人的区别。“君子坦荡荡，小人长戚戚”，君子因为不在意得失而内心坦荡，小人因为在意得失而经常表现得很忧虑，这是“君子”与“小人”在外在精神状态上的区别。另外，还有“君子上达，小人下达”“君子周而不比，小人比而不周”，等等。

总之，古人主要是根据一个人的德行、心胸以及是否心怀道义来评价一个人是“君子”还是“小人”。这种分法体现了古人重视责任、道义以及德行的儒家伦理道德观念。随着时代的演变，“君子”与“小人”逐渐简单化，分别指“品德高的人”与“品德低的人”。时至今日，“君子”一词则很少有人提了，“小人”的人格标准则进一步下降，多指人格卑鄙的人。

“学在四夷”是什么意思，孔子为什么要这么说，体现了一种什么思想？

“学在四夷”的完整说法是“天子失官，

学在四夷”，意思是天子丧失了自己的职守，原本由天子掌握的文化学术流落到诸侯国乃至东夷、西戎、南蛮、北狄所处之地。

鲁昭公十七年（公元前525年），郯国国君郯子前来访问鲁国，鲁昭公摆宴招待。席间鲁国大夫叔孙昭子向郯子询问有关少昊氏以鸟命名官员职位的事，郯子做了回答。郯子在介绍时如数家珍，很是熟练。孔子听说后，便来拜见郯子，向他请教少昊氏的事。回来之后，孔子感叹道：“我以前听说过‘天子失官，学在四夷’的说法，看来的确是这样啊。”

孔子之所以发出这样的感叹，是有一个大的社会背景的。在西周时期，周王室不仅掌管政治权力，而且统一掌管教育学术，因此那时的学术一直有“王官学”之谓。但到东周以后，王权衰落，文化学术随之出现下移。后世学者一般认为这个过程大致分为两个步骤。

首先是因为周王室的权力衰落，政治变故频繁，一些文化官员纷纷离开都城洛阳，流落到各个诸侯国。如原为周守藏史的老子看到周王室衰微，天下即将大乱，便弃掉官职，骑青牛西出函谷关而去；《论语·微子》里记载了一批乐官弃官而去，散落至各诸侯国；《左传》里记载了王子朝和一批贵族子弟携带周王室的许多典籍去了楚国。文化官员以及典籍的外流，导致周王室的学术文化中心地位的衰落，使诸侯国的文化学术逐渐繁荣起来。一些原本因为使用“夷礼”而被视为夷族的诸侯，开始通过使用“周礼”而逐渐融合于主流文化。孔子所说的“天子失官，学在四夷”便指这种现象。此现象的出现，也因此导致了中国历史上第一次“夷夏之辨”。

第二个步骤则是在春秋末期，诸侯衰落，“士”阶层崛起。许多文化官员丢了官职，流入民间，通过祭祀、礼仪等方式谋生，这导致了民间文化的繁盛。许多民间文化人聚众讲学，使民间学术日趋繁荣，各种流派纷纷出现，“百家争鸣”便是在此基础上才有了可能。通过这两个步骤，文化学术最终完成了由官府向民间的转移。

知识链接

夷夏之辨

夷夏之辨指古时候中国人对于“华夏”和“夷族”的区分，本质而言，是中国的文化认同问题。早在上古时期，人们就以地域关系来辨别夷夏，以中原地区为中国，而以周边的少数民族为四夷。春秋战国时期，随着华夏与夷狄地缘关系被打破，礼仪文化则成了区分夷夏的标准，人们认为“中国”“先进于礼乐”，而四夷“后进于礼乐”。汉代公羊学兴起后，从《公羊传》到董仲舒再到何休，都热衷于夷夏之辨。经过系统的阐发，夷夏之辨成为历代政治统一的文化思想支点。

晚明时期，西方传教士到中国后，瞿太素在《职方外纪小言》中进一步提出“夏夷之辨”的新人文主义标准：“其人而忠信也，明哲焉，虽远在殊方，诸夏也。若夫汶汶焉，汩汩焉，寡廉鲜耻焉，虽近于比肩，戎狄也。”“夷夏之辨”由此增加了道德的标准，有了文明和野蛮之辨的意味。

孔子去世后，弟子中是谁光大了孔子的思想，历史上是否存在过“思孟学派”？

据《史记·儒林列传》记载，孔子去世后，七十二弟子有的从政，做了卿相；有的回归故里，隐居不仕；有的则按照老师的模式，聚众讲学。多数弟子并没有因为孔子的去世而荒废了孔子的学说，而是以不同的方式坚持“孔学”，进一步发展并光大了孔子的思想。其中，对孔子学说的发展起作用比较大的有子张、子夏、曾子、子游、澹台灭明等人。

子张是孔子晚年的得意弟子，为人心直口快，心高志远。孔子去世后，他在陈国继续从事教育事业，教授儒学，自成一家；子游也是孔子晚年学生中才智颇高的一位，孔子去世后，他继续从事教育，其学在战国时期形成了颇有影响的学派；澹台灭明则在楚国豫章的百花洲结草堂办校，收弟子300多人，发扬儒学。

对儒学的发展与光大起作用尤其大的是子夏与曾子两人。子夏离开曲阜后，到魏国西河一带宣扬儒学，后来被魏文侯拜为老师，地位尊崇。但其主要心思依然放在对儒学的进一步发展和传播上，投其门下的弟子众多，形成了著名的西河学派。后来的儒学大师荀子便是师承于子夏，而以荀子为代表的“孙氏之儒”是战国时期儒学的大宗。

除子夏外，曾子也是开宗立派的大师，影响非常大。曾子下启子思，子思又下启孟子，最终形成了“孟子之儒”。孟子发展了孔子的“仁学”思想，提出了行“仁政”的政治理想和“民贵君轻”的民本思想，成为儒家思想的正统。

至于是否存在过“思孟学派”，历来争议不断。说其存在，是因为至少从宋代起，“思孟学派”便被学者们认为得孔子真传，居儒学大宗，在中国思想史上地位显赫。更为关键的是儒学大师荀子曾站在批判的立场认为子思、孟轲具有内在的联系，他们彼此前唱后和，主张一种五行说，得到一批俗儒的支持，在当时产生了一定的影响。说其不存在，则是因为其学术著作《子思子》到唐代已经失传。一个学派一旦没有自身典籍，或典籍遗失，只剩下旁人的传言，便很难让人了解其具体情况，乃至相信它的存在。

子曰“仁者爱人”，墨子曰“兼爱”，同样强调“爱”，为何还要分儒家、墨家？

儒家所提倡的“仁爱”与墨家所说的“兼爱”虽然都提倡“爱”，但其内在层次上是有差别的。

儒家的爱是推己及人，是有次第的，即以自己为中心，层层外推，由近及远。先是爱自己的父母兄弟，然后才是宗族、国家等。先“老吾老”“幼吾幼”，然后才“以及人之老”“以及人之幼”。不仅先后有别，深浅也不同，离自己越近，爱的程度越深。其中，尤以“亲亲为大”，即对父母的爱最深。所谓“孝悌也者，其为仁之本与”，体现儒家的仁爱以“孝”为基点。而墨家所提倡的爱则是一种无差别的爱，主张对一切人都平等地去爱。墨子以“兼爱”为其社会伦理思想的核心，认为当时社会动乱的原因就在于人们不能兼爱。他提倡“兼以易别”“爱人不外己，己在所爱中”“视人之国若视其国，视人之家若视其家，视人之身若视其身”的观点，反对儒家所强调的“爱有差等”的观点。关于这点，儒家和墨家曾经针锋相对地展开辩论。当时孟子对于墨子的“兼爱”说法大为光火，说墨子将自己的父亲视同众人，与禽兽没有差别。

除了亲缘关系，儒家的爱还有一定的阶级性、道义性，主张“亲亲有术，尊贤有等”，对于值得爱的人才去爱，对于一些恶人则不需去爱；而墨子则主张打破这种差别，不管好人、坏人都应该对之有怜爱之心。

另外，墨家的爱比之于儒家的爱，又多了一些现实的功利性，提出“兼相爱，交相利”，意思是爱人就要体现为物质利益，这比儒家的爱更为现实具体。

总之，儒家和墨家都提倡爱，但儒家之爱从顺遂人的本性出发，更符合人之常情。而墨家之爱是一种更为崇高的理想之爱，与基督教所提倡的博爱类似，两者本质上并不冲突，只是着眼点不同。相较之下，儒家的观点因为更符合统治阶层的利益，而被统治者所推崇，成了中国历史中的正统。而墨家之爱则遗留于民间，所谓“侠”便是一种墨家之爱，墨子也因此被尊为“侠”之鼻祖。

孟子说“人性本善”，荀子说“人性本恶”，两个儒学大师怎么会有这么大的分歧？

孔子的“原始儒家”蕴含了丰富的发展可能性，因此在孔子去世后，“原始儒学”先是经历“儒分为八”，然后到战国晚期又变成孟子学派和荀子学派对峙的格局。而同为儒家大师的孟子和荀子之所以“掐”起来，其焦点便在于人性的“善恶之辩”。孟子主张“人性本善”，而作为晚辈的荀子在对孟子的思想多有继承的基础上，在人性的问题上却提出了“人性本恶”的观点。

孟子将人区别于动物的属性看成是人性的合理之处，并认为其具有善的根性，也即是说，道德是一种先验的东西。他认为仁、义、礼、智四种“常德”是人性中与生俱来的“四端”发展而来，即“恻隐之心，仁之端也；羞恶之心，义之端也；辞让之心，礼之端也；是非之心，智之端也。人之有是四端也，犹其有四体也”。因此道德是人性所固有的，并非经由外力灌输。只要对人性“四端”小心培养，就可以通向四种“常德”，推向极致之后，甚至“人皆可以为尧舜”。

相反，荀子却在《荀子·性恶》中开宗明义地说：“人之性恶，其善者伪也。”他认为人生而好利多欲，内中根本不存在仁义道德，一切符合善的行为都是后天理性思考之下的选择，所谓“天性有欲，心为之制节”。人之所以收起了自己的本性，完全是因为道德规范以及法制的约束；之所以做有一些符合道德的行为，也只是权衡利弊的结果。

先秦学说诸说并作，各执一端，但有一个共同特点，即都想提出一种救治时弊的主张。孟子与荀子人性论的不同，其实与两人的政治主张密切相关。孟子的“性善说”是为其“仁政”的政治主张寻找人性的基础；而荀子的“性恶说”则是因为看到战国末期秩序混乱，人欲横流，因此才力斥孟子的“性善说”，希望强化秩序的作用。两人不约而同地从“人性”而非神性去寻找价值的支撑，则共同体现了一种人本主义思想。只是孟子从一种唯心主义出发，是一种理想主义；而荀子则出于一种唯物主义，提出的是一种更具操作性的现实主义主张。

老子开创的道家学派与黄帝有何关系，为什么会有一个“黄老学派”呢？

“黄老学派”产生于战国中期，原是齐国稷下学宫的一个学派。战国中后期，由于长期以来的诸侯纷争，各国朝野都希望政治统一、和平安定的局面出现。黄帝作为华夏祖先，曾经开创了中国第一个大一统的文明时代。在当时的思潮下，黄帝便成了人们所推崇的政治家，一时为“学者所公述”。当时的道家也积极吸收黄帝思想中的尚法宗旨，形成了以“道德”为核心，以老子、黄帝为共同的创始人的新道家学派，该学派以“黄老之言”为学派的指导思想，因此时人称之为“黄老学派”。

“黄老学派”的代表作是《老子》，核心思想是提倡“于民休息”的“无为政治”。西汉时期，统治者鉴于秦王朝“举措暴众而用刑太极”以致被迅速推翻的教训，将黄老学派的学说作为治国的指导思想，并将它运用到政治和法制实践中，以安定社会、恢复经济、缓和阶级矛盾和统治集团内部的矛盾。尤其在文、景两帝时期，黄老之学盛极一时。

其实，黄老之学并非仅仅是黄帝思想与老子思想的简单结合，而是兼采了“墨、名之要”，尤其吸收了儒家、法家的东西，为自己所用，最终形成了以儒、道、法三者相互渗透的混合学说。而且，从先秦到汉初，黄老之学根据政治的变化，不断调整自己的主张。先秦以道、法并提，重点在于法而不在于道。史载，一些著名的法家代表人物如申不害、慎到、韩非等大都“学本黄老”。到了汉初，黄老之学则大量吸收儒家智慧，既强调无为的道，力求“道胜”而“反于无为”，又在重视法的作用的同时，反复强调礼、德的功用，并在德刑关系问题上提出了一套完整的主张。在湖南长沙马王堆出土的《十六经》中，就有“春夏为德，秋冬为刑，先德后刑以齐生”的记载。

西汉初期，黄老之学一直是汉王朝的“御用”学术。到汉武帝时期，董仲舒提出“罢黜百家，独尊儒术”之后，黄老之学才慢慢衰落，为儒学所代替。

“庄周梦蝶”是怎样一个故事，庄子为何会有这么古怪的想法？

“庄周梦蝶”的故事出自《庄子·内篇·

齐物论》："昔者庄周梦为胡蝶，栩栩然胡蝶也。自喻适志与！不知周也。俄然觉，则蘧蘧然周也。不知周之梦为胡蝶与？胡蝶之梦为周与？周与胡蝶则必有分矣。此之谓物化。"其大意就是有一天，庄周梦见自己变成了蝴蝶，翩翩起舞，感到悠然自得，非常快乐，不知道自己是庄周。过了一会儿梦醒了，发现自己是躺在床上的庄周，于是感到迷惑：是庄周做梦变成了蝴蝶呢，还是蝴蝶做梦变成了庄周？

庄子之所以会有如此奇怪的想法，原因在于他一向"齐物"的哲学思想，而这篇寓言就是宣扬他齐物思想的名篇。庄子一向认为人的生死、物我的界限其实是虚幻的，并且可以打破，而且只有打破之后，人才会得到真正的快乐。在一般人看来，醒是一种境界，梦是另一种境界，二者是不相同的。但在庄周看来，它们都只是一种现象，是"道"在运动中的一种形态、一个阶段而已，所谓"物与我皆无尽也，物与我皆无界也"。这其实也就是道家一向的"宇宙万物本为一体"的哲学思想。

通过"梦蝶"寓言，庄子提出一个哲学问题——人如何认识真实？如果梦足够真实，人便没有任何能力知道自己是在做梦。其实不只是庄周，许多人都会偶尔在某一瞬间产生人生如梦的想法，只是庄周将这种感悟用寓言形象化地表达出来了。李白在《古风五十九首》中写道："庄周梦胡蝶，胡蝶为庄周。一体更变易，万事良悠悠。乃知蓬莱水，复作清浅流。青门种瓜人，旧日东陵侯。富贵固如此，营营何所求。"意思是人生本如蝴蝶梦一般，变化莫测，昔日的东陵侯，现在成了城外的种瓜人，富贵哪有定数，又怎值得去追求呢？可见，庄周的这种想法古怪则古怪，但并不"曲高和寡"，反而得到了不少人的共鸣。

"百家争鸣"中的"百家"并非实数，那么当时到底有多少个学派？

春秋战国时期，西周灭亡，天下诸侯割据，连年纷争。读书人于是争相思考天下兴亡，由此打破了"庶人不议"的传统观念，取而代之的是"处士横议"的活跃局面。而这个时期也正好处于德国哲学家雅斯贝尔斯所说的"轴心时代"，中国人的精神和文化获得了空前的发展。这个时期，一大批赫赫有名的思想家相继涌现。他们在如何统一天下、治理国家、教化民众等方面形成了各自不同的学说。为表示对他们的尊重，人们不称其名字，而称其为"子"。后来合在一起，人们统称他们为"诸子百家"，后人概括那个时期的学术繁荣程度，则称之为"百家争鸣"。

"百家"表明当时思想家较多，其实是一种夸张的说法，并无一百家。其中主要人物有孔子、墨子、老子、庄子、列子、荀子、孟子、韩非子、商鞅、申不害、许行、告子、杨子、公孙龙子、惠子、孙武、孙膑、张仪、苏秦、田骈、慎子、尹文、邹衍、晏子、吕不韦、管子、鬼谷子等。在这些"子"中，有些同属于一派，比如老子与庄子同属道家，鬼谷子、苏秦与张仪同属纵横家；有些是师承关系，比如孔子与孟子，也划为一家。最后综合起来，有10家左右，而不同的人也有不同的分法。最早的是司马迁的父亲司马谈，他在《论六家要旨》中，将百家首次划分为："阴阳、儒、墨、名、法、道"6家。后来，刘歆在《七略》中，又在司马谈划分的基础上，增"纵横、杂、农、小说"，于是总共10家。今人吕思勉在《先秦学术概论》一书中再增"兵、医"，认为："故论先秦学术，实可分为阴阳、儒、墨、法、道、名、纵横、农、小说、杂、兵、医十二家也。"

当时各学派的人物针对一些社会问题四处游说，推行自己的政治主张，著书立说。人们的思想空前活跃，在中国文化史上形成了一个百家争鸣的空前繁荣的局面。在这些学派中，最有影响的主要是儒家、墨家、道家和法家。

知识链接

轴心时代

“轴心时代”是20世纪德国哲学家雅斯贝尔斯关于人类文明提出的一种的说法。他认为公元前800～前200年，尤其是公元前600～前300年，是人类文明的“轴心时代”。这段时期，人类精神文明集中地取得重大突破，各个文明都出现了伟大的精神导师——古希腊有苏格拉底、柏拉图、亚里士多德，以色列有犹太教的先知们，古印度有释迦牟尼，中国有孔子、老子……他们提出的思想原则塑造了不同的文化传统，至今仍影响着人类的生活。

在轴心时代，古希腊、以色列、中国和印度的古代文化都发生了“终极关怀的觉醒”，这几个地方的人们开始用理智的方法、道德的方式来面对这个世界。同时，具有严密教义的宗教的普遍产生使人类超越和突破了原始文化，进入新的文明阶段。

中国的典籍中，《孙子兵法》在国外备受追捧，这是为什么呢?

《孙子兵法》应该是在国外知名度最高的中国典籍之一。《孙子兵法》在西方被译作《战争的艺术》(The Art of War)，早在18世纪即由西方传教士带到了西方，直到现在还常年处于畅销书行列。而在东方，《孙子兵法》则早在8世纪就已经传入日本，并融入了日本文化之中。

《孙子兵法》之所以在国外长时间地受到尊崇，首先因为它深富哲理的军事思想。《孙子兵法》被誉为“兵经”“第一部战略学著作”。书中提出的“以智克力”“以柔克刚”“不战而屈人之兵”“避实就虚”等深刻的战略理念，历经2000多年仍然为军事家、政治家们所推崇。美国国会研究防务问题的高级专家约翰·柯林斯说：“今天，没有一个人对战略的相互关系、应考虑的问题和所受的限制比他（孙武）有更深刻的认识。他的大部分观点在我们当前的环境中仍然具有和当时同样重大的意义。”这句话基本上道出了《孙子兵法》至今受欢迎的原因。《孙子兵法》的战略思想，并不因为战争双方所使用的兵器是矛戈或者冲锋枪，甚至原子武器而适用程度不同。可以说，只要存在战争与军事对抗，《孙子兵法》便有人看。第二次世界大战后，西方的战略家再一次发现《孙子兵法》的重大价值，运用其中的战略原理思考现实疑难的战略问题，均获得满意的答案和结果。

除了军事领域，《孙子兵法》的思想还在政治、经济、外交、体育等各个领域得到广泛的应用，因此也是这些领域领导者的必读书。随着现代商业社会的繁荣，《孙子兵法》又被人评为商战中的“圣经”，它用东方文化全面阐释了当代西方的管理、战略、资本运作、市场营销等诸多商业理念，在商业和金融等现代生活领域得到应用。

另外，《孙子兵法》在思想上亦蔚为大观，蕴含着中国古老的“天人合一”哲学，文字与修辞上也具有极高的文学价值。这些都是它备受推崇的原因。

秦始皇为什么要“焚书坑儒”，他坑杀的是儒生还是方士?

据《史记》记载，在秦始皇统一六国之后，丞相李斯认为民间“诸子”学说经常诽谤朝政，以古非今，建议秦始皇予以取缔。于是秦始皇采纳李斯的建议，下令焚烧《秦记》以外的其他国家的史记，对不属于博士馆的私藏《诗经》《尚书》等也限期交出烧毁；有敢谈论《诗经》《尚书》的处死，以古非今的灭族；并禁止私学。此即中国文化史上的一场空前浩劫——焚书。第二年，两个术士（修炼功法炼丹的人）侯生和卢生私下诽谤秦始皇“乐以刑杀为威”“贪于权势至如此”等，秦始皇为此大怒，派御史调查此事，最后查处与之相关的“诸生”460余人，全部坑杀，也即活埋。此即为“坑儒”。两件事合在一起史称“焚书坑儒”。

秦始皇的“焚书”与“坑儒”，两件事其实是出于同一个目的，即为了统一思想，巩

秦始皇焚书坑儒图　清

这件清代的帛画以想象的方式向我们展现了秦始皇当年焚书坑儒的情形，图中在朝堂之上秦始皇巍然高坐，腐儒战战兢兢求命于下，朝堂之外已有许多儒士被绑，或被杀扔入坑中，或被押在坑边。

固统治。秦统一六国之初，虽然建立起了中国第一个集权王朝，但在思想上并未统一。秦始皇对于民间兴盛的“诸子”私学非常头疼，视之为“百家之难”。因此，秦政府的“焚书坑儒”，所打击的对象不单是儒家，而是讲私学的“百家”。所谓的两个术士逃亡只是一个借口。这其实是专制权力与清醒的知识分子之间的必然冲突，历代不乏，只是外在形式有所变换，激烈程度不同罢了。

至于被坑杀的是儒生还是方士，历来存在争议，主流观点认为被坑杀的是儒生。因为虽然司马迁《史记·儒林列传》中所用的是“及至秦之季世，焚诗书，坑术士”，但在汉代以前，儒生是一种泛指，包括了术士，就像现在的文化人，包括了作家、学者一样，并且从术士们诽谤秦始皇的话来看，显然是以一种儒家口吻批评推行法家统治的秦始皇，所以，秦始皇所坑杀的应该是儒生。

汉武帝“罢黜百家，独尊儒术”，可是汉朝为何还有“外儒内法”的说法呢？

对于汉武帝的“罢黜百家，独尊儒术”，历代学者都并不以为然，认为其“独尊儒术”的背后掩藏着“外儒内法”的实质。也有人称之为“法主儒从”“儒法并用，法本儒末”等。

史书一些记载也证明了这一点。比如，《汉书·元帝纪》记载，汉宣帝任用了许多刑吏，太子（汉元帝）向他建议多用儒士，他回答道：“汉家自有制度，本以霸王道杂之，奈何纯任德教，用周政乎？”霸王道者，法家也。这里汉宣帝便直接说出了自己儒法结合的统治思想。外儒，给封建统治者披上一层仁德的外衣；内法，则为统治者的专制统治提供了坚强的后盾。从制度上看，汉代很大程度上继承了秦制，从两汉时期法律条款的精致程度，我们也可以看到汉代法家政治的浓厚气息。汉律是直接继承秦律而来的，它最大的特色是严密，“律令凡三百五十九章，大辟四百九条，千八百八十二事。死罪决事比万三千四百七十二事。文书盈于几阁，典者不能遍睹”。另外，汉代宣称独尊主张仁德的儒家思想，却相继出现了张汤、王温舒、尹齐、杨仆等一批酷吏，也可以看出汉代统治思想绝非“独尊儒术”。

汉代之所以搞出这么个把戏，有其独特的背景。汉初，鉴于秦朝因法家而亡，统治者采用了提倡“与民休息”的无为政治的黄老之学治国，由此出现了社会安定繁荣的“文景之治”。但到了汉武帝时期，从政治上和经济上进一步强化中央集权成为迫切需要。主张清静无为的黄老之学已不能满足这种政治需要，而儒家的大一统思想、君臣伦理观念则更适应这种政治需求。于是，在思想领域，儒家终于取代了道家的统治地位。同时，对于统治者来说，讲究刑名、术数，注重实效的法家思想，才能使自己拥有绝对权力，有效地驾驭臣下。鉴于秦以法家思想而亡的忌讳，便外宣示以儒术，内则以法家思想的功赏过罚作为统治的手段。司马迁便看出了汉武帝这种虚伪，表现出了对先秦儒家的景仰和对汉武帝时期变味了的儒林的鄙弃，他在《史记·汲郑列传》中，借汲黯之口揭示了汉武帝的虚伪："陛下内多欲而外施仁义。"

东汉时流行的"谶纬之学"是一门什么学问，为何受到刘秀的重视？

"谶纬之学"是流行于中国两汉时期的一种学说。它最早起源于燕齐一带，秦时开始向中州一带传播。"谶"，即一种神秘的预言假托神仙圣人预决吉凶，具体又分为符谶、图谶等；"纬"是相对于"经"而言，是对儒家经书的神学化解释。"谶纬之学"以阴阳五行学说和董仲舒"天人感应论"为依据，将自然界的偶然现象神秘化，并将之视为社会兴衰、重大事件即将发生的征兆。"谶纬"常被人作为制造舆论、改朝换代的工具。如《史记·陈涉世家》记载，陈胜、吴广起义时，就曾将写有"天下兴，陈胜王"的书帛放入鱼腹中，吴广又于深夜在神祠前点篝火，"狐鸣呼曰：'大楚兴，陈胜王'"；西汉末期，王莽"篡政"，也利用了谶纬。

"谶纬之学"因为适应了当时封建统治者的需要，故流行一时，尤其在东汉时受到光武帝刘秀的异常重视，被称为内学，尊为秘经。之所以如此，是因为刘秀夺得天下正是得力于"谶纬"。

据《后汉书·光武帝纪》记载，王莽当政末期，当时南阳的谶纬之风特别盛行。穰（今河南邓州市）人蔡少公"颇学图谶，言刘秀当为天子"，刘秀的姐夫邓晨便鼓励刘秀去夺取天下。刘秀在河北发展起自己的势力后，随从劝其称帝。刘秀因力量不足而犹豫。他的太学同学、颍川人张华又及时送来了赤伏符，其中有"刘秀发兵捕不道，四夷云集龙斗野，四七之际火为主"。刘秀遂借此宣扬，自己起兵是"答天神，塞群望"的义举，由此在当时众多起义队伍中脱颖而出，最终夺取了天下。

刘秀建立东汉政权后，对谶纬崇信更甚。极力利用谶纬来神化皇权，在用人施政时也都以谶纬"决定嫌疑"，并最终"宣布图谶于天下"，使谶纬成为国宪。谶纬之学遂成为东汉统治思想的重要组成部分，凭借国家政权的力量盛行一时。"五经之义，皆以谶决，于是五经为外学，七纬为内学"，人人"崇尚谶纬"，不引谶纬，人不尊经。

"谶纬之学"到魏晋时日渐衰落。后来，历代统治者都因担心谶纬之书蛊惑人心，危害自己的统治而对其严加查禁。

王充是个伟大的无神论者吗，为什么算命先生尊他为祖师爷？

王充，字仲任，会稽上虞（今浙江省绍兴市上虞区）人，一向被认为是东汉时代杰出的唯物主义哲学家，无神论的集大成者。然而，如果仔细读一下他的著作，就会感到迷惑，一个唯物主义者怎么会满口的"命运""五行相克""夫妻属相相生相克"？这不是自相矛盾吗？而且，这位无神论者还被后世尊为算命先生的祖师爷，这就更有些让人摸不着头脑了。事实上，说王充是个无神论者，是过于简单化了，他的思想里明显还有许多唯心主义的东西。

一些人之所以说王充是个无神论者，是因为王充在《论衡》中提出了"天乃自然，而非人格神""人死无鬼"等观点，认为"天地合气，万物自生"，人死之后也没有鬼魂的存在。此外，他还否认了当时的"天降祥瑞"等说法。所有这些是他身上所体现出的朴素唯物主义的地方。但除此之外，他还首次系统提出了一套命理学的理论，也因此成了算命先生的祖师爷。

中国算命术的起源，起于两汉，反映在文字上，便主要是《白虎通义》和王充的《论衡》。其中尤以《论衡》最有代表性，其中的《命禄第三》《命义第六》《吉验第九》等篇空前地宣扬了天命的存在，认为"凡人遇偶（逢吉）及遭累害，皆由命也。有死生寿夭之命，亦有贵贱贫富之命"。他还进一步将命运的存在推及动物世界，认为动物也有命运存在，并且认为命运是“国命胜人命，寿命胜禄命”“遭逢之祸大，命善禄盛不能却也”。在《命义篇》中，他认为一个人一生吉凶，早在其父母交合、得孕之初就已经定下来了。算命先掐算生辰八字，便是由此理论演变而来。王充还首次将五行相生相克理论用在了算命上，认为每个人身上都含有“五行之气”，并据此提出夫妻生肖相克的命理。

因此可以说，王充第一次建立起了算命的理论框架，当之无愧是算命先生的祖师爷。

魏晋南北朝流行的“玄学”是一门什么样的学问？

“玄学”的“玄”并非是玄奥难懂之意。王弼注《老子》时，曾提出“玄者，物之极也”，“玄者，冥也。默然无有也”。因此，这里的“玄”意指诸如万物根源、本体等观念。而玄学是魏晋时期王弼、何晏等在儒家的基础上，吸收道家的精神形态，探究事物原理的一种唯心主义哲学。

魏晋时期，因党争酷烈，政治暴力时常绞杀名士，加之汉末以来在意识形态上居于支配地位的儒家思想的动摇，老庄思想受到推崇。当时的知识分子一改臧否朝廷人物的“清议”，摈弃世务，转而热衷于抽象玄理的讨论。玄学家多是当时的名士，他们以出身门第、容貌仪止和虚无玄远的“清谈”相标榜；以“三玄”（即《周易》《老子》《庄子》三本道家经典）为依据，将儒家与道家思想相互贯通；以解决名教（儒家礼教）与自然的关系为其哲学目的，究极宇宙人生的哲理。当时的玄学家们对于宇宙自然的本质、生命的本质、人存在的终极意义，以及有无、本末、才性、言意、动静等命题，都有深入的讨论。其代表人物有王弼、阮籍、嵇康、向秀、郭象等。

玄学思辨所带来的本体感悟，除了在哲思层面上对宇宙自然中的生命意义做一种感触和领悟外，又与各种不同因素结合在一起，作为一种动力和构成，体现为魏晋士人本身的生活方式和格调，并表现在他们的艺术创造活动中。而魏晋人士之所以以其性格行为的旷达潇洒、为言为文的玄妙灵动，以及个人气度的精致清峻形成了历史上一个独特的群体，与玄学的流行可以说是互为因果。

玄学家们从个体生命的角度体验到天地宇宙的某种永恒，体味到人在此之中的自由。同时又因人生短暂，则更珍惜这种自由。这种领悟和发现，导致了以阐释老庄和佛教哲理为主要内容的玄言诗以及稍后更加成熟从容的山水诗的出现。这样一种纯粹的、非功利的精神活动和精神生产，为后世的艺术和审美奠定了一种不同于儒家的观念基础，为中国文学与审美开拓了巨大的空间。

知识链接

清议

简单地说，清议就是对时政的议论。东汉后期，宦官专政，垄断仕途。太学生上进无门，便与同样受宦官压制的在朝士大夫结合，共同形成一股反对宦官专权的政治力量。这些太学生与士大夫经常对朝廷公卿以及各项政策提出褒贬，形成一股舆论力量，而其中的主要内容是批评宦官专权乱政。这是早期的“清议”。

后来，到魏晋南北朝时期，“清议”不再是一种没有规矩的自发议论，而是被写入法律，成为“清议制度”。具体而言，就是以儒家的伦理道德为依据，臧否人物。为官者一旦触犯清议，便丢官免职，被禁锢乡里，不许再做官。清议制度对当时官场有激浊扬清的积极作用。清议制度的出现，是当时寒门读书人与门阀贵族斗争的产物。

韩愈坚持的“道统”是什么，后世儒家为何高度尊崇他？

韩愈，字退之，河阳（今河南省焦作孟州市）人，唐代文学家、哲学家。在思想上，他是中国“道统”观念的确立者，是尊儒反佛的里程碑式人物，也是宋明理学唯心主义的重要先驱之一。

韩愈所生活的唐代中后期。儒家思想自被汉武帝奉为正统以来，日益僵化，失去活力。在人们对儒家思想兴味索然的同时，佛、道开始盛行，佛教尤其受到上自皇帝，下自普通百姓的普遍信奉。杜牧的“南朝四百八十寺，多少楼台烟雨中”便是当时的真实写照。韩愈为反对佛教，维护儒家的正统地位，提出了“道统”说。

韩愈所谓的“道”，即指孔孟的“仁义道德”。韩愈认为“仁”就是“博爱”，“义”就是做该做的事，内心具备了“仁义”便是“德”，照着自己的这个方向去实践便是“道”。他还称儒家之“道”与佛教的所谓“道”有根本的区别。针对佛教性情对立、要求灭情以见性的观点和主张“出世”的态度，韩愈则主张因情以见性，即在克制情欲的道德修养中改善人性，以符合现实伦理道德的要求。同时，为弥补儒家思想仅以政治伦理为务，没有自己的宇宙观和心性理论的缺点，韩愈又综合了孟子、荀子、扬雄的人性理论，并继承了董仲舒的性三品说，确立了自己的“性三品”说。并第一次将儒家的“道”抽象为以道德为中心的客体精神，从而使儒家能在世界本原问题上与佛、道相抗衡。

所谓“统”讲的是儒家学说的师承关系。韩愈认为，“道”发端于尧，经舜、禹、汤、文、武、周公，至孔子发展到完备。孔子后，诸儒不得要领，只有孟子得其真传，孟子后失传，到他自己又续接上了。所以他提出，他的使命是师道、传道和卫道。

据《旧唐书·韩愈传》记载，韩愈“触排异端，镶斥佛老，补苴罅漏，张皇幽眇。寻坠绪之茫茫，独旁搜而远绍；障百川而东之，回狂澜于既倒”。他毕生“以兴起名教弘奖仁义为事”，努力以自己的学术重建儒家精神，对于儒学的弘扬，功劳甚巨。而他的“性三品”对宋明心性理学的发展具有启发意义。后世儒人多认为他继承了孟子的儒学正统地位，对之格外尊崇。

最能体现中国思想的神秘“太极图”，里面暗藏着什么样的玄机？

太极图是以阴阳相互涵容交感的圆形图案，俗称阴阳鱼，相传由宋代华山道人陈抟所绘。

对于神秘的太极图，现代学者普遍认为它是宇宙万物运化的全息稳态模式。它以简单而形象的方式深刻地概括了阴阳易理、相反相成的哲理，生动地表示了宇宙万物的结构及其运动规律，堪称中国古人的最高智慧。

太极图上的黑代表阴，为阴仪；白代表阳，为阳仪。黑白两部分像两条鱼一样彼此依托，相互缠绕。寓意阴阳既对立，又统一。阴阳在相互排斥、相互斗争中，此消彼长，并始终保持一种动态的平衡。图中的黑色部分有白点，白色部分有黑点，则寓意阴阳互根，阴中有阳，阳中有阴，所谓“孤阴不长，独阳不生”。而最外层的圆圈则象征太虚或无极，表示宇宙万物是由元气化生的，同时又在进行着运动和循环。

宋代一些儒学大师以人学视角解读太极

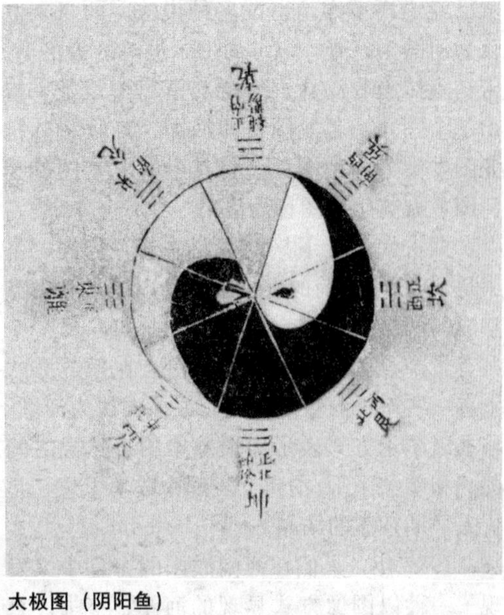

太极图（阴阳鱼）

这种太极图据考始制于东汉炼丹家和气功学家魏伯阳的《周易参同契》。它反映了阴阳两方面既相互对立，又相互依存，阴中有阳，阳中有阴。这种阴阳对立互根的思想在中国古代医学中得到了广泛的应用。

图，认为太极图包括天、地、人三部。它的阳方代表天部，阴方代表地部，中间的曲线代表人部，太极图是一个研究天地万物共同规律的法象图。所谓“太极元气，含三为一。”由此提出了立天之道，立地之道，立人之道三纲领，也就是三才之道。并把太极法则设定为人的一切行为的标准，从而把“太极”学说发展为“人极”学说。

朱熹曾将“太极图”解释为描述道教内丹修炼的图。

总之，所谓大道至简，太极图本身虽简单，一个圆圈、两条黑白鱼图形、两个圆点，但经过历代的图解与诠释，已经构成了一个含义丰富深邃的庞大的“太极哲学”体系。

“河图”“洛书”究竟是什么，它们真是灵龟从水里带出来的吗？

河图、洛书是中国文化最古老，最神秘的事物之一。对于其究竟为何物，来源于何处，如今只剩下种种传说，以及古人在典籍中留下的对于这些传说的种种猜测。

早在古代，人们对河图、洛书具体所指就已经语焉不详，出现多种说法。西汉刘歆认为河图为八卦，以《尚书·洪范》为洛书。宋初陈抟吸收汉唐九宫说与五行生成数，提出一个图式，名龙图，即河图。刘牧将陈抟龙图发展为两种图式，将其中的九宫图称为河图，五行生成图称为洛书。

据古代流传下来的资料来看，河图、洛书是2000多年前的人留下来的以黑点和白点摆成的两个数阵，一个共有九个点，另一个共有十个点。两个图形的黑白点在摆放方式上有一些奇怪的数学规律。许多人认为河图、洛书以图示方式表示出最基本的自然数之间的“和差关系”，本质上表现为数学思想，是古人早期智慧的结晶。

1987年，人们在河南濮阳的古墓中又发现了一种以图像方式显现的河图、洛书。墓中用贝壳摆绘河图四象、二十八宿，其布置形意，上合天星，下合地理，且埋葬时已知必被发掘。同年出土的安徽含山龟腹玉片，则为洛书图像，距今5000多年。图形版的河图、洛书的发现又使得人们迷上加迷。有学者猜测河图、洛书可能是古代地理书；也有学者认为河图为上古气候图，洛书为上古方位图；又有人干脆提出河图乃是天河之图。

关于河图、洛书究竟怎么来的，则充满了神话意味，并且不止一个版本。流传最广的是上古伏羲氏时，洛阳东北孟津县境内的黄河中浮出龙马，背负“河图”，献给伏羲。伏羲依此而演成八卦，据说后来的《周易》也源于此“河图”。又传说，大禹时，洛阳西洛宁县洛河中浮出神龟，背驮“洛书”，献给大禹。大禹依此治水成功，遂划天下为九州；又依此定九章大法，治理社会。后九章大法流传下来被收入《尚书》中，名《洪范》。《易·系辞上》说“河出图，洛出书，圣人则之”，就是指这件事。至于是真是假，就很难说了。

知识链接

《易经》

《易经》是中国一部古老而深邃的经典，其中蕴含了中国古人的最高智慧。被誉为“群经之首，大道之源”。《易经》共有六十四卦，分为“经”“传”两部分。据说“经”部分为周文王被商纣王囚禁期间所作，而“传”部分则为孔子所作。

《易经》本是一本卜筮书，但其编码遵循严密的相似论、相应论、相关论、相对论规律，运用简单符号系统对宇宙万物发展演化规律进行模拟，找到了事物间的抽象关联，其中包含了深奥的哲学。

从文化上讲，《易经》是中华文化的根。其“天人合一”思想、阴阳学说以及极变规律、先后天思想对道家影响深远，是道家学说的思想根基，被道家崇为“三玄之一”。此外，它对中国儒学、中医、文字、数术、哲学、民俗文化等都产生了重要影响。

“半部《论语》治天下”真是赵普说的吗？他是这么践行的吗？

“半部《论语》治天下”这句话流传很

广，据说出自宋代宰相赵普之口。最早提到这件事的是南宋罗大经编的《鹤林玉露》："赵普再相，人言普山东人，所读者止《论语》……太宗尝以此语问普，普略不隐，对曰：'臣平生所知，诚不出此。昔以其半辅太祖定天下，今欲以其半辅陛下致太平。'"后来赵普病逝，人们发现他的书箧里面果真只有一部《论语》。这便是这则典故的来源。

对于这个故事，后世学者多有考证与猜测，最后出现了两种说法。

一种说法是赵普确实说过这样的话，但说这话的背景却并非故事中所传的那样。赵普原本是淮南滁州的一名教师。公元956年，为了争夺淮南江北地区，后周大将赵匡胤率领大军与南唐守军在滁州打了一场恶仗。由于得到了赵普的帮助，赵匡胤大获全胜。从此以后，赵普便被视作心腹，与赵匡胤如影随形，直至宋朝立国，赵普被任命为宰相。宋朝建立后，鉴于五代武将拥兵自重，不受中央节制的教训，赵匡胤提出"兴文教，抑武事"，"与士大夫治天下"。君臣上下，注重文教蔚然成风。相形之下，赵普的学历已明显跟不上形势。尤其是赵普经历被罢相，出任河阳节度使，回朝再次出任宰相时，满朝都是有学识的文人，他的学术劣势更凸显出来。于是出现了前面《鹤林玉露》所记载的事情。将背景还原之后，可以看出这句话其实是赵普遭人轻视之后的一句牢骚不平之话——我虽然没有学问，只读过《论语》，但谁有我的功劳大、能力强？而这则故事所传递的实际内涵是说赵普的学识浅陋，而后人却将理解的重心偏向了《论语》的巨大实用价值。

而另一种观点则认为"半部《论语》"之说其实并不存在。这句话只是在宋代政治派别及儒学发展中新学与道学的斗争中，程朱学派信徒为凸显《论语》的价值，故意编造的一句谎言。这种说法也是有根据的，因为在南宋朱熹撰写的《五朝名臣言行录》中，以赵普居首，李焘的《续资治通鉴长编》也详细记载了赵普的言行，但二书均无赵普"半部《论语》"的记载。

周敦颐才是理学的开山祖师，可是人们却说"程朱理学"，这是怎么回事？

提起周敦颐，可能许多人对他印象只是他的那篇被选入中学课本的《爱莲说》。其实他不仅是个文学家，而且还是个思想家，他的哲学思想在中国历史上起着承前启后的作用。

周敦颐的思想主要体现在其根据道士陈抟所绘太极图所写的《太极图说》以及《通书》。在书中，周敦颐继承《易传》和部分道家思想，提出了一个简单而又系统的宇宙构成论。他认为"无极生太极"，"太极"一动一静，产生阴阳万物。圣人又模仿"太极"建立"人极"，人乃是宇宙万物中最灵秀之物。在宇宙观的基础上，他又进一步提出了人性论，认为"人极"即"诚"，"诚"是"纯粹至善"的"五常之本，百行之源也，是道德的最高境界"。而人只有通过主静、无欲，才能达到这一境界。这些观点在以后700多年产生了广泛的影响。他所提出的哲学范畴，如无极、太极、阴阳、五行、动静、性命、善恶等，成为后世理学研究的基本范畴。因此，周敦颐被称为理学的开山祖师。

但周敦颐的思想只是开创了理学的雏形，理学思想体系的真正建立，则得力于师从周敦颐的程颢、程颐兄弟的继承与发展。作为理学奠基者的程颢、程颐，吸取了佛、道的宇宙构成和万物化生的理论，以及其中的思辨哲学，提出了理气、道器、形而上形而下、格物致知、天理人欲等概念。"二程"还进一步将"理"或"天理"视作哲学的最高范畴，认为理无所不在，不生不灭，不仅是世界的本原，也是社会生活的最高准则。在人性论上，"二程"在周敦颐的基础上，主张"去人欲，存天理"，并深入阐释这一观点，使之更加系统化，从而建立了初具体系的客观唯心主义理学。

历史推进到南宋，继程氏兄弟之后，江

西婺源人朱熹在继承了“二程”思想的基础上，总结先秦以来各种唯心主义思想，吸收部分唯物主义思想的内容，又汲取佛、道中的哲理部分，摒弃有悖于封建伦理的观念，最终建立了一个完整而精致的“合天地万物为一‘理’”的客观唯心主义的理学体系。朱熹因此成为公认的理学之集大成者。后人根据理学发展的历史脉络，将理学称为“程朱理学”。

“格物致知”是什么意思？

“格物致知”是中国古代儒家思想中的一个重要概念，属于《礼记·大学》“八目”——格物、致知、诚意、正心、修身、齐家、治国、平天下——中的前两目。在《大学》原文中为“欲诚其意者，先致其知；致知在格物。物格而后知至，知至而后意诚”。《大学》“八目”是儒家对于读书人从修身、学习，到实现政治抱负的具体指导，尤其宋代以后，“四书”成为科举考试的命题来源，因此这“八目”就更被读书人挂在笔端口头了。

但《大学》全文中只在此提及了一次“格物致知”，且未在其后作出任何解释。而在其他先秦古籍中也看不到与“格物”与“致知”这两个词汇有关的意涵，因此“格物致知”的真正含义，成了儒学思想史上的千古之谜。历代至今，对于它的各种版本的解释，不下百种，至今仍无定论。

明清到现代，最权威的解释是宋代理学家的阐释。北宋的程颢认为：“格，至也，格犹穷也，物犹理也，犹曰穷其理而已也。”因此将之解释为：“穷究事物道理，知性不受外物牵役。”程颐则解释为“穷究事物道理，致使自心知通天理”。南宋的朱熹在吸收程氏观点的基础上，进一步提出：“格，至也。物，犹事也。穷推至事物之理，欲其极处无不到也。”即“穷究事物道理，致使知性通达至极”。

朱熹的《四书集注》在元朝中叶被官方采用为科举取士的应试准则，后来明太祖朱元璋也独尊朱熹学说为《四书》的唯一官方思想权威，故朱熹学说便成为元明清时代在科举考试中的官方观点。也因此，朱熹在“格物致知”上的观点也就成为后世普遍流行观点。

王阳明的“心学”是一种什么学问，就是他说的凭良知做事吗？

王阳明，名守仁，字伯安，阳明是他的号，明代著名哲学家，中国主观唯心主义哲学“心学”大师。

“心学”作为儒家的一门学派，最早可以追溯到孟子，然后经北宋程颢开其端，南宋陆九渊则大启其门径，与朱熹的理学分庭抗礼。至明朝王阳明首度提出“心学”两字，至此，“心学”开始有清晰而独立的学术脉络。其实就其本质而言，“心学”是理学内部衍生出来的一种反叛。

总体而言，王阳明的“心学”是靠批判朱子之学发展起来的，因此其特点很大程度上是在与朱熹理学的对比中体现出来的。理学持“心与理为二”，“理在事先”，理是宇宙本源。而“心学”则认为“心外无理”，心是宇宙本源。在此基础上，心学进一步提出了“良知说”。认为心之本体即是良知，而良知即是天理，故不可在良知之外寻求天理。并且，良知是造化的“精灵”，天地万物都是由良知所生，“生天生地，成鬼成帝，皆从此生，真是与物无对”。王阳明又称良知是“天源”，天地万物的发育流变都要以此为根源。总体上，“心学”包含了浓厚的唯心主义色彩，并且明显吸收了佛家和道家的理论。

另外，相比于其他儒学学派，“心学”格外强调生命活泼的灵明体验。王阳明在《传习录》中言：“学贵得之心。求之于心而非也，虽其言之出于孔子，不敢以为是也。”此话打破了圣人与凡人之间的界限，提倡崇尚自我，尊重个人思考价值，为16～17世纪中国思想的解放打下了基础。

总体而言，“心学”即是把心作为宇宙万物的本原，而将“良知”作为心之本体。这里所谓的“良知”，不仅仅包含了事实判断，而且包含了价值判断。总之一切事物都在人心内，依心而有，心外无物。

虽然笼统而言，“心学”可以说成是凭“良知”做事，但这里所说的“良知”，与我们通常所说的良知是有区别的。这里的“良知”是超出了善恶的绝对的善，超出了是非的绝对真理，人只有通过格物致知，经过严格的实践、体验，才能达到这种“良知”。

知识链接

理学

理学是宋元明清时期的哲学思潮，又称道学。究其缘起，自唐代起，在“儒释道”三家学说并争的过程中，儒家学说因为只以政治伦理为务，缺乏自己的宇宙观与心性论，日渐处于劣势。为对抗佛、道，儒家学说在吸收了佛、道义理的基础上，建立起自己独立的宇宙观和心性论，形成理学。理学产生于北宋，兴盛于南宋、元、明时代，至清中叶式微。

理学主要有两大派别，分别是以二程、朱熹为代表的程朱理学和以陆九渊、王守仁为代表的陆王心学。前者认为“理”是永恒的、先于世界而存在的精神实体，世界万物只能由“理”派生，属于一种客观唯心主义哲学；后者提出“心外无物，心外无理”，认为主观意识是派生世界万物的本原，属于一种主观唯心主义哲学。

明末三大思想家是谁，能称他们为近代启蒙思想家吗？他们真的反对专制制度吗？

明末清初，满族人入主中原引发了汉族知识分子的思考，许多人潜心反思社会剧变、明朝灭亡的教训，从而拉开了启蒙思想的序幕。其中，顾炎武、黄宗羲、王夫之三人成就最大，被称为明末清初三大启蒙思想家，尤其黄宗羲有“中国思想启蒙之父”之誉。

明朝灭亡之后，顾、黄、王以批判社会为突破口，在哲学、历史、政治、经济和教育诸方面提出了一系列别开生面的主张，尤其在经济以及政治方面的主张已经突破了传统思想的樊篱，具有近代启蒙思想的光芒。

在经济上，顾、黄、王均提倡重视手工业、商业的发展。其中黄宗羲提出了“工商皆本”说，首次突破了中国以农为本的传统经济观；王夫之提倡政权对经济的不干涉主义，反对国家垄断，主张自由买卖；顾炎武则主张国家对于商人应该给予保护。这些都明显带有一些资产阶级经济观的色彩。

在政治上，三人批判君主专制，倡导民主议政。黄宗羲石破天惊地将专制君主称为“天下之害”，并明确反对封建“家天下”制度，进而提出“天下为主，君为客”的观点；顾炎武认为改姓易号的“国”之兴亡，是统治者的事，天下的兴盛，才是平民百姓的责任，首次将政权与国家2个概念分开；王夫之提出“预定奕世之规，置天子于有无之”的设想，并否定“普天之下，莫非王土”的传统观念。认为人都应享有对土地山川的天赋权利，“有其力者治其地，不待王者之授之”，这与卢梭的“天赋人权”有相通之处。此外，三人还提倡“清议”，鼓励人们对时政得失进行评论，希望通过舆论监督来制约君权，并提出分君权以行“众治”，顾炎武还提出了“地方分治”“有治法而后有治人”的制度设想。

这些具有启蒙意味的思想，使顾、黄、王等人被后世认为是“历史的觉醒者”。虽然这些思想未能得到实践，但在清末却成了洋务派、维新派乃至革命派的非西方思想来源。但也有学者认为顾、黄、王三人并非近代意义上的启蒙思想家，三人的思想不具有反封建的性质，而只是对明亡的沉痛历史反思，属于封建儒学的一个构成部分。

为什么把康有为叫作“康圣人”，他为什么提出建立孔教的倡议？

戊戌变法失败后，光绪被囚，六君子蒙难，作为变法首领的康有为只身逃到了海外，而且成了保皇派。如此，康有为在当时许多知识分子的眼里便成了一个反面的人物，不少人公开批评甚至谩骂他。据说是康有为小时候立志做圣人，于是当康有为在世人眼里成了反面角色后，“如愿以偿”地当上了“康圣人”，其实充满了讽刺意味。

戊戌变法失败后，除了保皇运动之外，康有为积极从事的另一件事，便是致力于建立孔教。他与陈焕章等人在民国初年筹备建立了孔教会，力图将孔教定为中国国教。1913 年，中华民国第一届国会会议上，康有为的两个学生陈焕章、梁启超等孔教会成员，上书国会，请于宪法明定孔教为国教。

戊戌变法失败后，康有为流亡国外。他在考察了欧美各国的情况之后，认为一个国家的风俗、文化乃是一个国家的魂魄，提出“亡莫大于国魂亡，而国亡次之”，并且认为儒家思想正是中国的“国魂”。另一方面，他认为西方强大的原因之一是宗教的力量，因此提倡中国也要建立自己的宗教，并进一步认为将孔教作为国人信仰，比佛教、基督教更胜一筹。

另外，康有为在戊戌变法时期就已确信，中国若丧失传统，“民族将无可认同”。他认为建立共和政体、废除尊孔读经，将必然导致传统失落及普遍意义的信仰危机，“孔教亡，则国家必亡，社会必乱，种族必灭”。而观察现实，他认为辛亥革命已经导致了“教化衰息，纪纲扫荡，道揆凌夷，法守堕铎，礼俗变易”的混乱局面，以至于国人“不知所师从，不知所效法”，因此，重塑一套适于国情并利于中国进步的意识形态作为国人的价值目标与精神寄托，成为亟待解决的问题。于是他希望借孔教重建国人信仰体系。

康有为的建孔教主张虽然最终淹没在了当时高涨的“民主科学”的新文化运动的洪流中，但相比于保皇活动给他带来的嘲笑与攻击，他的建立孔教的主张则得到了不少人的认同。

严复为何要翻译《天演论》，“物竞天择，适者生存”出自他翻译的书吗？

严复，字几道，清末福建人，通过翻译西方著作而成为中国近代启蒙思想家，所翻译的英国博物学家赫胥黎的《天演论》在中国影响巨大。

鸦片战争中，西方列强的坚船利炮让东方清帝国的羸弱暴露无遗。于是传播西学，师夷长技，成为朝野之共识。中国早期接受西方思想的知识分子，如徐寿、魏源、王韬、李善兰、郑观应等，开始大量译介西书，传播西方的科学知识与政治体制。

半个世纪后，一向被中国人视为附属国的弹丸之国日本在甲午战争中击败清帝国，并逼迫清政府签订《马关条约》。这使得中国人产生强烈的亡国灭种的危机感，知识分子们开始真正放下帝国的架子，在制度和文化上做出深层次的反思。正是在这样的时代背景下，严复翻译了英国生物学家赫胥黎的《天演论》，于 1897 年在天津的《国闻报》上连续刊出，立即引起巨大的社会反响。

“物竞天择，适者生存”正是出自《天演论》。《天演论》译自英国生物学家赫胥黎《进化论与伦理学》有关达尔文生物进化论的前半部分，作者对其进行了有选择的意译，甚或借题发挥，阐述自己救亡图存的见解，实际上是一篇十分精彩的政论文。该书认为万物均按“物竞天择”的自然规律变化。“物竞”就是生物之间的“生存竞争”，优种战胜劣种，强种战胜弱种；“天择”就是自然选择，自然淘汰。自然界的生物长期以来便是在“物竞天择，适者生存”的法则下进化演进。并且，该原则不仅适用于自然界，也适用于人类社会，世界各国、各民族也同样处于这样一种不断竞争、被淘汰的过程中。严复又进一步联系甲午战后国家危亡的状况，指出再不变法将循优胜劣败之公例而亡国亡种，进而向国人发出了与天争胜、图强保种的呐喊。

“五四”时期是谁喊出了“打倒孔家店”的口号，他为什么要这样做？

“五四”时期，胡适第一个喊出了“打倒孔家店”的口号。20 世纪 20 年代，民主制度在中国立足未稳，不少实权人物依旧怀着皇帝梦。此时的北洋政府高调推崇孔子，试图利用孔子的宗法制度以及忠君思想恢复封建旧制。1912 年，袁世凯发布《崇孔伦常文》，次年又接连两次颁布《尊孔祀孔令》，并亲自到孔庙祭祀。各个地方军阀也积极配合，支持尊孔。同时，康有为、陈焕章等守旧派文人也建立了“孔教会”等尊孔团体，鼓吹儒家思想。整个社会弥漫着借“孔”复古的浓厚气氛。在这样一种专制与民主相互激荡的情况下，为防止历史出现倒退，当时的进步知识分子将反对孔子作为他们反对封建专制制度的一个着力点，开展了一系列的针对孔子的文化批判活动。

首先是吴虞、章太炎等激进知识分子多次撰文批判尊孔风潮；陈独秀在 1915 年 9 月的《新青年》创刊号上发表著名的《敬告青年》，号召青年向腐朽的封建思想做斗争；1916 年 2 月，易白沙首次在《孔子评议》的文章中直接点名批判孔子，由此展开了对于孔子的直接批判。接下来，李大钊、陈独秀指责孔子是历代帝王专制的“护身符”，猛烈抨击“三纲五常”“三从四德”等封建礼教和儒家道德；鲁迅则在 1918 年发表《狂人日记》，借疯人之口喊出了儒家思想“满口仁义道德”，其实是“吃人的礼教”的呐喊；接着胡适便在 1921 年的《吴虞文录》序言里提到吴虞是打倒孔家店的英雄，由此，“打倒孔家店”的口号被正式提出，成为新文化运动“反封建”的标志性口号。

在中国 2000 多年的封建时代，儒家文化一直被作为封建专制制度运转的思想基础和伦理依据，要想彻底推翻封建专制制度，防止封建复辟，便首先需要推翻儒家文化。再加上当时的北洋政府正在力图“借孔子之力”实现封建复辟，于是，尊孔与批孔便成了专制与民主思想角力的焦点。正因为此，“打倒孔家店”的口号应运而生。

而事实上，历代专制帝王所尊奉的无论是孔子还是儒家思想，都已经和真正的儒家思想相去甚远，是统治者为维护封建统治而塑造出来的一个虚幻的孔子。

第八章
神话传说·文学趣谈

开天辟地，化为万物的盘古是一位传说中的大神吗？

相传，在远古时期，天与地还没有分开，整个宇宙就是一片混沌，像个大鸡蛋。就是在这一片混沌当中，孕育着人类的老祖先盘古。经过了1.8万年，发育成熟的盘古睁开眼想看看周围都有什么，没想到眼前只是一片模糊。这让他闷得心慌。随后，他就拿起手中的斧子朝四周砍去，混沌被他劈开了。这其中轻且清的东西上升变成了天，重且浊的东西则下沉变成了地。盘古怕天与地再合在一起，就站立在天与地之间，用头顶着天，用脚踏着地。天，每天增高一丈，地每天增厚一丈，盘古也随着它们增长而增长。

又过了1.8万年，天升得很高了，地已经很厚了，盘古的身体也变得极长。天与地的构造完成之时，盘古被这项长久吃力的工作累倒了。他死后，高大的身躯轰然倒在大地上。紧接着，盘古身体发生了变化：他呼出的气变成了天空中的风和云，他的声音变成了惊天动地的雷霆；他的眼睛一只变成了太阳，另一只变成了月亮；他的头变成了东岳泰山，脚变成了西岳华山，肚子成了中岳嵩山，两只手则分别成了南岳衡山和北岳恒山；他的血液变成了奔流的江河，筋脉成了道路，肌肉成了田土；他的头发和胡须变成天上的繁星，身上的汗毛变成了花草树木，牙齿和骨头变成了金属和玉石；就是他身上流出的汗水，也变成了雨露和甘霖，滋养着万物。

盘古是中国古代传说中的祖神。关于盘古的传说，最早见于三国时的《三五历纪》。后来的《述异记》《五运历年纪》《玄中记》都有类似的记载。中华大地上也有很多关于盘古的遗迹。此外，在我国西南的少数民族中，也都有关于盘古的神话。

中国人都是女娲用泥巴捏的吗？女娲补天又是怎么回事？

女娲是中国古代神话传说的创世女神，是中华民族的母亲。那么女娲到底是什么样子的呢？她又是如何创造人类的呢？

据说，女娲人首蛇身。盘古开天辟地以后，她就游历在天地间。时间一长，她觉得一个人很孤寂，便想造一些生灵，让天地间充满生气。于是，她开始了自己的创世工作：正月初一造鸡，初二造狗，初三造羊，初四造猪，初六造马。到了初七这一天，女娲仿照自己的样子，用黄泥捏出一个个小泥人，然后对着这些小泥人吹了一口气，小泥人便成为活人。不过，她在捏人的时候，给人捏了双脚来代替龙尾。所以，人是两只脚而不是蛇一样的尾巴。捏了整整一天，女娲筋疲力尽，数数却没有多少人。女娲觉得这样效率太低，就从附近找来一根藤条，沾上泥浆向地上挥舞起来。洒在地上的点点泥浆，变成了一个个的小人。慢慢地，地上的人就越来越多。

一天，女娲见自己造出来的小人衰老死亡了，感到很伤心。为了能让人类永续存在，不致灭绝，她又创造了婚姻制度，让人们能凭借自己的力量繁衍下去。因此，后人也把女娲奉为婚姻女神。

再后来，颛顼与共工之间发生一场战争。战败的共工发出愤怒的呐喊，撞倒了不周山。不周山是西方支撑天地的柱子，它一倒，天就露出一个大窟窿，地下的洪水喷涌而出，山林燃起大火，猛兽们也跑出来袭击人类。人类陷入了空前的灾难中。

看到遭受苦难的人类，女娲的心里很痛苦。她决定把天补好，结束这场灾难。女娲找到五色石子，把它们在火中熔化成石浆，然后用石浆把天上的大窟窿补好。随后，她又斩下龟的四脚，用它们撑起倒塌的半边天。最后，女娲将收集来的芦草烧成灰，堵住奔流的洪水。

人类又恢复了以前安乐的日子。

“刑天舞干戚，猛志固常在”，这里的刑天是无头巨人吗？

刑天是《山海经》中记载的无头巨人，也是“上古十大魔神”之一。人都是有头的，那么刑天的头哪里去了呢？

据传，刑天是炎帝身旁的一员大将，身形巨大，力大无比。炎帝被黄帝打败后，刑天曾多次劝炎帝重整旗鼓，卷土重来，但都遭到炎帝的拒绝。性情刚烈的刑天非常不满，便独自去找黄帝报仇。

刑天右手拿斧，左手持盾，向黄帝的宫殿杀去。听说刑天前来寻仇，黄帝大怒，立即拔出宝剑和刑天搏斗。两人激烈厮杀，不知打了多长时间，也不知战了多少回合，直到打到常羊山附近，还是没分出胜负。常羊山是炎帝之国，刑天可不愿在这里被击败，便使出浑身解数，与黄帝激战。

黄帝久经沙场，经验老到。他趁刑天不防，挥剑向刑天的脖子砍去。刑天招架不及，头颅被斩落下来。落到地上的刑天之头，顺坡向常羊山脚下滚去。被斩首的刑天蹲下身子，想找回自己的头颅。他摸遍了周围的山地，也没能找到。由于失去眼睛，他没有看见自己的头就在他身处的常羊山脚下。

黄帝担心刑天找到头颅后会恢复原身再和自己交战，就拿起手中的宝剑向常羊山劈去。随着一声巨响，常羊山被劈成了两半，刑天那硕大的头颅就势滚进山谷。随后，那两半山又合二为一，把刑天的头颅埋在里面。

刑天舞干戚

《山海经・海外西经》载，刑天是炎帝的大臣，因与黄帝争神，结果被砍了头，之后它就以乳为目，以脐为口，“手操干戚以舞”。

刑天感觉到了周围的变化，知道黄帝已经把自己的头颅埋进山腹，但是他并没有气馁。他站起来，依然右手拿斧，左手持盾，向着天空胡乱挥舞。陷入黑暗的刑天暴怒，以两个乳头当作眼睛，张开肚脐做嘴，继续与黄帝搏斗。黄帝看到刑天如此凶悍，心中升起敬畏之情，便放弃了战斗。

刑天虽然失败，但是他永不妥协的精神却永远激励着后人。晋朝的大诗人陶渊明写诗对刑天的这种精神大加赞颂，诗中云：“刑天舞干戚，猛志固常在。”

夸父追日说的是怎样一个神话故事？

夸父是上古神话中追逐太阳的巨人，他是幽冥之神后土的后代，居住在荒野的成都载天山（今青城山）上。

看着天空中的太阳，夸父想，为什么太阳每天都从东边升起，晚上又从西边落下呢？如果它总是挂在天上，一直是白天，那该多好啊！东升西落的太阳又住在什么地方呢？于是夸父决定追上太阳去问个究竟。

做出追日决定的夸父手拿拐杖，开始了追逐太阳的旅程。太阳在不断向西移动，夸父就跟着太阳拼命地向西跑。他跨越高山，迈过丛林，终于追到太阳要下山的地方了——禺谷。这时，夸父感觉非常口渴，便跑到黄河边去喝水。他把黄河水喝干了，没能解渴，然后又跑到渭河边，把渭河的水也喝干了，还是不管用。夸父就想去北方的大泽，还没有跑到那个地方，他就渴死了。

临死前，夸父抛掉了手中的拐杖，然后永远地闭上了眼睛。拐杖落地的地方，立刻长出一片茂盛的桃林。

夸父追日的故事主要记载于《山海经·海外北经》和《大荒北经》。《列子·汤问》中也有记载，只是在手杖化为桃林的问题上有些出入。《列子》说夸父“弃其杖，尸膏肉所浸，生邓林”。据清朝学者毕沅考证，“邓”“桃”两字读音相近。因此，邓林就是前面两本书中提到的桃林。

虽然夸父追日没有成功，但是后人依然被他这种精神鼓舞着。晋陶渊明就曾在《读山海经》中写到“夸父诞宏志，乃与日竞走”。关于夸父追日的解释与评价还有许多，不管正确与否，都没有削弱“夸父追日”的影响力。

共工是一个什么样的人，他为何发怒撞倒不周山？

共工是中国古代神话中的天神，人面蛇身，满头红发，坐骑是两条龙。

相传，颛顼是黄帝的孙子，他聪慧而又有智谋，统治的疆域很广，在民众中有很高的威望。在当时有个部落的首领叫共工氏，他想推翻颛顼，成为最高的统治者。为此，两人之间发生了一场激烈的斗争。

共工带领反叛的军队，向颛顼处杀去。颛顼并没有惊慌，他点燃了72座烽火台，召集四方的诸侯来支援，并亲自挂帅，前去迎战。

两队人马由天上杀到了凡间，又从凡间杀回了天上，胜负难分。此时，颛顼手下的人越来越多：人形虎尾的泰逢从和山驾着万道祥光赶来了；虎头人身的计蒙从光山乘着疾风骤雨也来了；长着两个蜂窝脑袋的骄虫从平逢山带领毒蜂毒蝎也来了。共工的手下却越来越少，他的大将柜比先是被砍掉了一只胳膊，接着脖子也被砍断；王子夜被乱兵加身，头、胸腹、四肢甚至牙齿都被砍得散落在地上。

双方厮杀到西北的不周山下，共工身边只剩13骑。看到越来越多颛顼的部下向自己杀来，绝望的共工发出愤怒的呐喊，驾起坐骑飞龙，一头撞向不周山的半山腰。刹那间，只听见轰隆隆的巨响，不周山被拦腰撞断，整个山体崩塌下来。不周山本是撑天的柱子，它的崩塌也让天地间发生了巨变：西北的天空因失去支撑而向下倾斜；拴系于北方的太阳、月亮、星星也都没办法固定，纷纷挣脱束缚，向倾斜的西天滑去，形成了我们今天看到的日月星辰东升西落的运行线路，并且解除了白天永远是白天、黑夜永远是黑夜给人们带来的痛苦。在东南方，系着大地的绳子也断了，大地向东南方塌陷。于是，江河的水都向东南方流去。

远古的天空真的出现过10个太阳吗，是谁射下了其中的9个？

据说，在尧帝时期，天空中有10个太阳。

传说太阳的母亲是帝俊的妻子羲和，她和天帝结婚后，生了10个太阳。这10个太阳生活在大海以外的东方一个叫汤谷的地方，他们就住在汤谷的扶桑树上。

在天地之间，每天都有1个太阳坐着神龙驾驭的车穿越天空，给人们带去光明和温暖，剩下的9个就留在汤谷嬉戏玩耍突然有一天，太阳们厌倦了这样的工作方式，他们想：如果我们能一起去天上玩，那该多好啊！于是一天早上，10个太阳就一起跑到天上。天空出现10个太阳，大地上的生灵都遭殃了。原本天上有一个太阳，就可以供给人们足够的光和热，地上还有丰富的水分滋养着万物。可这10个太阳一起出现在天空中时，大地被烤焦了，庄稼被晒死了，河流和大海也干枯了，百姓们没有了食物。许多妖怪猛兽也都乘机出来残害人们。

人间的苦难惊动了上天。天帝赐给神射手后羿神弓和神箭，让他帮助尧消灭那些残害人们的妖怪猛兽，并吓唬吓唬那10个太阳，让他们能乖乖听话，不再胡闹下去。

后羿带着天帝赐予的神弓神箭来到人间，看到烤焦的大地上民不聊生，就劝告10个太阳应该每天只出来1个。太阳们根本不听后羿的劝告，在天上嬉闹依旧。被激怒的后羿拿出神箭，一支接一支地向太阳们射去，一连射下了9个太阳。

后羿还要再射，而尧认为太阳对人们的生产和生活是有很大帮助的，就阻止后羿再射下最后1个太阳。有了前边9个太阳的教训，第10个太阳再也不敢胡闹了，每天乖乖地东升西落，给大地带来温暖和光明。

从那以后，天下太平，人们在这一个太阳的照耀下过着安定、幸福的生活。

“燧人氏”是人工取火技术的发明者吗？他生活在什么时代？

燧人氏是上古神话中人工取火的发明者，生活在远古时期。

在遥远的古代，人们还不知道用火。为了充饥，人们采食果子，或在河里捉来鱼虾，剥去皮或壳，生吃里面的肉。有时，人们还会猎杀动物，但都是剥了皮，把割下的肉和着血一起吃下去。这样吃东西，不仅味道不好，而且伤害肠胃，使人生病。

天上的大神伏羲看到人们这样艰难地生活，心里感到很难过。他决定把火传给人们，便先让人们知道用火的好处。于是，伏羲在森林降了一场雷雨，雷击在树上，森林里起了大火，人们吓得四处逃跑。雷雨过后，大地变得潮湿寒冷。惊散的人们又重新聚集在一起，来到火后的森林里。有个年轻人勇敢地走到仍在燃烧的山火旁，感到身上温暖多了，他告诉大家火能给大家带来温暖。这时人们又发现被烧死的动物发出一阵阵香味，便从火中拿出来分吃。他们发现，烧过的动物肉味道非常好。人们知道了火的好处，就找树枝点燃。为了把火保存下来，每天都派人看守着火种。可是有一天，看火的人睡着了，火也熄灭了，人们又回到了以前没有温暖、生吃食物的痛苦日子。

大神伏羲看到人们又失去了火，就潜入最先发现火的用处的年轻人梦里，告诉他，西方有个遂明国，可以去那里找到火种。年轻人醒来后，就踏上了寻找火种的征途。

走了很久，这位年轻人终于来到遂明国。可是，这里却是一片漆黑，他没有发现火种。失望的年轻人就到一棵叫“遂木”的大树下休息。突然，年轻人看见眼前有一闪一闪的亮光，就去寻找光源。他发现有几只鸟在啄树上的虫子吃，每啄一下，树上都会出现火花。年轻人好像明白了什么，就折了些枯干的小树枝。他拿起这些干树枝来钻大树枝，果然出现了火花，但却没办法点着火。他没有灰心，找来更多的树枝，一直钻磨，终于点着了干燥的小树枝。

年轻人回到家乡，把“钻木取火”的方法教给大家。人们又吃上烧熟的食物，并且可以在黑夜里享受火的温暖了。后来，人们称这个年轻人为“燧人”，就是取火者的意思，并把他推举为首领。

中国远古神话中为太阳神驾车的是谁，关于他的传说还有哪些？

在中国远古神话中，给太阳神驾车的人名叫羲和，他每天驾着由6条无尾龙拉的车子，载着太阳在天上驰骋。

屈原的《离骚》有这样的话：“吾令羲和弭节兮，望崦嵫而无迫。”这句话的意思是，羲和不慌不忙地赶着车，和太阳一起走在回家的路上。这架车起点在东方的汤谷，终点在崦嵫。崦嵫是个古代的地名，在今天的甘肃省境内。史书对起点一般没有别的称呼；对终点还有一些别的称呼，如蒙汜、蒙谷、虞渊之汜等。李白的《蜀道难》中有“上有六龙回日之高标”的诗句，引述羲和驾六龙之车的传说。《促织》中说：“东曦既驾，僵卧长愁。”东曦就是指在东方的羲和。“东曦既驾”的意思是说羲和已经驾起6条无尾龙拉的车，载着太阳从东方出发了。也就是说，东方的太阳已经升起来了。

关于羲和还有一些别的传说。中国最古老的图书——《尚书》里写道：“乃命羲和，钦若昊天，历象日月星辰，敬授人时。”意思是说，于是命令羲和注意观察太阳的运行和循环，推测出日月星辰的运行规律，帮人们找出计算时间的方法。在这里，羲和就是天文官，他掌握着时间的节奏，每天由东向驱使着太阳前进。还有的传说称羲和是太阳的母亲，比如《山海经·大荒南经》里有这样的记载：“东海之外，甘泉之间，有羲和国。有女子名羲和，为帝俊之妻，是生十日，常浴日于甘泉。”这句话是说，东海之外的羲和国有一个女子名叫羲和，她做了帝俊的妻子，生下10个太阳。

种种传说，虽然内容不一，但都与太阳和历法有关。所以，后人多用羲和来代指太阳。例如，晋人葛洪在《抱朴子》中写道“昼竞羲和之末景，夕照望舒之馀耀”。

民间神话《天仙配》中男主角名叫董永，历史上是否真有其人?

董永与下凡的天仙女的故事，在中国已经流传了近2000年。关于这个民间神话故事，最早的记载始于汉代，以后各朝代都有改编和补充。这个故事最初在黄河流域流传，魏晋时期，随着北方人因为战乱南迁，董永事迹便流传到了全国各地。董永的传说形式多种多样，影响非常深远。那么，历史上是否真有董永其人呢？关于这一点，人们的看法是不一致的。

有人认为，董永是“文学故事人物”。他们的观点是：董永的故事有各种详细的记载，但又各不相同，这说明董永的故事显然是经过编造的。从而否定董永其人的存在。《辞海》的编者就说：“其事始见于曹植《灵芝篇》，《搜神记》亦有记载，当为魏晋间流行故事。”即是流行故事，其中人物当然不必认真。

但更多的人认为历史上确有董永其人。在汉代刘向《孝子图》、唐代李翰《蒙求》、元代郭居业《二十四孝》、清代《历代孝子录编》及《中国人名大辞典》等中均有记载，说董永是汉代千乘人。

汉代刘向《孝子图》虽然已经失传，但在唐代的《法苑珠林》和宋代的《太平御览》中都有引用，内容也基本相同。这说明董永的故事在刘向生活的西汉末年已经开始流传。东晋干宝的《搜神记》、东汉时代的武氏墓群石刻以及湖北的《孝感县志》都表明董永是汉代千乘人。汉代的千乘县和千乘郡都属青州管辖范围内，在今天的山东省高青县境东部，东邻现在的博兴县。

《博兴县志·人物志》中记载：“董永墓在今崇德社（今陈户镇），去墓数里有董家庄，永故宅也。”董家庄在今天的博兴县陈户镇，在汉代属于千乘郡千乘县。董家庄就是董永的故乡，博兴县志所载的与上面提到的各种书中说法是吻合的。

董家庄原有董公庙，虽然现在已经不存在了，但《山东通志》中记载：“董公庙在城（今博兴县城）东北三十里祀董永。”

以上的资料证明了董永的故乡就是现今山东省博兴县陈户镇董家庄。

董永确有其人，那么与仙女的故事呢？认为董永确有其人的观点是：董永卖身葬父确有其事；与仙女的故事，只是人们美好的愿望。

何谓“风骚”，这个来自文学领域的词汇，为什么现在有了“下流”的味道?

“风骚”一词在现今的很多时候是作为贬

义词来使用的。当人们形容一个女性水性杨花的时候，就说她“风骚”，形容女人卖弄风情时，就说她“卖弄风骚”。

其实，“风骚”原本不是这个意思。“风骚”开始指两本书，分别是《诗经》和《楚辞》。《诗经》中最著名的是《国风》；《楚辞》中最著名的是《离骚》，所以古人便用“风骚”一词作为这两本书的并称。由于这两本书是中国古代诗歌现实主义和浪漫主义传统的源头，后人就用“风骚”来代指文学或文采，用“骚人”来指称文人墨客。

北宋孙光宪的《北梦琐言》有这样一句话：“沙门贯休，钟人离也，风骚之外，精于笔札。”这里的“风骚”指的就是文采的意思。清代诗人赵翼也曾在《论诗》中写道：“李杜诗篇万口传，至今已觉不新鲜。江山代有才人出，各领风骚数百年。”意思是说李白和杜甫的诗流传到现在已经不是很新鲜了，总会有天才一辈辈地出现，分别引领着数百年的文学潮流。

到了明清时期，“风骚”开始引申出别的意思。在《红楼梦》中形容王熙凤“身量苗条，体格风骚”，这里的“风骚”明显与之前的意思不同，应该作为容貌俏丽来理解。再后来，“风骚”一词渐渐引申出风光、光彩之义，进一步又引申出风流放荡，再引申出举止轻佻的意思。“风骚”一词之所以会有如此变化，大概是因为明清之际，很多文人举止风流、行为浪荡的缘故吧。当然，这只是个推测，真实的原因已不可考。

知识链接

水性杨花

“水性杨花”的意思是说性情行为像流水那样容易改变，像杨花那样摇摆不定，用来形容女子在感情上不专一，反义词是冰清玉洁、忠贞不渝。

“水性杨花”一词在古代就有，最早使用这个词的都是一些文学作品。比如《说唐》第五十八回：“张、尹二妃终是水性杨花，最近因高祖数月不入其宫，心怀怨望。”明无名氏的《小孙屠》：“你休得假惺惺，杨花水性无凭准。”清代曹雪芹的《红楼梦》中第九十二回：“大凡女人都是水性杨花，我要说有钱，他就是贪图银钱了。”今人周立波的《山乡巨变》中也用过这个词：“你这是多余一虑，这号女子，水性杨花，哪里会去寻短路?”这些文字，都是该词运用的例证。但是，这个词具体从什么时候产生的已经无法查证了。

《七步诗》的传说世人皆知，但曹丕真的逼迫曹植写过这样的诗吗?

曹操死后，长子曹丕继位。据说，曹丕因为害怕几个弟弟与他争位，便夺了曹彰的兵权，还逼曹熊自杀，又命曹植在七步之内，以“兄弟”为题即兴吟诗一首，但诗中不能出现“兄弟”二字，不成便要处死他。曹植不假思索，立刻脱口而出：“本是同根生，相煎何太急!”曹丕听了以后潸然泪下，只是把曹植贬为安乡侯。那么，历史上真有曹植七步成诗之事吗?

从当时的具体情况来看，曹植也不可能写出如此感情直露，矛头直指曹丕的诗作。曹丕即位后，作为曾和曹丕争夺嗣位的曹植，处境之难可想而知，明里暗里都会受到曹丕的排斥和打击。身在屋檐下的曹植只能选择把不满情绪藏在心里。并且，表面上还要表现出对曹丕诚惶诚恐的拥戴。被贬为安乡侯的时候，曹植写了《谢初封安乡侯表》。黄初四年，又写《封鄄城王谢表》。这些诗里虽流露出难掩内心的苦闷，但还是努力把话说得很委婉、含蓄。在《赠白马王彪》中，曹植曾借手足离别之情来表达对当局的不满，但仍然措辞讲究，把矛头指向别处，对曹丕保持着恭敬的态度。从这些可以看出，曾遭受过多次迫害的曹植，已经变得非常谨慎。而“本是同根生，相煎何太急”之句显然是对曹丕不顾骨肉亲情的揭露，是对他残害自己亲兄弟的强烈指责。这样的表达，与他一贯忍气吞声、低头做人的风格大为不符。

正史《三国志》和《资治通鉴》都没有

记载曹丕让曹植七步成诗的事情。“七步成诗”的说法源于南朝宋刘义庆的《世说新语·文学》：“文帝尝令东阿王七步中作诗，不成者行大法；应声便为诗曰：‘煮豆持作羹，漉菽以为汁；萁在釜下燃，豆在釜中泣；本自同根生，相煎何太急！’帝深有惭色。”而《世说新语》带有小说的性质，不可作为实据。元末明初，《三国演义》的作者罗贯中把这个故事写进小说中，并发展了这个情节，从而使这首《七步诗》家喻户晓。

知识链接

曹操的儿子

据《三国志·魏书·武文世王公传》记载，曹操有25个儿子。其中，曹丕、曹彰、曹植和曹熊是卞夫人生的；曹昂、曹烁是刘夫人生的；曹冲、曹据和曹宇是环夫人生的；曹林、曹衮是杜夫人生的；曹炫、曹峻是秦夫人生的；曹矩是尹夫人生的；曹干是王昭仪生的；曹上、曹彪、曹勤是孙姬生的；曹乘、曹整、曹京是李姬生的；曹均是周姬生的；曹棘是刘姬生的；曹徽是宋姬生的；曹茂是赵姬生的。

曹操的原配丁夫人没有孩子，就抚养了刘夫人的长子曹昂。曹昂在建安二年南征张绣的时候死于战乱。建安二十二年，曹丕被立为魏太子。在曹丕继位后，曹植长期处于事实上的被软禁状态，最后在抑郁中死去，曹彰也在去京师朝贺的路上暴毙。曹烁、曹矩、曹上、曹乘、曹勤、曹京、曹棘等人没成年就死了。曹彪自杀。其余诸位都因为曹丕对兄弟的刻薄，过着如履薄冰的日子。

曹植《洛神赋》又被称为《感甄赋》，据说写的是自己的嫂子，这是真的吗？

《洛神赋》是三国时期著名文学家曹植的浪漫主义名篇，原名《感鄄赋》。据曹植自己在序言里所说，是黄初四年（公元223年）由京城返回封地时，途经洛水，忽然有感而发，并作此赋。后来，昭明太子萧统在《文选》中录入此篇，改名为《洛神赋》。从魏至唐，没有人对此有所异议。

唐朝时候，李善为《文选》作注，对《洛神赋》的写作缘由做出一个十分浪漫的解释。他说，曹植爱慕甄氏，求婚未遂。后来，曹操把甄氏配给了曹丕。曹植爱而不得，日思夜想，痛苦万分。甄氏死后，已经成为皇帝的曹丕把甄氏生前之物玉缕金带枕送给曹植。曹植见了非常伤感。曹植再回封地的时候，路过洛水。忽然看见一个女子翩然而来，细看正是甄氏。甄氏叙述自己对曹植的爱慕和眷恋之后，倏忽不见。曹植悲喜交加，遂作《感鄄赋》。

按照李善的说法，《洛神赋》乃是曹植写自己嫂子甄氏。但是，这种说法历来都遭到学者的反对。宋代的刘克庄说这是好事人“造甄后之事以实之”。明代的王世贞又说：“令洛神见之，未免笑子建（曹植字）伧父耳。”清代更有一批学者，群起驳斥李善的说法。

甄氏在历史上确有其人。据《三国志·魏书》记载，甄氏在建安年间嫁给了袁绍的儿子袁熙。官渡之战后，袁绍败死，甄氏就成了曹军的俘虏，嫁给了比自己小5岁的曹丕，最后因政治斗争而惨死宫中。说曹植和甄氏之间有感情纠葛，不但在正史上没有记载，在小说《三国演义》中也没有提到。

其实，《感甄赋》中的“甄”并不是指甄氏，而是鄄城的“鄄”。曹植在写这篇赋的前一年，做了鄄城王。

陶渊明不为五斗米折腰，他靠什么维持生活？

陶渊明被称为“隐逸诗人之宗”。他的山水田园诗翻开了古典诗歌的一个新篇章。陶渊明选择的是完全的归隐田园，不苟且于仕途。他曾在《归园田居》中写道：“少无适俗韵，性本爱丘山……久在樊笼里，复得返自然。”可见，陶渊明向往田园生活的愿望是发源于本真。据史料记载，陶渊明曾经出仕，而且深受上司赏识。那么是什么原因让陶渊明决心放弃仕途，选择归隐的呢？

归去来兮辞诗意图 明 李在

《晋书·陶潜传》中记载道："潜叹曰：'吾不能为五斗米折腰，拳拳事乡里小人邪！'"出生于官宦世家的陶渊明生性耿直、淡泊名利。在朝政腐败、官场黑暗的东晋末年，在朋友的劝说下，出于养家糊口的现实逼迫，陶渊明本着"大济苍生"的目的出仕。因受不了官场盛行的腐臭之气，心性清高的陶渊明多次辞官。

公元405年，年过40的陶渊明出任彭泽县令。有一天，浔阳郡派督邮下来视察。据说这位督邮是个贪婪的小人，经常假借公差之名，收受贿赂。陶渊明本就不想巴结这种小人，更厌恶官场的引来送往，于是就起草了一份辞官书，将官服印绶放在案上后，携妻子回老家，隐居乡野去了。

辞官以后，陶渊明回到家乡。虽然没有了俸禄，但作为名门之后，陶家还是有些房屋地产的。归隐后的陶渊明和妻子耕种于陇亩之上，以资生活。由于雅爱诗书，估计农田管理得也不怎么样，所以日子比较清贫。虽然有时捉襟见肘，但陶渊明却能乐在其中，怡然自得。从陶渊明归隐后的诗作中，我们就可以看出一二。

《金瓶梅》的作者兰陵笑笑生到底是谁，有定论吗？

要说中国乃至世界古往今来最为神秘的一个笔名，大概要算兰陵笑笑生了。这个署在明代小说《金瓶梅》上的名字，几百年来，成了诸多金学家和普通读者百思不得其解的谜。也难怪，《金瓶梅》在万历年间一问世便被誉为"第一奇书"；另外，其又是中国第一部文人独创的小说，第一部将目光从帝王将相、才子佳人身上转移开，投向普通人日常生活的小说，在文学史上地位极高。

目前为止，历代学者对兰陵笑笑生的真实身份共提出了60多种说法。我们简单介绍几种主要的说法。

"嘉靖名士说"。虽然具体人选不定，但几百年以来，金学家们对于这位兰陵笑笑生的在世时间达成比较一致的看法，认为他是嘉靖年间的一位名士。另外，因书中多山东口语，不少学者推测作者是山东人。并有人进一步做出推测，认为作者是山东峄县人。由此，不少学者认为《金瓶梅》作者该是明嘉靖年间山东峄县的一个名士。至于具体人选，有人提出是山东峄县人贾三近，他曾任嘉靖年间的兵部右侍郎，是个名士。也有人认为是贾三近的父亲贾梦龙，因为他的生卒年代与《金瓶梅》成书时代基本吻合，他创作的诗词也可在《金瓶梅》中找到。还有人认为是明代著名诗人谢榛，他是山东临清人。

除"嘉靖名士说"，被多数人认可的便是"王世贞说"了。王世贞是嘉靖年间的著名文学家。传说王世贞的父亲被权臣严嵩害死。王世贞听说严嵩的儿子喜欢看淫书，为替报父仇，写了《金瓶梅》，并在每页书上抹了毒药后，把书送给严嵩的儿子。严嵩的儿子一边沾吐沫一边翻书，最后被毒死。这是流传范围最广也是流传时间最长的说法。这个故事本是对一些明清学者经考证得出的"王世贞说"观点的附会，因此此观点本身并非无稽之谈。

“屠隆说”。屠隆是明代著名戏曲家，为人放荡不羁，豪放好客，纵情诗酒。此说也比较流行。

“李开先说”。李开先是有名的戏曲家，山东章丘人。这也是一种比较流行的说法。

此外，冯梦龙、唐伯虎、汤显祖这些著名文人也都有人怀疑是躲在兰陵笑笑生后面的神秘人。总体而言，这个谜至今还未解开。

刘备、关羽和张飞真的桃园结义了吗？结义时谁的年龄最大？

桃园三结义是《三国演义》中的第一个故事，出现在第一回“宴桃园豪杰三结义，斩黄巾英雄首立功”中。经考证，刘备、关羽和张飞并没有真的在桃园结义。

《三国演义》中说，东汉末年，天下大乱，又赶上连年灾荒，人们生活非常困苦。汉室后裔刘备，虽以卖草鞋为生，但想拯救百姓。他与山西解良卖豆腐的关羽、河北涿县卖肉的张飞意气相投，决定一起干一番事业。三人在张飞家桃园中结为兄弟，刘备做大哥，关羽第二，张飞最小。这就是著名的“桃园三结义”。

但是据《三国志·蜀书·关羽传》中记载，因故改名换姓的关羽逃亡到涿郡，遇到了正在召集人马的先主刘备，他和张飞就一起追随刘备。后来，刘备做了平原相，就任命关羽、张飞为别部司马。刘、关、张三人同吃同睡，像亲兄弟一样。《三国志·蜀书·张飞传》中也写道，张飞年轻时和关羽一起侍奉先主刘备。关羽年龄大些，张飞就像对待兄长一样对待关羽。从以上的记载中可以看出，关羽和张飞忠心耿耿地侍奉刘备，张飞把关羽当作哥哥，刘备也把他们当成亲兄弟。但是，所有资料都没有提到三人正式结拜。

桃园三结义的故事，是后来人们对“三人同吃同睡，像亲兄弟一样”进行的进一步敷衍。元杂剧中开始出现刘、关、张桃园三结义的故事。在《三国演义》创作时，罗贯中在此基础上，进一步演绎了这个故事。

既然桃园三结义的情节不是真的，那么书中写的刘备为大哥，他的年龄最大吗？也不是。《三国演义》中说刘备在结义的时候是28岁。虽然刘备的生年无从考证，但在《三国志·蜀书·先主传》中记载可知，刘备死于公元223年，当时63岁。古人计算年龄都是按虚岁，照此推算，刘备应该生于公元161年。黄巾起义爆发时间是公元184年，他那时应该24岁。再根据《三国志·蜀书·关羽传》和《三国志·蜀书·张飞传》中的相关记载，推算黄巾起义爆发时关羽是25岁，张飞20岁。看来，三人按照年龄排序，应该是关羽最大。

《三国演义》中，刘备双耳垂肩、双手过膝，关羽面如重枣，这是真的吗？

《三国演义》中，关于刘备的相貌有这样的描述：“生得身长八尺，两耳垂肩，双手过膝，目能自顾其耳，面如冠玉，唇若涂脂。”读到这里，人们不仅会发出疑问，从人体生长的实际情况来看，一个人的耳朵再长，也不可能垂到肩上；双臂再长，手也不可能超过膝盖吧？更不可思议的是，不仅是小说中这样描述刘备，就连可信度极高的正史《三国志·蜀志·先主传》也说刘备“身长七尺五寸，垂首下膝，顾自见其耳”。难道历史上的刘备真的长成这个样子？

其实，刘备不是这个样子。小说家或史学家之所以做出这样的特殊描述，是为了突出他与常人的不同。如果追根溯源，这种对君王们天生异相的刻画，是因袭佛经中对佛的瑞相的描述。在佛经中，有不少关于佛的瑞相的描写，比如，《金光明经》就说，佛眉间毫相，白如珂月；修臂下垂，立过于膝等。魏晋南北朝时期，佛教在中国盛行，史家也受到了佛教的影响。对此，有的学者曾做过探讨。比如，季羡林就在《佛教与中印文化交流》一书中说，史书中对刘备大耳、长臂的相貌描述都是受佛教的影响。

《三国演义》第一回不仅对刘备外貌特征进行了描绘，也对关羽的形象作了描述。其中给人们留下印象最深的就是关羽“卧蚕眉，丹凤眼，面如重枣”。卧蚕眉，丹凤眼，很容易为人接受，但“面如重枣”就显得夸张了。因为一个人的脸再红，也不可能像红枣的颜色那么深。索诸史籍，《三国志》中并没有对关羽这样描述。根据《辞源》可知，“面如重枣”这样的说法到宋元时期才有。那么《三国演义》为什么把关羽描写成如此形象呢？

在中国古代，小说主要是针对识字不多的下层民众。小说中写的都是下层民众对人物的理解，描写也都趋同于大众认知。宋元时期，戏曲兴起，这种文学形式也是面向下层民众的。所以，小说和戏曲通常会相互借鉴。戏曲的曲目大都源于流传的小说，戏曲中的人物形象是按照小说中的讲述设计的。同样，小说也会借鉴戏曲中刻画人物的一些手法。

戏曲喜欢用各种脸谱表现人物性格：用红脸指代忠义之人，比如关羽；用白脸标示阴险之人，如曹操；用黑脸表示暴躁之人，如张飞，等等。小说作者这样写关羽，目的是把小说中关羽的形象同戏曲中的忠义之人联系起来，达到更加直观的效果，并不是因为关羽真的生成这副相貌。

曹操违纪后割发代首，为什么割发能代替处罚？

《三国演义》第十七回中写道：在军队经过麦田的时候，曹操告诉士兵们，不能践踏麦田，违令者将被处死。可是，曹操的马却因受到惊吓而踩坏了麦苗，按军法应当处斩。曹操拔剑想要自刎谢罪，被众人拦住。为了不破坏自己制定的纪律，曹操割了自己的头发来代替杀头之罪。

曹操这样做，现代人很不理解，难道割发可以代替砍头吗？答案是肯定的。事实上，只有理解汉代一些文化常识，才能理解曹操的这种行为。汉代统治者崇尚孝道，标榜以孝治天下。朝廷征选后备官员，就叫“举孝廉”。“孝”排在“廉”之上，可见汉人对“孝”的重视。上行下效，所以在汉代和三国时期，做一个孝子便成了人生中最重要的事，而不孝则是最受人们鄙夷的。

两汉尊奉《孝经》，该书“开宗明义章”中引用孔子的话：“身体发肤，受之父母，不敢毁伤，孝之始也。”所以在古代，人们认为身体是父母给的，自己不能毁伤，否则就是不孝；只有保护好自己的身体，死后才能将身体完整地还给祖先。受孝观念的影响，人们特别珍惜自己的头发，不让它受到外力的伤害。那些自己损害自己，或被别人损坏身体发肤的人，就会被视为有违孝道。曹操割下自己的头发，在当时就等同于犯了不孝之罪。汉代的不孝罪和杀人罪几乎同等严重。所以他的这一做法，让士兵们大受感动。

在中国古代，曾有一种刑罚，叫“髡刑”，就是将罪犯的头发剪去，作为犯罪的标志。罪犯被剪去头发，就意味着无法再尽孝道。由此可见，头发虽不像五官、四肢那样在生活中起着重要的作用，但它却是一种重要的象征。

风度翩翩的美男子诸葛亮，为何要娶一个丑女做老婆？

《三国演义》这样描写诸葛亮的外貌：身长八尺，面如冠玉，头戴纶巾，身披鹤氅，飘飘然有神仙之状。据说，就是这样一个“美男子”，却娶了一个丑女做老婆。

《三国志·诸葛亮传》中写道：“黄承彦者，高爽开列，为沔南名士。谓孔明曰：‘闻君择妇，身有丑女，黄头黑色，而才堪匹配。’孔明许，即载送之。时人以为笑乐，乡里为之谚曰：‘莫作孔明择妇，正得阿承丑女。’”从这段话中可以看出，黄承彦主动把自己的女儿黄硕许配给诸葛亮。

传说，黄硕长得很不好看，皮肤很黑，一头黄发，身材却十分壮硕。相对于风度翩翩的诸葛亮来说，这样的老婆确实有点“丑”。黄硕其人的确有才，婚后她在家中养蚕、织布，把家里料理得井井有条，让在前方指挥作战的诸葛亮无后顾之忧。黄硕不仅有治家之才，而且也是教育孩子的高手。诸葛亮的儿子诸葛瞻奉命镇守绵竹时，拒绝了邓艾的招降，最后壮烈牺牲，一同牺牲的还有诸葛亮的孙子诸葛尚；诸葛亮的三儿子诸葛怀在晋统一天下后，谢绝了晋武帝的奖赏。诸葛一门，英烈辈出，多得力于黄硕之教。

撇开才干不谈，现在来看人们津津乐道的相貌问题：黄硕真的很丑吗？事实上，说黄硕丑并没有史料依据。人们之所以说她丑，主要是因为她的父亲黄承彦跟诸葛亮说的“家有丑女”。作为父亲，古人说自己的女儿时一般都会谦虚一些，很少有人夸自己女儿非常漂亮的。

刘备手下，都叫孔明为“军师”，这个“军师”到底是什么官？

看过《三国演义》这本书的人都知道，刘备的手下都称呼诸葛亮为“军师”。那么“军师”到底是什么官呢？由于历史上没有明确记载诸葛亮所任“军师”具体为何种职务，所以就需要依据史实进行推测。综合各种史料，关于诸葛亮所任“军师”职务，大致有下面几种说法。

最权威的说法是军师是一种官名，其职责是在军中负责军事谋划，曹操手下谋士荀攸和华歆都曾担任过军师一职。《三国演义》第三十八回中说刘备像对待老师一样对待诸葛亮，和他在一张桌上吃饭，一起休息，整天谈论天下的事情。第三十九回中写道，刘备自从得了诸葛亮之后，就以对待老师的礼节来对待他。另外，诸葛亮一出山，便参与军机，指挥作战。由此可知，他所任的“军师”应当负责军事谋划的官职。

第二种说法认为，军师是军师中郎将的简称。据《三国志·诸葛亮传》记载，刘备在收取了荆州、南郡、襄阳等郡后，又乘胜取得了江南四郡。于是，他便让诸葛亮做军师中郎将，督零陵、桂阳、长沙三郡。后来，刘备又升他为军师将军。据史学家胡三省说，军师中郎将和军师将军都掌有兵权，是当时统率部队的军官。

还有人认为，军师也可以作为监军的别称。顾名思义，监军是随着军队监督军事的，大都是临时的差遣。作为军师的诸葛亮，应该也是负责这项职责的。汉武帝时就曾设置过监军使，简称监军，从那以后各代都有这样的官职。明代一般都是以御史出任作战时的监军，也称为御史监军。

《三国演义》第七十三回说，刘备做了汉中王后，封诸葛亮为军师，管理军国大事。在这里，军师职位应当和丞相差不多。

诸葛亮为何投奔刘备？

“三顾茅庐”是《三国演义》中一个非常精彩的故事。它主要是写刘备三次请诸葛亮出山，诸葛亮答应辅助刘备的经过。诸葛亮选择投奔在当时甚至走投无路的刘备，而不是已经具有相当实力的孙权和曹操，这是为什么呢？

吴国的孙权，对人才很爱惜，和手下相处得也很好。据史书记载，在投奔刘备后，诸葛亮说出了没有选择孙权的原因。诸葛亮说：“我知道孙权是人中豪杰，他可能会对我很好。但是依我看他的度量，不会对我说的话都完全听从，这就是我没有留在吴国的原因。”

曹操虽然是一流的军事家和政治家，但他“挟天子以令诸侯”的做法，让很多人看出他篡夺汉朝政权的野心。而诸葛亮是以复兴汉室为己任的，所以不愿投奔曹操。曹操虽然很看重人才，但为了政治利益，也会残忍地杀害跟随自己多年的朋友和部下，做事谨慎的诸葛亮是不会跟随这样的人的。另外一个原因是，曹操手下智能之士如云，年轻而名望不足的诸葛亮很难得到大显身手的机会。

再看刘备，虽然出身贫寒，但却富有远见。作为汉室后代，他更是复兴汉室的希望所在。刘备对百姓仁慈，对部下讲信义，有一定的政治号召力。在寻找人才的时候，他对诸葛亮表现出足够的诚意。再加上两人有着共同政治目标，因此诸葛亮才选择投奔刘备。

所以，选择加入刘备集团，是诸葛亮深谋远虑的最终结果。

赵云真的被刘备呼为四弟吗？赵云受到刘备重用了吗？

在民间传说中和一些戏曲中，刘备称呼赵云为四弟。其实，真实情况却不是这样的。

据《三国志·蜀书》记载，赵云原本是公孙瓒的部下，后来追随刘备。书中还记载赵云和刘备关系密切，甚至“同床共眠”。后来，在长坂坡一战中，赵云救出了刘备的夫人和儿子，与刘备的关系更近了一层。

赵云投靠刘备以后，正史中并没有关于他们结拜的记载。即便是在小说《三国演义》中，赵云也没有参加桃园结义。《三国演义》里，关羽和张飞都称呼刘备的夫人为嫂嫂，而赵云一直都称她们为夫人。仅从称呼中，就可以看出赵云并不是刘备的四弟。

小说中的赵云深明军机、骁勇善战，与关羽、张飞、黄忠、马超并列“五虎上将”，是蜀汉王朝的中流砥柱。但历史上真正的赵云却暗淡得多。

赵云一生中最重要的三次战斗分别是长坂坡救刘禅、助刘备入蜀和街亭之战。在长坂坡战役中，赵云充分发挥自己的乱战本领。在混战中，他怀抱后主刘禅，同时还保护刘备的两位夫人，将他们平安带出战区。助刘备入蜀是赵云第一次正式领兵打仗。虽然赵云出兵早，但是入蜀花费的时间很长，比他出兵晚的张飞却比他早到成都。在街亭之战中，赵云以一人之力断后，军资什物略有所弃，兵将没有损失。战后别人都受罚了，只有赵云得到了嘉奖。也就是说，除了长坂坡救阿斗之外，赵云在战场上并没有建立让人信服的功勋。

也真因为如此，赵云在蜀汉一直没有得到刘备的重用。赵云追随刘备之初，官位是“先主主骑”，在长坂坡救出刘禅后，他升职做了牙门将军，官职也不高。刘备自称汉中王后，赵云被封为翊军将军，职责是统领御林军。赵云的官位不但远低于关羽、张飞等人，甚至晚投刘备的魏延职位也比他高得多。

刘备一生知人善任，他对赵云虽然信任，却始终没有委以重任，原因多在于赵云的能力有限，难当大任。

戏曲中曹操是个“白脸奸臣”，这个形象是怎么来的？

受到《三国演义》的影响，人们一提起曹操，首先想到的就是奸臣。其实历史上的曹操文武全才，是一位杰出的政治家、军事家和诗人。他的形象从英雄转变成“奸臣”，有一个变化的过程。

汉代末年，中华大地上风云四起，曹操带领军队经过多次战争最后统一了北方，为后来中华大地的再次统一做出了巨大的贡献。在当时，许劭就曾这样评价过曹操：“治国之能臣，乱世之奸雄。”意思是说，曹操如果生在太平盛世，那他将是能辅佐皇帝治理好国家的能臣；如果他生活在乱世之中，就会驰骋天下，成为造就一番霸业的英雄。这评价本是许劭对曹操的赞美和嘉许。宋朝前的历史，都肯定了曹操的历史功绩，对他有较为公正的评价。

真正把曹操说成是“白脸奸臣”，则是在宋朝。北宋初年，辽金相继在北方兴起，并不断南犯。宋朝人屡战屡败，逐渐失掉自信心。宋朝君臣为了强调自己的正统地位，便把刘备树立为正统，曹操则开始受到贬抑。“靖康之耻”的灭国之祸后，宋室南渡，当时的南宋政府处境与三国时期的蜀汉相似，都在南方，而且北方也都有强大的敌人。统治者为了在民众心中强化南宋政府正统的观念，对曹操的贬损变本加厉。后来，随着程朱理学兴起，它所提倡的仁义和忠君思想极大地影响了人们对曹操的认识和判断。于是，曹操形象被进一步丑化，慢慢变成了罪恶的“奸臣”。

说唱艺术在北宋时就已经兴起，受到当时政府和民间思想的影响，人们开始在舞台上丑化曹操。时间一长，曹操就成了“白脸奸臣”。元末明初，随着《三国演义》的问世，曹操的形象被彻底定型。舞台表演会影响小说对人物形象的刻画，反过来，小说也会影响戏曲舞台上对人物形象的塑造。随着各地方剧种的诞生和发展，许多的三国戏不断上演，曹操“白脸奸臣”的舞台形象被越来越多的人认同并接受。

刘备被人呼为“刘皇叔”“刘使君”“刘豫州”，这是怎么回事？

《三国演义》第二十回讲道，因曹操引见，刘备得见汉献帝。献帝问起刘备先祖，刘备奏称自己乃中山靖王之后，孝景皇帝阁下玄孙，刘雄之孙，刘弘之子。汉献帝命宗正卿查看宗族世谱，得知刘备竟然是自己的族叔。于是人偏殿与刘备行叔侄之礼，并拜刘备为左将军、宜城亭侯。自此以后，人们都称刘备为皇叔。

其实，这段关于“皇叔”的故事，是《三国演义》杜撰的。据《三国志·蜀书·先主传》记载，刘备确实是汉室后代，是汉景帝庶子刘胜的后代。刘胜有120多个儿子，有一个叫刘贞，在涿县做陆城亭侯，后因故被削去爵位，落户在涿县。刘贞沦落为平民后，族谱就没法再查核了。《三国志》中说刘备的家世，只能追溯到他的祖父刘雄。从刘贞到刘雄已过了200多年，谱系当然很难查证了。《先主传》上说，刘备称帝后，不知道以谁为始祖来设立亲庙，只好合祭汉高祖刘邦以后的历代祖先。既然刘备自己都弄不清楚自己的先祖是谁，那么关于他是“皇叔”的说法，自然都是虚构出来的。

除了“刘皇叔”，在《三国演义》中，刘备还曾多次被称为“刘使君”和“刘豫州”。这其中直接的原因就是曹操曾经举荐刘备做豫州牧，使君就是对州刺史或州牧的尊称。用官名而不用本名称呼刘备，有尊重的意思。

中国古人姓名包括姓、名、字三部分。一般孩子出生三个月就由父亲取名，“字”是成年后才取的，大都是“名”的解释或补充。自称、谦称和尊长者对卑幼者称呼的时候用“名”，而尊称、敬称以及卑幼者对尊长者称呼的时候用“字”。平辈之间一般也都称字，只有非常亲近的朋友可以不拘礼法直呼其名。在古代，如果不按礼法称呼别人是很没有礼貌的，也可以看作是对他人的一种侮辱。而“官本位”的思想在古代中国根深蒂固，用官职作为称呼是对他人的一种尊敬，这就是刘备被称为“刘使君”“刘豫州”的原因。

知识链接

明公与主公

《三国演义》中，刘备、吕布等人都曾称呼曹操为明公，而曹操的部将于禁、徐晃等人则称曹操为主公，这是为什么呢？原来，三国时期，“明公”和“主公”都是人们对社会上有权有位者的通称。二者的不同在于，“明公”是非隶属关系之人对有权位者的尊称，刘备、吕布等人与曹操没有上下级关系，所以用这个称呼；“主公”则用于隶属关系，于禁、徐晃是曹操的属下，自然要用“主公”。诸葛亮投奔刘备后，也一直称刘备为“主公”。也就是说，“主公”与“明公”标示了一种内外之别。

貂蝉的名字是什么意思，她真是吕布的妻子吗？

貂蝉与西施、王昭君、杨贵妃并称为中国古代“四大美女”，她的名字“貂蝉”其实起源于战国时期赵武灵王的胡服骑射。

通过《宋书·礼志》中的记载来看，“貂蝉”最早是赵武灵王实行胡服骑射的改革中，给官员们保暖的一种服饰。在秦汉时期，这种东西成了皇帝近臣的饰品。《宋书·礼志》中还提到，汉魏时期宫中曾有女尚书出现，她们“着貂蝉，佩玺，陪乘”。女尚书赋予了这个名字柔美的韵味。

再说小说中的人物“貂蝉”。在正史中，根本没有关于她的身世的明确记载。那么，这个人物是否存在？如果存在的话，她到底是谁呢？

《三国演义》中说她是王允的歌伎，利用美人计挑起了吕布和董卓之间的矛盾，借吕

描绘剪除董卓历史故事的年画——连环计

布的手杀掉了董卓。但是，这只是小说中的描写，不能作为事实依据。

综合史籍中的说法，关于貂蝉的身份有三种说法：

第一种说法是：貂蝉是吕布手下部将秦宜禄的妻子。在《三国志·关羽传》中说，秦宜禄的妻子长得颇有姿色，关羽原本想把她娶来做妻子，但是却被曹操留下了，这引起了关羽的嫉恨。性子刚烈的关羽，一怒之下就杀死了秦宜禄的妻子。由此事还衍生出元杂剧《关公月下斩貂蝉》。

另一种说法是，貂蝉是董卓的婢女。在《后汉书·吕布传》中记载，董卓派吕布看守宫中的小门，吕布却趁机与董卓的婢女私通，而与吕布私通的这个婢女就是貂蝉。

还有一种说法是，貂蝉就是吕布的妻子。据《三国志·吕布传》中记载，吕布的妻子曾说："妾昔在长安，已为将军所弃，赖得庞舒私藏妾身耳，今不须顾妾也。"由此可见，貂蝉应该是吕布的妻子。

这几种说法，各有各的道理，谁都无法说服他人。

诸葛亮借东风完全是虚构吗？他在作法时为何要"披发"？

据《三国演义》描述，赤壁之战胜利的主要原因是诸葛亮在七星坛借来了东风。这风自然不是诸葛亮借来的，"借东风"的故事情节当然完全是虚构的，但是这种编造却有一定的地理与文化依据。

首先，赤壁之战起东风确有其事。赤壁之战发生在建安十三年冬，据《三国志》记载，当时确实刮起了东南风。赤壁在如今的湖北境内，地处长江中游，由于气候和地理特征的原因，冬天确实有时会刮东南风。

其次，祭东风的故事有一定的文化基础。由于风对农业生产、战事活动都能产生重大影响，因此在很早的时候，我国的信仰里就有了主司风雨的神灵，并相应有了借风求雨的习俗。甲骨文中有关于四方风神的记载，《周记》中有"风师、雨师"的明确记录，司马迁在《史记》里还记述了秦国祭祀"风伯"之事，汉代朝廷更是把祭祀风伯雨师列入国家大典。其时，关于祭风求雨的故事便不绝于书，风伯、雨师兴风布雨的情景还被绘作图画。其后，民间为借风所建的风伯庙、为求雨所建的雨师庙十分常见。小说中所述诸葛亮借东风的故事，可能就源于这种信仰和祭祀。

《三国演义》中描写，诸葛亮在七星坛上披发仗剑、踏罡步斗、施法术借来东风。其实，"诸葛亮披发"之举来自道教，是道教中人施展法术的基本要求。所谓"披发"就是一反当时人们的束发习惯，将头发松开，披散在肩上。之所以如此，是因为在道教中人看来，要想获得超越常人的法力，必须借助神灵的力量；而要沟通神灵，做法者本人的身心必须处于自由放松的状态。道教认为，宽袍大袖、赤脚披发，彻底放松自己，便能自由来往于天地之间，达到与神灵相通的奇妙状态。也唯有如此，才能与神灵交流，借来他们的无穷法力，达到自己的目的。小说描绘的"诸葛亮披发"，便源于这种道教法术。

历史上的关羽只是一员普通武将，他是怎样变成万民敬仰的关帝爷的？

在历史上，真正的关羽不过是一员普通的武将，但是，随着社会的演进，这位战功平常的将军却成了备受万民敬仰的关帝爷。这到底是为什么呢？

关羽，字云长，河东解州（今山西解州）人氏。因杀人逃亡到河北涿郡，与张飞一起投奔正在招兵买马的刘备。刘备因军功升任平原相，关羽和张飞则为别部司马。此后，刘备在战争中屡遭挫败，关羽一度依附曹操，并因解“白马之围”被封为“汉寿亭侯”。后来，关羽辞别曹操寻归刘备。赤壁之战后，刘备入川，留关羽镇守荆州。刘备称汉中王，封关羽为前将军。公元219年，关羽发兵攻魏，降于禁，斩庞德，威震华夏。同年吕蒙白衣渡江，偷袭荆州得手，关羽败走麦城，被擒身亡。后来，蜀国后主谥之为“壮缪侯”。

据传，关羽死后，屡屡显灵，保佑一方百姓，尤其是下层的弱势小民，因此受到民间的崇拜。因战乱或生活所迫流离出来的游民在浪迹江湖过程中，会有一种强烈的无力感，他们特别需要关羽这样的英雄所具备的无所畏惧、重朋友、讲义气的精神。再加上关羽本人也是游民出身，所以为下层民众所认同。

到了宋代，通俗文艺兴起，说三国成为其主要话题。而其中的关羽戏成为当时“说话”的热门，并为不同阶层的人们所喜闻乐见。宋元之际，评话和小说中构造出“桃园三结义”“夜读春秋”“青龙偃月刀”“赤兔马”“千里走单骑”“过五关”“斩六将”“古城聚义”“华容道义释曹操”等情节，关羽的形象日渐丰满并开始定型。

民间对关羽的信仰和崇拜引起了统治者的重视。为了褒扬勇武、忠诚和重义精神，宋朝以后的皇帝不断加封关羽。

宋徽宗先追封关羽为“忠惠公”，再进为“崇宁真君”，后又封为“昭烈武安王”和“义勇武安王”。宋高宗封关羽为“壮缪义勇武安王”。宋孝宗封关羽为“壮缪义勇武安英济王”。元文宗封关公为“显灵义勇武安英济王”。明太祖朱元璋下令拜关公，并在洪武二十七年在南京建关公庙。明神宗封关羽为“三界伏魔大帝神威远镇天尊关圣帝君”。从此以后，关羽就成了“关帝”爷了。到清朝，对关羽的崇拜更是登峰造极。顺治皇帝封关羽为“忠义神武关圣大帝”。康熙帝封关羽为“伏魔大帝”，并于1703年亲临关公故乡解州拜灵题匾。乾隆帝加封关羽为“忠义神武灵佑关圣大帝”。嘉庆、道光、咸丰、同治年间，皇帝又多有加封题字匾。到光绪年间，关羽的封号为“忠义神武灵佑仁勇威显护国保民精诚绥靖翊赞宣德关圣大帝”，长达26个字。

政府的推崇，在关羽崇拜中起到了推波助澜的作用，致使民间关帝崇拜之风更盛。民众把关帝视为武神、财神和正义之神，当人们需要帮助的时候，都会祈求关帝保佑。

传说曹操在死前修建七十二疑冢，防人盗掘其墓，这是真的吗？

《三国演义》中第七十八回写，曹操在临终时“又遗命于彰德府讲武城外，设立疑冢七十二：‘勿令后人知吾葬处，恐为人所发掘故也。’嘱毕，长叹一声，泪如雨下。须臾，气绝而死。寿六十六岁”。罗贯中构造的这个故事情节，把曹操这个奸雄的猜疑心理展现得淋漓尽致。但是，事实真的如此吗？

据《三国志·魏书·武帝纪》记载，早在建安二十三年（公元218年，曹操死前两年），曹操就发布了处理自己后世的《终令》，明确安排丧葬之事，其中说：“古之葬者，必居瘠薄之地。其规西门豹祠西原上为寿陵，因高为基，不封不树。”临终之时，又下《遗令》吩咐：“敛以时服，葬于邺之西冈上，与西门豹祠相近，无藏金玉珍宝……时时登铜雀台，望吾西陵墓田。”这些文献记载，与曹操的薄葬思想是吻合的。据史书记载，曹操死后，曹丕也确实遵照曹操遗命，把他安葬在邺城西门外的西门豹祠旁的贫瘠高地。当时及以后相当长的时间里，人们都明确知道曹操陵墓的准确位置。

曹操死后100多年，后赵大仆卿驸马都尉鲁潜被安葬在曹墓附近，1998年4月，出土的鲁潜墓志上写道：“……故魏武帝陵西北角西行四十三步，北迫至墓明堂二百五十步。”足见当时的人还知道曹操陵墓的具体位置。

贞观十九年，唐太宗在亲征高句丽途中，曾经拜谒了曹操的高陵，并亲自作了一篇《祭魏武帝文》。这说明在唐代初年，曹操的坟茔依然保存完好。唐代后期，李吉甫在《元和郡县志》中，仍然明确记载曹操的西陵在邺县城西30里处。

种种记载表明，曹操并没有设置七十二疑冢，其墓有准确所在。只是因为年代久远，陵墓被损坏淹没，不可寻找而已。至于七十二疑冢的传闻，多半出自盗墓贼或小说家的杜撰。

曹魏代汉上演过“受禅”一幕，曹丕到底是“受禅”还是“篡汉”？

《三国演义》第八十回中的“曹丕废帝篡炎刘”，写的是汉献帝建造了受禅台，主动将皇位交给曹丕的故事。曹丕曾再三推辞，汉献帝就一直劝他接受帝位。那么，汉魏权力交接，到底是汉献帝自愿禅让，还是曹丕强行篡夺的呢？

让我们详细看一下事情的经过。

曹操把汉献帝迎接到许都后，“挟天子以令诸侯”。由此，汉献帝失去权力，成为傀儡。曹操生前一直没有谋夺天子之位，曹操死后，华歆等一班文武大臣劝说汉献帝学习尧禅位于舜，把皇位让给曹丕。汉献帝虽然懦弱，但也不愿把祖宗江山拱手相让。

后来，汉献帝实在经不住华歆、李伏和许芝等人的再三威逼，最终同意“把皇帝的位子禅让给魏王”。当曹丕拿到汉献帝的禅位诏书时非常高兴，正想接受，司马懿却劝他：“虽然禅位诏书已经有了，但不要那么着急接受，你应该表现得谦虚一些，先推辞，这样做就是为了堵住天下人的嘴。”

由此可见，所谓的“禅让”实际上是汉献帝迫不得已的选择，是曹魏集团欺骗天下的鬼把戏。汉魏之际的权力交接，本质上就是曹丕的强行“篡夺”。“受禅”是假，“篡汉”是真。曹丕“受禅”称帝，改国号大魏，年号为黄初，封汉献帝为山阳公。

“七擒孟获”是史实还是传说，诸葛亮南征孟获的具体情况如何？

公元225年春，蜀国为平定南中地区的叛乱，由诸葛亮率兵南征。双方开战，诸葛亮首战便擒住南蛮的首领孟获。失败的孟获不服气，诸葛亮便下令放了孟获，约他再战。孟获回去后，积极备战，却被诸葛亮用计再次擒获。孟获认为诸葛亮使诈，还是不服，孔明便又放了他。孟获回到洞中后，派孟优到汉营诈降，而自己准备夜里与孟优里应外合劫营。诸葛亮识破其计，第三次擒住孟获。孟获仍然不服，诸葛亮再次放虎归山。孟获回营后，闻知诸葛亮独自在阵前察看地形，便轻兵追击，不料又落入诸葛亮的圈套。诸葛亮见孟获心有不甘，又放了他。诸葛亮义举感动孟获部下杨峰，此人在孟获回营后将孟获灌醉后押到汉营。孟获认为这是被内贼陷害，当然不服。诸葛亮便五纵于他。孟获回去，投奔了木鹿大王。诸葛亮带兵历尽艰险，制造假兽击败木鹿大王的兽军，第六次抓住孟获。孟获还是不服，诸葛亮便第六次把他放归。孟获又去投奔乌戈国，倚仗乌戈国国王兀突骨的藤甲兵与诸葛亮对抗。诸葛亮火攻将乌戈国兵士皆烧死于山谷中，孟获第七次被生擒。孟获彻底拜服，发誓永不再谋反。诸葛亮看他心悦诚服，便委派他掌管南蛮之地，南中获得彻底的安定。这就是七擒孟获的精彩故事。

《三国演义》用了四回的篇幅，精彩地描绘了诸葛亮七擒孟获的故事，对诸葛亮宽厚仁慈和用兵如神做了浓墨重彩的渲染，是塑造诸葛亮形象的重要部分。由于《三国演义》的巨大影响，这个脍炙人口的故事几乎妇孺皆知。然而，历史事实真的如此吗？

关于三国历史，最权威的史书是《三国志》，但其中并没有关于“七擒孟获”事件的记载。作为严谨的史学家，陈寿对如此重大的历史事件只字不提，不禁让人怀疑此事的真实性。另外，诸葛亮的《出师表》以及当时的率军将领李恢的传记也没有提到此事。

因此，不少人据此否定“七擒孟获”的存在。

关于“七擒七纵孟获”事件的记载，最早出现在《华阳国志·南中志》和《三国志·诸葛亮传》的注引《汉晋春秋》中。但是这两本书都出现在东晋以后，时间上晚于陈寿很多年。是两书的作者发现了新的资料，还是他们根据传说附会而成，已经不得而知。

许多人相信“七擒孟获”属于事实的另一个重要原因是，大历史学家司马光在《资治通鉴》中记载过此事。

“七擒孟获”到底是传说还是事实，现在还无法作出结论。

《三国演义》中关、张、赵、马、黄被封为“五虎上将”，历史上真有此事吗？

人们对《三国演义》的评价是“七分史实三分虚构”。那么，《三国演义》玄德进位汉中王一回中有关“封关羽、张飞、赵云、马超、黄忠为五虎大将”的情节是史实，还是虚构呢？

据《三国志》载：“太祖建兹武功，而时之良将，五子为先。”说的是当时在魏国，有张辽、乐进、于禁、张郃、徐晃五位大将，世人称之为“五虎良将”。有关蜀国的情况，书中这样记载，蜀汉昭烈帝刘备因关羽、张飞、马超、黄忠武功高强，又建业有功，封他们为前、后、左、右四大将军。其中，并没有赵云的排名。只是在编撰史书的时候，陈寿将常胜将军赵云与四大将军列在了一传里。根据《三国志》中所载推断，蜀国并没有封“五虎上将”称号的史实，但是“五虎上将”中所包含的人物却是存在的。

元末明初，罗贯中的章回体小说《三国志通俗演义》在史实的基础上，首次按照关、张、马、黄、赵的排名，将这五位大将合在了一起。后来，清代的毛宗岗父子二人把这部书改编成现在通行的《三国演义》，五将排名又变更为关、张、赵、马、黄。之后，“五虎上将”的说法渐渐被人们所接受，并延续下来。

按照《三国演义》所写，“五虎上将”以关羽为首。他文韬武略，胆识过人。与他有关的历史事件有温酒斩华雄、千里走单骑、水淹七军等。生性孤傲的他最后死于小人之手，后人推崇他为“武圣”。“五虎”排名第二的张飞被视为有勇有谋的人物，他为刘备打江山立下了汗马功劳。作为“五虎上将”中最有争议的一个将军，赵云深得刘备喜爱，号称“常胜将军”，而历史上的赵云却是战功平平，地位也不高。“五虎”之四的马超可谓仪表堂堂，刘备能够成功入主西川，马超功不可没；“五虎”之末黄忠射箭百发百中，号称“神射手”。

民间有“扶不起的阿斗”之说，但诸葛亮为什么没有废掉这个昏君呢？

《三国演义》中，诸葛亮是一个足智多谋、上知天文下知地理、料事如神的能人。为辅佐刘备打江山，诸葛亮可谓鞠躬尽瘁。刘备去世后，他的儿子刘禅即位。后人评价刘禅，说他是“扶不起的阿斗”。既然如此，诸葛亮为何要看着蜀国毁在他手中，而不废掉他呢？

《三国志》中，有这样一段记载：“章武三年春，先主于永安病笃，召亮于成都，属以后事，谓亮曰：‘君才十倍曹丕，必能安国，终定大事。若嗣子可辅，辅之；如其不才，君可自取。’亮涕泣曰：‘臣敢竭股肱之力，效忠贞之节，继之以死！’先主又为诏敕后主曰：‘汝与丞相从事，事之如父。’”

蜀汉章武元年（公元221年），刘备为报吴夺荆州、关羽被杀之仇，率军攻打吴国，最终以蜀军惨败而告终。第二年，刘备在白帝城的永安宫病危。他知道自己将不久于人世，将诸葛亮等建国功臣，以及自己的儿子叫到床前。他先对诸葛亮说：“丞相你胸襟坦荡，多年来为国操劳，我刘备感激涕零。如今我要离开了，我将刘禅托付给你。如果他是个可塑之才，我希望丞相如同辅佐我一样扶持他；如果他不成器，昏庸无能，那么丞相就废掉他吧。”之后他又对自己的儿子说：“我不在，丞相就是你的父亲，从今以后，你要像尊重我一样尊重丞相。”

按当时蜀国的情况分析，兵权基本上握在对刘备忠心耿耿的李严、魏延等人手里。攻打吴国之后，蜀国损兵折将，需要休养生息。另外，刘备当初称王的时候，自称中山靖王后裔，云集响应者众多。即使诸葛亮拥有雄才伟略，终是一介平民，缺少根基，没有羽翼，如若取而代之，多少会背负篡国夺权、忘恩负义的骂名。因此，即使刘禅是个“扶不起的阿斗”，诸葛亮等人也不会废掉他，而是依刘备临终之托，恪尽职守尽量辅佐。

知识链接

乐不思蜀

公元263年魏国大军兵临城下，刘禅投降。之后，刘禅举家迁到洛阳，开始了安逸享乐的安乐公生涯。有一次，司马昭大摆筵席，同刘禅和前蜀国将领一起宴饮作乐。席间，司马昭问刘禅：“我这里要什么有什么，安乐公觉得可好？在这里安家，您还想念蜀地吗？”刘禅笑着回答说：“这里应有尽有，歌舞笙箫，我很快乐，不想回蜀国了。”蜀国旧臣们听了，无不摇头叹气，司马昭等人则放声嘲笑。成语“乐不思蜀”便由此而来。

《水浒传》中梁山泊是一个什么所在，其原型在现在什么地方？

《水浒传》中，以宋江为首的英雄好汉聚义梁山，打出“替天行道”的大旗，劫富济贫，伸张正义，开始了轰轰烈烈的起义活动。那么，事实上，宋江等人真的是以梁山为根据地吗？其原型又在现在的什么地方？

尽管小说《水浒传》以北宋年间真实的农民起义为创作素材，但是其中不乏虚构的成分。如此说，并不是空穴来风。据《宋史》卷二十二“徽宗本纪”记载：“（宣和三年二月）淮南盗宋江等犯淮阳军，遣将讨捕；又犯京东、河北，入楚、海州界，命知州张叔夜招降之。”其卷三百五十三《张叔夜传》中说：“宋江起河朔，转略十郡，官军莫敢撄其锋。声言将至，叔夜使间者觇所向，贼径趋海濒，劫巨舟十余，载卤获。于是募死士得千人，设伏近城，而出轻兵距海，诱之战。先匿壮卒海旁，伺兵合，举火焚其舟。贼闻之，皆无斗志，伏兵乘之，擒其副贼，江乃降。”无独有偶，在《泊宅编》卷五中，同样有“宣和二年……京东贼宋江等出入青、齐、单、濮间”的记载。从这些资料文献中，我们不难看出，宋江等36人在京东起义，主要活动于青州、齐州、单州、濮州一带。自他们起义之日起，便得到了广大人民群众的支持。他们发展迅速、声势浩大，短短两三年时间，转掠了今天的河北、山东、安徽、江苏、河南等省区。可见，他们活动范围之广、流动性之大。朝廷称他们为“京东贼”“河北剧贼”。如此一来，宋江起义军聚义梁山一说便不攻自破。

根据施耐庵所写，小说中的水泊梁山应该指的是山东省的梁山。据说，这座山原名良山，因汉文帝次子梁孝王曾在此游猎而更名为“梁山”。这里曾经是很多草寇占山为王的地方，又因《水浒传》的流传，成了著名的旅游景点。

梁山好汉要“替天行道”，他们要行的是一种什么道？

晁盖在曾头市中箭身亡后，及时雨宋江在众兄弟的推举下，坐上了水泊梁山的第一把交椅。随后，宋江改“聚义厅”为“忠义堂”，并且打出了“替天行道”的大旗，招揽天下英雄。随后，响应之人云集。那么，宋江要行的究竟是一种什么道呢？

《水浒传》第四十二回中写道，宋江在九天玄女娘娘庙中做了一个梦，梦中玄女娘娘传授给他三卷天书并对宋江说：“我将这三卷天书赐给你，你可以凭借天书之名替天行道，效忠仗义，除恶扬善，辅国安民……”从这段描述中，我们可以看出，宋江提出的“替天行道”是承上天旨意，施行仁、义、礼、智、信的公正合法的正义之道。

宋江被逼上梁山之前，是郓城县的押司。他受儒家思想影响很深，为人仗义，扶持弱小，挥金如土，好结交英雄好汉。“替天行道”要求梁山好汉除邪归正，仗义疏财，不损害忠臣烈士、孝子贤孙、义夫节妇。诸如高俅的为富不仁、高衙内的仗势欺人、潘金莲的不守妇道等便是违反仁义道德的行为，是儒家学说所不齿的行为，铲除他们便是梁山好汉要替天行的“劫富济贫，除邪归正”的道。

宋江绰号“孝义黑三郎”。从他的绰号我们可以看出，宋江秉持的思想是忠信孝义。他被逼上梁山落草为寇，却说出了这样一番肺腑之言：“兄弟们，我们哪个生来就是强盗……”既然不能在朝廷尽职，那就以“替天行道”的名义在野尽忠。宋江临死之时，对李逵说道：“我为人一世，只主张‘忠义’二字，不肯半点欺心。今日朝廷赐死何幸，宁可朝廷负我，我忠心不负朝廷。我死之后，恐怕你造反，坏了我梁山泊替天行道忠义之名。”纵观宋江提出“替天行道”之后梁山好汉的举动：征辽，讨伐王庆、田虎，讨方腊等都是为朝廷效力的行为。可见，宋江至死坚持的“替天行道”又是辅助朝廷的忠心道义之道。

尽管宋江所提出来的“替天行道”得到了梁山兄弟的认可，也向朝廷表露了忠心。但是落草之名终究不能被一句口号合法化，腐败的朝廷更不会因宋江的忠心放弃一石二鸟的机会。所以，梁山好汉虽抱着“替天行道”的大旗，最终却落个悲剧下场。

人们为什么叫宋江为“呼保义”？

《水浒传》中，三十六天罡之首的宋江绰号颇多。因他面黑身矮，为人仗义孝顺，人称孝义黑宋江；因其乐善好施、急人之急、扶人之困人称“及时雨”。除了这些，宋江还有个“呼保义”的绰号，这个绰号又是因什么而来的呢？

有关“呼保义”绰号的由来，有这样几种观点：

其一，“呼保义”是宋朝的一个空头官衔名称。据《宋会要辑稿》载：“靖康元年六月一日敕节文，劝募到乡民丁壮忠义社，各使推择首领，自相团结，若得千人以上，与借授保义郎。”“靖康元年五月十八日，尚书省言：‘昨降诏：天下士民有能推其财谷赢余以佐军兴者，各以名闻，等第推恩……如沂州沂水县民程渥献斗五千石……已与补保义郎。”从这段文字记载中，我们可以看出，在宋代，凡是有功，或者为向朝廷捐献财物的臣民，都会被朝廷封为“保义郎”。尽管没有真正的实权，但是当时的人都以能被朝廷封为“保义郎”为荣。

周密的《癸辛杂识宋江三十六人赞》中，有这样一段话：“不称假王，而呼保义，岂若狂卓，专犯忌讳。”后人作注说，假王与保义相对，动词“称”与“呼”相对，于是，及时雨宋江的荣誉称号“保义郎”，便演变成了“呼保义”的绰号。

其二，“呼保义”乃宋江自称。宋江一生所作所为，都在为朝廷尽忠。到梁山落草为寇后，他打出“替天行道”行侠仗义，辅国安民的大旗，既笼络了有志气的好汉，又向朝廷表露忠心，希望有朝一日能够得到招安。因而，绰号“呼保义”中的“保”指的是坚持恒久，“义”指的便是忠信孝义。

梁山好汉的座次为什么排到一百单八将，是巧合还是有意安排？

小说《水浒传》讲述了 108 位好汉聚义梁山，替天行道，反抗压迫的故事。书中好汉，不多不少刚好 108 个。座次排名分为 36 天罡，72 地煞。那么，在梁山好汉真的就只有 108 位吗？这个数字是作者有意安排，还是巧合呢？

据说，施耐庵在写《水浒传》的时候，曾经在苏州永庆寺的罗汉堂住过一段时间。在罗汉堂中，塑有 108 尊罗汉像。其中列在上面一排的有 36 尊大罗汉，列在下面一排的有 72 尊小罗汉。因而，有观点认为，书中的一百单八将是取材于寺中罗汉像的数目。关于这种说法，只是人们的一种猜测，并没有文献佐证。

在我国传统文化中，数字始终是人们崇

拜的对象。诸如5、6、9之类，便是人们所认为的吉数。在道教学说中，北斗丛星有36颗天罡星，72颗地煞星。每颗星上各有一个主司神。而且道教教义中，还有三十六福地，七十二洞天之说。因而，在传统观念里，阳数中最大的数字“9”的倍数36、72同样被视为是吉数。

因而，很多文学作品中，都有意无意地将这两个数字与生活巧妙地联系在一起。诸如三十六计、七十二贤人这样的例子多不胜举。作为四大名著之一的《水浒传》自然也摆脱不了传统文化的影响。除此之外，施耐庵采取这种艺术表现手法，还有另外一层用意。《水浒传》中，各自都有北斗丛星星宿名称的好汉，按照座次分列在三十六天罡、七十二地煞的排位中。在介绍各位英雄好汉时，书中说道：诸位英雄都乃天神下凡，来到人间，就是要完成“替天行道”的大业。如此一来，梁山好汉身上就被罩上了一层神仙的外衣。看来，梁山好汉不多不少，刚好一百单八将，竟是作者的有意安排。

林冲误入白虎堂为何就犯了死罪，他投奔梁山为何还要纳“投名状”?

《水浒传》第七回中写道：“林冲心疑，探头入帘看时，只见檐前额上有四个青字，写着‘白虎节堂’。林冲猛省道：‘这节堂是商议军机大事处，如何敢无故辄入……’急待回身，只听得靴履响，脚步鸣，一个人从外面入来。”这一段描写，说的正是八十万禁军教头林冲中了太尉高俅奸计，带兵器误入白虎堂而犯下死罪的事。那么，白虎堂究竟是个什么地方，为什么林冲误闯了就是犯了死罪呢?

从林冲的话语中，我们可以知道，“白虎节堂”是商议军机大事的地方。在古代，“白虎”是四大神兽之一，也被称为“凶神”。《协纪辨方》记载说：“白虎者，岁中凶神也，常居岁后四辰。所居之地，犯之，主有丧服之灾。”可见，白虎是一种象征死亡的神兽。正是因为“白虎”在传统文化中的这层含义，古代人常以“白虎”来命名一些象征权威肃杀的地方。宋代，“白虎节堂”是最高级别的军事领导办公场所，相当于清朝的军机处。任何人都不得携带兵器入内。如有违反，格杀勿论。尽管林冲是被人诱导到这里来的，但是奸人计划周密，即使林冲有千万种理由，还是触犯了法律法规，只能任人宰割。

林冲在发配充军途中，高俅还要置林冲于死地。在多次险遭毒手之后，林冲放弃忠义思想，火烧草料场，投奔水泊梁山。梁山之上杜迁、宋万等人早就有心接纳像林冲这样的好汉，但当时心胸狭隘的寨主王伦却不愿林冲入伙。他担心林冲入伙会抢了他的寨主之位。因不好与兄弟发生不愉快，而损了自己在兄弟眼中的形象，王伦想出让林冲纳投名状的刁难之法。林冲原以为王伦是要让自己呈一份姓名帖，以表示加入梁山。经朱贵指点，林冲才晓得，这所谓的投名状并非是姓名帖，而是要一颗寨下之人的项上人头。

在古代，人们有将写有自己姓名籍贯的帖子，呈到有权势的官员面前，希望能够被召见或重用的做法，这种行为被称为“投名”，有凭借姓名籍贯投靠某一方，表忠诚的意思。江湖中人也吸收了这种入伙的方式——只是用以表示入伙的东西发生了变化。为了表示诚心，落草为寇的人通常以一颗项上人头作为入伙凭证。所以，王伦提出让林冲纳投名状，是一种江湖入伙的规矩。

唐僧西天取经，“西天”到底在哪里，是指现在的印度吗?

吴承恩的神魔题材小说《西游记》，讲述了大唐高僧玄奘在三个徒弟的帮助下，历经九九八十一难，最终在西天雷音寺取得真经的故事。按照小说的描述，唐僧取得真经的地方应该在中亚、南亚一带，更确切地说指的是佛教的发源地印度。那么，“西天”真的是指现在的印度吗?

《阿弥陀经》中说道：“从是西方，过10万亿佛土，有世界名曰极乐。”佛教教义认

《西游记》图册　清

为，人的生老病死皆是苦难，这些苦难源于人类的欲望。如果想寻求解脱、摆脱苦难，就要通过修行，达到无欲无求的境界。而“西方”正是“阿弥陀佛”得道成佛的地方。相传这里是一个没有痛苦，只有喜乐、清净、平等的极乐世界，又称“西方净土”。由此，我们可以得出，“西方”并非实指，而是佛家所求的一种清净、安乐的理想境地。

从另一个角度上看，历史上确有玄奘西天取经这一史实。唐朝高僧玄奘苦于中国佛经混乱，决定到西天求取真经。途经 120 多个国家，最终到达印度。他在印度佛教圣地那烂陀寺潜心学佛修道，曾在辩论中大破外道诸论。取经归来，玄奘一面翻译佛经，一面奉旨撰写自己求经途中的经历见闻。公元 645 年，12 卷的《大唐西域记》撰述完成，进献太宗皇帝。这在当时轰动一时，反响强烈。《西游记》便以玄奘取经经历为原型。按照小说中唐僧所走路线推断，“西天”是指唐代的天竺国——印度是毫无疑问的。

知识链接

雷音寺

根据史实推断，《西游记》中所写的雷音寺，指的应该是当年玄奘学佛的那烂陀寺。据史料记载，这所寺院位于古印度王舍城外，是当时印度最大、最壮观的一所寺院。院中收藏书籍繁多，种类齐全。常年居住的僧人有 4000 之多，前来求佛学经的人络绎不绝。玄奘曾经在这里钻研佛法 5 年，年近百岁的主持方丈还曾破例为玄奘连讲佛法 15 个月。

后来，这座寺庙在战火中被夷为平地。人们根据《大唐西域记》所载，发掘出了这座佛家圣地。如今，与那烂陀寺相关的一些文物陈列在王舍城附近的一家博物馆中。

花果山究竟在哪里，那里是“洞天福地”吗？

《西游记》中，孙悟空自称是花果山水帘洞的美猴王。那里四季花香，仙果不断，堪称人间仙境。那么，现实中，真的有这样一座仙山，并且堪称“洞天福地”吗？

自从《西游记》流传开来以后，自称是花果山的地方多不胜举，其中，连云港的云台山与小说中的花果山最为接近。据说，在连云港的云台山下，有一条烧香河，这条河与吴承恩的老家淮安相连。而且在云台山地区，还有吴氏家族的聚居地。当地关于云台山的传说有很多，吴承恩曾经收集整理过这些传说，并且亲自到云台山取景。之后，他在《大唐西域记》《大唐三藏取经实话》等文学作品及传说基础上，创作了神话小说《西游记》。

1982 年，在云台山举行的《西游记》学术研讨会上，专家们根据出土文物、历史文献以及云台山水帘洞、花果山、傲来国、玉女峰等景观，最终确定云台山就是《西游记》中花果山原型。这一结论的得出，也证实了有关“淮海浪士”吴承恩在家乡取景的说法。

小说中的“洞天福地”是道教学说中所说的仙境。道教教徒认为，这里是群仙居住的仙山。所谓的“洞天”指的是山中可以直通天庭的洞室。里面四通八达，可通天下群山。“福地”意思说修行之人在此山上可以得到诸仙的祝福，修成正果得道成仙。可以说，这是立于地上的仙山，其中包含三十六洞天，七十二福地。《洞天福地岳渎名山记序》记载说:“乾坤既辟,清浊肇分,融为江河,结为山岳,或上配辰宿,或下藏洞天。皆大圣上真主宰其事,则有灵宫阙府,玉宇金台。或结气所成,凝云虚构;或瑶池翠沼,注于四隅;或珠树琼林,疏于其上。神凤飞虬之所产,天骥泽马之所栖。或日驭所经,或星缠所属;含藏风雨,蕴蓄云雷,为天地之关枢,为阴阳之机轴。”按照这个说法,我们可以知道,凡是有些仙气,流传过神话传说,并且山水相绕的地方,都可以称为“洞天福地”。如此看来,集天地灵气的花果山的确是一个难得的修炼仙境。

孙悟空“齐天大圣”的名号是怎么来的,他使用的金箍棒是怎么回事?

《西游记》中,连掌管天地的玉帝都不放在眼里的孙悟空,自称为“齐天大圣”。意思说自己“神通广大,变化多端,上天下地,无所畏惧,与天地齐寿,日月同长”。那么,作者赋予孙悟空这个称号,参照的依据是什么呢?孙悟空凭借一根如意金箍棒,制伏了取经路上的众多妖魔鬼怪,这如意金箍棒又有什么来历呢?

在我国传统文化中,猴精是传奇小说的一个重要题材。在民间,猴精也是人们信仰崇拜的神灵之一。在我国的福建地区,至今仍存在着“大圣佛祖”的信仰崇拜。据记载,早在宋代的潮州地区,就已经出现了很多“大圣庙”。这一信仰崇拜的出现,至少要比《西游记》中的“齐天大圣”早两个朝代。如今,在福建沿海的一些地区,“齐天大圣”碑刻、庙宇仍然到处可见。

有观点认为,“大圣”这个称谓是儒、道、佛三家观点相融合的产物。儒家学说中,那些经过修行、品行高尚、堪称道德楷模的人物都被称为“圣人”。道教学说中,还有“修炼猿”的说法;佛教中有“听经猿”之说。说的是猿猴精受教义感化,修炼成形,最终晋升成了仙人。因而,诸如孙悟空这类本是猴精出身的精怪,经过佛家点化、道家修行,便演化成了无所不能的“大圣”。而“齐天”之名,则是人们对崇拜之神的一种美称。

孙悟空保唐僧取经途中,对师傅忠心不二,斩妖除魔,是人们心目中的大英雄。取经归来,他被封为“斗战胜佛”。能够配得上“大圣”的武器,自然不是平常之物。据小说所写,孙悟空所用的如意金箍棒重达1.35万斤,有二丈长,碗口粗。传说是大禹治水时所用的定海神针。为了得到它,孙悟空大闹东海龙宫。又凭借它,孙悟空到冥界修改生死簿,保得唐僧西天雷音寺取得真经。可以说,整部小说之中,除了孙悟空之外,功劳最大的就要算金箍棒了。

猪八戒为何总是扛着“九齿钉耙”,沙和尚为何佩戴九颗骷髅?

《西游记》中,塑造了很多形象怪异的人物,同时也描写了很多稀奇的兵器。以八戒为例,因为“九齿钉耙”他没少遭人嘲笑。孙悟空说他这是“高老庄筑地种菜用的”;沙僧说这耙是“犁地种菜的铁锈耙”……尽管如此,猪八戒依然对它视若珍宝,爱不释手。那么,猪八戒所用的“九齿钉耙”究竟什么来历呢?另外,八戒的师弟——憨厚朴实的沙僧为什么要佩戴令人毛骨悚然的九颗骷髅呢?

猪八戒曾经炫耀自己的兵器说:“此是锻炼神冰铁,磨琢成工光皎洁。老君自己动钤锤,荧惑亲身添炭屑。五方五帝用心机……因我修成大罗仙,为吾养就长生客。敕封元帅号天蓬,钦赐钉耙为御节。”从八戒的这段夸耀中,我们不难看出,这“九齿钉耙”是玉帝钦赐的神器,是八戒为天蓬元帅时所用的法宝。尽管下凡后天蓬元帅成了一只奇丑无比的猪,但是“九齿钉耙”仍然被八戒带在身边。

作者如此塑造八戒形象,其实还有更深的一层寓意在里面。《西游记》作为明代一部以神魔志怪为题材,反映当时社会现实的小说,其中必然含有现实人物的缩影。而猪八戒，正是当时的农民形象。八戒下得凡间，在高老庄替丈人做杂活。从田间地头，到厅堂建筑，八戒无不倾力而为。连八戒自己都自称是农活好手。书中写道："若言千顷地，不用使牛耕。只消一顿耙，布种及时生……家长里短诸多事，赐天弄井我皆能。"如此看来，"九齿钉耙"这个被孙悟空戏称为"犁地铁耙"的工具，作为八戒"小农"的标志，就再合适不过了。

至于沙僧所佩戴的九颗骷髅，小说中已经为我们讲述了它的由来。沙僧被观音降服并潜心向佛后，说道："我在此间吃人无数，向来有几次取经人来，都被我吃了。凡吃的人头，抛落流沙，竟沉水底。这个水，鹅毛也不能浮。唯有九颗取经人的骷髅，浮在水面不沉，我以为异物，将索儿穿在一处，闲时拿来玩耍。"对于沙僧的这种说辞，小说中有这样的铺垫，说唐僧是金蝉子的十世转世。在一些元杂剧中，曾记有唐僧每次转世取经，都被沙和尚吃掉的说法。因而，从沙僧的这番话中，我们可以得知，那九颗取经人头，乃唐僧九世被沙和尚所吃剩下的骷髅。有学者认为，作者如此描写人物形象，是借着远古时期人类以捕食的动物骸骨作为装饰物，炫耀自己的勇猛这一习俗，为沙僧的过往，增添一种炫耀的资本。同时也在借骷髅不沉于流沙河，来说明唐僧修行的高深，以及佛家普度众生的教义。

《西游记》中最厉害的妖怪是谁，辈分最高的妖怪是谁，最厉害的法宝是什么？

《西游记》中，唐三藏取经过程中路途之坎坷，经历之复杂，被吴承恩用九九八十一难概括。在这八十一难之中，三藏的徒弟们使出看家本领斩妖除魔。尽管孙悟空神通广大，猪八戒、沙僧武艺高强，但是在众妖魔鬼怪中，有些也非泛泛之辈。诸如太上老君坐骑青牛精，牛魔王之妻铁扇公主等着实费了孙悟空等人一番功夫。那么，在整部小说中，最厉害的妖怪是谁？辈分最高的妖怪是哪位？最厉害的法宝又是什么呢？

用现在的话说，人最大的敌人就自己。在《西游记》中，神通广大的孙悟空除了对如来佛和紧箍咒无可奈何之外，就是对自己束手无策了。如此说，并非是孙悟空要把自己怎么样，而是说的《西游记》中出现的那个克隆孙悟空——六耳猕猴。这只猴子厉害就厉害在孙悟空有的本事，它都有，孙悟空没有的本事，它也有，甚至连天上诸位神仙都不敢轻举妄动。书中这样描述道，谛听说："怪名虽有，但不可当面说破，又不能助力擒他。当面说出，恐妖精恶发，骚扰宝殿，致令阴府不安。妖精神通广大，幽冥之神能有多少法力？"如此看来，这六耳猕猴可以称得上是《西游记》中最厉害的妖怪了。所谓魔高一尺，道高一丈。孙悟空逃不出如来佛的手掌心，这六耳猕猴同样也只能被如来佛收服。

从《西游记》中人物的话语中，我们可以看出，狮陀岭的狮王、象王、大鹏金翅雕三妖可谓是《西游记》中辈分最高的组合了。作者在他们身上所用的笔墨也是最多的。书中说，狮王乃文殊菩萨的坐骑，当年天宫大闹蟠桃会曾吓退天兵；象王乃普贤菩萨坐骑，也是个令孙悟空不敢小觑的妖怪。至于大鹏金翅雕，更是个身份不可小觑的妖怪。混沌初开时，飞禽走兽中凤凰是灵长。孔雀和大鹏都是她所生。孔雀出生之时，如来正在雪山顶修炼。这孔雀喜食人，如来恰好被吸入孔雀腹中。无奈之下，如来剖其背而出。这样一来，如来就成了孔雀的孩子。根据这样的亲属关系推导，按辈分论起来，如来竟是大鹏金翅雕的外甥。

小说中，最厉害的法宝要数青牛精的金刚琢了。这个圈是太上老君过函关化胡之器物，任何兵器水火都奈何不了它。它被青牛精盗走后，成了为祸一方的帮凶。孙悟空的金箍棒、哪吒的风火轮、降魔杵等兵器，皆被金刚琢所收。最后还是金刚琢的主人太上老君解了孙悟空的围。

妖怪能升格成为神仙吗？铁扇公主是神仙还是妖怪？

在我国的神话传说中，不仅凡人可以通过施舍行善、苦身修行得道成仙。就连一些妖怪，通过千年万载修行，最终也可以摆脱恶名，成为万人景仰的仙人。那么，妖怪真的可以修炼成仙吗？《西游记》中的铁扇公主是仙还是妖呢？

在宗教教义中，妖和仙是相互对立的两个体系。可以看成是明、暗两种势力。但是这两种势力，在某种程度上，又存在着千丝万缕的联系。以《西游记》为例，生于磐石，大闹天宫的齐天大圣孙悟空，本是玉皇大帝眼中的妖猴。在如来出现之前，没有人能够制伏他。为了安抚这只猴子，玉帝封他为弼马温。孙猴子知道这个官职的实际用意后，大闹天庭。后来，如来以五指山收押孙悟空。直至唐僧出现，孙悟空迫于紧箍咒的束缚随唐僧西天取经，并成为“斗战胜佛”。如此一来，一个阴阳不容的妖一步一步地演变成了仙和佛。除了孙悟空之外，梅山七怪被二郎神收服后，开始了斩妖除魔的正义行为。后来被封为“梅山七圣”，位列仙班。阴曹地府的黑白双煞本是勾人性命的鬼怪，在冥界中，他们竟成了阎王殿里秉公执法的鬼使神差……从这些情节来看，其中不乏作者借妖魔之身，暗指世风日下、善恶颠倒的社会现实。妖怪成为仙人，除了是作者借妖怪之名颂扬正义、反叛之外，也是人们渴望现实生活中善有善报、黑白分明的一种表现。

按照这种说法，小说之中身份不是很明朗的铁扇公主，便成了《西游记》中最有争议的“神妖”。仅从小说自身出发，作为善财童子红孩儿的母亲，齐天大圣孙悟空的同门师兄牛魔王的妻子，应该是仙。但她又名“罗刹女”，如同其他妖怪一样阻拦三藏等人西天取经；说她是妖，她又不做伤天害理的恶事。在佛教中，罗刹本是一种食人血肉的鬼怪，又名“罗叉娑”“阿落刹娑”等。从铁扇公主的这个称号上，可以看出，至少铁扇公主出身是妖。只是后来或同“梅山七圣”有过相同的经历，被神仙感召，得道成仙。总之，铁扇公主可以说是《西游记》中，一位身份特殊的“仙”人。

《西游记》为何要唐僧经历九九八十一难，妖怪为什么要吃唐僧肉？

小说《西游记》中，唐僧师徒四人西天取经途中，共经历了九九八十一劫难方到达西天，取得真经。途中所遇到的妖怪大部分都是以吃唐僧肉为目的，才动手拦截。那么，作者安排八十一劫难是有意，还是巧合呢？妖怪又为什么要吃唐僧肉呢？

在古代，数字在人们的生活中占据着重要的地位。人们对数字的崇拜在《西游记》中的体现尤为突出。例如，花果山水帘洞，有三十六洞天、七十二福地。这两组数字来自《易经》八卦与六爻。而且二者又是阳数中最大的数字 9 的倍数，是尊贵的象征。所谓“天地之数，始于一，终于九”。可以说凡是尊者，吉位等都可以称为九。而在佛家教义中，九九意味着归源，即我们平时所说的“九九归一”之说。因而，作为佛祖弟子金蝉子第十世转世的唐僧，只有经历了九九八十一劫，才能回归本源。

另外，从小说的情节上看，九九八十一难各有寓意。作者借助这些劫难，将人性的美丑、世间的百态展露无遗。尽管故事情节有些离奇，但是人间面临的所有问题都蕴含其中。如此看来，唐僧要经历九九八十一难又是小说发展的必然要求。

另外，单写唐僧等人翻山越岭、跋山涉水不足以增添小说情节的跌宕性。一部作品要吸引读者，激烈的矛盾冲突是必不可少的结构线索。吴承恩在写书之始，便将这一伏笔埋在了唐僧等人的取经路上。那就是吃了金蝉子十世转世之身的唐僧肉，便可以长生不老。女妖取了他的元阳，还可以增加千年道行，炼成神仙。

有了这个理由，就算唐僧不食人间烟火，与人为善，也逃不过想要长生不老的妖怪的刁难。为了吃上一口唐僧肉，妖怪们自然要不择手段。也正是这个原因，取经路上才生出了那么多旁枝末节；因着这个冲突点，小说的故事性也就顺理成章。

孙悟空师兄弟神通广大，为什么不背着唐僧飞到西天去？

《西游记》中，猪八戒曾问过孙悟空，为什么不背师傅飞过流沙河。孙悟空回答说，筋斗云乃灵性之物，没有仙根的人是无法驾驭它的。就算孙悟空背着唐僧，也无法施展腾云驾雾的本领，原因就在于尽管唐僧修行很深，但毕竟是尘世凡胎，没有摆脱红尘，又怎能与众仙一样穿云钻雾呢？如此说来，孙悟空不能背唐僧西天取经还是不得已的行为。

但是从整部小说中，我们知道，孙悟空不能背着唐僧飞去西天取经的根本原因并不在此。孙悟空曾经说过："我们几位徒弟追随师傅西天取经，只是为了保护他的身家性命。师傅所要经历的苦难折磨，并非我们能代替的。只有经历了这些磨难，师傅才能修得正果，深悟佛道。到了西天见了那佛，才能有资本取得真经。我们等闲之辈，就算代替了师傅，取来的经也是空有外表，没有真正的价值。"

而且书中提到，唐僧是如来弟子金蝉子转世。来到人间就是为了完成西天取经，感化世人的任务。取经路上经历的每一次劫难，都是如来事先知晓的。如此安排，如来解释说："当初我想要把真经送到东土，怎奈世人蒙昧，不识真经，辜负了我普度众生的美意。我之所以将唐僧贬到凡间，是想借着真挚虔诚之人，历经磨难，取回真经的行为，感化众生。这样得到的真经实属不易，人们也会倍加珍惜……"

从小说中这两个人物的话中，我们可以看出，孙悟空没有背唐僧去西天取经，是为了完成如来"感化苍生"的大计。而唐僧所经历的种种，也是为了东土百姓得到真经，而心甘情愿替民受苦的苦修行为。

《西游记》中的女儿国真实存在吗？它在什么地方？

《西游记》第五十四回中，唐僧等人误饮了子母河的水，竟发生了怀孕的荒唐事。后来，他们被劫到西梁女国，唐僧险些当了女儿国的国王。在蝎子精的迷惑下，唐僧又差点失了元阳真身……总之，在女儿国里，唐僧等人可谓是受尽了女人的折磨。那么，《西游记》中所写的女儿国真的存在吗？如果存在，它又在什么地方呢？

关于女儿国，《大唐西域记》中有这样一段描述："拂懔国（即东罗马帝国）西南海岛有西女国，皆是女人；略无男子，多诸珍宝货，附拂懔国，故拂懔王岁遣丈夫配焉，其俗产男皆不举也。"根据这段记载，我们可以推断出，女儿国确有其地。其位置大概在罗马西南地区。那么，《西游记》中所描写的"女儿国"是不是指的就是这个地方呢？

其实，吴承恩所写的"女儿国"并非《大唐西域记》中所载的"女儿国"。据专家考证，它是在参考中国传统文化的基础上，运用文学手段，加工创作出来的一个国度。据《通典》记载："葱岭之南，其国代以女为国王。王姓苏毗，字末羯，在位20年。女王之夫号为'金聚'，不知政事。国内丈夫唯以征伐为事。"从这段描述中，我们可以看出，在我国的云南、四川以及青藏高原一带，居住着一群女尊男卑的氏族。部落中女人是统治者，男人只是女人的附庸。

《旧唐书》记载说："东女国，西羌之别称，以西海中复有女国，故称东女焉。俗以女为王。东与茂州、党项接，东南与雅州接，界隔罗女蛮及百狼夷。其境东西九日行，南北22行。有大小八十余城。"可见，苏毗所领导的"女性主权"部落被称为"东女国"，是西羌的一种。据考证，如今四川甘孜州的丹巴县至道孚县一带，就是《旧唐书》中记载的东女国的中心地。

其实，史书中记载的"东女国"是远古时期母系氏族社会的延续。在母系社会中，女子的地位高于男性，就连部落里的最高统治者都是女性。尽管经过漫长的时代变迁，在我国一些较落后的偏远地区，母系社会的余波仍影响着当地的人民。其中，摩梭人“走婚”的习俗便是母系氏族影响下的产物。

唐僧到底是什么人，他从西天取回来些什么经，翻译成中文了吗?

《西游记》是在《大唐西域记》的基础上，经过文学加工创作出来的一部神话题材小说。据专家考证，小说中的唐僧原型，就是《大唐西域记》的编撰者玄奘。

玄奘俗名陈祎，是唐贞观年间的高僧，人称“三藏法师”。在我国，有“三藏法师”称号的人不多。这是佛学界对佛学高僧的一种尊称。所谓的“三藏”指的是佛教典籍中的三种形态，包括经藏、律藏和论藏。“藏”有包罗万象的含义。因而，能被称为“三藏法师”的人，必定是精通经藏、律藏、论藏，并且对佛教典籍参悟很深的得道高僧。玄奘便是其中影响最大的“三藏法师”。

唐太宗贞观三年，玄奘从凉州出玉门关，开始了他天竺取经的行程。他先后游历了今阿富汗、巴基斯坦等地，最终进入佛教发源地印度。其间，他曾拜在高僧戒贤法师门下，在印度最大最豪华的寺院那烂陀寺潜心学佛5年。钻研佛法过程中，他又兼习显扬、俱舍、顺正理、对法、因明、声明等经论。戒贤法师曾经因为他而连续讲经布道15个月有余。在戒日王召开的佛学辩论大会上，玄奘一人面对印度18个国王、3000个佛学者以及2000道外人讲论，竟无人能够诘难他。足见玄奘对佛法参悟之精深。

贞观十九年的时候，玄奘带着梵文佛经共520夹657部回到了长安。其中包含大乘经234部；大乘论192部；上座部经律论15部；大众部经律论15部；三弥底部经律论15部；弥沙塞部经律论22部；迦叶臂耶部经律论17部；法藏部经律论42夹；说一切有不经律论67部；因明论36部；声论13部。

据记载，玄奘回到长安后，拒绝了太宗、高宗封官辅政要求，一心扑在译著佛经的事业上。经过玄奘等人的整理，先后译出了：《大般若经》600卷、《瑜伽师地论》100卷、《大毗婆沙论》200卷、《俱舍论》《解深密经》《成唯识论》《摄大乘论》等75部典籍，共计1335卷。可以说，玄奘西行取经，不但为中国的佛教事业做出了重要贡献，而且还充当了东西文化交流的桥梁和纽带。

《红楼梦》原名是什么，《红楼梦》的名字是怎么来的?

《红楼梦》被评为中国最具文学成就的古典小说及章回小说的巅峰之作，被视为“中国四大名著”之首。自它成书之日起，曾先后用过《石头记》《情僧录》《风月宝鉴》《金陵十二钗》等名称。甲戌年间，《脂砚斋重评石头记》又将其更回旧名。直到1784年，这部长篇小说才正式题名为《红楼梦》。

《红楼梦》以一个神话故事为开篇。楔子中讲道：远古时代，西北边的天空漏了一个大洞，女娲娘娘为了解救苍生，炼了36501块石头补天。将天修补好后，还剩了一块石头，女娲便将它丢弃在了青埂峰下。看到其他石头都能够补天，唯独自己被人遗弃，这块石头终日唉声叹气。日久天长，这块石头竟吸收了天地之精华、日月之灵气，修成了人身。见到天上灵河岸边一株绛珠仙草快要枯萎了，便以甘露浇灌，这株仙草得以存活，并且修成女身。她不忘救命之恩，誓要以泪回报。后来，这块石头想要到人间感受浮生，绛珠草便追随而来。于是小说中婉转曲折的爱情故事便出现了。

人们认为，《红楼梦》所述，都为石头自说。因空空道人发现它时，石头上面就写满了文字。上面记载，皆是那顽石游历人间经历的过往。而且，在甲戌本的《凡例》中，也做过这样的解释：“《石头记》是自譬石头所记之事也。”无独有偶，《脂砚斋重评石头记》也曾出现过“非作者为谁，余又曰，非作者，乃石头耳”的字样。如此一来，我们便可以得出，小说中所说的石头即为作者、作者就是石头的结论。因而，将这部书定名为《石头记》就再名副其实不过了。

到了1784年，梦觉主人为这部书作序的时候，才将其题名为《红楼梦》。此后，这个书名得到大众认可。相较于《石头记》，《红楼梦》给人的感觉更多的似真非真，似假非假，空灵梦幻。“红楼”两字，将书中众多女子隐喻其中。因此“红楼梦”最终取代“石头记”成为这部名著的名字。

贾宝玉的原型是曹雪芹本人吗？《红楼梦》是作者的自传吗？

俗话说，艺术源于生活又高于生活。那么，作为一部鸿篇巨制的豪门兴衰史，曹雪芹所写的《红楼梦》取材于什么，书中贾宝玉的形象是否就是作者本人呢？

曹雪芹在《红楼梦》第一回中，说了这样一段话：满纸荒唐言，一把辛酸泪。都云作者痴，谁解其中味。红学界对这段话的理解是，曹雪芹历经十载，五次增删，才最终完成书稿。所以，十载辛酸体现在书稿中可谓字字心血。对于书中荒唐可笑之处，曹雪芹用“假作真时真亦假，无为有处有还无”来解释。但是其中，也不乏现实的影像。其中，有关贾宝玉原型所指，一直是红学研究者争论的焦点。

《红楼梦》中，贾家世代簪缨，宝玉是贾母的宝贝，众女子的宠儿。而现实中的曹雪芹出生在一个“百年望族”的官僚地主家庭。从他的曾祖父开始，三代世袭江宁织造一职。据史料记载，曹家深受康熙皇帝宠信。康熙六次巡访江南，其中有四次是住在他家。从这一点上，可以看出曹家在清朝的身份地位非同一般。后来，受政治斗争所累，曹家遭逢巨变，从此家道中落。还没有长大成人的曹雪芹，也因此从一个锦衣玉食的富贵公子，沦落成了为生计发愁的平民百姓。

从曹雪芹的这段人生经历来看，《红楼梦》中贾府确有曹家的影子。府中的奢华糜烂，正是当时贵族生活的真实写照。其中关于“元妃省亲”的描写，也可能是当年曹家迎接康熙帝巡游时的场景再现。整部小说在描写达官贵人生活的同时，也突出了宝玉的叛逆性格，尤其是他对女子的怜惜。作者这样写，其中必然包含自身对社会腐化黑暗的不满，对世态炎凉的慨叹。贾宝玉这个形象，可以说是与当时社会格格不入的对立面，作者也正是借助他表达自己对人生、对社会、对官场、对人情的感慨。因此，虽然曹雪芹没有像《红楼梦》中的贾宝玉一样被众多妙龄少女围在其中，而且也不似他的“富贵不知乐业，贫穷难耐凄凉。可怜辜负好韶光，于国于家无望”。但是，曹雪芹清高孤傲的心性却在贾宝玉身上体现得淋漓尽致。

何谓“金陵十二钗”，贾宝玉看到的正册、副册、又副册中的女子是怎么划分的？

《红楼梦》第五回中，有这样一段对话。宝玉因问：“何为‘金陵十二钗正册’？”警幻道：“即贵省中十二冠首女子之册，故为正册。”宝玉道：“常听人说，金陵极大，怎么是十二个女子？如今单我们家里，上上下下就有几百个女孩儿。”警幻微笑道：“贵省女子固多，不过择其要者录之，两边二橱则又次之。余者庸常之辈，则无册可录矣。”宝玉再看下首一橱，上写着“金陵十二钗副册”；又一橱上写着“金陵十二钗又副册”。

金陵十二钗仕女图之林黛玉像　清　费丹旭

在古语中，“金钗十二”指的是女子头上繁多的金钗。后来“金钗十二”有了指代众多美女的含义。从小说中人物的对话里，我们可以得知，这里所说的“金陵十二钗”包含了南京城大大小小较有名气的美女。作者按照美女身份地位的高低贵贱，容貌等级将她们分别列在了正册、副册、又副册中。

金陵十二钗正册收录的，是以林黛玉、薛宝钗为首，包括贾元春、贾迎春、贾探春、贾惜春、贾巧姐、史湘云、妙玉、王熙凤、李纨、秦可卿在内的12名女子。从册中所列的人物，我们可以看出，她们大都是些贵族小姐、府中正室之类。

贾宝玉翻看的“金陵十二钗副册”，以“根并荷花一茎香，平生遭际实堪伤；自从两地生孤木，致使香魂返故乡”的香菱为代表。从她的身份地位，我们可以推断出，副册中所载的人物多为低于正册地位的小妾，或非正室所生的小姐之类。如此划分，诸如薛宝琴、尤二姐、尤三姐、邢岫烟、李纹等人便在副册之中。

又副册开篇以“霁月难逢，彩云易散。心比天高，身为下贱。风流灵巧招人怨，寿夭多因诽谤生。多情公子空牵念”的晴雯为首。可见，又副册中所载，大都是些低于正册、副册中的丫鬟、佣人之类。这样一来，像袭人、平儿、鸳鸯、紫鹃、莺儿、玉钏、金钏、彩云等人便都名列其中。

《红楼梦》的续写情况是怎样的？

关于《红楼梦》到底是曹雪芹未能写完便“泪尽而逝”（脂砚斋评语），还是曹雪芹已经写完，但后面四十回在传阅中丢失抑或被乾隆皇帝强行删去，红学界没有定论。但红学界对于一点是比较肯定的，便是现存的各种《红楼梦》版本，其前八十回系曹雪芹所写，后面则均为别人续写。自半本《红楼梦》在乾隆年间面世以来的200多年间，无数人为不能一睹全本《红楼梦》，搞清楚他们所牵挂的众多人物的命运结局而遗憾万分。也正因为此，一代一代的文人拿起了笔，续写《红楼梦》。至今为止，仅严格意义上的续作，就有40多种。算下来，自《红楼梦》面世以来，每5年便有一本续本问世。

《红楼梦》最早的续本是清人逍遥子的《后红楼梦》，总共有三十回，在乾嘉年间刊刻面世。之后又陆续出现了秦子忱的《续红楼梦》、兰皋居士的《绮楼重梦》（又称《红楼续梦》）、吴沃尧（吴趼人）的《新石头记》、陈少海的《红楼复梦》、海圃主人的《续红楼梦》、梦梦先生（临鹤山人）的《红楼圆梦》（又称《绘图金陵十二奴后传》）、归锄子的《红楼梦补》、郎袁山樵的《补红楼梦》、花月痴人的《红楼幻梦》（又称《幻梦奇缘》）、姜凌的《红楼续梦》、无名氏的《红楼后梦》、无名氏的《红楼再梦》、无名氏的《红楼重梦》等续本。

在这些《红楼梦》的续作作者之中，不乏擅长写小说的名手。比如写《新石头记》的吴趼人，所写的《二十年目睹之怪现状》被今人评为清代四大谴责小说之一。但这些续作都没有达到原作的艺术水准，大部分都沿袭中国文艺的大团圆结局的思路，恨不得“将黛玉晴雯从棺材里扶出来”，使原作的悲剧意味消失殆尽。如今，这些续本大多都因艺术水准离原作太远而湮没无闻。其中只有清人高鹗的续作基本上沿着悲剧的路子做了续写，算是众多续作中最好的一个，因此也缀在曹雪芹原作的后面作为通常的完本《红楼梦》。但总体来说，高鹗的续作被普遍认为是完全不能与原作同日而语的。

第九章

图书文档·传承文明

人们为什么把“书”叫“图书”，是不是因为古代的书都有“图”？

生活中，人们经常将“书”称为“图书”。类似地，借阅书的地方似乎本应叫“书馆”，却被叫作“图书馆”；与书相关的行业不叫“书行业”，而叫作“图书行业”，似乎书是离不开图的。“图书”的说法既然是从古代流传下来的，是不是古代的书都有图？

“书”被叫作“图书”的原因，现在已经不太可考。但可以肯定的是，自古以来，书与图都是紧密联系在一起的。在《周易·上悉辞》里，便记载了“河出图，洛出书”的上古神话故事。显然，先秦时期，“图”与“书”便被人们习惯性地联系在一起。另一方面，“书”这个字，在古代有“文字”的意思。而我们知道，汉字起源于象形文字，本是由图形演变而来。因此，在古人的思维习惯里，图与字，大概本是一种东西。由此看来，“图”与“书”连在一起也是很自然的了。

另外，从古代早期的书来看，也的确是文字与图画并重的。在古代，教育不发达，识字的人很少。图画是可以绕过文字直接传递信息的。因此，为向那些不识字的人讲述故事、宣传伦理道德等，大部分书籍都是图文并茂的，在文字旁边往往配有图画作直观展示。因此，中国自古有“左图右史”（史指文字）的说法。尤其是宗教性质的书籍，因为要面对大量不识字的下层民众，更需要借助于图画来宣扬教义。佛教的许多宣传性质的典籍，干脆没有文字，全部由图画构成。基督教在中国传播时，也借用大量的图片来宣扬教义。直到清末民初之际，为向普通民众普及科学、民主等西方现代观念，许多知识分子所办的宣传刊物还大量采用图画形式，一时画册、画报风靡于世。

事实上，从宋代起，古书上的图画开始逐渐减少，人们更重视文字的作用，但“图书”的说法还是一直沿用了下来。

“诗三百”指的是什么，这个名称从何而来？

提起“诗三百”，可能许多人马上想到《论语》中的那句：“诗三百，一言以蔽之，曰：思无邪。”这句话表明孔子不仅是个深邃的思想家，而且是一个一流的文学评论家。“思无邪”，短短三个字道出了诗歌的本质，无论古代诗歌还是现代诗歌，其实质都不过是这三个字。

“诗三百”即《诗经》，编撰于先秦时期，是中国第一部诗歌总集。其名称本来是《诗》，后来可能因总共有 305 篇，时人取其整数称其为“诗三百”。西汉时，儒生们出于对孔子的尊敬，将之称为《诗经》，因为“经”在古代乃是对特别尊崇的书的称呼。

《诗经》里的诗其实本是用来配乐的歌词。因此，“诗”本身衍生于“歌”，这也是“诗”被称为“诗歌”的原因。按照音乐性质，《诗经》被大体上分为风、雅、颂三类。风，是不同地区的地方音乐，多为民歌，产生于民间；雅，是宫廷宴享或朝会时的乐歌，多由贵族文人创作；颂，是宗庙祭祀的乐歌和史诗，内容多是歌颂祖先功业的，全部由贵族文人创作。

《诗经》中的诗歌写作年代是从西周初年至春秋中叶，大约500年，所反映的社会生活内容十分丰富，对于2000多年前的政治经济、战争徭役、祭祀典礼、世俗人情、生产生活等均有所涉及，具有重要的文献价值。

富有传奇色彩的古代名著《穆天子传》，是西周的作品还是后人的伪作？

《穆天子传》是一部记录周穆王西巡史事的著作，书中主要记载了周穆王的一次“旅行”。据书中介绍，周穆王率领部众，坐着马车，从洛阳出发，北行越太行山，经河套地区，穿越甘肃、青海、新疆，到达帕米尔地区。与西王母国的女王西王母（神话传说中王母娘娘的原型）会面后，周穆王等又一路返回洛阳，整个行程达19万里（周朝的“里”略小于现在）。

《穆天子传》是由晋代的盗墓贼从今河南汲县一个战国时代的古墓中发现的。当时西晋的学者异常兴奋，纷纷为之作注。但到宋代之后，由于疑古风的兴起，开始有人怀疑《穆天子传》的真伪；到清代，学者姚际恒等更是力主《穆天子传》为伪书。怀疑派的理由主要就是周穆王的行程实在太远了，不太可信。而这种说法一度成为定论。

但是，进入现代之后，对《穆天子传》又了新的说法。学者常征在将《穆天子传》与后世的《水经注》等地理著作对照后，发现其中的山川村落都可一一考证出。并且，有学者进一步指出了周穆王去昆仑山并非无缘无故，而是有说得通的动机的。周朝非常重视玉器，而昆仑山早在上古时代就一直是传说中的美玉产地。如此，周穆王前去昆仑山寻玉，便是十分可能的。

孔子读《易》至“韦编三绝”，书和“韦编”有什么关系，古代的图书是什么样子的？

据司马迁在《史记·孔子世家》中介绍，孔子晚年研究起了《周易》，而且到了痴迷的程度。说孔子因为翻阅《周易》次数太多，以至于“韦编”断了三次。“韦编”具体是什么东西？怎么翻书多了，“韦编”就断了？这还要从中国早期的图书说起。

我们知道，中国的造纸术到汉代才发明。在这之前，中国人虽然早就创造了文字，但是传播起来并不方便。开始，人们将文字写在甲骨、石头、金属上，这样的文字载体作为保存资料的性质，还勉强凑合，但在使用的过程中，无论是阅读，还是携带都相当困难。这些东西也很难称得上是图书。大概从周代起，人们开始用竹片作为文字的载体。这种载体使阅读方便了很多，而且竹片的形状可以削得比较规则，连在一起之后还可以卷起来，看上去也像个书的样子了。因此中国最早称得上图书的便是这种竹简图书。

竹简图书是将竹子劈成一片一片之后连在一起制成的。一根竹片称为“简”，多根“简”用绳子编起来便成“册”。“册”是个象形字，表示竹片穿起来的样子，同时，也称作“编”或者“篇”。其中，用丝绳将“简”编起来的叫丝编，用皮绳编的叫韦编。编好的图书，再卷起来便成为一卷。文章长了，则可以多分几卷。至今，卷、篇、册这些说法还是形容图书的量词。而现在许多与书有关的字都有竹字头，比如书籍的“籍”、户口簿的“簿”等。

这种竹简图书的容量非常小。一般而言，一片简上都只能竖写一行字，一卷竹简正反两面写，也就几百字。因此这种图书虽然比骨头、石头方便些，但还是笨重得很。据说秦始皇完成全国统一大业后，每天要看100多斤重的竹简文书。西汉时的文学家东方朔给汉武帝写了一篇奏章，用了将近3000枚竹简，只好找人吃力地抬进宫去。由此可见，古人所说的“读万卷书”，听起来挺吓人，实际上现代的许多喜欢阅读的人可能就已经做到了。

知识链接

汗青

因为文天祥的“人生自古谁无死，留取

丹心照汗青”的千古名句，可能大部分人都大致知道汗青是史册的意思。但汗青为何用来代指史册呢？这其实与古人制作用来写字的竹简的过程有关。

古人在制作竹简时，首先选择上等的青竹，称其为“青”。在将青竹削成长方形的竹片之后，要用火烘烤这些青竹。这样做，一方面是因为干燥的竹片便于书写，另一方面也可防止虫蛀。烘烤之时，本来新鲜湿润的青竹片，会被烤得冒出水珠，看上去就像出汗一样。因此人们称这道烘烤青竹的工序就叫作“汗青”。后来，“汗青”这道制造竹简的工序成了竹简的代称，又因为竹简是用来作为书册之用，“汗青”就进一步被用来指代书册、史册了，并因为平仄、押韵等需要多见于诗词中。

孔子晚年删诗书，是在破坏文献吗，此举对中国文化有功还是有罪？

孔子周游列国 14 年之后，晚年回到鲁国，在教学之余，整理编辑了《诗经》《尚书》《仪礼》《乐经》《周易》《春秋》6 本书。其中，他对于《诗经》《尚书》两本书的改动最大。“删诗书”一说，说的便是他对于这两本书的编辑。

关于“删诗”，司马迁在《史记·孔子世家》中说《诗经》原本有 3000 多篇，孔子删去了重复的和不符合礼仪的，留下了 305 篇，然后为之分类并调整次序，最后形成了今天我们所看到的《诗经》。《诗经》是中国第一本诗歌总集，形成于西周初年至春秋中叶。《诗经》中的“风”部分，属于民间文化。民

《诗经原始》书影

间的文化最容易并大量产生的，便是爱情类的诗篇，甚至不乏一些“越礼”的东西。这类诗歌肯定是不符合孔子的“礼仪”之道的；另外，此类诗歌也容易因主题雷同而产生重复，因此，可以推测孔子“删”的可能主要是这部分。从这点来说，孔子的“删诗”使大量先秦古人原汁原味的文化失传，的确是一种遗憾。

而关于“删书”，司马迁在《史记·孔子世家》中认为是指孔子对夏商周三代的历史政治做了总结，然后从三代的文献中选择了部分内容，按照自己的思想与逻辑，选编成书。这种行为从现在的编辑工作来看，是难免甚至必要的。因此孔子的“删书”便不能说是一种破坏。

总体而言，孔子“删诗书”，应该说没有破坏文献，而是对于古代文献的一种保存和传承。春秋时期，总体上是一个“礼崩乐坏”的乱世，如果不是孔子将这些书编辑整理，并将之作为教材广泛传播，恐怕这些文献也很难流传到现在。另外，孔子对于这些文献所做的筛选、编订次序、写序的工作，使这些文献的含义更加清晰、文理更加通顺、结构也更加合理，而其中所蕴含的思想对中国文化的影响更是积极而深远的。

《论语》是一部什么样的书，它是什么时候成书的，由谁编辑而成？

《论语》是一本记录孔子及其弟子言行的书。全书约 1.2 万字，共 20 篇，大部分内容是孔子对于其弟子所提问题的回答，因此也可以说这本书是孔子弟子的课堂笔记合在一起的集子。另外，书中也记录了一些孔子弟子的言行。书中的语言言简意赅、含蓄隽永，对于孔子的政治理想、伦理主张、道德观念以及教育原则等均有所反映，并生动地刻画了孔子和一些弟子的人物形象。《论语》刚开始在儒家经典中地位并不高，一度被称为“小经”，南宋后因为理学家朱熹的推崇而日渐成为儒家“第一经”。其博大深刻的思想至今仍影响着中国以及东亚、东南

亚许多国家。

至于《论语》究竟编纂于何时、由谁编纂，历来说法不一。

关于《论语》的编纂者，一个比较笼统的说法是《汉书·艺文志》中的“众弟子咸记之”。这里的众弟子，不少学者推测为仲弓、子夏等人。同时，也有不少人认为《论语》为孔子弟子曾子和有子两人的门人所作。因为在书中，除孔子外，只有这两人被尊称为“子”，并且书中记录两人的言论也比较多。唐代的柳宗元则进一步认为《论语》为曾子及其弟子所编，因为书中对曾参无一处不称“子”，而且记载他的言行和孔子其他弟子比较起来为最多。宋代理学家“二程”与近代的思想家梁启超也持此观点。还有一种说法认为《论语》是曾子门人讲述，由秦汉儒生编辑总结而成。

而关于《论语》的成书时间，目前只能推测出一个大致的时间。《论语》里不仅记录了孔子与学生之间的问答，而且记录了孔子的弟子子夏、子张、曾子等与再传弟子之间的对话。这其中，子张小孔子48岁，子夏小孔子44岁。他们收有学生，应该是孔子死后许多年了。另外，《论语·泰伯》篇中记载有曾子病危将死时与弟子孟敬子的对话。孟敬子是鲁国大夫孟武伯儿子的谥号，他死于战国初期，而曾子死于公元前436年左右。因此，《论语》成书应该在公元前400年前后。

综上可以推测，《论语》应该是在战国初期，孔子死后大约60年，由其弟子或再传弟子，或者弟子与再传弟子一起集体编辑而成的。

作为儒家的核心经典，《论语》在东亚东南亚广为流传，它最早传播到哪个国家？

孔子的思想不仅影响了中国2000多年，而且波及东亚、东南亚等中国周边地区。作为孔子思想载体的《论语》在东亚、东南亚的早期流传情况，在时间上不好准确界定先后顺序，只能大体上确定它最早是传播到了朝鲜半岛、日本、越南这三个国家和地区。

因为地利之便，早在西汉时期，《论语》便流传到了当时朝鲜半岛。当时的百济非常推崇儒家文化，还聘请南朝梁的博士前去讲授《论语》。高句丽和新罗的社会风气虽然崇尚佛教，但其政治和伦理层面则已经“儒化”，并设太学，开科取士，其中《论语》为必考内容。据说当时在朝鲜被誉为“海东孔子”的大儒崔冲尤其善讲《论语》。

《论语》传播到日本的具体时间不好界定。有确切年份记载的是：公元285年，日本的应神天皇听说朝鲜半岛的百济国五经博士王仁非常有学识，派使者请其往日本讲学。王仁到日本时带了《论语》10卷和《千字文》，至此，《论语》正式传到日本。之后，《论语》在日本广为传播。日本历史上最贤德的圣德太子把《论语》的中心总结为“礼”和“仁”，他所制定的日本宪法的前身《十七条宪法》就是以《论语》为基础衍生出来的。公元8世纪，日本颁布了《大宝律令》，其中规定，《论语》为学生必读书籍。

而《论语》在越南的传播也可以追溯到汉代。中国在秦汉时期曾在越南北部设郡。汉光武帝时，儒生任延前往越南做太守。任延带去了许多儒家典籍，其中便有《论语》。任延在任期间，兴办教育，教授儒学，《论语》开始在越南传播。在越南的吴朝、丁朝和黎朝（相当于中国秦汉至北宋时期）《论语》慢慢传播。经李朝、陈朝、胡朝至后黎，儒学在越南达到全盛。15世纪中期，黎太宗采取儒臣建议，举行科举制度，《论语》乃是必考内容。

史书记载，西汉初年从孔子故宅壁发现一大批藏书，这些书是伪造的吗？

关于孔子故壁中发现藏书的故事，有一个专门的成语，叫“鲁壁藏书”。

公元前213年前后，秦始皇为加强集权统治，采取了焚书政策，下令焚烧除《秦史》以外的列国史记，并严令民间限期交出《诗经》《尚书》等并销毁。这时，孔子的第九代孙孔鲋眼看经典面临失传，便偷偷地将《尚书》《礼记》《论语》及《孝语》等书藏于孔子故宅的墙壁内，然后投身到了陈胜吴广的起义军中。后来起义失败，孔鲋被杀于嵩山，也有传言说他藏书后便到嵩山隐居终老。

几十年后的西汉景帝三年，景帝之子刘余被封为鲁王，史称恭王。鲁恭王喜欢建造宫室，孔子故宅附近因多有弟子种植的奇树，环境宜人，被他看中。鲁恭王便在孔子故宅处建造宫室。在拆除孔子故宅时，孔鲋所藏的书被发现。据说这些藏书重见天日时，天上突然有丝竹金石之声，有六律五音之美，刘余当即被震慑住了，再也不打孔子故宅的主意。

据说这些经典是用时人不识的先秦蝌蚪文写成，被称为“孔壁古文”。后来，孔子的十一代孙孔安国将这些古文重新译出，发现这些书与当时民间所保存的有所不同，其中最有价值和影响的是《古文尚书》，它比《今文尚书》要多 16 篇。

后来，为纪念孔鲋藏书，金代人在孔子故宅内修建了殿堂，名为“金丝堂”，明代时又修建“鲁壁”，作为纪念孔壁藏书的象征性遗址。

“鲁壁藏书”的故事一直为历代文人所津津乐道，宋代文学家王偁偁称曾在其《鲁壁铭并序》中称：“文籍不可以久废，亦受之以兴……其废也，赖斯壁以藏之，其兴也，自斯壁而发之。”他将秦始皇焚书之后的文化复兴之功归之于“鲁壁”了，这自然增加了这个传说的传奇意味，不过未免有些夸张了。

古代焚书禁书现象十分严重，皇帝大臣们为什么要这么做?

提到焚书禁书，可能人们马上想到的是秦始皇的“焚书坑儒”。其实，焚书禁书，秦始皇既非最早，也非独有。在秦始皇之前，秦孝公早就焚书在先；在秦始皇之后，南朝梁元帝、北魏太武帝、唐武宗、清代乾隆皇帝等统治者都曾发动大规模的焚书禁书运动。另外，除皇帝外，一些大臣也扮演了禁书的帮凶。至于历次禁毁的原因，则不一而足。

据《韩非子·和氏》记载，秦孝公曾听从商鞅的建议，下令焚烧《诗经》《尚书》，以此来“明法令”。说白了就是一种愚民政策，让人们没有自己独立的思想，只唯政府法令马首是瞻。这是中国历史上第一次有记载的烧书。

接下来的秦始皇的焚书与禁书，尽人皆知的。秦始皇焚书禁书更是明目张胆的愚民政策了。秦始皇打算将秦王朝传万世的，这些“惑乱人心”的诸子百家之作自然需要烧毁了。

北魏太武帝、唐武宗两皇帝焚书则比较特殊，他们焚书则主要是为了灭佛，主要烧的也多是佛经。南朝梁元帝的“焚书”的理由则令人啼笑皆非。公元 554 年，西魏南下攻梁，梁军节节败退。梁元帝觉得自己读书万卷还要亡国，那读书还有何用？于是烧了 14 万册书籍。

许多人可能以为编纂《四库全书》是乾隆的伟大功绩，殊不知，乾隆组织编纂《四库全书》时，焚毁各种典籍达 71 万卷之多，乃历代焚书规模最大的一次。所以鲁迅说“清人纂修《四库全书》而古书亡”。

除皇帝之外，大臣烧书的也不少。北宋蔡京、南宋秦桧掌权时，都曾禁书、焚书。尤其是秦桧，前后焚书 11 年。事实上，历史上的焚书禁书，远远不止这几次。总体而言，古代皇帝大臣的焚书禁书，一般都是出于牵制人们思想、维护统治的需要。

曹操为什么要用金璧赎回蔡文姬，他与蔡文姬的父亲是好朋友吗?

三国时期的刘备、孙权、曹操三雄之中，最有文化修养的大概要算曹操了。曹操是建安文学领袖之一，非常重视有才华之人，而尤其使其留下千古美名的，则是花重金赎回一代名媛蔡文姬。

蔡文姬，字昭姬，陈留人（今河南开封一带），东汉文学家蔡邕之女。蔡邕不仅擅长文学，还精于天文数理，妙解音律。蔡文姬自小耳濡目染，既博学能文，又善诗赋，兼长辩才与音律，是典型的才女。蔡文姬初嫁江东卫仲道，不幸仲道早死，蔡文姬回娘家居住。后来出现十常侍之乱，接着董卓入京为祸，东汉朝廷一片混乱，蔡邕在乱中被王允杀掉。时年 23 岁的蔡文姬被胡骑所虏，在匈奴成为左贤王妻子，一待 12 年，并生下二子。

曹操与蔡邕是挚友。在蔡文姬待在匈奴的 12 年里，他扫平了中原，迁都许昌，并“挟天子以令诸侯”。他得知了蔡文姬的消息后，派人出使匈奴，携带黄金千两、白璧一双，把蔡文姬赎了回来。之后，又亲自做媒，让蔡文姬再嫁田校尉董祀。

曹操赎回蔡文姬的原因，一般认为是因为他与蔡文姬的父亲蔡邕是好朋友。蔡邕当年在洛阳大名鼎鼎，俨然文坛领袖。曹操对其十分佩服，经常到蔡府拜访，与蔡邕亦师亦友。因此可以说，曹操赎回蔡文姬自然有感念旧友的因素。但是，除了感情的因素，则还应该看到另一因素。由于当年董卓火烧洛阳，无数文化典籍遭毁，而其运往长安的 70 余车图书也遇雨废毁。董卓死后，其旧部长年互斗，以致“符策典籍略无所遗”。曹操凭武力使中原地区摆脱战乱，极力想复兴文化，而蔡文姬的才华他自然是知晓的，他之所以花重金赎回蔡文姬，更重要的是爱惜她的才华。而蔡文姬后来凭记忆为曹操重新写出了遭毁坏的 400 多册图书，也算是回报了曹操了。

谁写了篇文章，导致“洛阳纸贵”，文章的具体内容是什么?

“洛阳纸贵”的故事出自《晋书·文苑·左思传》。说的是西晋泰康年间，洛阳一个叫左思的文学青年写了一篇叫《三都赋》的文章，由于写得太好，时人争相传抄，结果竟然导致洛阳市面上的纸一下子涨了两三倍。对于一个写文章的人，还有什么是比这更高的荣耀呢?

《三都赋》是汉代流行的赋体文，该文从历史、地理、物产、风土人情等角度，对三国时期的魏都邺城、蜀都成都、吴都南京进行了描写。全文总共 1 万多字，对 3 个都城的描写分别成篇，构思巧妙，文笔精当，乃是千古名篇。

左思小时候不但其貌不扬，身材矮小，而且看上去也有些呆呆的，实在没人相信他会在文学上或者其他任何事上有所成就。做御史的父亲就一直对他非常不看好，经常在朋友面前说后悔生了这个儿子。左思长大后，他父亲还对朋友讲：“唉，左思虽然成年了，但他现在的知识和才能，还不如我小时候呢。”

左思嘴上不说什么，心里却不服气，暗暗发奋。他看到当时流行的东汉班固写的《两都赋》和张衡写的《两京赋》，虽然佩服其宏大气魄，可也看出了其中华而不实、大而无当的弊病，于是他决定自己写一篇同类型但更朴实的《三都赋》。左思先是广泛搜集资料，然后闭门写作 10 年，文章始成。

一开始，因为左思名不见经传，文章并不被时人认可，当时的著名文学家陆机还讥讽他的文章只配给自己盖酒坛子。不甘心的左思带着自己的文章前去拜见当时的著名文学家张华，得到了赏识。张华还将左思的文章推荐给皇甫谧，皇甫谧也很欣赏，并亲自为之作序。

直到这时，《三都赋》的价值才被人发现，一下子火了。《三都赋》字数不少，毛笔字又相当占纸，而且当时的纸刚刚发明，市面上可能也不会太多，因此在短期内涨价，想必并非夸张。后人便用“洛阳纸贵”来形容某人的文章写得了不得。

什么人可以称为“读书种子”，这个说法是怎么来的?

关于“读书种子”，应该说有广义和狭义两种意思。

广义上讲，那些有上进心、志于读书又表现出一定灵性的青少年均可称为“读书种子”，相当于现在的中小学里成绩好的学生。如宋代周密的《齐东野语·书种文种》中言：

“山谷云：‘士大夫子弟，不可令读书种子断绝，有才气者出，便当名世矣。’”关于“读书种子”的说法，最早的文字记载也只能追溯到宋代。可见，“读书种子”刚产生时便是指这种广义上的意思。

而狭义上来讲，“读书种子”指的是在文化上能够承前启后的读书人。这比广义的“读书种子”的标准可就高多了，恐怕只有历代顶尖级的文人学者才能担得起这种称呼。这种狭义的“读书种子”的意思，产生于明朝，其具体来源还有个相当惊心动魄的历史故事。

明太祖朱元璋死后，其孙建文帝继位，而建文帝的叔叔燕王朱棣因为不满建文帝的削藩政策而起兵造反。朱棣在军事上取得优势，准备南下进攻南京。军师姚广孝向朱棣谏言道：“城下之日，彼必不降，幸勿杀之，杀孝孺，天下读书种子绝矣。”意思是攻破南京后，方孝孺肯定不会投降，但是你不要杀他，杀了他，天下读书种子就绝了。但最终朱棣还是杀了方孝孺，并且是以“诛十族”的残酷方式。显然，这里的“读书种子”，就非一般意义上的志于学习的年轻人了。方孝孺乃明代名儒宋濂得意门生，为当时名流大家。《明史》记载：“孝孺工文章，醇深雄迈，每一篇出，海内争相传诵。”自此，“读书种子”便具有了新的更高标准的含义，指那些在学问上能够继往开来的大学问家。

人们往往把底本叫作“蓝本”，为什么这么说，“蓝本”到底是何物？

“蓝本”一词，原是古人印刷书籍过程中的一个专用词。

在古代，人们称雕版或活字版印刷的图书为“版本”。因版印书一般为墨印，故又称“墨本”。明清之际，技术进步，出现了红色、蓝色印本，分别称“朱印本”“蓝印本”。这种“朱印本”“蓝印本”并不批量印刷，而是在用以印刷的模板做好之后，刊刻人先以红色或蓝色印出几本，用作校对之用，以改正模板中的错误，相当于现在印刷过程中的“校样”。定版之后再用墨印正式批量印刷。《书林清话》载：“其一色蓝印者，如黄记《墨子》十五卷……此疑初印样本，取便校正，非以蓝印为通行本也。”因这些本子是一部书成版以后最初印制的，常称为“初印红本”“初印蓝本”。又因“初印蓝本”最常见，所以，人们便把印刷工作底本简称为“蓝本”。

后来“蓝本”一词逐渐演变，不再局限于印刷领域，引申为一种泛泛意义上的原始的参照物。

“牛角挂书”的典故源于何处？

“牛角挂书”是发生在隋末农民起义中的瓦岗军后期领袖李密身上的故事。李密，字法主，京兆长安人。李密祖上本是北周和隋朝贵族，到他这代时，已经衰落了。凭借着祖上的荫庇，李密在大概15岁时得到一个武职，在隋炀帝宫里当差。有一天，隋炀帝看到李密后，觉得这少年天性太活跃，怕他在宫里惹事，就将他赶出宫去。于是李密回家放牛为生。不甘心就此潦倒一生的李密一边放牛一边发奋读书。一天，李密听说缑山住着一位叫包恺的饱学之士，就骑上一头牛前去求教。牛背上铺着用蒲草编的垫子，牛角上挂着一部《汉书》，李密一边赶路一边读《汉书》。当时的越国公杨素骑着马在李密后面赶路，看少年如此用功，便悄悄勒紧马缰在后面跟了一段。杨素发现李密自始至终读得十分投入，便忍不住赞叹道：“谁家的少年如此刻苦！”李密在宫里当差时见过越国公，于是赶紧从牛背上跳下来拜见。杨素问李密在读什么，李密告诉他自己正在读《项羽传》。杨素与李密交谈了一会儿，发觉李密谈吐不凡。回家后杨素对儿子杨玄感说：“我看李密这个人的学识才能，都在你们兄弟之上，你们可以和他交往一下。”后来杨玄感果真前来结交李密，两人成了朋友。这就是“牛角挂书”的故事，被记录在《旧唐书·李密传》中。后人以此激励年轻人即使在艰苦的条件下也要坚持学习。

《百家姓》为什么按"赵钱孙李"的顺序排列，这部书只记录了100个姓氏吗？

《百家姓》相传由北宋初年吴越钱塘地区的一个书生所编撰。书中将常见的姓氏编成四字一句、两句一韵的短文，读来朗朗上口，易学好记，流传广泛，影响深远。其与后来的《三字经》《千字文》并称"三百千"，是中国古代幼儿的启蒙读物。书中之所以按照"赵钱孙李"的顺序排列，并非依据各姓氏人口数量，而是受到当时政治的影响。

据宋人王明清考证，《百家姓》之所以将赵排在第一位，乃是因为当时宋朝皇帝为赵匡胤，赵乃国姓。而在宋朝建立之初，还另有政权并存。浙江有称王吴越国的钱镠，另外还有定都金陵的南唐后主李煜，所以钱、李二姓也被排在了前面。而据说编写《百家姓》的书生是钱塘人士，就将吴越王钱镠的正妃的孙姓排在了李姓之前，最终形成"赵钱孙李"的顺序。接下来的"周吴郑王"则都是钱镠的其他后妃的姓氏，而后面的姓氏安排都大抵受当时门第政治的影响。

在中国古代，尤其是流行世家门第政治的魏晋南北朝以后，人们非常重视姓氏，因为它往往代表了一个人的家族地位，是一个人参加社交活动的一个重要名片。唐代曾以政治地位排出过名门八姓，彼此世世通婚。因此姓氏排序也便不可马虎半点了。当时朝臣编撰《氏族志》时，曾按旧日大族顺序在最前面分别排出"崔、卢、李、郑"四姓，惹得唐太宗很不高兴。朝臣只好按新的次序重新排列，自然，李姓被排在了第一位。而明代所编写的《千家姓》，也将朱姓排在了第一位。

需要说明的是，《百家姓》中并非只有100个姓氏，"百"只是一种泛称，并且其具体的数目在不同的朝代也有所不同。最初的《百家姓》收录了411个姓，至元代，由于连年战火，留下来的版本残缺不全，数目有所减少；明代版本则又做了增补，记录总共438姓，其中408个单姓，38个复姓；清人又进一步增补到504个，包括单姓444个，复姓60个，便是我们今天所看到的《百家姓》了。

宋代有一种"话本"文学，这是一种什么文学，为何叫"话本"？

宋代，随着城市经济的发展，大量的商人和手工劳动者涌入城市，逐渐形成了一个结构复杂的市民阶层。由于相对有闲有钱的市民阶层的崛起，城市文化需求便多起来，于是各种民间艺人纷纷向城市会合。在北宋的东京（开封）、南宋的临安（杭州）等大城市里，产生了许多被称为"瓦舍"的娱乐场所。在"瓦舍"内，各种综合性民间娱乐节目连番上演。在众多娱乐节目中，"说话"是其中之一。

"说话"现在一般称为"说书"，即由民间艺人口头为观众讲述一些小说、历史故事、谜语、佛经故事等，一般是有说有唱。而"话本"便是这些说唱艺人在"说话"时所用的故事底本。有的详细一些，可以直接当故事读；有的则仅仅是简略大纲，起个提示作用。具体而言，"说话"分为小说、说经、讲史和合生四种，因此"话本"也就分为这四类。

小说家的话本，从题材上分为公案、爱情、神仙鬼怪三类。全部为短篇小说，故事人物一般为中下层民间人物。在来源上，绝大部分是从传奇和笔记小说中抄录而来，只是讲时换作更通俗的口语。语言特色上，"话本"中一般都穿插不少诗词；里面经常出现模仿听众对"说话"艺人提问的"说话的"这种称呼短语。从小说史的角度来说，宋元话本是中国小说史的一个重要发展阶段。

讲史家的话本，又称"平话"，如《三国志平话》。一般讲长篇历史故事，每次结束时故意卖个关子，吸引听众下次来听。史话本一般在开头有一首诗，以总括历史或以评论发端，结尾时又有一首，用于慨叹历史。在语言上，则半文半白，通俗易懂。"说经"包括说参请、说诨经等，一般是讲佛经故事。

《大唐三藏法师取经记》便是小说《西游记》的雏形。“合生”，也作“合笙”，一般是两个人插科打诨，相当于后来的相声。

另外，在广义上，宋时的诸宫调、影戏、傀儡戏的脚本也可以称为话本，还有人把明清人模拟小说话本而写的短篇白话小说统称为话本。

中国历史学上有“三通”“四史”的说法，它们具体指哪些图书？

中国学界一向有“四书、五经、三通、四史”的说法。“四书”“五经”人人知其所指，那么“三通”“四史”又分别指的是什么呢？

先说“三通”。“三通”其实是三本历史书，分别是《通典》《通志》和《文献通考》。中国的正史，即“二十四史”有两个特点：其一，除《史记》外，基本上各个朝代各自作史，缺乏贯通；其二，一般以记人、记事为中心，对于典章制度则只是顺带，而非专门记述。而“三通”在时间上，打破朝代界限，从上古一直写到“当代”；在内容上，“三通”则以记录礼仪、风俗、政治、经济、兵役制度等为中心，为后人研究古代社会提供了重要的文献资料。

“三通”中，最早出现的是唐朝杜佑所撰的《通典》。《通典》乃是中国第一部典章制度专史，记录了上自远古时期、下至唐代天宝末年的各种社会政治、经济制度。《通志》乃是宋代人郑樵所作，其中记录了上古至隋唐的各种制度。在体裁上，《通志》不拘一格，由纪、传、谱、略、载记五种体例共同构成，堪称别具一格。《文献通考》是“三通”中最晚出现的一本，作者为宋代的马端临。就其体例与内容来看，《文献通考》乃是《通典》的扩大与续作。

“四史”，简单地说，就是“二十四史”中写得最好的四部。这四部书乃是“二十四史”的前四史，分别是《史记》《汉书》《后汉书》《三国志》。首先，这四本史书因为评价客观、历史隐晦少，在作史态度上成为后世典范；其次，这四本书在体例上开创了后世史作的范例，相当于给后世史书基本定下了写作框架；最后，这四本史书无论在历史见识，还是在文采上，都异乎寻常，因此不仅是史学著作，而且历来被当成文学作品来读。《史记》更是被清代著名文学评论家金圣叹列为“六才子书”的第三才子书。正是因为这些原因，这四本书才被单独列出，另立门户。据说学历史的人刚接触史书时，因为没时间详细通读“二十四史”，便是先读“四史”，基本把握了中国历史的脉络方法，然后再选择自己喜欢的时代史研读，由此也可见“四史”在“二十四史”中的特殊性。

古人所说的“四大奇书”具体指哪四部名著？

“四大奇书”，指《三国演义》《水浒传》《西游记》和《金瓶梅》四本古典长篇小说，因为均为明代人所写，又称“明代四大奇书”。这种说法最早由明末小说家冯梦龙提出。所谓“奇”者，除了指内容和艺术上的新奇之外，还指这几本书对于小说体裁本身的开拓。“四大奇书”分别开创了中国古典章回小说的历史演义传统、英雄传奇传统、神魔小说传统、世情小说传统四大传统。

《三国演义》写于明初，由罗贯中在民间传说和有关话本、戏曲的基础上写成，是中国第一部长篇章回体小说。小说文不甚深、言不甚俗，气势雄浑，娓娓道来。

《水浒传》也是创作于明初，作者施耐庵。同《三国演义》一样，它也是在民间故事和话本、戏曲基础上创作而成。《水浒传》是中国第一部描写农民起义的小说，全书围绕“官逼民反”这一线索展开情节，讲述了政治上一个永久的话题——合法政权体制内的反叛者与政权的关系。该小说被清代著名文学评论家金圣叹评为“六才子书”之中的“第五才子书”，并被其从一百回删减至七十回。

《西游记》先是由许多民间艺人口头创作，在嘉靖年间，由吴承恩最后完成。它是

《金瓶梅》故事图　清

此是清初人依据《金瓶梅词话》第六十三回所绘的图画。画面中央艺人正在表现海盐腔，右下方的伴奏乐队有胡琴、三弦、笙、笛、云锣等乐器，两旁是饮酒看戏的宾客，左上方是掀帘看戏的女眷。

中国最优秀的神话小说作品，书中借助唐朝僧人玄奘法师西天取经的故事，熔佛道于一炉，幻想出了一个超自然的世界。

《金瓶梅》不同于前面三部的集体创作，是中国第一部文人独创的长篇小说，成书时间大约在明万历年间。作者署名兰陵笑笑生，至今不知究竟为何人。《金瓶梅》的题材由《水浒传》中“武松杀嫂”一段故事演化而来，是第一本将目光投向市井小人物的小说。《金瓶梅》对后世小说产生了非常大的影响，《红梦楼》就明显地受到它的影响。因其淫秽内容太多，成为明清以来历代禁书。

知识链接

“六才子书”

明末清初著名文学品评家金圣叹将他所推崇的《庄子》《离骚》《史记》、杜甫的律诗、《水浒传》《西厢记》六本书合称为“六才子书”。金圣叹本打算对之逐一详细评论，但他后因“哭庙案”获罪被腰斩，只完成了对《西厢记》和《水浒传》的评论，“杜诗”评论只写了一部分。

金圣叹生性狂傲不羁，才华卓绝，视角新颖，见解怪诞，其书评为历来古典文学研究者所重视。金圣叹在评点的同时，也对原作加以修改。他不仅修改词句，还作全局性的删减。他判定《水浒传》后五十回为罗贯中“横添狗尾”，故尽行砍去，并假称得到施耐庵原本，又伪造施耐庵序帖在前面。这便是今天的七十回版本的《水浒传》；他又断言《西厢记》第五本非出王实甫之手，也系别人所续，将之删去，以《惊梦》收尾。

什么是“才子书”，是描写“才子佳人”的书吗，“十才子书”都指哪些书？

“才子书”并非是描写才子佳人的书，而是由才子写的书。当然，“才子佳人”也是一个常见的写作题材，写得好的“才子佳人”著作也可称为“才子书”。在清代人评选的“十才子书”中，便有多本属于“才子佳人”小说。而所谓“十才子书”，指的是中国十本古典文学著作，依次是：

《三国演义》。

《好逑传》，清代中篇小说。小说作者署名为“名教中人”，真实姓名不详，属于才子佳人小说中的上乘之作。

《玉娇梨》，又名《双美奇缘》，大约成书于明朝，作者不详。小说描写青年才子苏友白与宦家小姐白红玉、卢梦梨的爱情故事。

《平山冷燕》，长篇小说。小说叙述燕白须和山黛、平如衡和冷绛雪两对青年的爱情故事。作者署名“荻岸山人”，是刊行于清初的一部流传甚广、影响颇大的才子佳人小说。

《水浒传》。

《西厢记》，元杂剧作品，王实甫作。描写张生与崔莺莺的爱情故事。

《琵琶记》，南戏剧本，明代高则诚所撰。叙述书生蔡伯喈中状元后招赘于牛丞相府，而后其妻五娘抱琵琶弹唱行乞，赴京寻夫的故事。

《白圭志》，清崔象川撰，叙述才子佳人终成眷属、善恶有报的故事。

《斩鬼传》，长篇神魔小说，清刘璋作。记叙钟馗死后封为驱魔大神，为民间剿灭种种鬼魅的故事。

《驻春园小史》，清代言情小说，作者署名吴航野客，真实身份不详。

《古文观止》中的“观止”是什么意思，这部书的编者为何用这个词做书名？

《古文观止》是自清代以来最为流行的古代散文选本之一。“观止”二字，出自《左传·襄公十九年》，吴季札在鲁国欣赏周王室的音乐，看到舞蹈《韶箾》时，他赞叹：“德至矣哉！大矣。”认为此舞无美不具，接着又说：“观止矣！若有他乐，吾不敢请已。”意思是这些音乐舞蹈美妙到了极点，其他的都不必看了。后人便以“观止”二字称赞所见事物尽善尽美，无以复加。“古文观止”便意指这些文章已经是古文中最好的，其他文章都不能超越。

事实上，《古文观止》里所选的文章整体上确实代表了中国文言散文的最高水平，也是担得起“观止”二字的。该书由浙江绍兴的吴楚材、吴调侯叔侄二人在清康熙年间共同选编而成。二人乃是教书先生，选编《古文观止》本是用作教授学生写作的教材的。

《古文观止》全书收入上起周代下讫明末的历代优秀文章222篇，大体反映了先秦至明末散文发展的整体面貌。入选本书的都是历代语言精练、短小精悍、便于传诵的佳作。其中，西汉以前的文章左丘明的《左传》选录34篇；加上其他先秦作品，先秦作品总共有70篇，占《古文观止》全书的1/3，对两汉的文章，编者比较重视司马迁的《史记》，选了14篇；唐代文章以“唐宋八大家”中的韩愈、柳宗元为主；宋文以欧阳修、苏轼为侧重点；秦文仅选李斯一篇，六朝文章选6篇，元代一篇未选，明代选入18篇。

《古文观止》之前的古文选本，大多依据昭明太子萧统《文选》的体例，分类烦琐，常以条目为主线，阅读使用都很不方便。《古文观止》则以时代为纲、作者为目，阅读方便，查看快捷。在问世后的300多年里，成为最流行、最有影响的初学古文选本，常作为私塾及学堂的启蒙读本。另外，在书中文章中间或末尾，选者有一些批注，也对初学者理解文章有一定帮助。

《四库全书》中的“四库”是什么意思，《四库全书》的下落如何？

《四库全书》乃是中国最大的一部丛书。清乾隆年间，清朝国力正值康乾盛世的顶峰，乾隆怀着整理文化典籍和销毁“反动”书籍一公一私两个目的，组织大量人力财力，耗时近10年，编修了《四库全书》。其中共收书3460多种，79000多卷，36000多册。而这么多的书整理在一块儿，总要有个章法，“四库”正是对这些图书的分类方法。“四库”又称“四部”，分别是经、史、子、集。这是中国自汉代以来形成的比较普遍的图书分类方法。《四库全书》的“四库”之下又分许多小类。经部包括《周易》《尚书》《诗经》《周礼》《仪礼》《礼记》《左传》《公羊传》《谷梁传》《论语》《孝经》《尔雅》《孟子》等；史部包括“二十四史”、《资治通鉴》等；子部包括先秦诸子、两汉经学、魏晋玄学、宋明理学、清代朴学等著述，及部分佛、道典籍、古代小说等；集部包括楚辞、汉赋、骈文、唐宋诗词、元曲、历代文集等。

《四库全书》修成后，乾隆命人抄成7部，分别藏于清代南北七大藏书阁，即紫禁城文渊阁、沈阳故宫文溯阁、圆明园文源阁、承德避暑山庄文津阁（北四阁）和镇江文宗阁、扬州文汇阁和杭州文澜阁（南三阁）。之后，这7部《四库全书》伴随着康乾盛世的余光，在安定和荣耀中度过了半个世纪。此后，在中国近代连绵不断的战争炮火中，厄运不断。其中文源阁本在1860年英法联军火烧圆明园时被焚毁；文宗、文汇阁本在太平天国运动期间被毁；杭州文澜阁藏书楼1861年在太平军第二次攻占杭州时倒塌，所藏《四库全书》散落民间。后经多次修补后恢复，但仍然散佚过半，目前藏于浙江省图书馆。文渊阁本原藏于北京故宫，后经上海、南京转运至台湾，现藏于台北“故宫博物院”，这也是保存最完好的一部。文溯阁本1922年险些被卖给日本人，现藏甘肃省图书馆。承德避暑山庄文津阁本于1950年被政府调拨到中国国家图书馆。总体算起来，7套《四库全书》目前还存三套半。

知识链接

丛书

简单地说，丛书就是一套书，即在一个总书名下汇集多种单独著作作为一套共同出版的图书。它通常是为了某一特定用途，或针对特定的读者对象，或围绕一定主题内容而编纂。其中除了文丛的丛书名外，每本书都有各自的书名。就编著者而言，有整套丛书的编者，也有每本书自己的编著者。一套丛书一般有相同的版式、书型、装帧等，且多由一个出版者分次陆续出版。常见的有作者文丛、专著文丛、名著文丛等。比如“中国当代优秀长篇小说文丛”“外国优秀童话故事文丛”“村上春树全集”等。

古往今来的丛书，敢称为“全书”的，也只有《四库全书》了，因为它差不多是囊括了古代所有的图书。

中国古代有图书馆吗，是官办的还是民办的？

现代社会，图书馆是一个常见的机构。几乎每个城市都有面向全体市民的公共图书馆，每个学校也都有图书馆，连一些大的企业也有图书馆。那么，在中国古代，有图书馆吗？

其实，早在周朝就已经有图书馆了，当时称为“盟府”，也叫“故府”。而当时的图书馆长则称作“柱下史”。道家创始人老子所担任的周朝守藏室之史，其实就是国家图书馆馆长。后来，秦始皇焚书坑儒，图书馆消失。至汉代，朝廷又开始建图书馆，当时称“秘阁”“秘府”，设专职官员管理。之后，直到清末，政府图书馆再也没有消失过。其中，尤其唐宋明清四代，图书馆得到极大发展。唐代，像魏徵这样的大臣都出任过“图书馆长”之类的职务，专门负责搜集收买天下之书，并组织人抄写备份。据说，当时的“图书馆”还专门聘用女子管理员。宋代，太宗建立崇文院，专做藏书之地，后来又另设书库，叫秘书阁。明清之际，印刷术的发展使得国家藏书得到空前发展。明朝朝廷的“图书馆”叫文渊阁，其中收入中国最大的类书、世界上第一部大百科全书《永乐大典》。清代统治者为体现对文化的尊重，收买汉族文人之心，在全国各地建有七大藏书阁。

除官方图书馆，民间图书馆也广泛存在。具体有三类，一是书院图书馆，二是私人藏书楼，三是寺庙里的藏经楼。

自唐代直到清末，书院作为中国一个独特的教育、学术机构，自然是少不了图书馆的。岳麓书院的御书楼直到现在都藏有大量图书。而私人收藏家们的图书也相当可观。宋代著名的个人藏书家宋敏求藏书3万卷，并且公开允许爱书之人借阅；明朝官员范钦建造的“天一阁”，到今天已成为亚洲最古老的图书馆。另外，寺院里的藏经楼，并非如武侠小说里写的那样藏的都是武功秘籍，并且也不止佛经，而是收藏各种书籍，也称得上图书馆了。

中国有座著名的藏书楼名叫天一阁，它创建于何时，为什么取名“天一”？

天一阁乃是古人留下的一座私人藏书楼。古代文人普遍有藏书的爱好，所谓“黄金散尽为收书”。尤其是做了官的文人，因为有经济实力，往往都有不小的藏书量。

范钦在嘉靖朝任兵部右侍郎，在退休后，他回到家乡宁波，于嘉靖四十年（1561年）建造了天一阁。之所以取名“天一”，倒不是因为范钦决心将他的藏书楼建为天下第一藏书楼，而是取义于汉郑燮《易经注》中“天一生水”之说。因为火是藏书楼最大的祸患，而“天一生水”，可以以水克火。只是没想到的是，这个名字无意中也应了“天下第一”的含义，天一阁后来还真成了天下第一藏书楼。

因为禁止外姓人阁，天一阁的书一直不为外人所知，直到1673年明末清初思想家黄宗羲才有幸成为外姓人登阁第一人。自此以后天一阁才进入相对开放的时代，但仍只有一些真正的大学者才被允许登阁参观，因此明清大学者均以登阁为荣。

后来清乾隆皇帝下诏修撰《四库全书》时，范钦的八世孙范懋柱进献所藏之书638种。于是乾隆皇帝敕命测绘天一阁的房屋、书橱的款式，兴造了著名的"南北七阁"，用来收藏所撰修的七套《四库全书》，天一阁从此名闻全国。

知识链接

古代四大藏书楼

中国现存藏书楼最著名的四个，其中一个为"天一阁"，另外三个分别是"皕宋楼""嘉业堂藏书楼""文渊阁"。

"皕宋楼"由晚清浙江人陆心源建造，总藏书量达15万卷。但因其长子陆树藩后来经商失败，藏书全部外卖日本。

"嘉业堂藏书楼"位于浙江省湖州市南浔镇，由浙江巨富刘承干于1920年兴建。该楼是中国近代规模最大的私家藏书楼，其中多海内孤本、珍本，尤以收藏地方志最多最全而著称于世。

"文渊阁"位于故宫东华门内文华殿，乃乾隆依照"天一阁"样式所建的全国七大藏书楼之一。其中所藏最有价值的《四库全书》于1948年被国民党政府运往台湾省，现藏于台北"故宫博物院"。

图书收藏中的"孤本""善本"是什么意思？

"孤本"的概念比较清晰，世间只此一本的古代书籍，便是孤本。并且，不仅"孤"，还要有价值。举例来说，曹雪芹的《红楼梦》本来是写完了的，但被乾隆皇帝毁去了后面的40回，现在的版本的后40回系高鹗续写。如果谁手头有曹雪芹的全本《红楼梦》，便是"孤本"。但如果是一本无足轻重的书的唯一手稿，则未必是"孤本"。

"善本"的定义要稍微复杂一些，总体而言，可归结为两个标准，一是内容上无错讹，二是注解上能更接近文章本意。

所谓无错讹，一方面是指完整，既没有遗漏，也没有多余，这是针对书在印刷或抄写时可能在校对方面出现的错误而言；另一方面，是指书本身与原文文字符合，这是针对书的内容在传世过程中可能出现的错误而言。因为时间越早的版本在文字上应该越接近原书，因此，《文物法》规定，凡清乾隆六十年（1795年）以前出版的图书，都在国家法律保护之内，不得走私出口。这里只是在时间上大致划定了一个界限，并不绝对，1795年之前的书未必便是"善本"。

而在注解上更接近文章本意，则是从人们对书的内容的理解的角度来说的。因为许多古书因成书久远，读起来文字障碍颇多，要想弄懂作者原意，往往需要借助前人注疏。比如我们现在所阅读的先秦著作，大多都需要借助汉代以来的注解。因此，这个注解的版本也相当重要。一般而言，自然是学问越高的人做的注解越好；另一方面，那些御用文人受政治力量驱使而作的穿凿附会的解释则没多大价值。因此，注者不受政治干扰、思想独立也至关重要。

除以上两个标准，也有人从印刷技术、用纸敷墨、装帧技巧等方面考虑，认为古代印刷、装帧得比较好，或者纸张、墨水精良的书也算是"善本"。这是从书籍本身的艺术性来看的。

"邸报"是中国古代的报纸吗？

说起报纸，可能许多人以为这是在清末才从西方传到中国的现代文明。殊不知，中国很早就已产生了报纸，而且中国是世界上最早产生报纸的国家。

早在西汉时期，中国便产生了一种专门传递军政信息的"邸报"，实质上便是早期的报纸。西汉沿用了秦朝的郡县制，各郡行政长官为与中央联络方便，在京城长安都设了专员。这些专员的职责便是负责在皇帝和各郡首长之间做联络工作，定期把皇帝的谕旨、诏书、臣僚奏议等官方文书以及宫廷大事等有关的政治情报，写在竹简上或绢帛上，传递给各郡长官。因为这些驻京专员的住处当时称为“邸”，于是这些传递消息的竹简或绢帛便称为“邸报”。“邸报”自西汉产生之后，在后世历代名字时常变化，却从未消失过，并且性质与内容也变化不大。

唐开元年间，中央政府为方便官员了解消息，每天都将朝务以简讯形式公布在宫门上，时人称为“开元杂报”。这便形成了一种统一的朝政公报，相当于早期的政府新闻发布会。而从新闻的时效性上来说，这已经接近现代报纸，相当于现在的日报了。到唐代后期，藩镇割据形势形成，中央失去权威，各地驻京城人员不再满足于被动接受朝政信息，而是开始主动采集消息写在“邸报”上。

宋代，报纸开始正式化并多样化。朝廷专门组织了一个进奏院，负责定期向全国官吏发送一种“进奏院状报”。另外，宋朝统治者还初步规定了一套新闻检查制度。

明朝政府开始允许民间自设报房，报房大多设在北京。在封建政府的监督下，报房编选一部分从内阁有关部门抄来的“邸报”稿件公开发售，通称“京报”。内容由皇帝谕旨，朝廷政事，官吏的奏折三部分组成。明代中叶后，办报成为社会上的一项公开职业，明末的“京报”还曾刊载过社会新闻。清代的“京报”则进一步繁荣，在京城达到十家之多。清末，西方现代报业观念被引入中国，民间报纸兴起，中国报纸开始与现代报业接轨。

为什么那些顺口溜式的诗被称为“打油诗”?

诗歌本来是属于文人圈子的高雅艺术，但自从出了“打油诗”，诗歌的姿态也便放低了许多，那些学识不高，甚至不通文墨的人也都敢堂而皇之地吟几句诗了。所谓“打油诗”，就是顺口溜式的诗。这种诗不讲究平仄对仗，意境不高，辞藻不美，只讲究趣味性，供人一乐。那么，这种诗为何被称为“打油诗”呢?

唐代时南阳有个书生，姓张，名打油。张打油生性达观幽默，虽考取功名未成，仍整日优哉闲逛，自得其乐。据说他酷爱民间文艺，尤其喜欢作顺口溜诗。闲逛时，张打油经常兴之所至，便随口诌上一首，以过诗瘾。“江山一笼统，井口一窟窿，黄狗身上白，白狗身上肿”便是他的杰作。

话说有一天，张打油又出来溜达，走至一个新落成的县衙，看里面无人，便悄悄进去参观。临走时诗兴又发，在洁白的墙壁上留下了大作一首：“六出九天雪飘飘，恰似玉女下琼瑶。有朝一日天晴了，使扫帚的使扫帚，使锹的使锹。”县太爷听说后，十分生气，便下令抓了张打油。县太爷在大堂上责问张打油为何要乱写乱画，张打油答道：“吟诗作文，乃高雅之事，何在乎区区一面墙壁。”县太爷一听他口气挺大，便以当时的南阳城被“安史之乱”的叛军围困为题材，要求他作诗一首。声称如果做得好，便不再治他罪。张打油稍加思索便吟道：“贼兵百万困南阳。”县太爷也是懂文墨之人，暗觉气势不凡。接下张打油又道：“也无救兵也无粮。”县太爷觉得这句便略微失去气势了。最后，张打油收尾道：“有朝一日城破了，哭爹的哭爹，叫娘的叫娘。”干脆成了打趣的俏皮话，在场的人一听都笑了。县太爷觉得虽然境界不高，但也颇有几分意思，于是便放了张打油。

后来此事传开，张打油成了名人。人们便将这种顺口溜诗称为“打油诗”了。

人们往往把写得很差劲的文章批为“狗屁不通”，这是为什么?

我们知道，如果一篇文章缺乏逻辑，文理极不通顺，让人读不下去，或者有些故意强词夺理，人们往往斥之为“狗屁不通”。另外，那些不通事理、过于固执己见的人，有时也被人斥为“狗屁不通”。总之，人们是借用“狗屁”来表达一种贬斥的意思。为什么会有这样的说法呢？

其实，“狗屁不通”原为“狗皮不通”。因为狗的表皮没有汗腺，夏天温度高的时候，狗只能借助舌头来散发体内的热量。也正因为狗皮密不透气，常用以做床垫、椅垫，成为最佳的保暖用品。“狗皮不通”，便是就狗的这一生理特点而言。后来，因为“皮”和“屁”谐音，人们在口头上便逐渐喊成了“狗屁不通”。又因为用屁来形容文理不通的文章或者不明事理的人，则更加鲜明形象，贬斥讥诮的意味更加浓厚。所以人们也便将错就错，约定俗成地将“狗皮不通”换成“狗屁不通”了。

世人常说的“文房四宝”具体指哪四宝，这个说法的内涵有变化吗？

现在我们提起“文房四宝”，往往会泛泛地以为就是指笔、墨、纸、砚四件古人用来写字画画的工具。其实，文房四宝一开始并非是一种泛指，而是指特定的四种笔墨纸砚。

文房四宝之说，最早起于南北朝时期的南唐。据《南唐书》记载：“南唐时推诸葛笔、徽州李廷圭墨、澄心堂纸、江西婺源龙尾砚为文房四宝。”后来，随着时代变迁，文房四宝的具体所指有所变化。北宋以后，“文房四宝”指湖笔（浙江省湖州）、徽墨（安徽省徽州）、宣纸（安徽省宣州）、端砚（广东省肇庆，古称端州）。并且这时的“文房四宝”不再仅仅是一种写字画画的工具，而是逐渐成了一种融汇绘画、书法、雕刻等艺术的艺术品。

古代文人用毛笔写字画画，相当不容易，笔、墨、纸、砚缺一不可。因此文人历来都非常重视这四样东西，购买时要精心挑选，久而久之，一些品质好的便得到公认。再后来，这四样东西逐渐具备了艺术的价值之后，一些文人得到上品，更是当成宝贝藏着。唐代才女薛涛曾专门作诗《四友赞》：“磨润色先生之腹，濡藏锋都尉之头，引书煤而黯黯，入文亩而休休。”诗中所歌咏的就是砚、笔、墨、纸。

后来，随着制作工艺的纯熟，优质的笔、墨、纸、砚种类逐渐增多，不止一种，“文房四宝”就逐渐成了笔、墨、纸、砚四种工具的泛称。另外，既然是文人用品，自然少不得有了一些诸如“文房四士”之类的文雅别称。宋代陆游诗云：“水复山重客到稀，文房四士独相依。”

第十章

教育要事·科举趣谈

孔子是最早创办私学的人吗，后世皇帝为何要把他奉为“万世师表”？

春秋时期，周王朝王权衰落，一些朝廷官员感到天下即将大乱，纷纷离开朝廷，有的到诸侯国为诸侯服务，有的则走向民间。同时，在诸侯纷争的局面下，一些诸侯国的官员因为本国的衰落，也纷纷走向民间。于是文化出现了下移，民间文化兴起。

本来，春秋以前，教育被官方垄断，民间没有教育。这些文化官员走向民间后，开始教授文化与礼仪，于是民间私学兴起。鲁国的柳下惠、郑国的邓析都曾开设私学，传授文化知识。这些人或早于孔子，或和孔子同时，所以，孔子不是最早创办私学的人。

孔子年轻的时候便有志于教育，收徒讲学。他亲自删节整理了《诗经》《尚书》《易经》《礼仪》《春秋》《乐经》六本书，以这六本书作为自己的教材，提出了“有教无类”的教育理念和“知行合一”的学习方法，并提出了“仁”“义”“礼”“智”“信”等教育内容和“君子”的培养目标。在中国历史上第一次开办了比较系统的有规模的私学，史载其“弟子三千，身通六艺者七十有二人”。孔子的私学教育不论在当时还是在后世都产生了深远的影响，因此，从某种意义上说，孔子可算中国开办私学的第一人。

孔子讲学图　清

此图展现了春秋时期孔子在杏坛讲学的情景。图中孔子端坐讲授，弟子们在周围恭敬地聆听。作品因是宫廷绘画，所以特别讲求用色和整体结构。

作为一位伟大的教育家，孔子因为其教育事业和教育精神而被后世所景仰。魏黄初二年，魏文帝发诏册封孔子后裔时，称孔子是“亿载之师表”；元朝至大元年武宗在加封孔子为“大成至圣文宣王”的诏书中称孔子为“师表万世”；到清代，康熙皇帝于康熙五十二年在孔庙大成殿亲自题匾“万世师表”。

后世皇帝之所以多次追封孔子，将之奉为“万世师表”，主要是因为儒家学说一向尊崇王道，其伦理学说以及提倡“忠孝”思想也利于统治者维护统治与社会稳定，于是历代帝王都有意识地尊奉孔子。尤其元、清两代皇帝，因为是少数民族统治汉族，尤其需要在精神方面取得汉族人认同，更热心于通过尊奉孔子来取得汉人的心理认同。

何谓“丧家狗”，用它称呼孔夫子是对圣人的侮辱和不敬吗？

“丧家狗”，顾名思义，是丢了家的狗。用在人身上，显然不是什么好词儿，一般是形容一个人的狼狈相。春秋时有一个郑国人曾经以此来比喻孔子，但在当时，却只是对于孔子处境的客观描述，并非有意侮辱，而孔子也欣然接受了这种说法。

孔子师徒在宋国时，宋国权臣桓发难，于是孔子师徒只好匆忙逃离宋国。在慌乱中，孔子和弟子们失散了，一个人奔波了几天，流落到了郑国都城新郑。孔子独自来到东门外四下张望着，等自己的学生们来会合。

而年轻的子贡等人已经在孔子之前到了新郑，此时正在四处寻找老师。有个郑国人看到子贡等人在找人，便上前对他们说："东门外有个大个子老头儿，长相奇特，他的脑门像古代帝王唐尧，脖颈像有名的法官皋陶，双肩又类似我们郑国的大政治家子产，腰以下比禹少了三寸，脊背微曲，看上去又瘦又累，像一条丧家之犬，不知道是不是你们要找的人。"子贡于是按照这个郑国人的指引，找到了孔子。后来子贡将那郑国人所说的告诉了孔子，孔子听后笑道："把我说成圣人，我怎么敢当呢，倒是把我说成丧家之犬，十分贴切啊!"

显然，对于别人的这种说法，孔子并未放在心上。但他的回答，除了表现出他宽广豁达的心胸之外，也难免有些许无奈。当时孔子为实现自己的政治主张，辗转流离，先后到了卫国、曹国、宋国、郑国。这一路上，君主们虽然大都很热情，却只是慕其名声，而对他的"仁"政主张兴趣不大，因此孔子一直没能实现自己的政治抱负。郑国人的这番说法，可能一下子提醒了孔子，于是便由衷地发出了充满凄凉和自嘲的感慨。

孔门"四科"是什么，他的弟子中谁能列为四科之首？

孔子当年的教育，大致分为四个方面，《论语》记载："子以四教：文，行，忠，信。"

"文"指知识学问。当年孔子以《诗经》《尚书》《易经》《仪礼》《春秋》等书作为教科书，教授弟子政治、哲学、历史、文艺方面的知识。"行"即指身体力行之意，孔子要求弟子们将他所传授的学问道德付诸实践，在实践中体会并增长学问。因为孔子教学的核心是做人，因此孔子特别强调"行"的作用，认为学问只有落实在自己的行动上，才是真正的学问，所谓"巧言令色，鲜矣仁"。"忠"即与人共事时的认真与真诚，所谓"与人谋而不忠乎"。这里所说的"忠"的对象，不仅包括上司，也包括朋友等。孔子教授弟子与人一起共事，只有真心对人，全力以赴，才能问心无愧。"信"指一个人与人交往时的诚心，即"言而有信"。这是孔子特别强调的一种品格，"信"这个字在《论语》中出现多达 16 次之多。孔子说"人而无信，不知其可"，意思是说一个人一旦没有信用，真不知道该拿他怎么办才好。可见，他认为"信"是一个人做人的根本原则。

后人根据孔子教学的内容，又结合体现在他的众弟子身上的教学效果，对他的教学提出了"四科"之说，也即将他的教学大致分为"德行、言语、政事、文学"四个门类。其中的德行即指修养道德，言语则指口才演说能力，政事指政治才能，文学指文学才华。根据《论语·先进》记载，众弟子中，德行表现比较突出的是：颜渊、闵子骞、冉伯牛、仲弓；在言语方面突出的是：宰我、子贡；政事方面属冉有、季路两人；文学方面则是子游和子夏。需要指出的是，孔子本身并未做出具体科目的分类，他事实上所教授的内容比"四科"也要宽泛得多。

隋时，崔颐在所著的《八代四科志》中，即以"四科"为人物分类，"四科"的说法便随之沿用下来。

孔子最得意的弟子，最有政治才干的弟子，最有军事才干的弟子，最有钱的弟子分别是谁？

认真读过《论语》的人都会看得出，孔子最得意的弟子是颜回。以孔子的严格，《论语》中记载他竟夸过颜回四次。比如有一次，无缘无故地，孔子便突然发感慨："贤德啊，颜回！吃的是用筐装的饭，喝的是用瓢装的水，住在穷陋的小房中，别人都受不了这种贫苦，颜回却仍然不改变向道的乐趣。贤德啊，颜回！”

孔子之所以非常器重颜回，是因为颜回是对孔子之“道”理解得最透彻的人，后人曾评价“颜渊独知孔子圣也”。另外，颜回不仅好学，而且将孔子之道落实在了自己身上，真正做到了知行合一。颜回不幸短命死后，孔子非常悲恸，当着其他弟子的面直言再也没有像颜回这么好学的人了。

孔子最有政治才干的弟子应该算是子路了。《论语》中可以看出，子路请教孔子的问题大多围绕着如何治理政事。子路先后在鲁国和卫国做过地方长官，政绩卓然。鲁国执政大夫季康子问孔子：“子路这个人，可以让他治理政事吗?”孔子说：“子路果敢决断，让他治理政事有什么困难呢?”一般人听讼需要听取当事双方的言辞才可判案，据说子路只根据一方的言辞便可比较准确地判案，其政治才干可见一斑。

冉求是孔子弟子中最有军事才干的。冉求是鲁国人，是鲁国执政大夫季康子的家臣。鲁哀公十一年，齐国的国书和高无丕率领军队进攻鲁国。冉求先是说服了犹豫的季康子，又用激将法使本不愿出兵的鲁国的卿大夫叔孙氏出兵，然后出谋划策击败了齐国军队。对此，季康子很好奇，问他的军事才能是天生的还是后天学习的。他则回答是跟老师孔子学的，于是季康子决定迎接在国外游荡的孔子回鲁国。

孔子门生中，最有钱的是子贡。子贡因为深谙经商之道，每每能预测市场行情，以致“家累千金”。《史记》记载，子贡有钱到他所到之处，诸侯国君与他分庭抗礼。而且后世认为他是春秋时期与范蠡、吕不韦并列的几大商人之一，有“陶朱事业，子贡生涯”的说法，陶朱，即范蠡。孔子周游列国14年，子贡在财力上的支持肯定不小。

子贡说自己的老师“学无常师”，这是怎么回事?

《论语》记载，有一次卫国的公孙朝问子贡：“仲尼的学问是从哪里学来的?”子贡说：“周文王武王之道，并没有失传，而是散落世间。贤能的人可以明了它的根本，不贤的人只了解它的末节。文武王道处处存在，我的老师何处不学，又何必要有固定的老师传授呢?”这便是子贡所说的孔子“学无常师”。

事实上的确如此。孔子自幼聪慧好学，15岁便立志向学，处处留心。他不仅从文献中学习，还抓住各种机会学习。为了学礼，孔子曾亲自到宋国、东周洛邑（洛阳）专门考察夏商周三代之礼。在洛邑访问时，他“入太庙，每事问”，并求教于当时在洛邑做官的老子。据《史记·孔子世家》记载，他还曾学乐于苌弘，学琴于师襄。正是通过这些学习，孔子深谙礼仪，熟悉音乐，为晚年着手整理《乐经》《礼记》等儒家六经打下了基础。

另外，孔子虽然博学，却并非浅尝辄止。比如，他向师襄学琴时，师襄教了他一支曲子，孔子连续练习了10天后，师襄说：“这曲子你已经会了，我再教你一首吧。”孔子却说：“曲子虽然会弹了，但演奏技巧还没娴熟呢!”过了几天，师襄又说：“你的技巧也已经很好了，学新曲子吧。”孔子却说：“可我还没有理解曲子的神韵呢!”几天后，师襄又提出换新曲时，孔子说：“我还没有能想象作曲者的样子呢!”说罢继续弹奏。过了些日子，孔子突然领悟，说道：“我终于能想象出作曲者的样子了，作此曲的人肤色黝黑，身材高大，目光深邃，若有四海。他一定是周文王!”师襄听后十分钦佩地说：“这个曲子正是《文王操》啊!”

这个例子也生动地说明了孔子虽“学无常师”，但并非东一榔头、西一棒槌地胡乱学习，而是有他自己独到的一套方法。

知识链接

六艺

关于“六艺”有两种说法。

一种说法认为“六艺”是周朝时要求贵族子弟掌握的六种技艺，具体包括礼、乐、射、御、书、数六种。礼包括恰当的个人礼仪、行为规范、宗教仪式等；乐包含音乐、舞蹈、诗歌等内容；射指射箭技能；御指驾驭战车的技能；书是识字教育；数则指基本的数学、自然科学知识。可以看出，“六艺”是一种包含了人格道德教育、知识传输、技能培养的全方位立体式教育。文武兼备，知行合一，既涉及治国方略，又涉及日常生活，相当实用。而“六艺”中的礼、乐、射、御，又称为“大艺”，书与数则称为“小艺”。平民百姓只学“小艺”，贵族子弟则通学“六艺”。后来“六艺”被儒家拿来作为本门弟子的学习内容。

“六艺”的另一种说法，是指儒家六经，即《周易》《尚书》《诗经》《仪礼》《乐经》《春秋》。

中国最早的学校出现在何时，当时也叫“学校”吗？

中国教育传统非常悠久，夏朝时便设有“序”“校”“庠”等专门的官方教育机构，后来商朝则增加了“学”和“瞽宗”，周代的官方学校则大致沿用了夏商时期的校名，并进一步完善了教育制度。夏商周时期的官方学校只针对贵族子弟而设。

除官学之外，春秋时期，由于统治阶层力量削弱，学术出现下移，以孔子为代表的民间私学兴起。虽然就教学设施与教学制度而言，孔子的传道之所可能算不上学校，但就其教育理念与教育内容而言，也可以算是学校了。

无论官学还是私学，早期的教育对于“小学”“大学”的区分，虽然不像现在这样严格，但还是有的。比如在西周的贵族学校中，针对不同的年龄段学生，所教的内容已有所区分。对于刚入学的幼小子弟，有专门为他们而设的小学课程，具体内容为“六艺”，即“礼、乐、射、御、书、数”。其重点在于基本的识字教育、德行培养、情操陶冶、身体锻炼；而对于年龄稍长的儿童，则开始更高一级的教育。孔子在自己的私学中，也继承了这种教学制度，先教小学部分的“六艺”，然后是以“诗书易，礼春秋”这六经为学习内容的“大学”部分，以期学生担负起闻道救世的重任。

后世的学校则继承了早期的这种划分方法，形成了教育的“蒙学”“大学”两阶段制。“蒙学”各代名称不一，诸如“四门小学”“内小学”、私塾的“蒙馆”等都属于此，相当于现在的小学教育。蒙学之后，则是“大学”教育。一般而言，古代的小学阶段指学童13岁之前，这时的先生主要教其识字、背诵，13岁之后则对学生讲解文章的义理，并教授作文之法。

对人文学科来说，这种“小学”“大学”二分法的教育是非常智慧的，北宋文豪苏辙的“早岁读书无甚解，晚年省事有奇功”便道出了这种教育模式的优点所在。

另外，现在的“中学”教育在古代虽然没有单独划出来，但也并没有跳过去，而是包含在“大学”教育之中。毕竟一个人的学习规律是古今如一的，不可能跳过哪个阶段，区别只在于是否有外在的具体划分罢了。

知识链接

蒙学

所谓蒙学，指中国传统的幼儿启蒙教育。古代殷实之家的儿童一般会在4岁左右开始读私塾，称之为“开蒙”。学习内容包括两方面，一是学习衣帽整洁、洒扫应对、文明礼貌之类。二是读背一些蒙学书籍，主要就是所谓的“三百千千弟子规”，即《三字经》《百家姓》《千字文》《千家诗》《弟子规》等。同时，在蒙学阶段也会让儿童接触“四书”等经典书目，为日后的学习打下基础。蒙学教育通常采用个别教育的手段施教，注重背诵与练习。

蒙学教育的基本目标是培养儿童掌握认字和书写的能力，养成良好的日常生活习惯，了解基本的道德伦理规范，并且掌握一些基本文化常识及生活常识。蒙学阶段一般在4～12岁之间，相当于现在的小学阶段。

古书上说的“大学”和今天的大学是一回事吗，古代到底有没有大学？

“大学”二字最早出自儒家“四书五经”之一《大学》。该书作者为孔子弟子曾参，作者在书中以短短几千字阐述了儒家思想修习之要，微言大义。对于“大学”二字的解释，南宋鸿儒朱熹的“大学者，大人之学也”流传最广，后人多沿用此说，认为“大学”指具备一定道德修养之人通过行为与学问的统一所进行的自我修炼。另外，也有人比照古时的“小学”来解释“大学”。古时的“小学”指每个人在13岁之前所接受的教育，“小学”学习“小艺”，包括“礼、乐、射、御、书、数”六艺；而“大学”则是指学习称为“大艺”的“诗、书、乐、易、礼、春秋”六经。

从这两种解释中，我们都可以看出古时的“大学”体现为一种教育理念与教育内容，相当于现在我们所说的“大学教育”，与我们现在纯粹指从事高等教育的机构的意思是不一样的。另外，古时的“大学”与我们现在所说的“大学教育”也是有区别的，古时的大学偏重于提高个人修养与“修身齐家治国平天下”的意味，而现在的大学教育则要宽泛得多，泛指学习既定的学科知识与提高一般性的个人修养，标准是降低了的。

按照一个人学习所达到的深度与广度来说，中国古时是存在大学的，只是各个历史时期有不同的名称。据史料记载，在虞舜之时，即出现了名为“上庠”的公办学校，“上庠”即“高等学校”的意思；而春秋时期，孔子在自己家里开堂讲学，因为没有严格的学校制度与像样的教学设施，说大学可能有些勉强。但到了汉武帝时，由国家在京师所办的“太学”则是相当正规的大学了，太学不仅设五经博士任教，而且作为官办学校首次对贫家子弟开放。太学一直存在到明代；之后国子监兴起，成为典型的国办“大学”，一直持续到清末。另外，唐代末期，除官方“大学”，民间开始出现私人设堂授徒的书院，尤其到宋代，书院大盛。书院相比于孔子等人的聚众讲学，因为有固定的教育场所与相当严格的学院制度，完全称得上是“大学”了，书院一直和官方“大学”共同存在，到清末才消失。

知识链接

太学

“太学”乃是汉武帝接收董仲舒建议，在京师长安所设，它面向全国青年学子“招生”，传授儒家学说。太学设有专门的五经博士，教授五经、“春秋三传”等儒家经典。太学设学之初，效仿孔子“弟子三千”，而收3000“太学生”，后来时多时少，数量不定，最多时是在汉梁太后掌权期间，曾达到3万多人的规模。

“太学生”从“太学”毕业，便有机会做官。因此，“太学”制度可以说是首次实现了政府公职对于民间人士的制度性开放。太学制度一直被历代统治者所采纳，一直到明代方在名称上完全被“国子监”所取代，但其实质形式依然没变。太学在历个朝代中培养出了大批官员和文化人，对于文化的传播和发展起了重要作用。

“教授”现在是一种职称，与古人所说的“教授”是一回事吗？

现在的“教授”一词与古代是不同的，但大体而言，是由古代的“教授”演变而来的。

“教授”一词，最早出现在汉代。汉武帝时，官府设立“太学博士”一职，教授学生。这时的“教授”，是一个动词，意为传授知识之意，而“博士”，则相当于现在的教授。

宋太宗时期，宗学王宫子弟的老师，被称为教授，“教授”首次成为一个名词。到宋仁宗时，宰相范仲淹推行庆历新政，教育上，在中央和地方的学校设立“教授”一职。在一些诸如宗学、律学、医学、武学等的专门学校中，“教授”便是教师，负责传授知识或技能；而在各路的州、县学中的“教授”，则是地方专门负责教育事宜的官方机构的长官，官职正七品，负责科举考试、教育内容设定、监督教学纪律等事情。元代沿用宋代“教授”制度。

明太祖朱元璋得天下，为赢得士人之心，第二年便开始制订教育制度，在府州县三级均设立学校，并规定各府学设一名教授，各州学设一名学正，县学设一名教谕。“教授”开始成为普遍意义上的教师称谓。并且可以看出，当时的官方地方学校的教师分为教授、学正、教谕三个行政级别，而教授级别最高。但总体来说，教授只是地方学校的最高级老师，而中央学校国子监、太学里的教师则称为“博士”“助教”等。

到清代，“教授”大致沿用明代的职责，但其教师属性又减弱，增添官员属性，具体负责评价学生品行优劣、督促学生学习等，有点像现在中学里的教导主任的角色。但其资历出身相当高，必须进士出身方可。清代“中兴第一名臣”曾国藩就曾出任过江南府（在今江浙一带）的“教授”。

清末洋务派兴办的大学中，设有正教员、副教员。1912 年，中华民国临时政府教育部公布《大学令》，规定大学设教授、助教授。“教授”一词正式成为现代大学教员的称呼。

1927 年国民党政府教育行政委员会规定大学教员分教授、副教授、讲师、助教四级，沿用至今。

知识链接

宗学

“宗学”乃是中国古代皇族子弟学校。每个朝代，高层统治阶层除了兴办针对平民的普通学校，往往会为皇族、贵族子弟办有专门的贵族学校。在这些贵族学校里，教学设施与师资都是最好的。东汉的四姓小候学，北魏的皇宗学，唐朝的弘文馆，宋朝的宗学、诸王宫学及内小学，明朝的宗学，清朝的旗学、宗学等，都属于此类。

古今的“博士”都是指学位吗，历史上“博士”的地位比今天如何？

“博士”，如今是中国高等教育的最高学位。其实早在战国时代就已经有这个称谓了。

据《汉书·百官公卿表上》记载：“博士，秦官，掌通古今。”此时的博士是一种官职，职责主要是掌管图书，保管朝廷文献档案，并随时准备向帝王讲解知识，有一些“顾问”的意味。因为工作性质与职责所在，当时的“博士”学问相当渊博。如秦国博士伏生，学问相当高深，尤其精通《尚书》，到汉文帝时，90 多岁的他仍然能够背诵此书。秦始皇“焚书坑儒”毁灭诗书，西汉兴文教，正是靠他的记忆，《尚书》才得以再传。汉武帝时，设立“五经博士”，专门负责儒家五经的研究、讲解传授；唐代则设有国子、四门等博士，负责教授学术，属于文化类官职；宋代的国子博士，官职五品；明清两代，同样有“国子博士”，官职不高。

另外，在古代，政府还设置了一些专精一艺的“博士”官职。西晋设“律学博士”，北魏增设“医学博士”，唐朝则又增置“算学博士”“书学博士”等。这种“博士”，除去官职的意味，非常接近于现代意义上的教授。宋代时，这些专业“博士”被废止。

进入现代，“博士”一词成为一个纯学术性的称谓，并且更加专业化。应该说，这是一种社会的进步。在中国古代社会，社会结构简单，学术没有自己发展的空间与动力，只能依附于政治权力。而随着现代社会的发展，学术可以脱离政治而独立存在，取得自己的文化价值，并促进社会发展。

古今“博士”相比，古代的“博士”要比现在的“博士”地位更高，他们一般充任教育长官、担任教职，享受国家俸禄；现在的“博士”仅仅是一级学位，从事某种学术的专门研究，没有正式的职位，也不享受国家俸禄。

知识链接

汉代五经博士

汉代太学学官，负责教授五经。公元前136年，汉武帝接受公孙弘的建议，罢黜其他各家学术博士官，将《诗经》《尚书》《易经》《仪礼》《春秋》定为经典，立于太学，每一经设置一“博士”，教授弟子，故称五经博士。从此，儒家学说垄断“博士”官职，并且“博士”的职责不再是“通古今”，而是作为经师，成了太学的专职教官，以传授经学为业。同时，也参与朝廷议政、制礼，或巡查地方政教。到西汉末年，研究五经的学者逐渐增至14家，所以也称“五经十四博士”。

现今“博士”高于“学士”，古代“学士”的等级也低于“博士”吗？

在现代，世界通用的高等教育学历以博士最高，硕士次之，学士最低。但在中国古代，并非如此。

“博士”“学士”以及“硕士”三个词，并非舶来品。在中国古代，这些名称都已存在，但其意思，与现在有所不同。“硕士”一词，在古代指品德高尚、学问渊博的人，但相对来说，这个词出现得较少，不是正式的称谓。

而“博士”一词，则比较正规了，在战国时代就已经出现，秦朝发展成政府正式官职，其职责主要是掌管图书，备帝王顾问。汉武帝时，设立五经博士，专门负责传授儒家五经的研究、讲解传授。唐代则设有国子、西门等博士，属于文化类官职，负责教授学术，官职不高。明清两代，同样有“国子博士”，官衔同样不高。也就是说，长期以来，博士乃是一种职衔不高的文化官员或教职。

“学士”一词最早出现在周朝，原指在学校读书的贵族子弟，后来成为文人学者的泛指。南北朝时，“学士”正式成为负责文学撰述之官。唐玄宗时，建翰林学士院，供职者称翰林学士，简称学士，负责为皇帝起草诏书。但这种“学士”并非固定职位，而是一种临时工作，由其他官员兼任。宋代因宰相权力变小，翰林学士的地位得到提高，相当于皇帝的私人幕僚，而宰相由翰林学士中提拔也成了不成文的规定，翰林学士逐渐成为固定的官职，官阶三品。到明清，学士不再单独存在于翰林院，逐渐渗透到内阁，大学士也成了文官最高官职。和珅、纪晓岚、刘墉均为内阁大学士。

总体而言，“博士”最初比“学士”有地位，但逐渐下降；而“学士”的地位职衔则步步高升。唐宋之时，“学士”的职位超越“博士”，宋代的国子、五经博士仅为正五品，而翰林学士则是正三品；到清代，大学士位列正一品，远非“博士”所能比。

知识链接

协办大学士

清代官名。清朝没有宰相，沿用了明代的内阁制，主要官员为大学士、协办大学士、学士。其中，大学士地位和权力最高，品级为正一品，是清朝最高官员；协办大学士是大学士的副职，雍正时设立，职责是在大学士在内廷行走或奉差外出时代理大学士处理内阁事务，但并不常设。乾隆四年将其确立为常设职务，规定满、汉官员各一个，从六部尚书或总督中选任，为大学士副职，并可递升大学士，从一品。清代著名才子纪晓岚最后几年在朝所担任的主要官职便是协办大学士。

老师所教的学生就是“门生”吗？皇帝不教学，可进士们怎么都自称“天子门生”？

“门生”一词，大概由“门人”一词流转而来。春秋时期，一个人直接（当面拜其为师）或间接（以其思想为师）以某人为宗师，便自称其“门人”。比如孔子的三千弟子都自称孔子门人。“门生”一词，最早见于西汉宣帝时，到东汉开始大量出现。《后汉书·袁绍传》言袁氏“门生故吏遍天下”，这里的“门生”有弟子的意思，但又有所不同。当时宗师亲自教授的人为弟子，转相教授的则为

"门生"。同时，门生还有另一个意思。汉代文官选拔制度采用举荐方式，士人被当地官员举孝廉、秀才进入仕途，举荐的州郡官吏被称作"举主"，而被举荐的贤士便称为"举主"的"门生"。

到魏晋南北朝时期，"门生"一度变质为依附于士族豪强的一类人，有臣属、门客，甚至奴仆的意味。唐宋时期，科举考试中考中举人或进士的人，称主考官为"座主""座师"或"恩门"，自己称为主考官的"门生"，这与汉代类似。这样，这些新举人、进士就和主考官之间建立起了一种特殊的师生关系。新举人、进士常把自己的考中看成是主考官对自己的一种类似于师恩的恩情，并且，通过这种师生关系也可在仕途上得到老师的一些照应；而主考官也乐于有这样的年轻后进来亲近自己。于是，科举考试就成了主考官结党营私，培养和拉拢自己势力的一种渠道，唐末便出现了涉及科举官员结派的"牛李党争"。鉴于此，宋太祖赵匡胤把最终决定考生能否被录取的大权收归皇帝。他在原来的两级考制的基础上又加了个第 3 级考试：殿试。殿试中皇帝亲自出题考试，并定出名次。这样皇帝就成了最终的主考官，成了所有进士的"恩门"，所有的新进士都成了皇帝的学生，也即"天子门生"。由此，科举考试的取士大权就转移到了皇帝手中，这便有效地杜绝了官员通过科举考试结党营私。

"夫子"本来是尊称，人们为什么用"老夫子"来打趣读书人呢？

从古至今，当人们对孔子、孟子、朱熹等这些儒学大师以"夫子"称呼时，完全是一种尊称。但如果是称呼某个名不见经传的读书人，恐怕就有点揶揄的味道了。

"夫子"一词在上古时代已经存在，是对当时男子的一种尊称。《尚书》里有"夫子勖哉"。《孟子·梁惠王上》有："愿夫子辅吾志，明以教我。"孔子的弟子们在《论语》里将孔子称为"夫子"，以表尊敬。后来因为儒家学说成为统治者推崇的主流学说，孔子的地位日渐神化，"夫子"一度成了对孔子的特殊称谓。

孔子像

孔子著书教徒，堪称教育的楷模，被历代帝王尊为"万世师表"，所以后世就沿用"夫子"作为对老师的尊称。因为教书先生往往都有一定年纪，于是人们不自觉地习惯在夫子前面加个"老"字，形成的"老夫子"一词。到明代，举子对自己的主考官也尊称为老夫子。再后来，"夫子""老夫子"成了读书人的泛称，清代官员的幕僚也一度有此称谓。

中国古代社会"以老为尊"，年轻人路上见到陌生的老年人都要恭敬地站在路旁打招呼，因此称老师为"老夫子"是表示尊敬甚至有些奉承的意思。而一旦"奉承"，尊敬便不再真心，于是这个词在后世就逐渐流转出一些谀称、戏称的意味。人们开始将"老夫子"与"学究""迂腐"这样的意思挂上钩，用以称呼那些读死书、思想陈旧的人，含有讥讽之意。比如《牡丹亭》中的陈最良，就堪称迂腐老师的典型。

国子监是个什么机构，相当于现在的教育部吗，为什么最高负责人称"祭酒"呢？

国子监最早由隋炀帝改"太学"而成，

当时主要负责全国的教育行政管理，其职能大致相当于现在的教育部。其后历代均在都城设有“国子监”，其职能也有所变化。

唐代先后在长安、洛阳设立国子监，下设国子、太学、四门、律算、书等六学，国子监本身依旧主要承担教育行政管理职能。至宋代，国子监开始具有贵族学校的功能，招收七品以上官员子弟为学生，并一度成为全国最高学府。后因这些官员子弟往往只是挂名，并不上课，学校不成气候，其最高学府职能仍被“太学”代替，国子监只负责全国教育行政，掌管全国学校。另外，宋代之前的国子监，除了教育管理职能之外，还附有监督功能，可以弹劾官员和参议国家政策。宋代之后，此职能逐渐淡化。

元朝以后，国子监均同时作为国家的最高教育行政机构和最高学府，隶属礼部。在国子监读书的学生称为“贡生”或“监生”。明代因永乐皇帝迁都北京，国子监分为北京的“北监”和南京的“南监”，也称“北雍”和“南雍”。至清代中期，国子监变为只管考试，不管教育的考试机构；清末，国子监沦落成为卖官机构，凡依照规定缴纳一定数额的钱给朝廷，即可成为“例监生”。慈禧太后的父亲便是一个“例监生”。

清光绪三十一年（1905年）科举制度被废除，国子监也遭取消，新设的学部成为教育行政机构，后来学部在民国初年变身为教育部。

“祭酒”一职，是自古对掌管教育的官员的固定称谓。早在“国子监”之前的汉代太学就已经设立“博士祭酒”，为太学最高官员；西晋设有“国子祭酒”；隋唐模仿晋制设置“国子监祭酒”，官职为从三品，为国子监最高领导，此制度沿用至清代末期。至于“祭酒”一词的来源，据说古代人宴会或祭祀时，推选一个德高望重的人先举杯子为祭，称为“祭酒”。古代社会一向尊崇老人，也重视祭祀，因此将“祭酒”作为负责教育长官的称谓，也是古人重视教育的一种表现。

宋代书院鼎盛，这是一种什么样的机构，它是如何运作的？

书院是中国历史上一种集藏书、教学与研究功能为一体的独特的教育机构。最初大多由士人或富人自筹经费兴办，教学方式与内容自由灵活，学生以自学为主、导师辅导为辅。其最大特点在于多数时候不以科举考试为目标，而是重教育和学术研究，从而形成了中国历史上与科举教育分庭抗礼的民间学术研究传播场所，对中国封建教育和文化产生了重要影响。

唐末至五代期间，战乱频仍，官学衰败，许多读书人避居山林，模仿佛教禅林讲经制度创立书院，以弥补学校的不足。这时的书院为私学性质，以培养学生参加科举考试为目标。

到宋代，私人讲学的书院大量产生。陆续出现白鹿洞、岳麓、睢阳（应天府）、嵩阳、石鼓、茅山等书院。其中白鹿洞、岳麓、睢阳（应天府）、嵩阳书院并称为中国古代四大书院。在南宋孝宗、光宗时期，朱熹等理学家以书院为阵地，宣扬学术，对抗朝廷正统教育。当时的书院最闪光的地方在于使学术首次不依附于政治与科举，凭借自身魅力取得尊崇地位，并一度繁盛。南宋末期，书院为官府所控制，逐渐衰落。

元朝继承了南宋后期的政策，把书院列入全国官办学校系统，书院教育完全没有特色。明代书院又一度活跃，发展到1000多所，出现官私并存的局面。一些私立书院自由讲学，抨击时弊，成为思想舆论阵地和政治活动场所。江苏无锡的东林书院，曾遭到朝廷四次毁禁，然而在严酷的政治压迫下，书院师生宁死不屈，此事成为中国历史上读书人对抗强权的标志性事件。“风声雨声读书声，声声入耳；家事国事天下事，事事关心。”这副著名的对联便出自东林书院。清朝书院完全为官府控制，失去书院特色，清末全部改为现代大中小学校，书院模式结束。

总体而言，书院起源于唐代，兴盛于宋

代，清末消亡。

知识链接

四大书院

四大书院是指后人总结出的北宋时期最负盛名的四座书院，即江西庐山白鹿洞书院、湖南长沙岳麓书院、河南登封嵩阳书院、河南商丘应天书院。

四座书院均源远流长，翰墨流香，人才辈出。宋代名儒朱熹、陆九渊、司马光、范仲淹、程颐、程颢等人曾先后在这些书院讲学，使得书院在当时与后世都令人无限神往。尤其岳麓书院，有人称之为“潇湘洙泗”，将其与孔子讲学的场所并称，并有“千年学府”之誉。

人们称正派的人为“正经”人，但古代却实指正“经”，它具体包括哪些经书？

生活中，“正经”与否就代表了一个人道德水准的高下。那么，“正经”具体何指呢？

“正经”一说最早出现在唐代。唐代，政府规定除音乐、算学等专门性学校外，其他学校都以儒家经典为基本教学内容，并进一步将儒家经典分为“正经”和“旁经”。其中“正经”部分为学生必学之课，要求至少要全部熟悉，并精通其中的一部分，方可毕业。具体而言，正经又可分为“大经”“中经”“小经”三类。其中《礼记》《春秋左氏传》为大经，学制为三年；《诗经》《周礼》《仪礼》为中经，学制为二年；《周易》《尚书》《春秋公羊传》《谷梁传》则被称为小经，学制为一年半。而“旁经”则是指《孝经》和《论语》，学制为一年。相比而言，学校对于“正经”的教学要重视得多，每一门经都有专门精通这一经的老师讲解，对学生学习“正经”的要求也比“旁经”高得多。

后来，随着儒家学说的演变发展，“正经”具体所指也有所变化。到南宋，理学大师朱熹将《论语》提出来，与《孟子》《中庸》《大学》并为“四书”，加上《诗》《书》《易》《礼》《春秋》的“五经”，形成“四书五经”。此后，“四书五经”成为读书人奉为圭臬的“正经”。另外，历史上也一度有人将儒家的“十三经”都作为“正经”，而将其他“诸子”著作作为“旁经”的分类法。比如晋代的葛洪在《抱朴子·百家》里言：“正经为道义之渊海，子书为增深之川流。”总体而言，因为儒家学说一直为统治者所推崇，这些“正经”变来变去也不出儒家“十三经”。

因为历代科举考试都是以这些“正经”为考试内容，对于“正经”的掌握水平决定了读书人的命运。因此读“正经”就包含有做官的可能性而被视为“正经事”，读“正经”的人也称为“正经人”，而读其他的书则被视为不务正业。

很少听说私塾先生教数学，古代是不是根本就不开这门课，也没有这方面的教材？

数学作为一门应用性非常强的基础学科，无论天文、水利、建筑，乃至商业、日常生活，都须臾离不开。如果没有相应的数学教育，中国不可能长时间在世界上保持文明的领先地位。事实上，中国早就存在数学教学，并逐渐形成了比较系统的数学教育制度。

西周时期针对贵族子弟开设的教学科目“六艺”中的“数”，便是一种早期的数学教育，而平民所学习的“小艺”中，也包含了“数”。到南北朝时期，中国数学蓬勃发展，《孙子算经》《夏侯阳算经》《张丘建算经》等算学著作相继问世。同时，数学教育也有较大发展，北魏在中央官学中专门开设的“算学”，可算是世界上最早开设的数学专科学校。这意味着算学被列为基本的国学之一。

隋唐时期，中国首次建立起正式的数学教育制度。隋文帝时期，中国在国子监设立了算学馆，在算学馆设算学博士 1 人，助教 2 人，学生 8 人，并制定了专用的数学教材《算经十书》对学生进行讲授。唐贞观年间，算学教育规模进一步扩大，专门设博士 2 人，助教 1 人，学生 30 人，八品以下子弟以及庶人喜欢算学、年龄在 14～19 岁者都可入学，学习期限为 9 年。

从公元 11 世纪到 14 世纪的宋元时期，

是以筹算为主要工具的中国古代数学的鼎盛时期。在此期间，涌现出一批杰出的数学家和数学著作，中国数学达到最高境界，与当时的阿拉伯数学一道居于世界领先地位。而在数学教育方面，在科举考试及太学、国子监等学校中都有专门的算学考试。

14 世纪中后叶明王朝建立以后，统治者奉行以八股文为特征的科举制度，在国家科举考试中大幅度削减数学内容。失去国家的政策鼓励之后，数学教育也出现衰退，自此，中国古代数学便开始衰退，落后于世界了。

科举中武举具体考试什么项目，是骑马射箭等功夫吗？为什么武举不受重视？

科举制度始于隋朝，当时只针对读书人，并没有设武举。至唐代，武则天首次开设武举。据说武则天因为以一女子身份登上皇位，旧势力对她并不完全服从，这位女皇帝便开设武举，选拔册封武将，培养为自己的势力。

唐代武举主要考骑射、步射、举重等技术，此外对考生相貌也作了要求，要“躯干雄伟、可以为将帅者”。宋代，因宋太祖赵匡胤定下“以文立国”的国策，武举考试除考武力外，还要“副之策略”。武艺考“步射”“骑射”两场，合格后再参加文化考试。文化考试则考一些诸如兵法、布局类的知识等。总体上以武艺为主，以策略为辅。元朝科举制度兴废不常，没有武举制度。到了明代，武举考试则更进一步，以考察谋略的笔试为主，而以武艺为辅了。并且先进行谋略考试，如果不及格，就直接淘汰，武艺再高也没用。清朝以后，尚武的统治者又将个人武艺考试放在了前面，首先考骑射、力气、武艺等，然后合格者再参加笔试。

历史上武举一共进行过约 500 次，宋神宗时，设立武状元。历史上有案可稽的武状元有近 200 名，其中许多详细资料都已经丢失。总体而言，相比于文科考试，武举一直不怎么受重视。

历朝的武举制度时而设置，时而废弃，取士人数远远少于文举。并且武人考中武举后，只授出身，并不马上授官职。因此，武举人的地位也低于文举人，以至于一些武举状元还有再考取文科举人的念头。历史上比较出名的武举人只有唐朝大将郭子仪和明代的抗倭名将俞大猷。

古代科举考试中作弊的现象严重吗，有没有替考的？

作弊现象自古便有。事实上，科举考试自诞生的那天起，便进入了一场千年的作弊与反作弊的斗智斗勇的较量之中。为获取功名，能够想得到的作弊手段，古人都已经想到。

最古老最常规的手段便是“夹带”了。早在唐朝，夹带经文的方法已经被考生们发明，这种手段因操作简单、成本低廉而被考生广泛使用。具体操作手段便是将经文藏在衣服、鞋袜、砚台、蜡烛、食品中，或者干脆写在衣物或身体上。现在还存有古代用于科举考试作弊的“袖珍型”经书，上面以非常小的字体刻着“四书五经”中的重要篇目的摘录、讲解等。

而另外一个常用的作弊手段，便是替考了，古代称为“枪替”。这种手段在唐朝也已经出现。古代没有照相机，也不可能为几万考生一一画像，因此只要性别不错，即可入场。因此对于“枪替”是防不胜防，以致流传有“入试非正身，十有三四；赴官非正身，十有二三”的说法。宋代著名婉约派词人温庭筠便是历史上有名的“枪替”。据说他就是因为以“枪替”出名，虽然才华横溢，但数次应试，都被主考官以品德问题刷下。民国初年的政要胡汉民，早年也是个“枪替”，曾在清末两次代人参加乡试，并且都中了举。

另外，一些有门路的人则在考试之前“买题”。还有人事先买通阅卷人，然后通过在考卷上做记号来取得好成绩，等等。

当然，针对考试各个环节，历代统治者也都有严格的防作弊手段。据说清代考生入场，连辫子都要解开检查，甚至肛门都要检查，以防“夹带”。而对于作弊者的惩罚也相当严重，按照《大清律例》，科考作弊者，要戴枷 3 个月示众，杖一百，最后发往边疆充军；而查处有人印刷与科举有关的袖珍书者，则株连九族。

为什么把考取进士第一名叫“中状元”，“状元”是什么意思？

“中状元”又称“大魁天下”，意思是在科举考试中考取进士第一名，是古代读书人的最高荣誉。而“状元”一词则产生于唐代，“元”是“头”“首”的意思，而“状”字，则与旧时科举程序有关。

唐代科举考试是两级制，先在地方考得“贡生”（相当于后来的“举人”）资格后，才有资格参加在京城举行的考试，进一步考取“进士”。进京考试的“贡生”先要到礼部填写包括自己身世和近况的个人资料，相当于现在的报考表，名曰“书状”或者“投状”。因此后来考得进士第一名的就是这些“投状”中的第一名，故称为“状元”，或者“状头”。还有另一种说法是，在发布进士榜时，因为皇榜是自上而下挂在墙上，而进士名单则是依照名次自上而下，进士第一名自然在最前面，位于榜首，所以称之为“榜首”或者“状元”“状头”。

需要补充的是，“状元”在宋代时并非指进士第一名，而是对于“殿试”三甲中“一甲”的统称，即“进士”前三名均可称为“状元”。只是到明清之际，殿试一、二、三名，分别称为“状元”“榜眼”“探花”。自此，“状元”成为名副其实的第一名，其地位也日益特殊，成为中国读书人“一朝成名天下知”的象征。

据史书记载，从唐代科举考试开始，至清光绪三十年（1904 年）最后一次科考，其间历代王朝有名有姓的文状元 654 名、武状元 185 名。其中历史上比较有名的有唐代的贺知章、王维，宋代的文天祥，明代的杨慎，清代的翁同龢、张謇等，而历史上最后一名状元，则是清光绪三十年（1904 年）的刘春霖。

知识链接

“榜眼”和“探花”

“榜眼”是古时人们对科举考试中第二名进士的称呼。

在北宋之前，第一名称状元，第二、三名都称为榜眼。原因是填进士榜时，状元的姓名居上端正中，二、三名分列左右，如人两眼。到北宋末年，只以第二名为榜眼，第三名则称探花。北宋陈若拙并无文才而考中第二名，人们都嘲笑他是“瞎榜”。

“探花”一词则比“榜眼”出现得早，在唐代便有，但其时并非进士第三名的意思。唐代中进士者会游园庆祝，并举行“探花宴”。由进士中的年龄最小者作为“探花使”，到各名园采摘鲜花，迎接状元，这本是一种娱乐。至北宋末年，“探花”成为进士第三名的专门称呼。“状元”“榜眼”“探花”都只是一种俗称，在正式发放的金榜之上，只会称进士一甲第一名，一甲第二名，一甲第三名。

“登龙门”和“跳龙门”是一回事吗，考中进士后会被立即封官吗？

“登龙门”与“跳龙门”的意思大致相同，是同一个民间传说衍生出的两种说法。

唐代民间有一个传说，说很早以前，龙门还未凿开，伊水流到这里被龙门山挡住，在山南积聚出一个大湖。这时黄河中生有一群鲤鱼，它们听说龙门山的另一面风景非常美丽，想看一看，于是便沿着黄河支流洛河游进伊水，但到龙门山前却被挡住。鲤鱼们商议跳过龙门山，其中一条大红鲤鱼特别勇敢，自告奋勇第一个跳。它使出全身力气纵身一跃，到了半空中，置身于空中的云雨之间。它奋力前移，途中还被天火烧了尾巴。它历尽艰难，最终，跃过了龙门山，落在了山南的湖中。一落入湖中，它便变为一条龙。它的伙伴们看到这个情形都吓坏了，不敢再去跳。这时龙飞到空中，对它的伙伴们说：“你们也跳过来呀，这样就可以成为会飞的龙了，再也不会被水所困。”于是剩下的鲤鱼们便努力学大红鲤鱼的方式，试图跳过龙门山，但只有极少数能跳过去变成龙，其余多数都在半空摔下，并且之后额头上就落了一个黑疤，这疤现在还能在鲤鱼头上看到。这件事在辛氏的《三秦记》、清代李元的《蠕范·物体》等书中均有记载，唐代诗人李白专门为这件事写了一首诗："黄河三尺鲤，本在孟津居。点额不成龙，归来伴凡鱼。"

鉴于科举考试的艰难与极低的成功率，人们便将士人科举及第称为"跳龙门""登龙门"，《封氏闻见记·贡举》言："故当代以进士登科为登龙门。"李白也留下了"一登龙门，则声誉十倍"的句子。另外，相比于"跳龙门"，"登龙门"则还多出另一个意思——古人以此来比喻因得到有名望、有地位的人援引而身价大增。

虽然考中进士被比喻为"跳龙门"，但也并不像许多人想象的那样，中进士后便万事大吉，立刻可以做官。在唐代，考中进士之后，只是有了做官资格，要想获得官职，还要通过吏部的考察。此外，他们还可以去地方官那里做几年幕僚——相当于行政见习，然后由地方官举荐从而获得官职。因此，考中"进士"多年得不到官职的也不在少数。宋明清三代的进士，则要尊贵多了，一般前几名如状元、榜眼、探花等都会立刻被授予高官，其余的也等不了多久便可正式上任。

什么是"连中三元"？其中的"三元"具体指什么？

"连中三元"是用于形容古代科举考试中的一种情况，指某个考生参加考试过程中，在乡试、会试、殿试三次考试中均考得第一名，即接连考得"解元""会元""状元"。这种说法大约出现在宋代。

宋代及以后的科举考试中，读书人首先在县、府参加考试，通过考试的称为"生员"，俗称"秀才"。考得"秀才"之后，才算获得了参加正式考试的资格。接下来，首先是参加每三年一次由省府主持举行的"乡试"，因为在秋天举行，俗称"秋闱"。此考连考三场，每场三天。乡试考中，称为"举人"，头名举人称"解元"。"举人"便具备了做官的资格，中举者正式跨入士大夫阶层，清代讽刺小说《儒林外史》中的"范进中举"一段说的便是乡试的情形。

通过乡试的举人，次年三月参加在京师举行的"会试"和"殿试"。会试由礼部在贡院举行，也称"春闱"，同样是连考三场，每场三天，由翰林或内阁大学士主考。会试考中者，称为"贡士"，贡士第一名称"会元"。"贡士"可以参加四月举行的"殿试"，殿试是科举考试的最后一级，由皇帝亲自主持和出题，并定出名次。据说"殿试"制度最早始于武则天。殿试只考一题，考的是对策，为期一天。殿试一般不再淘汰人，只是将所有人排出次序，录取名单称为"甲榜"，又称"金榜"，所谓"金榜题名"即指此。具体分为三甲，一甲只取三人，第一名为"状元"，第二名为"榜眼"，第三名为"探花"。剩下的分在二甲三甲。

自古言："文不称第一，武不称第二。"客观地说，要在文科考试中做到"连中三元"，确实相当难，历史上的王安石、苏东坡父子等大文豪均没有出现"连中三元"的现实也说明了这点。据史料记载，历代数下来，总共出现过 17 次"连中三元"的情形，其中还有两次武科举的"连中三元"。

"鳌头"是什么东西，为什么科举取得第一名称为"独占鳌头"？

"鳌头"指的是古代帝王宫殿台阶上鳌的头。"鳌"是传说中的一种庞大的海生动物，据说头像乌龟，尾巴像鲤鱼，身形巨大，威猛有力，能够背起一座大山。民间传说它是海龙王的三太子，因为偷吃了玉皇大帝的玉浆液，被发配到东海为鳌。唐宋时期，皇帝殿前陛阶上的中陛石上经常镌刻巨大的鳌鱼，以象征皇权威严。翰林学士觐见时，都会立在陛阶正中陛石上的鳌头上，等待皇帝的召见。于是，人们将进入翰林院称为"上鳌头"。

科举考试中的殿试结束后，状元、榜眼、

探花等人到皇帝殿前陛阶上迎榜。因只有状元一人独自站在中陛石上，将鳌踩在脚下，所以就说他“独占鳌头”。后“独占鳌头”便用来指在科举考试中考得第一名。

在古代，人们一般把“魁星点斗”与“独占鳌头”连用，来表示一个人中了状元。“魁星”本为“奎星”，是北斗七星中的第一颗星，本为占星术的星宿崇拜，后来逐渐演变成人格神，此神蓝面，赤发，像个鬼在翘足踢斗，主管读书人的文运。

“魁星”之所以是这副样子，传说与古代一个秀才有关。此人很有才华，因满脸麻子，又瘸一条腿，屡屡面试时落第。后来终于以第一名的成绩通过了乡试、会试。殿试时，皇帝一看这副尊容，便问道：“你那脸是怎么搞的?”他回答：“回陛下，这是‘麻面映天象，捧摘星斗’。”皇帝又问：“那么你的瘸腿呢?”他又回答：“回陛下，这是‘一脚跳龙门，独占鳌头’。”皇帝觉得他挺机敏，又问：“那你说，如今天下谁的文章写得最好?”他想了想说：“天下文章属吾县，吾县文章属吾乡，吾乡文章属舍弟，舍弟请我改文章。”皇帝很欣赏他的机智，等阅读完他的文章后，更是拍案叫绝，于是钦点他为状元。

后来这个秀才因其才情、执着、勤奋升天成为魁星，主管功名禄位，成为读书人供奉的神。后因“魁”有“首”的意思，所以逐渐代替了“奎”。

什么样的人才能称“秀才”，“秀才”一直是科举考试中最低最容易考取的功名吗?

关于“秀才”，人们对它的理解最重要的大概有两点。首先，这是科举考试中的最低功名；其次，“秀才”没有做官资格。但事实上，秀才并非一直是科举考试的最低功名。

“秀才”一词最早出现于春秋时期，原本并非属于科举功名的范畴，也不特指读书人，而是相当于现在的“俊才”“英才”。根据《史记·屈原贾生列传》可知，历史上贾谊是有记载的最早被称为“秀才”的人。

汉武帝时期，朝廷推行官员选拔制度改革，“秀才”与“孝廉”一起成为地方官员举荐的两种优秀人才。东汉光武帝时期，为避光武帝刘秀名讳，“秀才”改称为“茂才”，三国曹魏时期，又改回“秀才”。隋朝科举制度开科取士，最初也称作“取秀才”，这时的“秀才”是考中功名的所有人的指称。唐初，科举考试中设立秀才科，刚开始时秀才科第最高，因要求非常高，很少有人考取。后来秀才科被废除，“秀才”一度成为读书人的统称。宋时，凡是参加科举府试的人，无论考中与否，都称为“秀才”。

明清之际，“秀才”的意思逐渐固定下来。这时的秀才有一定门槛，参加科举考试的读书人，经过院试，取得入学资格的“生员”才可称为秀才。考中秀才之后，可以说是十年寒窗初步获得成果。进，可以去考取举人，一旦考中，便正式进入为官的士大夫阶层；退，则可以开设私塾，也算有了个正经职业。并且，秀才虽然没有国家俸禄，但可以获得一定的特权，比如免除赋税、徭役，可以直接找县官提建议等。于是秀才这个最低功名成了明清两代出身贫困的读书人科举考试的“歇脚所”。他们往往一边通过教书获得经济来源，一边继续考取功名。但因为竞争激烈，尤其清代时满族统治者排斥汉人做官，许多人也就一辈子待在这个“歇脚所”了。清小说家蒲松龄曾以第一名中“秀才”，之后再也“晋级”不得，不得已才以写小说聊以自慰。

古代官场上，用“同年”相称的很多，那么何谓“同年”，是指年龄相同吗?

“同年”与年龄无关，而是古代科举考试中被同榜录取的举子之间的称谓，又称“同年生”。顾炎武在《生员论》中说：“同榜之士，谓之同年。”而“同年”之间也不论年龄，互相尊称对方为“年兄”，相互间的交谊称年谊，互称同年之父为年翁、年伯，互称同年之子为年侄、年家子等。

“同年”的说法最早源于汉代，汉代文官选拔制度是举荐制，同一年被举荐为孝廉的，则称“同年”或“同岁”。唐代，在科举考试中同年考中进士的，则为“同年”。到明清之际，除同榜进士外，乡试中的同榜举人，会试中的同榜贡士，也称“同年”。

在古代，这些新同榜举子，往往会参加一些官家组织或私下举行的集体活动。“同年”们在这些集体活动中大多能打个照面儿，之后便是私底下的交往了。这些官场新人因为初入官场，无所依靠，亟须建立起自己的官场人脉，而能够就近取用的关系除了主考官，便是“同年”了。因此，这些新科举子往往与主考官之间建立起一种官场上的纵向联系，而通过“同年”关系形成一种横向联系。这样，初入官场的举子们便有了一个虽不算牢固的但也暂时成型的关系网了。

一般而言，可以称为“同年”的人少则几十人，多则几百人，彼此之间不会有什么深交。但不管怎么说，都算是主考官的“门生”，总是有些同学情分的，加上有些考试之前在路上或住店时就已认识，关系还算深厚。另外，这些“同年”往往都刚刚步入官场，没有那么多官场纠葛，又因同样是刚刚通过科举“独木桥”，彼此话题也多一些，所以相互之间的交情也就多些真性情。在人人两面三刀的官场上，“同年”算是一种稍微有些人情味儿的关系了。因此，“同年”之间经常彼此照应一下，官职高的在提拔官员时，会优先照顾自己的“同年”。当然，时间久了，举子们在官场上脚跟站稳了，除意气相投或利益联系紧密的“同年”之外，其他的“同年”关系也就淡了。

现在的“师范”院校很多，这个词语怎么来的，“师”和“范”的本义是什么？

“师”“范”两字，在中国由来已久，并且至今意思变化不大。“师”字，在夏朝时已经存在，考古发现的甲骨文中便有这个字。它是个会意字，表示“众多”之意，后来逐渐演变出老师的意思来。唐代的韩愈在《师说》中言：“古之学者必有师。师者，所以传道授业解惑也。”这时，其“老师”的意思已经比较固定了。“范”，见于《尔雅》：“范，法也。范，常也。”《孟子》中有：“吾为之范我驰驱。”后人为之注：“范，法也。”可见，“范”，是“标准、楷模”的意思。

“师”“范”两字连起来用，最早见于西汉扬雄的《法言·学行》：“师范者，人之模范也。”南北朝时期，这个词便已经比较常见了，《后汉书·赵壹传》中言：“君学成师范，缙绅归慕。”南朝刘勰在《文心雕龙》中言：“相如好书，师范屈宋。”这两处的“师范”，都是“学习的榜样”的意思，与现在的意思差不多了。

“师”“范”两字之所以连起来用，与中国儒家教育传统有密切关系。中国自古以来的教育，在内容上，以伦理道德教育为根基；在方法上，则讲究身教，而非言教，所谓“言传身教”。因此，一个老师要让学生做到某条道德原则，首先自己便要做到。老师不仅是指导者（师），而且要是楷模（范），“曾子杀猪”的故事便深刻地反映了中国重视身教的传统。

到今天，“师范”指培养教师的中高等院校，而其深层次的含义，则可理解为“学高为师，身高为范”八个字。

知识链接

曾子杀猪

“曾子杀猪”是记录在《韩非子》中的一个故事。曾子，名参，字子舆，孔子弟子中的七十二贤之一。

据说曾子的妻子有一天要去集市上，曾子的儿子跟在后面哭闹着非要去。她便对儿子说：“如果你听我的话回去，回来后给你杀猪吃。”儿子一听，便停止哭闹，乖乖回去了。

曾子妻子从集市上回来，曾子便去猪圈里将猪逮出来要杀。他妻子制止他道：“哄小孩子的儿戏话，你怎么当真！”曾子却说：“你当儿戏，小孩却并不当儿戏啊。小孩子不懂事，都是跟着父母学的，你今天欺骗他，便是教他欺骗；并且你今天欺骗了他，他以后就不会相信你了，你就没法再教育他了。”曾子最后将猪杀了。这个故事在历史上被当成“身教”的典型。

第十一章

书画雅趣·歌舞风流

人们为何把绘画称为“丹青”，“中国画”一词又是怎么来的？

人们常把绘画称为“丹青”。《汉书·苏武传》载道：“竹帛所载，丹青所画。”最初，“丹青”指的是古代绘画中常用的两种颜料。丹，指的是朱砂；青，指的是青色。因这两种颜料不易褪色，所以备受画者的喜爱。

汉代的陆贾在《新语》中说道：“民弃本趋末，伎巧横出……丹青玄黄琦玮之色，以穷耳目之好，极工匠之巧。”意思说，绘画中，人们广泛使用“丹青”这两种颜料。最初，“丹青”仅指代红、青两种颜色。后来，绘画中的所有色彩都被泛称为“丹青”。因而，由各种色彩绘出的图画，便被人们通称为“丹青”。一些杰出画家，绘画高手也被称为“丹青手”“丹青妙手”。

“中国画”又名“国画”。在绘画艺术史上，中国画的起源可以追溯到5000多年前仰韶文化中的“鹳鱼石斧图”。但是以“中国画”一称享誉世界，则要从清代与西洋画相对的画作说起。《颐园论画》中说“西洋画工细求酷肖”，也就是说，西洋画重写实，尤以素描和油画驰名。

与西洋画不同，中国画更重意境和神韵。中国画按使用材料和表现方法，主要分为工笔、写意和兼工带写三种，具体可分为水墨画、重彩、浅绛、工笔、写意、白描等；按题材又可分为人物画、山水画、花鸟画、动物画等。按照画幅大小和形状及折叠方式，可以分为横向的长卷、横批，纵向展开的条幅、中堂，仅有一尺见方的册页、斗方，画在折扇、团扇等扇子上的扇面等。中国画重点强调点、线、面的结合，工笔画重视线条细致逼真、形神兼备；写意画重视整体的意境，比较重视对浓淡光影的表现，追求神似。

总体而言，中国画体现出中国独特的风韵，或干净简练，或华丽繁复，有着与西洋画截然不同的审美情趣和艺术造诣。

为什么中国的肖像画叫“写真”，现在“写真”一词又有什么含义？

杜甫的《丹青引赠曹将军霸》中写道：“将军善画盖有神，偶逢佳士亦写真。”这里所说的写真，指的是曹将军的肖像画。那么，人们为什么要把中国的肖像画称为“写真”呢？如今我们所说的“写真”，与杜甫诗中所说的写真是一个含义吗？

古时，肖像画又叫写真。它还有写照、传神、写貌、写像、影像、追影、写生、容像、像人、祖先影像、禅宗祖师像、顶相、仪像、寿影、喜神、揭帛、代图、接白、帝王影像、圣容、衣冠像、云身、小像、行乐图、家庆图等别称。在中国传统绘画题材中，人物、山水、花鸟是三大类别，肖像画便是人物画别中的一个分支。

据湖南长沙马王堆西汉墓出土的帛画显示，早在汉代，我国的肖像画艺术水平便已经达到了一定的高度。作为人物形象的描绘，肖像画要求做到形神统一。在以绘画技巧描摹人物外部特征的同时，还要求将人物内在的性格特点、情态特征表现出来。可以说，一幅肖像画是个人外在形象、内在精神的全面真实展示。因而，人们将其命名为“写真”“传神”等。

东晋画家顾恺之曾经说过：“传神写照，正在阿堵之中。”说的便是肖像画表现人物的关键所在便是传神逼真。明代以后，受西方肖像画绘画风格影响，我国还出现了一个新的绘画派别——写真派。他们以画家曾鲸为代表，专以写真为题材。

现如今，“写真”的含义被人们扩大化，甚至有了贬低之意。其含义和古代的肖像画之“影像”的别称含义颇为相似，但是却不单单指代肖像那么简单了。其中包括了“摄影”“照片”的内涵。

时人为何称顾恺之为“虎头三绝”，三绝又是指什么？

东晋画家顾恺之，小字虎头，世人又称他为“顾虎头”“虎头将军”。他出身于书香门第，从小能诗善赋，书法精湛，绘画称绝。他是中国绘画理论“六法论”的奠基者。世人这样评价他的画作：“法如春蚕吐丝，初见甚平易，细看则六法兼备；设色以浓彩微加点缀，不晕饰，运思精微，襟灵莫测，神气飘然。”顾恺之自评说：“四体妍蚩，本无关于妙处，传神写照，正在阿堵之中。”除了上述评价外，顾恺之还有“虎头三绝”的称号。那么，这“三绝”又是绝在哪里呢？

所谓“三绝”指的是“才绝”“画绝”和“痴绝”。

“才绝”说的是顾恺之的才思敏捷，多才多艺。作为绘画界的一代宗师，顾恺之诗、文、赋、书无一不通。其文学造诣颇深，现流传于世的有《雷电赋》《观涛赋》《冰赋》《湘中赋》等。尽管数量有限，但从中可窥知其文学修为。

“画绝”指的是顾恺之的精湛画技。顾恺之师从卫协，尽得真传。此后，他在认真观察事物的基础上，开拓新领域，创出了自己独特的画风。顾恺之画人物，传神之处在眼睛。据说，当年建康瓦棺寺修建，因为资金筹措不足，一度停工搁置。顾恺之听说了，便在寺院一面墙上画了幅维摩诘居士像。画作完成之时，栩栩如生的人物唯独少了双眼睛。顾恺之放出话去：“观点睛，头天十万，第二天减半，第三天随意布施。”想一睹顾恺之点睛的人蜂拥而至，不长时间便收到一百万。就这样，顾恺之帮助瓦官寺筹足了修建寺院的银子。顾恺之作画擅长利用各种绘画技巧遮掩缺陷，扩大美感。史上有名的殷仲堪画像，便是顾恺之运用飞白画法的杰作。此举掩盖了殷仲堪的眼疾，突出了他的神韵。

“痴绝”是说顾恺之爱开玩笑。他“好谐谑”，也禁得起别人的玩笑。此外，“痴绝”还指他作画行文纯真自然，不矫情做作。在他的作品里，总有一种大智若愚的憨傻之气。有人认为，顾恺之所以如此，实际上是对当时社会的蔑视，也是明哲保身的一种手段。

史上画家数不胜数，为什么将吴道子奉为“画圣”？

在中国绘画史上，被称为绘画大师的人很多，诸如顾恺之、阎立本、徐渭、李唐等，多不胜举，但是享有“画圣”美誉的，却只有吴道子一人。是什么原因使人们对吴道子的评价如此之高呢？

吴道子是唐代的画家。唐玄宗赐名为“道玄”，画史称他为“吴生”；民间画工尊他为“祖师”。他擅长画佛道、神鬼、人物、山水、鸟兽、草木、楼阁等。据记载，吴道子曾经在长安、洛阳两地的寺观中，绘制过300多堵壁画，竟然没有一幅雷同，可见吴道子的壁画造诣。他的画风自成一体，不拘一格。苏轼在《书吴道子画后》中评价说：“出新意于法度之中，寄妙理于豪放之外。”吴道子的人物画生动传神，线条明朗，衣褶飘逸，极具动态效果。故而，时人称吴道子的画为“吴带当风”。

吴道子从小失去双亲，生活清苦。他曾跟随张旭、贺知章学习过书法，但多年都没什么成就。于是，他开始专心于绘画，20多岁已经成为小有名气的画师，当时便有人评价他的画作为“穷丹青之妙”。后来，吴道子的画作被唐玄宗看中，召入宫中，并下诏说“吴道子只能为皇帝一人作画”。从此，吴道子便开始了宫廷画师的生涯。相传，当年唐玄宗想念蜀地风光，要吴道子前去写生。吴道子巡查一番回来，竟没带一张草本。他在大殿当场作画，提笔一气呵成，将嘉陵绝妙风光尽展无遗。

在吴道子之前，山水画并不是一个独立的画种。他在绘画山水时，采用了一种笔近意远“疏体”的画法，使得山水画独立出来。在绘画史上，此谓开山之创。他作画速度极快，挥笔即就。古人赞评说“笔才一二，象已应焉”。他的画作不仅集聚了民间画的精华，还吸收了外来画的精妙画艺，形成了新的风格。这种画风对当时的画坛影响很大，也为后世的绘画开辟了新路。

尽管吴道子一生所创画作很多，但是流传下来的真迹却凤毛麟角。现存吴道子的壁画真迹有《云行雨施》《溪谷图》等。

张择端的名作《清明上河图》描绘的是清明时节的景色吗？

《清明上河图》是中国十大传世名画之一。在这幅画里，张择端以娴熟的绘画技巧、精工细描，尽展汴京繁荣景象。据统计，画中人物共1643人，牛马208只。他采用散点透视的绘画方法，将农村的宁静安逸和城市的热闹繁荣集中展示在一幅图画中。画中人物表情生动，场景疏密有致，节奏韵律性极强。整幅画气势恢宏，仿佛整个北宋汴京的车水马龙、街道风物全在眼前一样。这幅高度写真的作品，为后人研究北宋历史文化提供了宝贵资料。

关于《清明上河图》中所描绘的时令，画界存在着两种观点。一种观点认为，根据画中景象推断，这是一幅展示汴京清明时节场景的图画。据考证，《清明上河图》的最早收藏者是宋徽宗。“清明上河图”的名字也是他题上去的。据《味水轩日记》记载，《清明上河图》中，热闹的河堤之上，柳枝飘摇，正是清明时节人们游春场景的再现。加之《清明上河图》真迹中，有宋徽宗的“瘦金体”题词“水在上河春”，又有双龙小印为证。所以，“清明”时节是名副其实的。

孔宪易在《清明上河图的“清明”质疑》中，提出了《清明上河图》中所反映时节的另一种观点。据他考证，《清明上河图》曾名《西湖争标图》。被定名为“清明”是应进献帝王歌功颂德之需而改的。“清明”并非是时节的含义，而是借助画中一片繁荣祥和景象，颂扬帝王统治下的开明盛世。依据图中场景推断，这更像是一幅秋景图。

清明上河图

“唐伯虎点秋香”为千古佳话，但历史上真有这回事吗？

《唐伯虎点秋香》为我们展示了一段才子佳人向往真爱的千古佳话。在历史上，确实有唐伯虎这个人。那么，也确实有唐伯虎点秋香这回事吗？

唐伯虎，号六如居士、桃花庵主。明宪宗成化六年人，因出生在寅年寅月寅日寅时而得名唐寅。唐家是一个殷实的商人家庭，唐寅早年衣食无忧。20岁左右，亲人相继离世，家道从此中落，唐寅也开始了穷困潦倒的卖画生涯。后来，在好友祝枝山的资助下，他开始发奋仕途，但终因科场舞弊案而绝意官场。

唐寅自小聪明伶俐，在文学、绘画上都显示出非凡的才华。他的文章，不拘形式，多用俚语、俗语，语句简单明快。内容上表达了他对世间百态的轻蔑，流露出狂放不羁的性格。他与祝枝山、文徵明、徐祯卿三人合称为“江南四才子”。唐寅擅长画山水、人物、花鸟，画风张狂飘逸。其画山，线条明朗，雄险非常，重峦叠嶂，变化多端；画人，精工细描，婉转曼妙，尤其擅长笔墨勾勒仕女画像。在绘画艺术上，他与沈周、文徵明、仇英并称为“吴门四家”。唐寅绝意仕途后，曾自刻印章题为“江南第一才子”。

唐寅放荡洒脱的性格难免给后人留下“风流”的印象。据载，“江南四才子”在苏州游玩时，唐伯虎看上了苏州名妓沈九娘，并将她娶回家中。与此同时，当地有一官宦人家小女名为林奴儿，因家逢不幸沦为官妓，取名为“秋香”。因秋香与沈九娘出身相似，后人便将她们两个人传成了同一个人。于是，便有了“唐伯虎点秋香”的美谈。根据史料所载，真实的秋香至少要比唐寅大20岁。她曾学画于史廷直、王元父二人。因此，“唐伯虎点秋香”不是史实，只不过是人们借唐寅大名演绎的才子佳人的爱情故事而已。

徐渭为什么要自杀，他真的是疯了吗？

中国明代杰出的文学家、画家徐渭，号称“青藤道人”“青藤老人”“天池山人”等。后人又称他为“狂人徐渭”。他出生在浙江山阴县的一个小官僚家庭，很小的时候便展露出艺术才华。成年后，他的作品到处洋溢着张狂不羁和潇洒奔放。

徐渭诗文书画无所不长，他评价自己“书法第一，诗第二，文第三，画第四”。袁宏道称赞他为“明代第一诗人”；汤显祖谓其“词坛飞将”；扬州八怪之一的郑板桥甘愿做“青藤门下走狗”；艺术大师齐白石只恨没有早生300年，得为青藤磨墨理纸。如此看来，后人对徐渭的评价极高。既然这样，一代大师为什么要9次选择自杀呢？究竟发生了什么事情让他如此发疯？

徐渭20岁中秀才后，接下来的8次乡试都名落孙山。1558年，兵部右侍郎胡宗宪发现徐渭在军事方面有杰出的才能，便把他聘入浙闽总督幕中。其间，徐渭曾参与过多次抗倭斗争，被誉为"东南第一幕僚"。接着，又因代胡宗宪作《献白鹿表》，而受到明世宗的青睐。

后来，受严嵩案牵累，胡宗宪被捕入狱自杀。刚刚在仕途有点儿希望的徐渭，又受到挫折。受胡宗宪狱中自杀的刺激和严嵩案的牵累，徐渭的精神几近崩溃。于是，他经常采取自虐的方式寻求解脱。据记载，徐渭先后以各种残忍的方式自杀过9次。或以铁锤击头，血流满面；或以长钉刺耳，深入寸许，等等。在一次发病时，徐渭杀死自己的继室张氏，被判入狱。7年的牢狱生活，使徐渭从此消沉，出狱后绝意仕途。

历尽磨难的徐渭开始了游历生活，并潜心钻研艺术。乡居的纯朴生活让他认识到官场的虚伪，他便借助诗文书画抒发自己内心的不满。1593年，徐渭在落寞中与世长辞，享年73岁。

"丑八怪"一词是怎么来的，一开始就是指人长相难看吗？

生活中，人们常称长相难看的人为"丑八怪"，这是为什么呢？

其实，"丑八怪"得名于"扬州八怪"。在这里，"八"指的八位画家。"扬州八怪"是一群画风相似、兴趣相投的画家。因其所好相近，便在画界形成了独立的一派。其中又以李鳝、汪士慎、高翔、金农、郑燮、黄慎、李方膺、罗聘等人为代表。

"扬州八怪"的成员，大都是些不得志的知识分子。他们也曾十年寒窗苦读，但是换来的结果要么是被排挤罢黜，要么是仕途无望。对社会的不满和相似的生活经历造就了他们相似的格调：生活上，蔑视世俗，狂放不羁；画风上，不拘形式，标新立异。他们的绘画大都以花鸟虫鱼为题材，注重表意达情，抒写对社会黑暗的愤懑，个性极强。这种画风与当时的正统画派格格不入，因而被视为不合群的一派。于是，正统派画家便对他们排挤打压，贬斥他们为"丑八怪"。

"八怪"之中，尤以郑燮（郑板桥）、金农和汪士慎最为有名。他们的书画取材简单，但是风格犀利，冲突传统礼教。尽管他们的画风不受传统画派的喜欢，却因取材于生活，抒发的是真性情而得到了百姓的喜爱和欣赏。

后来，人们将"丑八怪"拓展到了生活领域，泛指那些和五官端正的人相比相貌丑陋的人。其中便是借用了"丑八怪"另类怪异的内涵。

何谓"永"字八法，人们在练习楷书的时候为什么要遵循这一法则？

所谓的"永"字八法，指的是以"永"字的八个笔画，即点、横、竖、钩、提、撇、短撇、捺，阐述的是楷书笔势和组字方法。中国书法大体以"永"字的这八笔为基础，因而，人们在练习楷书的时候，都以"永"字八法为基本原则。

据《玉堂禁经》记载："八法起于隶字之始，后汉崔子玉历钟王以下，传授所用八体该于万字。""大凡笔法，点画八体，备于'永'字。"意思说，"永"字八法源于古代的楷书。其八画为基本笔画，是万字的基础。《雪庵八法·八法解》又补充说道："历代以下，书者工于笔法之妙。其名世者，如魏晋之钟繇、王羲之，唐之欧（阳询）、虞（世南）、柳（公权）、颜（真卿）之辈，亦各家有书，所传之，惜乎沦没日久，真迹不存，唯羲之'永'字八法，共《三昧歌》流传在世。"这种观点认为，"永"字八法是从崔子玉、钟繇、王羲之等人传下来的书法之道。

还有观点认为"永"字八法是智永或张旭所创。虽然关于"永"字八法的起源说法不一，但都认同其在楷书中的地位。"永"的八个笔画各有笔势，想要写好楷书，确实要从练习"永"字入手。

“天下第一行书”是指哪幅书法作品，它的作者是谁？

东晋书法家王羲之被后人誉为“书圣”。人们称他的书法“飘若游云，矫若惊龙”，“龙跳天门，虎卧凰阁”，“天质自然，丰神盖代”。他的主要书法作品有楷书《黄庭经》《乐毅论》，草书《十七帖》，行书《姨母帖》《快雪时晴帖》《丧乱帖》《兰亭集序》等。其中，以《兰亭集序》的声誉最高，被视为“天下第一行书”。

《兰亭集序》也叫《兰亭序》《禊序》。东晋永和九年，王羲之和谢安、孙绰等四十几人，在山阴的兰亭举行“修禊”礼。其间众人作诗行文表达对兰亭美景的赞叹，王羲之写《兰亭集序》作为众人所写诗文的序。作为一篇序文，《兰亭集序》不仅文字优美，章法更为古今第一。北宋书法家黄庭坚这样称赞《兰亭集序》：“《兰亭序》草，王右军平生得意书也，反复观之，略无一字一笔，不可人意。”解缙也在《春雨杂述》中赞叹道：“右军之叙兰亭，字既尽美，尤善布置，所谓增一分太长，亏一分太短。”可见，《兰亭集序》的行书艺术可谓精美绝伦。整篇《兰亭集序》总共324个字。每字各生妙趣，行云流水，笔锋圆转，收放自如。序文中很多相同的字，都被王羲之写出了不同的风格，可谓重字不重形。这一点，也是《兰亭集序》书法艺术的精妙之处。

据说王羲之写完了之后，因为极为喜爱，便重新誊写了几份。但是看上去都没有最初的那份精妙。后来，唐太宗得到了兰亭真迹，

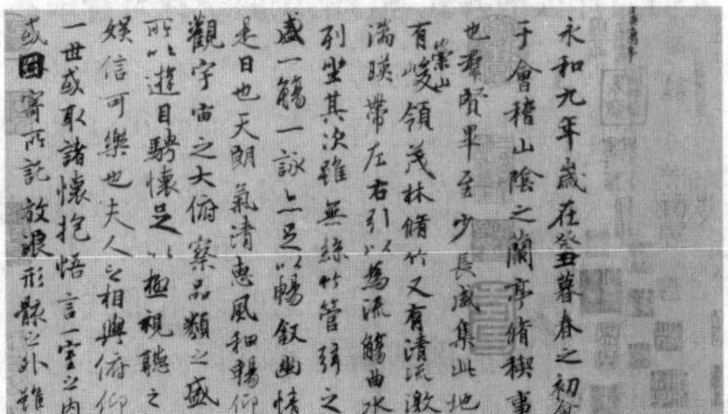

《兰亭集序》帖　东晋　王羲之

曾令工匠临摹石刻，作为赠送大臣的大礼。人们普遍认为，现存的《兰亭集序》并非是王羲之的真迹，真迹早已随着唐太宗的驾崩而成了殉葬品。

书法史上有“柳从颜出”之说，柳公权与颜真卿有师承关系吗？

书法家柳公权是师从颜真卿吗？不然书法史上为什么会有“柳从颜出”的说法呢？

颜真卿是唐开元年间的书法大家。他自幼家贫，但勤奋上进。为学习书法，他先后师从褚遂良、张旭。后来，在吸收了初唐四家书法特点基础上，融汇篆隶和魏碑笔意，创出了一种气势恢宏、体态丰满、遒劲有力的字体，被世人称为“颜体”。“颜体”字一改古体楷书的书写风格，使楷书有了新的气象。

欧阳修评价颜真卿说：“斯人忠义出于天性，故其字画刚劲独立，不袭前迹，挺然奇伟，有似其为人。”《续书断》说颜真卿是自王羲之之后中国书法史上的又一集大成者。他的《祭侄文稿》享有“天下第二行书”的美誉。米芾在《书史》中也对颜真卿的书法评价颇高：“《争座位帖》有篆籀气，为颜书第一，字相连属，诡异飞动，得于意外。”

作为唐朝最后一位书法大家，柳公权因官至太子少师，又有“柳少师”的别称。他的字曾受到了唐穆宗、敬宗、文宗三朝皇帝的青睐。足见他的书法在唐朝是极受推崇的。据说，当年穆宗曾向他请教过如何写得一手好字，柳公权仅用9个字便概括了写好字的要诀：“用笔在心，心正则笔正”。因此话有讽谏之意，史称“笔谏”。

柳公权最初学习书法时，曾以王羲之的书法为范本。但效果不佳，遍临名家后，他发现颜真卿和欧阳询的字最为精妙。于是，他在吸取“颜体”书法艺术的基础上，创造出一种刚劲挺拔的“柳体”字。这样看来，“柳从颜出”的说法确实有道理。由于柳公权的书法字形匀称、瘦而劲挺，后人又将它和颜真卿的“颜体”合称为“颜筋柳骨”。

宋体字因何得名，它与宋徽宗有关系吗?

关于宋体字的起源，大致有两种说法。一说它是由甲骨文，到秦始皇“书同文”，最终由书法家们集汉字特点，简化汉字结构而成的字体；二说它是应雕版印刷术的需要，而发明出来的印刷字体。

在第二种说法中，有人认为它是在宋徽宗独创的字体“瘦金体”基础上发展而来的。“瘦金体”也称“瘦筋体”，又有“鹤体”的雅称。瘦金体字形瘦长，又挺拔傲立。书写柔缓又强劲顿挫，横带收锋，竖有顿笔，撇捺甩出锋利不飘。整个字体看下来，柔中带刚、刚柔相济，是宋徽宗时期御用文书的专用字体。

据说，瘦金体最终衍生成宋体字与宋朝宰相秦桧有关。秦桧因写得一手娟秀字体，又极尽迎合奉承之能事，而深得宋徽宗的喜爱。在处理文牍过程中秦桧发现，各地呈上来的公文字体五花八门，阅读起来极为不便，于是他便有心规范字体。为了讨徽宗欢心，秦桧在模仿徽宗“瘦金体”字的基础上，取汉字精简笔画，创造出了一种新的字体形式，时人称为“秦体”。后来，秦桧因陷害忠良而成为千古罪人。人们便以朝代名称，将“秦体”字更名为“宋体”。

关于这种说法，文献中并没有明确记载。但是据汉字学家考证，如今我们所用的宋体、仿宋体，从字形到笔锋上，都和瘦金体一脉相承。

苏轼的书法特色如何，人们为什么称他的字为“石压蛤蟆”?

北宋文豪苏轼以飘逸洒脱的诗词闻名于世。除此之外，苏轼的书法也是一流的。他与黄庭坚、米芾、蔡襄并称为“宋四家”。那么，苏轼的书法有什么特色，人们为什么用“石压蛤蟆”来评价他的字呢?

在书法上，苏轼专长行书和楷书。他曾经自评说：“我书造意本无法，自出新意，不践古人。”从流传下来的苏轼真迹来看。苏轼的字既有天真烂漫的韵调，又有饱满强劲的丰腴之态。其下笔有神，流畅自然。他的书法汲取晋、唐、五代书法名家所长，揉以自己对生活、对诗文、对汉字的独特理解，不拘泥于古体，自成一派，创造出一种具有苏氏特色的书法风格。黄庭坚曾在《山谷集》中评价到：“本朝善书者，自当推（苏）为第一。”

关于苏轼的字被评为“石压蛤蟆”，有这样一段趣事。《独醒杂志》卷三中记载说：“东坡曰：‘鲁直（黄庭坚字）字虽清劲，而笔势有时太瘦，几如树梢挂蛇。’山谷曰：‘公之字固不敢轻论，然间觉褊浅，亦甚似石压蛤蟆。’二公大笑，以为深中其病。”

苏轼本比黄庭坚年长几岁，由于经常在一起切磋诗文，推敲书法画艺，两人渐渐成了亦师亦友、无话不谈的忘年交。黄庭坚虽然也以诗词见长，但是他在书法上的成就要略胜一筹。他学习书法最初学习周越，又取法颜真卿、怀素、焦山等人，最终自成体系。他的字虽凝劲有力，但是每一个字为了突出其中的一些笔画，往往写得特别夸张，以致结构变化性极强，整体呈现出中间细腰的效果。所以苏轼调侃黄庭坚的字为“几如树梢挂蛇”。对于苏字所呈现的头向上斜、脚向下伸的结构特点，黄庭坚则概括为“石压蛤蟆”。可以说，两人是在调侃的同时，也精准地指出了对方书法的不足之处。纵观苏轼的书法，确有鼎石施力的效果。因而，后人沿用了黄庭坚的这句调侃之词，将苏轼的书法概括为“石压蛤蟆”。

人们为什么把各式各样的乐曲统称为音乐?

词典上对音乐的解释为：用有组织的乐音来表达人们思想感情、反映现实生活的一种艺术。分为声乐和器乐两大部门。可见，音乐是“音”和“乐”两部分的合成。据出土文物显示，作为一门古老的艺术形式，音乐的历史可以追溯到新石器时代。当时的音乐是以歌、舞、乐相结合的形式存在的。氏族中关于“三人操牛尾，投足以歌八阕”的记载便是说的这种“音乐”形式。还有《云门》《大夏》《韶》《琴操》等，都是古代的“音乐”。只是人们并不以“音乐”来称呼它。

将“音乐”合起来用以指代各式各样的乐曲，始见于《吕氏春秋·大乐》中。书中这样说道：“音乐之所由来者远矣。”后来，有人将英文的“music”翻译成了汉语“音乐”一词，“音乐”这个名称才被人们更广泛地使用开来。

如今的音乐形式多种多样，其基本要素包括节奏、曲调、和声、力度、速度、调式、曲式、旋律等。

古代的五音六律是指什么？

《尚书》中记载：“予欲闻六律，五声，八音，在治忽；以出纳五言，汝听。”《孟子》中也有“不以六律，不能正五音”的说法。那么，“五音六律”究竟指的是什么呢？

五音，是最古老的音阶，又名“五声”。据说，它是根据乐器埙所发出来的五种声音而得名的。它的概念最早出现在《周礼·春官》：“皆文之以五声，宫商角徵羽。”古人还认为，宫、商、角、徵、羽五声音阶，与人的不同发音部位喉、齿、牙、舌、唇相配。《玉篇》和《广韵》都持这种观点。

五音的说法源于五行。中国文化是一种综合性极强的文化，古人认为万事万物都有某种联系，“五音”和“五方”“五行”等都存在对应关系。具体如下：

五音：宫商角徵羽

五行：土金木火水

五方：中西东南北

五脏：脾肺肝心肾

五色：黄白青赤黑

宫，为五音之主，又名五音之君。是与脾相对应，从喉发出的音位。它的声音舒缓悠长，给人一种柔滑之感。宋张炎《词源·五音相生》中说：“宫属土，君之象……宫，中也，居中央，畅四方，唱施始生，为四声之纲。”商，是五音中的第二级，与肺相对，是从齿发出的音位。它的声音短促清脆，犹如金属碰撞之音。角，居于商之后。与肝相对应，是从牙发出的音位。这个音位调长并且沉闷，古语有“角属木，民之象”的说法。徵，与心相对应，从舌出音。从心而出声势雄明。古人评价为“徵属火，事之象”。羽，是五音中的第五级。与肾相对应，从唇发声。它的声音细长如水。古语云：“羽属水，物之象。”

律，是中国传统音乐理论中衡量音高的标准。它由12个音高组成，古人分别将其命名为：黄钟、大吕、太簇、夹钟、姑洗、仲吕、蕤宾、林钟、夷则、南吕、无射、应钟。人们将这12律按照从低到高的顺序排列，排在奇数位的6个音被称为“六律”；排在偶数位的则被称为“六吕”。有时，人们也称六律为六阳，六吕为六阴。

由于五音六律相结合，组成了音调的结构韵律。所以古人经常将“五音六律”合称，以指代音乐。

为什么把音乐盒叫作八音盒，音乐史上的“八音”是指什么呢？

人们常把唱歌不好听说成是“五音不全”，五音指的是中国古乐中的五个基本音阶。从古至今，人们习惯用“五音”来指代音乐。但是有一种音乐盒，人们却叫它“八音盒”，而不是“五音盒”。这“八音”指的又是什么呢？

据《周礼·春官》记载，古代的乐器，按照材质的不同，可分为匏、土、革、木、石、金、丝、竹八类。也就是说，用这八类材料，可以制成很多种乐器。其中，匏包括笙、竽之类；土包括埙、缶之类；革包括鼗、雷鼓之类；木包括鳝、柷之类；石指的是磬类；金包括钟、敔之类；丝包括琴、瑟之类；竹则包含箫、镈等。古人将这八类乐器统称为“八音”。以“八音”划分乐器种类的方法，被视为是中国最早的乐器分类法。

据记载，古代的器乐演奏多为宫廷需要或者为宗教仪式所用。因而，相对来说形式比较固定。后来受外来文化影响，我国的古代传统乐器逐渐没落，外国乐器替代了传统乐器的地位。如今我们所见的乐器，多数是融合了外国乐器特点而形成的。虽然传统意义上的“八音”多数被外来乐器所替代，但是，这丝毫没有影响到“八音”在民间的发展。

在民间，人们在古代“八音”分类的基础上，将“八音”扩展为8个乐种。在一些少数民族地区，还相继出现了与“八音”有关的器乐派别。

音乐盒传入我国后，受传统文化的影响，人们便将这种能发出各种乐器演奏声响的盒子称为“八音盒”了。

为什么把知心朋友称“知音”，这个说法源于哪里?

俗话说“千金易得，知音难觅”。词典里对“知音”的解释为：原指通晓音律，后来以此代指彼此了解、情投意合的人。那么，“知音”这个词是怎么来的呢?

古有诗云：“摔碎瑶琴凤尾寒，子期不在对谁弹！春风满面皆朋友，欲觅知音难上难。”该诗说的便是“知音”一词的由来。

俞伯牙是春秋战国时期有名的音乐家。他不仅精通音律，更弹得一手好琴。然而纵使他琴艺高超，却始终曲高和寡，没有几个人能够听懂他的琴曲。有一次，俞伯牙因公务来到汉阳江口。黄昏时分，俞伯牙命船夫停船靠岸，调琴弹奏起来。伴着朦胧夜色，草场间传出悠扬曲调。弹琴间隙，俞伯牙听见草丛中有声响，便命书童前去查探。待书童回来，身边又跟了一个人。俞伯牙询问方知，此人名叫钟子期，是附近古娄子村的樵夫。砍柴回家途中，他听到有人弹琴，便隐匿在草丛中欣赏起来。

俞伯牙觉得此人是在说大话，一个樵夫怎能懂得他琴中表达的情感，便想试探试探他。于是，俞伯牙转弦弹奏了一支表达泰山雄险的曲子。站在一旁的钟子期屏息凝神，表情随着俞伯牙的琴曲不断变幻。一曲弹罢，钟子期叹道：“妙曲，高山巍峨，雄险非常。”俞伯牙听后，不禁对钟子期刮目相看。随即调整琴弦又弹一曲，钟子期面容平静，如沐春风，悠然说道：“潺潺溪流，东流到海。由微波荡漾，到波涛澎湃。”俞伯牙听罢激动不已，终于找到了能听懂自己琴曲的人了。于是，他邀请钟子期来到自己船中。两人把酒言欢，畅谈琴曲，并结为兄弟，相约来年此时此地再相聚。

第二年，俞伯牙守信而来，却不见钟子期的身影。经过打听才知道，早在几个月前，钟子期就去世了。当地人说，他为了遵守和俞伯牙的约定，特意告诉家人将他葬在江边。俞伯牙听后，心痛不已。他来到钟子期坟前，弹奏起《高山流水》。弹罢摔琴长叹：“知音不在，还有谁能懂我琴音。”

战国时的《列子·汤问》，详细记载了这段佳话。后人在俞伯牙和钟子期相遇的地方筑起了伯牙台，以纪念他们“以琴觅知音，摔琴祭友人”的感人故事。“知音”也成了知心朋友的代名词。

孔夫子厌恶的“靡靡之音”是一种什么样的音乐?

《论语》中记载：“颜渊问为邦，子曰：‘行夏之时，乘殷之辂，服周之冕，乐则《韶》《武》，放郑声，远佞人。郑声淫，佞人殆。’”意思说，孔夫子不仅是儒家学派鼻祖，还是一位音乐爱好者。他所推崇的音乐为古韵《韶》《武》之类，而他最厌恶的，就是当时流行的郑乐。他称这种音乐为“淫声”“靡靡之音”。那么，这种音乐究竟是什么样的音乐呢?

靡靡意为柔弱，萎靡不振、颓唐。靡靡之音指的是软绵绵、萎靡不振的音乐。现指颓废淫荡或低级趣味的乐曲。

据《韩非子》记载，靡靡之音起源于商代。商纣王荒淫无度，不但终日泡在酒池肉林中，日日还要笙歌曼舞。当时弹奏乐曲的乐师都绞尽脑汁翻新花样，唯恐因不能令纣王满意而身首异处。

据说，当时有位专门收集、整理乐曲的乐师，名为师延，由于常年与音乐为伴，又经过钻研苦练，弹得一手好乐器。纣王听说了，便命人将师延带到宫中为其演奏。师延以高雅音乐见长，纣王所喜爱的类型，根本不是师延所好。因而，一连几天，师延都没能让纣王满意。纣王下了最后通牒，如果师延还不能弹奏出令其高兴的曲子，就要被处死。迫于无奈，师延改变了曲风。结合所搜集来的音乐，创出了一种让人听了就会心生柔情蜜意的乐曲。纣王听了，十分高兴，便整日陶醉其中，连酒池肉林都引不起他的兴趣了。没过多久，武王伐纣，商灭亡。《史记·殷本纪》中将师延创的这种音乐称为“北里之舞，靡靡之乐”。后来，人们便把那些消磨人意志的歌舞通称为“靡靡之音”。

孔子听到一种音乐，着迷得“三月不知肉味”，这是一种什么音乐？

《论语·述而》中记载：“子在齐闻《韶》，三月不知肉味，曰：‘不图为乐之至于斯也！’”这段话是说孔子在齐国的时候，曾经和太师讨论音乐。闻听《韶》乐，孔子深深地被吸引，以至于三个月尝不出肉是什么滋味。那么这种《韶》音究竟是种什么样的音乐让孔夫子如此着迷呢？

据史料记载，孔子不仅治学严谨，在音乐方面也颇有造诣。孔子访问东周洛邑的时候，曾跟周敬王的大夫苌弘学习过一段时间的音乐。学习期间，俩人经常讨论音乐。有一日，他们谈到了音乐中的高雅之曲——

孔子闻《韶》图

《韶》乐。孔子说道：“尽管我很喜欢音乐，但是却不是十分精通。我知道《韶》乐和《武》乐都很高雅，是流行于诸侯国宫廷的一种音乐。只是不知道，这两种音乐的区别在哪里？”苌弘解释道：“依我对音乐的理解，《韶》音曲调优雅宏大，是种和谐之乐；《武》乐则侧重表现豪放壮阔。这是两者乐风上的不同。”孔子听了，感叹道：“《韶》乐、《武》乐各有所长。《韶》乐尽善不尽美；《武》乐尽美不尽善啊。”

后来，孔子游历到了齐国，有机会欣赏到了《韶》乐。就是在这段时间里，孔子对《韶》乐的痴迷达到了“三月不知肉味”的程度。

说起这种让孔子痴迷的音乐，要追溯到5000多年前的舜帝时代。据《竹书纪年》记载：“有虞氏舜作《大韶》之乐。”可见，《韶》乐是舜创作的一种乐曲。舜做这种乐曲的目的是为了歌颂尧的功德。

嵇康临刑前演奏《广陵散》，说是“绝响”，这首古曲真的从此失传了吗？

相传，魏晋时期的音乐家嵇康因反对司马集团的统治而被害。临刑前，他最后一次弹奏心爱的《广陵散》。一曲完毕，嵇康仰天长叹：“我不怕死，只可惜这《广陵散》恐怕要成为绝响了。”说罢摔琴就刑。《世说新语·雅量》中详细地记载了这一段历史：“嵇中散临刑东市，神气不变。索琴弹之。奏《广陵》。曲终曰：‘袁孝尼尝请学此散，吾靳固不与，《广陵散》于今绝矣！’”那么，《广陵散》真的随着嵇康之死而失传了吗？

《广陵散》又名《广陵止息》。“广陵”是古代扬州的名字，“散”在乐曲中，指代的是操、引乐曲之类的音乐。以《广陵散》为名大概成型于汉魏时期。最早关于《广陵散》记载，见于魏《与刘孔才书》：“听广陵之清散。”可见，“广陵散”是扬州的一种古乐。根据史料记载，嵇康所弹奏的《广陵散》实际上是在扬州古乐基础上，经过加工创造出来的一曲琴乐。在嵇康之后，《广陵散》因他的慷慨悲歌，而被更多的人知道。

据蔡邕的《琴操》记载，《广陵散》表现的是聂政刺韩王的故事。聂政的父亲为韩哀侯铸剑，因误期被韩王杀害。聂政长大后，母亲告诉了他父亲之死的真相，聂政发誓刺杀韩王，为父报仇。聂政习武练剑，入宫行刺未成。于是逃进深山学琴，苦练十年，习得卓绝琴艺。回到韩国后，聂政在街市弹琴，听者围堵，马牛止步。聂政声名鹊起，引得韩王召见。聂政把锋利短剑藏于琴内进宫。在韩王殿上，聂政奏出仙乐般的琴声。韩王、大臣和侍卫们听得如醉如痴。在他们放松警戒的时候，聂政突然抽出短剑，猛扑上去，将韩王刺死。聂政本人也自杀身死。后来，人们将这段可歌可泣的历史故事编入《广陵散》中。整部曲子由井里（聂政故乡）、取韩、亡身、含志、烈妇、沉名、投剑、峻迹、微行组成，表现了聂政刺韩王的全过程。嵇康临刑前，弹奏这首曲子，正是借助《广陵散》的战斗气氛来抒发自己反抗强暴的抗争精神。

事实上，《广陵散》并没有因嵇康的死而绝响后世。明代朱权编印的《神奇秘谱》中，收录了《广陵散》的谱曲。全谱共45个乐段，分别表现了“刺韩”“冲冠”“发怒”“报剑”等内容。新中国成立后，古琴家管平湖根据《神奇秘谱》，将这首旷古绝曲复原，使得《广陵散》重现人间。

人们常说“对牛弹琴”，你知道对牛弹琴的那个人到底是谁吗？

人们常把听不懂别人说的话，说话之人白费口舌称为“对牛弹琴”。这个成语是怎么来的，当初真的有人对牛弹琴吗？

“对牛弹琴”出自南朝梁代僧佑的《弘明集》：“昔公明仪为牛弹清角之操，伏食如故。非牛不闻，不合其耳矣。转为蚊虻之声，孤犊之鸣，即掉尾奋耳，蹀躞而听。”相传，战国时代有一个名为公明仪的音乐家。他痴迷音乐达到了废寝忘食的程度。为了提高他的音乐技能，公明仪经常外出练琴。在高山流水间，在乡间草场上都曾留下过公明仪练琴的足迹。

有一天，微风习习，艳阳高照。公明仪便带着他的琴来到一处旷野，准备一展琴技。摆好琴后，公明仪刚好看到不远处一头老黄牛正在悠闲地吃着青草。公明仪心想：大家都说我琴技高超，不如我弹首曲子给这头老黄牛听，看它是否能听懂我的琴。

于是，公明仪挑了自己最得意的一首曲子《清角之操》弹了起来。但是他弹了很久，老黄牛依然盯着眼前的青草，对公明仪所弹之曲没有任何反应。公明仪感到很不解，自己琴艺已经达到了炉火纯青的地步了，老黄牛怎能不为所动呢？有些固执的公明仪，又弹奏了很多首曲子，黄牛依然我行我素。公明仪懊恼不已。经牧人指点，公明仪终于明白，他所弹奏的曲子是人们所能理解的节奏，而非黄牛能够听懂的韵律。若想让黄牛也对他的琴艺感兴趣，要以黄牛的兴趣为出发点。

听罢，公明仪调了下琴，以简单明快的音符，试着模仿出蚊子、牛犊的声音，很快，黄牛开始摇晃尾巴，四处张望。后来，黄牛竟然来到公明仪的琴前，侧耳倾听起来。公明仪领悟到，琴虽可以弹奏出各种曲调，但是要想让人听得懂，必须因人而异。

根据这一典故，后人便得出和糊涂人讲道理，是白费口舌；说话不看对象，也是“对牛弹琴”。

戏曲艺人为什么又叫“梨园子弟”，这个行业的起源与“梨园”有关系吗？

《儒林外史》第三十回说道：“通省梨园子弟各班愿与者，书名画知，届时齐集湖亭，各演杂剧。”意思是说，各个班子的戏曲艺人将齐聚湖亭，表演看家本领。通常，人们将戏曲艺人称为“梨园子弟”。那么，戏曲和梨园有什么关系，人们为何要这样称呼戏曲艺人呢？

戏曲艺人被称为“梨园子弟”是从唐玄宗时期开始的。据《新唐书·礼乐志》记载：“玄宗既知音律，又酷爱法曲，选坐部伎子弟三百，教于梨园。声有误者，帝必觉而正之，号皇帝梨园弟子。”从历史资料中可以看出，唐玄宗李隆基是个多才多艺的皇帝，不但懂音律，打得一手好羯鼓，还是个戏曲行家。他曾经挑选了300名乐工舞女，置于梨园中亲自调教。如果乐工弹奏有破音走调的，唐玄宗一听就能听出来。

据说，当时的梨园只是皇宫之中的一个果树园，场地空旷，花蝶飞舞。乐工弹奏，宫女翩然起舞，人景合一。可以说，梨园既是人间仙境，也是培训演员的基地。所以，后人便以“梨园子弟”来称呼这些乐工舞女。因此唐玄宗也被称为了戏曲的祖师爷。随之衍生而来的，还有“梨园行”——戏班子；“梨园世家”——戏曲家庭；“梨园界”——戏曲界等。

“梨园弟子”虽然泛指戏曲演员，但是，他们在梨园中的分工却是很细的。按照类别分，梨园子弟分为乐部和舞部。其中，乐部又分为坐部和立部。所谓的坐部，指的是一些资历高、技艺好的演员，因他们可以坐在堂上表演而得名。与之相对，立部则是只能站在台下弹奏的乐手。根据各自扮演角色，所在声部不同，立部又细分为男部、女部和小部（儿童）。舞部则根据舞蹈的形式划分为文舞和健舞。据唐代皇家墓室壁画显示，这一时期的宫廷曲艺，已经达到了极为繁盛的程度。

什么样的板凳才叫“冷板凳”，这句话是从梨园行来的吗？

生活中，人们常称那些不被重视的人为坐冷板凳。那么，这个“冷板凳”究竟是种什么凳子？为什么人一坐上去就要受冷落呢？

“冷板凳”一词源于梨园行。在戏曲行当里，有演戏的，还有伴奏的。通常演员在台上演，伴奏者坐在下场门侧，被幕布遮掩着，观众基本上看不到敲锣打鼓的人。整个戏曲跌宕起伏，除了靠演员的唱念做打之外，锣鼓起到了不可忽视的烘托渲染作用。如果场上只有演员清唱，显然气氛不够热闹。因而，人们以锣鼓班坐的长条板凳来指代敲锣鼓的人缺场，将冷场的清唱称为“冷板凳”。

后来，人们取“冷板凳”的引申义，将那些受冷落、不受重视的人称为“坐冷板凳”。

人们把干杂活称为“跑龙套”，这是为什么？

文艺圈里，经常提到“跑龙套”一词。词典中对“跑龙套”的解释为：原指戏曲中拿着旗子做兵卒的角色，后比喻在人手下做无关紧要的事。其实，“跑龙套”一词源于“龙套”。所谓的“龙套”指的是戏曲表演上的一种戏服。这种戏服上绣有龙纹，且为套头装。穿这种衣服的演员通常没有台词，只是在台上走走过场，因而得名“跑龙套”。

沈从文曾写过一篇名为《跑龙套》的文章，文中说：“跑龙套在戏台上像是个无固定任务角色，姓名通常不上海报，虽然每一出戏文中大将或寨主出场，他都得前台露面打几个转，而且要严肃认真，不言不笑，凡事照规矩行动，随后才毕恭毕敬地分站两旁。”

在曲艺界里，除了有主要演员和次要演员外，还需要一些陪衬烘托场面。而出演烘托场面的人物通常就被称为“跑龙套”。最早，充当跑龙套的人，多由戏班里的新人担任，四人组成一个单位，叫作堂。像这类的“跑龙套”大都是侍从衙役，主要的演出活动是呐喊助威。如果戏曲所表现的是战争场面，那么这些“跑龙套”的便要从主角们的刀枪剑戟下来回穿梭，以表示兵丁冲锋陷阵，“跑龙套”的时而还要摇旗呐喊增添声势。通常，“跑龙套”手里拿着门枪旗、红门旗、飞虎旗，或风旗、水旗、火旗、云牌等。所以有些曲目里，打旗的演员也被称为“跑龙套的”。

新人们通过“跑龙套”这一过程，不仅熟练了基本功，还增强了表演技能。当新人们将这些杂技练到炉火纯青的地步之后，他们开始饰演锣、伞、报之类的带有少量台词的角色。随着艺龄及演技的增长，他们才有可能成为配角，甚至是主角。

如今，人们已经很少严格划分“跑龙套”和正式演员之间的区别了。在拍戏人手不够时，很多演员都会临时客串一下“跑龙套”的。这个角色虽然看着不起眼，但是在整个故事情节中，却起着不可忽视的烘托作用。

什么是生、旦、净、末、丑，人们为什么用这些字眼来命名角色?

在中国戏曲发展早期，戏曲角色的名称一直在变化。直到元代，角色的名称才基本固定，大体分为生、旦、净、末、丑五类。随着戏曲文化的进一步发展，末角逐渐被划归到生角中。所以，如今的戏曲行里，多以生、旦、净、丑来划分角色类型。那么，人们为什么要用生、旦、净、末、丑这样的字眼来命名角色呢?

关于戏剧角色名称的由来，历来说法不一，其中最主要的观点有两种。第一种观点认为，生、旦、净、末、丑的划分源于古印度梵剧。人们取元代的《青楼集》为证:“院本始作，凡五人:一曰副净……一曰副末……一曰引戏……一曰末泥……一曰装孤，杂剧则有旦，末。旦本女人为之，名妆旦色;末本男子为之，名末尼。”据文献考证，这些角色名称确与古印度梵剧中的角色有一脉相承之处。

另一种观点是从中国传统文化的角度评析生、旦、净、末、丑名称的由来。这种观点较前一种观点，更受曲艺界的推崇。这种观点认为，戏曲中角色名是角色反意的用法。

通常扮演生角的人为男性。根据年龄角色，又分为老生、小生、武生、红生等。整场演出中，生角是关键。因而，要求生角做到唱腔唱词纯熟，能够灵活演出。于是，人们反“熟”的意思将其命名为生。

旦是女性演员的称呼。根据年龄身份分为青衣、花旦、刀马旦等。人们认为，傍晚时分才是女性活动的时刻，而且女为阴。所以便将与阳相对的阴命名为“旦”，用以代指女角。

净是花脸角色。这类角色主要以各色油彩的脸谱彰显人物性格或相貌的与众不同。所以，人们反脸不干净之意，将其命名为净角。饰演净角的为男性演员，按唱功和表演，又分为正净和副净。

扮演丑角的人，通常是灵活聪明之人。整部戏的诙谐气氛要靠这个角色烘托。他们的扮相比较怪异。人们取丑之意称呼这个角色。其中丑角又分为文丑、武丑。

已划归为生角的末角大都是些中年男子扮演，又名“末泥”“末尼色”。是戏曲演出中，最先出场的引戏演员，所以人们反“首”出场称他们为“末”角。

何谓“压轴戏”，人们为什么用它指称最精彩的那出戏?

所谓的“压轴戏”并非字面上所指的最后一个演出的节目，它是京剧中的术语。在京剧形成今天这种表演形式之前，一场戏通常是由5出戏构成的。当时的京剧一般在下午一两点钟的时候鸣锣开演，直到午夜散场。在长时间的演出中，为了吸引观众眼球，迎合观众生活规律，戏曲演员将整场演出分成了5大块。

鸣锣开唱便算“开锣戏”，唱了一两个小时之后，观众明显有些困乏。演员就会抖出些提神的剧目，给观众缓解一下疲劳。这出叫“早轴子”。到了傍晚时分，在观众有些饥肠辘辘，准备回家吃晚饭的时候，戏班子便抬出一场闹戏，暖暖场，这个环节叫“中轴子”。待到大家吃饱喝足，戏班子便开始整场演出的正戏部分，精彩的节目也开始登台亮相了。到倒数第2场的时候，吊了观众一天的胃口，该是表演精彩绝活的时候了，这场戏中，一般会请出班子里的名角出场。所以，整部戏里，前后几出戏都是为倒数第2场名角儿演出做铺垫的，因而倒数第2场被称为“压轴戏”。也唯有这一场，最让观众叫好。整部戏曲唱到这个时候，夜深了，戏也渐渐接近尾声了。最后，为了表示感谢，戏班通常会安排一场“送客戏”，称为“大轴子”。

这场热闹的武戏结束后，观众也就散了。

随着京剧的不断发展，这样的演出形式渐渐被一整部完整情节的戏曲曲目替代。但是“压轴戏”这个戏曲术语却被人们保留下来，并在其他领域更广泛使用起来。人们借助于戏曲中“压轴戏”，表示最精彩的演出部分。

什么是“独角戏”，这种戏只有一个演员吗？

“独角戏”又称“滑稽戏”，有时也写作“独脚戏”，是用上海方言表演的传统戏。最初，“独角戏”戏如其名，是只有一个人的演出。独角戏有两种表演形式：外部独角戏和内心独角戏。

外部独角戏指的是演员虚拟人物场景，对观众说话，以幽默诙谐的语言、滑稽的表演和观众互动。内心独角戏则指的是演员一个人自说自话，自我剖析的一种表演形式。现如今，这种“独角戏”成为娱乐脱口秀的前戏。在节目之前，来段“独角戏”起到抛砖引玉，开启下文的作用。

后来，这种独角戏吸收了小热昏、文明戏等戏曲的艺术形式，渐渐演变成一人身兼数职，扮演多种角色，或有很多人参与的戏曲表演形式。1920 年前后，上海文明戏艺人王无能以“独角戏”之名挂牌演出。随后，“独角戏”在大江南北红火起来，两人、三人的“独角戏”表演形式相继出现。20 世纪 30 年代，“独角戏”进入了繁盛时代，出现了诸如江笑笑的“笑笑剧团”之类的“独角戏”团体。同时也出现了很多“独角戏”名演员，如姚慕双、周柏春等。

现如今，“独角戏”日臻成熟。它是地方戏曲中，深受百姓喜爱的一个戏种。简单的道具、夸张的动作、多样的形式、诙谐的语言、滑稽的表演等，已经成为“独角戏”的标志。尽管很多曲目都已经被翻演了很多次，百姓仍然看得津津有味，乐在其中。其中《哭妙根笃爷》《宁波空城计》《七十二家房客》便是最为经典的几部曲目。

向人发出挑战被称为“叫板”，这是为什么？

生活中，人们喜欢把向人发出挑战称为“叫板”。那么，“叫板”这个词是从何而来，人们为什么要用“叫板”来表达这个意思呢？

《顾误录》中解释说：“板，古拍也。”在古代乐曲中，板和鼓是打拍子常用的工具。板所打出来的是强拍，鼓打出来的是次强拍或弱拍。根据这种打拍方式，中国传统戏曲中，又提出了“板式”一说。所谓的“板式”是指戏曲音乐的节拍和节奏形式。其中包含板眼和下板形式两层含义。“板眼”指的是强拍、次强拍和弱拍相结合的节拍形式，又分为一板一眼（二拍子）、一板三眼（四拍子）等形式；“下板形式”指的是节奏的形式。以戏曲唱腔为例，字随板出的叫“应头板”，后半拍出字的叫“腰板”等。根据节拍节奏的强弱舒缓，又将板式分为叫板、起板、转板、留板、歇板、砸板等。

“叫板”作为戏曲中的术语，指的是演员以一定的唱腔示意司鼓，下面的唱段是什么节奏的板式。叫板通常用在戏曲中的慢板、二六板、箭板、滚板等板式中。它的曲调以散板为主。为了能够使表演更加艺术，演员在道白的最后一句上运用叫板的方法，或以语气示意，或用动作唱腔示意，司鼓铜器便会转奏出下一唱段的板式。就是因为这样，人们才会将叫板引出下文，挑出新板式的意义引申为挑衅或挑战。

知识链接

有板有眼

人们通常把做事老到，稳妥有样叫作“有板有眼”。有的时候，唱歌有节奏感人们也说“有板有眼”。《曲律》中说道：“凡盖曲，句有长短，字有多寡，调有紧慢，以板眼为节制，故谓之板眼。”也就是说，“有板有眼”原来指代的是戏曲。能将戏曲唱得字正腔圆，音调拿捏得恰到好处，便是有板有眼。其中，板分为板式变化体和曲牌连套体两大类。有时也指打拍子用的乐器；眼则指的是戏曲中的拍子。

事情没办好，人们称之为“砸锅”，为什么呢？

生活中，事儿没办好叫“砸锅”。人们为什么这么说，“砸锅”最初指的是什么，它是因何而来？

“砸锅”一词源于戏曲行业，是戏曲界的行话。在戏曲表演中，经常出现不同剧种的演员同台演出的现象，人们称这种现象为“两下锅”或“三下锅”。这里的“两”和“三”指的是两种、三种；“锅”自然指的是戏曲。“两下锅”“三下锅”指的就是不同剧种同台演出的表演形式。采取这种演出方式，并不是说各种戏曲杂糅在一出戏中演出，而是各戏种独立出演，保持自身戏曲风格，同台不同戏。

在戏曲发展过程中，“两下锅”“三下锅”的现象比较常见。通过这种形式，曲艺艺人们可以相互吸收借鉴其他戏曲流派的表演长处，完善自身戏曲的不足。因而，“两下锅”“三下锅”被视为戏曲界技艺交流合作的一项重要手段。

不同于上述表演形式，戏曲界还有另外一种“两下锅”。它是将两种戏剧风格融为一场戏剧中，即同一出戏剧中，前半场用一种曲风演出，后半场用另一种曲风演出。像这样的“两下锅”比较有名的戏曲有：京派名家梅葆玖与豫剧名家马金凤合演的《穆桂英挂帅》；京剧艺术家杨春霞与昆派艺术家蔡正仁合演的《桃花扇》；京派李宏图和汉剧李仙花合演的《蝴蝶梦》等。这种演出形式并不常见。由此，戏曲术语中又衍生出了“钻锅”一词。指的是曲艺演员临时替代别的演员出演其他戏种角色。

随着曲艺被广大国人接受，戏曲行业的一些行话也在大众中流传开来。“砸锅”开始指曲艺行里的指戏剧演出不成功，戏曲演员被观众喝倒彩，后渐渐引申为做事情失败。如今，人们早已经淡化了它在戏曲中的内涵，而专指事情办砸。

“四大徽班”具体指哪四个戏剧班子，它们为什么到北京？

中国的国粹京剧，是在融合了徽调和汉戏的基础上形成的。北京算是京剧的摇篮，而“四大徽班”进京可以说是京剧发展的里程碑。

“四大徽班”指的是：三庆班、四喜班、和春班、春台班。最早进到京城来的，是徽班中的三庆班。据说，清朝的统治者都很喜爱戏曲。地方经常借各种庆典之由，向皇帝献媚。乾隆五十五年（1790年）秋天，乾隆帝八旬寿辰，各地更是借机奉承，纷纷派出实力演出队伍到京城贺寿，阵容十分强大。在祝寿的演出队伍中，有一支由扬州戏曲艺人高朗亭撑台戏班，名为三庆班。他们以唱二黄声调为主，又兼具昆曲、吹腔、梆子的戏风。形式多样，曲调优美，贴近生活。颇受当时北京百姓的喜爱。一场祝寿演出下来，三庆班声名大噪。

后来，三庆班在京城中落下了脚。在不断吸收其他戏曲艺术精华的基础上，三庆班进一步完善，深受京城人民的喜爱。听说三庆班在京城尝到甜头，四喜、启秀、倪翠、春台等安徽戏班相继进京寻求发展。一时之间，融合了多种戏曲风格的徽戏成了京城戏曲的主流，致使当时在北京发展的秦腔、昆剧一度受到了冷落，甚至还有很多秦腔、昆剧演员转入徽班。

渐渐地，进京的徽班开始合并，最终形成了实力强大的“四大徽班”：三庆班、四喜班、和春班、春台班。其中，三庆班以出演整本大戏出名；四喜班以昆曲风格为主导；和春班则以武戏吸引观众眼球；春台班则是突出孩童戏曲的特点。

可以说，“四大徽班”的进京，使得我国的戏曲事业有了飞跃性的发展。尤其是在融合了楚调、西皮调的基础上，所形成的“皮黄戏”影响最大。也是在这个戏种的基础上，京剧开始形成、发展，并日臻成熟。

京城看戏图

乾隆八十大寿时，四大徽班进京演出祝寿。此图表现当时乾隆看戏的情景。

京剧脸谱丰富多彩，这些脸谱有什么含义，脸谱产生于何时？

丰富多彩的脸谱是京剧的一大特色。那么，这些五颜六色的脸谱有什么含义呢？脸谱又是什么时候产生的呢？

说起脸谱的起源，便要追溯到周代的面具“傩”。这是一种绘有黄金四日的驱鬼面具，是宗教中驱鬼舞者必戴的一种道具。汉代，在表演杂技的艺人中，兴起了戴面具之风。人们称这种戴面具表演的艺人为“象人”。

南北朝时期，戴面具表演歌舞极为盛行。据说，以这种方式演出是为了歌颂兰陵王的丰功伟绩。传说兰陵王貌相俊美，虽然所向披靡，但是面相却缺少些凶悍霸气。所以，每逢上阵，他都要带上凶煞假面，以震慑敌军。后来，人们为了纪念他，编排了一出男子独舞。当时表演独舞的演员脸上就带了假面。

到了唐代，这种“假面”舞已经成为戏曲的主要表演形式。它在“假面”基础上做了完善。直接以粉墨，油彩涂绘面部，以展示不同人物形象。这种方式相较于“假面”来说，更能彰显人物的表情、性格，观众也更容易识别辨认。

根据描绘着色方式，脸谱可分为揉、勾、抹、破四种基本类型。其中，揉脸是一种最古老的脸谱形式，主要表现的是威武正色；勾脸是一种比较绚丽的脸谱，彰显华丽气色；抹脸多为浅色粉墨盖脸，是奸诈之人面相底色；破脸指的是面相扭曲的画法，这样观众可以一目了然地看出扮演的角色为丑角或反面人物。

除此之外，脸谱的颜色也是评判角色类型的一个标准。例如，红脸表示赤胆忠心；黑脸表示铁面无私；白脸奸诈多疑；黄脸凶暴勇猛；蓝脸坚毅果敢等。如今，脸谱已经成为京剧中的一大亮点，吸引了很多中外好奇者的眼球。

什么是“跌份儿”，这个说法是怎么来的，与戏剧有关吗？

北京人管丢面子、失身份叫“跌份儿”，有的时候也说成“丢份儿”。显然，“份儿”这个词有身份、面子、份子的意思。那么，像“跌份儿”这样的词是从何而来呢？

在旧时代的戏曲行业和其他服务行业里，人们的收入是不按工资计算的。当时采取的工资发放制度为：总收入分成份儿，按职位人头发放。以戏班子为例，通常，班主和头牌拿大份。其他成员按照职位类别、人头等条件拿份子。有的人可以拿到几份，有的人甚至只能拿到半份。

后来，在戏剧、服务行业中，便流行起一种说法：得到足份儿的“工资”便是“够份儿”；没拿到足份的“工资”便是“不够份儿”。同种行业之间，必然存在份大份小，身份地位通过所拿份子便一目了然。所以，“份儿”也就成了身份地位，甚至是面子的象征。

那些能够拿到足份“工资”的人，如果“工资”涨了，人们便称之为“拔份儿”；如果“工资”降了，那就意味着“跌份儿”了。随着新中国的成立，这种工资制度逐渐被新的劳动体制所代替。“分份”一说便退出了“工资”领域。但是人们却把它拓展到了生活中。借助它的引申义，来指代身份、面子，并一直沿用。

“相声”产生于什么时候，为什么要用“相声”来为这种艺术命名？

相声，又名像声、象声。据史料记载，早在春秋战国时期，就已经出现了“单口相声”，当时人们称之为“滑稽戏”。后来，经过不断的融合发展，相声才最终演变成了今天的样子——讲究说学逗唱的滑稽性舞台表演形式。

关于相声的起源，有人认为源自口技艺术。康熙年间的李声振在《口技》中记载道：“口技俗名‘象声’。以青绫围，隐身其中，以口做多人嘈杂，或象百物声，无不逼真，亦一绝也。”《燕京岁时记》补充道：“像声，即口技，能学百鸟音，并能作南腔北调，嬉笑怒骂，以一人而兼之，听之历历也。”从这两部书中所载我们可以看出，清人将口技艺术称为“象声”。此时的“象声”是一种娱乐性的声音模仿，并没有语言、肢体表演形式。

还有观点认为，相声是由唐朝的“双人相声”即“参军戏”发展而来。据《乐府杂录》记载：“开元中，有李仙鹤善此戏，明皇特授韶州同正参军，以食其禄。是以陆鸿渐撰词‘韶州参军’，盖由此也。”这种参军戏是种对口相声。表演者穿军绿色衣服，与现在对口相声相似，一个为逗哏，名为“参军”，扮演灵活机敏的角色；另一个为捧哏，名为“苍鹘”，饰演愚笨迟钝的角色。俩人以生活为基点，语言诙谐幽默，行为滑稽搞笑，有时也兼具讽刺戏谑。必要时，伴有歌舞吟唱。

随着相声艺人的不断崛起，相声的表演形式不断丰富扩展。人们在融合了口技、戏曲等多种艺术的基础上，将相声发展成了一种遍及全国、雅俗共赏的艺术形式。在这期间，涌现出了很多著名相声艺人和相声流派。例如清末民初相声“八德”：裕德龙、马德禄、李德锡、焦德海、刘德志、张德泉、周德山、李德祥，相声界泰斗马三立等。

第十二章

吃穿住行·消遣休闲

从古至今，人们的饮食都是三餐制吗，“一日三餐”的说法从何而来？

俗话说：人是铁，饭是钢，一顿不吃饿得慌。现如今，人们的饮食大都是一日三餐制，那么，古人也是实行这样的饮食制度吗？

在秦汉以前，人们一天通常吃两顿饭。由于当时的生产力比较落后，人们经常食不果腹，所以，即使是一天两顿饭，也不是人人都能享受得到的。这还要根据家庭，以及人们的地位而定。

一般情况下，人们在9点到11点左右吃第一顿饭，这顿饭被称为“朝食”或“饔”；下午4点左右，人们进行一天中的第二餐，这顿饭被人们称为“飧”或“食”。《孟子·滕文公上》记载说：“贤者与民并耕而食，饔飧而治。”也就是说，一天吃两顿饭，以朝食为开端，飧食结束。吃过了飧食，也就意味着一天结束了。

其实，人们实行一天吃两顿饭的餐制，除了粮食有限这个原因外，还受其他因素影响。据《论语》记载，如果人们私自开了小灶，没有在饭点吃饭，便是违反礼仪规范的行为。如此看来，一日两餐准时准点吃，还是礼仪规范的内容。按照相关规定，如果人一天之内能吃上第三顿饭，多是获得某种特殊奖励。《史记》就曾记载刘邦学项羽三餐犒赏士兵，最终攻夺篪关的史实。

有人说，一日三餐的饮食制度，源自庄子《逍遥游》中的“适莽苍者，三餐而返，腹犹果然”，意思说，只有一天吃三顿饭，才能保证人体基本需要，到了晚上，肚子还是饱饱的样子。事实是否如此，并没有其他资料佐证。但是，一日三餐的制度逐渐被人们所接受。汉代以后，人们渐渐形成了一日三餐的餐制。

一日三餐的饮食，不仅符合养生学原理，还是人们工作生活最佳的饮食安排。一般来说，早餐是大脑活动的能量之源，所以早饭要吃好；中饭是人身体的加油站，因而要吃饱；晚饭之后人们活动减少，即将进入睡眠状态，所以要吃少。

政府规定招待餐为“四菜一汤”，这个规定是新发明还是古已有之？

为了发扬勤俭节约的传统美德，也为了杜绝官员以公款吃喝的腐败作风，政府规定，官员的招待餐为“四菜一汤”。民间待客也有以“四菜一汤”为标准的做法。那么，“四菜一汤”作为招待餐的说法从何而来呢？

相传，朱元璋当上皇帝后，不改当初勤俭节约的作风。出身贫寒的他，经常微服私访体恤民情。几番出巡后，朱元璋发现，为官者欺上瞒下，穷奢极欲，百姓却过着粗茶淡饭的贫苦生活。为了改变“朱门酒肉臭，路有冻死骨”的现象，朱元璋决定整治官场风气。

与马皇后商量之后，朱元璋在皇后的生日宴上做起了文章。马皇后生日宴这天，满朝文武带着奇珍异宝前来贺寿。待众人落座后，朱元璋吩咐上菜。望着宫女端上来的第一盘菜，朱元璋说：“常吃萝卜调息顺气。希望众卿吃了萝卜菜，能够顺应民意，为民谋福。”说罢带头吃起了萝卜丝。宫女端上第二道菜，朱元璋放下筷子说道：“韭菜象征长久。祝愿我明朝统治本固邦宁，长治久安。”听罢，众官员纷纷夹起韭菜吃了起来。这时，宫女端上来两碗青菜，朱元璋指着青菜说：“两碗青菜一样香，两袖清风好臣相。”官员们只管迎合皇帝吃菜。

不一会儿，朱元璋看着宫女手里捧的小葱豆腐汤，放下筷子说道：“当初，村妇一碗珍珠翡翠白玉汤救了我的性命，人不当忘本。今日我以‘四菜一汤’为皇后贺寿。从今以后，你们应当效仿，请客吃饭，皆以四菜一汤为标准。如有违反，严惩不贷。”大臣听后，立时明白了朱元璋葫芦里卖的是什么药。皇帝下令，臣子岂敢不从，从此，四菜一汤成了官场待客之道。

筷子是中国人的特色食具，据说是大禹发明的，这是真的吗？

东西方餐桌之上，最明显的不同，便是人们吃饭的工具。中国人习惯使用筷子，外国人擅长用刀叉。用过筷子的人都知道，筷子是一件神奇的餐具，手能做的动作，筷子基本都能做。据说经常使用筷子，还可以健脑。那么，这个神奇的餐具是由谁发明的呢？

民间流传，洪荒时代，水患横行。为了尽快将洪水制伏，解人民疾苦。大禹经常吃不好，睡不着。一日，奔波劳碌的大禹感到饥饿难耐，便在野外就地取材煮起肉来。由于煮沸的肉汤很烫，大禹没有时间，也没有耐性等到肉汤凉了再吃。于是，他折下两根树枝，捞出锅中的肉便吃了起来。大禹发现，用树枝夹热的食物吃，既方便又不会烫伤手。后来，这种以树枝捞食物的方式流传开来，人们便形成了用“筷子”吃饭的习惯。

大禹捞肉发明筷子的说法，只是个传说。其实，在远古时期，人们吃的是生食，用手抓取。随着钻木取火的发明，人们的生活也发生了变化。以手抓食的方式不再适用于煮熟的食物，借助于木棒等工具吃饭便成了人们的最佳选择，筷子也就应运而生。

很长一段时间，人们并不以“筷子”称呼这种餐具。据《礼记》记载，商纣王使用一种叫作“象牙箸”的东西吃饭。这种箸，便是我们所说的筷子。

“筷子”一词的出现，是宋朝以后的事。据说，这一名称是从江南的水乡传出来的。在古代，人们很忌讳一些谐音不吉利的字。所操行业、家世背景不同，忌讳的字也有所不同。在水乡，船家尤其忌讳“陈”“住”等字。在他们看来，“陈”即意味着“沉”；“住”即意味着“蛀”，或船走不快的意思。平时生活中，人们经常使用的“箸”刚好和“住”谐音。于是，船家便将“箸”改为了“快儿”，有穿行飞快的意思。后来这种叫法流行了起来。人们借鉴箸从竹声的方法，在“快”字上加了个竹字头。“筷子”便产生了。

知识链接

用筷禁忌

民间诸如“筷子掉了要挨打”“吃饭咬筷子家里要来人”等说法多不胜举。在餐桌文化中，使用筷子的讲究也颇多。通常情况下，人们不会使用长短不一的筷子，这样的筷子有“三长两短”的不吉利兆头；人们更忌讳将筷子直插在饭碗中，这是祭奠死人的做法。

餐桌之上，人们也忌讳将筷子放在口中磨，这是一种被人们鄙视的下贱行为；用筷子敲饭碗等餐具，更是被视为乞丐之举，敲筷人会被人们耻笑；北京人还讨厌拿筷子时食指伸出，这是北京人骂大街的典型动作。吃饭时，执筷人不停地在盘子中挑来挑去，共同进餐的人会认为这个人很没教养；假若筷子颠倒使用，人们会觉得此人饥不择食……

总之，在使用筷子时，尽量减少小动作，所谓多则乱、乱则多错。

“馒头”是诸葛亮发明的吗，这种食物跟“头”有什么关系？

《三国演义》中足智多谋的诸葛亮，不仅用兵如神，还是个厨房能手。据说，馒头这种食物，就是诸葛亮发明的。

相传，诸葛亮辅佐刘备建立蜀国，刘备死后又辅佐刘禅。当时，蜀国一片祥和景象，唯有南蛮孟获不断滋生事端。诸葛亮决定亲自带兵讨伐。在七擒七纵孟获后，南蛮事件得以解决。班师回朝途径泸水地区，泸水上波涛汹涌。由于人烟稀少、瘴气湿重，很多士兵都中了泸水毒。听当地人说，要解泸水之毒，必须以49颗南蛮人头为祭，以安抚泸水河神。诸葛亮听罢，说道："南蛮的事都已经平定了，我怎么能虐杀俘虏呢?"为了解决祭祀河神的问题，诸葛亮想出了一个绝妙的主意。他叫来行厨，命他宰杀牛羊，用面和水，将牛羊肉包至其中，做成人头的形状蒸熟。待一切物件准备就绪后，诸葛亮用这49颗"人头"祭祀河神，果然士兵病好了大半。蜀军也浩浩荡荡地渡过泸水，顺利回朝。

后来，这种面食就流传了下来，因为当初是以面食代替"蛮头"祭祀河神，所以人们就称这种食物为"蛮头"。

其实，馒头的由来并非如此。早在魏晋以前，我国是没有馒头的。人们所吃的发面食物中，只有一种叫"蒸饼"的面食。据《齐书》记载，在太庙祭祀上，人们用"起面饼"作为供物，这种起面饼"入酵面中，样子松松然也"。也就是说，在蒸饼之前，是没有发面食物的，人们吃的大都是死面食物。而且，如今我们所吃的馒头，在当时叫"蒸饼"。

到了晋代，"馒头"的字样出现在史书中。《饼赋》中记载，"馒头"指的是内含肉馅的大个"蒸饼"。唐朝，馒头的形状开始变小，有了"玉柱""灌浆"的别称。直至宋代，馒头作为一种常见点心，出现在人们的餐桌上，馒头的形状也渐渐有了现在的模样。

时至今日，馒头的样子仍然没有定式，北方不带馅的馍、卷子之类，被称为馒头；南方带馅的面兜子、汤包等也是馒头。

"饺子"起于何时，过年的时候为什么要吃饺子?

俗话说："大寒小寒，吃饺子过年。"饺子是我国的传统食品。南方北方都有过年吃饺子的习俗。民间流传，饺子源于医圣张仲景的"祛寒娇耳汤"。所以，形似弯月的饺子又被人们称为"娇耳"。

据《方言》记载，汉代人将带馅的汤饼称为"馄饨"。这种馄饨形如偃月，与汤一起食用，这里所说的"馄饨"便是最早的饺子。《东京梦华录》中说："凡御宴至第三盏方有下酒肉、咸豉、爆肉、双下驼峰角子。"也就是说，饺子又有"角子"的称呼。到了元朝，饺子成了一种叫"扁食"的食品。很多资料文献中都曾记载，人们每逢初一正旦，都要吃水果点心，也就是扁食之类。直到清朝，饺子才有了"饺儿"之类的称呼。

从资料文献中，我们不难看出，饺子的历史源远流长。关于过年为什么吃饺子，更是说法不一。清代的文献记载说："元旦子时，盛馔同离，如食扁食，名角子，取其更岁交子之义。"这是说人们通常会在除夕包好饺子，等到夜里子时，开始煮饺子吃，有"更岁交子"的含义。还有人说，因为"饺子"与"交子"谐音，所以人们借吃饺子讨吉利。在新旧更替之时吃上顿饺子，祈愿新的一年吉祥如意、财源广进。在民间，有的人家还会把钱币、花生、枣等包在饺子里，用以占卜新的一年运气如何。如果谁有幸吃到了包吉祥物的饺子，说明这个人这一年都会顺顺利利、福气安康。其实，这些都是人们讨口彩的方式而已。

北方出行有"出门饺子回家面"之说，这是为什么呢?

在北方，外出的人，临行之前都要吃碗热气腾腾的饺子。回家之后，家人会将一大碗面条放在归人面前。这便是俗话说的"出门饺子回家面"，可人们为何这么做呢?

在北方人眼里，饺子算是传统饮食文化中地位较高的一种食物。逢年过节人们都要煮饺子以示吉庆。

人们在出门之时吃饺子，大致有以下两种原因。

其一，饺子与“交子”谐音，其形又酷似元宝。人们认为，临行之前，能吃上饺子，外出之人便会交到好运，多财多福。古代出行之人，除了赶考书生、外调官员，大部分都是商贾。自然想在离家之前沾沾好运。另外，“饺子”谐音“交子”，有广交朋友的引申义。家人为行者包饺子，也是希望行者在外能够广交朋友，困难时能得到贵人相助。其实，出门吃饺子，不过是人们借助“饺子”与“交子”谐音，祈愿行人路途顺利的一种方式。

其二，饺子大都是由面皮包馅而成。各种各样的馅被包在面皮里，煮熟后，会聚成一个团。人们借助饺子的这个特点，希望离家的行人，能够早日归来，一家人团圆。

俗话说“南粥北面”。面条作为北方的一种特色食物，本身就具有“长”的特点。回到家里，家人做碗“长”面，希望归家的人能够长留家中，一家人在一起长长久久。另外，煮熟的面条不易粘连，既顺又散。人们认为，吃了面，外面的一切辛酸不顺都会被除去，有到家归巢、万事顺利的意味。

“出门饺子回家面”是具有北方特色的表达祝愿的方式，人们将对亲人的不舍与祝愿寄托在食物中。

元宵和汤圆有区别吗?

“正月十五闹花灯，家家团圆吃元宵。”在北方，人们称之为元宵；在南方，人们称之为汤圆。那么，元宵和汤圆是同一种食物的两种叫法呢，还是本就是两种食品呢?

其实，元宵和汤圆属同一种食品。元宵又名“浮圆子”“元宝”“圆不落角”等，其中以“元宵”和“汤圆”之名最为常用。据说，这种食品自宋代出现后，很快得到了大家的认可。因为当时的人们只在元宵节食用这种食品，所以汤圆有了元宵的别称。

南方的汤圆软嫩香滑。通常是用糯米以水调制成皮，里面包上桂圆、蜜饯等馅。口味可以调成香、辣、甜、酸等，这也是南方汤圆的特色之一。一碗汤圆，往往配以银耳、莲子、虾仁等熬制成汤，不仅汤圆味美，汤料也鲜。

吃一口南方的汤圆，再咬一口北方的元宵，二者最基本的不同便已分晓。北方的元宵大都是先将馅料调制好，做成小球状。然后将馅料球放入盛有糯米的筛萝里，不断地加水摇晃，糯米便像滚雪球一般粘到了馅球上。这样制出来的元宵相对南方的汤圆来说较实成，因而吃起来口感比汤圆硬些。与南方汤圆的多色多味相比，北方的元宵主要以砂糖、豆沙、枣泥等为主馅，香咸为主味。

有关元宵被称为汤圆，民间流传着这样一种说法：窃国大盗袁世凯当了总统，由于名不正言不顺，他终日忧心忡忡，唯恐哪天自己被拉下总统宝座。疑神疑鬼的他，凡是谐音不吉利的字眼，他都要避讳。话说到了正月十五元宵佳节，人们都要吃元宵。袁世凯觉得“元宵元宵，说的不就是消灭我‘袁’世凯嘛!”他便下令，元宵更名为“汤圆”。随着袁世凯的下台，人们也就不再避讳“元宵”的说法了。事实上，“汤圆”一称，早在明朝便已确定了下来，民间如此说法，不过增加了元宵的传奇色彩罢了。

粽子为什么要捆起来，这种食品是怎么来的?

在我国，粽子是一种传统色彩很浓的食品。早在1600多年前的《风土记》中，就有关于粽子的记载。当时，人们称这种食品为“角黍”。《本草纲目》解释说：“古人以菰叶裹黍米煮成尖角，如棕榈叶之形，故曰粽。”除了这种粽子之外，江南还有一种将米装入竹筒中的粽子，名为“筒粽”。

关于粽子的由来，民间的说法很多。但是流传最广的，便是为了祭奠伟大诗人屈原的说法。据历史文献记载，春秋战国时期，楚国三闾大夫屈原刚直不阿。曾经进谏楚王，联合齐国共同抵抗强秦。楚王非但没有采纳屈原的建议，还听信奸佞谗言将他流放。

公元前278年，秦国大败楚国。身在异

裹角黍　清　选自《端阳故事图册》

乡的屈原听到这个消息，心痛不已，便跳汨罗江殉楚。屈原投江之时，正是农历的五月初五。于是，民间便形成了五月初五，向江中投撒粽子纪念屈原的习俗。

至于粽子为什么要捆起来，《续齐谐记》曾记载说："阴历屈原五月五日投汨罗而死，楚人哀之。每至此日，竹筒贮米，投水祭之。汉建武中，长沙欧回，白日忽见一人，自称三闾大夫，谓曰：'君当见祭，甚善。但常所遗，苦蛟龙所窃。今若有惠，可以楝树叶塞其上，以五彩丝缚之。此二物，蛟龙所惮也。'回依其言。世人作粽，并带五色丝及楝叶，皆汨罗之遗风也。"

意思是说，人们用棕榈叶包粽子，并用五彩绳将粽子捆上，是因为屈原带话给汨罗江一带的人们，他们投入江中的粽米，经常被江中蛟龙截获。原本祭奠屈原的供品居然成了蛟龙的美餐。所以，他告诉人们，蛟龙最惧怕的就是棕榈叶和五彩绳，只要将米包在棕榈叶中，并用五彩线捆起来，蛟龙就不敢再碰粽子了。之后，粽子便形成了如今的模样。

天津"狗不理"包子因何得名，为什么有这么大的名气？

俗话说："不吃狗不理包子，白来一趟天津。"狗不理包子是天津最有名的小吃，吃过的人都忘不了那薄皮大馅，肥而不腻，满嘴流油的感觉。既然这包子这么好吃，为什么狗却不愿意搭理呢？

此"狗不理"非狗不搭理。据说，狗不理包子是因它的创始人得名。清咸丰年间，河北武清县杨村有户高姓人家，高家儿子高贵友生性好动，难管教。其父还担心孩子不好养大，便给他起了个贱名"狗子"。

狗子 14 岁那年，只身一人到天津刘家蒸吃铺做学徒伙计，勤学好动的他很得师傅喜爱。在师傅的精心指导下，狗子的厨艺进步很快。满师后，狗子踏上了创业之路。当时天津的包子铺很多，想要在众多包子铺中脱颖而出，必须有所改进。于是狗子潜心钻研做包子的技术，终于创出了令整个饮食界都有为之一震的特色面食。

光顾狗子店的人逐渐多了起来。由于本小利薄，狗子没有太多资金雇工人。狗子一人身兼多职，既做包子，又卖包子。店面门庭若市，狗子自己经常忙得不可开交。后来，狗子想出了一个主意。他在柜台前摆上一大摞碗，来买包子的客人将包子钱放在碗里，狗子按钱分包子。这样客人随拿随走，既省时又省事。

时间一长，老主户中就流传"狗子卖包子，一概不理"的说法，时间一长，"狗子卖包子，一概不理"便传成了"狗不理"。人们也就习惯地将狗子家的包子叫"狗不理"。

狗不理包子能够享誉中外，自然有与众不同的地方。它用面讲究，做工精良，就连馅如何配料都是有严格要求的。据说，当年慈禧太后吃了袁世凯进献的"狗不理"包子，赞叹道："山中走兽云中雁，陆地牛羊海底鲜，不及狗不理香矣，食之长寿也。"狗不理包子也因此更加出名。

冰糖葫芦是北京特色食品，它最早出现在何时，是谁发明的？

冰糖葫芦可以说是中国的传统美食，细说起来，它还是北京的特色食品。歌里唱道：

“都说冰葫芦儿酸，酸里面它裹着甜，都说冰葫芦儿甜，可甜里面它裹着酸。”传统的冰糖葫芦，一串穿起来的山楂外面裹着一层糖稀，晶莹剔透的样子看着就有食欲。那么，这种美食是谁发明的呢？

据说，冰糖葫芦最初是一种药膳。话说南宋绍熙年间，宋光宗赵惇最宠爱的黄贵妃得了怪病。终日茶饭不思，口舌生烟，不多日便已身形憔悴，面如枯槁。宋光宗看在眼里，疼在心上。宫里的御医都看遍了，仍然找不出病症所在。试过了很多名贵药材，黄贵妃的病依然没有半点起色。

无奈之下，宋光宗贴出皇榜，悬赏寻找能医治黄贵妃异症的人。一日，一名游历江湖的郎中看到了皇榜，便揭下皇榜进宫行医。诊过黄贵妃的脉，郎中开出了一副药方：以冰糖煎熬山楂，每顿饭前吃 5～10 颗，不出半月自会痊愈。看着郎中开的药方，众御医都不以为然，吃了那么多名贵药材均未见分毫起色，如此廉价的药方又如何管用？宋光宗看着药方心想：山楂也吃不坏人，照爱妃现在这种情况倒不妨一试。便命人熬冰糖煎山楂。不出半月，黄贵妃果然面色红润起来，食欲大振。宋光宗高兴得不得了，重金赏了郎中。

山楂，也就是我们说的山楂。中医多用于消食积，散瘀血，止水痢等。医药学家李时珍曾经说过：“煮老鸡硬肉，入山楂数颗即易烂，则其消向积之功，盖可推矣。”可见，山楂是种很好的健胃消食药膳。

后来，这个药方流传到了民间。人们觉得沾了糖稀的山楂吃起来不方便，就用木签将它穿了起来。久而久之，便形成了今天的冰糖葫芦。药膳糖稀山楂也成了一种特色小吃。

油条是怎么来的，它的发明和秦桧有关系吗？

很多人都有早餐喝豆浆、吃油条的习惯。油条，又被称为“油炸鬼”“油炸果”“油炸烩”等。金灿灿的油条咬在嘴里外酥内软，吃过之后满嘴留香。它是中国人最喜爱的食物之一。关于油条的由来，民间流传着这样一个故事。

南宋高宗在位时，奸贼秦桧以“莫须有”之罪杀害了岳飞父子。百姓听闻此事，无不悲恨交加。秦桧和他妻子也因此成了百姓的公敌。人们恨不得吃秦桧的肉，扒秦桧的皮以祭奠岳飞的在天之灵。

在临安城最热闹的集市上，有两个面摊。一家是做芝麻烧饼的，一家是卖油炸糕的。摊主不忙的时候，总是喜欢闲聊一会儿。有一天，俩人的生意都很好，没到太阳落山，东西就卖得差不多了，于是俩人收摊准备回家。闲聊之间，说到奸佞秦桧毒害岳飞一事，俩人都愤恨不已。芝麻烧饼老板揉搓着手里的面团，狠狠地将面团摔在了面板上，好似他刚才摔的是秦桧一样。卖油炸糕的摊主看着被摔成饼的面，抄起来就扔进了油锅里，嘴里还嘟囔着：“真应该把他们扔进油锅里，受油煎火烤的惩罚。”烧饼老板一听，更觉义愤填膺，便把剩下的面团都捏成了人形，通通扔到了油锅里。这样还觉得不解恨，又将俩面人捏在一起，意思是说出馊主意的秦桧老婆也罪当如此。

俩人边做边吆喝：“油炸烩了，油炸烩了。”群众一听，都好奇地凑了过来，看到油锅里翻滚着的面人，立刻明白了其中寓意，拍手叫好。

只要掌握好火候，配以调料，炸出来的面人香脆可口，是种很美味的食品。后来，人们开始简单地将面团抻成长条放入油锅中。久而久之，“油炸烩”便有了“油条”的称呼。

豆腐是一种普通食品，可人们为什么要把占女人的便宜叫“吃豆腐”？

据说，豆腐是淮南王刘安在炼制丹药的时候发明的。如今，豆腐已经是餐桌上一道比较常见的食品了。

根据豆腐的特点，民间还有很多以豆腐为名的俗语。形容人脾气躁、性子急有“心急吃不了热豆腐”的俗话；工程质量低下，有“豆腐渣工程”之说。这些说法都很形象，容易理解。那么，男人占女人便宜被称为“吃豆腐”，这又是为什么呢？

关于“吃豆腐”的这意义，民间流传有两种观点。

其一，旧时丧俗中，丧家要请参加丧礼的人吃饭。据说，这是因为当时实行土葬，要把死去的人抬到墓地，需要很多人帮忙。丧家准备饭菜，一是为了感谢前来帮忙的人，二是为来参加葬礼的人冲晦气，以免参加丧葬礼的人们沾上霉运。

丧家通常在庭院中摆上几桌饭菜。饭菜中，豆腐是必不可少的食物之一。因而，吃“吊唁饭”又叫“吃豆腐饭”。在众多宾客中，不乏游手好闲混饭吃的人。他们通常不是来吊唁或帮忙的，只是在丧家宴请之时，混吃混喝。久而久之，人们便以“吃豆腐”来指代那些蹭吃蹭喝占丧家便宜的人。后来，“吃豆腐”也就成了占便宜的代名词。

其二，相传，豆腐店老板娘因长年食用豆腐，长得细皮嫩肉。豆腐店也因老板娘招来了不少顾客。在这些买豆腐的人中，有很多男人是冲着老板娘吹弹可破的皮肤而来。有些人还经常和老板娘眉目传情，甚至动手动脚。时间长了，就有人以“吃豆腐”来指代男人占女人便宜，其中包含“性骚扰”的意味。

孩子们喜欢的冰激凌，是从国外传过来的吗，中国古代有冰激凌吗？

夏天的时候，人们都喜欢吃冰激凌消暑。冰激凌是从外国传过来的吗？古代人有冰激凌吃吗？

据史料记载，周文王的孙子在朝中为凌人，这是一个专门负责保存贮藏冰块的官职。也就是说，在3000多年前的古代，帝王们就已经利用冰块来消暑了。那时人们所用之冰，还是天然而成，并非人工制造。

到了唐代，人们逐渐掌握了制冰的技术，并将这一技术应用到了生活实践中。据《西阳杂俎》记载，人们发现将硝石放入水中，水会慢慢变冷。当水凝结成冰块后，既可以用来降温消暑，也可以制成消暑冷食。因而，有些商人便打起了冰块的主意，盛夏时节，他们从借冰消暑的人们身上赚到了不少。

宋代，商人们在原有冰块的基础上做了改良。他们将一些鲜水果捣成汁，注入冰中。原本晶莹剔透的冰，变得五颜六色。放入口中，也多了些水果的甘甜清香。杨万里有诗云：“似腻还成爽，如凝又似飘。玉来盘底碎，雪向日冰消。”

据说，用奶油配置成的冰激凌始于元代。马可·波罗在《东方见闻录》中曾说过，他在大都为官时，最喜欢吃一种叫冻奶的东西。这种冻奶就是元朝人在冰点基础上做出来的冰激凌。元朝人将平时爱吃的果酱、牛奶加入冰里。这样凝结成的冰像沙泥一样，不似冰块那样坚硬，入口即化。类似于这样的冰激凌，外国在14世纪才出现。所以有观点认为，外国的冰激凌，其实源自于元代的冻奶。由此可知，在遥远的古代，人们已经吃到冰激凌了。

人们为什么说吃肉是“打牙祭”，吃肉和祭祀有关系吗？

《儒林外史》第十八回中关于“打牙祭”有这样一句描述：“伙计们平时每日就是小菜饭，初二、十六跟着店里吃牙祭肉。”看来，“打牙祭”就是吃牙祭肉。那么，人们为什么说吃肉是“打牙祭”呢？它和祭祀有什么关系吗？

“打牙祭”可以说是祭祀文化和社会现实相结合的产物。古人向来重视祭祀活动。逢年过节，人们都要祭拜已逝亲属或者在天神明。有好吃的自然也要先分给神仙祖宗吃，以求神明保佑。古代祭祀中，牛羊猪是常见的祭品，皇家祭祀全牛全羊，这样做普通人肯定是承受不起。所以，百姓通常是在神龛或者祖先灵位前放上一块肉，点上冥币、蜡烛，以示祭告。

人们认为，祭祀的贡品是神祖的吃食，

人吃了很吉利。所以，皇帝经常把祭肉分给王公大臣，分祭肉的故事也史不绝书。此俗流入民间，家长们通常会把祭完神祖的贡品分给家人吃。过去，人们的生活水平不高，而且肉价昂贵。平时吃肉都是奢求。只有逢年过节，人们才能借祭祀的光，吃上些“祭肉”。因而，这样难得的吃肉机会就被人们戏称为“祭牙”，也就是后来人们说的“打牙祭”。

随着人们生活水平的提高，能吃上肉已经不再是普通百姓人家的奢求了。这种“打牙祭”的说法也就渐渐地被人们淡化了。但是，在老一辈人心中，“打牙祭”却承载了一个时代的历史，记录了他们那个年代的生活。

古代有没有火锅，“涮羊肉”又是什么时候出现的？

火锅在全国各地都很受欢迎，而且各地火锅各有特色。但是无论在哪儿，人们吃火锅的时候，都要或多或少涮上盘羊肉。那么，古代人也吃火锅、涮羊肉吗？

据史料记载，早在三国时期，就已经出现了铜制的火锅。南北朝时期，火锅逐渐成了北方人御寒煮食的工具。宋代，京城出现了以火锅招揽生意的特色酒楼。明清时期，火锅的种类已经纷繁多样了。

最初，人们也是用火锅煮些牛羊肉吃。但是像如今这般，将羊肉切成薄片下入锅中涮煮，则始于元代。据说，“涮羊肉”的发明和元世祖忽必烈有关。

相传，元世祖忽必烈讨伐阿里不哥的时候，征途劳顿的他除了睡觉之外，最想的就是饱餐一顿家乡的美食——清炖羊肉。一日，元军在一处旷野安营扎寨。望着周围的青山绿水，忽必烈实在按捺不住，便命行厨宰羊做清炖羊肉吃。一切收拾停当，行厨正准备将肉下锅，忽然有探子来报：“敌军在前方不远处安营扎寨，与我军形成对垒之势，随时有进攻的可能。”听到这个消息，忽必烈心想：这炖羊肉又吃不上了。行厨看了看手里的羊肉，对忽必烈说：“大汗不要着急，我且将羊肉切成薄片，这水已经煮沸，羊肉到锅中翻两下就可以食用了。待吃饱喝足再去收拾他们也不迟。”

说罢，行厨将羊肉切成薄片放入锅中，搅拌了几下捞出羊肉放到蘸料碗里，递给忽必烈吃。大军当前，忽必烈哪里有时间细嚼慢咽，夹起羊肉便狼吞虎咽起来。吃罢便到阵前杀敌去了。这一战元军大捷。

班师回朝后，大宴群臣的忽必烈想起行厨做的羊肉。仔细回想，那肉比清炖羊肉还要清香爽口，便命厨师再做此菜宴请群臣。第二次吃到这样的羊肉，忽必烈觉得好吃万分，看着水中翻腾的羊肉片，便赐名为“涮羊肉”。

后来，这种涮火锅的方法流传到了民间，成了百姓喜爱的饮食。

高平有一种烧豆腐名叫“白起肉”，这个名字与秦国大将白起有关吗？

山西省高平市有一种特色小吃名为“白起肉”，堪称高平的特色美食之一。而且当地人经常用这种“肉”来招待客人。说是“肉”，实际上是一种烘烤而成的豆腐。那么，当地人为什么叫它“白起肉”呢？

据说，“白起肉”因秦国大将白起得名。如此说，并不是因为白起发明了这种烧豆腐，而是当地百姓以“烧豆腐”代“白起肉”而食之的意思。2000多年前的战国时期，秦国攻下了韩国的野王城，导致上党郡失去与国都的联系。不想投秦的上党郡守以上党郡为献礼，向赵国求援。赵王派老将廉颇帅军抵抗秦军。公元前260年，秦赵两国在上党郡的长平，也就是今天的高平市西北约10公里处对峙。

几番作战，秦军没有尝到半点甜头。为了尽快攻破廉颇的阵垒，狡猾的秦相范雎以重金贿赂赵国权臣。并散布谣言说，秦国只怕赵国赵奢之子赵括，廉颇已经老得不中用了，打败赵军指日可待。听到这样的流言，加上收了贿赂的权臣不断在耳边吹风，赵王立刻换下了老将廉颇，派赵括赶赴战场。

赵括向来喜欢纸上谈兵，实战经验不足。面对秦国常胜将军白起，哪里是对手，以至于带领赵军一步步陷入了白起的包围圈。回天无术的赵括中箭而死，被困的40万赵军也缴械投降。

抓获了赵军的白起并没有优待俘虏，而是设计将他们全部坑杀在谷口，只放掉200余人回赵国报信。这便是历史上有名的长平之战。

当时的百姓听说了这个消息，恨不得将白起碎尸万段，替死难者报仇。于是，谷口村一带的居民将豆腐捣成泥酱，以火烘烤，假做"白起之肉"，吃掉它既泄心头之恨，又祭奠40万亡灵。当地还有民谣唱道"肩挑油灯漫街游，炉中黎起烧悲啼。来人传送长平史，不吃豆腐难慰藉"。

后来，这种烧豆腐成了高平名小吃。就这么简简单单的一味小吃，却记录了历史上的重大事件，中国饮食文化，可谓博大。

"东坡肉"是一道怎样的菜肴，为什么以宋代文学家苏东坡名字命名?

到杭州游玩的人，都要尝一尝杭州名菜"东坡肉"。色泽红润，肥而不腻，入口香嫩的"东坡肉"令很多食客回味无穷。这道"东坡肉"，便是大名鼎鼎的苏东坡传下来的。

百姓吃"东坡肉"并非是恨之而食其肉的意思，而是为了感念苏东坡的功德。据说，苏东坡很爱吃肉，每餐的饭菜里要是缺了，他都觉得难以下咽。好食肉的他还做得一手好肉，而这"东坡肉"便是出自苏东坡之手。

相传，苏东坡任杭州太守之时，带领杭州百姓疏导西湖之水。为了确保人们安居乐业不受水涝威胁，他带人将疏导出来的淤泥堆砌成了长堤。这样不仅解决了西湖水患问题，还改善了当地的生态环境。从此西湖垂柳，一片旖旎风光。

当地百姓为了感谢苏东坡，在过年之时，以他最爱吃的肉作为贺礼，送到苏东坡家。看着乡亲们送来的肉，苏东坡感念不已。于是，他按照在黄州当团练副使时焖制肉的方法，命人将肉切成了方块，入锅焖制。待到肉焖好后，分发到百姓家里。

百姓吃着父母官送来的肉，香在嘴里，暖在心上。有人从苏东坡那里学来了制作这种肉的方法，爱戴苏东坡的百姓便将这种肉称为"东坡肉"。

关于东坡肉的做法，苏轼在《猪肉颂》中，这样写道："净洗铛，少着水，柴头罨烟焰不起。待他自熟莫催他，火候足时他自美。"现如今，人们在东坡肉原制作方法的基础上进行了改良，使得"东坡肉"更加味美，并适合今人的口味。

福建有道叫"佛跳墙"的名菜，为什么会有这么奇怪的名字?

"佛跳墙"，原名"福寿全"。它的原料有海参、鲍鱼、鱼翅、干贝、鱼唇、花胶、蛏子、火腿、猪肚、羊肘、蹄尖、蹄筋、鸡脯、鸭脯、鸡肫、鸭肫、冬菇、冬笋18种之多。将菜入坛之前，还要分别将原料煎、炒、烹、炸……制作工艺十分复杂。它汇聚了多种荤菜于一坛，互相借味的同时又各自保持原有味道，被视为福建的招牌菜。

传说清朝同治末年，福州官钱局的一名官员想巴结京城派来的布政司周莲。他不敢大张旗鼓地在外面宴请，怕同僚见了参他一本。于是，他命私厨做拿手好菜在家设宴款待周莲。厨子觉得，想要做出能够取悦布政司的好菜，并不是件容易的事。索性将所有材料都烹制出来，做个大杂烩吧。于是他将鸡、鸭、羊肉、海参等10多种原料加作料煨制，再将它们装入绍兴酒坛中呈到了周莲面前。

话说这周莲也是好吃之人，家中备有名厨数人，什么奇珍美味没有尝过？望着端上来的酒坛，周莲一脸不屑。待打开坛盖，周莲竟被坛中飘出来的香气吸引，禁不住连吸几口气。顾不得形象，周莲拿起筷子吃了个底朝天。望着空空如也的酒坛，周莲问厨子："这是什么菜?"厨子随口答道："福寿全。"

还有传说称，清时，有一群骚人墨客到

佛跳墙

福州郊外春游野餐，他们把各自带来的不同山珍海味20余种都放在一个酒坛里，在吟诗之时慢慢地煨着。酒坛中的菜熟了以后，奇香无比，香味飘到附近的一个钟古寺，引诱得一群和尚跨墙而来，想一尝异味。其中一个秀才见状，不禁赋诗曰："启坛荤香飘四邻，佛闻弃禅跳墙来。"佛跳墙由此得名。如今佛跳墙已随福建华侨扬名海外。

"满汉全席"是什么菜，人们为什么把它列为最奢华的菜肴？

所谓的"满汉全席"指的是融合了满族和汉族菜色之精华的大餐。它堪称是最奢华的盛宴。全部菜品加起来，有108种之多。乾隆年间李斗所著的《扬州书舫录》中就收录了一份较详细的满汉全席食单，这是关于满汉全席最早的记载。

在清代官场的一些重要庆典仪式上，受民族意识的影响，宴请之时通常先开满席。满席菜品以迎合满族人口味的涮、煮、烧等为主要特点；之后开的汉席，兼具煎、炒、烹、炸等汉式菜色的特点。为了在宴席上争风头，满汉厨师经常暗中较量，在菜品上精雕细琢。于是，一场宫廷大宴往往是满汉极品美味荟萃，因而被人们称为"满汉全席"或"满汉荟萃"。

"满汉全席"最初为宫廷御膳。按照宴请的场合不同，"满汉全席"分为如下几种：

蒙古亲藩宴。这种宴是为了招待与皇室联姻的蒙古亲族而设。设宴地点讲究，一般设在正大光明殿。陪坐的大都是满族一、二品大臣。蒙古亲王们，更是以吃亲藩宴为荣。

廷臣宴。在每年的正月十六，皇帝都要为钦点的大学士、九卿中的功臣设宴。一般此宴设于奉先殿上，这被视为帝王笼络臣心的"收买宴"。

万寿宴。据说，当年慈禧太后60大寿之时，在寿辰的前一个多月，便已开始宴请群臣了。整个寿宴耗费白银近1000万两。由此可知，这万寿宴是何等的奢华。

千叟宴。据史料记载，康熙五十二年曾在畅春园首次举行千人大宴。因参宴人数众多、规模庞大，而且席间康熙帝还曾赋诗《千叟宴》得名。

九白宴。这种筵席是专为蒙古外札萨克等四部落而设。因其投诚后，每年以白骆驼一匹、白马八匹向朝廷进贡。为表皇恩浩荡，特设九白宴回馈使臣。

节令宴。这是清宫在主要时令节气时所设的筵席。筵席之上，欢声笑语，一片祥和景象。

虽然"满汉全席"过于奢华，但是其中所包含的烹饪技巧，却一直是厨师们研究学习的典范。

知识链接

八大菜系

菜系也称"菜帮"。根据选料、切配以及烹制方法等的不同，人们将菜肴按照省、文化等分成了不同体系。其中以鲁、川、苏、粤、闽、浙、湘、徽八大菜系最为著名。

鲁菜是北方菜肴的代表。它以原汁原味，鲜嫩爽口为主要特点。如今的鲁菜以济南和胶东菜为主打。川菜在秦汉时期初具规模，以香辣、味浓、油重为主要特点。有关粤菜的记录最早见于西汉时期。粤菜主要以广州、潮州、东江三地的菜品为代表，兼具煎炸煸烩等特点，并以菜品原料稀奇古怪著称。闽菜则以色调美观，清鲜闻名。苏菜讲究口味平和，原味汤浓。浙菜和苏菜并称为"南食"两大台柱，其以清、爽、脆、鲜受到养生之人的喜爱。湘菜用料广，口味重。徽菜注重味浓汤美。

“叫花鸡”真的是叫花子们的杰作吗，它最早出现在什么时代？

相传，清朝的时候，在江苏常熟的虞山一带，经常有叫花子上街乞讨。有一天，一个叫花子从一户富贵人家讨来一只活鸡。饿了好几天的他不想和伙伴分享美味，便带着鸡到了一座破庙。

除了手中残缺不全的破碗，叫花子什么都没有，怎样把鸡做熟成了令他头疼的问题。看着庙门外的黄土堆，叫花子突然想起了老家烧乳猪的方法。于是，他将鸡收拾利索，用水将黄土和成了泥，然后将鸡用黄泥裹起来。他捡了些干树枝架起火，把黄泥裹起来的鸡放在火上烘烤。不一会儿工夫，鸡身上裹的黄泥就出现了一道道裂缝。叫花子弄掉黄泥，捧着鸡肉就啃了起来。

此时，隐居虞山的明朝学士钱谦益恰巧路过破庙。闻得庙中肉香浓郁，便走进来一看究竟。看着叫花子手里捧着的泛着黄光的烧鸡，钱谦益忍不住吞了几下口水。叫花子见了，很不情愿地分了一小块鸡肉给他。钱谦益一尝，果然美味。于是向叫花子询问制作方法。回到家后，钱谦益命家厨添加作料调制，按照叫花子说的方法烘烤鸡肉。制成的烧鸡比在破庙吃到的烧鸡还要美味。后来，这种烧制鸡肉的方法在民间流传开来。人们在原有烹制方法基础上，将精肉、虾仁、香菇等配料放入了鸡肚中，使其更具风味。因这种烧鸡最初是由叫花子发明的，人们便称它为“叫花鸡”。

“叫花鸡”又称“黄泥煨鸡”。“叫花鸡”不但味美，还有很高的营养价值。所用主原料大都为母鸡，其肉蛋白质含量较高，是很好的强身补品。

绿茶红茶以茶色得名，“乌龙茶”因何得名的呢？

在中国，饮茶的历史可以追溯至汉代。制作方法不同，茶的味道自然有所差别。根据沏泡出的茶水颜色，茶农们区分出了红茶、绿茶。茶中有一种名为“乌龙”的茶，它是因什么得名呢？

乌龙茶，又名青茶，是一种半发酵茶。据《安溪县志》记载，清雍正年间，在福建省安溪县西坪乡南岩村有一个名叫苏龙的茶农。他不仅是个采茶能手，还是个打猎高手。他身材魁梧，皮肤黝黑，性子直爽，村里人都叫他“乌龙”。

话说有一天，乌龙上山采茶。中午时分，正欲休息的他发现一头山獐在附近徘徊。于是，他端起随身携带的猎枪，向山獐的要害射了几枪。垂死挣扎的山獐向茂密林中跑去。乌龙沿着血迹找寻山獐踪影。不多时，他便发现了尚有余温的山獐。

傍晚时分，乌龙背着猎物返回家中。家人见有野味，便动手忙了起来。一家人享受了一顿美餐。第二天清晨，乌龙闻到茶篓里飘出阵阵清香，这才想起来，前一天只顾打猎，竟忘了制茶。打开茶篓一看，前一天采的茶已经发酵了。乌龙将有些发酵的茶炒制成成品，原茶的清香更加浓郁了。泡出来的茶水青绿明亮，它的味道比绿茶、红茶更胜一筹。后来，经过反复试验，乌龙终于制得了一种新的成品茶。

因其茶叶成黑褐色，又是由乌龙最先制成，人们便将这种茶命名为“乌龙茶”。乌龙茶主要产于福建、广东、台湾三地。采摘下来的茶叶经过萎凋、摇青、半发酵、烘焙等工序方能成为成品茶。因其茶品上乘，茶香清醇，还有解脂、消食的功效而行销海内外。

现代人所说的“衣裳”与古代词义一样吗，古人都有哪些主要衣服？

《现代汉语词典》中，“衣裳”解释为上衣，常用在口语中。也就是说，我们平时说的衣裳，仅仅指的是上面穿的衣服，不包括下面的裤子。在古代，“衣裳”也是这种含义吗？

在古语里，“衣”通常指的是上衣。《诗

经》中“岂曰无衣？与子同袍……岂曰无衣？与子同裳”，“绿兮衣衣，绿衣黄裳”说的就是这个意思。古人的上衣除了衣领、衣袖、衣襟、后身之外，还配有腰带。按照衣服的长短款式不同，上衣又分为深衣、袍、裘、衫、襦、袄、半臂等。

深衣产生于春秋战国时期。它是一种上衣下裳相连接的衣服。因其前后衣襟深长而得名。据说，这是士以上的人常穿的衣服。所谓的袍，和我们现在所说的大衣差不多，袍一般都比较长，经常被人们称为“长袍”。在古代，帝王、官员多穿长袍，因而有词曰“黄袍”“官袍”。在汉魏时期，出现了一种与袍相对的衫。它以利落的剪裁、宽松的袖口为特点，成为当时较常见的一种服饰。与前几种服饰的深长不同，东汉后期，又出现了一种短上衣，人们称这种妇女常穿的短上衣为“襦”。魏晋时期出现的“袄”是一种有衬里的夹衫，春秋时节，可以穿单衫。天冷时，续上棉花便可以做御寒的棉袄。

与“衣”相对，“裳”在古代指的是下衣。也就是我们现在说的裤子之类。但是在古代，人们所穿的下衣，又分为裙、裤等。据史书记载，古代无论男女，都穿一种名为“裳”的下衣。《说文》中解释说：“裳，通常。下惇（裙）也。”可见，这种裳说的就是裙子。在战国以前，人们是没有裤子穿的。《释名》中记载，当时人们穿的是一种有两条裤筒的“绔”，这种绔和现在的裤子已经有几分相似了，只不过绔没有前后裆。

除了这些分类之外，古人还有头衣、上衣、下衣和足衣之说。这些分类不仅仅包含上衣和下衣，其中还包括“冠”“帻”“屐”“履”之类。

古人讲究“冠冕堂皇”，“冠”与“冕”有何区别，它们与帽子比，哪个出现得早？

古代男子20岁的时候要行冠礼，从这个时候起，男子开始戴一种叫“冠”的头饰。“冠”也是贵族成年男子的必备饰品。一般情况下，小孩、平民、罪犯等是不能够戴冠的。所以，“冠”被视为古代划分地位等级的标志。但是帝王登基，通常说“加冕”，而不说“加冠”，难道“冕”比“冠”还要尊贵？“冠”和“冕”有什么区别呢？

据说，“冠”和“冕”都是帽子的一种。据《后汉书》记载“上古衣毛而冒皮”。后人作注说：冒，指的是帽子。所以有观点认为，在上古时期，就已经出现了帽子。此时，它是人们御寒保暖、遮日防雨的工具。随着生产力的发展、等级制度的建立，才出现了“冠”“冕”这样的分类。

冠不仅是一种头饰，还是礼仪、身份的象征。冠不似我们现在看到的帽子，它只是遮住头顶一部分。古人用冠来罩住头顶的发束，以笄固定。有的冠圈两旁还有两条丝绳，用以固定冠圈。据史料记载，除了从是否佩戴冠饰上，可以看出等级尊卑外，还可以从所佩戴之冠的种类上区分地位。在古代，按照位别高低，冠可以分为通天冠、进德冠等。通常，通天冠为帝王所戴之冠，进德冠为朝廷重臣所戴之冠。

据考证，冕的出现要早于冠。作为一种最为尊贵的礼冠，最初，冕只有封建帝王以及士大夫以上的官员才能够戴。到了南北朝以后，它成了皇帝一人的专属。冕一般外黑内红。上方有一块长方板，称为延。冕前低后高，延前后两端缀有数串圆珠子，取目不斜视之意。冕的两旁通常缀有两条丝带或绵丸，意为充耳不听谗言。据史料记载，天子冕前后所缀珠线被称为旒。因其前后各有十二旒，天子之冕又被称为“十二旒冕”。佩戴旒冕是帝王的象征，因而继承皇位，又有了“加冕”之说。

在古代，衣服有贵贱之分吗，人们可以像现在一样随意穿着吗？

现代生活中，对穿衣并没有条条框框的限制。那么在古代，人们也可以随心所欲地穿衣服吗？

以等级制度森严著称的古代，当然不允许人们想穿什么就穿什么。这不但是法律制度的规定，还是封建礼制的要求。按照礼法要求，人们不仅要注意言谈举止，更为重要的，是要“量体裁衣”，穿适合自己身份等级的衣服。如若不然，甚至可能引来杀身之祸。

关于古代服饰划分等级的分类，大致有以下几种：

材质表贵贱。在古代，平民百姓是没有资格穿绫罗绸缎的。通常，只有皇室宗族、达官贵人能够身着锦帛。没身份、没地位的黎民百姓只能穿粗布麻衣。因而，古代的平民百姓又被称为“布衣”。

颜色明地位。上古时期，人们以黑白为主色，黄色为贵色。后来，黄渐渐成了皇家专属，红为吉色。这在服饰文化上，也有所体现。史书中所载的“白衣”“乌衣”便是身份地位较低的人所着服饰。“白衣”指的是没有官职的平民，也指未考取功名的读书人；“乌衣”通常指的是地位较低的胥吏所穿的黑服。而像“朱绂”“紫绶”之类，则指的都是地位较高的人。晚唐诗人韦庄有诗云“朱绂皆大夫，紫绶悉将军”。另外，在官场中，通常穿青绿官服的，多为六品以下官员；着紫红官服的，大都为五品以上。

纹饰划等级。这种等级划分标准通常适用于官场，这样说，是因为纹饰划分等级主要体现在官员所穿的服饰上。据史料记载，天子所穿之服，也就是龙袍，上面绣有日、月、星、辰、山、龙、雉、宗彝、水草、火、粉米、黼（斧形）、黻（亚形）。取其九五至尊，庄重威严，光明贤德之意。诸侯之位，所着服饰纹饰绣以龙以下的图案；士族则只能用水草、火两种图案。

衣服长短显身份。“孔乙己是唯一一个穿长衫，站着喝酒的读书人。”说明穿长衫的人有一定的身份地位，本该坐着喝酒的。诸如伙计、下等人之类，则只能穿短衫，站着喝酒。可见，在古代，人们穿衣的要求是很严格的。

中山装是国父孙中山先生设计的吗？

20世纪六七十年代，中山装被人们视为国服。与外国的西装类似，它是具有中国特色的正装。它以明朗的线条，利落的剪裁，穿着舒适受到国人的喜爱。据说，它的设计者是民主革命领袖孙中山先生。

中山装诞生自1923年，当时孙中山先生在广州担任元帅一职。自辛亥革命推翻封建帝制以后，受外国思想文化影响，中国人的生活习惯，穿着打扮都发生了很大的变化。尤其是作为港口城市的广州，这种变化更为明显。看着人们混乱的着装，孙中山觉得外来的西装式样烦琐，穿着刻板，活动起来并不方便。但是，中国本土的长衫马褂既不具备西装正式庄重的特点，也不能突出解放了思想的中国人奋发向上的精神。所以，他决定设计一套有中国特色的正装。

孙中山先生找来在元帅府任职的黄隆生。他曾是河内一家洋服店老板，因热心于民主革命事业，又恰在河内与孙中山先生偶遇，就加入了兴中会，追随孙中山先生来到了广州。两人商量之后，决定以当时南洋华侨中最为流行的“企领文装”为样板，以西装衬衣的硬领为领口特点，再融以中华民族传统服装特色。最终设计并制作出了一套既庄重，又穿着舒适、活动方便的中山装。

中山装的上衣前身有四个口袋，含有礼、义、廉、耻之意。上面的两个口袋可以插些钢笔之类，下面的口袋设计成了“琴袋”的式样。兜上还配以兜盖，这样装进的东西便不易丢失；衣服设对襟五颗纽扣，象征着行政、立法、司法、考试、监察独立行使权力；袖口上安放的三颗纽扣不仅是为了装饰，还有民主革命“民族、民权、民生”三大口号的内涵；整个中山装的后背通体而成，没有破缝，象征着国家和平统一。裤子的设计以简单为主。左右分设暗袋，在前面还有一个小暗袋专门用来装表；右后臀上设有带盖暗袋作为装饰。

1930年，中山装一度被定为国服。中山装不仅是一种服装款式，更是一个时代的象征。

旧时民间，父母总会给孩子做虎头鞋、狗头帽，这是为什么？

旧时民间，父母有给孩子做虎头鞋、狗头帽的习俗。活灵活现的虎头鞋、狗头帽做工精细，刺绣美观，是中国民间传统的手工艺制品。那么，人们给孩子做虎头鞋、狗头帽仅仅是因为其好看吗？

虎是四大吉兽之一，又是百兽之王。人们认为，有虎相伴，必定避邪免灾，永保平安。待孩子长到一岁之时，父母便做虎头鞋给孩子穿。鞋头被一个大大的虎头所占据。有的地方整只鞋都做成老虎的样子。虎头为鞋面，虎身为鞋帮。有民谣说"头双蓝，二双红，三双紫落成"，意思是孩子要穿三种颜色的虎头鞋。第一双为蓝色，意为拦住孩子保性命；第二双为红色，意思是避邪免灾；第三双为紫色，取平安长大之意。

关于狗头帽，民间有这样一个传说：在浙江宁波一带，有一大户人家。主人叫桂根，已经年过60了还没有子嗣。一日，夫妻俩听闻弟弟过世，便有心减轻弟媳的负担，将弟弟家中两个孩子之一带过来抚养。怎奈弟媳误解了他们的一番好意，不但没有让他们带走孩子，还恶语相向。

老两口叹着气回到家中。没过多久，桂根媳妇竟然怀孕了。两口子高兴得不得了。怀胎十月，转眼到了分娩的时候。恰巧这时桂根家的铺子出了问题。不得已，他将产婆提早叫来，让她照顾临产的妻子。

处理完店里的事情，桂根心急如焚地赶回家中。然而到了家，他看到的却只有泪流满面的老伴，竟没有孩子的踪影。问了才知道，原来老伴生下的孩子不会哭，不一会儿就憋死了，怕桂根看到伤心，产婆已经将孩子扔了。听到了这个消息，桂根失声痛哭，自己的孩子还没看上一眼就没了。

第二天，夫妻俩被自家的老黄狗叫醒。循声过去，只见狗窝里躺着一个刚出生不久的婴儿。桂根老伴一看，正是昨日死去的孩子，小孩面色红润正睡得香甜。老两口赶紧把孩子抱到了屋中。原来，弟媳妇早就觊觎桂根家的财产了，本来以为他们没有子嗣，哪承想桂根老来得子。于是，她买通产婆，在孩子出生之时将他掐死。然而，产婆做的这一切却被桂根家的老黄狗发现了。老黄狗尾随产婆，将她丢弃的婴儿衔了回来。守了一夜，孩子才渐渐恢复呼吸。

后来，这件事在民间传开。人们觉得，是狗保住了孩子的性命。民间也就兴起了做狗头帽给孩子戴的习俗。人们相信，给孩子戴上了狗头帽，孩子就可以消灾免祸，大吉大利了。

女子戴耳环、戴耳坠的习惯是如何形成的？

自古女子爱打扮。仔细观察，你会发现，就连小巧玲珑的耳朵上，都被做了精心的修饰。那么，最初，人们是因为什么穿耳洞、戴耳饰的呢？

考古学家认为，远古时期，人们就有穿耳洞的习惯。《山海经》中记载说："有儋耳之国，任姓禺号子，食谷。北海之渚中，有神，人面，鸟身，珥两青蛇，践两赤蛇，名曰禺强。"后人解释道："珥，裙也。"也就是说，在古代，人们穿耳洞，戴一种叫作"珥"的装饰物。这种"珥"便是我们现在所说的耳环，也叫"瑱"等。

关于女子为什么佩戴耳环，历来说法不一。其中较为流行的，有以下几种观点：

辟邪说。远古时期，祖先常佩戴各种各样动物的牙齿、坚果等装饰物。人们认为，佩戴这些东西，不仅可以划分种族，炫耀能力，还可以起到辟邪免灾的作用。在氏族争斗中，它也可以保护脖子不受兵器伤害。随着人类文明的不断发展，这些具有辟邪功能的动物骨骼，渐渐成了妇女们的装饰品。

卑贱说。据《留青日札》记载："女子穿耳，带以耳环，盖自古有之，乃贱者之事。"于是，有观点认为，女子佩戴耳饰，其实是对女子的一种警告。据说，这一风俗源于少数民族。有些女子因不甘独守深闺，经常跑出家门游乐。所以人们就想出在女子耳朵上穿孔悬珠坠的主意。这样，她们行动就会起有所牵累，只能在家恪守妇道了。后来这种行为在汉族流传开来。根据这个说法，民间还衍生出了：女孩小的时候就要穿耳洞，以表示从小谨记礼教的说法。后来人们发现，戴耳饰有装饰的作用。久而久之，便形成了女子穿耳洞、戴耳环的习俗。

为什么把女孩子额前的头发叫“刘海”呢?

为了美观，有些人会在额前留些头发，人们称这些头发为“刘海”。刘海的样式繁多，有齐刘海、斜刘海、超短刘海等。那么，人们为什么要称呼额前短发为“刘海”呢?

关于“刘海”名称的由来，民间有这样两种说法：

相传，五代十国时期，有个叫刘海的人。经钟离汉指点，他参悟人生，放弃仕途潜心修道。终于有一天，他功德圆满，得道成仙。在道教中，他拥有很高的声望。据说，刘海的额前总是垂下一绺短发，这在古代人的发式上是不常见的。人们认为羽化成仙的他，神通广大，是吉福的象征。于是，人们开始以他的形象为参照，也在额前留一排短发，并以“刘海”之名称呼，祈愿自己也能够像刘海一样吉祥富贵。通常，留“刘海”的主要是妇女和小孩子。男子则是将头发全部束在头顶，露出全额。

第二种观点认为，古时候，小孩子在成年以前，头发都是垂下来的。所以，孩童的额前总是垂有一排短发。此时，额前的短发并不叫“刘海”。人们将男孩额前垂的短发称为“兆”，将女孩额前的垂短发称为“髦”。当男孩子长到 20 岁、女孩子 15 岁的时候，男孩要行冠礼，女孩要行笄礼。意味着他们告别孩童时代，长大成人。他们改变儿时的打扮着成人装束：男子戴冠束发，女子盘发梳髻。有些女子觉得儿时留的“髦”具有修饰美化的作用。她们便在成人发式基础上，保留了儿时前额留短发的特点。因为这种发式是孩童时所留，所以，人们就称它为“留孩”。又因民间有关于道教真人“刘海”的传说。人们为了讨口彩，便将“留孩”谐音做了“刘海”。

《西厢记》里的“厢”指什么，古人住的舍、斋、寝、楼、阁有何区别?

古代建筑中，厢、舍、斋、楼、阁之类多不胜举。《西厢记》中，与莺莺幽会的张生，便是借住在普救寺的西厢之中。厢，古汉语中又写作“箱”。《说文解字》中说：“凡堂之内，中为正室，左右为房，所谓东房、西房也。”这里所说的东房、西房，指的便是厢房。据汉代的资料显示，古人在堂室外还筑有一道墙。其中，北半部分，即房与墙之间的间隔叫作东夹西夹，南半部分叫作东堂西堂，也叫东箱西箱。有一种观点认为，箱指的是君王办公的正室东西方向的屋子。《周昌传》有：“吕后侧耳于东箱听。”后来，人们将南北向分布的正房两侧的房子通称为“厢房”。

舍泛指房屋。《说文解字》中说，“舍”指的是市居之所，包括客栈、旅馆、庐室之类。在古语中，天子所赐的舍称为候馆；客栈之类称为旅舍。人们也以“舍”作代词使用，借指破旧或简陋之家。如“庐舍”“茅舍”“寒舍”等。

古代的斋室一般指的是书房和学校。斋，常含清心雅静、读书思过之意。在宗教信仰中，一些斋戒场所也称为斋室。

说到寝，人们经常想到的就是卧室。《尔雅·释宫》中说：“无东西厢有室曰寝。”也就是说，在古代，没有东西厢的堂室总称为寝。到了周代大寝为堂，小寝为室。同时，寝还有指代帝王宫室的意思。后来，人们将很多人睡觉的大房间称为寝。

所谓的楼指的是很多层的屋子，在古代称为重屋。《古诗十九首》中“西北有高楼，上与浮云齐”。可见，当时的“楼”和现在所指的“楼”相差无几。只是，据古籍记载，古时候，人们住的楼大多是木制或南方竹制二层楼。楼上并不住人，而是放些杂物。

作为古代一种特有的建筑形式，阁最初指的是阁板。后来，阁成了与楼相对应的架空小楼房。多为四边形或多边形，周围雕栏回廊，作藏书、游园、远眺之用。在南方，楼房上的小房间也被称为阁。古代有些女子居住的场所亦有“阁”之称，因而，女子出嫁有“出阁”的说法。

房屋“前不栽桑，后不栽柳”有道理吗，古人房前屋后栽树还有什么讲究？

民间谚语：“前不栽桑，后不栽柳，院中不栽鬼拍手。”意思是说，房前不栽桑树，屋后不植柳树，院中更不种杨树。不种杨树，是因为杨树又名“呱嗒手”“鬼拍手”。那么，“前不栽桑，后不栽柳”又是因为什么呢？

人们认为，“桑”与“丧”谐音。房前植桑，会给家门带来不幸，意为招丧引祸。“屋后不栽柳”是因为古人观念中，金银珠宝门前进，收在家中福气多。如果在房后栽柳树，那么金银珠宝和福气便会从房后“柳（流）”走，是不吉利的象征。

据史料记载，这种说法大概是汉唐以后形成的。“前不栽桑，后不栽柳”只不过是人们借汉字谐音，寻得心理安慰的一种说法。

在民间，关于房前屋后，还有很多说法。“门前一棵柳，珍珠玛瑙往家走。门前有棵槐，金银财宝往家来。”人们取柳树、槐树的“流”“怀”之意，希望财运福气通通来到家中。为了庭院美观，房前屋后应种什么的顺口溜有：“前兰后桂庭牡丹，迎门松竹梅耐寒。影壁墙上爬山虎，金银菊花门窗前。刺梅不是庭中物，除去丁香留金兰。小桃花开红似火，月下夜赏斗颜鲜。”

围棋起源于什么时候，为何棋子只有黑白两种颜色？

相传在上古时期，帝尧治理天下，百姓安居乐业，邦内一片祥和景象。由于之前经常在外巡查，帝尧很少有时间管教孩子。好在孩子们大都很懂礼数，唯有散宜氏所生之子丹朱最让人头疼。丹朱已经十七八岁了，却终日游手好闲，惹是生非。有的时候，甚至散宜氏都拿他没办法。

如今，天下太平，帝尧可以抽出时间，过问孩子的事情了。他听说了丹朱的所作所为，心中惭愧：是自己没尽到做父亲的责任啊。帝尧想：丹朱如此放纵，定是没有找到心中志向，如果适当引导，是个可塑之才。于是，帝尧命人把丹朱带到平顶山。将天下苍生指给丹朱看，循循善诱，希望丹朱能明白他的一片苦心。但是丹朱根本没把天下放在眼里。

帝尧明白，丹朱的心不在如何以治理天下上。他顺手拿起身边的一根树枝，在地上画了十几条纵横相交的网格，然后命人取来数百颗石子，告诉丹朱说：“我现在要教你能够打败所有人的能力，这样，以后就没有人能奈何得了你了。”丹朱一听，立时有了兴趣，跟着帝尧学起了“制人之术”。从此，丹朱一心放在学习“制人之术”上，再也不胡作非为了。他也渐渐明白，这“制人之术”其实是父亲在教他“博弈”的技巧，里面包含有治理天下、行军作战的艺术。据说，这种“博弈”之术，便是我们现在说的“围棋”。

据史料记载，早在春秋战国时期，围棋就已经是一项比较常见的棋类活动了。人们称这种黑白棋为“弈”。下围棋就是博弈。双方各执一色棋子，以围为攻，以占为进。大约在汉魏时期，围棋有了今天的样子。

围棋棋子只有黑白两种，自古便是如此。人们认为，黑白表示阴阳。万物由阴阳而生，二者相生相融，变化多端。而且，黑白还有黑暗与光明的意思。执棋双方相互攻击，你来我往，其中蕴含的不仅是军事作战方面的战略技巧，还承载了很多动静博弈之术。所以，围棋又被人们称为“黑白棋”，一直是国人喜爱的棋类游戏之一。

古代象棋起源于什么时候，中国象棋和国际象棋有没有关系？

在我国，象棋是一项很古老的棋类运动。在《楚辞·招魂》中，已有关于象棋的记载：

“菎蔽象棋，有六博些；分曹并进，遒相迫些；成枭而牟，呼五白些。”战国时期，象棋成为贵族中一项很流行的棋类活动。有观点认为，此时，史书中所记载的象棋，并不是我们现在所说的象棋，而是一种叫六博的棋类游戏。

据史料记载，北周武帝宇文邕曾写了本《象经》。虽然这部书已经失传，但是从之后的文献中可以推断，它是一部讲棋道的书。书中记载了一种名为“象戏”的棋类活动。据后来的出土文物显示，《象经》中所说的象戏，和当今的象棋类似。因而有观点认为，“象戏”才是当今象棋的雏形。

“象戏”以日月星辰之象为棋子，以8×8的64线格为棋盘，棋子的分布排列也与星象密切相关。直到唐朝，象戏才演变成如今“车”“马”“炮”“将”“士”“相”的样子。宋代，象棋棋制进一步完善。棋盘之上，出现了楚河汉界，32棋子。“象戏”不仅是兵家行军作战的微缩图，还成了民间斗智的一项热门棋类活动。

还有一种观点认为，如今的中国象棋，以及国际象棋其实是源自于印度。有资料显示，公元7世纪左右，我国的“象戏”传入印度。印度人在“象戏”的基础上，结合了当时印度的军队组成，以“象”“马”“车”“兵”替代“象戏”中的日月星辰之象。后来，这种改造后的象棋流传回了中国，同时也传到了西方国家，才形成了如今我们所看到的中国象棋和国际象棋。

唐代流行的打马球起于何时，这种游戏具体怎么玩，现在为何失传了？

打马球又叫“击鞠”“击球”，是唐代很流行的一种马上游戏。据说，这种游戏汉代时，便已经出现。曹植曾经作诗云：“连骑击鞠壤，巧捷惟万端。”说明汉代的人，已经玩得一手好球了。据史料记载，打马球最初是军队中的一种练武方式。后来，这种活动传到民间，成了一项受百姓欢迎的娱乐活动。

据唐代陵墓陕西乾陵章怀太子墓中的壁画显示。打马球在唐代是一项很盛行的球类活动。要打得一手好球，首先马上技术必须过硬。参赛者分成人数相等的两队，每人手中一根顶端形如弯月的球杖。比赛场地通常比较开阔，根据人数多少，或双方各半场、两个球门或双方整场一个球门。比赛开始后，参赛者骑马以球杖争夺马球（马球大都是用材质比较坚硬，韧性极强的木料做成），以将马球打入球门为胜利。

通常情况下，这项运动是端午节的活动项目。到了唐朝，这项活动却是皇家经常玩的游戏。据史料记载，唐代有11个皇帝是打马球的高手。唐玄宗李隆基便是高手中的高手。当时，还设立了“打球供奉”一职，马球技术成为了拔官选将的标准之一。每逢科举之后，曲江宴中，新科进士之间的马球赛是必不可少的一项活动。明清时期，史料中依然有关于这项活动的记载。

王直有诗云：“玉勒千金马，雕文七宝球。飞惊电掣，伏奋觉星流。”可见，打马球是一项危险性很高的运动。为了打得一手好球，不仅选手所骑的马匹上乘，而且所持球杆质地也十分精良。赛场之上，相互冲撞，马球如流星飞舞。人仰马翻，马球伤人是经常发生的事情。所以，人们曾经以驴代替马打过“马”球。因为驴相对马来说，行动较为迟缓，奔跑起来，不像马那样激烈冲动。但是球伤人是避免不了的事情，后来，打马球也就渐渐退出了历史舞台。

拔河要求比赛双方拉扯绳索，但为什么把这种游戏定名为“拔河”呢？

在我国的一些地方，有清明节、元宵节举办拔河比赛的习俗。拔河活动在民间很常见，学校里、军队中、小区里经常举办热闹的拔河比赛。参加比赛的人劲往一处使，观看比赛的人心随绳而偏。通过拔河，不仅能够锻炼身体，还能增强人们团结合作的能力。那么，这种活动为什么被称为“拔河”呢？

据《封氏闻见记》记载，“拔河”在古代被称为“牵钩”。最初，它是训练水兵的工具。《墨子》中说："公输子自鲁南游焉，始为舟战之器，作为钩强之备，退者钩之，进者强之，量其钩强之长，而制之为兵。"也就是说，当年鲁班在楚国为官时，设计了一种用竹片制成的篾绳。这种篾绳是专门用来训练水兵的。将兵将分成两组，各执篾绳的一端，用力向两边拉。实战中，敌船撤退逃跑时，可以用篾绳钩住敌船，使他们不能逃脱；敌船势强进攻时，可以利用篾绳阻止敌船靠近。篾绳，在作战中起到了推拉敌船的作用。因而，篾绳便有了"拖钩""强钩"的称呼。

后来，这种训练水兵的方法流传到了民间，在楚国旧地广为流行。拖钩敌船活动渐渐演变成两拨人相互"较劲"的集体活动。据史料记载，唐朝时期，"牵钩"活动已经十分盛行。上至文武百官，下至黎民百姓，都热衷于这项活动。也是从唐朝开始，"牵钩"更名为"拔河"。据说，当时的拔河和现在不同，人们在绳中央插一面红旗，麻绳的两端，分设有数百条小绳。参加拔河的人手里各执一端。拔河的时候，绳子两端形成两个扇面，旁边观看的人擂鼓助威，这样的拔河场面，要比现在壮观得多。

如今的拔河比赛相对来说形式比较简单。人数相等的两队将绳子往自己方向拉，以将对方排头拉过河界为赢。它更多的是体现大家心往一处想，劲往一处使的团结奋战精神。

斗鸡是古人喜欢的游戏，这种游戏最早出现在何时，史上有何趣闻？

斗鸡，是古代人很喜爱的一种游戏。据说，这项游戏在上古时期便已萌芽，春秋战国时期，成为当时最流行的一种游戏。据记载，当年齐桓公曾因宋国违"北杏之会"，携诸侯讨伐宋国。得胜之后，高筑看台，以斗鸡活动庆祝。唐代韩愈有诗云："裂血失鸣声，啄殷甚饥馁，对起何急惊，随旋诚巧给。"可见，在古代，斗鸡是一项颇为壮观的"赛事"。

在民间，斗鸡多为一种赌博活动，有的人专门以养斗鸡为业。相对来说，皇宫中，则是以大规模的斗鸡活动为乐。据史书记载，斗鸡在唐朝最为盛行，这一时期，因斗鸡出的趣闻也最多。

唐高宗时期，亲王大臣不仅以斗鸡为乐，还以斗鸡作为相互倾轧的一种手段。谁家的斗鸡要是赢了，主人家自然盛气凌人；输家也不甘心咽下这口气，伺机报复。一时之间，官场之上，以斗鸡倾轧斗狠之风盛行。相传，沛王与英王经常以斗鸡暗中较量。一日，沛王命府中近臣王勃作檄文声讨英王。王勃提笔写道："两雄不堪并立，一啄何敢自妄？养成于栖息之时，发愤在呼号之际。望之若木，时亦趾举而志扬；应之如神，不觉尻高而首下。于村于店，见异己者即攻；为鹳为鹅，与同类者争胜。爰资枭勇，率遏鸱张。纵众寡各分，誓无毛之不拔；即强弱互异，信有喙之独长。昂首而来，决胜鹤立；鼓翅以往，亦类鹏抟。搏击所施，可即用充公膳；剪降略尽，宁犹容彼盗啼。岂必命付庖厨，不啻魂飞汤火。羽书捷至，惊闻鹅鸭之声；血战功成，快睹鹰鹯之逐。"沛王见了，振奋不已。后来，这份檄文传到了高宗手里，高宗觉得此文有挑拨皇室不合之嫌，便将王勃罢官。

古人多少事，真是几家欢喜几家愁。唐玄宗时期，对斗鸡痴迷的玄宗曾提拔13岁孩童贾昌为"鸡坊五百小儿长"，专门负责训练斗鸡。每逢斗鸡之时，文武百官、六宫粉黛悉数到场。贾昌盛装出席，指挥斗鸡激烈争斗。当时，民间有歌谣说"生儿不用识文字，斗鸡走马胜读书"。

奸贼高俅因踢得一脚好球而得来荣华富贵，他擅长的运动叫什么？

北宋末年，本是破落子弟的高俅，却得到了端王（即宋徽宗）的赏识。这并非是因为高俅拥有傲人才华，有助于江山社稷，而是因为他踢得一脚好球，可以讨端王欢心，陪端王玩乐。端王即位后，立刻封高俅为殿帅府太尉。那么，高俅擅长的这种运动究竟是种什么运动呢？为什么他能够凭借此项运动平步青云呢?

高俅擅长的运动叫“蹴鞠”。也就是我们现在说的足球。古汉语中,“蹴”指的是用脚踢、踏;“鞠”指的是一种皮球。最初,这种皮球是以毛发填充皮囊而成。

据说,这种球类运动发源于春秋战国时期齐国的临淄。《史记·苏秦列传》中记载说:“临鹳甚富而实,其民无不吹竽、鼓瑟、蹋鞠者。”但是在当时,这项活动还不是十分流行,只有一些下层人以“蹴鞠”为娱乐活动。直至汉代,这种运动才被贵族接受,并成为一项全国盛行的球类运动。当时一度出现了“贵人之家,蹴鞠斗鸡”为乐,普通百姓“康庄驰逐,穷巷蹴鞠”的现象。

唐宋时期,“蹴鞠”运动最为盛行。据记载,唐代蹴鞠进一步发展,不但出现了双方对抗蹴鞠,还出现了女子蹴鞠。不似男子足球对抗赛那般激烈,女子蹴鞠则以踢花样,娱乐观赏性为主。

宋代,人们总结出了一套踢球技巧。这为后世足球爱好者提供了一项参考。这套技巧兼具了肩、背、拍、拽、捺、控、膝、拐、搭、肷等十多种踢法。据说,高俅便是以“球不离身,球随身动”的高超球艺,得到端王赏识的。

到了清代,蹴鞠活动虽不似唐宋时期那么盛行,但是作为一项古老的运动,它一直拥有广大的拥趸。

梁山好汉燕青擅长的“相扑”是什么运动,与现在日本的相扑一样吗?

施耐庵在《水浒传》第七十四回中,详尽地讲述了浪子燕青与任原相扑比赛的全过程。“燕青除了头巾,光光的梳着两个角儿,脱下草鞋,赤了双脚,蹲在献台一边,解了腿绷护膝,跳将起来,把布衫脱将下来……”“燕青却抢将入去,用右手扭住任原,探左手插入任原交裆,用肩胛顶住他胸脯,把任原直托将起来……”从施耐庵的描述中,我们可以看出,在宋代,相扑是一项规则完善的比赛活动。而且,它和现在日本的相扑相差无几。那么,日本的相扑是从中国传过去的吗?

帛画角抵图(局部)临沂汉墓出土

1976年出土于山东省临沂市金雀山9号汉墓。长200厘米,宽42厘米。图中所绘为两个佩剑之人角抵竞技,旁立一人裁决。角抵戏来源于战国时期的武备训练,汉时角抵已经有了较强的表演功能。

相扑,又名“角抵”。关于“角抵”运动的记载早在先秦时期便已出现。但是,以“角抵”之名记录在册,是从《史记》开始的:“蚩尤氏头有角,与黄帝头,以角抵人,今冀州为蚩尤戏。”意思是,在汉代的冀州一带,流行着一种“蚩尤戏”。这种“蚩尤戏”是从上古时期传下来的,因蚩尤以角抵御黄帝而来。

晋代,“角抵”更名为“相扑”。唐宋,相扑运动发展成型。据《日本书记》记载,公元7世纪的时候,在日本允恭天皇的葬礼上,中国使者表演“素舞”以示致敬。这种“素舞”便是古代的相扑。表演之前,裁判焚香祭祀。表演者赤裸上身,腰间围有兜裤。表演者登上台后,喝“神水”以示祭祀。然后两人开始争交搏斗。这与日本传统的相扑运动十分相似。因而,有观点认为,中国的相扑在这个时候传入日本。

宋代,相扑运动更为兴盛。每逢宫廷庆典,军士都要表演相扑节目。在民间,不但兴起了以相扑表演为职业的专业相扑人,还出现了很多诸如同文社、角抵社、锦体社之类的相扑团体。到了明清时期,相扑运动渐渐淡出人们日常游戏的舞台。而日本的相扑运动逐渐兴盛起来,并成为日本国粹。

明代兴起的“打马吊”是一种什么游戏，和现在的麻将有关系吗?

在明代万历年间，吴中地区兴起了一种“马掉”游戏。这种游戏又称“马掉脚”“马吊”。据《牧猪闲话》记载，这种纸牌游戏，原是游戏附属筹码，后来经过改进，成了一种新的游戏器具。整副纸牌共 40 张，分为十万贯、万贯、索子、文钱 4 种花色。其中，万贯、索子两色是从一至九各一张；十万贯是从 20 万贯到 90 万贯，乃至百万贯、千万贯、万万贯各一张；文钱是从一至九，乃至半文（又叫枝花）、没文（又叫空汤）各一张。十万贯、万贯的牌面上画有《水浒》好汉的人像；索子、文钱的牌面上画索、钱图形。

据《马吊脚例》记载，打马吊要四人一桌，每人轮流摸取八张牌，以色子决定哪方是庄家。三家打庄家，如果庄家赢了，则继续坐庄；如果输了，就让位给下家。当时，人们将坐庄之人称为“主将”。所以，打马吊又称“打主将”。按照这个说法，马吊似乎和我们现在玩的麻将差不多，那么，古人玩的打马吊是麻将的雏形吗?

有观点认为，麻将源于古代的博戏。这种博戏起于夏商时期，兴盛于秦汉时代。据史料记载，宋代女词人李清照就很喜爱这种博戏。由于博戏费时费脑，不利于普遍推广，人们便在博戏基础上，淡化了它繁杂的内蕴，逐渐将其演化为一种叶子戏、诗牌。这种诗牌主要是文人斗诗的器具。后来，人们将宣和牌与叶子戏相结合，发展成了“打马吊”。

清代，打马吊进一步发展。由原来的 40 张牌，渐渐增加到了 136 张牌。原来的纸牌，也渐渐被竹牌、象牙牌替代。打马吊也有了“麻雀牌”的称呼。此时麻雀牌已经和现在的麻将十分相似了。据说，当时改进这种牌的人是宁波人，在宁波方言里，麻雀读“麻将”。而且，麻雀牌中的一些术语，也是宁波方言的发音。如此考证，打马吊确实和麻将有些关系。

明宣宗因何被人称为“促织天子”，他痴迷的这种游戏是什么?

曾经创造了“仁宣之治”的明宣宗，又被人们称为“促织天子”。这位明成祖朱棣十分喜爱的皇孙，不仅治理国家有方，还画得一手好画，写得一手好字。据说，明宣宗尤其喜好一种名为“促织”的游戏，甚至达到了痴迷的程度。为了促织，他还命人在地方上寻找品质上乘的“促织”。各地方官员将这项任务摊派给了百姓，一度造成百姓怨声载道的现象。因而，人们称这位皇帝为“促织天子”。

促织，指的是蟋蟀，人们又叫它“蛐蛐儿”。蟋蟀一般都是独立生活，不喜合居。所以，两只蟋蟀碰到一起，经常发生争斗。蟋蟀的薄翅相互摩擦，会发出嗡嗡的响声。在旧时的农村，傍晚时分，人们经常能够听到砖炕之下，墙角之处有蟋蟀的叫声。因而，蟋蟀便给人们留下争鸣好斗的印象。

根据蟋蟀的这一特点，人们经常把两只蟋蟀放一起，使之彼此争斗。渐渐地，民间便形成了斗蟋蟀的游戏，这种游戏又被称为“促织”。在斗蟋蟀的游戏中，人们发现，如果借助外力刺激蟋蟀，很容易使它们发怒，从而激发它们的斗志，斗蟋蟀也就更加有看头了。所以，人们就用草棍之类，触动蟋蟀的口须和尾毛。受刺激的蟋蟀便会拼尽全力，上阵拼搏。斗争场面异常激烈。

最初，人们是从乡野寻找品质上乘的蟋蟀。到了唐朝，因为促织活动盛行，出现了专门以养蟋蟀为业的人家。渐渐地，促织游戏演变成了一种赌博活动，也是很多阔商富少的斗财撒金游戏。

一场促织比赛往往酝酿着一场恩怨情仇，如此说并不夸张，很多古代人玩物丧志，终日以促织为业，更有游手好闲者以促织过活。有些富家子弟因在促织中惨败，蟋蟀也命丧敌手，而出手伤人。

古代对女子约束很严，是不是根本没有为女子而设的体育活动？

古代女子讲究三从四德，深居简出。男女之间也不得逾越“授受不亲”之礼。如此看来，古代对女子的约束是很严格的。那么，古代女子除了操持家务、针线女红之外，是不是就没有什么体育活动可以参加了呢？

当今社会，男女平等的思想，使女子可以抛头露面。女子参加体育活动，已经不是什么稀奇的事情了。古代，虽然对女子的管束很严，但是并不是说，女子没有体育运动可以参加。

据史料记载，早在汉代，就已经出现了女子马球队。关于马球，前文已有介绍，此处不再赘述。由于骑马击球危险系数很大。所以，当时的女子马球队通常是骑驴击球。唐代诗人王建有诗云：“新调白马怕鞭声，隔门摧进打球名。”说的就是宫女打马球的壮观场景。

打马球一般是善骑女子喜爱的运动，那些不善骑马的女子便无缘这种运动了。而且，单单养马喂驴，就要耗费很多资金。平常百姓，定是消费不起这种运动的。所以，和马球相对，出现了一种徒步打“马球”的运动——捶丸。这样，女子可以参加的体育运动又多了一项。

蹴鞠也是古代女子常玩的体育运动。《史记》中曾有过关于男女混合蹴鞠的记载。到了唐朝，开放的世风促使这项运动蓬勃发展。并且出现了很多女子蹴鞠高手。女子蹴鞠主要以踢花样为主，并不似男子足球那般激烈。它不仅锻炼身体，还极具观赏表演性。因而，这项活动颇受青楼女子喜爱，成了她们表现自己的一项运动。

在我国的一些地区，至今仍保留着清明节荡秋千的习俗。在古代，荡秋千也是女子体育运动之一。苏轼有词曰：“墙里秋千墙外道。墙外行人，墙里佳人笑。”

除了上述几种体育活动外，古代女子还有放风筝、投壶、木射等，其可以参加的体育运动可谓丰富多彩。

第十三章

节庆习俗·文化溯源

除夕晚上，许多人家彻夜不寐，谓之“守岁”，人们为什么要这么做？

除夕不睡的习俗叫“守岁”。人们为什么要“守岁”呢？

“守岁”又叫“熬年”。相传，古代有种叫“年”的怪兽，每到年三十晚上它就要出来作祟。原本辞旧迎新的喜庆日子，成了人们最不愿意过的时间。到了年三十，家家户户早早地料理完家务，门窗紧闭。因为害怕年来为祸，所以没有人敢睡觉。为了消除“年”即将到来的恐惧，人们便准备了一年里最丰盛的晚餐，一家人齐聚餐桌前，说笑逗乐，畅想未来美好生活，借此挨到天明。三十晚上一过，人们便张灯结彩，燃放鞭炮，庆祝自己躲过“年”的毒手，熬过了“年”关。后来，民间就逐渐形成了除夕守夜的习俗。

早在西晋，就有文献记载有关守岁的事宜。《风土志》中说，除夕晚上，大家互相赠送礼物，预祝对方新的一年财运当头，讨个好彩头，这叫“馈岁”；准备丰盛的酒席，祭神祈福，这是人们告别旧的一年的方式；一家人其乐融融地聚在餐桌前，互相沾点福气，这是所谓的“分岁”；彻夜不眠，欢声笑语一直到天明这就是“守岁”。

俗话说“一夜连双岁，五更分二年”。也就是说，除夕这天晚上，人们不仅要告别旧的一年，辞旧迎新，同时，人们年龄也要再长一岁，所以就有了“此夜守岁惜年华”的说法。

“除夕不空锅”的习俗流行民间，这种习俗有什么来历？

在民间，有“除夕夜，锅压粮，新的一年粮满仓”的说法。也就是说，除夕这天，家里的锅是不能空着的。这个说法和习俗是怎么来的呢？

关于“除夕不空锅”的习俗，并没有明确的史料记载源于何处，但是民间却流传着这样一个故事：传说，明太祖朱元璋当皇帝之前，以乞讨为生。作为男儿，朱元璋还能忍受风餐露宿，甚至吃了上顿没下顿的生活，但是他年事已高的老母亲却受不了这种折磨。眼看年岁已大、身体虚弱还要忍饥挨饿的母亲，朱元璋心里很不是滋味。

又一个农历新年来到了，正是家家团聚欢宴的时节。到处流浪的朱元璋看着日渐消瘦的老母，心里愧疚不已。他四处乞讨，可是大过年的谁会待见要饭的。在街上来来去去几十个来回了，他竟没讨到半粒粮食，一气之下便起了贼念。

趁着夜黑，他连摸了几户人家，但是家家锅里都是空空如也。本就饥饿难耐的朱元璋更加愤怒，抄起人家的锅就走。他想：没饭吃，我总可以拿锅换点粮吧。刚走出几步，朱元璋便觉得这么做有些不妥。虽说自己没饭饿得发昏，但是人家如果没了锅，怎么做东西吃啊、年怎么过，这不是又连累一家人挨饿吗！想到这儿，他便把人家的锅放回了灶台。

后来，朱元璋苦尽甘来，当上了衣食无忧的皇帝。但是每每想到自己曾经因为一餐饭而做出的羞愧事，便懊悔不已。于是，他下令说，每到年三十，家家户户的锅都不许空着。里面可以放些熟干粮、白米等粮食，让那些因饥饿而起邪念的人拿去充饥。这样一来，那些人就不会去偷别人家的锅了。从此，民间便形成了"除夕不空锅"的习惯。

时至今日，在一些地方仍保留着除夕"压锅"的习俗。每到年三十，人们就会将收获的粮食做成各种各样的食物放在锅里。这样做不单是为了那些无处乞食的乞丐，还有着陈粮留新年、新年吃旧粮、年年有余粮的美好祈愿。

人们习惯把每年农历的一月叫"正月"，这个叫法是从哪里来的？

大年初一，也就是农历的新年头一天，人们通常把这一天之后的一个月叫正月，那么为什么不是叫初月、春月，而要叫正月呢？

要说起正月的来历，还要从初月说起。每逢江山易主，新朝天子总要破旧制，立新政，这样才能代表江山唯我一统。破旧立新中十分重要的一条就是"改正朔，易服色"。所谓"改正朔"就是抛弃前朝旧历法，采用新历法，而重新确定每年的岁首之月是更改历法最重要的标志，所以更换岁首之月的现象是常有的。夏朝的时候，和现行月份基本一致，规定夏历的一月为每年的第一个月，而商朝则将岁首变更为夏历的十二月，到了周朝又规定夏历的十一月是岁首。新朝君臣认为，更改后的岁首的这个月，不仅是新的一年，也是新的王朝开始的时间。

但是在古代历法中，由于月份规定并不是十分科学，因而经常出现"朔晦月见，弦满望高"这样的现象。于是人们开始研究新历法，最终发现，夏历以一月为岁首是最为科学的，到了汉代，农历一月为岁首才最终被正式确定下来。

由于更改岁首之月代表新王朝的开始，意味着拨乱反正，所以，更改后的岁首之月便称为"正月"。至于"正"什么时候读成了"征"的音，相传这和自封为始皇帝的嬴政有关系。古代的避讳制度很严格，嬴政名字中有"政"，而岁首的"正"读音刚好和"政"相同，这就犯了忌讳。所以，秦始皇便下令，将"正"的读音改为"征"，也称"端月"。

从此以后，人们便习惯性地称每年的第一个月为"端月"或"正月"，至今沿用。

每逢春节，人们总要放鞭炮，这里面有什么讲究呢？

每逢春节，人们都要燃爆鞭炮，以示庆祝，那么人们最初为什么燃放鞭炮呢？

我们现在所燃放的鞭炮，其实源自古代的爆竹。据《荆楚岁时记》记载，正月初一，天不亮人们就已经起床了，家家户户都在庭院里燃烧竹子。竹子爆裂发出哔哔啵啵的清脆响声，可以驱除妖魔鬼怪。火药发明之后，人们便将硫黄、硝石、木炭放进了竹筒里，这样一来，点燃后竹子发出的声音更加响亮。后来，人们还将火药放入纸卷，这就是"炮"。把"炮"编成串，就成了"鞭炮"。"鞭炮"点燃后，可以持续地发出响声。因为鞭炮的来源与古代烧竹子有关，所以又称为"爆竹"。

古人之所以要烧竹子，目的是为了驱魔。据说，古时候人们经常被一些妖魔鬼怪骚扰，尤其是一种名为年的怪兽为祸甚巨。年长了一张人脸，却只有一条腿，每年春节都会出来害人，碰到它的人便浑身忽冷忽热，如果得不到救治，就会疼痛而死。

有一年的春节，为了庆贺丰收，祈愿下一年风调雨顺，家家户户张灯结彩，载歌载舞，一直闹到了后半夜。沉浸在欢乐中的人们忽发奇想，围着篝火燃起竹子。投到火中的竹子发出啪啪的响声，把欢乐的气氛推向高潮。

夜半时分，危害人类的年来了。它进入村子，正要兴风作浪，忽然听到篝火中的燃竹正发出噼里啪啦的响声，吓得掉头就跑。人们见此情景，才知道恶魔年害怕响声和火光。于是，每年到这个时候，老百姓都要燃放爆竹，为的就是把年吓跑。时间一久，年再也不敢出来祸害百姓了。虽然年不再出现，但是人们春节放鞭炮的习惯保留了下来。如今，人们过年燃放鞭炮已不再是驱除鬼怪，而是为了辞旧迎新，增添喜庆气氛。

春节时人们要相互拜年，这种习俗是怎么来的？

过了大年三十，人们开始走亲访友，互相拜年道贺。据说，这一习俗源于一种怪兽。

相传，古代有种人面独腿的怪兽，叫作“年”，每到除夕都要出来兴风作浪。到了三十这天，家家紧闭门窗，围坐在丰盛的年夜饭前，互相打气壮胆，祈愿能平安地度过除夕。三十一过，“年”也就离开了。因而，能活过三十，就算闯过了“年”关。到正月初一，侥幸生存下来的人们便互相道喜，庆祝大难不死。后来，春节拜年的习俗也就延续了下来。

关于拜年，还有这样一件趣事：唐太宗李世民发动玄武门之变，程咬金、尉迟敬德等人立下汗马功劳。随着李世民帝位的稳固，元老们也开始居功自傲。尤其程咬金，总觉得自己追随李世民最早，劳苦功高无人能及，满朝文武，谁都不放在眼里。鄂国公尉迟敬德也认为自己功不可没，与程咬金相比并不逊色，所以两人针锋相对，关系逐日恶化。

李世民看到了他们钩心斗角，便忧心忡忡，不知如何化解。魏徵见了进谏说：“万岁，您的愁苦我了解，来之前，我早已为陛下想好了解决的办法，不知道皇上是否肯采纳。”李世民一听，急忙道：“爱卿尽管讲，能解决矛盾，我愿意接受。”魏徵道：“明日是年三十，您在早朝的时候屈尊给大臣们拜个年。就说新年讨吉利，希望大家初一也能互相拜年道贺；拜年时不光要说吉利话，还要检讨自己的言行，以求新年有个新气象。”

李世民一听，这也没什么大不了的，倒不妨试试。于是第二天上朝，李世民按照魏徵的建议拜完了年，吩咐道：“明日免朝，都相互拜年去吧。”大臣哪有敢违背的，所以年初一一早，文武百官热闹了起来。程咬金还是不肯低头，正在家里想怎样做才能不违皇命，尉迟敬德登门拜年来了。程咬金一看尉迟敬德先礼让一步，自己也就让步了。于是，两人互相道贺，说起自己的不是。通过拜年，两人的疙瘩解开了。

现在，拜年是人们沟通感情、互相表达祝愿的一种方式。

贴春联是中国人过年的传统习惯，这种做法起于何时？

除夕这天，人们除了要守岁，吃年夜饭，家家户户都不忘贴春联。大红的春联贴在门两侧，喜庆又吉祥。那么，是从什么时候开始有了贴春联的习俗呢？

春联由古代的桃符演化而来。桃符起源很早，据《后汉书·礼仪志》记载：“正月一日，造桃符着户，名仙木，百鬼所畏。”可见，最初的桃符是用来驱除鬼怪的。

传说，古代有种凶残无比的怪兽，为害甚烈，无人能降住它。后来，有两位居住在山林中的专门整治妖魔鬼怪的神仙，用桃枝降服了这头怪兽。于是，民间相传，只要门上悬挂桃枝，上面刻上两位神仙的名字，任何妖魔鬼怪都不敢上前。这种桃枝就被人们称为“桃符”，也就是所谓的镇鬼灵符。后来，人们便延续了这种风俗。

桃符开始演变成春联，源起于五代十国

写春联　清

《燕京岁时记·春联》载：“自入腊以后，即有文人墨客，在市肆檐下书写春联，以图润笔。”

时期。据史书记载，后蜀主孟昶曾经令学士张逊在桃木板上题词。张逊写完后，蜀主一看，不对仗，便提笔写道："新年纳余庆，嘉节号长春。"这便是中国历史上最早的一副"春联"。但是此时，文献里并没有出现"春联"的字样，人们依然称之为桃符。之后的很长一段时间里，人们都保留着挂桃符的习俗。宋王安石诗云："千家万户曈曈日，总把新桃换旧符。"足见新年悬挂桃符，已经风行。

随着纸张的出现，人们便将厚重的桃木板换成了轻便的红纸张。

直到明代，桃符才正式以"春联"的身份亮相。《簪云楼杂话》记载说，明太祖朱元璋规定，不论公卿士庶，大门上都要贴一副春联，而且皇帝会亲自审查。于是，大街小巷的门庭上贴满了画有各样花色的春联。据传，朱元璋出城审查时，发现一户屠夫家没有贴春联，便提笔在门上写道"双手劈开生死路，一刀割断是非根"的对句。百姓看了，都觉得这春联题得恰到好处，又对仗工整。后来，春联也就成了年俗文化中的独特文学样式。

春联又被称作"对联"，在1000多年的发展过程中，春联文化日臻成熟。如今，对联已经不仅仅是春节的贺词，更是传统文化的象征。

春节将"福"字倒贴，仅仅是为了讨"福到"的口彩，还是另有来由?

春节贴"福"字的风俗由来已久，《梦粱录》中就曾记载了春节家家户户张灯结彩，挂门神，贴"福"字的喜庆场面。有的人家还会将"福"字倒贴，意思是借着"倒福"讨个"福到"的口彩。

相传，清代的恭亲王府中，有一个能言善辩的管家，不但人机灵，还写得一手好书法。每年的春节，王府里的春联"福"字都是出自他手。转眼又是一个春节到来，管家照例在大红纸上写了几个龙飞凤舞的"福"字。欣赏片刻之后，便叫来家丁，让他们将"福"字贴到王府大门、仓库等地方。王府中有一名新进的家丁，大字不识一个，看着"福"字只管往上贴。在大门上，他恰巧把"福"字贴颠倒了。

恭亲王福晋看到大门上硕大个"福"字居然是倒着贴在上面的，顿时火冒三丈，不由分说便命人鞭笞那个家丁。管家一听，慌忙跪下解释道："奴才听说，恭亲王寿高福大造化大，如今王府门上的大福字都到（倒）了，这是大吉大利的征兆啊。"福晋一听，这话说得在理，于是便赏了管家和家丁各50两银子。后来，倒贴福，福气"到"也就成了百姓们讨吉利的说法。

其实，在传统民俗中，在哪里倒贴"福"字是有讲究的，并不是倒贴哪里都可以。人们常说"破五之前不扫地，垃圾藏在筒子里"，意思是说在正月初五之前，是不能除尘倒垃圾的，否则会把财运和福气都扫光、倒出门，这样一年都不会交到好运。所以，人们除了不倒垃圾之外，通常会在垃圾桶和水缸等地方贴上个"倒福"，这样就冲淡了将福倒出去、走霉运的忌讳。

除了这两个地方，装东西的箱子和衣柜上，也会被贴上"倒福"，意味着将福压进了箱子底，福气留在了家里，财源广进。

而大门上所贴的"福"字，是开门迎福的意思。这个"福"字表示福气源源不断地来到家中，一般不允许福字"倒"贴在门口。所以，大门上所贴"福"字是不能倒贴的。

如今，人们贴"福"更注重的是一种喜庆，所以，哪里倒贴、哪里正贴的忌讳已经被人们淡化了，福"倒"即福"到"的说法被更多的人所接受。

过年时，长辈要给小孩子发压岁钱，这种习俗是怎么流行起来的?

相传，古代有种叫祟的小怪兽，性情十分古怪，专喜欢在过年的时候摸小孩子的头，偷取他们的思想。八仙听说了，便化身为八枚铜钱来到人间，此时恰逢年关。

有一家穷人，夫妻俩老来得子，喜欢得不得了。除夕这天，老两口怕祟来偷孩子的思想，便哄着孩子玩，不让他睡。孩子小，困了便要吵，夫妻俩实在没办法了，便将家里仅有的八枚铜钱，拿出来给孩子当玩具玩。夜深了，孩子玩累了攥着铜钱睡着了，夫妻俩也不知不觉地进入了梦乡。

祟看见这家人都睡了，便偷偷地溜进他们的家。它伸出手刚想去摸孩子的头，便被八束金光击得连连后退。从此，祟再也不敢来偷小孩的思想了。原来，夫妻俩给孩子的这八枚铜钱正是八仙所化。

后来人们听说，只要在孩子手里放些钱，祟就不敢靠近孩子了，便纷纷效仿。于是，民间就流行起了过年给孩子压“祟”钱的习俗。压祟，意味着辟邪、避晦气。渐渐地，“压祟钱”谐音作“压岁钱”，成了老人们表达对小辈们祝福的一种形式。

据史料记载，最早的压岁钱，并不是普通的流通货币，而是一种专门铸造出来，用以压鬼避邪的钱形佩饰品。在汉代出土的文物里，一些钱币形状的佩饰上，刻有龙凤、斗剑、双鱼等吉祥图饰；有的佩饰上甚至还印有诸如“去殃除凶”的字样，人们把这种压岁钱称为“压胜钱”。

还有一种说法认为，压岁钱由古代的春日散钱风俗演变而来。据《燕京岁时记》记载，在民间，人们通常会用彩线将铜钱串联起来，再编成龙形，将这种东西放在床角，作为护身符。这种钱串，俗称压岁钱。一般情况下，长辈会直接把编好的铜钱给晚辈，希望压岁钱能给孩子带来一年的平安吉祥。这种做法，在明清时期最为盛行。

到了近代，压岁钱逐渐地成了人们表达美好祝愿、祈愿大吉大利的一种形式。比如，送小孩子几张新的连号纸币，意为“连连发”；晚辈给长辈包个红包，意为压岁，“长命百岁”。压岁钱也就成了另一种文化内涵的载体。

“年初一，不吃稀”是春节的一大讲究吗，人们为何忌讳过年吃稀饭？

中国人的传统佳节是很有民族特色的。单单一个新年，讲究就颇多。比如，民间就有“年初一，不吃稀”的说法。稀粥是养胃的最好食物，为什么年初一就不能吃了呢？

说起“年初一，不吃稀”，要从中国人的传统观念讲起。古人认为，“稀”含有“少”“薄”之意，与贫穷相关；而人们渴望的则是与“稀”相反的“厚”，因为它有“多”“稠”之意，与富裕相关。所以，如果年初一吃稀饭，这一年的头开得就不好。年头喝稀，一年都不会吃上丰盛的东西，换句话说，这一年都不会过得太富裕。

人们忌讳年初一吃稀，不仅仅是因为吃稀要过穷日子，还因为吃稀会把人们的好运气带走。如果一年里，人们出门办事老是遇着阴雨，或者这一年做的事情总是泡汤，肯定会有人说“你年初一吃的稀饭吧”。这不是一句嘲讽的话，而是民间的说道和信仰。

为了避忌讳，年初一的三餐都不会有稀饭的影子。即使是穷人家，在大年初一，也会尽量做干食，为的就是新的一年能有所转变，交上好运。

另外，初一吃稀饭，还被人们视为糊涂的象征，这一说法源于人们对稀饭本身的认识。稀饭通常是黏稠的粥，古人认为新年伊始吃了这种糨糊一样的饭，一年都会混混沌沌，不但日子过不好，事情也会做得一塌糊涂，大人们生活事业混乱；孩子们学习成绩不会提高。总之，年初一吃了稀饭，所有的霉运都会缠上身。

时间一久，这一民俗禁忌也就流传了下来。如此看来，人们在年初一避开吃稀，无非是想在新的一年里有个好的开始，是人们祈愿新年新气象的美好愿望罢了，与时运并没有直接的因果关系。

每逢正月十五，家家都要挂红灯，这个习俗怎么来的？

在中国，有正月十五闹元宵的民俗。每到元宵佳节，不但家家户户挂着喜庆的大红灯笼，就连大街小巷都张灯结彩，人们赏灯游园，一片祥和景象。那么，正月十五人们

卖元宵　清　选自《太平欢乐图册》

为什么要挂红灯笼呢？

相传唐朝末年，黄巢带领起义军沿长江一路攻到濮州。但是，起义军连续奋战三天，没有撼动濮州城池半分。眼看就要到年关了，再拖下去军中将士就会无心恋战。于是，黄巢决定进城摸摸情况，寻找濮州城难以攻克的原因。

黄巢乔装成卖汤圆的小二哥，偷偷进入城内。刚进城不久，便听街道上一片慌乱声，众官兵高呼："不放过一个卖汤圆的，黄巢进城了。"黄巢心想，军中定是出了内鬼，看来此行凶多吉少，还是先避避风头再说。于是，他闪身跑进了旁边的小巷，翻身进了一家庭院。人刚落地，便碰到一名老汉。黄巢拱手说道："老人家，我被官兵追捕，实有隐情。还望老人家行行好，助我逃过此劫。"老汉看黄巢不像恶人，便将他藏在自家的醋缸里。

此时，官兵已经搜寻到了这里，不由分说将老汉家翻了个底朝天，但还是没有发现黄巢踪迹。待官兵走后，老汉引出黄巢说："我家里尚有老小，恐不能帮你太多。我能做的也只能这样了，你还是自己想办法出去吧。"黄巢听了，向老人表示感激，并询问老汉有没有逃出城去的地方。老汉对黄巢说："城中天齐庙城墙南，有一个豁口，平时少有人注意，你可从那里出城。"黄巢听后，松了一口气。他向老汉问道："老人家，你可知我是何人？"老汉徐徐答道："你一来，我便知黄将军入城了。"黄巢听后跪谢老汉，并告知老汉："您可取些红纸扎成灯笼，待我军攻进城时，看见红灯笼，定不伤恩人分毫。"说完转身离开。

老汉知道黄巢军早晚会攻入城内，便将这个消息悄悄地告知了乡里百姓。一时之间，红灯遍地。待黄巢军攻入城内，凡是红灯笼人家，概不骚扰，只取恶霸贪官府宅。此时，正值正月十五。后来，正月十五挂红灯、闹元宵、逛庙会、赏河灯的习俗也就延续了下来。

不管由来如何，正月挂红灯的习俗已经成为我们传统文化的重要内容，当然，它还将继续流传下去。

清明为何被称为鬼节，清明扫墓踏青的习俗是怎么来的，起于何时？

杜牧诗云："清明时节雨纷纷，路上行人欲断魂。"短短两句，便将清明的清冷凄凉衬托得淋漓尽致。清明，又被称为鬼节，每逢此节，人们便会踏青扫墓。那么，人们为什么要在清明节这天踏青扫墓呢？

在中国，清明、中元、寒衣被称为三大鬼节。这三大鬼节，最为国人重视的就是清明节。据说，清明扫墓早在西周时期便已成俗，它是由古代帝王春天祭祖的习俗演变而来。后来，这种宫廷祭祖礼仪推广到了民间，春日祭祖的习俗渐渐形成。

清明节最重要的内容是上坟扫墓。从古至今，每逢清明，几乎所有的家庭都会派人前往家族墓地，为已故的亲人上供烧纸，给冥府的亲人"送物送钱"。祭奠之余，还要给祖坟填土加固，以免墓地被虫兽盗洞，扰了死者的安宁。由于清明节备受国人重视，便和春节、中秋、端午一起，并称为四大传统节日。

清明节又被人们叫作寒食节。据史料记载，寒食节本在清明的前几天。这一天里，人们要禁火，吃冷食，祭祖。但是并没有文献记载，寒食节上坟的习俗源自何处。唐玄宗曾经下诏说"寒食上坟，礼经无文，近世相传，已成习俗，应当允许，使之永为常式”。后来，寒食节与清明节逐渐合为一天，寒食节上的一些习俗也就迁移到了清明节。白居易曾有诗云“鸟啼鹊噪昏乔木，清明寒食谁家哭”。从某种意义上说，清明节承载了两个节日的内涵。

清明是二十四节气中的一个节气，大约在每年阳历 4 月 5 日。4 月里，雨水逐渐增多，万物复苏。俗话说“清明前后，种瓜点豆”。可见，此时的气温已经回暖。这一时期，也是传染病多发的季节，古人认为踏青折柳能够防止病毒侵害。清明踏青由此而来，而现代人则把它当成锻炼身体的方式。后来，清明节又增添了折柳、蹴鞠、荡秋千等文娱活动。如今清明节，举家春游，做些户外运动已成为流行风尚。

古时的“寒食节”为什么不允许生火做饭？

相传，春秋战国时期，公子重耳为逃避晋献公宠妃骊姬的迫害，流亡异乡。颠沛流离之中，食不果腹是常有的事。据说有一天，几天没吃饭的重耳饿昏了过去。追随他的臣子们也饿得东倒西歪，重耳这一昏，他们更像无头苍蝇一般，乱作一团。

随臣中，始终伴随左右的介子推看着昏迷的重耳，狠了狠心，走到小树林里。他撩起衣襟，割下了大腿上的一块肉，忍着剧痛，把肉煮熟了喂给重耳吃。有了充饥的食物，公子重耳总算捡回了一条命。

流亡 19 年后，重耳在秦国的帮助下重返晋国，登上了国君的宝座。这就是晋文公。为了感谢那些当年与他患难与共的臣子们，晋文公给狐偃等人加官晋爵，并且赏赐大量财物，唯独冷落了介子推。介子推心想：贵人多忘事，可与之同苦，不能共享富贵啊。于是，他什么也没说，便回乡去了。

晋文公听说介子推走了，十分懊悔，因为他连恩人都给忘记了！醒悟过来的晋文公赶紧派人去请介子推回朝，然而接连派出的几批人，都没能请回介子推。晋文公不甘心，便亲自到介子推家请罪。到了介子推家，只见门已上锁，屋内空无一人。询问邻人，才知道介子推早已带着老母隐居绵山了。

晋文公想：介子推这是心里有怨气，不想见我啊。我一定得把他找回来，重谢他的救命之恩。想到这儿，晋文公便带人来到绵山，命官兵搜山寻找恩人。但是，官兵搜遍了绵山，也没见介子推的影子。这时有人献策说：“山中除此路之外别无下山之途，我们不如放火烧山，介子推那么孝顺，就算他不愿出山，也肯定不忍老母受苦，必会从此路下山来。”晋文公一听，好主意，便下令放火烧山。大火点燃，整个绵山成了一片焦土。等在路口的晋文公一行，直到大火熄灭，也没见有人从山中出来。晋文公下令进山再找，终于有人在一棵大树下发现了已被烧焦的介子推。死前，他还背着自己的老母亲。

看着被烧焦的尸体，晋文公懊悔不已。为了纪念介子推，他下令改绵山为介山。并规定，放火烧山这一天，举国上下禁火默哀，全民只能吃寒食。此后每年的这个时候，晋文公都来介山祭奠介子推。寒食节由此而来，民间也就流传下来寒食节吃寒食、忌烟火的习俗。

寒食节在清明前后，人们很容易混淆两个节日的日期，后来，寒食节渐渐与清明节合并在了一天，寒食节的习俗也就移到了清明节上。寒食节渐渐被人们淡化。

端午节是为了纪念屈原吗，为什么还有人说是纪念伍子胥呢？

每年阴历的五月初五，各地都会举行龙舟竞技活动。锣鼓喧天，群龙遨游，场面颇为壮观。关于端午佳节的起源，民间有这样几种说法：

“节分端午自谁言，万古传闻为屈原”两句诗，道出了端午佳节起源中流传最广的一种说法。相传，战国时期，楚国三闾大夫屈原对楚忠心不二，却落得流放乡野，以死殉楚的悲惨结局。

据史料记载，屈原辅佐楚怀王期间，天下大势，七国争雄，唯有汉中秦国最为强盛。为了楚国的生存和发展，屈原力谏楚怀王联合齐国，共同对抗强秦。受张仪等人欺骗的楚怀王只顾眼前利益，听不进屈原的真知灼见。在疏远屈原之后，又将他流放溆浦。楚国与齐国断交后，齐国投进秦国怀抱，楚国孤立无援。秦国看时机成熟，便派兵攻打楚国。势单力薄的楚国被秦军击败，被迫割让土地，国力受到极大削弱。

楚襄王即位后，不但没有总结失败原因，反而任人摆布。重返朝廷的屈原依然不改耿直的心性，冒死进谏，终是抵不过奸佞的谗言，被再次流放。公元前278年，楚国都城郢都被破，楚王被杀。听到这个消息，屈原心痛不已，于五月初五跳汨罗江自尽。当地人听说屈原投江，纷纷划着小船到江中打捞，却没能找到屈原的尸首。后来，为了纪念屈原，人们每年在屈原投江这天鸣鼓赛龙舟，向江中投粽子。希望江里的游鱼有食吃，而不去啃咬屈原的尸体。据传，这就是端午节的起源。

《后汉书》中说，浙江东部的百姓在夏历五月初五这天，沿曹娥江载歌载舞迎涛神。涛神指的是楚国人伍子胥。相传，伍子胥性刚强，足智多谋。家人被楚平王杀害后，被迫流亡吴国。后来，伍子胥辅佐吴王大败越国，并攻破自己的祖国——楚国。夫差掌权后，伍子胥不再得志。听信谗言的夫差将伍子胥赐死，投尸江中。天帝见伍子胥含冤而死，便封他为涛神。从此，江水澎湃便是伍子胥表达心中冤屈的方式。江浙一带，至今仍保留着五月初五祭伍子胥的习俗。

除上述两种说法外，民间还有端午恶日、龙节、夏至节等说法，但是尤以纪念屈原、伍子胥的观点流传最广。

过端午节的时候，家家插艾蒿、剪“艾虎”，这是为什么？

端午节，民间有吃粽子、插艾蒿、剪“艾虎”的习俗。吃粽子是为了纪念屈原，那么插艾蒿、剪“艾虎”又是为了什么呢？

有这样一种说法认为，五月是“毒月”，五月中尤以五月初五这天毒气最重。相传，这天是天帝派天神向人间散播瘟疫的日子。不单天降瘟疫，世间的蛇、蜥蜴、蜈蚣、蝎子、癞蛤蟆等毒物也会在这天兴风作浪，一些妖魔鬼怪也会趁百毒入侵之时出来害人。为了驱邪镇妖，人们将画有钟馗、张天师等图案的捉鬼降魔符咒贴在大门上；为了驱瘟解毒，人们还在符咒旁边挂上艾蒿等药草。后来，便形成了端午挂门神、插艾草、贴“艾虎”的习俗。

据说，“艾虎”是张天师的坐骑，是一头很有灵性的神兽，具有镇邪驱魔的法力。据《岁时广记》记载，端午这天，许多人将艾草扎成小老虎的形状，或悬挂于门前，或戴在身上；也有人用红纸剪出小老虎图案，粘于艾叶上，制成饰物佩戴于头上，用来防毒除瘟。

另外，人们还会折些菖蒲、艾蒿等植物，悬挂在房门窗前。人们相信，这些草药与瘟疫毒虫相克，放在身边，可以保佑身体健康。古人这样做虽有迷信成分，但是其中不乏科学依据：艾蒿、菖蒲之类，久置于床前，散发出来的气味融合在空气中，确有驱蚊防毒的功效，而且菖蒲还有祛风、凝神的作用。

古人认为，雄黄酒能杀百虫，治百邪，防百病。因而，在端午节还有用雄黄粉清洁屋子，用雄黄酒擦拭皮肤的习俗。

时至今日，人们虽然不再相信端午避邪除瘟的迷信说法，但作为传统文化，插艾蒿、剪“艾虎”的习俗依然被延续下来。

七夕“乞巧”习俗从何而来，与牛郎织女有关吗，少女是如何“乞巧”的？

农历的七月初七是七夕节，这一天，牛郎织女鹊桥相会，以解相思之苦。世间男女便在这天祭拜牛郎织女星，希望找到终身伴侣。民间还有少女七夕“乞巧”的习俗，这是为什么呢？

唐朝王建有诗云：“阑珊星斗缀珠光，七夕宫娥乞巧忙。”说的就是七夕节里，少女们乞巧的情形。事实上，有关七夕乞巧之事，早在汉代便有文献记载。

相传，王母娘娘的小外孙女织女随众姐姐下凡游玩的时候，爱上了放牛娃牛郎。从小与哥哥相依为命的牛郎在人间吃尽了苦头，遇到美丽善良的织女，自然珍惜得不得了。牛郎有一头神奇的老黄牛。在它的帮助下，两人背着天庭偷偷地结了婚，生下一儿一女，过起了男耕女织的幸福生活。牛郎勤劳肯干，织女心灵手巧，俩人日子过得温馨甜蜜。但时隔不久，王母娘娘便知道了这件事。神仙与凡人私会已是违反天条的大罪，更何况还有了孩子。盛怒下的王母娘娘将织女带回了天庭，从此不许牛郎织女见面。

牛郎终日思妻日渐消瘦，老黄牛见了，心痛不已。它对牛郎说："等我死后，你披着我的皮到天庭找织女，这是我能为你做的最后一件事了。"牛郎听了，潸然泪下。老黄牛死后，牛郎披着牛皮，带着孩子便上天来寻织女。王母娘娘见了，恼羞成怒，拔下玉簪划了条银河，把牛郎织女隔在银河两边。织女见状，极为悲伤，整日茶饭不思，隔河眺望丈夫和儿女；这边的牛郎也领着孩子，向河对岸日夜遥望。王母娘娘看在眼里，心有不忍，最终做出让步，准许牛郎织女，每年的七月七相见一次。于是民间便有了七夕牛郎织女鹊桥会的传说。

织女是天上最巧的神仙，据说能织就五彩祥云。人们相信，七月七日，只要虔心祭拜，织女定会将自己的一手巧活传于人间，使少女成为巧妇。因而，七夕节上，除了坐看鹊桥会，葡萄架下听情话的习俗外，少女中又流行起了贺双星、乞巧手的习俗。

七夕来临，少女们不但会准备"五子"敬献织女，还要举行形式多样的乞巧活动。有的地方会举行穿针乞巧的活动，在这个活动中，谁穿的七孔针越多，谁的手越巧；有的地方，少女们还通过投针验巧、喜蛛应巧等方式，来向织女乞巧。相传，七夕的露水是牛郎织女的眼泪，涂在眼睛和手上，人就会变得眼明手巧。

中国人有重阳节登高饮酒、插茱萸的习俗，这个习俗因何而起？

王维的《九月九日忆山东兄弟》说道："遥知兄弟登高处，遍插茱萸少一人。"古人认为，九为阳数，九月九日两九相连，谓之重阳。那么重阳这天，人们登高饮酒，遍插茱萸赏秋菊的习俗是怎么来的呢？

《九日与钟繇书》中记载："岁往月来，忽复九月九日。九为阳数，而日月并应，俗嘉其名，以为宜于长久，故以享宴高会。"在这之前，人们虽没有将重阳作为节日过，但却有重阳畅饮、赏菊的习惯。直到唐代，重阳才正式作为节日被确定下来。

重九登高饮酒，插茱萸源自一个古老的传说。

俗话说"请神容易送神难"，但是东汉时期的汝河一带，人们没请，瘟神却自己找上了门。自从瘟神来到这里，汝河一带瘟疫横行，当地人口几近灭绝。有一个叫恒景的年轻人，曾经感染瘟疫，几番挣扎，终于在鬼门关前捡回了一条命。经历过生死的他决定求仙学医，救家乡父老于水火之中。

经过多方打听，恒景来到一座高山上，找到了隐居深山的仙长。仙长听说了恒景的遭遇，便收他做了徒弟，教他降妖之道、救人之法。经过几年的修炼，恒景出师了。临下山之前，仙长对恒景说："那瘟神奇恶无比，为师送你一方斩妖剑。回去之后，待世间双阳之时，你引乡人到深山躲藏。我已为你备下辟邪的茱萸叶，你将茱萸发到乡人手中，定可保乡人平安。为师再送你瓶黄菊酒壮胆，你放心斩魔除瘟去吧。"

恒景回到家乡，等到九月初九这天，按照仙长交代，将乡人带至附近高山上。他把师傅所赠茱萸发到乡人手里，叮咛他们无论发生什么都不要丢掉手中之物。他还将仙长为他准备的菊花酒分给乡人喝，这才到汝河引瘟神出洞。

原本嚣张无比的瘟神刚一浮出水面，迎面一股茱萸香扑来，被熏得连晃两下。恒景乘机持利剑猛刺，击中瘟神要害。准备还击的瘟神被恒景身上的黄菊酒气所镇，无法回神。恒景趁此机会将瘟神斩杀。

为了庆祝瘟神被“送走”，乡人手持茱萸欢呼雀跃，家家开怀畅饮。此后每年的九月九日人们都登高饮酒以示庆祝。于是，民间便形成了重阳插茱萸，登高饮酒的习俗。

民间有冬至节“不吃水饺，冻掉耳朵”的说法，这是为什么？

老北京有俗语说“冬至馄饨夏至面”，民间还有“冬至节，不吃水饺冻掉耳朵”的说法。为什么会有这些说法呢？

据史料记载，冬至作为节日来过，源于汉代。唐朝以后，这一天又多了祭祖的习俗。《清嘉录》中说，冬至节和农历的新年差不多，是人们很重视的一个节日。冬至节这天，皇帝不上朝，店铺不开张。

据说，冬至节“不吃水饺，冻掉耳朵”的说法，源自于医圣张仲景的“祛寒娇耳汤”。

相传，东汉末年，各地灾害不断，瘟疫横行。告老还乡的医圣张仲景虽然整日忙于治病救人，但仍然有很多乡人得不到及时救治。话说有一年冬天，天气特别寒冷。忍饥挨饿，加之疾病缠身的百姓抵抗力下降，不少人耐不住严寒，耳朵上生了冻疮，严重者一命呜呼。张仲景分身无术，看在眼里，痛在心上。

为了帮助百姓解除冻灾，张仲景研制了一个名叫“祛寒娇耳汤”的方剂。他让人在村口空地上支起一口大锅，将那些祛寒草药放在锅中煎熬，再将暖身排毒的辣椒粉撒入锅中，煮好之后，命人将这些材料包进了面皮中，分给百姓吃。这种东西既可以充饥，又能治病祛寒。人们吃了张仲景做的药食，感到浑身发热。不久，耳朵上的冻疮便结痂痊愈了。

此后，人们为了纪念张仲景治病救人的事迹，便在每年冬至节这天吃药食。后来，这种药食发展成为水饺。由此民间流传，冬至节吃水饺，耳朵就不会冻掉。

有关冬至节吃水饺，老北京还有这样一种说法：古代，北方匈奴经常骚扰边疆百姓，为害最烈的两个恶名昭著的匈奴首领名叫“浑”和“屯”。终日生活在恐慌中的百姓痛恨匈奴，便用肉馅包成大肚水饺，把这种食品叫作“浑屯”。在冬至节这天，边地百姓都会制作这种食品，吃了泄愤。他们相信，这样一来，匈奴人就会受到惩罚。久而久之，民间便形成了冬至节吃大肚水饺的习俗。后来，人们就将“浑屯”谐音说成了“馄饨”。

腊八节因何而设，为什么要在这一天喝“腊八粥”呢？

腊月初八被人们称为腊八节。民间传说，腊七腊八，冻掉下巴。所以，腊八节这天家家户户都要熬腊八粥喝，以防下巴被冻掉。那么，这一习俗是从何而来呢？

据史料记载，农历的十二月，夏代被称为“嘉平”，商朝称为“青祀”，到了周代，又名“大蜡”。大蜡节这天，周代帝王要举行比较隆重的祭典——冬祭。《说文》中有“冬至后三戌日腊祭百神”的记载。后来，大蜡节祭祀百神的习俗流传到了民间，“大蜡之月”也被简称为“腊月”。到了南北朝时期，腊祭确定在了腊月初八这天，腊八节由此得来。

除了上述说法，关于腊八节的起源，还有另外的说道。

相传，佛教始祖释迦牟尼修道成佛之前，曾是古印度北部一个小国的王子。因为心系苍生，又看不惯婆罗门教的神权，便离家出走，潜心苦修，希望能够找到拯救苍生的方法。一天，奔波苦修的释迦牟尼又饿又累，晕倒在了路边。一位牧牛女看见了，便挤了些牛奶，就着身上仅有的干粮喂释迦牟尼吃。醒来后的释迦牟尼谢过恩人，便盘坐在路边的菩提树旁，继续思考。腊月初八这天，望着璀璨的星空，释迦牟尼悟透了世间的一切，修道成佛。

后来，弟子们为了纪念释迦牟尼成佛，

也为了感谢救助佛祖的牧牛女，便将腊八这天定为佛教节日。这一天，僧人们手捧钵盂，到街上化缘。他们将化来的米、枣、胡桃、松子、栗子等煮成粥，发给门徒以及挨饿的人们吃。腊八喝粥的习俗由此而来。因为包含了佛家寓意，人们又称腊八粥为佛粥。

关于腊八喝粥的习俗，还有观点认为，源自腊八赤豆打鬼一说。古人向来相信鬼神。据说腊八这天，鬼怪将会出来作祟，只要用红豆击打他们，他们便不敢靠前。后来赤豆打鬼逐渐演化成了赤豆熬粥、祛病镇邪的说法。

有关腊八节，还有观点认为是为了纪念岳飞；也有人说，腊八吃粥源自明太祖朱元璋。种种说法，至今不一，但是腊八吃粥的习俗，却被人们一直延续着。

节日庆典，红色是喜庆的主色调，中国人为什么会偏爱红色？

以如火的红色作为喜庆象征古已有之。世间的颜色那么多，为什么唯独红色如此受宠呢？

早在人类文明之初，红色并未像现在这般受重视。远古时期，人们以黑、白为主色，黄色为吉色。周代，王室之中开始用红色绸幔作为宫中装饰，红色点缀之风初见端倪。至于红色成为高贵的色彩，则是汉高祖刘邦所定。传说刘邦乃是“赤帝之子”，赤，古语中红的意思。刘邦当了皇帝以后，把红色定为皇家御用色彩。从此，红色逐渐成为喜庆祥和的主色调。

相传，红色成为吉色，还与“年”有关。古代有种叫“年”的怪兽，每年的除夕夜，它都要出来为害人间。有一次，正当它准备兴风作浪的时候，被人们欢庆春节时燃放的爆竹吓跑。胆大的村人趁它慌张之际，手持火把出来追赶。看见熊熊火光，“年”兽吓得狼狈逃窜。人们发现，“年”害怕响声和红色。于是，民间便形成了过年放鞭炮、贴红纸的习俗。因此，古人认为红色可以辟邪驱魔。

红之所以能够长“盛”不衰，除了本身具有的浓烈色调之外，还因为它为百色之本。色彩之中，红、绿、蓝被并称为三原色。也就是说，众多的颜色，都可以通过这三种基色调和出来。于是，这浓艳庄重的红色便有了根基、本源的含义，被历代帝王所推崇。故而，红色又被赋予了庄严、神圣的内涵。在皇宫中、公章上，到处可见醒目的红色标记。时至今日，象征着激情、奋进、吉祥喜庆的大红色，仍然是人们节日庆典的首选。

中国人为什么把黄色作为最高贵的色彩，以致为皇家垄断？

婚俗中，有这样一种说法，新娘子结婚这天，穿的新鞋子里要垫一副崭新的黄鞋垫，意为“脚踏黄金”。生活中，人们除了对红色情有独钟外，黄色更是被尊为贵色。在封建帝王时期，黄色是皇家专属。那么，黄色是在什么时候有了这么高的地位的呢？

在古代的很多传说中，“黄”都扮演了重要角色。女娲造人取材于黄泥；源于黄河流域的华夏民族始于炎黄二帝；上穷碧落下黄泉，人生轮回转世等。可见，“黄”自古就是一种重要的颜色。

据史料记载，上古时期，人们以黑、白为主色。古人认为，大地是生存之本，人们靠天吃饭，从土地中获取食物。于是，土地便成了人们顶礼膜拜的神明。这种思想贯穿了整个农耕时代。

五行说法中，土在中央，是中央正统方位。按照《说文》中的解释，土地之色为“黄”。这种说法正好应和了古代的崇地说。所以，“黄”便被视为了中央之位，这也是黄为尊色的本源所在。

汉语中，黄与皇同音。所以，黄便有指代帝王的引申义。自秦始皇之后，黄成了皇家主色。据史书记载，唐高祖时期，曾经下令只有天子才能身着黄色衣服，其他公卿士庶都不得逾越此令，这也是最早将黄色据为皇家所有的诏令。至赵匡胤黄袍加身，宋朝统治者进一步加强对黄色的独霸。以致从宋代起，黄色被皇家垄断。

为了彰显皇家地位的至尊无上，从宋朝开始，帝王之都开始采用黄色琉璃瓦为顶。此后的封建王朝一直沿用。

随着时代的发展，帝王禁忌不再像以前那么严格，民间也开始使用起了黄色。时至今日，黄色所代表的高贵，仍然是其他颜色无法取代的。

古代君王一定要“南面”治天下，尊长要坐北朝南见后生晚辈，这里面有何讲究？

古代方位表示尊卑划分得很清晰，南面被视为尊，正房通常坐北朝南。生活中朝南而坐的通常也都是尊者。那么，这个习俗又是从何而来呢？

我国位于北半球，房屋朝南采光效果自然最好，这也是房屋建筑坐北朝南的自然原因。但是，对于君王“南面”治天下，尊长坐北朝南见后生影响最大的，当属《周易》八卦、五行学说。按照《周易》的说法，南为离。离有明的含义，指的是光明，世间万物都可见。也就是说，阳光自南方照射过来，只要面朝南方，便可集天地之精华、日月之灵气。在五行中，南方又属火相。因而，南便被人们视为赤地、上者，是尊位。

后来，以南为尊的观念成为主流。除秦面东而治外，之后历朝基本南向。据史料记载，天子登基，君权神授，自然是人间至尊。坐北面南，不仅有彰显其地位不凡，还有面向光明，吸纳天地之气，统御天下的意味。由此，历代帝王便形成了“南面”治天下的定式。“南面称王”的说法也因此形成。

还有一种说法认为，古代君王大都以北方为上首。因而，面南而治能够体现出皇室在北方的权威，有临北坐镇、傲视南土的意思。

帝王之家如此讲究方位，民间自然也有此说法。据《汉书》载：“定国乃迎师学《春秋》，身执经，北面备弟子礼。”可见，拜师的人都要面向北方给师傅行礼。因而，拜师学艺，或者臣服某人又有了“北面”的别称。古时大户人家通常都会在正厅的北面设置一张座椅，主人面朝南坐在这张座椅上，招待客人或主持家庭会议。坐北朝南者的地位，昭然可见。

真有“抛绣球选夫婿”的婚俗吗？

在婚礼上，我们经常能看到这样的情节：新娘手捧花束，背对女宾，然后抛出花束。据说，接到花束的人会交上桃花运。有观点认为，这种行为源自古代的抛绣球选夫。古代人真的会以抛绣球的方式选择夫婿吗？

据民俗专家考证，“抛绣球选夫”源自广西壮族的绣球传说。

相传，800多年前，在广西靖西的一个小山村里，有一个穷小伙叫阿弟。他生性笃实，勤劳肯干。一日，阿弟与邻村姑娘阿秀邂逅，俩人坠入了爱河。阿弟承诺，要靠自己的双手富起来，然后风风光光地到阿秀家提亲。然而没想到，美丽的阿秀上街赶集的时候，被县上的恶少盯上。为了得到阿秀，恶少三番五次威逼利诱，阿秀始终没有妥协。

恶少听说阿秀早已芳心暗许给了穷小子阿弟，便串通官府将阿弟强行收押。阿秀知道是自己连累了阿弟，却无力和官府抗衡，只能终日以泪洗面，不久便双目失明。听说阿弟被判了死刑，阿秀也无心留在世间，决定陪阿弟共赴黄泉，相约来生。于是，她操起了针线，开始缝制绣球，希望下一世能够以它为信物，找到彼此。

双目失明后的阿秀自然不如从前灵巧，直至阿弟临刑的前一天，才绣好血迹斑斑的绣球。带着承载了下一世约定的绣球，阿秀买通了狱卒，与阿弟见最后一面。当阿秀将绣球递给已被折磨得不成人形的阿弟时，绣球之中发出一束强光，将阿弟和阿秀笼罩在了其中。待他们睁开眼之时，早已身处世外桃源。从此，他们过上了幸福的生活。

至于抛绣球选夫，并没有文献明确记载。

虽然古有诗云“天街直扶花枝过，择婿楼高彩球坠”，但是这也仅存于民间的个别现象。古代对婚姻要求十分严格，不是门当户对，媒妁之言很难如愿，自然也不会轻易以绣球决定婚姻。

古代男女婚配，有“合八字”的要求，为什么会有这个讲究？

人们通常用“八字还没一撇”，来形容男女之事没有半分眉目。男女情事和八字有什么关系呢？难道八字有一瞥，就说明好事将近了？而且古代男女婚配，还有“合八字”的说法，这又是为什么呢？

现代人结婚，追求的是自由，靠的是感情，只要相处融洽便符合结合的条件。在古代，自由恋爱是不被封建礼教所允许的。两人必须依媒妁之言成婚。但是，即使有媒妁之言，两个人想要结合在一起，还要看看俩人八字是否合适。

所谓的八字，指的是人的生辰八字。即将出生的年、月、日、时与天干地支相配，两两一组，四组相加正好八个字。通常，保媒的人将双方庚帖互换后，便会根据双方的生辰八字来推算，两个人生活在一起是否合适。

合八字，主要依据的是五行学说：木生火，火生土，土生金，金生水，水生木；水克火，火克金，金克木，木克土，土克水的说法。如果两个人的八字相生相合，那么这两个人便是天作之合，结婚后就会幸福美满。如若八字相制相克的两个人结合，重者可能导致家破人亡，轻者夫妻不睦。

有的地方，依照男女双方的生肖属性推算八字，比如，民间有“白马怕金牛，鼠羊不到头，蛇见猛虎如刀锉，猪见猴泪长流”的说法。

古人十分重视命理，所以在婚姻大事上，自然要做一番考究。人们无法解释身边发生的一切，于是宁愿以八字相生相克之说来择亲，也不愿冒招灾引祸的风险。

现在，合八字已淡出了历史舞台。

之所以把男女成亲叫“结婚”，是不是因为古时婚礼在黄昏举行？

男女成亲叫“结婚”，是因为古代人在黄昏举行婚礼，才这么叫的吗？

现代婚礼，除了宣告男女双方结合之外，更多的是庆祝答谢成分。要么是庄重纯洁的白色婚纱，红色装饰；要么是传统的大红布景。但是在古代，婚礼大多是庄重的祭告仪式，不但讲究颇多，而且以黑色为主导。据《仪礼》记载，古人结婚，新郎要着黑色礼服，在黄昏时分到新娘家迎亲，迎亲队伍以及迎亲物什同样以黑色为主。迎亲队伍前，由人手持蜡烛前方开道。古人实行这种婚礼方式，在现代人看来有点不可思议，仔细考察，发现另有缘由。

远古时期，民间有抢婚的习俗，强悍的人通常在黄昏时将新娘抢走。为了防止他人抢婚，人们不敢太招摇，便选择在黄昏举行婚礼。故而，男女结合被称为“昏因”，现在的“婚姻”一词便由此而来。随着阴阳学说的发展，黄昏成亲有了新解。古人认为，黄昏时分，是昼夜交替的时刻。阴阳调和，相生相长，此时结婚正是调和阴阳之气的好时候。

男人谓之阳，女人谓之阴，如若两人结合借助于天时地利，必然大吉大利。不但符合礼法规范，还遵从了阴阳之术。因而，古人认为黄昏举行婚礼，可以达到阴阳平衡的目的。为了与阴阳相交替的黄昏融为一体，迎亲队伍以及新郎必须穿着黑色礼服。此时的婚礼被称为“昏礼”（婚礼），意为黄昏举行的典礼。

据《酉阳杂俎》记载，婚礼在黄昏举行的定式直到唐朝才被打破。古婚礼所用的黑色，也逐渐被喜庆的大红色取代。后来，人们淡化了婚礼的阴阳观念，除了婚俗礼数讲究仍然保留外，喜庆热闹的庆祝氛围更加突出。

新娘出嫁的时候都要在头上蒙上“红盖头”，这一习俗是怎么来的？

古代婚礼中，头顶红盖头的新娘增加了

几分神秘色彩。据说，古时有的新人，结婚之前从未见过面。洞房里，新郎揭开红盖头，新娘才露出庐山真面目。那么，新娘出嫁蒙“红盖头”的习俗是怎么来的呢？

据说，新娘出嫁蒙“红盖头”源自天皇地母的传说。《独异志》记载，当初宇宙初开，天地一片混沌。世间仅有伏羲、女娲两人。他们原是天上神仙后裔，本是一对兄妹，被天帝派下人间掌管苍生。为了广阔的大地上有生气，二人决定成亲繁衍。但是两人碍于兄妹身份，羞于结合。于是，伏羲带着女娲来到一片空地上，祈求上天说：“天如允我兄妹二人结婚，允许我们繁衍生息，就让白云将我二人环绕。如若不然，云朵都散了吧！”说罢，伏羲和女娲便被云团重重环绕。为了遮羞，女娲便用草叶编了个团扇将脸挡了起来。古语中，“扇”与“苫”同音，有盖头的意思。后来，民间便效仿女娲以扇遮羞，开始有了新娘出嫁蒙盖头的习俗。

据史料记载，早在汉朝，便已有了“盖头”的雏形。古人开始操办婚庆典礼始见于东汉魏晋时期。人们不但要择良辰选吉日，更要酒宴乡邻。只有情况特殊无法操办之时，才会采取以纱蒙头，拜见舅姑，喝交杯酒的方式成婚。“纱”算是最早的“盖头”了。

之后，盖头逐渐成为婚庆典礼上一种重要的饰物。众色中唯有红色最能彰显喜庆，所以，新娘的盖头多用红色的丝绸。有的红盖头上，绣以龙凤、鸳鸯等饰物，还有的人家以彩穗装点。

姑苏繁华图（局部）　清　徐扬

图中表现的是婚礼场面。一对新人在堂上参拜长辈，阶下有鼓吹者作乐。

一顶花轿是古代婚礼必不可少的物什，新娘出嫁乘花轿起于何时？

古时候的婚俗讲究颇多。除了有人保媒、门当户对作为前提条件外，新人结婚，还要经历马拉松式的“婚礼”。“纳采”“问名”“纳吉”“纳征”“请期”“迎亲”几个环节一个也不能少，然后方能将新娘娶回家。

作为女主角的新娘子，不但要身着喜服，头蒙喜帕，而且必须乘坐花轿到新郎家。花轿，源自古代的“轿子”。据《史记》记载，古代有一种名为“肩舆”的交通工具，是轿子的雏形。到了唐朝，文献中开始有了“轿子”的字样。此时的轿子被称为“步辇”，通常只有皇帝一人可以享受。

据史料记载，南宋孝宗皇帝曾为皇后设计了一顶“龙肩辇”。这种辇以红绸罩顶，上面绣有四条游龙。辇中软椅绸幔，奢华高贵，最适合妇人乘坐。之后，帝王在纳妃之时，都会以类似“龙肩辇”的轿子迎亲，以彰显皇家气派。因为华美精致，人们就称这种轿子为“彩舆”，这便是最早的花轿。后来，轿子由皇宫专属，逐渐成为达官贵人、年老妇女出门的代步工具，花轿迎亲的习俗也在民间流行起来。

迎亲时所用的花轿种类多样，和现在的彩车差不多，轿子越是奢侈华美，越能彰显娶亲人的地位。富贵人家为了炫耀，通常采用镶金缀银的八人抬花轿。普通人家，则简单地饰以红绸，二人抬之以示隆重。

“拜天地”是古人婚配必不可少的仪式，这一婚仪因何而来？

古人结婚，最重要的仪式是拜堂成亲。届时，新娘头蒙红盖头，新郎以红绸牵着新娘走过红地毯，然后司仪官高喊“一拜天地”“二拜高堂”“夫妻对拜”“送入洞房”……古人为什么要先拜天地呢？

在中国的传统婚俗中，拜天地、拜高堂、夫妻对拜统称为拜堂，有时也称为“拜天地”，而夫妻只有行过这一礼节，才算成为合法夫妻。“拜天地”相传始于唐代，源自一个民间神话传说。

女娲造人之初，她只造了一个男人，天地万物都归他所用。这个人物质生活有虽然丰足，但精神生活却很空虚，整天一个人形影相吊，有点寂寞无聊。所以男人每晚对着月亮，抱怨生活的单调。

一个月圆之夜，这小伙子又开始喋喋不休。月老终于按捺不住了，到了女娲那里，请女娲再造个人给这小伙子做伴。于是女娲就造了个女人。

正在小伙子叹气的时候，白胡子月老带着姑娘出现在了小伙子面前，并为二人主持了婚礼。在举行新婚仪式时，月老对那对新人说：“你俩先拜谢天公土地，你们今后的生活还要仰仗它们啊。”新人拜过天公土地。以后，凡新婚皆先拜天与地，形成“拜天地”仪式。

这个始于唐代的仪式，宋朝以后风行全国，成为婚礼过程中最重要的大礼。

新婚的卧室叫“洞房”而不叫“新房”，这是为什么？

古语云，人生四大喜：久旱逢甘雨，他乡遇故知，洞房花烛夜，金榜题名时。如今，四喜之中，尤以洞房花烛夜、金榜题名时最能引起人们的共鸣。通常，人们将新人所居的房间叫“洞房”，这是为什么呢？

《词源》中解释说，洞房指的是深邃的内室。如此看来，能被称为洞房，必是深幽之屋。这深邃之室最终演化为新郎的结婚用房，与一个传说有关。

帝尧时代，在今山西临汾的西边，有一座姑射山，山上有一个深邃的山洞。据说，这是鹿仙的住所。相传，上古时期，刚刚称帝的尧为了了解人民的生活状况，经常到民间访查。他忧民之所忧，苦民之所苦。

有一次，尧正在与牧人闲聊，远处走过一位亭亭玉立、相貌美丽的女子。女子手中的火把照亮她的面庞，尧顿觉此女非同凡俗。经过打听，他才知道，这个女子竟然是山中鹿仙。仔细询问，得知鹿仙经常帮助当地的人民。

回到寝宫后，尧对鹿仙朝思暮想。在与众大臣商议之后，尧便带着人上山寻访鹿仙。众人正在山中行走，一条巨蟒拦住了去路。尧率众人与巨蟒展开了激烈的搏斗。在大家快要支撑不住的时候，一头美丽玲珑的梅花鹿出现在了巨蟒身边。梅花鹿抬脚轻轻一踏，巨蟒顿时僵如木棍。

尧知道是鹿仙解围，便软语挽留。化为人形的鹿仙也被尧的风采吸引，两人一见倾心。于是他们来到了鹿仙洞，当晚便结为夫妻。在他们携手走向婚床的时候，洞外紫光乍现，星光璀璨。这便是尧娶鹿仙的传说，“入洞房”也由此产生。

还有观点认为，“洞房”源自古人居住的山洞。黄帝一统天下后，改群婚为一夫一妻制，为避免抢婚，便在新人所居山洞外砌高墙，谓之“洞房”。尽管说法不一，“洞房”一词却流传了下来。

新人完婚时，家里会处处张贴红色的“囍”字，这是为什么呢？

中国人万事喜欢十全十美、好事成双，就连结婚贴喜字都要剪成一对的。大红纸张上的“囍”字是怎么来的呢？

相传北宋名相王安石当年进京科考时，路上遇到一户人家大摆筵席宴请乡邻。旅途劳顿的王安石也没问宴请的原因，便混在人群中大吃起来。不一会儿，家丁挂出一盏走马灯，上面提着“走马灯，灯走马，灯熄马停步”。王安石见了，大呼“妙”字。家丁一听，连忙跑回庭院禀告老爷，说有人要对对了。原来，这是马员外家特设的酒宴，专等有才学的士子登门对对子，以招佳婿。

王安石一时没想出好联相对，吃过酒饭，便匆忙进京赶考去了。到了考场之中，王安石挥笔即就，轻轻松松便答完了试题。过了几日，王安石被告知参加复试，进得厅堂的王安石淡定自若。只听主考官指着厅前的旗子说道：“飞虎旗，旗飞虎，旗卷虎藏身。”王安石一听，这和路上那副走马灯对子倒是挺配的。便张口答道：“走马灯，灯走马，灯熄马停步。”主考官一听，如此回环往复之对，竟能出口对上，真是难得的人才。

科场完毕返乡，王安石特地来到马员外家道谢，并用主考官的上联对上了员外的对子。马员外在王安石进京赶考之时，早已派人摸清了他的家底。如今气宇不凡的王安石就站在他面前，便当即将女儿许配给他。

就在新人准备拜堂成亲之时，门外一阵锣鼓喧天。原来，王安石科举高中。双喜临门的王安石一时兴起，便提笔在喜纸上的“喜”字旁又写了个喜字。后来，红色的“囍”字便出现在了新人的婚礼中。

中国式婚礼最热闹的是闹洞房，这个习俗是怎么来的？

婚礼中，闹洞房是最受年轻人喜爱的一个环节。亲戚朋友在一起肆无忌惮地闹上这一回，既宣告了新郎单身时代的结束，又庆祝了新人的喜结连理。那么，闹洞房的习俗是因何而来呢？

相传，“斗数之主”紫微星经常到凡间游玩。一次，紫微星看到一户人家正在娶亲，便来到他家凑热闹。浩浩荡荡的迎亲队伍敲锣打鼓而来，场面十分热闹。但是在迎亲队伍的后面，却跟着一个披头散发的女鬼，紫微星知道，这是恶鬼伺机行凶。便悄悄地混在了迎亲队伍中，观察动向。

新人拜天地的时候，紫微星发现女鬼不见了踪影，便四处寻找。在洞房门口，紫微星闻到了恶鬼的气息，他守在洞房门口准备拦截新人。拜完天地的新人，在众人簇拥下来到了新房门口。急于看到新娘子的新郎谢过亲友后，推门便想入内。紫微星连忙抵住门板说道：“新郎不可贸然入内，里面藏有厉鬼，非你等能够降服。”众人一听，都聚拢过来，央求紫微星指点破解之法。紫微星笑道：“鬼虽厉害，毕竟阴气过重，只要你等一起入内，阳气旺盛。大家欢声笑语闹到晨光乍现，恶鬼自然返回阴间。”于是，本应夫妻二人独处的花烛夜，成了众人欢闹的“吓鬼”夜。到了五更，恶鬼果然飘走了。

后来，民间便流传“洞房之时闹一闹，妖魔鬼怪都吓跑”的说法。

如今，人们闹洞房除了驱鬼辟邪之外，更多的是为了增加婚礼的喜庆热闹气氛，“闹洞房”不但可以让新娘子与亲朋好友熟络，还可以增加新人的洞房情趣。

旧时民间有“偷瓜送子”的习俗，它是怎么来的？

在我国的很多地方，都流行着“偷瓜送子”的习俗。要是哪家的媳妇婚后久不生子，亲戚邻人便会在中秋之夜，伴着皎洁的月光，到别人家的地里，偷偷地摘个冬瓜。然后将冬瓜装扮成小孩子的模样，送到不生育的妇人家里。据说，妇人抱着冬瓜睡上一夜，再将冬瓜吃掉，十有八九会怀上孩子。巴蜀民歌中唱到：“生育艰难暗带愁，乡邻送子贺中秋；冬瓜当作儿子耍，喜得闺人面带羞。”

据说，“偷瓜送子”这种具有地域特色的民俗，源自伏羲女娲坐葫芦成亲的故事。

《独异志》中记载，人类的始祖伏羲、女娲兄妹，是从昆仑山的葫芦里生出来的。后来他们又坐葫芦成亲，繁衍了汉、彝、苗、藏等九族。在各民族中，都有伏羲、女娲坐葫芦成亲的传说。只不过，各民族中，这段传说被赋予了不同的文化内涵。

很多地方，都有祭拜葫芦的民俗。另外，葫芦外形酷似母体，其下部肚大籽多，引申为多子多福。于是，人们效仿祖先坐瓜成亲，渐渐形成了偷瓜送子的习俗。

关于“偷瓜送子”，还有种观点认为，“瓜”和人们出生时“呱呱”哭声谐音，偷瓜送子，无非是借着瓜的谐音讨个好彩头。而且民间还有送南瓜的习俗，“南瓜”者，“男瓜”也，送南瓜也就是送男孩。

民间认干亲，爱给孩子找常姓或刘姓干爹，这是为什么？

在民间，人们有给孩子认干亲的习俗。而且，刘姓或常姓是认干亲的首选，这是为什么呢？

在我国，南北方都有认干亲的习俗。地域不同，所认的干亲称呼不同，认干亲的方式也有所差异。北方，所认的干亲通常叫“干爹干妈”；南方大都称为“寄父寄母”。但是不论南方还是北方，人们都会选择一些对孩子成长有利的姓氏做干亲。因而，常姓和刘姓的人家成了抢手的干亲之选。人们认为，“常”与“刘”是“长”与“留”的谐音，认了这样的干爹，孩子就能长命百岁，健康地活着。可见，人们给孩子认常姓、刘姓干爹，是想借这两个姓，保佑孩子平安成长。

在生产力相对落后的年代，人们认为，孩子体弱多病，或者自己不好生养，或是自己命里缺东西。于是，他们就想通过认干亲的形式，来弥补自身的不足。通常，家里是独苗，并且身体不是十分强壮，或者所生孩子多夭折的人家，便要找家里人丁兴旺的大户，给孩子认干亲。希望孩子借助干亲家旺盛的生气，健康成长。

刘姓、常姓之家好找，但是并非人人都愿意做干亲。通常两家关系比较好，才有可能结为干亲。

拜干亲时，双方摆酒设宴，不单认干亲的人要送干亲礼物，干亲也要馈赠礼物给认亲的人，以表祝福。逢年过节两家也会有来往。干亲一旦结下，相当于孩子有了再生父母，义子义女也会对干亲尽孝道。认干亲的最大特色便是双方没有血缘关系。

中国人有给孩子取小名的习惯，并且取的都是“狗剩”之类的，这是为什么？

在中国，人们有给孩子起小名的习惯，尤其是在农村，诸如狗剩、铁蛋儿之类的贱名多不胜举，人们为什么要给孩子起这种小名呢？

有关起小名的习俗，在秦汉时期就已经存在了。《史记》中，汉代文学家司马相如便被其父称为“犬子”。有种观点认为，给孩子起贱名，源自古人的名字。古代的男人，经常会有名、字、号等。所谓的名，是孩子出生后父母亲给取的；到孩子成年之后，由长辈赐予字，寄托对孩子的期待和祝愿。在这以前，父母为了表达对孩子的宠爱，会给孩子起个小名，亲人或朋友都如此称呼孩子。秦汉之后，人们认为小名不雅，不够庄重，才立了“正名”。

但是更多的观点认为，人们之所以会给孩子起小名，源自古人的迷信。人们认为，孩子若想平安顺利地长大成人，必须有一个能够承载命运的名字。

在生产力比较落后的古代，孩子夭折的事情经常发生。人们不认为这是现实原因造成的，而是妖魔鬼怪在作祟。笃信神明鬼怪学说的人，为给孩子保命，想出了给孩子起贱名的方法。巧合的是，经常被家人唤贱名的孩子，要比没有贱名的孩子好养活得多。于是，人们更加相信，孩子有了小名，妖魔鬼怪会因贱名而厌弃这个孩子。妖精不喜、魔鬼不爱的孩子自然就会远离灾祸，平安健康。

通常，人们会借用身边的飞禽走兽、花鸟虫鱼的名字唤自家小孩，这样不仅好记，而且不易为鬼怪识别。而且，诸如“阿猫”“狗蛋”“牛娃”之类，更是象征着如牲畜般健壮，并富有生机。总之，起贱名是大人祝愿孩子健康长寿的一种表达方式。

如今，给孩子起贱名的习俗已经越来越少了。

孩子出生后父母要为其挂上长命锁，这种做法起于何时，有何寓意？

相传，夏代的少康王生在战乱的时局中。他的父亲夏王相战死在寒浞手中后，母亲后缗怀着他只身一人逃到娘家。惊吓加上营养不良，造成后缗早产。颠沛流离，又寄人篱下的后缗，看着夏后氏唯一的传人，心中感慨万千。为了养活夏后氏唯一的血脉，后缗命人铸了把长命锁，上面刻有“长命百岁”四个字，戴在少康脖子上。她希望少康能够平安地长大成人，如大禹般长命百岁。

后来，少康历经劫难，重振夏朝雄威，并开创了“少康中兴”的局面。于是，人们相信给孩子戴长命锁，就能使孩子消灾免祸，健康成长。

关于长命锁，还有另外的说法。长命锁又叫“寄名锁”，它是由人们所佩戴的“长命缕”而来。《红楼梦》中，贾宝玉便佩戴着这种物件。据史书记载，在汉代，戴长命缕的习俗便已形成。最初，长命缕并不似现在这般形似锁状，而是与端午节人们所佩戴的五彩线十分相似。

到了魏晋时期，五彩绳成了人们佩戴于身上的装饰物，或配在手腕，或系在脚脖上。宋朝，巧于设计的人们又将五彩绳编成珠结，此时的五彩绳又有了“彩结”“珠结”的别称。明代，这种饰物成了儿童身上的专属装饰，由五彩绳进一步演化成佩于脖子上的长命锁。

通常，长命锁以金银为材质制成，上面刻上“长命百岁”“福寿万年”之类的字样，旁边以祥云莲花、游龙八宝等纹样为装饰。锁，有锁住、挂牢的意思。人们希望借助锁的含义，祈求孩子健康成长，长命百岁。等孩子平安地长到成年，长命锁才被摘下来。

小孩满一周岁时要“抓周”，这个游戏能够预测孩子的前程吗？

俗话说，三岁看到老。在民间，还有孩子满一周岁，通过“抓周”预测孩子将来命运的习俗，这又是从何而来呢？

相传，“抓周”活动兴起于魏晋南北朝时期。据史料记载，刚刚登上东吴帝位不久的孙权，痛失爱子。太子位空缺，众皇子无不觊觎，于是拉帮的拉帮、结伙的结伙。表面风平浪静的孙权心里明白得很。一日，一介布衣景养托人带话说，要觐见皇上并献计。孙权一听，立刻派人请他入宫。景养来到宫中，行完大礼缓缓说道：“陛下，古人说，龙生九子各有不同。您想选个德才兼备，又有雄才大略的皇子做接班人，固然不错，但从江山万年考虑，还应该看看他们的下一代是否有福德。”孙权一听有道理，便请景养详细说明。景养又道：“待良辰吉日，陛下取一宝盆。里面放上珍珠翡翠、绶带典章，请皇孙自行挑选。从他们所取之物，便可看出他们心性所向。”

孙权便照着景养的建议做了。结果，只有孙和之子孙皓手持典章绶带，爱不释手。孙权觉得这是天意，便立孙和为太子。众皇子不服，纷纷抗议。孙权抵不过众人的反对，便改立孙亮为太子。孙亮继位没过几年，就被一场突如其来的政变轰下了台，孙休接替孙亮为吴主。孙休寿终正寝后，当初抓着绶带典章不放的孙皓成了皇位的继承人。老臣们感叹说：“命当如此，早已天定！”通过这件事，人们相信，在孩子周岁的时候举行“试儿”活动，便可预测孩子将来的命运。周岁“抓周”习俗也就流传下来。

人们在举行抓周活动时，一般会将珍宝美食、弓矢纸笔、绣针刀箭之类摆在孩子面前，让孩子自己选择。关于“抓周”一事，很多史料中均有记载。

生日祝寿的习俗起于何时，送寿礼的做法因谁而起？

中国自古就有生日祝寿的习俗吗？生日送礼之风又是因谁而起的呢？

关于生日贺寿送寿礼的起源，有这样两种观点：

其一，据《汉书》记载，秦末，民间就形成了诞辰贺寿的习俗。据说，这一习俗源自汉高祖刘邦。相传，刘邦的父亲和卢绾的父亲是生死挚友，平日里两家来往甚密。在乡里，两家都是受人尊敬的庄户，与邻里相处也十分融洽。恰巧，刘邦和卢绾同年同月同日出生，于是两家摆酒设宴，互相祝贺喜得贵子。乡人听说了，纷纷送来礼物表示祝贺。之后，每年的这一天，两家都摆酒设宴，纪念孩子同天出生。渐渐地，民间便流行起生日这天祝寿送礼的习俗。

其二，北齐文学家颜之推的《颜氏家训》中说，隋文帝曾下令，在隋文帝生日这天，举国上下都要食素，以纪念隋文帝的生身父母。当时的生日被赋予母亲受难日的内涵。人们认为，孩子的出生日，便是母亲生产受难的日子。后来，民间也流行起了生日这天，纪念母亲生产之苦的习俗。

渐渐地，在江南的一些地方，小孩子满周岁庆贺的习俗开始流行。到唐朝，成人庆生之风逐渐兴起。宋朝时候，官场中开始出现了生日贺寿送礼的风气。《水浒传》中，杨志运送生辰纲一事就表明了当时祝寿贺礼的奢华程度。

据说，秦桧掌权后，满朝官员为了讨好他，借生日贺寿之名，将各种奇珍异宝作为贺寿之礼敬献给他。一时之间，官场腐败之风盛行。后来，祝寿送礼之风由官场延伸到了民间，这一习俗便流行起来。

“长寿面”是寿宴上必不可少的吃食，吃长寿面的习俗有何由来？

相传，有一天，汉武帝在与大臣游园的时候，看到满园春色，不禁感叹人生苦短。他对大臣说：“都说人中越长，寿命越长。人中一寸相当于 100 岁呢。不知道我这人中还能不能长。”话音刚落，近臣东方朔大笑出声。汉武帝甚是愤怒，问道：“爱卿如此大笑，不知所为何事？”东方朔连忙解释道：“陛下息怒，我所笑乃寿星彭祖。相传彭祖活了 800 岁，照这个说法，他的整张脸得多长啊。”众人一听，也跟着哈哈大笑起来。

后来，便流行起了一种说法。想长寿，脸必长。古语中，面有脸的意思。希望长寿的人们根据“面”的这个引申义，在面上做起了文章。于是，“长寿面”诞生了。人们希望，通过吃“长寿面”，能够长命百岁，长长久久。后来，过生日吃长寿面的习俗便流传开来。

如今的长寿面五花八门，甚至成了一种饮食文化。有的地方的长寿面，面宽，配以骨肉浓汤，意为“富贵宽心面”。还有的地方在面中加入青菜、鸡蛋等，意为“幸福圆满，长青常有”。

不论长寿面的花样如何翻新，其承载人们祝福长寿内涵的宗旨始终未曾变过。

为人祝寿的时候，古人一般要送寿桃，这个习俗是怎么来的？

蛋糕店里，贺寿的蛋糕样品上，总是点缀着一颗大大的寿桃。在贺寿图上，我们也经常会看到诸如“南山不老松”“东海长流水”“童子抱桃”的图案。“南山不老松”“东海长流水”都含有生命长久、生生不息的意思。那么，寿桃又有怎样的内涵呢？祝寿送寿桃又是从何而来呢？

有关祝寿送寿桃，民间流传着一个传说。在诸侯纷争的春秋战国时期，18 岁的孙膑想寻求发展，便有心深造。于是他背井离乡，到了云濛山拜师鬼谷子，跟他潜心学习兵法。一晃 12 年过去了。一天，已到而立之年的孙膑望着天上的皓月，又思念起了家乡的老母。鬼谷子看出孙膑的忧伤，劝道：“你来此已经十余载了，万物生灵尚知回报养育之恩，你非无情，也该对老母有个交代了。”孙膑听罢，谢过恩师，便准备回家探亲。

在孙膑临行之前，鬼谷子来到他的房间。递给孙膑一颗新鲜的桃子说：“为师送你一个桃子，此桃非普通桃子，你且带回家献与老母吃。”说罢，鬼谷子转身离开。

孙膑日夜兼程，终于在老母 60 大寿这天赶到了家。看到家里人大摆筵席为老母贺寿，孙膑不禁伤心落泪，愧叹这些年自己一直没尽到孝道。来到大厅，看到满头白发的老母，孙膑心中更是自责不已。老母亲看到孙膑，不禁潸然泪下，母子互相倾诉一番相思苦之后，孙膑拿出师傅所赠的桃子献与老母。

孙母刚吃了一口，众人惊奇地发现，老人家如雪的白发顷刻间化为青丝，本已衰老的容颜又焕发出了青春的光彩。众人无不惊叹感慨。孙膑心知，定是恩师所赠的桃子发挥了神奇的作用。

乡人听说了这件事，便四处传扬。人们都说，只要在老人过寿的时候吃上个桃子，老人就会青春常驻、健康长寿。“寿桃”因此得名。于是，民间便流行起祝寿送桃子的习俗。

“寿比南山，福如东海”是人们在为人祝寿时说的吉祥话，这句话怎么来的？

中国人喜欢过节，除了大众庆祝的节日，还有许多人生仪节。在诸多的人生礼仪中，生日算是最受重视的了。通常年龄小的称为过生日，年龄大的则称为“做寿”。说到做寿，就要提到最常见的寿词“福如东海长流水，寿比南山不老松”。那么，这句耳熟能详，却又百听不厌的吉祥话是怎么来的呢？

“寿比南山”的说法起源很早，《诗经·小雅·天保》中就有“如月之恒，如日之升。如南山之寿，不骞不崩。如松柏之茂，无不尔或承”的祝词。意思是说，好像南山之寿，不崩不坍。好似松柏枝叶，茂盛长青。说这句祝词的人居住在周王城镐京，诗里的“南山”当指终南山。“寿比南山”的祝寿词，应该源出于此。

而更多人相信，南山指的是山东省青州市南的云门山，此山因位于青州之南而得名。这座山的山顶绝壁上，刻着一个高7.5米、宽3.7米的“寿”字。此字笔锋刚健，气势宏伟，相传为嘉靖年间周全所书。

另说南山在海南。相传，公元748年，鉴真一行人第五次东渡日本，途中遭遇风浪袭击。大船顺水漂到了振州（海南三亚）宁远河口一带。宁远人将他们搭救上岸，把他们安置在南山居住。没想到他们刚到南山住下，神奇的事情便发生了，鉴真等人立即疲劳顿消，而且他们曾经患有的痼疾也好了。于是，他们在此居住了一年有余，传道讲经。在此期间，鉴真等人无不精力充沛，神清气爽。当地人很奇怪，便传言南山是神山，人们到此就能消除疾病，长命百岁。后来，人们又加以敷衍，说这南山经过了几万年的演化，历经几度天崩地裂，始终屹立不倒。于是，人们便以寿比南山代表长寿的意思了。至于鉴真居住的南山，据说就是现在三亚市的鳌山，此山因传说而成了著名旅游景点。

此外，还有说“寿比南山”的南山，应该是指南岳衡山。“衡山五岳独秀，名山南岳主寿”的说法人人尽知。古代形象学说中，二十八宿中轸星主管人的寿命，而南岳衡山正对应轸星，所以从自汉代起，衡山就被视为寿山。

“福如东海”的出现，大概是因为居于黄河流域的华夏民族，看到百川向东注入东海，绵绵不绝，所以后人就用东海来形容多福多吉。

古人送别时，多会折柳枝，“折柳”有何寓意，这个习俗起于什么时候？

据史料记载，人们以柳寄情始于汉代。《诗经·小雅·采薇》中写道：“昔我往矣，杨柳依依；今我来思，雨雪霏霏。”说的是离人在春光明媚、万物尚青之时离开，归来时，却是一幅白雪皑皑的冬景。其实，这里作者是借景物烘托离别的心情。在这之后的很多乐府民歌中，开始陆续出现以杨柳表离别的诗句。

汉语中，柳与“留”谐音。人们希望通过折柳，表达挽留离人的心情。亲人们依依惜别，难舍难分的情愫就像随风飘荡的柳枝一样绵绵无期。俗话说“有心栽花花不开，无心插柳柳成荫”。人们送离人折柳，又意在祝愿远行的亲人或朋友，能够如同折柳一样，到哪里都能有旺盛的生命力，不因背井离乡而不适。折柳在身，便如亲人在旁，随遇而安。

据说，在古代的长安灞桥长堤上，每隔几米，便有一株如丝绦般的垂柳。此地是出入长安的必经之路，因而有很多人在此送别。微风吹拂着岸边的杨柳，更增添了人们的离别感伤。于是，人们折下柳枝送与离别之人，带着柳枝离开的人，便会如柳枝一样易于生存，并以柳枝遥寄相思无解之情。唐代张九龄有诗云：“纤纤折杨柳，持此寄情人。”

折柳意象产生后，文人墨客对其加以拓展

升华，使得送别感怀的场景，更显得意境缥缈，折柳惜别以表祝愿的情结也更加浓重了。

家属为什么要给去世的亲人烧纸钱，如此“送钱”亡人能收到吗，这个习俗起于何时?

民间有“烧七”的习俗。意思是说，在死者下葬后的49天内，每隔7天，亲人们便要到坟前烧纸送钱，这样才能保证死者有足够的钱花，平安地到达地府。给亡者烧纸钱，亡人真的能收到吗?这个习俗又是源于何时呢?

相传，东汉蔡伦改良了造纸术后，不仅自己成了名人，家境富裕起来。他还将这门技术教给了哥嫂，希望他们也能发家致富。然而，心性急躁的蔡莫（蔡伦哥哥）刚学到了点皮毛，便迫不及待地开店做生意了。当时，人们对纸的重视不够，加之蔡莫的纸张粗制滥造，所以，店里生意十分冷清。

望着已经积压的纸张，蔡莫夫妻俩终日茶饭不思。一天夜里，正在熟睡的左邻右舍听到蔡莫家传出哭声，纷纷赶过来一探究竟。刚一进门，就看到大堂之上放着一口棺材，蔡莫跪在棺材前，泪如雨下。蔡莫一边哭一边往火盆里放纸。邻人上前询问方知，慧娘（蔡妻）突染急病，刚刚离世。

众人听了，都感叹不已，劝蔡莫节哀。就在这时，木棺中发出咚咚响声，还在迷梦中的邻人顿时睡意全无。只听棺内有人说道：“相公，给我开门，我回来了。”蔡莫早已吓得魂不守舍，哪里敢近前丝毫。“相公，真的是我，你开门我再与你细说。”棺材里又传出话来。在邻人的帮助下，蔡莫颤抖着打开棺木。慧娘容光焕发地走了出来。

在鬼门关绕了一圈的慧娘说道：“我本来已经到了地府，阎王要我受苦赎罪。我被押往刑场的路上，小鬼接到阎王令放我回人间。询问了才知道，原来相公送了阎王很多金银财宝。”蔡莫惊诧道：“我未曾见过阎王，如何给阎王送财宝了?”慧娘说：“你所烧的纸，就是阴间钱财。阎王看你送了那么多，才如此开恩的。”

众人一听，纷纷抢着买蔡莫家的纸，准备在鬼节焚烧，以求死去的亲人起死回生。一时之间，蔡莫家的纸供不应求。原来，这是蔡莫和慧娘演的一出戏，并非真的转世还阳。后来，民间便流行起了烧纸钱的习俗。

有观点认为，为死者烧纸送钱，送盘缠，是源自佛家、道教的生死轮回说。人们相信，人死后，有灵魂存在。为了让死去的亲人能在阴间少遭些罪，心诚的人们烧纸钱给他们，希望他们在另一个世界能过上好日子。

烧纸送钱亡者自然不会收到。但是人们通过这种方式缓解对亲人的相思之苦，并借助这种方式继续尽着世间没有完成的孝道，聊以自慰。

亲属为死者披麻戴孝是中国葬礼的一大特色，这个习俗是怎么来的?

在中国传统葬礼上，亲属都要披麻戴孝为死者送殡。披麻戴孝的丧葬队伍浩浩荡荡，哭声抢天动地，纸钱漫天飞舞。这个习俗是因何而来呢?

说起披麻戴孝，还要从魏晋时期的丧葬五服说起。五服从重到轻分别为：斩衰、齐衰、大功、小功、缌麻。按照五服制度规定，血缘关系越近，所穿丧服越重。丧服轻重不同，所制丧服材质、样式、穿着时间又有所不同。

所谓的披麻戴孝，通常指的是披麻布服，头戴白孝，垂到腰间。有关披麻戴孝的由来，民间还有这样一个传说。远古时期的人们不实行土葬，也不实行火葬，而是将死去的亲人当成食物吃。据说，此时的人类还没有完全进化好，仍留有一条尾巴。人活到50岁的时候，尾巴渐渐变黄枯萎，最后脱落，人的生命也随之结束。家里人会在老人尾巴脱落之前，将他杀掉，然后煮了吃。

话说有一个老人，到了60岁尾巴还没有枯萎的迹象。家人有些着急，都在议论他何时死去。老人听到了他们的对话，心里很不是滋味，转念一想，祖祖辈辈都是这么过来的，自己自然也难逃厄运。摸着自己的尾巴，老人默默流泪。天快亮的时候，老人发现自己的尾巴开始变黄了。他感到很恐慌，便偷偷地进了大山里。

早晨起来家人发现老人不见了，众人不甘心，纷纷寻找。几日过去了，还是不见老人踪影。后来，有人在山洞里发现了老人尸体。家人听说后，顶着麻袋冒着瓢泼大雨赶到山洞，看着已经发霉的尸体，顿时哭声四起。邻人是哭老人的死相凄惨，家人是哭不能吃老人的肉。在邻人的帮助下，家人将老人的尸体装入木匣中埋进了土里。

此后，当亲人死去时，亲属们边学着当初那家人的样子披起了麻袋，用棺木装盛亲人尸体入土下葬。渐渐地，民间便形成了葬礼披麻戴孝的习俗。

如今，城市中通常以胸前佩戴白花、手臂上缠黑纱来代替传统的披麻戴孝。但是在有些地方，披麻戴孝的习俗仍然延续着。

第十四章
礼仪应酬·称谓讲究

古代男子成年时要行“冠礼”，这种成年礼具体是如何举行的？

在古代，若要举行成人礼，女子15岁，男子则要等到20岁。那么，在古代成人礼是如何举行的？

古代的男女都是要蓄长发的，当他们到达受礼的年龄时，男子把头发盘成发髻，叫结发，并戴上帽子，因而，成年礼在古代又叫“冠礼”。

据《礼记·曲礼》记载：“二十而弱，冠。”《说文》中解释道：“冠，弁冕之总名也。谓之成人。”也就是说，20岁的男子，即将步入成年人的生活。加冠意味着成年，通常在加冠的同时，还要给参加成年礼的男子取字。古人都有名和字，名是在人出生后所起，字则要等到成人礼的时候，由德高望重的长辈或贵宾来取，以表期望、鞭策鼓励之意。

据记载，“冠礼”源自周朝，它是由早期原始社会的一种仪式演变而来。在远古时代，男女青年进入成年阶段，便要举行一种名为“成丁礼”或“入社式”的仪式，为的是指引青年过成人的生活，后世也就延续了这种为青年举办成人礼的活动。

古代的“冠礼”是十分讲究的，举行冠礼的日子要通过“筮日”的方式来确定，仪式在宗庙中进行。举行仪式之前，参与仪式的人员都要沐浴斋戒，仪式当天所穿服饰也是有礼法考究的。“冠礼”中，通常受冠者要依次戴上三顶帽子，被称作“三冠”。第一顶缁布帽表示已经是成年人了，可以独立行事；第二顶一般是由兽皮做的皮弁，表示国家兴亡，匹夫有责；第三顶为素冠，这是古人在祭祀典礼中常戴的帽子，表示有了祭祀的资格。

每次加冠，授冠者都要说一些祝词，或寄予厚望或指明方向，然后加字祭拜先祖。之后受冠者要一一参拜长辈。仪式结束后，举办“冠礼”的主人要大摆宴席，宴请来宾，宾客也会送上礼物以表祝贺。

这种仪式在到清朝便已被逐渐淡化，只是在男子成年的时候，家人小聚以表庆祝。

知识链接

笄礼

古代男子成年有“冠礼”，那女子成年，是否也有这样的仪式呢？

在古代，女子15岁便已成年，有史书记载，“女子，十有五年而笄”，“女子许嫁，笄而礼之，称字”。由此可见，在女子地位卑微的古代，“笄礼”是在她们订婚，或者出嫁前的一个仪式。

在女子成年的时候，会把长发盘起，用簪子固定，因而又叫“加笄礼”。俗称“上头礼”，表示可以婚嫁了。贵族的女子“笄礼”后，一般要接受成人教育，学习三从四德、女红等。民间的“笄礼”相对来说比较简单，由多子多福的老妇为受礼女子梳洗打扮，以借老妇的福吉。

“拜”是一种什么礼仪，它和“揖”是一回事吗？

在古代，“拜”又称“跪拜礼”，是最常

两朝贤后故事册（之四）　清　焦秉贞　纸本

跪拜在古时为大礼，用于庄重的场合。

见的礼仪。所谓“拜”，古人解释说“以头着地为拜”，起初为一种表示臣服的礼仪。后来推而广之，表示下对上的敬意。由于古人没有椅子，都是席地而坐，行“拜”礼时，必然先“跪”下，所以，“拜”和“跪”是不分家的，故称“跪拜”。

“拜”最典型的动作是“以头着地”，根据头接触地时间的长短，“拜”可分为“稽首”和“顿首”两种，“稽首”礼头接触地时间长，表达尊重程度也高；“顿首”礼头接触地时间短，敬意略低于“稽首”礼。这两种礼仪一般用在臣对君、下级对上级、晚辈对长辈。

“拜”礼中还有一种“空首”礼，不要求“以头着地”，行这种礼时，跪在地上，双手拱至地上，然后垂头到手就可以了，这种礼是君对臣、上级对下级、长辈对晚辈所施的“跪拜”礼的答礼。

由此可见，“拜”是十分隆重的大礼，用在庄重的礼仪场合。而“揖”礼，行礼的形式和使用的场合都不相同。通常情况下，行“揖”礼时行礼人是站立的，双手合握，从上而下。《东南纪闻》中说：“古所谓揖，但举手而已。”这种礼是一种相见礼，用于人们见面时的场合。古人礼仪烦琐，即便是作“揖”，行礼人也会根据对象，按要求实行不同程度的拱手方式。显然，“拜”和“揖”是完全不同的两种礼仪。

“三叩九拜”是一种怎样的礼仪，这种礼真的要求行礼人连拜9次吗？

在古代礼仪中，“九拜”是明确的，礼制对其行礼方式和使用场合都有详细的规定，但“三叩”却不是古礼，只是民间对“跪拜”礼的俗称。由此可见，“三叩九拜”只是人们对隆重大礼的民间称谓而已。具体说来，“三叩九拜”便是指上文“拜”礼中的“稽首”礼。

古代“九拜”包括：稽首、顿首、空首、振动、吉拜、凶拜、奇拜、褒拜、肃拜。

九拜中最隆重的要算是稽首了。这种礼，不仅要求行礼人头触地，而且要“头至地多时”，是“拜中最重，臣拜君之拜”。具体行礼细节为：行礼的时候，行礼者首先屈膝跪地，左手按在右手上，然后拱手于地。接下来，行礼人的头慢慢触地。头触地的具体位置是在膝盖之前，双手之后。头触地后，要停留一段时间。

上述动作为一次行礼，古人为了表示尊重，有时候这样的礼节要反复做几次，通常以三次或九次居多，于是便有了“三叩九拜”的说法。由这些动作和次数，我们不难看出，这一礼节是何等的庄重。因此，这个礼常在臣子拜见君王时所用。后来，儿子拜父亲，祭祀时拜天拜神，拜祖拜庙；新婚夫妇拜天地、拜父母；扫墓时拜墓等，也都用这样的大礼。

九拜中的其他几项具体如下：

顿首，和稽首礼叩拜方式相差不多，只是头要轻叩地面，而非俯首。

空首，施礼人跪拜，拱手俯身行礼。

振动，丧礼用，顿首恸哭，浑身震颤，以哀逝者。

吉拜，宾客在丧家守制三年后见丧家时施行，先施空首礼，再施顿首礼。

凶拜，居丧者拜宾客之礼，和吉拜礼相反，先行顿首礼，后施空首礼。

奇拜，指拜一次。

褒拜，指拜了又拜。

肃拜，身体呈跪姿，以手触地，抬头。

打拱作揖是古代常用礼仪，见面时的“拱手”之礼具体如何操作？

在古代，人们见面是要拱手作揖的。只有在君臣相见、拜见上级或长辈等一些重要的场合才会行像跪拜一样的大礼。提到作揖，有资料表明，在周朝的时候就有作揖这种礼节了，直到姜子牙辅佐武王革命成功，作揖才正式作为一种礼节施行于天下。

通常，规范的作揖是身体不动，手背向外抬至额头处，右手压左手，然后行 90 度大礼，手的位置始终是不变的。在日常生活中，古人会按照双方地位的不同，施行不同的揖礼。《周礼》中记载：“孤卿特揖；大夫以其等，旅揖；士，旁三揖。”这里就讲述了不同级别划分出的特揖，旅揖和旁三揖。像上卿这样的职务，就要一个一个地作揖了；一般的官员按等级分别作揖；而对其他人，一并三揖即可。

除了按等级划分外，一般没有婚姻关系的异姓，会行土揖，也就是手略低的前伸，有婚姻关系的异姓，会行时揖，手平着向前伸出，而同姓的宾客则要向上推手行天揖。

一般情况下，人们会以拱手或抱拳来代替作揖。所谓拱手礼，最早是模仿奴隶所戴枷锁，表示忠诚敬畏，后来人们便将这种形式，演化为双腿站直，双手合于胸前，微微俯身，以表示对人的一种尊重。关于交握的双手，也是很有讲究的，正常情况下，男子右手握拳，左手覆于右手上；在丧事中，则要左手握拳，右手覆于左手上。

当今，人们已经很少行作揖礼了，取而代之的是握手与问候。

清朝时期流行的“打千儿”是一种什么样的礼仪，如何行这种礼？

在古代，人们见面为了表示对人的尊重，通常会行一些礼节，见到皇上要三叩九拜，见到长辈大官要跪拜，见到平辈要作揖。清时，有一种左膝前屈，右腿后弯，上体稍向前倾，右手下垂的动作，叫作“打千儿”。

“打千儿”是最常见的请安礼，介于作揖、下跪之间（请安礼具体又可以分为“打千儿”“问安礼”“跪安礼”“蹲安礼”几种）。

关于“打千儿”的由来，有两种说法，其一：“打千儿”原是明代军礼。据《大明会典》所载，明朝全国的指挥使司和各卫所都使用这种礼节。原因在于，兵士甲胄在身，不便向上级军官行跪拜礼，变通为屈一膝或半膝。时间一长，便成了固定礼节。建州女真习得此礼，努尔哈赤建后金后保留。八旗人家的晚辈见长辈，奴仆见主人，还有在亲友相见时，都行这个礼。其二：这种礼产生于辽金时代，是满族人对尊长，或下级对上级施行的礼节，平辈相见表示敬重时也行此礼。

“打千儿”之礼有男女之别。男性行礼的具体动作为：行礼人先立正站直，将左右袖口拂掸，随后左脚向前迈半步下屈，右膝下跪，右手下垂，俯身低头，同时口中说“××给××请安”，说完站起身，恢复立正神态，就算行礼完毕。

满族女人喜穿一种名为花盆底的鞋子，穿上这种鞋，行走活动都不是十分灵便，因而，她们在行打千儿礼的时候，通常是左右脚稍微前后相错，双手交叠放于腰间轻轻一蹲。

知识链接

跪安

在清时的请安礼中，除了“打千儿”，比较常用的还有“跪安”礼。这个礼相当于汉人的“跪拜礼”。其具体动作是：行礼人快步走到受礼者的身旁，拂掸双袖，然后双手扶膝，双膝跪下，同时口中念道：“××给××请安！”随着话音落地站起，走到侧面站立，即为行礼完毕。宫中太监向其主子请安，奴仆向主人请安，通常施行“跪安”礼。“跪安”礼是比较庄重的标准请安礼，一般用在正规的请安场合。普通人相见，屈身作“打千儿”状就行了。

古人常说“男女授受不亲”，只是说说而已还是有严格要求？

明沈采《千金记》第十一出：“多谢客官。自古道‘男女授受不亲’，待奴家放在地下，客官自取。”那么，“男女授受不亲”这条规则的约束力到底如何呢？

据《孟子》记载，男女授受不亲，是一种礼仪。授受，就是施与和接受；“授受不亲”，就是指没有亲属关系的男女不得有身体接触。

《礼记》中记载了这样一段对“男女授受不亲”的要求：孩子（指姐弟或兄妹）长到7岁以后，男孩与女孩就不能在一起睡觉了，也不能在一起吃饭。而且，男人和女人是不能杂坐的，就是使用同一套洗漱用品都是不被允许的。可见这“男女授受不亲”的要求有多苛刻。

其实早在战国之前，男女交际上并没有这么严格规定，人们群居而生，这种礼仪是行不通的。有资料记载，在西周时期仲春之月，男女是可以自由相会、嬉戏玩耍的。西汉以后，儒家学说取得正统地位，礼教受到贵族之家的重视，豪门望族强调男女隔离，防范夫妻之外的两性有过多的接触，但并不十分严格。宋代程朱理学兴起后，出现了“男女之大防”的说法，官宦之家，多将妇女禁于内室，不许她们迈出家门。

为了达到控制女性的目的，男人还向女人灌输贞操观念。因此，许多正常的东西都被视为不检点的行为，并因这种扭曲的“贞节”观酿成悲剧。明清文献记载，有女子曾因看见赤膊的男人，便认为不洁而自杀。

知识链接

“三纲五常”

“三纲五常”是古人最为推崇的一种礼教，出自《论语》。所谓的“三纲”指的是“臣以君为纲”“子以父为纲”“妻以夫为纲”，也就是称臣的、为子的、做妻的，必须服从君王、父亲、丈夫，不得有违。同时，君王、父亲、丈夫也要起领导表率作用。“五常”，指的是“仁、义、礼、智、信”，也就是人与人之间关系的准则。

古人为什么不能穿鞋子上殿，关于脱鞋的礼仪有哪些？

据《礼记》记载：“待坐于长者，履不上于堂。解履不敢当阶，就履，跪而举之，屏于侧。”可见，古人对什么时候穿鞋、什么时候脱鞋是十分讲究的。之所以如此规定，是与古人的生活习惯密切相关的。

在古代，无论帝王将相还是平民百姓，都是要脱鞋进屋的。因为在古代，居家没有桌椅板凳、沙发条几之类的陈设，只是在室内铺上“筵”和“席”。“筵”是席的一种，通常铺在下面，“席”则铺在“筵”的上面。在正堂里也可能全都铺有“筵”，进屋要走过“筵”，然后落座于“席”上。如果穿鞋直接进屋，必然会弄脏人家的“筵席”，极不礼貌。后来，脱鞋进屋由卫生的需要转化成一种礼仪，这样做成了对主人的一种尊重。

据《吕氏春秋》记载，有一次，文挚因为穿着鞋子去拜见君王，君王看见了，理都没理他。像这样的情况，算文挚幸运，如若遇到个严厉的君王，小则罢官，重则会被关到牢里。

普通人家，讲究还不是太严格，但是在帝王以及一些重要礼仪上，穿鞋、脱鞋则要谨慎小心了。通常，人们进屋之前，要把鞋子脱在屋子门前的台阶之下，并且将鞋放在不妨碍进出的地方，出来之后再将鞋子穿上。据《左传》记载，人们为此还设立了专门放鞋的“鞋架”。但是并不是所有的场合脱鞋就意味着尊重礼貌。《礼记》中说，在一些葬礼或者祭祀场合，都要穿鞋，室内是不能露脚指头的。

人们在书信结束时，一般会写“此致”和“敬礼”，这两个词有关系吗？

据史书记载，早在商代，中国的边疆就已经出现了通信兵，也就是邮差的雏形，到了西周，已经有完善的邮驿制度了。

人们在写信的时候通常要署名落款，写上某某缄、某某敬呈等。查询书信历史，我们会发现除了这些，书信格式中，还有“此致”“敬礼”两个词。那么，人们为什么要写这两个词呢?

“此致”意思是“到此结束”。也即是写信者完整表达了自己的意思后，告诉收信人，信写完了、话说完了。人们在书信中，结束时习惯写成“就此搁笔”“至此再续”等字样，大都是“此致”的衍生。

“此致”与后面的“敬礼”，在内容上没有关联。因而，通常情况下，“此致”和“敬礼”要分两行写，表示不同概念。“敬礼”是一种礼仪，是写信人向收信人表示的问候。“此致”后面的“某祺”“某安”“某福”“某禧”“某吉”之类的祝福，和“敬礼”同源，所要表达的意思虽有区别，但都属敬祝之语。因写信人与收信者的不同关系，信中的问候语也就形式多样。在以前，书信后面的祝词是很有讲究的，给长辈写信，通常用到“敬请福安”“敬颂崇祺”等字样，而给上级领导写信，“恭请”“祗请”“敬请”一类，必不可少，平辈之间相对来说就比较随意了，“顺颂起居”“顺候大安”即表问候，至于晚辈，“近好”“近佳”也就表示了关怀。

古代男人不仅要取“名”而且要有“字”，他们为什么这么做?

当今社会，每个人只有一个名字，这便是他身份的标志。由于汉语中姓氏的有限性，以及可以用来做名字的字眼的局限性，重名的现象十分普遍。可是在古代，名字可是完全可以区分不同人的，发生重名的可能性很小，因为古代的名和字不是连用的，而是指代的两种称呼，故而降低了重复的概率。

据说，名是来源于氏族时期。《说文解字》中这样解释道：名其实是一种辨认代号，在没有照明工具的黄昏，人们看不见对方，所以经常不知道来人是谁，于是就用名来指代了。这只是有关“名”由来的一个说法。

古籍记载，孩子出生后，人们通常要在孩子百天后给孩子取名，意思就是说这孩子现在是个“人”了。自古以来，有关取名的依据各不相同，封建帝王时期还要避讳皇帝的名，所以给孩子取名字也是颇有讲究的。但是，成年以前，人们只有名而没有字。

在古代，男子20岁成年时要行冠礼。在冠礼上，通常长辈要给受礼者加字，字通常是名的补充和扩展，有彰显名的作用和寄予长辈期望的意思。也就是说男子到20岁，就可以过成人的生活了，要给予和成人一样的尊重。所以，字又成了表示尊贵的称谓。

一般情况下，除了长辈，直呼其名是不尊重的行为，人们通常以字来称呼其人。因而在古代，取字是人们为了表示尊敬的一种礼仪方式。到了近代，人们已经淡化了名和字的区别，将名字合一。

清朝后期几个皇帝的名字非常难写难认，老皇帝为何用生僻字给儿子取名?

清军入关，不仅带来了满族文化，还带来了八旗制度，除了姓氏的冗长饶舌，就连皇帝的名字都生僻难写，这是因为他们长期生活的环境造成的呢，还是另有原因?

其实这源于古代的避讳制度。若要追根溯源，则要推至周代，当时，人们只是简单地避讳诸侯王等王公贵族的名讳，秦汉时期才被发展成为一种制度，而在宋朝最为完善规范，之后一直被延续，直至清王朝灭亡。

最初，避讳分官讳和私讳，所谓的私讳就是指的一些官员、尊者、圣贤、长辈等，在说到他们父祖的名讳时，都要用其他字代替，不得直呼名讳。《红楼梦》中，黛玉读到“敏”字时，总是读成“米”或者“密”，就是为了避讳她母亲贾敏的名讳。在很多古书典籍中，书中人物地名等，都因避讳而另寻他字，以致有很多事物与史书记载有出入。

官讳，相对来说忌讳就多了，官讳又叫国讳。可想而知，整个国家都要避讳，足见所要避的人非同一般。一般情况下，国讳所要避讳的是皇帝，包括旧名、御名、庙讳甚至是祖先之名。有时，皇亲国戚的名字也要避讳，不但不能说，即使文字也要避讳。这一制度被明确写入律法，违者轻则牢狱之灾，重则满门抄斩。

古时避讳的方法大抵有：改字法、空字法和缺字法。也就是遇到所避之字时，换成其他字，或者空出用方框代替，或者将原有字缺失一笔来代替。

清朝统治前期，由于受满族人文化的长期影响，帝王们并没有太注重这些。到了康乾盛世，满族人因吸收汉文化，朝廷也开始实施避讳制度。皇家如用常用字取名，一旦避讳，民间要改动的地方太多，就会造成很大麻烦。所以皇帝给皇子取名字的时候，也尽量用生僻字，这样需要避讳的地方就少了，书写上麻烦也会减少。这也是帝王爱民的一种表现。更重要的是，皇族也要遵守避讳制度，只有采用生僻字，才能尽量独一无二，不和祖辈冲突。

“寡人”“朕”“孤”等字眼并不好听，古代皇帝为何拿来做自己的专有称呼？

一个人落魄孤立无援的时候常会说：“我现在是孤家寡人，要什么没什么。”孤家寡人就是形单影只，孤立无援的意思。可是在古代，“孤家”和“寡人”可都是皇帝的专称，众星捧月，群臣簇拥，那么皇帝又怎么会是“孤家寡人”呢？

“寡人”一词在古代意为“寡德之人”，这是古代君主的谦辞。先秦时期，王、诸侯、士大夫等，都可以自称为“寡人”。如《左传》所记载：“请子奉之以主社稷，寡人虽死亦无悔焉。”《史记·廉颇蔺相如列传》中也有“秦王以十五城请易寡人之璧”的说法。那时候，寡人不光是男人的专属。《诗经》中曾经记载，卫庄公夫人庄姜就曾自称过寡人，由此可见，古人常用的“寡人”来谦虚地说自己无德无能。但是到了唐朝，这种现象明显减少了，逐渐变成只有皇帝可以自称寡人。

皇帝自称“朕”的情况，也和“寡人”差不多。早先，人们都可以用“朕”自称，“朕”和现代汉语里“我”相似。并且，使用这一称谓的人不分等级。此时的“朕”并没有特殊含义，只做第一人称使用。然而到了秦始皇称帝，“朕”就只有皇帝一人可以自称，而且明文规定，违者重罚。其实，“朕”最早指的是身体的意思，嬴政以自己功盖三皇五帝，以始皇帝自称，并且认为这个词有“预兆”“朕兆”的意思，所以要专用在自己身上，以尊皇权。

“孤”的用法完全是延续了秦朝以前的称谓习惯。因为在没有皇帝一人独掌天下的诸侯纷乱时期，王与诸侯国王并存，因“孤”含有“独自”和“孤独”等意味，诸侯们通常用此字自嘲落魄。但是到了汉末，“孤”却有了雄霸的意思。群雄独占一方，各自称孤。“孤”从此就演变成了王者的代名词，其中也包含有高处不胜寒、傲然孤茕的意味。

为了表示对皇帝的尊敬，大臣们称其“陛下”，为什么会用这个称谓呢？

古代皇帝的称谓很多，皇帝自称为“寡人”“朕”，嫔妃大臣称“皇上”“万岁爷”等。从字面上就可以看出，这些称谓都含有尊崇敬畏、祈福祝愿的意思。但是大臣叫皇帝为“陛下”，这是为什么呢？

据史料记载，古代的皇宫设计相当考究。皇帝的宝座高高在上，从下面通向宝座有一系列台阶。这个台阶，古人称为“陛”。许慎的《说文解字》说：“陛，升高阶也。从阜，坒声。”为了保卫皇帝的安全，侍卫分列台阶两侧。朝会的时候，大臣们则站在台阶下。臣子们向皇帝讲话时，不敢直呼天子，所以先叫一声“陛下”，其本意是“我要向皇上说话，请站在台阶下的侍卫们代为向上传达”，以此表示地位低的人向尊贵的皇上进言。蔡邕的《独断》中就记载了这样的史实：“谓之陛下者，群臣与天子言，不敢指斥天子，故呼在陛下者而告之，因卑达尊之意也。”因而，“陛下”也就成了皇帝的代名词，指代大臣候旨于台阶之下，皇帝高居台阶之上，“陛下”也就成了对皇帝的尊称之一。

有史表明，“陛下”除了指代皇帝外，还有尊称行使皇权的人的意思。据《汉书》记载，汉朝元帝的皇后王政君就曾被王莽等人尊称为“陛下”。

知识链接

殿下

皇太子通常被称为殿下，意为比陛下的地位稍低。那么自古殿下就是皇太子的专有名词吗？和陛下一样，殿下最初也不是指人，古时的建筑中，宫最大，殿其次，陛下指的是皇帝龙椅前的台阶，殿下指的是殿檐之前的台阶。

《三国志》中，杜袭称曹操为殿下，这是有关殿下最早的出处。原先，殿下也指皇上，后来经过演变，殿下成了王公亲王的尊称。到了唐以后，殿下多用来指代皇太子、皇太后和皇后。如今，一些君主制国家中，皇室成员依然被称为殿下。

皇帝的女儿称“公主”，这个称谓是怎么来的呢？

其实，“公主”这一称呼最早并不是皇帝女儿的专称。早在周朝时，周天子的女儿称为王姬。而“公主”这一称谓，则始于春秋战国时期。《公羊传》中说，周天子嫁女儿自己不作为主婚人，而是请和自己同姓的诸侯代为主持， “主”指的是主持的意思，而“公”则指的是主持婚礼的诸侯，“公主”也就是由诸侯主持婚礼。后来，天子和诸侯的女儿也就称为“公主”了。

“公主”一称为皇帝女儿专利始于西汉。据《汉书》记载，因为主婚的是诸侯，皇帝的女儿便叫公主；而诸侯女儿的婚礼由父亲主持，父亲又叫“翁”，所以，诸侯的女儿就叫翁主，也叫王主。

西汉时期，皇帝的姐姐的地位也是十分尊崇的，比如，汉景帝的姐姐就被呼为“长公主”，汉武帝即位后，她又被呼为“太长公主”。汉代公主都有封邑，且由皇帝赐给上等的豪华宅第，有的还拥有大片的园林。皇帝还允许她们在自家的府里设置官吏，称之为家令、家丞等。皇帝对公主赏赐丰厚，她们中的许多人都拥有大量的土地财富，富奢堪比王侯。

历朝历代，“公主”一称也多有变化。隋唐时期，宫中的等级划分更加明确，皇帝的姐姐、先皇的姐妹，以及皇帝的女儿被称为公主，而皇太子和诸王的女儿则不得以公主自称。太子之女为郡主，诸王之女为县主。宋朝一度推翻了公主的叫法，用帝姬、宗姬称呼皇室女儿。明朝又改回隋唐旧制。

清军入关前，皇帝的女儿称格格。崇德元年，皇帝的女儿才改叫公主。清朝时皇后生的女儿叫“固伦公主”，表至尊一国，而嫔妃所生称“和硕公主”，表重尊一方。

为什么把公主的丈夫称为“驸马”，除了这个称谓，公主的丈夫还有别的叫法吗？

最早，“驸马”一词并不是指皇帝的女婿。据《汉书》记载，“驸马”是一种官职，全名为驸马都尉，主要负责掌管御用的副车，实名为“副马都尉”，是汉武帝时期设立的。起初，担任这一职务的大都是皇室或外戚，还有一些王公大臣子弟，他们都是皇帝的贴身侍从官。据史料记载，这种官待遇不薄，俸禄两千石。

“驸马”作为皇帝女婿的专有名词始于魏晋时期。相传曹魏时期的玄学家何晏容貌俊美，魏文帝将金乡公主许配与他，并授以“副马都尉”一职。于是，魏晋之后的皇帝，大都封娶了公主的女婿为“副马都尉”。时间长了，人们觉得用“副马”代指公主的丈夫不太合适，所以，便将“副马”改为“驸马”了。

随着名字的更改，“驸马”作为官职的意思也淡化了。比如，晋宣帝与晋文帝女婿虽为“驸马都尉”，但是已经只是个称呼，没有实际职位了。后来，人们也就习惯将娶公主的人称为“驸马”了。

除了“驸马”这个称谓，古人还称公主

的丈夫为“帝婿”“主婿”“国婿”。此外，驸马还有别称，这还得从玄学家何晏说起。据说何晏不仅貌美，而且拥有一张比女人还要白皙的脸，魏文帝原以为何晏敷粉欺骗皇室，就用计试探。结果何晏以衣袖拭脸都没有改变，于是人们便因他的脸如施粉黛而称他为“粉侯”。随后这一称呼也就被沿用到了所有公主的丈夫身上。到清朝，公主的丈夫又被冠以“额驸”封号，皇后所生公主的丈夫为“固伦额驸”，嫔妃所生的公主丈夫为“和硕额驸”。

古人为何管地方长官叫“父母官”，这个称呼是怎么来的？

父母官是旧时百姓对州、县官的尊称。那么，人们因何称地方官为“父母官”呢？

据《汉书》记载，汉元帝时期，有一位叫召信臣的大臣，担任南阳太守。他在任期间，爱民如子，造福一方。他兴修水利，建了一系列利民惠民的实际工程。他还经常来到田间地头，亲自带领人民耕作。劳作累了，便与民同吃同睡。由于灌溉及时、耕作合理，农民的收入逐年增加。在带领人们努力生产的同时，召信臣还特别重视教化。他还制定不少移风易俗的条规，比如要求当地人婚丧嫁娶不得铺张浪费；官吏及其子弟如有骄奢淫逸者，罢官受刑等。

在他的治理下，南阳郡安乐祥和，节俭之风盛行，地方富庶。其他地方的百姓听说了，都迁居这里。当地人非常爱戴这位太守，于是称他为“召父”。唐河县城南至今还保留有“召父渠”遗址。

无独有偶，到了东汉光武帝时期，南阳百姓又遇一个好太守，其人名叫杜诗，相传他比召信臣带给人们的好处还多。于是，南阳民间就开始有了“前有召父，后有杜母”的说法。

后来，老百姓也常把那些勤政廉洁的官员亲切地称为“父母官”。再往后，不论官员政绩如何，都是“尊在”乡野，所以，人们为了抬举这些官员，便把所有地方官统称为“父母官”。当然，这么叫也有希望他们能像“召父杜母”一样为民谋福利的成分在里面。

为什么把国家或组织的最高领导人叫“主席”，这个称呼与坐席有关吗？

“主席”这个称呼在很多国家都有使用。“主席”是中国创造的吗？它和我们平时说的“坐席”“席位”有关系吗？

隋唐以前，中国是没有桌椅的，人们通常席地而坐。《论语》中记载说，古人不但坐席子，而且怎么坐都有讲究。比如，席子放的位置不正当，是不可以坐的。

在古代，铺在下面的较大的席子被称为筵，而上面较小的席子才被称为席。通常，人们脱鞋进屋，经过筵，到了正位上，坐到席上。古人重礼，一般情况下，室内的大席子是几个人一起坐，而尊者或长辈则会单据一小席，这样一来，通过所坐席子，就可以区分出地位卑尊。

后来，大席制衰落，人们开始分坐小席。原来单据一席的主人、尊者和长辈便坐到室内的主位上，也就是“主席”上。“主席”一词，由此而来。

外文译著中，“主席”一词被翻译成了“坐在高背椅上的人”，也就是权威者，所以，这个词也就被迁移用到了含有主人、主持人、领导人等场合。

由“坐席”一词引申出来的词汇很多，如“宴席”“入席”“席位”等。如今，我们所说的主席通常指的是国家或组织的最高领导人。

“领袖”本是服装上的组成部分，怎么会成为最高领导人的代名词？

在很多书籍里，我们都会看到“领袖”这个称谓，比如农民领袖、抗倭领袖等。也就是说，人们经常用“领袖”这个词来指代最高领导人，含有敬仰的意味。那么，“领袖”一称究竟从何而来呢？

“领袖”，原本指的是衣服的领襟和袖口。

衣服的式样无论怎样千变万化，无非就是在衣领和袖口上做文章，可见“领袖”在服装中的重要性。在古代，衣领和袖口同样有着不可替代的作用。古人为了美观大方，往往会在衣领袖口处向前点缀刺绣和一些饰物，或表示庄重，或彰显华美。比如，被视为空前盛世的唐朝，流行的是阔领广口袖的服饰，还有吸收胡人骑马装的紧身短小服饰，这两种服装的特点都体现在衣领和袖口上。

作为服装的组成部分，衣领与袖口是最容易脏的，因为这两个地方经常和皮肤接触。所以，不能光为了美观，还得考虑实用。故而，衣领与袖口通常会加厚或换作较耐磨的材料。这样一来，衣领袖口不仅有了装饰美观的作用，还有着提携全服的能力。由此可见，在服饰上，衣领与袖口占据着重要的地位。由于“领”和“袖”既醒目突出，又庄重严谨，并且有表率的作用，因此产生了“领袖”一词。

开始时，人们只是用“领袖”来指代那些非凡的人物，比如《晋书·魏舒传》就说，魏舒仪表堂堂，是人们的领袖。这里的“领袖”仅为“表率”之义。后来，人们就将“领袖”迁移到能够为人表率、统领全局的人身上。而现在，“领袖”一词则专指国家或者团体组织的最高领导人。

人们为何把知识分子称为“老九”？

人们为什么要用“老九”来指代文人呢？

在中国古代，有着比较严格的等级制度。春秋战国，宗法制度下的贵族统治被消灭。汉武帝独尊儒术，文人士子的社会地位空前提高，文化世家几乎代代出任高官。隋唐以后，采用科举制度选拔官员。因此，社会上能出官为仕的，除了皇亲国戚，就是读书的学子了。在等级分明的古代，做文人是光宗耀祖的。因此，社会上便有了“万般皆下品，唯有读书高”的说法。连做皇帝的宋真宗也说，“书中自有千钟粟，书中自有黄金屋，书中自有颜如玉”。可见，读书是很光彩的事情。

但是到了蒙古人统治时期，文人的地位一落千丈。

蒙古人将人种分成了四个等级，蒙古人最尊，色目人居其次，金所统治的汉人排第三，南宋汉人为第四。不但如此，据《心史》记载，蒙古人还按职业把人分为十等，一官、二吏、三僧、四道、五医、六工、七猎、八民、九儒、十丐。而这“九儒”指的就是所谓的文人，这一规定在元代被明确编进了法典。因为文人儒士被列为第九等，所以人们也就称他们为“老九”，当然，这个称呼有轻视的成分。

人们为什么把主持活动、招待他人的一方称为“东道主”？

“东道主”一词出自《左传》。春秋五霸之一的晋文公重耳，早年因为骊姬之难在外流亡了19年，其间受到过赵国、楚国等的帮助，最后由秦国相助返回晋国当上国君。但是在他流亡期间，途径郑国时，郑文公并没有对他施以援助之手，晋郑两国因此结下了仇怨。鲁僖公三十年的时候，晋国联合秦国一起攻打郑国。郑文公派出老臣烛之武出使秦国，意图化解危机。

长于游说的烛之武见到秦穆公，并没有卑躬屈膝，而是言辞中肯地说道：“郑国与秦国相距很远，中间还隔着晋国。就算郑国灭亡，对秦国来说也没有多少好处，只是增加晋国的实力而已。再说，郑国与秦国向来交好，如果秦国和郑国互惠互利，把郑国作为东方道路上的主人（东道主），秦国使者途经于此，郑国加以款待，这有什么不好吗？”

秦穆公一听有理，便采纳了烛之武的建议，不但撤了兵，还留下兵将帮助郑国守卫城池。秦军一撤，晋文公势单，只好从郑国撤军。

烛之武原话里有“东道主”之语，郑国也因此成了最早的“东道主”。

在古代，方位的排列很讲究。根据五行学说，天子坐北朝南，以南为尊，东西相较东为上，因而在一些宴会等场所中，主人通常坐在东面，因而东道主又有主人的意思。

在现代，东道主的意思已经被拓展了，一般泛指接待或宴请的主人，一些活动的主办方也被称为东道主。

主人又称“东家”，主人招待宾客为何叫“尽地主之谊”而不是“尽东家之谊”呢？

现代汉语里，“地主”指的是占有土地，能够依靠出租获得资本的人，这些人组成的阶级就是地主阶级。但是，最早的“地主”并不是这个意思。“地主”一词最早出现在《左传》中，文中提到“夫诸侯之会，事既毕矣，侯伯致礼，地主归饩，以相辞也”。也就是他国客人来到诸侯国，作为主人的诸侯要设酒款待，以表礼仪。地主，指的就是会盟地的诸侯，这个地方的主人。因而，后来人们就以“地主”指称待客的主人。主人家操办宴请，便被叫作尽“地主之义”。此番行为又有彰显礼教的意味，于是改为“地主之谊”。

所谓的东家，源自古代人的方位观、五行学说。有史料记载，一些大户人家常在正厅的南面东西分置座椅，主人坐在东位上，来客坐于西位。不仅如此，在宴请礼仪等公众场所，作为主人，一般都会居位于东面。于是在习惯上，人们将东坐的人称为“东家”，也就是房屋主人的意思。由此演化，古代就将那些有一些资产的地主或店主称为东家。

“地主”和“东家”都有指代主人的意思，后来人们便习惯将请客吃饭，招待客人叫作“做东”，这种形式按古代礼法，视为“尽地主之谊”。

“鼻祖”是创始人的代名词，这个称谓跟鼻子有关系吗？

在中国，孔子被称为儒家鼻祖，姜子牙被称为谋略鼻祖，盗跖则是强盗的鼻祖，范蠡被奉为商人的鼻祖。我们不难发现，这些人有一个共同特点，就是首创了某件事，或开辟了某个领域。那么为何把这些创始人称为“鼻祖”，这和“鼻”又有什么关系呢？

在甲骨文和金文中，找不到“鼻”这个字。但是，通过资料文献可以看出，古人将“自”当成“鼻”用，发“鼻”的音。许慎在《说文解字》中就对“自”做了注释：“自，鼻也，象鼻形。”这说明“自”字是个象形文字，本意指代鼻子。

生活中，人们在说到自己时，总喜欢指着自己的鼻子，所以“自”便有了“我”“自己”之义，被人们拿来作代词用。进一步引申转义，又有了“从”“由”“本来”“当然”“开始”的意思。

后来，为了表义精确，人们便在“自”下面加了一个声符，造出“鼻”字，专指鼻子。由于“自”　“鼻”本为一个字，所以“鼻”也继承了“自”的衍生义，“鼻”也被拿来代称创始，最开始的事物。

关于鼻祖的说法，西汉的扬雄做了这样的阐释：“鼻，始也。兽之初生谓之鼻，人之初生谓之首。梁益之间，谓鼻为初，或谓之祖。”于是后世便用鼻祖来称谓那些创始人、祖先一类的人，含有赞誉敬仰的意思。

女英雄往往被人称为“巾帼英雄”，她们为何有这么个称呼？

在杨家将中，穆桂英是女将中的代表，她领兵挂帅，率千军万马冲锋陷阵，是女中豪杰。人们都称她为“巾帼英雄”。人们为什么把女英雄叫作“巾帼英雄”呢？

民间流传，“巾帼英雄”出自《木兰诗》。

其实，“巾帼”是古代妇女所佩戴的一种头饰，类似帽子。据史料记载，最早，男女都可以佩戴这种饰物，它内衬金属丝套或用薄竹丝、薄木片扎制而成各种新颖式样，外罩彩色长巾。它可以围在发际，将前额遮住，勒于后脑，有的还在两侧垂下丝带。这种头饰容易取下，还不会弄乱发型，因而在古代很流行。

到了汉朝，这种头饰被妇女所独占，男人戴的只是中规中矩的头饰。但是对于妇女来说，也不是人人都能享有这种特权的。因为巾帼的制作过程讲究，做工精巧，而且所

《木兰诗》图

用材料相对昂贵，于是这种头饰就成了贵妇人的标志，不仅如此，佩戴巾帼还是一种礼仪。

后来，人们用不同材料装饰巾帼，有“剪氂帼”“绀缯帼”等，所以妇女中可以带这种头饰的人就多了起来。故而后来一说巾帼，人们就知道说的是女人，巾帼也就成了妇女的代名词。那些女中豪杰、女英雄一类的人物，也就被人们赞为“巾帼英雄”了。

为什么把有实力的文化名人称为“大腕”，“腕”又是什么意思呢？

“大腕”一词在演艺圈里出现频率极高。其实该词出现很早。在古代，人们行走江湖，在向别人做介绍的时候，通常是要报上姓名的，“大腕”就出自这姓名上。只是当时不叫“大腕”，而是叫“大蔓”，“蔓”有连绵不绝、数目众多的意思。

行走江湖之人都希望知道自己的人越多越好，所创门派同宗族人遍布天下，于是就要“扬名立蔓”。这样在江湖上，一报姓名，就能赢得尊重。于是，“蔓”一说在江湖流传开来，名声较响的人就被叫作“大蔓”。

还有一种观点认为，“万”来自于反清复明的天地会。因为大家同一个目标，所以结成一个团体，立“万”姓。“万”不像“蔓”那样生僻，本身就含有千百万、众多的意思。所以，使用过程中，“万”代替了最初的“蔓”。江湖中又言“扬名立万”。

现在我们所说的“大腕”，是在“大万”的基础上衍生来的。于是，在原有词汇基础上，“腕”成了不是一般人的代名词。

《木兰辞》中有“阿爷无大儿”，“爷”是对父亲的称呼，它何时变成了对祖父的称呼？

如今，我们说爷爷，通常指的是祖父。有时候，称谓中单字“爷”也表示对人的尊称，例如，自矜之称可说成“爷”，《骆驼祥子》：“祥子明知道上工辞工都是常有的事，此处不留爷，自有留爷处。”旧时主人或从官者的贵称，如老爷、王爷等；对年长男子的尊称，如大爷等。在古代，“爷”本是父亲的称呼。《木兰辞》中有：“阿爷无大儿，木兰无长兄。愿为市鞍马，从此替爷征。”其中的“爷”便是父亲的称谓。那么，是什么时候开始，“爷”成了祖父的代名词呢？

“爷”作为父亲的称呼并没有资料明确记载是始于何时。最早关于“爷”的记录见于三国之后的文献中。《玉篇》中有言：“爷，以遮切，俗为父爷字。”从《木兰辞》之后的诗篇中，我们不难看出，“爷”作为父亲的称谓，已经被后人广泛接受。唐代诗人杜甫有诗曰：“耶娘妻子走相送，尘埃不见咸阳桥。”可见，虽然“爷”的写法有所变化，但是其指代父亲的含义却没有变化。

直到宋元时期，“爷”的含义开始发生了转移。叠词“爷爷”有了指代祖父的含义。《汉语方言大辞典》中记载说，“明沈榜《宛署杂记·民风二》，祖曰‘爷’”，而这一时期的父亲开始有了“父”“爹”的别称。现在，“爷爷”已成为祖父称呼的定式。只有在一些方言中，仍保留着称呼父亲为单字“爷”的习惯。

为什么用“两口子”称呼夫妻俩，这个称谓是怎么来的呢？

两口子，指的是夫妻俩，老俩、小俩，也说两口。

从古至今，有关夫妻的称呼一直在演变。夫对妻的称呼有细君、堂客、妻子、娘子、贱内、糟糠、屋里的、内子等；妻对夫的称呼有相公、官人、官家、良人、郎、郎君、先生、外子、丈夫等。而“两口子”这个统称夫妻的称谓，则源于民间流传的故事。

相传乾隆年间，山东本地有一恶少石万仓，虽娶得美貌妻子曾素箴，但是恶习不改。他终日在外饮酒作乐，风流快活。一日曾素箴外出，遇见一名青衣书生，一见倾心，后来得知此书生乃山东有名的才子张继贤。张才子看见曾素箴美貌，也是魂不守舍。于是，两人便开始了私下约会。不久，石万仓因饮酒过度丢掉性命。石家人因曾素箴不守妇道，便诬陷她，说她是为了和张继贤双宿双飞而蓄意谋杀。官府收到石家的状子，也就做了顺水人情，将张曾二人判处死刑。

乾隆皇帝向来惜才。一日在翻看死刑卷宗的时候，看到了张继贤的供状。发现此人文章行云流水，确实才华横溢，便心生疑窦。在详细了解了事情的始末后，乾隆帝便有心救他。一日，乾隆南下巡游，发现微山湖的卧虎口和黑风口不错，于是就下令将张、曾两人发配于此。二人经历磨难，感情更深，尽管两人分居两口，但是却时常来往探望。于是人们便把二人叫作“两口子”，本意是“住在卧虎口和黑风口”两个“口子”的人。随着这个叫法的流传，人们便用“两口子”来指代夫妻俩。

古代男人对妻子有许多古怪称谓，如“拙荆”“贱内”“娘子”等，为何用这些称呼？

《后汉书》中记载了这样一件事，东汉梁鸿饱读诗书、品德高尚，很多人家都想把女儿嫁给他这样的人。但是梁鸿一直独善其身，在他所住的地方住着一户姓孟的大户，家里有个女儿肤色黝黑，体态肥胖，已经30岁了仍没有成家。媒婆倒是也给介绍了一些，但是她都不嫁。问她原因，原来是想嫁梁鸿这样的人。梁鸿听说这件事索性下了聘礼娶了孟家女。

婚是结了，但是梁鸿却冷落了这位新娘子。一日，孟女终于按捺不住脾气，质问梁鸿为什么这样生分地对待自己。梁鸿说：“我要的是能穿粗布麻衣，与我共甘苦的女人，你绫罗绸缎哪像过日子的人？我有些后悔娶你了。”孟女一听，从此便粗布麻衣着身，安心过起了日子，于是便有了“举案齐眉”这个成语，对妻子，也有了“荆钗布裙”的叫法。

“荆钗布裙”其实是指妇女穿的粗布麻衣类装束，于是文人们就以“拙荆”“山荆”来谦称自己的妻子，有甘苦与共的意思。

在古代，女子地位向来不比男子，通常地位比较低下，因而，在对妻子的称呼中，通常带有这种等级观念。女子婚嫁之后，很少出门，因而会以内子来称代妻子，在外人面前介绍时，前面会加个“贱”字，用以表示身份卑微。

为什么把原配夫妻称为“结发夫妻”，这个称呼与古代婚俗中的结发仪式有关吗？

相传，有一位皇帝在登基的前一天，翻来覆去睡不着觉，皇后便问他发生了什么事情。原来，当时人们以胡须的长短衡量学识多少。而这位要登基的皇帝胡子很短，他担心登基后压不住群臣。皇后听了，便剪下自己的长发，接在了皇帝的胡须上。第二天早朝，群臣见皇帝一夜之间胡须过腰，认定其为天之骄子，无不拜服。这一佳话流传开来，人们便以“结发”来指代互助互爱的夫妻。

当然，这只是个传说。以“结发夫妻”指代原配夫妻，另有来由。其源自古代婚俗中的“结发仪式”。据《礼记》记载，古代女子许嫁之后，要用一种发绳将头发扎起来，以表示已经有婆家了。这条扎头发的绳子要等到成婚之后，由新郎亲自解下来。这种婚俗被人们称为“结发仪式”。

“结发仪式”是由古代的“成人礼”衍生而来的。在古代，女子 15 岁便被视为成年人，人们会为她举行“笄礼”。仪式中，女孩改变少女时的装扮，将长发扎拢起来，表示可以嫁人了。据史料记载，并非女子年龄到了 15 岁必须举行笄礼，而是在许完人家之后举行笄礼。由此，笄礼也就成了婚俗的一部分，后来便演变成了“结发仪式”。

到了唐朝，这种结发仪式已经淡化。新婚夫妇会在新婚仪式结束后，喝交杯酒，然后各剪一绺青丝系在一起，以表喜结连理，夫妻同心。因而，便有诗“结发为夫妻，恩爱两不疑”的说法。

随着婚礼习俗的变更，这种结发礼虽然已经不再拘泥于形式，但是人们还是习惯沿用“结发夫妻”来指代原配夫妻。

知识链接

伉俪

在赞美事业上较有成就的夫妻俩时，人们经常会用到“贤伉俪”；说到夫妻情深，人们也会说“伉俪情深”，可见“伉俪”是“夫妻”的同义词。这个说法起源甚早。据《谷梁传》：“使世子伉俪喉之礼而来朝。”其中的伉俪解释为结缘配偶。后来，孔颖达作注说：“伉俪者，言是相敌之匹偶。”于是，人们就称那些男女双方都在事业中有所建树的夫妻为“伉俪”。后来，一般夫妻也使用这一称谓。

男子丧妻后再娶被称为“续弦”，这个说法是怎么来的，后妻与“弦”有关系吗？

民间说妻子去世了，叫作断弦，如果再娶，那就是续弦。那么这一说法是从何而来呢？妻子又和弦有什么关系呢？

相传，春秋战国时期，晋国大夫俞伯牙，被人们称作“琴仙”，他最擅长弹的便是七弦琴。他和他的妻子很相爱，俞伯牙经常弹琴给妻子听。可是天有不测风云，俞伯牙的妻子得了重病，尽管各种奇药都用过了，但都无济于事。俞伯牙终日陪伴床前，看着日渐消瘦的妻子，再无心情弹琴。有一天，妻子醒来，感觉身子好多了，便央求丈夫弹上一曲。俞伯牙见妻子身体有了好转，兴奋不已，转轴拨弦就弹了起来。没弹几曲，琴弦突然崩断，俞伯牙一脸抱歉地抬头看妻子，而妻子却随着琴声与世长辞了。俞伯牙伤心不已，从此不再碰琴。

一年后，俞伯牙的亲戚看他终日形影相吊，便有心给他说媒。搪塞了两三次后，俞伯牙便答应与女方见面，没想到一见钟情。女方听说俞伯牙素有琴仙之称，便提出想听听俞伯牙弹琴。犹豫了一会儿，俞伯牙拿出旧琴，拂去灰尘，去掉断弦，换上新弦悠然拨弄起来。女方听罢，当下就答应了这门婚事。

于是人们就以此为由，将再次娶妻叫作“续弦”。

其实，自古以来人们就用“琴瑟”来指代夫妻。不少书中更是经常用“琴瑟和鸣”来比喻夫妻感情和谐深厚。如《三元记团圆》中说：“夫妻和顺从今定，这段姻缘夙世成，琴瑟和谐乐万春。”

古人称公婆为“舅姑”，为什么会这么称呼？

在一些诗词里，我们经常会发现“舅姑”这样的称呼，如“洞房昨夜停红烛，待晓堂前拜舅姑”等。现代人结婚，媳妇要拜见公婆，古代为何要拜见“舅姑”呢，古代的“舅姑”指的是谁呢？

在文学典籍中，我们会发现，古代人所称的“舅姑”指代的是公婆。早在战国时期，《尔雅·释亲》中就对这一称呼有所记载。书中说：“妇称夫之父曰舅，称夫之母曰姑。”出嫁之前，父母不仅要教女儿为人妇之道，还要叮咛女儿，在姑舅面前要小心谨慎。

如此看来，“舅姑”似乎是女方对男方的父母的专有称呼。其实不是这样。据《礼记·坊记》说：“昏礼，婿亲迎，见于舅姑。舅姑承子以授婿。”这说明，男方到女方家里迎亲，见到女方父母，叫的也是“舅姑”。看来，“舅姑”可以指代公公、婆婆，也可以指称岳父、岳母，可是古代人为什么这样称呼呢？

追根溯源，这要从原始社会的族外婚制度说起。相较于原始社会的同族婚姻，母系氏族开始了异性联姻族外婚。通常情况下，两个氏族中的同一辈男子与对方族里同一辈女子成婚，他们所生的孩子，女孩归女方氏族，男孩归男方氏族。下一代再结婚，就出现这种情况：女方的公公，是母亲的兄弟；女方的婆婆，是父亲的姊妹。所以，即使结了婚，人们还是习惯叫姑姑、舅舅。因而，古代公婆关系就成了“舅姑”关系了。

到了春秋战国时期，“侄女随姑”“姑舅表亲”现象尤为盛行，同姓之间，是不允许结婚的。比如秦国和晋国，两国不同姓，分别为“嬴”姓和“姬”姓，两国便可以通婚，随后结成姑舅表亲，因而古代有“秦晋之好”的说法。

受“姑舅亲，亲上亲”思想影响，古代近亲结婚现象屡见不鲜。如汉武帝就曾娶他姑姑的女儿为皇后，陆游也是娶了他舅舅家的女儿唐婉等。

现代人都把兄长称为“哥哥”，这个叫法从何而来，什么时候开始的？

通常，人们将那些年长于自己的男性同辈称为“哥”，也就是古人所说的兄长。“哥”这个词并不是自古就指代这个意思，那么是什么时候开始，“哥”有了兄长的意思呢？

其实，在古代汉语中，“哥”是“歌”的本字，也就是音乐中所说的歌曲小调，包含有“欢乐”“快乐”，以及“吟唱”“奏乐”双重含义，《诗·小雅·正月》中说：“哿矣富人。”这里的“哿”本义指的是“歌”，做欢乐讲，会意解释为“二可”。

而“哥”作为“歌”的本字讲，在晋代以前的文献中也可以查阅得到。《节赋》中就曾出现过“黄钟唱哥，九韶兴舞”的例子；《史记》中，这种用法也出现过：“召公卒，而民人思召公之政，怀棠树不敢伐哥咏之，作《甘棠》之诗。”可见，最初“哥”并不是现在兄长意义的指代。

据一些学者考证，“哥哥”指代兄长，源于胡语。古代的鲜卑族中，兄长被称为“阿干”。随着民族的融合、政治的统一，鲜卑族语言渐渐被汉族同化，“阿干”一称，也逐渐转音成了“阿哥”。在中国的一些少数民族中，就能寻到“阿哥”的踪迹。在后来的使用中，称呼语都变成了叠词，以表示尊重与亲切。于是，“阿哥”最终演变成了“哥哥”。

在唐朝，“哥哥”并不是兄长的专有名词，有的地方是对父亲的称呼，直到元代还保留着这样的用法，如《墙头马上》：“奶奶！我接爹爹去来……你哥哥这其间未是他来时节，怎抵死的要去接。”

元以后，“哥哥”被唤作年龄稍长的同辈多了起来。随着“爹”“爸”称谓的出现。“哥”逐渐成为“兄长”的专称。

“姐”字的本义是母亲，什么时候变成对年长女性同辈的称呼？

如今，人们习惯将比自己年龄稍长的女性同辈称为“姐”。在书面语言中，也写作“姊”。但是，很多字典里，都将“姐”解释为母亲的意思。也就是说，“姐”是个形声字，表母亲的含义。既然这样，“姐”被作为年长女性同辈的专有名词，是从什么时候开始的呢？

“姐”被用来称呼年长女性同辈是从宋代开始的。据吴曾的《能改斋漫路》记载：“近世多以女兄为姐，盖尊之也。”也就是说，在宋朝前后，“姐”有了女同辈的含义。方言中常有“阿姐”“大姐”“二姐”等称呼。至此，“姐”指代母亲的含义被淡化，后来主要指称年长女性同辈。

此外，“姐”还被人们用来指代妻子或年轻女子。《京本通俗小说·碾玉观音》中写道：“只见浑家坐在床上，雀宁道：‘告姐姐，饶我性命！’”这里，“姐姐”就是对年轻女子的昵称。“姐”也可以指未婚女子，这种用法在旧社会比较常用，一般指代大家小姐。如今，人们也用这个词语来表示对陌生女子的尊称。

古人为什么称女孩子为“黄花闺女”，而不是“红花”“紫花”闺女呢？

在生活中，我们经常会听到有些人将还没有婚嫁的女孩子称为“黄花闺女”，为什么要叫她们“黄花闺女”呢？

自古女子爱美，即使身居闺阁，仍然勤于梳洗打扮，换装描眉。相传，南北朝时期，宋武帝刘裕的女儿寿阳公主，不仅性格开朗、美丽大方，而且精于化妆。正月里的一天，她和宫女嬉戏于宫中，微风拂过，香气四溢。不一会儿她们就玩倦了，寿阳公主躺在檐下沐浴花香假寐起来。被风吹落下来的梅花飘落在了寿阳公主的额头上，花枝浸染，留下淡淡花痕。宫女见了，发现公主更加明艳照人。从此以后，寿阳公主就经常摘取一些梅花贴于额前，本就美丽的女子，更显妩媚。之后，宫女也学着公主这种妆容。后来，这种化妆术流传到民间，人们叫这种妆容为“梅花妆”或“寿阳妆”。

梅花虽好看，但是开放的时间有限。在没有梅花的季节里，爱美的女子便想到用其他花瓣代替。因而，贴花瓣、施花粉成了当年的时尚。

由于这种妆术最早是点缀在额际，颜色又以黄色最衬人，人们便称这种黄色的粉妆为“花黄”“额黄”。古人向来喜欢“贴花黄”，但是这种妆术只有女子嫁人之前可以装扮，出了阁的女子是要着妇人装扮的。

“贴花黄”所用原料是从黄菊里采集来的黄色花粉，因而，人们便以黄菊的孤冷清高来形容女子保持操守。所以，“贴花黄”又成了区分女子是否婚嫁、恪守贞操的一个标准，“黄花”也就有了指代未婚女孩的意思。

到了金元时期，没有出阁的小女孩虽然已不再这样精心装扮，但是人们还是习惯叫未婚的女孩子为“黄花闺女”。此后，这种叫法一直保留下来。

“千金”一词什么时候成为女儿的代称，这个称谓从何而来？

相传周幽王得一个冰美人，名叫褒姒。为博得美人一笑，周幽王绞尽脑汁也未能如愿。后来，虢石父为周幽王献上一计——骊山烽火戏诸侯。褒姒见到各路诸侯声势浩大地赶来，又索然无趣地离开，觉得可笑之极，便轻扯嘴角，粲然一笑。周幽王见了，欢喜得不得了。因为难得美人一笑，就赏了虢石父千金。于是，千金就与美人一笑扯上了关系。

从古至今，一些大户人家的女儿通常被称为“千金小姐”。小姐是一种尊称可以理解，但是为什么前面要加“千金”两个字呢？

在古代，金是一种货币。秦汉时期，金指的是黄铜，千金指代很多由黄铜铸成的钱。于是，人们就将千金引申为“贵重难得”的意思。

唐朝李白有诗云：“五花马，千金裘，呼儿将出换美酒，与尔同销万古愁。”其中所说“千金”意在说明豪放洒脱视金钱如无物，即使这么多珍贵的东西还抵不上一壶浊酒。

“千金”一词被用来称呼人，据说是源自南朝梁司徒谢朏。相传他 10 岁能诗文，行文如流水。一日与其父谢庄游山之时，挥笔成章，文不加点。宰相王景文见了称赞不已，冠以神童的称号。谢庄听了甚是得意，于是有感而言说："他真是我家的千金啊。"从此以后，凡是才华横溢的男子便都被称为"千金"。不但意指人才难得，还有形容人金贵的意思。

"千金"被用来指代有身份的小姐，始于元杂剧《薛仁贵》。文中将官宦人家的女儿称为"千金小姐"。后来在明清的很多剧本里，官宦人家的女儿都被称为"千金小姐"，"千金"也就成了女儿家的代名词。

什么人家的女儿有资格称"金枝玉叶"，"小家碧玉"又是指什么人家的女儿？

民间有这样一个传说，大唐升平公主不甘接受父皇的婚姻安排，逃至民间，在长乐坊与郭暧大打出手，两人从此熟识，并且成就一段姻缘。但是患难与共多平静，富贵荣华却波折。回到宫中，二人经常因为小事产生误解，直至闹出了一幕"打金枝"。此后，郭暧被发配，公主远嫁。这里的"金枝"指的是大唐公主。事实上"金枝玉叶"一词出自王建的《宫中调笑》，原是形容花木枝叶美好的词汇。那么，它什么时候成了皇族子孙的代名词了呢？

能被称为金枝玉叶显然不是一般人家的女子。皇室以黄色为贵色，而钱币之中又以金最贵。皇室之人所穿所用，无不以黄金显示其尊贵。古人尚玉，但是其材质极容易破碎，把玩之人都要小心操持。因而，后来人们就用"金枝玉叶"来形容皇室子孙，意为高贵娇柔。

相较于"金枝玉叶"的出身不凡，"小家碧玉"则有更多适用群体。据记载，"小家碧玉"是从《乐府诗集·清商曲辞·碧玉歌二》中摘取出来的。相传晋代宗室司马乂有妾名叫碧玉，虽不算倾国倾城，但也花容月貌，并且颇有韵味，因而深得司马乂宠爱。据说，司马昞曾请孙绰作诗赞美她，孙绰诗云："碧玉小家女，不敢攀贵德。感郎千金意，惭无倾城色。碧玉破瓜时，相为情颠倒。感郎不羞难，回身就郎抱。"

从此，"小家碧玉"也就成了拥有如此特点的女子代名词。一般这样的女子清秀活泼、温柔含蓄，一副娇羞样，人见人爱。后来，人们用"大家闺秀"来称呼气度非凡的贵族女子，"小家碧玉"便成了小户人家年轻漂亮的女孩子的代名词。

泰山本是一座名山，怎么会成为岳父的代称呢？

民间口头语中，经常称妻子的父亲为"岳父""老丈人"，但是一些文学作品中，书香门第中的女婿通常叫岳父为"泰山"，这是读书人的特殊叫法吗？"泰山"怎么会成了岳父的代名词呢？

据《汉书》记载："大山川有岳山，小山川有岳婿山。"依此出处，岳婿山便是岳父的前身，可视为小川之首，也就是一家之主。名山之中，又以五岳为尊，五岳之中的泰山自古被视为最接近天的地方。因而，在古代祭祀中，它拥有很重要的地位，而且历代皇帝都喜在这里封禅，又因其位于东方，所以泰山又成了五岳之首。

但是将"泰山"作为"岳父"的代名词，却是出自唐代段成式的《酉阳杂俎》：唐明皇李隆基封禅泰山，命宰相张说为"封禅使"。张说乘机搞腐败，把自己的女婿——一个小小的九品官郑镒拉进唐明皇的随行人员之中。按照古例，随行封禅的朝臣都可以官升一级。但是，张说却在封禅大殿结束后将自己的女婿郑镒的官位连升四级，高居五品。有一天在宴请群臣时，唐明皇一眼就看出了身穿五品官员朝服的郑镒。唐明皇很是奇怪：九品的小官如何穿上了五品官服？于是便招郑镒至前，询问缘由。郑镒当然对这五品官是如何得来心知肚明，但是却不知道怎样回禀皇上，此时一名宫廷戏子黄幡绰调侃道："这都是泰山的力量啊。"

黄幡绰一句"泰山"便说明了五品官的由来。因而，后人便将凭借泰山封禅而恩及女婿的张说称为"泰山"，"泰山"也逐渐有了指代妻子的父亲的意思。

“金龟婿”的说法从何而来，什么样的人才能得到这样的称呼？

在古代，龟是人们尊崇的四大吉兽之一，它不但代表了长寿，还有着镇宅赐福的作用。因而，诸如龟纹一类图案便见诸各种事物。战国时大将们的战旗上通常会见到龟的图案，到了汉代，金龟印也应运而生。

古代有四灵之说，即“左青龙、右白虎、南朱雀、北玄武”，其中的“北玄武”指的就是“龟”。据史料记载，武则天称帝后，认为自己的武姓，应在北方的“玄武”上。因而，武则天改前朝所设鱼符为龟符，作为征调军队的凭证和官员地位的象征。

据《新唐书・车服志》记载，唐初，凡官在五品以上的，都要佩戴鱼符或者鱼袋，亲王所佩戴的鱼符，以黄金为主质；普通官员所佩戴的，一般以青铜为质，上面刻上他们的官位以及姓名，用来区分官阶。武则天改龟符后，规定三品以上的官员佩戴“金龟符”；四品则佩“白银龟”，五品以下佩戴“铜龟”。此后，通过所佩龟饰便可以区分出官员身份来，能佩戴金龟符的，必是亲王或三品以上大员。

而真正把“龟”和“婿”用在一起的，是唐代诗人李商隐。他在《为有》中描写了一位在朝身居高官的丈夫，因为每天早晨都要赶赴早朝，即使天还很黑，他也要早早起床。所以，妻子就抱怨他，即使做了高官又怎样，连一个甜美安稳的觉都享受不了。诗中初次使用“金龟婿”来代称做官的丈夫。

于是，人们便将有身份地位的女婿称为金龟婿。通常这样的人若非含着金汤勺出生，即为大富大贵者。因而，一些优秀单身汉也就有了“金龟婿”的雅称。

人物故事册（之二） 明 仇英绢本

本画取材于汉代刘向所著《神仙传》，相传春秋时秦穆公之女弄玉擅长吹箫，与同样擅吹箫的仙人萧史鼓结连理。秦穆公于都城外筑高台，弄玉夫妻吹箫，箫声婉转，引来凤凰，后二人乘龙凤升天而去。故后人称此地为凤城。本图即描绘秦穆公之女吹箫，凤凰起舞的场景。

古人把称心如意的女婿称为“乘龙快婿”，为什么要这么叫？

在中国古代，龙尊贵无比，是最高统治的象征。在日常一些称谓中，除了皇室以龙相称，还有一些人被冠以龙的称谓。那些很讨长辈喜欢的女婿，人们称他们为“乘龙快婿”。这样称呼他们原因何在呢？

“快婿”指的是称心如意、才貌双全的女婿，最早出自《魏书・刘昞传》：“……昞遂奋衣来坐，神志肃然，曰：‘向闻先生欲求快女婿，瑀其人也。’遂以女妻之。”“乘龙”最早见于《楚国先贤传》：“时人谓桓叔元两女俱乘龙，言得婿如龙也。”有得道成仙之说。这便是“乘龙快婿”的由来。

关于这个称谓，还有个传说。话说春秋时的秦穆公有个小女儿名叫弄玉，年纪尚小，便已生得亭亭玉立，而且天资聪颖。弄玉独好清净，不喜繁华生活，因而终日与笙箫为伴。于是，秦穆公就将西戎国贡献的一块碧玉雕成玉笙送给了弄玉，弄玉爱不释手。

女大当嫁，于是秦穆公有意招邻国公子为婿，可是弄玉偏爱笙箫，对此人选不入眼，于是婚事作罢。一日，弄玉月下吹笙时，忽然听到远处有箫声幽幽，与自己的笙曲缥缈合奏，而且持续数日未绝。秦穆公听说了，便派人前往探寻。使者在华山明星崖发现一年轻貌美男子，箫技了得，于是带回秦宫。秦穆公询问后得知，此人名叫萧史，风度翩翩，举止优雅，不失贵族气质。萧史吹箫时，殿上彩绘似和箫而龙飞凤舞。弄玉看罢，早已芳心暗许，于是，两人结为夫妻。

两人不但才艺相当，而且都喜欢清静，于是辞别秦宫回到华山。有一次。在两人笙箫合奏时，天降龙凤，二人乘龙驾凤远去，萧史乘龙成仙。后来，人们便以“乘龙快婿”代称让人称心如意的女婿，有时也用来夸赞他人的女婿。

人们把两姐妹的丈夫称“连襟”，为什么会有这个叫法？

在一些方言中，我们经常会听到别人介绍两姐妹的丈夫为连襟。为什么要称为连襟呢？

早在《尔雅》中就有关于姐妹俩的丈夫称谓的记载，其中称他们为“僚婿”。宋徽宗时左朝散大夫马永卿在《赖真子》中说，江北人称友婿为“连袂”，也叫“连襟”。像“连襟”“连袂”这样的叫法一般在书面上出现较多。在一些方言中，姐妹俩的丈夫又被称为“连桥”“挑担”“连袂”等。可见这个说法不仅由来甚早，而且被普遍使用。

据说，这一称呼被用在姐妹俩的丈夫身上是从唐代诗人杜甫的一首诗中迁移过来的。杜甫晚年的时候，居住在川东地区。当地有位李姓老翁，与杜甫一见如故，相谈甚欢，于是两人便经常把酒言欢。无意中谈到家世，追溯起来，两个人居然是远房亲戚。这样一来，两人关系就更亲密了。

后来杜甫要到湘湖一带去，就作了首《送李十五丈别》，诗中用“襟袂连”形容两人的关系。此时的“襟袂连”只是说明两人关系好，如果进一层说是指李杜二人有远方亲戚，并没有明确指定就是姐妹俩的丈夫。后来，“连襟”被人所引用，以指代亲密关系。

到了宋代，洪迈的堂兄官场很不得意，但是他却有个做节度使的姐夫，于是借姐夫之光，被推荐到京城任官。他才疏学浅，于是便请洪迈代写一封感谢信。洪迈便将两人的关系比为“襟袂相连”，又说了些不胜感激的话。

自此之后，“连襟”“连袂”便被广泛使用在了姐妹俩的丈夫身上，有时候一家姐妹众多的时候，各姐妹之间的丈夫也互称连襟。

两兄弟的妻子被人合称为“妯娌”，为什么这样称呼呢？

有关“妯娌”的称呼在民间由来已久，但是追溯它的来源，有这样一种说法：“妯娌”源自长江一带的方言。古时，人们将比较小的居室叫“小筑”。在民间，这样成排成栋的小居室很多，于是人们便把乡里的小居室称为“筑里”。通常，一个家庭中会有很多成员，大家住在一个院子里，因而，“筑里”又有了指代一家人的意思。

传统的家庭妇女，都要讲究三从四德，这也成为选择媳妇的标准之一。女人嫁进丈夫家，操持家务是主要的工作，所以，在“筑里”停留的时间最长的就是媳妇们。逐渐地，人们就将一家兄弟俩的媳妇称作“筑里”。

随着人们叫法的改变，“筑里”一词也就逐渐被改成了“妯娌”。娌，有双、俩的意思，因而在使用过程中，“妯娌”便被视为两兄弟妻子的合称了。

除了外人用来指称两兄弟的妻子，兄弟妻子之间也可以互称“妯娌”。从古至今，妯娌之间向来风波不断。要想相安无事，除了兄弟间调和外，最重要的是妯娌们自己沟通。

为什么把结义兄弟称为“义结金兰”呢，这种行为与“黄金”和“兰花”有关吗？

在江湖中，通常志同道合的人会结成兄弟，雅称“义结金兰”。结义可以理解，但是为什么要用“金兰”来形容结义呢？

自古，兰花就被视为高风亮节的代表。屈原在《离骚》中就多次提到采兰、佩兰、熏兰。那么，“义结金兰”中的“兰”是否指的是兰花呢？

据《周易》记载：“二人同心，其利断金；同心之言，其臭如兰。”说的是同心协力的人，他们的力量可以折斧斩金；同心同德的人同出一言，就会让人像享受幽兰发出的香气一样，甘愿接受。从此，兰花也就有了指代同心协力、同心同德的人的意思。

而“金兰”一词，最早出现在《世说新语》中。其中说山涛与嵇康、阮籍一见如故，三人很是投缘，于是就结成了异姓兄弟。他们三人关系特别好，文中使用“契若金兰，固若金汤”来形容。

由此，后人将结拜行为称为“契若金兰”。有关结拜的风俗古已有之，结拜的方式也各不相同，但是结拜中，其他环节都可省去，唯一不能略去的就是换帖事宜。通常，结拜的人要将姓名、生辰八字、籍贯等写于红纸之上，互相交换。最早，人们将这种互换的帖子称为《金兰谱》，誓言过后，按照《金兰谱》上所写生辰八字，兄弟相称。“义结金兰”便因此叫开。

第十五章
趋吉避凶·祈福迎祥

何谓“十二生肖”，这种民俗文化是怎样形成的？

“十二生肖”是用12种动物来进行纪年的方法，与我国古代的天干地支有关。关于它的来历，有个古老的传说。据说玉皇大帝准备在人间选择12种动物作为代表，于是派神仙下界通知了这件事，约定在卯年卯月卯日卯时到天宫来竞选。越早到的排名越靠前，后面的就排不上号。

猫和老鼠是好朋友，猫很喜欢睡觉但它也很想被选上，于是说好让老鼠走的时候叫它。老鼠去找老牛，说它起得早跑得快，叫牛到时候带带自己。龙本来没有犄角，但是为了漂亮，借了鸡的也去参赛。结果老鼠忘了跟猫说的话，和牛先去了，于是分别排了一、二位。龙来得比较晚，但个子大，玉皇大帝一眼就看到了它，因为“犄角”很漂亮，就让它排第五。其他的动物也按先来后到的顺序排好了。

等猫醒来的时候，发现时间已经过了。便立即去找老鼠算账，于是它们成了仇人。龙因为被玉帝夸了几句，到了湖边一看自己有个犄角真是漂亮，于是索性就住在水里，不还鸡了。鸡没了犄角很郁闷，每天早上打鸣都叫：“快还我！快还我！”

当然这只是民间传说，其实十二生肖与我国古代的天干地支有关。最早见于东汉《论衡》云：“寅，木也，其禽，虎也。戌，土也，其禽，犬也。”又云：“午，马也。子，鼠也。酉，鸡也……申，猴也。”共提出11种生肖名。东汉《吴越春秋》中有“吴在辰，其位龙”。恰好补上了“辰龙”，从而形成了十二生肖。

可见，用十二生肖纪年在东汉就产生了。但十二生肖的出现却要早很多。我国古代自帝舜时代就开始使用天干10个符号和地支12个符号相配合的“干支纪年法”。其中十二地支为“子、丑、寅、卯、辰、巳、午、未、申、酉、戌、亥”。《唐书》载：“黠戛斯国以十二物纪年，如岁在寅，则曰虎年。”清代著名考据学家赵翼《陔馀丛考》中说：“益北狄俗初无所谓子、丑、寅、卯之十二辰，但以鼠、牛、虎、兔之类分纪岁时，至汉时呼韩邪（单于）款塞入居五原，与齐民相杂，浸寻流传于中国，遂相沿不废耳。”十二生肖最早见于世界上第一部诗歌总集《诗经》。《诗经·小雅·车攻》曰：“吉日庚午，既差我马。”《礼记·月令·季冬》曰：“出土牛，以送寒气。”

我国最早使用的是干支纪年法，12个地支并未与动物产生对应关系。用动物来表示地支或纪年最初为少数民族发明，经过文化融合后为中华民族所共同接受，直到今天我们仍然在使用。

民间用语颇多忌讳，那么，说了就会“触霉头”的话都有什么？

忌讳，当然是一种迷信。但在我国民间却大量存在，多与性命和财产有关。人们认为，如果说了“触霉头”的话会给自己带来不好或不利的后果。比如，古人普遍认为，人睡着时灵魂离开肉体，清晨方返回。因此，清晨有许多禁忌，如不许讲鬼，也忌讳说“梦”。古人深信鬼神，提出“朝勿讲梦，夜勿讲鬼”的禁忌，害怕因谈论鬼魂而致祸。

财产方面，古人见面打招呼，喜欢说“恭喜发财”。因为财运关系到每个人的切身利益。俗话说得好“人为财死，鸟为食亡”，所以民间很看重这事，总是想着发财，同时也处处提防着破财，当然犯忌讳的词语更不能说。如过去过春节的时候，家家户户都贴财神画像。民间常有江湖货郎，但买卖财神相只能说“送”和“请”。串胡同时，货郎只嚷：“送财神来了。”需要的就说“我们家请一张”，不需要的也不敢说“不要”，只说已经有了。因为财神爷谁也得罪不起，用买和卖是大不敬，可能会导致破财。

此外，不同地域的忌讳也不尽相同。如我国河南一带做饭时，忌讳说“没”“光”“完了”等词汇，年糕没有了要回答“满了”；饺子煮“烂”了也不能说，应称“挣了”，因为饺子状似元宝，人们害怕破财。广东人喜欢赌博，因此忌讳说“输”。在广东方言中“丝”与“输”同音，所以“丝瓜”要改称“胜瓜”；“木鱼书”要改称“月光赢”。香港厨师忌说“炒”，因人人都不想被“炒鱿鱼”，故代以煎爆烹炸之类。

这些虽然都是迷信，但也反映了人们追求安宁、渴望财富的心理。趋利避害，人之常情，所以才会有这么多的禁忌存在。

说吉利话又叫“讨口彩”，这样的话都有什么？

“讨口彩”是我国民间的一种习俗。它包括在特定场合说吉利话和为事物取表达吉祥、美好愿望的名字等内容。那些会“讨口彩”的人总是受到大家的喜爱，你知道多少关于讨口彩的话呢？

日常生活中，逢年过节给小孩钱称为“压岁钱”，年夜饭称为“团圆饭”，生日吃的面条叫“长寿面”，糯米团称为“双喜丸子”，元宵节出外郊游叫“走百病”，端午节给孩子臂上系的丝线叫“长命缕”“百岁索”“长命线”等。古人就是通过这种方式，辟邪去灾、祈求福寿安宁。

在商业行为中，经常取一些与好运或金钱有关的商号。比如好运来、金利来、大发、顺风、双喜、安踏等。开张日期称为“金日”，经营之物如萝卜叫“彩头”，鲤鱼是“年年有余”，水饺叫“元宝”。

除了给事物取吉祥的名字外，常见的讨口彩方式莫过于说吉利话了。像“福如东海”“寿比南山”是祝寿的常见用语，“平步青云”“红得发紫”是祝福步步高升，官运亨通，“恭喜发财” “心想事成”是祝福新年快乐……

讨口彩表达了古人对于美好生活的向往，是语言崇拜的一种形式。与禁忌语、委婉语一样，都是一种语言的艺术。虽然大家并不认为讨口彩的内容一定会发生，但却满足了人们对于美好、融洽的追求。

何谓“歃血为盟”，古人在盟誓的时候为什么要歃血呢？

“歃血为盟”是古代盟誓的一种方式。歃，形声字。从欠，杀声；从“欠”表示与口、出气有关。本义为“饮，微吸”。歃血，在嘴唇上涂上牺牲的血。歃会，指订立盟约的大会；歃辞，指各方订立盟约时所宣读的誓词。“盟”是古代的一种政治手段，如《说文解字》引《周礼》曰：“国有疑则盟，诸侯再相与会，十二岁一盟。北面诏天之司慎、司命。盟，杀牲歃血，朱盘玉敦，以立牛耳。”可见“盟”最初为周朝的一种仪式和制度，每 12 年举行一次。

古代有很多订立盟约的方式。比如断物起誓，有折箭、折棍、断发、断指等多种类型。例如《汉书·高帝纪》：“与功臣剖符作誓。”南宋岳珂的《桯史》中有：“虏既得（田）俊迈，折箭为誓，启门以出二将。”发誓时断物，一是表明决心，二是以此为见证。还有直接对物起誓的，如成语“海誓山盟”便是以“海”和“山”来表达对爱情的忠贞不渝。更正式的便是对天起誓，在古代“天”为最高，皇帝称“天子”，经常举行一些封禅或祭祀活动，其中国君向天祷告的部分便是起誓的一种表现。

“歃血为盟”，多用于诸侯之间，这个词语出自《史记·平原君虞卿列传》：“平原君曰：‘使文能取胜则善矣；文不能取胜，则歃血于华屋之下，必得定从而还。’”“毛遂谓楚王之左右曰：‘取鸡、狗、马之血来！’毛遂奉铜盘而跪进之楚王，曰：‘王当歃血而定从，次者吾君，次者遂。’”毛遂是个了不起的外交家，他敢于直面楚王，订立盟约。这里与楚国订约的方式便是“歃血”。

古人相信，自然界的万物均具有灵性。对天盟誓或歃血为盟的方式可以见证彼此的忠诚，如果有人违背了誓言就会受到神的惩罚。所以才会有各种盟誓的方式。歃血最初源于宗教祭祀，后来表示立盟的神圣和庄严性。

古人建房屋、选墓地，都要请人看风水，这是怎么回事？

古人建房屋，选墓地，都要请人看风水。“风水”这个词来源于郭璞《葬经》中所云“气乘风则散，界水则止，古人聚之使不散，行之使有止，故谓之风水”，即与地脉、地形有关的“生气”。看风水看的就是“地气”。

“看风水”在我国古代是一门学问，叫堪舆术。过去大凡破土动建都会先看风水，在建设前，先要请风水师察看周边地形，选择风水佳的地方，这叫“点穴”。通过罗盘来确定最佳的破土动工点，然后选择良辰吉日，祭祀礼毕才可进一步建设。

古人认为，风水即个人住宅或死后墓地所在的位置，周围的地理环境，比如山峦走向、水流象形都关系到个人的命运乃至后代子孙的福祉，所以看风水来不得半点马虎。风水理论来自我国古老的《易经》，但二者又存在区别；风水理论更多是《易经》所包含的天理、地理知识的运用。风水理论按照《周易》五行生克以及先后天八卦图来确定方位和位置。

堪舆师把那些“风水”好的地方叫风水宝地。中国古代皇帝或富豪生前都会寻找“龙脉”，选择风水奇佳的地方安葬，以期子孙能够世代繁荣兴盛，国运昌隆。堪舆学以传统《易经》为依据，其科学性尚待进一步认识。

民间有本命年穿红衣扎红腰带的习俗，人们为何这么做？

中国民间有本命年穿红衣扎红腰带的习俗，以示趋吉避凶。但什么叫本命年，为什么本命年要挂“红”，本命年“挂红”真有这样的效果吗？

所谓“本命年”与我国古代天干地支纪年法有关。天干 10 个：“甲、乙、丙、丁、戊、己、庚、辛、壬、癸。”地支 12 个：“子、丑、寅、卯、辰、巳、午、未、申、酉、戌、亥。”

天干地支相配，就是我国古代的干支纪年法，从“甲子”年开始，到“癸亥”年结束，60 年一个循环。出生在哪一年，哪一年便是本命年。

本命年 12 地支是 12 年一个循环。因此从出生第一年起，到 12 岁、24 岁、36 岁……每隔 12 年便是本命年。古人迷信地认为本命年都不太吉利。如民谚云：“本命年犯太岁，太岁当头坐，无喜必有祸。”“太岁”也叫岁星，古代星神名。与太岁冲，在星相学中认为非常不吉利。所以需要用一种方式来消灾解难。

在古代，驱邪和解除灾殃的方式多与红色事物有关，世间也被称为“红尘”。红色象征着吉祥，这种观念早在原始社会就已经存在，所以，“尚红”的思想一直存在。新年贴红对联，汉族的旧式婚礼中新婚的红嫁衣、红盖头、红蜡烛、新科的红榜等，不论何时何地，人们都喜欢用红色来增添喜庆。红色被视为喜庆、成功、忠勇和正义的象征，古人认为红色有驱邪护身的作用。在本命年将来的除夕，人们便早早地穿上红色内衣，或系上红色腰带，有的随身佩戴的饰物也用红丝绳系挂，以示吉祥。

还有一种传说，逢本命年的时候，生肖守护神要去天庭参拜，对人的保护就会减弱，妖魔邪祟就会乘虚而入，红色能够去灾辟邪。虽然是迷信，但却反映了人们祈求平安幸福的愿望。

在民间盛行观指纹和看身量断定人的命运，这些做法有道理吗？

古人认为每个人命运不同，外貌和手相也各有特点。所以可以通过分析一个人的指纹、身量来推断其命运，并形成了一整套的理论。那么这种做法是否有道理呢？

古人认为男子手绵软，则一辈子不用奔波劳苦，而女子手如干姜则是富裕旺夫之相。指纹方面，有“斗”和“簸箕”之说；还流传着一些俗语，如：“一斗穷，二斗富，三斗四斗开当铺，五斗六斗挑柴卖，七斗八斗住大屋，九斗十簸箕，卖地到江西。”10 个斗最好，所谓“十斗全，点状元”。

相面图

天有不测风云，人有旦夕祸福。古代，为预知未来，人们常求助于卜师，于是“算命”“看相”的行当应运而生，并在民间广为流传。要算的无非是财（发家）、运（官运等）、子孙、寿数等。

身量方面，古人以“上身长”为贵，而下身长则是一生劳碌的命。俗云：“上身长，当君王；上身短，福分浅。”刘备便是双耳垂肩，双手过膝而被认为有富贵相。不过也有不同的说法，如“上身长，下身短，不是吃嘴就是懒”。

面相学、指纹学在我国产生得很早，它以我国古老的《易经》为基础，是算命术的一种。比如看手相的会把人手分成五种类型：金、木、水、火、土。不同类型的掌型反映不同的性格。手掌可分成九宫，各个宫位代指人体的不同部分，可以借此判断人体疾病位置。在身量气质上，着重看人的精、气、神这些内在禀赋，而非其外在表现。

指纹和面相学说是古人朴素智慧的一种反映，其中肯定有很多迷信的成分。

民间流行“批八字算命”，何谓“八字”，能以此断定人的吉凶祸福吗？

“批八字算命”在我国有着悠久的历史。所谓“八字”是指根据人的出生年、月、日、时所对应的天干地支组成八个字，然后根据“八字”所展现的五行生克关系来判断一个人的吉凶祸福。

八字起源于我国古代的干支纪年法，也叫“四柱”（年柱、月柱、日柱、时柱），每柱两个字，上为天干（甲、乙、丙、丁、戊、己、庚、辛、壬、癸），下为地支（子、丑、寅、卯、辰、巳、午、未、申、酉、戌、亥），正好八个字，所以称为“八字”，因其原理基于阴阳五行，所以和“紫微斗数”等统称“五行术”。

“八字”理论有个演变和成熟的过程，其最初源于中国古代的天命观。到了汉代，发展了一种以阴阳五行、天地干支为基础，配合年月日的算命术，这种算命术经魏晋南北朝的推行发挥，到唐代始告确立。李虚中是八字推命发展史上的一位重要人物，他生活在唐代元和年间，官至殿中侍御史，平时精究阴阳五行，能够根据一个人出生的年月日的干支来推定这个人一生的贵贱寿夭、吉凶祸福。文学家韩愈说他“最深于五行书，以人始生之年月日所直日辰干支，相生胜衰死，相互斟酌，推人寿夭贵贱利与不利，辄先起其年时，百不失一二”。李虚中算命很准，在当时声誉很好，后人也把他称为八字推命的开山祖师。

当时使用的还是“三柱”法。经过五代宋初徐子平改进后，八字推命术才正式进入成熟完备阶段。徐子平把李虚中推算年月日干支的办法，进一步演进为年月日时同时使用的“四柱八字”预测法。后来，人们常把八字推命术称为“子平术”。

当然，八字算命是断不出吉凶的，不过是迷信罢了。

为什么说“左眼跳财，右眼跳灾”，这个说法灵验吗?

“左眼跳财，右眼跳灾”是民间长期流传的说法。意思是左眼跳有可能会发生好事，右眼跳则可能有祸事发生。这种说法有没有科学性呢?

古人认为左右眼的跳动还与时间有关系。按《易经》的解释则为：“子时：左有贵人，右有酒食。”理由是左眼为青龙，五行属木，子时为水，水生木乃有人相助之相，故有贵人；右眼为白虎，五行属金，而按五行一般理论，水遇酉金为食神，所以可能有酒食之禄。为什么左眼青龙，右眼白虎?这是根据四象位置排列：前朱雀，后玄武，左青龙，右白虎。所以左眼为青龙，右眼为白虎，青龙位于东方，天干为甲乙，五行为木，白虎居于西方，天干为庚辛，五行为金。水能生木，故呈有人相助之象；酉金生水则为酒食之相。

再如：“丑时：左有忧疑，右有人悲。”意思是丑时左眼跳表示有心事，正在烦躁不安；右眼跳对主人很不利，可能有令人悲伤之事发生。因为左眼甲乙木遇丑，丑属三合金局中物，财中官杀，所以心中有顾虑；右眼庚辛金遇丑，金生水，白虎旺相临墓是有人将死之相，所以会有人悲。

可见，那种单纯认为“左眼跳财，右眼跳灾”的说法当然是不科学的。

“夜猫子进宅，无事不来”的说法起于何时，有没有科学依据?

“夜猫子”就是猫头鹰，常在夜间活动，以捕食小动物为生。它如果进宅，自然是为了追赶猎物。但我国民间却有“夜猫子进宅，无事不来”的说法，这有科学依据吗?

猫头鹰历来不受欢迎，被称为“恶声之鸟”。其夜间叫声凄厉，被归为四大难听声音之类，有语云：“老母猪叫，夜猫子笑，打磨新锅挫锯条。”据古代占卜书说，这种鸟飞到宅院，是大凶之兆，意味着主人将死，所以民间有“夜猫子进宅，无事不来”的说法。人们一旦在自己宅院发现夜猫子，就会即刻赶走或打死。

夜猫子如此让人讨厌与其生活习性密切相关。其昼伏夜出，就像幽灵，又叫“黑游神”。由于常栖居于荒凉墓地，兼以此鸟食母(不孝)，所以很多人讨厌它。据《汉书·郊祀志》记载：枭食母，黄帝为使其灭绝，将它作为祭祀之物；汉武帝在端午节这天，要颁赐群臣枭羹汤。

现代日常生活用语“夜猫子”是指那些喜欢晚上活动的人。这类人一般越到夜深，精神越好，与猫头鹰习性相同。这里叫“夜猫子”并没有贬义。

“夜猫子进宅，无事不来”反映了古人对于猫头鹰的厌恶之情，迷信的成分很多。实际上猫头鹰是益鸟，飞行本领高强，又善于捕捉老鼠，在帮助人们消除鼠患方面功不可没。

在古人眼里，“九”是个吉祥数字，皇家建筑器物多以“九”名之，这是为什么?

在古人眼中，“九”是个吉祥数字，皇家建筑器物也多以“九”命名，象征权力和地位。那么古人为什么崇拜数字“九”，它又具有怎样的文化渊源呢？

据朱骏声《说文通训定声》："古人造字以纪数，起于一，极于九，皆指事也。二三四为积画，余皆变化其体。"数字在中国很早就产生了，9是最大的个位数，因此代表"极"和"最"。《易经》认为，1、3、5、7、9为天数，2、4、6、8、10为地数。天地之数加起来为55。其中9为最大的阳数，阳在周易中代表积极正面的力量。

《易·文言》传："乾玄用九，乃见天则。"《楚辞·九辨》序："九者，阳之数，道之纲纪也。"《管子·五行》："天道以九制。"我国古代把9当成最大的阳数（以奇为阳数，偶为阴数），是道的本质的体现，因此古代统治者为了表示自己顺天道、应民心，常把自己的建筑器物以"九"命名。

关于这一点，最早的例子便是大禹铸九鼎。相传华夏最初由9个地方的部落共同组成，因此又称"九州"。大禹统一天下后，为了昭示自己的功绩，铸造了9个鼎，以示权威和功绩。成语"一言九鼎"也源自这里，意思是说话分量大，能起很大作用。如《史记》中有："毛先生一至楚而使赵重于九鼎大吕。毛先生以三寸之舌，强于百万之师。"

后来，历代天子多有效仿，其目的无非是宣扬自己皇权受命于天，乃是顺天道之举。同时也彪炳自己的文治武功，所以多以"九"来命名器物。皇帝自己也叫"九五之尊"，其实是取乾卦中第五爻，因"九五"爻在乾卦中位置最佳。

老百姓为什么讨厌数字"四"，把它列为避讳呢？

古人对数字有特别的感受力。一般都比较偏爱数字"八"，讨厌数字"四"。因"八"和"发"同音，象征财富和美好，而"四"的谐音是"死"，听起来非常不吉利，所以人们很讨厌它。这种避讳仅仅是数字谐音上的关联吗？

按照河图、洛书："天一生水，地六成之；地二生火，天七成之；天三生木，地八成之；地四生金，天九成之；天五生土，地十成之。"四为金之生数，为阴数。在传统阴阳理论中，阳代表正面、繁荣的力量，而阴数则带有潜藏、衰弱等负面的暗示。

《说文》："四，阴数也。四分之。"《玉篇》："阴数次三也。"都是说"四"是阴数，不吉利。从大量有关"四"的成语中我们也看到很多不好的暗示，如"丢三落四""挑三拣四""四体不勤""四分五裂""四面受敌""四面楚歌""四脚朝天""朝三暮四"等。

当然"四"之所以被人讨厌还在于其和"死"谐音（二、六、八同为阴数，而八却为现代人所喜）。因为人们都追求美好，希望自己有好的运气，害怕不吉利的事物。所以便讨厌"四"。

其实数字本身并没有吉凶，是古人迷信的说法。

市井流传"正月不剃头，剃头死舅舅"，正月剃头真的会死舅舅吗？

"正月不剃头，剃头死舅舅。"这当然是迷信的说法，"死舅"其实是"思旧"的谐音，与清朝统一发式和服饰有关。

清军入关后，开始加强对中原地区的控制。顺治二年，摄政王多尔衮颁发了《剃发诏书》，诏曰："向来发之制，不即令划一，姑听自便者，欲俟天下大定，始行此制耳。今中外一家，君犹父也，民犹子也，父子一体，岂可违乎，若不统一，终属二心。自发布告之后，京城内外限旬日，直隶各省地方，自部文到日，亦限旬日，为惜发争留，决不轻贷。"

明朝以前，汉族服饰多为峨冠博带，身体发肤，受之父母，不可轻易除之。所以多在头上挽成发髻，用簪子扎着。禁令颁布后，遭到很多汉族士大夫和老百姓的反对，由此产生了很多抵抗运动。

可见，清王朝"剃发令"的推行是血淋淋的，充满了残暴和血腥。当时一些百姓怀念旧明和留全发的传统，但又不敢和官方正面对抗。于是暗中宣传，每到正月里，大家都不剃头。于是正月不剃头也就成了一种“思旧”的方式。后来随着时间推移，人们的情感逐渐淡漠，加上“思旧”和“死舅”谐音，就演变成了今天的“正月不剃头，剃头死舅舅”。

乔迁新居之时，古人有“温锅”的习俗，这是怎么来的呢？

“温锅”顾名思义就是“使锅发出热量”，指炒菜做饭方面。当一户人家乔迁新址或建新房后，锅、碗、瓢、盆和灶台都是新的，未经“温”过。“温锅”就是第一次做饭，当然要邀请亲戚朋友来热闹一番。加上我国过去民间夫妻自立，修建新房往往花掉很多积蓄，也需要亲朋帮衬着点过日子，于是便有了“温锅”的习俗。

“温锅”又叫“温居”“添囤”“暖房”。新房落成后，乔迁或兄弟分家一方迁进新宅，热情邀请亲戚朋友前来认识新家门，亲友、邻居携带礼品前去庆贺，主人设宴款待来贺者。这是“众人添柴火焰高”互助传统的一种表现。

今天中国一些地区依然保留了这些习俗，但由于地域差异也存在区别。一般而言，“温锅”象征着一对新夫妻的自立，所以亲人所送之物也包含了祝福之意，所送礼品的花样也很多，有送钱的，有送鸡鸦鱼肉、酒食的，还有送对联匾额或镜子炊具等日常生活用品的。娘家人一般送的都是炊具，如锅、勺子之类。比较有特色的是送两斤豆腐、豆芽，两条鲤鱼，皆有好事成双之意。豆腐是“都富”，豆芽代表“儿孙满堂”，鲤鱼象征年年有余。

今人在收银台上摆设“金蟾”招财宝，古人张贴“刘海戏金蟾”吉祥画，这一风俗从何而来？

金蟾，传统吉祥工艺品，做成蟾蜍之形。其造型各异，一般为坐蹲于金元之上的三足蟾蜍，背负铜钱串，体丰肥硕，满身富贵之态，有“吐宝发财，财源广进”之美好寓意，所以民间有俗语“得金蟾者必大富”也。

“刘海戏金蟾”这个典故出自道教，由传说中轻身辟谷的人物附会而成。图画一般系一蓬发少年以连钱为绳，戏钓金蟾构成。金蟾是一只三足蟾蜍，古时认为得之可致富。寓意财源兴旺，幸福美好。这里面还有个传说：刘海是吕洞宾弟子，武艺高强，喜欢周游四海，降魔伏妖，布施恩德以造福苍生。一天，他降服了一只长年危害百姓的金蟾精，在打斗过程中，金蟾被其宝剑削断一足，所以以后的金蟾多为三足。自此金蟾臣服于刘海门下，为求将功赎罪，金蟾使出绝活咬进金银财宝，助刘海造福世人，帮助穷人，发散钱财。人们便叫它“招财蟾”。

什么是“黄道吉日”，人们为什么要选择这样的日子出行或兴作？

旧时民间婚嫁、破土、出行、安葬等仪式都要选取黄道吉日。古人认为，在这些日子举行仪式可以免除灾难，诸事顺利。那么什么是“黄道”，“黄道吉日”具体指的是什么？

“黄道”一词是古代天文学的术语，并非起源于中国。古代巴比伦天文学家认为，黄道是太阳一年中在天球上的轨迹。夏至时，太阳位于最高点；冬至时，位于最低点。太阳每天在天球上行约1度，并与周围的星体形成合力对地球上的人形成影响。这些星象有吉有凶，那些有利的位置便是“黄道吉日”。这是西方占星术的起源，基于地球中心说。后来古巴比伦的天文知识传到希腊、印度，并在隋唐时期传入中国。

中国古代天文学家据此再分出十二神煞，分别为青龙、白虎、明堂、天刑、朱雀、金匮、天德、玉堂、天牢、元武、司命、勾陈。其中六吉六凶，青龙、明堂、金匮、天德、玉堂、司命被称为“六黄道”，所谓黄道吉日便是这六神指使的日子。后来意义变化，泛指宜于办事的好日子。

古代豪门大户，往往在住宅前安放两尊石狮子，他们为何要这么做？

石狮子是中国传统建筑中经常使用的一种装饰物。古代豪门大户，也经常在门前安放两尊石狮子，以示庄严和高贵。此外宫殿、寺庙、佛塔、桥梁、府邸、园林、陵墓上也经常使用。在漫长的历史年代中，这些石狮子见证着历史的沧桑巨变，目睹着朝代的兴衰更替。但是中国古代并没有野生的狮子，那么这些石狮子雕刻艺术又是从何而来的呢？

狮子的故乡在非洲、印度、南美等地，是从西域传到我国的。据说东汉时，狮子被西域国家作为礼物送给中国的皇帝。伴随着佛教的传入，被佛教推崇的狮子在人们心目中成了高贵尊严的灵兽。中国很快从印度等地学到了石狮子的雕刻艺术，并且出现陈列墓前的现象。

唐朝时，石狮子的雕刻技术逐渐成熟。古代的能工巧匠们将石狮子雕刻得相当逼真："头披卷毛，张嘴扬颈，四爪强劲有力，神态盛气凌人。"明朝时，石狮子使用的范围更加广泛。到清代，雕刻技术已基本定型。《扬州画舫录》记载："狮子分头、脸、身、腿、牙、胯、绣带、铃铛、旋螺纹、滚凿绣珠、出凿崽子。"在不同历史时期，狮子的神态也不一致，汉唐时通常强悍威猛，元朝时身躯瘦长有力，明清时较为温顺。

乾清宫前的鎏金铜狮

故宫城中的太和、乾清、养心、宁寿、养性各门与长春宫门前都有铜狮一对。

中国比较著名的石狮子包括天安门前的狮子，中山公园门外的狮子，北京大学门前的狮子，沧州铁狮子和卢沟桥望柱上的400多只狮子。

知识链接

狮子的文化内涵

狮子历来是高贵庄严的象征，但对于其文化内涵却有颇多争议。一种观点认为，狮子是吉祥的动物，可以驱除邪恶。而在《北京形势大略》一书中则认为："石者实也，狮者思也，言思前人创业后人守成之不易也。"

狮子最初是伴随着佛教的传入逐渐成为"瑞兽"的。相传文殊菩萨的坐骑就是一头狮子，佛教中狮子座是佛的坐处，《大智度论》中说："佛为人中狮子，佛所坐处若床，若地，皆名狮子座。"后来佛座前的狮子已具有护法神兽的含义，这样宫殿门前的对狮，又具驱邪镇妖的寓意。后来意义逐渐泛化，代表吉祥、庄严和喜庆的含义。

人们为何要从冬至开始"数九"，全国各地都有哪些有趣的"数九歌"？

"数九"是中国民间的一种习俗。产生时间很早，在南北朝宗懔《荆楚岁时记》就有"俗用冬至日数及九九八十一日，为寒尽"的句子。意思是从冬至日开始顺数9个9天，共81天，就是寒尽的日子。古人以此作为春耕的依据。

"数九"是劳动人民长期与恶劣的自然条件作斗争的产物。为了描述"数九"气候和温度变化，古人在细心观察的基础上制作了"数九歌"。由于中国地域辽阔，各地自然地理存在一定差异，所以"数九歌"的内容也不尽相同。

中国北方民谣："未从数九先数九，一九二九冰上可行走。三九四九掩门叫黄狗。五九六九开门缩颈走。七九河开，八九雁来。九九又一九，犁牛遍地走。"

浙江沿海地区的九九歌为："一九二九，棒打不走；三九四九，滴水不流；五九四十五，穷汉街头舞；六九五十四，篱笆抽嫩枝；七九六十三，破衣两头担；八九七十二，猫狗寻荫地；九九八十一，飞爬一起出。"

湖南的九九歌："初九二九，相逢不出手；三九二十七，檐前倒挂笔；四九三十六，行人路途宿；五九四十五，穷汉阶前舞；六九五十四，枯丫枝发嫩刺；七九六十三，行人路上脱衣裳；八九七十二，麻拐子田中嗝；九九八十一，脱去蓑衣戴斗笠。"

江苏太湖一带的九九歌则以讲述农事活动为主："一九二九，背起粪篓；三九四九，拾粪老汉沿路走；五九六九，挑泥挖沟；七九六十三，家家把地捡；八九七十二，修车装板儿；九九八十一，犁耙一齐起。"

地域不同，九九歌的内容也不尽一致。人们经过长期的研究后也总结了不少规律。如俗谚云"头九暖，九九寒"，意思是人们发现如果头9天暖和，则跟着来的整个冬天都会特别冷。《燕京岁时记》中说："冬至三九则冰坚。"《京房易占》说："冬至之后，三十日极寒。"一般"三九"到"四九"这段时间气候最寒冷。

怀孕又被称为"身怀六甲"，这是为什么，"六甲"是指胎儿吗?

妇女怀有身孕称"身怀六甲"。"六甲"在古代指6个甲日，分别是甲子、甲寅、甲辰、甲午、甲申、甲戌。古人认为，天帝创造万物，这6个日子便是生成万物的时间。妇女怀孕生子，与"造物"同，故易于受孕。因此人们也称怀孕为身怀六甲。

在我国传统文化中，十分重视血缘关系和道德伦理。父、母、子女合称"三缘"，有"千生父母，有夙世之良因；万劫子孙，亦三缘之和会，共业所感，聚为一家"之说。"六甲"存在于受孕后的胎儿中，"六甲三元悉扶承于胎命，又千和而万合，至十月以九周，唯九天司马不下命章，则万品生根莫彰，于神奥大矣哉。惊天骇地，贵亦难胜，陶魄铸魂，神灵微妙"。

"六甲"源自中国古代天干地支纪年。天干地支相配，一共60甲子。每个天干可与六地支相配，分别为六甲、六乙、六丙、六丁、六戊、六己、六庚、六辛、六壬、六癸，而"甲"为天干起始，阳木。中国古代有驱使"六丁六甲"之说，丁为阴火，"六丁"为阴神。二者相配，刚好阴阳各半。古人在此基础上，进一步把"六甲"神格化，如甲子神王文卿、甲申神扈文长、甲戌神展子江、甲辰神孟非卿、甲午神卫玉卿、甲寅神明文章等。

古代男为阳，女为阴，而"六甲"为阳神，为男子。古人多重男轻女、门第香火观念浓厚。所以说孕妇"身怀六甲"其实是有美好和祝福的含义，相当于现在的"早生贵子""生个儿子"之类。

古人常用"麒麟儿"恭喜他人生了个好儿子，这个说法来自"麒麟送子"的传说吗?

"麒麟儿"常用来形容聪慧颖异的孩子。如唐杜甫《徐卿二子歌》："君不见徐卿二子生绝奇，感应吉梦相追随。孔子释氏亲抱送，并是天上麒麟儿。"现在如果哪家生了孩子，我们恭喜的时候也说"麒麟儿"。那么这个说法最初是怎么来的呢?

麒麟，亦作"骐麟"，简称"麟"，是中国古代传说中的一种灵兽。其身形似鹿，头生独角，全身附有鳞片，象征仁和奇瑞。据西汉《礼记·礼运》载："麟、凤、龟、龙谓之四灵。"麟为"四灵"之一。东汉《说文》："麒，仁兽也，麋身，牛尾，一角；麟，牝麒也。"

"麒麟送子"传说出自前秦《拾贵遗记》："夫子未生时，有麟吐玉书于阙里人家。""阙里"，山东曲阜孔子的故乡。相传孔子的父亲叔梁纥只有一个男孩，还患有足疾，不能为孔家接续香火。他觉得很遗憾，就和妻子一起到尼山祈祷，盼望能再有个儿子。一天夜里，有一头麒麟来到孔子父母家，仰头迈步，从口出吐出一块方帛。上面写着："水精之子孙，衰周而素王，征在贤明。"周围邻居都感到很奇异，第二天，叔梁纥的妻子腹疼产子，孔子便诞生了。

后来人们用这个故事来表达"生贵子"的美好祝愿。如果妇女不育，就用纸扎一只麒麟，上载一小孩，然后由她扶着在院子里走几圈，便可以"早生贵子"。后世尊孔的儒生绘有《麒麟吐书》图，在孔庙或学堂私塾多有悬挂，意为读圣贤之书、效圣贤之为。

现在这种习俗虽然在很多地方已经没有了，但"麒麟儿"依然在我们口头使用。表达人们对圣贤的尊重和仰慕，也希望自己所生的孩子能像孔子那样成为圣贤。"麒麟儿"也就渐渐变成了祝福用语，成为民族文化的一部分。

民间盛行看相，"耳大是福""眼斜心不正"这些判断有科学依据吗？

看相是中国古代的一门学问。它是通过观察人体五官、体形以及气质来对人进行判断的一种方法。历史上有很多专门给人看相的算命先生。看相的方法叫"相术"，"耳大有福""眼斜心不正"都是大家所熟悉的。那么，这样相术有科学依据吗？

"耳大有福"是指耳朵大的人（特别是耳垂）有福气。有人说这与猪有关，因为猪每天吃了睡，睡了吃，生活得无忧无虑，很有福气；猪耳朵很大，所以"耳大有福"。还有人说与佛祖有关，因为佛祖释迦牟尼双耳垂肩。佛又与"福"音同，因此"耳大是佛"渐渐就演变成了"耳大是福"。西晋陈寿描绘刘备的形象："身长七尺五寸，垂手下膝，顾自见其耳。"可见，刘备的耳朵很大，很有福气。

"耳大是福"在易理中可以找到一些依据。因耳的五行所属为"木"，而中医理论认为肾为水，水生木。所以耳朵大的人说明其肾水旺，肾乃生命之源，旺者长寿。在古代，长寿的人一般被视为有福之人。

"眼斜心不正"很多人从心理学角度去解释，认为心术不正的人看人的时候都不敢拿正眼，喜欢斜视，经常是"贼眉鼠眼"，来回逡巡也。但是按五行之理，眼为火，心亦属火，二者同出于一源。所以眼斜自然心难正。

从以上分析可以看出，中国古代的相术是以易理为基础的，带有迷信的成分，但在一定程度上反映了古人对人体和生命本质的看法。

人们何以把遭遇不测叫作"三长两短"，这个说法与棺材有关吗？

"三长两短"是指遭遇意外的灾祸或事故，特指人的死亡。如明代范文若《鸳鸯棒》："我还怕薄情郎折倒我的女儿，须一路寻上去，万一有个三长两短，定要讨个明白。"那么为什么人的死亡可以用"三长两短"来形容呢？

一般认为，"三长两短"这个成语与我国古代的棺材有关系。打开盖的棺材一般由三块长木板和两块短木板构成（组成一个长方体），因此"三长两短"便借喻人的死亡。这种说法有一定的道理，但也有学者认为棺材加上棺盖后是"四长两短"，我们经常说盖棺方能定论，那么用在这里似乎有些不恰当。

据《礼记·檀弓上》记载："棺束，缩二，衡三；衽，每束一。"古代棺木上没有钉子，用皮条把棺材底与盖捆合在一起。横的方向捆三道，纵的方向捆两道。横的方向木板长，纵的方向木板短，"三长两短"即源于此。衽原本指衣服的缝合处，此指连接棺盖与棺底的木楔，两头宽中间窄，插入棺口两旁的坎中，使盖与棺身密合。衽与皮条联用，就是为了紧固棺盖。发展到后来用钉子钉棺盖，既方便又快捷，衽也就逐渐被淘汰。三长两短的捆棺材皮条也随之消失，但这个词语却一直流传下来，在现代汉语中也经常使用。

人们为什么在诅咒发誓时说“天打五雷轰”，这里的“五雷”具体指什么？

过去人诅咒发誓多喜欢用“若违誓言，天打五雷轰”之类的语句。“五雷轰”原是道教法术名，五雷谓：“雷霆为阴阳之气所生，东三南二，北一西四，此大数之祖而中央五焉。”又曰：“中央大云雷和东、南、西、北方四大大云雷。”

五雷源自五行的划分，分为金、木、水、火、土五种。金雷是指兵戈之灾，如刀剑所伤，金属器物致死等。木雷是指受棍棒鞭笞之刑或树木倒塌之压。水雷是指溺死、洪水、水土不服之害。火雷是指遭雷电袭击、灼伤、遭遇火灾等。土雷指被土掩埋、高空坠物、屋塌地陷等。“天打五雷轰”的意思就是人干了伤天害理的事后，一定会遭到上天各种形式的惩罚。

古代认为五道闪电都以“雷元素”粒子为基础，其中除了“木雷”是纯粹的雷元素粒子外，其他四种闪电都与风、水、火、地四种魔法元素的粒子相符合。五雷正法简称为雷法。而类似的名称在北帝派的符系统中也曾出现。

北帝派以崇拜北极紫微大帝为基本特征。《道藏》收有《七元璇玑召魔品经》《北帝说豁落七元经》以及《太上紫微中天七元真经》共7部经典，据《中华道教大辞典》介绍：“从文字内容上看，此七篇应为同时传世之一组经文，系北帝派的经典，成书年代约在南北朝末或隋唐。”该派有召五雷神兵的秘法，是后世五雷正法的主要内容。

可见，“五雷”的说法最初源于道教。代表五种方位的不同力量。“天打五雷轰”又作“五雷轰顶”，意思是做了伤天害理的事情必然受到上天严厉的惩罚。而且这种惩罚包含了各种可能的灾难，极言诅咒或违背誓言的严重性。

人们为什么要说“嫁鸡随鸡，嫁狗随狗”呢？

“嫁鸡随鸡，嫁狗随狗”是民间的一句俗语。有时候，夫妻吵架或闹矛盾了，妻子就可能哀叹：“都是我命不好，也只能嫁鸡随鸡了。”但是这句话是如何产生，又反映了怎样的一种社会心理呢？

中国古代女子地位远不如男子，讲究三从四德。据《仪礼·丧服·子夏传》：“妇人有三从之义，无专用之道。故未嫁从父，既嫁从夫，夫死从子。”

三从四德源自周礼，对后代影响深远。经儒家伦理阐述后，女子几乎丧失了社会独立性。在出嫁前要听父亲的话，出嫁后要按照丈夫的意愿做事，就是丈夫死了还要抚育、跟随自己的儿子。这些封建礼教严重束缚了妇女身心的发展，使妇女丧失了独立性。面对强大的封建礼教，反抗显得无济于事。很多女子在“父母之命”和“媒妁之言”下，即便嫁给一个无赖，也只能感叹命运不好。于是有“嫁乞随乞，嫁叟随叟”之说。

“乞”是指乞丐，“叟”是指老头，后来语音转换，又或女子表达对丈夫的轻蔑，变成了“嫁鸡随鸡，嫁狗随狗”。后成书面语，流传至今。

何为“太岁”，它真的很厉害吗，为什么人们把胆大妄为称为“在太岁头上动土”？

“太岁”为我国古代星神名，指的是木星。木星是太阳系中最大的行星，其赤道直径是地球赤道直径的11倍，绕太阳公转一周需要12年，质量比太阳系其他八大行星质量的总和还要大。我国古代划分周天为12次，木星每年恰好行经一次，十二生肖亦随太岁运转而改变。每年木星到达地球上的某个方位，便会加强这个方位的引力。

说太岁某一年在某一方，这一方就不能动土搞建筑，否则触犯了太岁，就会招来灾祸。这主要源于阴阳五行的“木克土”之说。因岁星临于此方，引力增强。破土动工就要招致灾祸。因此古人一般不会在这一年破土搞建设。若破土了便是“太岁头上动土”，潜台词便是：“你好大的胆子！”

我国古代采天干地支纪年法。始于甲子，

终于癸亥。一个循环60年，称为一甲子。相传在这60年里，每年天上都会派一位神仙出来值年，负责掌管这一年人间或所出生之人的福与祸。所以共有60位太岁，统称为60甲子神。

“太岁头上动土”就是犯太岁的意思。我国古代认为“犯太岁”包括3种情况：“年冲”即是指生肖之年，例如今年是牛年，属牛者即为年冲。“对冲”即是指生肖之年再加上6年，即子午冲、丑未冲、寅申冲、卯酉冲、辰戌冲、己亥冲。还有“偏冲”，自己的出生年如与流年所属生肖相差3年，便是刑克，又称“刑太岁”。

“犯太岁”多表示一些不好的含义，而“太岁头上动土”只是其中的一个运用，表示违背自然规律而行事，必然受到惩罚。现多指胆大妄为，无法无天。

遇到不顺心的事时，人们往往会说“晦气”，这种说法源于一个怎样的故事？

“晦气”比喻倒霉、不吉利。据《说文》：“晦，月尽也。”《论衡·四讳》：“三十日日月合宿，谓之晦。”可见“晦”最初指农历的最后一天，由于这天晚上根本看不到月亮，因此引申为昏暗或隐藏、不显著之义。

“晦气”表达“倒霉”的含义据说与一个叫“晦气”的人有关。这个叫晦气的人的厨艺非常精湛。旧时婚嫁都要大摆筵席以示庆贺，因此请他的人非常多。晦气见自己主顾多了，于是开始漫天要价，还经常耍大牌。一有不顺心的事，就开始指桑骂槐。请他办喜宴的人本来图个吉庆，但经他这么一折腾，都大为不快。所以晦气渐渐生意也就少了。

有一天，城外的一个郭员外的儿子要结婚。之前没有找到合适的厨子，只好去请晦气——晦气虽然脾气不好，但厨艺是一流的。员外就对晦气说：“如果你把筵席办得好，我付给你双份的工钱。”

迎亲的日子到了，郭家高朋满座、鼓乐喧天。这时候新娘子的花轿抬来了，于是鞭炮齐鸣。谁知，郭家养的狗受不了鞭炮的惊吓，就猛地往堂屋里窜，又惊吓了一只正在到处觅食的公鸡。公鸡扑地一下就冲进了晦气的厨房，只听啪的一声，两只大花碗碎成了两半。晦气脾气本来就不好，当时大怒，跑出厨房就破口大骂：“你家狗号丧啊，把两只大花碗都打碎啦!”众人看着他，面面相觑，本来大喜的日子一下就冷淡了下来。前来送亲的，喝喜酒的都感到大为扫兴。郭员外只好一面打圆场，一边赔不是。他心想，请他真是件错事，于是慨叹：“晦气啊!”

这当然只是个民间传说。在紫微斗数中，“晦气”是岁前十二神之一，象征晦暗、停滞。是否源于此尚待进一步考证。今天我们多用“晦气”来表达遇到了倒霉和不顺心的事情。

办事不顺，或者遭到拒绝，人们便说“碰钉子”了，为什么要这么说呢？

“碰钉子”常用来指遭到拒绝或办事不顺，与之相类似的词很多，如“碰壁”，“碰了一鼻子灰”等。语出自清代吴趼人《二十年目睹之怪现状》第八回：“何况给别人说话，怎么好冒冒昧昧地去碰钉子?”最初作“撞钉子”，如元杂剧《西厢记》中就有：“我撞钉子，将贼兵探知。”

关于“碰钉子”一词的来历，有人认为出自江湖青洪帮切口（即行话）“碰到钉字”，意为遇见对头。“钉子”与“钉字”为谐音，意义又相近。所以，就传讹成了易于理解的“碰钉子”。

另说认为与官府衙门有关。封建时代官府的衙门或有钱有势人家府邸的大门上都有门钉。门钉一般为铜制，主要起装饰、加固或显示等级的作用。清朝时按等级对门钉的数量和排列进行了规定。皇家建筑，每扇门的门钉是横九路、竖九路，一共是九九八十一个钉。九是阳数之极，是阳数里最大的，象征帝王最高的地位。

亲王、郡王、公侯等府第使用门钉数量则规定：“亲王府制，正门五间，门钉纵九横七”；“世子府制，正门五间，门钉减亲王七之二”；“郡王、贝勒、贝子、镇国公、辅国公与世子府同”；“公门钉纵横皆七，侯以下至男递减至五五，均以铁”。

可见门钉制度是封建等级制度的象征。古时找朝廷或衙门办事很不容易，到这些官员府上拜访，很可能吃闭门羹，被阻于“门钉”之外，故有“碰钉子”的说法。现多用于表达办事不顺，或者遭到拒绝。

“老”本敬语，人们为何把它用到“虎”“鼠”等动物头上？

古时，老为尊称。“虎”和“鼠”是常见的动物，单独指称已然足够。为何还要在前面加“老”字，称之为“老虎”“老鼠”呢？

“虎”是百兽之王，威猛无比，《风俗通义》中说：“虎者阳物，百兽之长，能执搏挫锐，噬食鬼魅。”古人多用虎象征威武勇猛，如“虎将”喻指英勇善战的将军；“虎步”指威武雄壮的步伐。但虎不得食的时候，也会出来伤人。古人对自己畏惧的东西普遍采取了“敬而远之”的态度。于是，古人在“虎”字前面加上“老”，以表示敬畏和不敢得罪的意思。同时，人们迷信地认为，威武凶猛的虎能够镇邪压祟，不少人家都在内室悬挂“虎图”以避邪。有些地方还讳称其为“大虫”。

老鼠是噬齿动物，繁殖速度极强，可随地而居或食；能上树涉水，爬山打洞；每年吃掉大量人类的粮食。此外老鼠还传播疾病，中世纪就有很多人死于鼠疫。由于老鼠繁殖能力很强，灭之不尽，又善于搞破坏，人们只能敬而远之，称之为“老”。在有些鼠患泛滥的地方，更有人不敢直呼其名，谓之“耗子”。

“老虎”“老鼠”的大名就是如此而来的。它反映了我国古人对于自然的敬畏和趋吉避凶的愿望。

在亲属的远近中，民间有出“五服”的说法，“五服”是指什么呢？

“五服”的含义很多。最初指“天子、诸侯、卿、大夫、士”五等服式。《汉书·地理志》：“尧遭洪水，怀山襄陵，天下分绝，为十二州，使禹治之。水土既平，更制九州，列五服，任土作贡。”

周朝时指五种行政区划。《国语·周语》：“先王之制，邦内甸服，邦外侯服，侯卫宾服，夷蛮要服，戎狄荒服。日祭、月祀、时享、岁贡、终王，先王之训也。”具体而言，即以王畿为中心，按相等远近作正方形或圆形边界，依次划分区域为“甸服”“侯服”“宾服”（又作“绥服”）、“要服”“荒服”，是为“五服”。“服”是指服侍天子之意。500里为一服，《书·益稷》：“弼成五服，至于五千。”孔传：“五服，侯、甸、绥、要、荒服也。服，五百里。四方相距为方五千里。”

我们通常说的“五服”是指出丧的5种不同服饰。封建社会按父亲的血缘关系来区分辈分和长幼，以父宗为重。自高祖、曾祖、祖父、父、自己、儿、孙、曾孙、玄孙为九族。九族之内，若有亲属死亡，则视其和己身关系，穿戴不同的服饰，这便是“五服”制度。

“五服”制度由亲至疏依次是：斩衰、齐衰、大功、小功、缌麻。斩衰，衰是最重的孝服，臣对君、子女对父母、媳妇对公婆都要穿斩衰。齐衰用粗麻布制成，孙子女对祖父母、重孙对曾祖、高祖父母戴孝需尊此礼。大功丧服质量比齐衰稍好，由熟麻布做成；堂兄弟、伯叔之间用这种大功丧服。小功又轻于大功，材料使用更细的熟麻布，这种丧服多用在兄弟之妻，已嫁的堂兄弟姐妹之间。缌麻，又称漂孝，由漂洗后的麻布制成。这是亲属关系最疏远的一种丧服。

“五服”的规定一般都是晚辈对长辈。“出五服”是指亲属关系超过五代，不再为之服丧。“五服”制度是封建伦理和家庭秩序的体现，曾作为定罪和量刑的依据。

人们把遇事不利叫“倒霉”，为什么不是“倒运”之类呢？

“倒霉”是指遇事不顺利或运气不好，今

天，它已经非常口语化。那么“倒霉”这词究竟如何产生，既然它和“倒运”差不多，为什么我们不说“倒运”呢?

“倒霉”这词原作“倒楣”。“楣”有两个含义，一是指屋檐椽端的横板，据《说文》：“楣，屋边联也。齐谓之檐，楚谓之梠，秦谓之楣。”二是指门框上的横木，也叫“门楣”。如陆游《夏雨叹》：“蜗舍入门楣触额。”唐代李朝威《柳毅传》中有：“雕琉璃于翠楣。”

但“倒楣”的“楣”却是一种类似旗杆的柱子，它的来历和科举制度有关。“倒楣”出现的时间也比较晚，大约产生于明朝中后期。由于明朝实行八股取士，很多文人学士的才华不能得到有效发挥，官场徇私舞弊的行为更是经常发生。对一般的寒门子弟而言，要想考中进士并不容易。所以那些逢考的举人在考前都会在自家门前竖起一根旗杆。如果考中了，旗杆就继续保留；如果没考中，就把旗杆撤下来，叫“倒楣”。

没考中当然令人很难受，所以“倒楣”就成了遇事不顺的代称。后来这个词语被越来越多的人用于口语和书面。有些人并不知道它的本来含义，“霉”又和“楣”同音，于是就误做了“倒霉”。

“霉”本义为“面垢黑”。如“霉瘠”指又黑又瘦，“霉气”“霉天”都均含不好的意思。所以人们常用“倒霉”来表达运气不好和事不遂意，虽然属于笔误，倒也贴切。

“临时抱佛脚”意思是事到临头才想起用功，这个说法有什么故事吗?

生活中有很多喜欢“临时抱佛脚”的人，他们平时不用功、不努力，等到时间快到了才临时补习功课或采取措施，结果往往事与愿违，难以取得好的成绩。这句话出自孟郊：“垂老抱佛脚，教妻读黄经。”黄经就是《黄庭经》，意思是年老的时候才开始信佛，求佛保佑。

这个典故是伴随着佛教传入我国而逐步流传开的。据说在古代南亚地区有一个小国家，这个国家从君王到百姓，都笃信佛教和世尊释迦牟尼。有一次，一个即将被处决的死刑犯由于不想死，挣脱铁链和枷锁的束缚逃跑了。第二天清晨，官府发现了，就派人四处捉拿他。那个囚犯已经跑了一天一夜，精疲力竭，追兵的喊声越来越近。

这时恰好前面出现了一座庙。囚犯心想还是先进去避避风头。于是一个人闯进殿来，眼见释迦牟尼的法相庄严肃穆，又联想自己连日来逃命所受的罪和心中的苦痛，忍不住号啕大哭。他抱住佛祖的脚，诚心忏悔：“只要给我一次生的机会，就再也不会做伤天害理的事情了。”然后就一直磕头，把头都磕出血了。

这时候恰好追兵赶到，见他如此能悔过，也感动了，就上报至官府。官府不能决断，又上报给国王。国王是个虔诚的佛教徒，听完这个故事后，大为感动。于是便赦免了他的罪过，让他入寺剃发当了和尚。

可见，最初“临时抱佛脚”是取得了成功的。但后来词义发生变化，多指平时没有准备，临时慌忙应付或仓皇求救（难以成功）。

第十六章
趣话汉字·称谓释疑

甲骨文是中国最早的文字吗？汉字又是怎样产生的？

甲骨文，又称“殷墟文字”“王八担”“殷契”，是殷商时期刻在龟甲和兽骨上的一种文字。所谓“龟甲”是指乌龟的腹甲、背甲，兽骨主要是指牛的肩胛骨。殷商时期，统治者迷信，常用这些物品进行卜筮活动，并将结果记录在上面。19 世纪末期，甲骨文被大量发现，迄今为止已发现的甲骨大约有 15 万片，4500 多个单字，其中已经被识别的有 1500 多个。

甲骨文大量记录了殷商时期的天文、气象、历法、地理、方国、征伐、刑狱、农业、畜牧等方面的资料。就其特点而言，主要包括以下几个方面：一是异体字较多，特别是一些会意字，古人只求偏旁搭配起来表意明确，因此，现代汉语的一个字在甲骨文中可能有几十种写法。二是字体笔画不一，一些象形字中古人只求描述实物的特征，而对笔画、笔顺并不严格要求。三是以实物的繁简来决定字体的大小，有时候一个字可以占到好几个字的位置。四是笔画较细，以方笔居多。

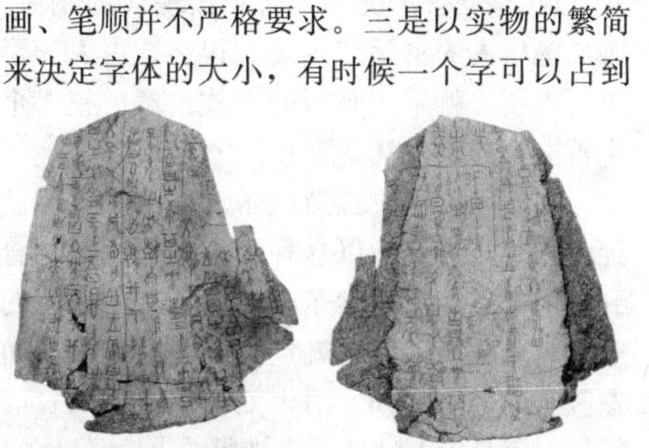

大型涂朱红牛骨刻辞　商

商朝的甲骨文是占卜时刻在龟甲或者兽骨上的象形文字，也称卜辞。河南安阳殷墟有大量出土。

甲骨文是中国已发现的古代文字中时代最早、体系较为完整的文字，已经完全具备了汉字“六书”的构字原理。那么它是中国最早的文字吗？

要弄清楚这个问题，首先要明确什么是文字。一般认为，文字是文化的载体，所谓文字就是具有特定表义功能的书面书写单位。相传中国的造字者为仓颉，据《荀子·解蔽》载：“好书者众矣，而仓颉独传者壹也。”《吕氏春秋》中也有“奚仲作车，仓颉作书”的说法。仓颉是黄帝时的史官，造字的初衷是因为当时结绳和刀刻的记事方法已经不能满足需要，另一说是其绳结记录的史书在给黄帝提供史实时出了差错。具体动机我们已无从知晓，但可以肯定那个时代已经有了文字，比殷商甲骨文历史要早得多。从考古上看，龙山文化和仰韶文化的陶器上也已经出现了文字意义的刻画符号，这也比甲骨文早很多。

从仓颉造字成功，再历经甲骨文、大篆、小篆、隶书、楷书、草书诸般字体演变，终于形成了我们现在的汉字，也成就了泱泱中华 5000 年文明。

知识链接

甲骨文研究的“四堂”

甲骨文研究的“四堂”是指中国近现代史上 4 位著名的研究甲骨文的学者，由于其名或号中均有一个“堂”字，故称“四堂”。这个说法最早来源于陈子展教授写下的名句

“堂堂堂堂，郭董罗王”，现已为学界广泛接受。他们分别是指郭沫若（字鼎堂）、董作宾（字彦堂）、罗振玉（号雪堂）和王国维（号观堂）。

这四人对甲骨文的研究均有重大贡献。王国维写的《殷卜辞中所见先公先王考》纠正了《史记》中记载的个别错误，证明了司马迁所撰的殷史的可信性；罗振玉最早发现了甲骨文的出土地，并考证其地为“武乙之都”；董作宾曾先后多次参与殷墟甲骨文的发掘工作，他的《甲骨文断代研究例》是公认的一部甲骨文史上划时代的著作；郭沫若所著《甲骨文字研究》《卜辞通撰》使其达到了甲骨文研究的巅峰，新中国成立后担任《甲骨文合集》的主编工作，使甲骨文的研究有了进一步的发展。

中国汉字究竟有多少个，收字最多的字典是哪一部？

我们每天都在使用汉字，汉字与我们的生活密不可分，很难想象一个没有汉字的世界会是什么样子。但实际上我们经常使用的汉字非常有限，据统计，1000 个汉字能覆盖约 92%的书面资料，2000 个字可覆盖 98%以上，3000 个字时就可达到 99%。所以常用的汉字在 3500 个左右。如果你还想进一步阅读一些古籍的话，最多只要再增加一倍。

换句话说，我们经常使用的汉字不过几千字，那我们不经常使用或从来没使用过的汉字又有多少个呢？要回答这个问题可能有点困难。因为自仓颉造字开始，人们对于汉字的创造活动就一直没断过，我们很难做个准确的结论。过去的字典只是讲收录了多少汉字，而不是说汉字就只有字典中那么多，毕竟由于编撰者经历和阅历的有限，难免有所遗漏，而且有很多古体字已经消失，难以统计。

当然，这并不表示我们不能得出一个结论。已通过专家鉴定的北京国安资讯设备公司汉字字库，共收录有出处的汉字 91251 个，是目前收入汉字最全的字库。所以我们可以大概说汉字有 9 万多。

说到汉字，就让人想到字典。无论是民间还是皇室，中国历来就有编撰字典的传统。中国最早按字的形体和偏旁编排的第一部字典《说文解字》共收录汉字 9353 个，南朝时顾野王所撰《玉篇》共收录汉字 16917 个，宋朝官修的《集韵》收字 53525 个，《康熙字典》收字 47035 个，日本《大汉和字典》收字 48902 个，《汉语大字典》收字 54678 个。

20 世纪编辑出版的《中华字海》是迄今为止收录汉字最多的字典，共收字 85000 个。它涵盖了过去编撰的字典中的全部汉字，另外添入了佛经、道藏难字、敦煌俗字、宋元明清俗字、方言字、科技新造字以及一些人名和地名用字，是一部研究汉语言文字的极佳字典。

原来竖写汉字，从什么时候开始“横行”的？

大家都知道，中国古人的书写方式与现代人存在很大差异。现代人一般是从左到右，横着写；古人则是从右向左，竖着写。是什么导致了古人的这种书写习惯，又是什么原因让我们改变了这种习惯呢？

其实说来话长。自结绳记事以来，我们祖先的写作介质一直在发生变化。从龟甲兽骨、青铜器皿、竹简丝帛再到现在通行的纸张。中国汉朝以前是没有纸的，主要用竹简来作为书写工具（丝帛较贵），但竹简偏于狭长，汉字又是方块字，毛笔比现代的钢笔、圆珠笔所占的书写范围要大很多。古人为了书写方便，就采用竖写的方式，然后把一个个竹简穿起来，就是简书。

在东汉蔡伦改进造纸术后，由于人们已经习惯了竖写，所以这种习惯就被保留。直到清朝中后期，西学东渐，要求文字改革的呼声越来越高，其中就包括改变过去从右向左竖写的书写习惯。清末刘世恩写的《音韵记号》就是一本“横行”排版的书。

新中国成立后，一些学者如郭沫若、陈嘉庚先后向国家提出汉字“横行”的建议。

受当时学术界影响，1955 年 1 月 1 日元旦出版的《光明日报》率先采用汉字从左向右，横行排版的方式；到 1955 年 11 月，全国 17 家中央级报纸已有 13 家采用横排方式，1956 年 1 月 1 日，《人民日报》也改为横排，至此全国相应。

汉字“横行”不是人们求新求异的结果，而是带有一定的必然性。第一，当时世界上的众多媒体和刊物都是采用横版的方式，要与世界接轨并赶上时代步伐。第二，汉字横排有利于阅读。科学研究表明，人眼横着看的视域要比竖着看高。横着看方便阅读，可以在一定程度上降低视觉疲劳。第三，便于各种数理化公式以及各种外国地名、人名书写。

最早给汉字注音是什么时候，此事与外国人有关吗？

汉字注音经历了漫长的历史发展。从最初的音节整体描述，到声韵二分的反切注音，到音节中切分声调的纽四声法注音，再到注音字母和汉语拼音方案，每一步都是当时学术背景和历史的反映，都是多元文化相互碰撞的结果。

中国最早给汉字注音的是东汉的许慎。在其编撰的字典《说文解字》中，当他认为某些字应该注明读音时，就用直音法为其注音（用另一个音同或相近的字代替）。但这种方法有缺陷，如陈澧《切韵考·通论》：“古人音书，但曰读若某，读与某同。然或无同音之字，则其法穷；或虽有同音之字，而隐僻难识者，则其法又穷。”后来产生了声韵二分的反切注音，在此基础上再加上声调，就是纽四声法注音。

这一时期的注音以汉字为主，音标化注音要晚些。明朝时，中国与西洋列国通商，万历年间，一些天主教徒为传教来到中国。为了学习汉语，他们用拉丁和罗马字母给汉字注音。当时鼎鼎大名的意大利传教士利玛窦于 1605 年在北京出版了《西字奇迹》一书。罗常培根据该书的汉字与拉丁文对照的译文，整理出一个包括 26 个声母和 44 个韵母的汉语拼音方案。1626 年，法国耶稣会传教士金尼阁（1610 年来华）在杭州又出版了《西儒耳目资》，在利玛窦的注音方案基础上做了一定的修改。后人称之为“利金方案”，打开了汉字音标化、音素化注音的大门。

从明朝、清朝到新中国成立，几百年间产生了几十种拼音方案。这些音标注音字母有汉字笔画式、速记符号式、拉丁字母、数码式、自造符号式等；从音节的拼音方式看，有声韵双拼制、音素制、三拼制等。

到新中国成立后，汉字的注音方式才得到统一。1955 年，在北京召开的全国性现代汉语规范问题学术会议公布了《汉语拼音方案》，后经 1958 年全国人民代表大会第五次会议通过。至此，汉字注音、记音才走上规范化道路。

秦始皇创“秦”字的传说可靠吗，秦朝前的文献中有“秦”吗？

大家都看过国产大片《英雄》，相信对里面的大秦军队的盛势一定记忆犹新。旌旗蔽日，上书一个斗大的篆书体“秦”字。然而，“秦”字真是在秦统一六国前就有的吗？

正史缺乏相关的记载，不过一些民间传说倒是描写得很生动。据说“秦”字在春秋战国时期写作“琹”。在秦灭六国后，始皇陛下为重立国号召集群臣议事。他说：“自盘古开天辟地以来，谁的功绩最大？”有臣答曰：“功过是非皆载于《春秋》。”于是嬴政谓臣：“寡人乃千古一帝，就以《春秋》各一半定国号吧。”这便是“秦”字的由来。

至于秦王为什么不用“琹”字作国号，传说秦王觉得此字寓意不好：一木上栖二王，正是一山岂容二虎，二虎相争，必有一伤，国无宁日也。还有人说，嬴政在造出“秦”字后大感得意，一大臣进言：“秦字上半部分：春无日；秦字下半部分：秋无火。春无日，则万物难以生长茂盛；秋无火，则百谷难以成熟。乃不祥之兆也。”嬴政听罢，大为恼火，平生得意之笔竟被臣下如此奚落，于是他很快将那人处死。至此，谁也不敢再提国号的意见了。

还有人联系后来的“焚书坑儒”事件大做文章。认为“火”便是“焚书”，“日”便是“坑儒”。“火”作“焚书”很好理解，那为什么“日”便是“坑儒”呢？原来“日”在甲骨文或篆文中是一个圆圈内有一点，圆圈表示日轮，中间的一点表示阳光。秦始皇所挖的活埋坑亦为圆形，一个个被扔进去的儒生便是那“日”中的一横了。

但以上都只是传说，经不起考证。实际上“秦”字早在秦以前就有了。“秦”字最早出现在甲骨文中，是从事农业生产的秦人所创造出来的图腾字，即“秦象抱杵舂禾之形”。具体说来，是加工稻谷之义。并且，从西周封国开始，直到秦朝灭亡，秦人的国号从来没有更改过，根本没有所谓的“重建国号”之事，当然更没有秦始皇造“秦”字的荒诞之说。

“壹、贰、叁”等大写的数目字，本义就是指数字吗？

大家知道，银行记账或签发票据都要使用大写数目字，如“壹、贰、肆、捌”等。目的是为了防止人们篡改票据。但“壹、贰、叁”等大写数目字最初并不是用来表示数字的，这中间经历了漫长的历史演变。

“壹”本是会意字，最初通作“一”，表示专一的意思。到了春秋时，“壹”才被作为数字使用，如《管子》中就有“六月而且壹见”。的句子。“叁”是“参”的俗体字，意思是参加、拜访，何时被作为数目字现已无从考证。“伍”也是会意字，指旧时军队的编制，五人为一伍。“陆”是指高出水面的陆地。“柒”是“漆”的俗体字，本义是一种木名。

“贰、肆、捌、玖、拾”本义也和数目无关。“贰”指副职；“肆”是放肆的意思，如成语“肆无忌惮”；“捌”是指一种无齿的耙，农具；“玖”是指黑色的美玉；“拾”与现代汉语意义区别不大，是拾起、捡起的意思，如“路不拾遗，夜不闭户”。它们被作为大写数目字是在武则天时期。相传当时国库管理混乱，出现了很多贪赃枉法的官吏。武则天为了澄清吏治，防止他们随意涂改单据，就下令统一汉字大写数目字。于是 10 个小写数字的大写形式就被固定了下来。

武则天对于规范汉字大写数目字有重大贡献，但大写数目字被广泛作为记账方式是在明代。史载朱元璋时期，户部侍郎郭桓勾结其他中央、地方官员，大肆贪污国库钱粮，被查处后朱元璋先后颁布了多条惩治经济犯罪的禁令，其中就包括将记载钱粮的小写数字改成大写数目字。此后一直沿用至今。

“我”字最早的含义是什么？

“我”是第一人称的代词，指自己。无论书面语还是口语，都是使用频度最高的几个字之一。你是否知道，“我”最早指的是一种杀人的凶器呢？

“我”是会意字，从戈；甲骨文中的“我”字形如兵器。戈是古代常见的一种兵器。戈者，柲也，长六尺六寸，其刃横出，可勾可击，与矛专刺、殳专击者不同，亦与戟之兼刺与勾者异。戈盛行于商至战国时期，秦以后逐渐消失。其突出部分名援，援上下皆刃，用以横击和钩杀，钩割或啄刺敌人，因此，古代叫作勾兵或称啄兵。后来从“戈”中引申出“杀”的含义，因此《说文》中又云：“我，古杀字。”

“戈”还可代指战争，如干戈，“偃武息戈，卑辞事汉”。可见“我”从单纯指兵器，再到“杀”“战争”等义是经过一定的历史演变的。但何时开始指称自己的呢？“戈”在古代是一种很有代表性的武器，能够激发大家的斗志。戈兵属于国家的正规军，《礼记·檀弓下》有大丈夫当“持干戈以卫社稷”，因此武士常持戈以自恃。战争中持戈的军队称“戈方”，与其他兵种相区别，“戈”便有了“我们”的意思。

西周时期，“我”开始代指自我，正式成为第一人称代词。但古代使用最多的还是

“余”“吾”，第二人称也用“汝”“尔”，而不是“你”。“我”、你”这些现代交际经常使用的代词是伴随着元杂剧、明清小说以及近代白话文运动而逐步确立其地位的。

意见不同叫“相左”，而不叫“相右”，这是为什么？

我们每个人都有两只手，两只手协作，人类就可以做很多事情。比如一只手按住纸，另一只手写字；一只手握住零件，另一只手拧动螺丝。可以说，左手和右手是不分家的，离开任何一只都会给我们的学习和生活带来极大的不便。

左右手的关系是如此密切，我们也常使用它们的引申义。比如意见不同叫相左，那为什么不叫相右呢？

据有关学者考证，左右手虽然功能大致相同，但灵活性却有区别。一般而言，我们习惯于用右手，右手的灵活性要远远超过左手。比如我们可以用右手写字、绘画、雕刻、刺绣，用左手就往往难以完成。所以在古人看来，右手具有“灵巧、帮助”的含义，而“左手”由于不具备“右手”的灵活性，往往给人笨拙、违逆的感觉。由此引申到人们的观点不同上，就产生了意见相左的说法。

如果有相右的说法，那也应该是表达意见的相同。当然，语言文字的发展过程有其自身特点，为什么没有产生相右的说法可能与我们已经有了大量表达意见一致的词汇有关。“意见相左”这个词语之所以产生，可能是为了委婉地表达不同意见。比如你与某人意见不合，在表达时使用“我与他意见相左”，而不用“相反、相悖”这类感情色彩浓烈的词语，可以有效降低对立和冲突，还可以一定程度上显示出你容人的雅量。

知识链接

左右与尊卑

古时君主是面南而坐，堂下臣子是面北而立。文官武将由尊至卑，依次排开。官衔高的列于东面，则尊右，反之则尊左。中国各代礼仪不同，因而左右和尊卑的关系也不一样。

《逸周书·武顺》：“天道尚左，日月西移。”《左传·桓公八年》：“楚人上左。”《史记·陈丞相世家》：“乃以绛侯勃为右丞相，位次每。平徙为左丞相，位次第二。”《汉书·周昌传》，“左迁”颜师古注：“是时尊右而卑左，故谓贬秩位为左迁。”宋戴埴《鼠璞》：“汉以右为尊。谓贬秩为左迁，仕诸侯为左官，居高位为右职。”

总结起来，夏、商、周、晋、南北朝、五代十国时期是文官尊左，武将尊右；秦、唐、宋、明时期以左为尊；汉、元、清以右为尊。

打败仗为什么叫“败北”，而不叫“败东”或“败西”呢？

“败北”就是打败仗，也引申为做事不成功，竞争或竞选失败。那么，“败北”一词究竟何义，是战败后往北逃跑吗？

“北”在古代汉语中的本义为“背”或“相背”。古时两军交战，若一方败退则以“背”对胜利的一方。所以“北”就有了失败的义项。《孙子·军事》：“佯北勿从。”这个“北”，也是“败”或“败逃”，意为“敌人假装败逃，不要盲目追赶”。贾谊《过秦论》“追亡逐北”，意为“追杀败逃的敌军”。

在中国古代汉语中存在大量和方位有关的词汇，很多均来自《周易》的卦爻辞，还有一部分来自于人们对社会生活的观察和体验。仔细考察这些词源，对我们加深对传统文化的理解有极大的帮助。拿“败北”这个词语来讲，如果我们不知道“北”的古义是“背”或“相背”，就很难理解为什么不可以把“败北”改成“败东”或“败西”，还可能以为“败北”就是向北方逃跑的意思。

古人把家里有女叫作“安”，这是为什么呢？

“安”字上面宝盖头，本义为空间，后指“家”。所以“安”为“家中有女”，那么古人为何又如此造字呢，这又反映了古人什么样的观念呢？

“安”的意思是安静、安宁、祥和。为何“家中有女”方为“安”呢？原来在古代，女人一个人在外是非常危险的。因为古代多是部落杂居，部落间经常发生械斗和暴力冲突，女子很容易成为掳掠的对象。在畜牧农耕发明后，女子一般不再出外采集，转而采桑养蚕，织布断锦，在家足不出户，负责相夫教子。这样就减少了抛头露面的机会，避免了很多外界来的伤害，即“女居家则安”。

《诗经·桃夭》中更是描绘了一个如桃花般美丽的女子出嫁时的情景，其中“之子于归，宜其室家”则反映了古人家无“女”不成的观念。在儒家伦理看来，也是先修身、齐家，然后才是治国、平天下。而成家始于“婚”，婚姻的本质是家中有“女”，如果没有女主人，就不是一个完整的家庭，因此家中有女方为“安”。

“安”经常与“宁”连在一起用，家中有丁方为宁，男女俱全，于是享福得安宁。这其实是古代农耕社会的真实写照。古代家庭产生后，男耕女织，缺一不可。男主外，女主内，有男在家，可以决定家中大小事宜，方得宁静；有女在家，负责一家人的饮食起居、照顾孩子，方得安适。而一个缺少女子的家庭，无论如何都是很悲哀的，难得“安”。一个家庭男女角色不可或缺，因此“安宁”二字也就很少分开，成了生活的常见词。

“缄”字本义是什么，人们为什么要在书信落款处写上“××缄”呢？

写信的朋友在寄信人地址栏内经常能看到“××缄”的字样。“缄”的本义是什么，我们常说的“缄口不语”、保持“缄默”和这里的“××缄”有联系吗？

缄，《尔雅》释义为“索也”。本义是指捆箱子用的绳子，如东汉许慎编撰的《说文解字》注解为：“缄，束箧也。”《汉书·外戚传》中“使客子解箧缄未已”中的“解箧缄”就是解开捆箱子的绳子。

“××缄”最初的含义就是“××捆信”。古代在发明纸信封之前，使用过相当长时间的“双鲤鱼”和简牍信封。汉以前，主要用“双鲤鱼”信封。这种信封由两块鲤鱼形木板制成，中间夹着信纸，外面又有绳索捆束。如“呼儿烹鲤鱼”，即解绳开函，“中有尺素书”即开函看到用素帛写的书信。汉代信封以简牍（竹或木片）做成，用绳索捆绑后，在绳结处加上封泥。

汉以后，纸张开始普及，纸质信封出现。寄信人“××缄”的习惯仍然保留。直到今天，我们写信还经常用上“××缄”的字样，意思是“××封信”。“缄口不语”的“缄”字含义也来自这里，意思是保持沉默，不说话。

“天字第一号”的说法来自何处，做何解释？

中国古代有“三、百、千”的说法。“三”是指《三字经》，“百”指《百家姓》，“千”就是这里的《千字文》。虽然数字排在“三”“百”之后，但在这三部经典中，《千字文》却是成书最早的。相传为南朝梁武帝时散骑侍郎、给事中周行嗣所作。

据说梁武帝萧衍为教诸王书法，叫殷铁石从王羲之作品中拓出1000个不同的字，每个字一张纸。然后交给周行嗣命其编缀成有内容的韵文。周行嗣用了一夜将其编完，累得须发皆白。不过好歹交了差，还得到了不少赏赐。

《千字文》共1000字，以“天地玄黄，宇宙洪荒”句作为开头。“天字第一号”的“天”字就来自这里，意为《千字文》的第一个字。“天字第一号”意为第一或第一类中最好的，喻指最高、最大或最强的。

现在我们也经常使用“天字第一号”的说法。比如“天字一号商标”“天字一号店”“天字一号药铺”等。总之，我们的文化和社会习惯深受传统的影响。

知识链接

《千字文》

《千字文》相传为梁朝武帝时散骑侍郎、

给事中周行嗣所作。全文250句，每句4字，共1000字，故称“千字文”。

《千字文》通篇用韵，朗朗上口，用韵数目是7个。其行文流畅，气势磅礴，辞藻华丽，内容丰富。但由于时代久远，内容已不易于理解。下面依据清朝汪啸尹、孙谦益的说法，对《千字文》的内容作大致介绍。

汪啸尹纂辑、孙谦益注的《千字文释义》将其分为四个部分，他们称为四章。从第一句“天地玄黄”开始，至第36句“赖及万方”为第一部分，主要讲述从开天辟地开始，天地万物的演化以及人和时代的变迁。从第37句“盖此身发”开始，至第102句“好爵自縻”为第二部分，教导人们正确的为人处世原则和修身立命之法。自第103句“都邑华夏”起，至第162句“严岫杳冥”为第三部分，讲述与统治有关的问题。自第163句“治本于农”起，至第248句“愚蒙等诮”为第四部分，讲述恬淡闲适的田园生活，称美那些不为名利羁绊的人们。最后两句“谓语助者，焉哉乎也”，没有特别含义，作为全文的结束。

古代汉语里没有“她”字，这个字从何而来，是谁造的？

现代汉语中，我们经常使用第三人称代词“她”来指称女性。但在古汉语中是没有“她”字的，我们表达第三人称使用“之”或“他”。“他”在宋元的话本、戏曲中可以泛指第三称的一切事物，包括男人、女人以及其他无生命的东西。

“她”的产生是在新文化运动后期，其创造者是刘半农。当时普遍提倡白话文，大量引进了西方现代文化。但在翻译欧美文学作品时，汉语第三人称不能区分性别，造成了很大的混淆和不方便。

鲁迅先生曾尝试过使用“伊”来代指女性，但“伊”来自古汉语和南方方言（本义并非专指女性）。使用起来一不切实际，二不方便，很难推广。刘半农在其1917年翻译的英国戏剧《琴魂》中，试用了自己创造的新字“她”，引来保守势力的攻击和反对，舆论争论十分激烈。随后，刘半农撰写学术论文《“她”字问题》，并将文章寄回上海发表。他的新诗《教我如何不想她》更是脍炙人口，表达了一个海外游子对祖国母亲“她”的思念。

刘半农创造了“她”字，结束了汉语中第三人称男女表达混乱的现象，丰富发展了汉语言文字。鲁迅先生曾高度评价说，“她”字的创造是“打了一次大仗”。

“时髦”一词是今人所造，还是古已有之？这里的“髦”应做何解释？

“赶时髦”现在是个很流行的词语，意即追求某种流行趋势和时尚元素。据说这个词和“粉丝”（fans）、“咖啡”（coffee）一样是个外来词汇，是英文“smart”的缩写。“smart”的本义为“精致，聪明”，音译过来就是“时髦”的意思，但真是如此吗？

其实“时髦”在中国产生得非常早。“髦”是个会意字，从髟，从毛。髟，长发下垂的样子。本义为毛发中的长毫。据《说文解字》中解释：“髦，发也。”《山海经·南山经》：“如狸而有髦。”唐代玄应《一切经音义》：“髦，发中毫者也。”可见“髦”既可以指动物皮毛，也可指人的头发。《礼记·曲礼》中“乘髦马”意为骑一种浑身长毛的马。“髦”还通“牦”，中国西部青藏高原上的“牦牛”最初可能为“髦牛”，如《史记·西南夷列传》：“取其髦牛，以此巴蜀殷富。”“髦”还可以指幼儿垂在前额的短发，如《诗经·鄘风·柏舟》注：“髦者，发至眉。子事父母之饰。”

“髦”不知何时产生“俊杰”之义。中国古代有“凤毛”之说，比喻不可多得的人才，关羽被称作“美髯公”，可见胡须和头发在古代是审美的一种要素。“髦”既为长发，由是有“美”意，进而比喻才俊或杰出之士。这种表达出现得很早，《诗经》中就有记载。另如《尔雅》：“髦，俊也。”《诗·大雅·思齐》：“誉髦斯士”。《诗·小雅·甫田》：“烝我髦士。”《仪礼·士冠礼》：“髦士攸宜。”

可见“髦”在古代就有时尚和审美的要素在里面。现在说的“时髦”是指一种非理智的与过于流行的行为模式流传现象。它的发起者多为社会名流，主要表达一种自我的宣扬和个性，模仿和暗示性强烈。

“豕”字的本义是“猪”，为什么宝盖头下有头“猪”才叫“家”？

“家”是一个非常温馨的字眼，很多人一生漂泊在外，但到了最后都还是要叶落归根，回到故土。“家乡”“家国”这些词语曾经牵动着多少游子和古今仁人志士的心。据《周礼·小司徒》注：“有夫有妇，然后为家。”可见“家”至少由夫妇二人构成。我们常说的“成家”其实就是指结婚，一男一女相互结合的过程。

“家”从偏旁和部首角度分析，为宝盖头下有头猪。那为什么“宝盖头下有头猪”就是家了呢？宝盖头，最初的含义就是指一定的空间。比如“宇宙”一词，“宇”表示四面八方的空间，“宙”表示古往今来的时间，二者都是宝盖头，前者表示空间“于”此，后者表示“空间”的来由。后来原始居民发明了房子后，宝盖头就常用指屋顶或者房屋。“宝盖头下有只猪”的含义就是房子里养了一头猪。

远古时代，人们茹毛饮血，后来才懂得了养殖动物。最初被圈养的动物就包括“猪”。“家”一词可能来自那个时代。人们把猪养在屋里，有了一定的生活来源，就成为一个“家”了。在那个时代，人们没有别的收入，猪就是财富的象征。也就是说，仅仅结婚是不够的，夫妻还有一定的财富和收入来源，这才是一个和美幸福之“家”。

如《尚书·皋陶谟》：“夙夜浚明有家。”《诗经·桃夭》注：“室为夫妇所居，家谓一门之内。”这里很好地区别了我们现在常连在一起使用的“家室”，“室”比“家”的概念外延小，仅指夫妻所居之处。现代问人有没有“家室”，本义是“你家里有没有室”意为夫妻起居之所，其实是委婉地问人有没有妻子。

屋内中有“猪”方为“家”，家中有妻方为“成家”，家中有“子女”方为“安宁”。从这里我们可以看出古人造字的巧妙和其背后蕴藏的文化观念。中国历来重视家庭伦理，士大夫的职责也是先“修身”“齐家”，然后才能“治国”“平天下”。

知识链接

人类最早驯养的动物

人类是由古猿进化来的。最初依靠渔猎和采集为生。后来人们懂得了驯养动物的方法来提供食物需求和帮助劳作，这是中国最早的畜牧业。最早被驯养的动物据说是“六畜”：牛、马、猪、羊、鸡、狗。

在中国古代，牛的作用主要是满足农耕的需要，与西方大量采用马耕的方式不同。马主要用来运输货物和作为战争的工具，养马在历代都颇受统治阶级的重视。猪和羊除了提供肉食外，主要作用还在于积肥。在化肥产生前，传统有机肥料对于农耕的发展具有重大作用。鸡除了提供肉和蛋外，主要作用是司晨，因为农耕社会一般都是“日出而作，日没而息”。狗最初的作用是帮助狩猎，后来驯养家畜出现后，作用变为“看家”。这些驯养家畜的出现，对于早期人类的发展无疑具有重大意义。

为什么把礼让别人称为“退避三舍”，“三舍”到底有多远？

“退避三舍”现多指退让和回避，缓和冲突。舍是古代行军路程的单位，“一舍”为30里，“三舍”就是90里。字面上的意思就是向后退让90里地，以表示尊敬和谦让。语出自《左传·僖公二十三年》：“及楚，楚之飨之，曰：‘公子若反晋国，则何以报不谷？’对曰：‘子女玉帛则君有之，羽毛齿革则君地生焉。其波及晋国者，君之余也，其何以报君？’曰：‘虽然，何以报我？’对曰：‘若以君之灵，得反晋国，晋、楚治兵，遇于中原，其辟君三舍。若不获命，其左执鞭弭、右属櫜鞬，以与君周旋。'”

这个典故与春秋五霸之一的晋文公有关。晋文公就是公子重耳。春秋时候，晋献公听信谗言，杀了太子申生，又派人捉拿申生的异母兄长重耳。重耳闻讯，逃出晋国，在外流亡19年。这段对话发生在重耳流亡楚国期间。据说重耳到了楚国，楚王热情接待了他，并对他说：“公子你如果回到晋国，会如何报答我呢?”重耳说：“美女和丝帛这些东西你都有，羽毛和齿革楚国也都盛产，晋国有的楚国都有，你叫我如何报答你呢?”楚王就说：“话虽如此，总要报答我一下吧!”重耳说：“如果托你的福，我能返回晋国。如果将来有一天，晋和楚发生战争，我当向后退让90里地，以示尊敬。如果还是不能得到你的原谅，我就左手拿鞭子和弓箭，右手带着盛着弓箭的袋子，来与你交战。”

后来重耳果然回到晋国，并当上国君。他励精图治，晋国很快强盛起来。公元前632年，楚国和晋国的军队交战。晋文公为了实现他许下的诺言，下令军队后退90里，驻扎在城濮。楚军见晋军后退，以为对方害怕了，马上追击。晋军利用楚军骄傲轻敌的弱点，集中兵力，大破楚军，取得了城濮之战的胜利。

现在多用“退避三舍”来表达暂时回避和缓和矛盾，不与人正面交锋或起冲突。

我们把购物叫买“东西”，为什么不叫买“南北”呢?

“东西”是物品的代称。我们上街购物叫买“东西”。既然方位名词“东西”可以指代所购之物，那么“南北”为什么不可以呢?

一说认为，购物称“买东西”源于中国古老的《周易》理论。阴阳五行学说认为，东方甲乙木，西方庚辛金，南方丙丁火，北方壬癸水。东西为金木，具有有形实体和价值；南北为水火，为虚。中国古代购买物品所用之器皿多为“竹木”编制而成，遇水则漏，遇火则焚。因此，上街购物称买“东西”，而不称买“南北”。

另一说认为，“买东西”一词来自中国唐代集市贸易的“东西二市”。唐朝是中国封建社会的顶峰。都城长安既是全国的政治、经济、文化中心，又是一座国际化的大都市，由宫城、皇城、郭城三部分构成。其中手工业、商业主要集中在城市的东西两面。由于购物往往需要既跑东市，又看西市，这样东来西去，来回折返，久而久之，“买东西”就成了购物的代名词了。

这两种说法均有一定的合理性。首先，中国传统五行学说一定程度上影响了城市布局。南北多为通渠，“天子坐北而朝南”；东西为实体，故城市商圈多分布于东西方向。在此基础上形成“东西”二市，于是“买东西”也就成了购物的代名词。

“铜臭”是指铜锈而发臭吗，这个词是什么意思，怎么来的?

“铜臭”意为铜钱的臭（气）味，用来讽刺唯利是图的人。1985年公布的《普通话异读词审音表》把“臭”注音为“xiù”，但我们通常读“chòu”。这个词语出自《后汉书·崔骃列传第四十二》：“久之不自安，从容问其子钧曰：‘吾居三公，于议者何如?’钧曰：‘大人少有英称，历位卿守，论者不谓不当为三公；而今登其位，天下失望。’烈曰：‘何为然也?’钧曰：‘论者嫌其铜臭。’”

东汉桓帝、灵帝时，纲纪败坏，官职可以公开买卖。崔烈已为朝廷重臣，但他仍不满足于现状，而在卖官鬻爵的腐败中以500万钱买得“司徒”一职，从而得享“三公”之尊。有一日，他问儿子崔钧：“吾居三公，于议者何如?”崔钧如实回答：“论者嫌其铜臭。”后来人们便以“铜臭”一词来讥讽俗陋无知而多财暴富之人。

关于“铜臭”的解释，《现代汉语词典》解释为铜钱的臭气。“臭”若读“xiù”则作“气味”解，如《诗经·文王》“无声无臭”，《孟子》中有“口之于味也，目之于色也，耳之于声也，鼻之于臭也，四肢之于安佚也，性也”。

《聊斋志异·席方平》中二郎的判语：“羊某：富而不仁，狡而多诈。金光盖地，因使阎摩殿上尽是阴霾；铜臭熏天，遂教枉死城中全无日月。余腥犹能役鬼，大力直可通神。宜籍羊氏之家，以尝席生之孝。”这里的“臭”指臭气、恶气应无疑问。

当然以上只是学术上的争论，并不影响我们在现实生活中使用这个词。

人们往往把“捉刀”与“代笔”连用，它的原意是代人作文吗？

“捉刀”常与“代笔”连用。中国古代的文字最初是用刀子刻在龟甲和兽骨上的。后来发明简牍后，人们用毛笔在上面写字，如果发现错误需要更正就用刀子削去，再重新写。所以“刀”和“笔”关系密切。

“捉刀”一词来自于南朝宋人刘义庆所著《世说新语·容止》，其文字如下：“魏武将见匈奴使，自以为形陋，不足雄远国；使崔琰代，帝自捉刀立床头。既毕，令间谍问曰：

魏武帝曹操像

曹操是一位雄才大略的政治家和军事家，他统一北方，使混乱的社会经济得到恢复，对于结束东汉末年的战乱功不可没。同时，曹操在文学上也卓有建树。

‘魏王何如？’匈奴使答曰：‘魏王雅望非常；然床头捉刀人，此乃英雄也。’魏武闻之，追杀此使。”

这段话意思是说曹操在统一北方后，适逢匈奴使臣来朝见。曹操认为自己长相不够威严，难以达到震慑之目的。于是便命长相俊朗、气宇非凡的崔琰代替自己坐在床上，而自己扮成侍卫提刀立于床边。参拜结束后，魏王命间谍去问匈奴使者：“对魏王印象如何啊？”匈奴使臣答曰：“魏王俊美，丰采高雅，但是，床边捉刀的那个人气度威严，非常人可及，是为真英雄也！”曹操听后，怕使者泄漏了真相，于是便派人杀了这个使者。

这个典故中，“捉刀人”是请别人代替自己的人，与现在词义并不一致。至于后来人们用“捉刀”来比喻代替他人作文章，大概是词语流传过程中出现了转义现象。所以，我们常说的“捉刀代笔”，意为替别人撰写文章。此外，替他人代写公文和状词的人旧时被称为“刀笔吏”，也足可见“捉刀”和“代笔”的密切关联性。

知识链接

刀笔吏

刀笔吏是指中国古代撰写公文或状词的人，如讼师或幕僚。“刀笔”的由来与中国古代的书写习惯有关。古时用笔在竹简上写字，写错后用刀刮去重写。所以一般读书人及政客经常随身带着刀和笔，因刀笔并用，所以古代文职官员也被称为“刀笔吏”。

“刀笔吏”还有另外一层含义：用笔如刀，比喻能够运用文字改变案件，妙笔生花。中国古代有很多通过“刀笔”打赢了官司的事例。

人们把连带之爱称为“爱屋及乌”，为什么要及“乌”而不是其他东西？

“爱屋及乌”从字面上理解是爱人之屋连带喜欢上人家屋顶上的乌鸦，引申为由于喜欢某人或物，连带与他有关系的人或物也喜欢。乌鸦在中国古代多有不祥的意味，如最早的一部诗歌总集《诗经》中就有“瞻乌爰止，于谁之家”的句子。由喜欢一个人，进而连带有一定不祥意味的乌鸦也喜欢，足见爱之深、情之切，有过分宠爱的含义。

这个成语与“武王伐纣”有关。话说周武王在牧野击败商纣，纣王自焚于鹿台，周武王率领大军进入朝歌。面对大量商朝的旧吏和士众，武王问计于太公：“对殷商旧臣怎么处理?”太公回答：“臣闻之也：爱人者，兼其屋上之乌；不爱人者，及其胥余。何如?”意思是爱一个人，连他屋上的乌鸦也一起爱；讨厌一个人，连同他的下属也一起讨厌。

但召公并不同意姜子牙的做法，他认为有罪的固然该杀，无罪的不如留下。但武王并不赞成留下商纣面前的这帮谗臣小人。这时周公说话了：“依臣之见，不如让他们回家耕地，这样既可以显出大王的宽大，又可以避免他们再滋生事端。”武王觉得这个主意好，就按周公说的做了，果然，天下很快安定下来，商人也没有发生大的暴乱。

于是，“爱屋及乌”这个成语也便流传开来。后人多喜欢用这个典故，如唐代诗人杜甫《奉赠射洪李四丈》：“丈人屋上乌，人好乌亦好。”宋朝人周敦颐的《濂溪诗》：“怒移水中蟹，爱及屋上乌。”陈师道《简李伯益》：“时清视我门前雀，人好看君屋上乌。”

为什么把相同的东西叫“雷同”，而不是“风同”或“雨同”?

很多人喜欢看电视剧。在字幕部分经常看到：“本剧纯属虚构，如有雷同，纯属巧合。”意思是说如果存在与社会生活中事件相同的地方，那也只是巧合。这么做可以解决很多版权或侵权的问题，类似于一个公告或申明。

“雷同”一词究竟何来，为何不称“风同”或“雨同”呢?这里有个缘故：雷在古代《易经》中为震卦。震卦是万物生长或茂盛的开始。春雷过后，万物与之相和，得阳光雨露而繁盛。雷常与电相伴而生，所谓“电闪雷鸣”；雷也常与回声相联系，如雷声过后，山川、溪谷皆有回声，看起来就像是在附和“雷公”一样。

“雷同”有附和的意思，多指旧时文人没有自己观点，而附会古人的见解。如《礼记·曲礼》说：“毋剿说，毋雷同。”汉代郑玄注：“雷之发声，物无不同时应者。人之言当各由己，不当然也。”

因此“雷同”一词的来历应取“雷声过后，万物与之相应”的意象。虽万物与之相和，譬如空谷回声，终究不同于雷声，虽形似而不神似。说“雷同”，有时也包含谦虚的意思。风雨虽然也是自然现象，但终没有“雷声”发出，万物与之相应的现象。所以，我们看到的也只有“雷同”，而无“风同”或“雨同”了。这也说明，任何语言现象都存在一定的客观依据，而不是完全来自我们的主观臆造。

古人常尊称对方为“足下”，这个词的来源是什么?

“足下”一词在古代为对对方的敬称。不但用于平辈人之间，亦用于下级对上级，臣下对君主。如乐毅《报燕惠王书》：“恐伤先王之明，有害足下之义，故遁逃走赵。”意思是说，害怕损害了先王的英明形象，对您的仁义声名不利，所以逃到赵国。

关于“足下”的来历，有个令人叹惋的故事。据《异苑》载，春秋时晋献公宠爱骊姬，骊姬为助其子奚齐继承王位，逼死太子申生。申生之弟重耳为避祸出走。在流亡期间，很多跟随的人逐渐离去，只有介子推和其他几个忠心耿耿的人还一直追随。一日，重耳染上风寒，想要喝一碗肉汤，但是无钱购买。于是，介子推就割下大腿上的一块肉，煮成肉汤让重耳喝下。

重耳执掌政权后，要先前随同流亡的臣子们，说说自己的贡献，再来论功行赏。看到众人自我吹嘘、争相邀功的嘴脸，介子推一言不发，晋文公也没想起他来。失望之余，介子推带着母亲归隐山林。有人替他打抱不平，晋文公终于想起他的恩，便几次派人去请，但介子推淡泊名利，无论如何也不肯接受封赏。

晋文公只好自己去请，但介子推事先带着母亲躲入绵山内。晋文公让他的御林军上山搜索，还是没有找到。这时，有人献计说不如放火烧山，三面点火，留下一方，大火起时介子推肯定会背着母亲走出来的。晋文公采纳了这个建议。孰料大火烧了三天三夜，介子推还是没出来。火熄灭后，晋文公上山一看，介子推母子抱着一棵烧焦的大柳树，已经被烧死了。晋文公痛不欲生，趴在柳树上哭了半天。临走时，他伐了一段烧焦的柳木，到宫中做了双木屐。每当想起介子推的时候，就拿出来看看，望着它叹道："悲夫，足下!"

"足下"虽然和脚有关系，但却并非指将他人踩在脚下，而是取其睹物思人、感念友谊之意，表达对朋友的一种尊敬。

知识链接

膝下和手下

除了"足下"，中国古代还有"膝下"和"手下"这类称谓，现代汉语中也经常使用。像我们经常提到的"膝下无子""膝下承欢""男儿膝下有黄金"等皆有典故可查。

"膝下"，子女年幼时依偎于父母膝下，故膝下表示幼年。如《孝经·圣治》："故亲生之膝下。"郑玄注："膝下，谓孩幼之时也。"后用以表示对父母的爱慕；并在与父母通信时，用为敬辞。宇文护《报母书》："违离膝下，三十五年。"这是说自己离别母亲已35年了。

"手下"意指"领导下，管辖下；下属，部下"，语出《三国志·吴志·甘宁传》："权特赐米酒众肴，宁乃料赐手下百余人食。"《宋书·柳元景传》："道生率手下骁锐纵兵射之，锋刃既交，虏又奔散。"

何谓"下榻"，这个词有什么说道？有没有"上榻"一说呢？

"榻"在古代是床的一种，矮而狭长，可以自由移动或悬挂。《孔雀东南飞》中有"移我琉璃榻，出置前窗下"的说法。所谓"下榻"本义是指放下榻准备睡觉。王勃《滕王阁序》赞美洪州人才辈出，云："物华天宝，龙光射斗牛之墟；人杰地灵，徐孺下陈蕃之榻。"徐孺又名徐稚，东汉豫章南昌人，是当时的名士。徐孺家贫，但从不喜结交权贵。由于德才兼备多次被征辟，但徐稚都婉言谢绝，被当地一些人誉为"南州高士"。

"徐孺下陈蕃之榻"讲述的是陈蕃向徐孺请教的故事。据《后汉书·徐穉传》记载："蕃在郡不接宾客，唯稚来特设一榻，去则县之。"《后汉书·陈王列传》也有类似记载："郡守招莫肯至，唯陈蕃能致焉。学而不名，特设一榻，去则县之。"这里的"县"同"悬"，"下榻"的本义就是徐稚来了后，放下"榻"来供其住宿。后来就用这个典故表示虚心求教、尊重客人，"下榻"也逐渐成了客舍的雅称。

徐稚之榻平时是被悬起来的，只有睡觉时才放下来，故为"下榻"。"榻"虽然有床的含义，但不像我们说"上床"那样可以说"上榻"。床一般固定，比人身体位置略高，故为"上床"睡觉；榻则不一样，狭长而矮，还容易移动，所以只能"下"而不能"上"，再加上当年陈蕃还把它挂得很高，所以只能是"下榻"了，现在已经是约定俗成的说法。

表示马背上的古代词语"马上"，是怎么演变成表示"立刻"的现代词语的呢？

"马上"有"立刻"的意思。那么，为什么"马上"可以表达"立刻"的意思，这个词在古代还有别的意义吗？

"马上"从字面上理解，就是骑在马上。中国古代打仗的将军多骑马，在马上进行比武或弓矢对射，因此有征战武功的含义。如《史记·郦生陆贾列传》："陆生时时前说称《诗》《书》，高帝骂之曰：'乃公居马上而得之，安事《诗》《书》?'陆生曰：'居马上得之，宁可以马上治之乎?'"这段话是说陆生经常在高帝面前讲《诗经》和《尚书》这两部儒家经典，高帝不高兴，就说："都是马上得天下，没听说读书可以办到的。"陆生反应也快，随即回答道："可以马上得天下，但可以在马上治理天下吗？"这里"马上"就是"武治"的含义。明王世贞《艺苑卮言》卷八："明兴，高帝创自马上，亦复优礼儒硕。"这里是说高帝的天下都是马上打下来的，但同时也很重视儒家的治国作用。

"马上"第二个含义是指在朝为官。古时官员有骑马或坐轿上任的习惯，在"马上"意味着在职。如《中国现在记》第二回："既而一想，我亦是个男子汉大丈夫，小虽小，到底还在马上，不比他失势之人，我又何必怕他？"丛维熙《远去的白帆》："寇安老头当时还在马上，他把这对情侣饲养在龙眼葡萄棚架之下。"

至于"马上"表示"立刻"的含义就比较有争论了。有说来自古代的一员武将，当时正在烽火前线，忽然收到皇帝病危的消息，于是一直骑着马就奔京城去了。这里"马上"强调事情的紧急，来不及下马。有人说这与中国古代大思想家荀子有关，据说他有一次不小心从马上摔下来，后人就称"马上就来"表示变起于仓促之间，言时间短。不过也有人认为马在古代可以说是最快速的交通工具了，在"马上"意味着已经做好一切的准备，有可以"立刻"出发的含义。

至于准确的来历，现在已不可考，但历代习惯用法中颇多"立刻"之意，现在更为白话文常用。如元无名氏《陈州粜米》第三折："爷，有的就马上说了罢！"老舍《黑白李》："老四，也不催我，显然他说的是长久之计，不是马上要干什么。"

"目不识丁"出自何处，这个词是说连最简单的"丁"字都不认识吗？

"目不识丁"，比喻文盲或文化程度很低。典故出于《旧唐书·张弘靖传》："今天下无事，汝辈挽得两石力弓，不如识一丁字。"

唐朝的张弘靖曾长期担任幽州节度使。此人刚愎自用，手下官员更是飞扬跋扈、欺压百姓，无恶不作。他有两个亲信，一个叫韦雍，一个叫张宗厚。这两个人每晚都吃喝到深夜，还要大队士兵护送他们回府。一路上灯笼火把，鼓响锣鸣，全城鸡犬不宁。他俩还经常打骂百姓、以士兵作乐。一次酒醉后，两人无故谩骂兵士道："如今天下太平，你们这些当兵的会拉两石的弓有什么用，还不如认识一个'丁'字！"

众兵士闻听此语，无不愤慨，不满情绪开始迅速蔓延。后来，张弘靖贪污朝廷犒赏将士钱款的事情被揭露出来，于是群情激愤。怒不可遏的兵士逮捕了张弘靖，并把他关押起来。恶贯满盈的韦雍和张宗厚则成了刀下鬼。

后来，人们就用"目不识丁"来比喻人大字不识，文盲。鲁迅《且介亭杂文·门外文谈》中说："但即使目不识丁的文盲，由我看来，其实也并不如读书人所推想的那么愚蠢。"巴金《家》中说："如我试问，如果你母亲要把你嫁给一个目不识丁的俗商，或者一个中年官僚，或者一个纨弟，你难道也不反抗？"

话语是不能吃的，"食言"这个词是怎样造出来的呢？

"食言"从字面上理解就是吃了话语。显然话语是不能吃的，那为什么我们经常用"食言"这个词语呢？与之类似的表达还有"吞进肚子里的话吐出来"。话真能吞吗，又怎么吐出来？

其实这些都是形象的表达。"食言"表示不遵守自己的承诺，不讲信用，自己说了的话经常不算，故谓"食言"，与"吞""吐"话语的表达相仿。它来自于"食言而肥"这个典故，与春秋时一个叫孟武伯的大臣有关。

《左传·哀公二十五年》中有这样一段话："公宴于五梧。武伯为祝，恶郭重，曰：'何肥也？'季孙曰：'请饮彘也！以鲁国之密迩仇雠，臣是以不获从君，克免于大行，又谓重也肥。'公曰：'是食言多矣，能无肥乎？'"鲁哀公出访越国回来，季康子和孟武伯到五梧这个地方迎接。君臣在一起宴饮，孟武伯很讨厌受哀公宠爱的郭重，就借敬酒的机会说："你怎么这么肥啊？"季康子名肥，听了这话很不高兴，就说："要罚这头猪（指孟武伯）喝酒！鲁国紧挨着仇人，臣下因此不能跟随君王，才避免远行。郭重跟着君王奔波辛苦，孟武伯却说长得肥胖。"哀公就势指桑骂槐，说："这个人吃自己的话多了，能不肥胖吗？"

这是君臣交恶的一个典型例子。孟武伯这个人向来言而无信，经常说话不算话，鲁哀公很讨厌他。所以借此机会，对他大加讽刺，搞得孟武伯面红耳赤。当然，鲁哀公也因此得罪了孟武伯，孟武伯后来给哀公制造了不少麻烦。

后来就用这个词语表示人不守信用，只图自己占便宜。如明代高明《琵琶记·南浦嘱别》："孩儿，既蒙张太公金诺，必不食言；你可放心早去。"

什么是"逐鹿中原"，为何把争夺政权叫"逐鹿"？

"逐鹿中原"常用来比喻争夺天下。鹿，指狩猎的对象；中原，中国黄河中下游一带，中华文明的发祥地，可泛指中国。在中原大地展开狩猎，争夺猎物，引申为群雄并起，争夺天下。语出自《史记·淮阴侯列传》："秦失其鹿，天下共逐之。"

楚汉之争时期，韩信为刘邦立下赫赫战功，被封为齐王。这时，齐国有个叫蒯通的辩士，认为天下的胜负将取决于韩信，于是假托看相之名，前去游说韩信。他向韩信分析了得失利弊，劝韩信和楚、汉三分天下，可是韩信却执意不肯。

西汉建立后，刘邦担心韩信谋反，就夺去他的兵权，将其软禁起来。吕后在丞相萧何的策划下，把韩信骗进未央宫给杀了。韩信临刑前悲愤地说："我悔不用蒯通之计，以致今日死于妇人之手！"刘邦听后，立即下令捉拿蒯通。没想到蒯通理直气壮地对刘邦说："当初秦朝法度败坏，政权瓦解之时，山东六国大乱，一时诸侯并起。这种情形犹如秦朝失去了它的鹿，天下人都来追逐，结果是本领高强、行动迅速的人先得到这只鹿。我那时候只知道韩信，并不了解陛下，况且想夺取天下的人很多，只是力量不足罢了。难道你想把他们都杀光吗？"刘邦听后，无言以对，就放了蒯通。

那为什么把秦朝的统治土崩瓦解喻为"秦失其鹿"，而不是其他什么动物呢？

这可能与当时的狩猎活动有关。中国古代王公贵族打猎，鹿是最常见的捕杀对象，象征着一定的利益得失。后用来代表政权或国家，逐鹿也就成了争夺天下。

知识链接

鹿死谁手

"鹿死谁手"原意为不知政权会落到谁的手里，这里的"鹿"比喻政权。现在这句话也指竞争或比赛不知道谁会最终取得胜利。

出自《晋书·石勒载记下》："朕若逢高皇，当北面而事之，与韩、彭鞭而争先耳；若遇光武，当并驱于中原，未知鹿死谁手。"东晋时代，十六国中后赵的开国皇帝名叫石勒。他有一次接见高句丽的使臣，问臣子徐光道："我比得上自古以来的哪个皇帝？"徐光道说："恐怕是轩辕黄帝第二。"石勒就笑着说："我如果碰到刘邦，只能做他的部下，和韩信、彭越争个高低。假如碰到刘秀，就说不定谁能夺得天下了。"

为什么把榜样人物称为"楷模"呢？

"楷模"就是榜样。我们一般把人的模范行为、榜样作用、为人师表的风范称为"楷模"。这个词由来已久，如《后汉书·卢植传》："故北中郎将卢植，名著海内，学为儒宗，士之楷模，国之桢干。"

卢植，字子干，东汉涿郡涿县（今河北省涿州市）人。声如洪钟、性刚毅有大节，常怀济世志，少与郑玄师从马融，通古今学，为当时大儒，著有《尚书章句》《三礼解诂》。《后汉书》上那段话是曹操赞美卢植的，说他为儒学大家，士人的楷模，国家的栋梁。

“楷模”一词虽与卢植有一定关联，但最初却是指的两种树。楷树，俗名黄莲树，是制作家具的好材料，又易于雕刻，不腐不折且木纹清晰可见。相传，在孔子墓前，生长着一株楷树，为子贡所植。此树树干挺拔，枝繁叶茂，长势端庄，巍然兀立，正气浩然，为诸树之榜样。但后来被雷电击毁，今仅存“楷碑”和“楷亭”。模树，其叶随时令而变，春天青翠碧绿，夏时赤红似血，秋日洁白如玉，冬则乌黑如墨。因其各季色泽纯正，“不染尘俗”，便为诸树榜样。相传，在周公墓旁，生长着一棵这样的树木。据明朝叶盛《水东日记》载：“吴正道，东隅人，明六书，许慎《说文解字》不足者补之，临川吴文正公澄问曰：‘楷模二字假借乎?’曰：‘取义也。’曰：‘何以取木为义?’曰：‘昔模木生周公冢上，其叶春青夏赤秋白冬黑，以色得其正也。’”这里的模树颇为神奇，颜色可随季节而变，而不像其他树木春绿秋枯，有“不落世俗”之义。

周公和孔子都是后世儒家推崇的圣人。于是，人们便用生长在他们墓旁的树木来比喻他们正直高尚的人格。因此，才有了“楷模”的说法。因为这两种树是其他树的榜样，后来借物喻人，“楷模”就成了我们生活中那些值得尊敬的人或事了。

知识链接

模范

模范现多指值得仿效的人物或事迹，但在古代“模”和“范”均是铸造青铜器的主要工具。今天我们看到的后母戊鼎高大精美，反映出青铜器铸造的很高水平，但铸造过程却极为复杂，需要大量的“模”和“范”才能完成。

制造一件青铜器，包括塑模、翻范、烘烤、浇铸等若干工序。“模”是用泥制成的实心模具，“范”在“模”上贴泥，经翻制而成。一件复杂的青铜器往往需要很多块“范”，否则难以起“范”使其从“模”上脱落。山西侯马出土的大型编钟铸范共有90多块，非常精巧，这说明当时青铜铸造工艺达到了纯熟的水平。由于“模”和“范”都反映了“规制、标准”的含义，后来被引申为人际交往的礼节和为人处事的原则。人的行为或事迹符合标准，便是“模范”的一种表现。

“规矩”是什么，为什么行事要守“规矩”?

我们常说“没有规矩，不成方圆”，意思是没有一定的规则和法度，就很难办成事情，告诉人们要遵守一定的社会秩序和法度，才能保证人类生活和生产活动的顺利进行。在法律中，经常使用“规矩”这个词汇，即强调法律规定的是社会道德的底线和一般规则，任何人都不能触犯它。

“规矩”现在是一个词，以前是分开的，指木匠用的两种工具。规，就是圆规，用来画圆；距，又叫曲尺或直尺，呈直角，是木匠打制方形门窗桌凳等必备的工具。没有了“规”和“矩”这两样工具，自然画不了方圆，木工师傅也就难以完成家具的制作了。

当然，“规矩”一词的含义远不是木匠工具那么简单。近年，新疆维吾尔自治区吐鲁番出土了一张《伏羲女娲图》。这幅绘于汉代的图画中，伏羲为男身，女娲为女身，两人侧身相对，各举一手。伏羲举手执矩，女娲举手执规，另一手则抱住对方的腰，下半身作蛇形交绕。他们高举着规和矩，意味着作为中华人文始祖，最大的贡献就是为后人确定了行为准则，并初步对人类社会的秩序做出了规范。规和矩，标志着人类社会建立了不同于动物世界的活动法则。

故而，“规矩”就是指规则和法度。“守规矩”就是告诉人们不要乱来，要受道德和法律的约束。但后来词义有所变化，如“循规蹈矩”“规行矩步”等都是表示拘泥于旧的原则或规则，没有创新，含有一定的贬义。

为什么把焦灼的心情称为“五内俱焚”，“五内”是指什么呢?

“五内俱焚”常用来比喻异常焦急的心

情。“五内”指的是五脏。中国传统中医理论认为人有“五脏六腑”，其中“五脏”指心、肝、脾、肺、肾，“六腑”指胆、胃、小肠、大肠、膀胱、三焦。五脏主要是贮藏精气，六腑主要是消化食物，吸其精华，弃其糟粕。

“五内俱焚”是指五脏都像着了火一样，比喻异常焦急的情势。这句话出自东汉末年蔡文姬所著的《悲愤诗》：“见此崩五内，恍惚生狂痴。”意思是见到这种情景，五脏仿佛都崩碎了，恍恍惚惚生出很多妄念来。

蔡文姬，东汉末年著名才女和文学家。其父蔡邕是曹操的挚友和老师，是当时有名的文学家和书法家，还精于天文数理、妙解音律。在父亲的影响下，蔡文姬既博学能文，又善诗赋，兼长辩才与音律。可惜当时社会动荡，蔡文姬被掳到匈奴，并嫁与左贤王为妻，饱尝了异乡生活的悲苦。曹操统一北方后，感念恩师对自己的教诲，用重金将蔡文姬赎回。

蔡文姬的人生是不幸的，但她的文章却得以流传。如《胡笳十八拍》和《悲愤诗》。《悲愤诗》是中国第一首自传体五言长篇叙事诗。这首诗的第一部分主要表达董卓作乱，百姓流离失所，自己被掳和想念亲人的情感。其中的“见此崩五内”之句，被后人提炼为成语“五内俱焚”。

至于如何由“崩”而“焚”，可能与传统中医有关系。我们常说“上火”“肝火过旺”都是表达一种内热的症候，与人心情焦躁不安非常相似，而五内俱“崩”似乎有点夸张了。

人们用“掷地有声”来形容文词铿锵，难道文字扔在地上还能发出声音?

“掷地有声”这个词语是形容文章写得优美、铿锵有力，而不是说东西摔到地上，清脆有声。

“掷地有声”出自《镜花缘》第八十一回：“不但独出心裁，脱了旧套；并且斩钉截铁，字字雪亮，此等灯谜，可谓掷地有声了。”形容灯谜出得精巧、字字珠玑。有关这个成语的典故却不是来自这里，它与晋朝一个叫孙绰的人有关，原作“掷地金声”。

据《晋书·孙绰传》记载，孙绰少有才名，擅长写文章。他曾在浙江会稽一带住了十多年，足迹遍及浙江的山山水水。在游览天台山后，写成一篇《游天台山赋》，描写了天台山优美的自然风光。他本人自我感觉非常满意，拿给朋友范启观阅，并夸口道：“你就是把它扔在地上，也能发出钟磬那么响亮的声音来!”果然范启看后赞不绝口，非常欣赏。

原句为：“卿试掷地，当作金石声也。”金石指古代的钟磬一类的乐器。“掷地金声”比喻文章笔力遒劲、厚重稳实，具有很强的感染力。成语“掷地有声”便由此演变而来，通常用来赞美别人的文章。如果望文生义，单从字面理解，以为任何东西都可以“掷地有声”，那就大错特错了。

为什么把男女风流之事叫“绯闻”，这个词是如何产生的?

经常在电视上看到，某某明星又闹“绯闻”了，于是炒得沸沸扬扬、满城风雨。“绯”读“fēi”，一声，而不是我们通常读的三声。“绯闻”又称“桃色新闻”，指有关男女之间不正当关系的新闻。

“绯”在古代汉语中是“红色”的含义。如《说文新附》：“绯，帛赤色也。”韩愈《区弘南归》：“佩服上色紫与绯。”中国古代有“绯衣”的说法，指红色的衣服。绯也来形容桃花，如“绯桃”，意为红色的桃（花）。可见“绯闻”被称为“桃色新闻”主要因为二者在颜色上的一致性。

桃或桃花在中国古代有特殊的意义。桃花盛开于四五月间，正是草长莺飞、万物生长的好时节。各种动物开始忙着求偶，准备繁衍后代。春天的“春”在古代诗歌中本来就有情色的含义，如“春宵苦短”“卖春”。旧时妓院也多以“春×楼”命名。所以，“春”本有情色之意象，“桃花”就是这种意象的指代。如唐代诗人崔护的《题都城南庄》："人面桃花相映红……桃花依旧笑春风。"皆含有男女之事的意思。

旧时封建礼教甚严，"桃色新闻"也多用于描述男女之间的不正当关系。所谓人言可畏，也有很多因此而自杀的事例。现在随着社会的开放，人们的价值观念的改变，"绯闻"更多用来描述男女的暧昧关系。

"青出于蓝而胜于蓝"的"青色"真的是从"蓝色"中提炼出来的吗？

"青出于蓝而胜于蓝"这个成语用来比喻后代超过前代，弟子超过老师。青，靛青，一种有机染料，又称"靛蓝"。蓝，蓝草，一种野生植物。靛青是蓝草的制成品，但颜色呈深蓝，比蓝草的颜色要深。靛青印染是中国传统的染色技术，在古代社会有很广泛的应用。

这个典故和类似的表达很早就有了。原始出处应是《荀子·劝学篇》："君子曰：学不可以已。青，取之于蓝，而青于蓝；冰，水为之，而寒于水。木直中绳，以为轮，其曲中规。虽有槁暴，不复挺者，輮使之然也。故木受绳则直，金就砺则利，君子博学而日参省乎己，则知明而行无过矣。"

荀子是中国著名思想家，儒家学派的代表人物之一。他的《劝学篇》语言优美，设喻巧妙，成为后世劝人上进的经典作品。首句便是："君子曰：学不可以已。青，取之于蓝，而青于蓝；冰，水为之，而寒于水。"意思是说学习是没有止境的。青是蓝中来的，但却比蓝的颜色更深；冰由水结成，但却比水要寒冷。我们只有不断学习和经常反省自己，才能不犯糊涂、行为上没什么过错。

可见，荀子这里讲"青，取之于蓝，而青于蓝"，主要是强调学习的重要性，至于表达"后来居上"的含义可能是词义的演变。北魏文人李谧学习很用功，在文学博士孔璠门下做学生，勤奋刻苦，虚心好学，提高很快。几年后，李谧的学问超过了他的老师孔璠，孔璠反过来向李谧求教。同学们作歌："青成蓝，蓝谢青，师何常，在明经。"

这里"青成蓝，蓝谢青，师何常，在明经"，就有弟子水平超过老师的意思。孔子说："三人行必有我师焉。"认为不耻下问是敏而好学的表现。弟子不必不如师，弟子水平超过老师应该是老师感到体面和光荣的事情。谁的学识见长，谁就是老师，可以反过来请教。

"纸老虎"比喻外强中干的人，这个词语源于何处？

"纸老虎"，顾名思义，纸做的老虎，样子虽然吓人，但却是纸糊的。比喻外强中干的人，与"庞然大物"含义同。有人说"纸老虎"一词是李鸿章发明的。在其写给曾国藩孙女婿吴永的信中，有这样一段话："我办了一辈子的事，练兵也，海军也，都是纸糊的老虎，何尝能实在放手办理？不过勉强涂饰，虚有其表，不揭破犹可敷衍一时。"

但这种说法并不科学，因在明代施耐庵所著《水浒传》中就有纸老虎的踪迹了。武大捉奸，西门庆慌作一团，潘金莲不禁大怒道："见个纸虎，也吓一交！"当然，施耐庵也未必是"纸老虎"一词的发明人，他可能只是引用民间口语。具体这个说法是什么时候有的，已很难考证。

"纸老虎"一词在世界范围内传播，则来自于毛主席那句名言："一切反动派都是纸老虎。"英文译为"paper-tiger"。

什么是"下马威"，是指一下马就要威风吗？

"下马威"仅从字面意义理解就是一下马就要威风，但实际含义并非如此。它是指一上来或一开始就向对方显示威风，比如给予颜色或教训，击败对手等。

这个词语最早见于东汉班固所撰《汉书·叙传》中"畏其下车作威，吏民竦息"之句。相传，班固的伯祖父班伯因定襄时局混乱，而自请担任该地太守。定襄豪门大户担心班伯初到任时要对下属显示威风，所以有所收敛。这里的下车，并非指从车上下来的意思，而是指官员初到任。古人有用下马、下车表示官员到任的说法。“下车”和“下马”意义相近，再加上下马威读来顺口，意思简单明白，便广为流传。

下马威在古时指新官上任，借故严厉处罚下属，以显示自己威风。后来随着词义的发展和变化，也用来表达一开始或开头便给对方以颜色看，借以打击对方的气势。如清代李渔《蜃中楼·抗姻》：“取家法过来，待我赏他个下马威。”

在各种体育赛事中，我们经常听到“下马威”的说法。意思是在双方的较量过程中，一方刚上来就给对方一个很大的挫折或失败，使其信心受挫。但下马威不等于比赛的胜利，只是强调一件事情开始的阶段性成果。

最早“信口雌黄”的是谁，“雌黄”又是什么东西？

我们经常说人说话不顾事实，随口乱讲叫“信口雌黄”。与之意义相近的词有“胡说八道”“信口开河”。信口，随口；雌黄，古代的一种颜料，又名鸡冠石，黄色矿物。化学名称三硫化二砷，柠檬黄色，多呈细粒状、片状或柱块状，有珍珠光泽。古代通常用黄纸写字，写错了就用雌黄涂改。也就是说，雌黄是古代的“涂改液”。

“信口雌黄”这个成语说的是一个叫王衍的人，出自晋代孙盛《晋阳秋》：“王衍，字夷甫，能言，于意有不安者，辄更易之，时号口中雌黄。”说的是晋代有个清谈家王衍，他在担任元城县令时很少处理公务，一天到晚和人没玩完了地闲聊。他对老子和庄子的玄学很感兴趣，经常手持拂尘（道士用具）侃侃而谈，但却漏洞百出。有人提出质疑时，他就随口更改，随心所欲。人们就说他是“口中雌黄”。

至于“口中雌黄”如何转变为“信口雌黄”的，可能与“信口开河”有联系。信口，随口；更能表现“雌黄”的程度，也更生动些。由于“雌黄”常与“更改”的含义相联系，所以唐代《颜氏家训》中有“观天下书未遍，不得妄下雌黄”之论。

现在“信口雌黄”更多用来描述有意地歪曲事实、隐瞒真相，语气较重。如冯德英《迎春花》第二十一章：“如果孙俊英按事实讲也没有什么，但是她添油加醋，信口雌黄，凭空捏造，极尽诬蔑挑拨之能事。”

“座右铭”与座位有关吗，它非得放到座位右边吗？

“座右铭”指为人处世所遵守的基本原则和方法。它可以是一两句言简意赅的话，也可以是一句诗、格言或谚语。座右铭的作用是激励和约束自己。这个词语最早见于《文选·崔瑗〈座右铭〉》吕延济题注：“瑗兄璋为人所杀，瑗遂手刃其仇，亡命，蒙赦而出，作此铭以自戒，尝置座右，故曰座右铭也。”

东汉的崔瑗喜欢意气用事。他的兄长崔璋被别人杀了，崔瑗替哥哥报仇后，四处逃命。等到朝廷特赦的时候才得以重回家乡。为此，他作了一篇铭文，告诫自己行事不可鲁莽。由于放在座位的右边，所以就叫“座右铭”。

关于铭有两种含义：一是在器物、碑碣上面记述事实、称颂功德的文字。如中国古代的“金铭”“墓志铭”等。二是自警的文字，如“座右铭”。但最初的“铭”却是一种盛酒的器皿。

相传春秋时期，齐人为纪念齐桓公修了一座庙宇。里面摆放着一种装酒的器皿，叫欹器。一次，孔子和他的学生前往拜庙，说：“欹器空着的时候就倾斜着；把酒或水倒进去一半，就直立起来；欹器装满，还是会倾斜。所以过去齐桓公总是把欹器放在他座位右边，用来告诫自己不可骄傲自满。”从孔子的话里，我们可以看出最初的“座右铭”是一种“物铭”，与欹器有关。

现在的“座右铭”通常指我们最信奉的格言或警句，很多是名人名言。我们每个人都应该有自己的座右铭，以之鞭策自己不断去取得新的进步。

“雕虫小技”是一种什么技能，真的微不足道吗？

“雕虫小技”比喻微不足道的技能。虫：虫书体，古代的一种字体。这个词语最早见于《北史·李浑传》：“尝谓魏收曰：雕虫小技，我不如卿。国典朝章，卿不如我。”

“雕虫小技”从字面上理解是“雕刻虫书体这种技能”，含微不足道的意思。这个成语是从“雕虫篆刻”演化而来的。这里的“篆刻”是指在木板上刻写篆书体的字，“雕虫”与上面含义同。由于这两种技能在当时非常普通，因此引申为微不足道的技巧。

在西汉扬雄所著的《法言·吾子》中有下面一段话：“或问：‘吾子少而好赋。’曰：‘然。童子雕虫篆刻。’俄而曰：‘壮夫不为也。’或曰：‘赋可以讽乎？’曰：‘讽乎！讽则已，不已，吾恐不免于劝也。’”表达了扬雄对于当时浮夸而言之无物的“赋”这种文体的看法，认为其不过是“雕虫篆刻”的微末技巧。

有人说扬雄本来是西汉的辞赋大师，为何自己贬低起“赋”这种文体来了。这可能与扬雄入朝为官后心态的变化有关系。在《隋书·李德林传》：“雕虫小技，殆相如、子云之辈。”这句话中可以得到印证。

“雕虫篆刻”表达可能过于文言，后人就用“雕虫小技”加以替代。当时主要为了反对魏晋南北朝时期辞藻华丽，却言之无物的文风，曰“赋”为雕虫小技。现在则泛指一切微不足道、不入流的技能或技巧。

第十七章 风趣俗语·至理民谚

民间把读书叫“喝墨水”，用“喝墨水”多少来形容人的知识水平高低，这是为什么？

民间把读书叫“喝墨水”，用“喝墨水”多来形容一个人知识水平很高。其实在古代是喝的墨水越多，知识水平越低。这源于我国古代的考试制度。如《隋书·仪礼志》载：“士人应试时，凡书迹滥劣的要罚饮墨水一升。”

中国科举制度最早开始于隋朝，但在南北朝时期也存在各种类别的考试，如选拔秀才、孝廉或贤良等。由于最初对文化知识要求不高，很多没什么文化的士人也去报考。做出来的试卷经常“惨不忍睹”，字迹潦草，用词孟浪。北齐时期，一次皇帝御览下面送上来的试卷，不由得大皱眉头。于是下诏：在考试时“成绩滥劣者”要罚喝墨水。喝多少，按滥劣的程度决定。

梁武帝时规定“差谬者罚饮墨水一斗”。判断的依据主要有两个：一个是字迹工整与否，如果字迹潦草，让人难以识别，状如鬼画桃符者多半要喝墨水。二是遣词造句，如果经常词不达意，或不明事理，甚至用词轻佻，也要喝墨水。至于要喝多少，取决于文笔的低劣程度，通常水平越低，喝得越多。

这种制度本来是很荒谬的，却被南北朝和以后的几个朝代沿用。它是对读书人的一种惩戒，而不是像现在人认为的那样，肚子里墨水越多就是文化水平就越高。

虽然词义发生了变化，但“喝墨水”的说法却流传了下来。现在通常用来表示知识多，文化水平高。

请别人开恩饶恕自己时，人们一般都会请对方“高抬贵手”，为什么要这么说？

“高抬贵手”本义为把手抬高，现多用来表达请求对方的宽恕或给予一定的方便。那为什么把手抬高就能起到开恩、饶恕别人的效果，这个词语是如何产生的呢？

元代杂剧盛行。无论是城市街区，还是穷乡僻壤，经常会请一些戏班来演出。贫穷地方的百姓请不起，多半由当地乡绅出钱，请戏班子来演出，然后通过收取门票来盈利。演出的地点一般在祠堂或庙宇。每当大戏开演的时候，人山人海，里面欢呼声和锣鼓声混成一片。有钱的人家早就买好票进场了，而穷人家的孩子却被挡在门外。当地的乡绅经常会雇用本地长得五大三粗的汉子来看门。大汉往门前一站，两手伸开撑住门框两边，谁也别想进去。但一些小孩子很喜欢热闹，就在门跟前去蹭，有时候会说：“里面那么热闹，你就抬高一下胳膊让我进去吧！”大汉有时候也并非完全不通情达理，于是手轻轻往上抬下，也就让他们进去了。

后来“抬高一下胳膊”演变为“高抬贵手”，意思就是给人方便或请求对方的饶恕。

避不开仇人被人们称为“不是冤家不聚头”，这句话因何而起？

“不是冤家不聚头”语出自《京本通俗小说·西山一窟鬼》：“这个不是冤家不聚会。好教官人得知，却有一头好亲在这里。”意指仇人或不愿意相见的人偏偏相逢，无可回避。

“冤家”在古代汉语中有两层含义。开始

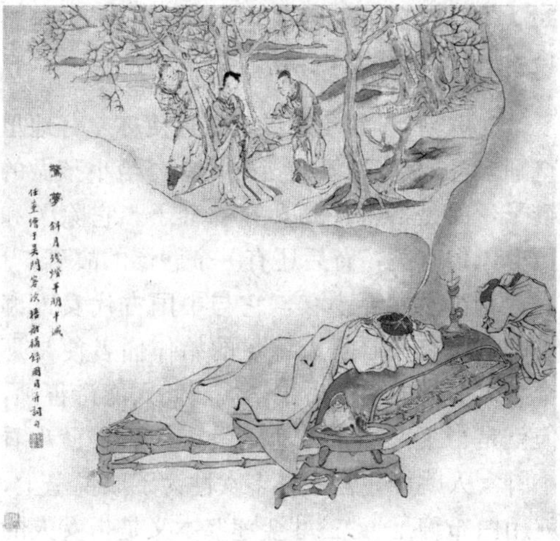

《西厢记·惊梦》插图　清　任颐

指仇人，最早出自唐代张祉的《朝野佥载》："此子与冤家同年生。"但在唐诗词、曲赋、戏曲、明清小说中，"冤家"逐步演变成了对情人的称呼，用来指"又爱又恨，欲罢不能之人"。所谓"不是冤家不聚头，冤家聚头几时休"，即指有爱慕恋情的男女。

我国古代文学作品中有大量关于"冤家"的描写。唐代无名氏《醉公子》："门外狗儿吠，知是俏郎至，划袜下香阶，冤家今夜醉。"宋代王之道《惜奴娇》："从前事不堪回顾，怎奈冤家，抵死牵肠割肚。"这里"冤家"都是指心中中意之人。《西厢记》中，张生赞莺莺的花容月貌，曰："稔色人儿，可意冤家。"

那为什么"不是冤家不聚头"呢？这与古代轮回和命定姻缘的看法有关系。轮回的观念主要来自佛教影响，认为人世存在轮回，若今世双方有仇或存在男女之爱，则在来世会再次相见（聚头），这是一种因果关系的必然。姻缘本天定，月老牵红线，无论你如何做，都会与你命中的那个他（她）相遇。所以"不是冤家不聚头"。

这当然有迷信的成分在里面，但是按照人际交往的一般规律来看，"冤家"指仇人或情人，经常接触当然会发生更多的联系，因此遇到的机会和交往的可能性更大，自然更容易聚头。

人们常用"红得发紫"来形容官运亨通，为什么是发"紫"而不是其他颜色呢？

"红得发紫"现在多用于形容在某个领域或方面境遇特别好，受到追捧或尊崇。在过去常用来形容位高权重、官运亨通之人。那为什么是"红得发紫"而不是其他颜色呢？这与我国古代的官服颜色有关。

紫色最初并不受尊崇。《太平御览》引《环济要略》曰："正色有五，谓青、赤、黄、白、黑也。间色有五，谓绀、红、缥、紫、骝黄也。"意思是青、赤、黄、白、黑是五正色，而绀、红、缥、紫、骝是五间色。当然正色为尊，间色为次。紫色甚至还被视为一种惑人的邪恶色彩。如《论语·阳货》中有句："子曰：'恶紫之夺朱也，恶郑声之乱雅乐也，恶利口之覆邦家者。'"可见，在孔子的那个时代人们还不喜欢紫色。

喜欢紫色可能是从齐桓公开始的。据《韩非子·外储说左上》中记载："齐桓公好服紫，一国尽服紫，当是时也，五素不得一紫。"说当时齐桓公特别喜欢穿紫色的衣服，结果全国效仿，五匹素绢还换不了一匹紫绢。后来，民间穿紫色的衣服被禁止，《左传》中记载："紫衣狐裘，至，坦裘，不释剑而食。大子使牵以退，数之以三罪而杀子。"西晋杜预注曰："紫衣，君服"，"三罪：紫衣、坦裘、带剑"。当时，紫色被认为是君主的服饰，老百姓穿就是一种罪过了。

汉代官服虽然仍以黑色为主，但官服上的一些小装饰已经开始以紫为贵。唐高宗时期，三品以上服紫，四品服深绯（深红），五品浅绯，六品深绿，七品浅绿，八品深青，九品则为浅青。可见紫色为三品以上大员才能穿戴的颜色，在红之上。大诗人白居易曾有诗云："有何功德纡金紫，若比同年是幸人。"这两句诗是表达自己当上刑部侍郎（正三品）的得意之情：自己有什么功德可以穿紫色的衣服呢？如果和同龄人相比，那就算幸运的了。唐代以后的宋、元、明、清各朝基本沿用唐制，只在局部略有调整。如宋朝规定四品以上服紫，五品、六品服朱。

紫色在红色之上，因此“红得发紫”其实就是指官位升迁，由四品以上逐步进入前三品大员之列，比喻官运亨通，得到皇帝的恩宠和喜爱，后来意义泛化，也表达一个人在其他领域受到追捧或欢迎。

俗话说“有眼不识泰山”，这里的“泰山”是指大名鼎鼎的东岳吗？

“有眼不识泰山”比喻由于自己知识面窄，见识短，而对真正有本领或地位、能力比自己强的人看不出来，甚至加以冒犯。这个词语究竟如何产生的，“泰山”是指大名鼎鼎的东岳泰山吗？

据说以前在泰山脚下住着一户人家。小夫妻俩结婚后倒也恩爱，生了两个孩子都夭折了。这第三个孩子怀上后，夫妻俩都很担心。这时，恰好一个算命的先生路过，说要保住这第三个孩子的命，须得向北寻得一吉祥之物。这样，孩子不但没事，还会聪明伶俐，有一番成就。

分娩当晚，孩子父亲果然出门，沿着泰山脚下一直往北走去。在泰山崎岖的山路上，夜晚的松涛声一阵阵传入耳中，却没有发现任何吉祥之物。第二天回到家里告诉妻子，没想到妻子想着说：“你不看到泰山了吗？这孩子就叫泰山，泰山可是五岳之首，连皇帝都要上山封禅祭天呢！”

于是这孩子就叫“泰山”，后来有幸拜了木匠的祖师爷鲁班为师。但这小子却不喜欢木匠活，而专好雕刻，鲁班认为他不务正业，把他赶回家了。泰山回到家乡，凭借精湛的雕刻技艺做起了根雕生意。一日，鲁班又路过泰山脚下，见许多人争相购买根雕，便想结识一下这个高人。一打听，才知道此人便是自己赶走的徒弟泰山。鲁班感慨道：“我真是有眼不识泰山啊！”

后来，这个故事流传开来。人们就用“有眼不识泰山”来比喻对比自己地位高或本领强的人出言冒犯或攻击。

对人使坏、故意整人被称为“穿小鞋”，这种说法有什么来历？

“穿小鞋”常用来形容故意使坏、背地里整别人。“小鞋”不是指现在专门给小孩做的鞋子，而是指古代妇女穿的鞋子。它除了和历史风俗有关，背后还有一个悲惨的故事。

脚小了才穿小鞋，它与中国古代女人缠足的陋习有关。女人缠足的始作俑者便是那个大名鼎鼎的南唐后主李煜。此人能诗善画，但就是当不好皇帝。他宠爱小周后，喜欢看小脚女人跳舞，宫中很多女性为了取悦皇上，就用白布缠足。“三寸金莲”本义是指女人的小脚在绘有金莲花的台上跳舞。

宋朝以后，中国男子视小脚为女人“美”的象征。于是便有了1000多年妇女缠足和裹脚习俗。这其实非常不利于女性的发育，造成脚骨的畸形。

据说北宋的时候有个叫巧玉的姑娘，她的后娘十分贪财，要把她许配给一个很丑的有钱人为妻，巧玉坚决不从。后娘怀恨在心，想找办法收拾她。恰好有媒人来为一个秀才说亲，巧玉很中意。后母就给了男方一双很小的鞋样，叫男方照做“绣花鞋”。出嫁那天，宾客盈门，但巧玉的鞋却怎么也穿不上，害得她上不了轿。羞恼之下，巧玉便上吊自尽了。

于是，人们便用“穿小鞋”来比喻暗中使坏，算计他人。

人们爱用“鸡毛蒜皮”来说事情之小，“鸡毛”和“蒜皮”怎么会扯到一块儿呢？

“鸡毛蒜皮”常用来形容那些琐碎、不重要的小事或毫无价值的东西。那为何“鸡毛”“蒜皮”就是琐屑，它们又是如何扯到一起的呢？

这里有个民间故事。相传过去有两家邻居，都是以做小买卖为生。东家卖鸡，西家卖蒜。两户人家都挺辛苦，卖鸡的很早就要起来给鸡拔毛，西家则会剥得蒜皮满地都是。本来两家相安无事，但是有风的日子就不一样了。起东风的时候，东家的鸡毛就会吹到西家院子里；而刮西风的时候，西家的蒜皮就满天飞，落满了东家的院子。于是两家矛盾不断，经常争吵。

有一次，矛盾升级了。卖蒜的抄起扁担给了卖鸡的一下，而卖鸡的忍痛抄刀，砍伤了卖蒜的。双方负伤，互不服气，便对簿公堂。县大老爷一看状纸，气都不打一处来，一见原来是为了“鸡毛”和“蒜皮”两件小事，于是判道：“这等鸡毛蒜皮的小事也来大堂诉讼，每人打十大板，回去好好反省吧！”

有人说县官的判案不公，并没有分辨是非曲直。有人则认为县官做得对，为了这么小的事根本不值得诉讼，而且双方都有错误。两种说法似乎都有道理，不过“鸡毛蒜皮”算是传开了，后人就用这个词语来表示那些琐碎、不起眼的事或价值很小的物品。

“上梁不正下梁歪”是怎么来的，为什么用这句话形容上行下效干坏事？

“上梁不正下梁歪”常用来形容上面的人行为不正，下面的人也跟着做坏事。上梁，指上级或长辈，出自晋代杨泉《物理论》：“上不正，下参差。”本为古代建筑术语，意思是上梁如果放不端正，则下梁也会歪曲。

这句话其实来自于一个民间故事。一个县官受了别人贿赂的一卷锦缎，便到裁缝店做衣服，他担心裁缝偷衣料，便在门口窥视。果然，裁缝扯下一段揣到怀里。县官出来呵斥裁缝，并惩罚裁缝。没想到给县官送礼的是裁缝的亲戚，裁缝早知此事。于是把县官受贿的事揭出来，县官说：“当官受礼很正常。”裁缝说：“上梁不正下梁歪。”这便是这句谚语的由来。

儒家特别重视统治者的表率作用，“仁政”便是要求统治者礼贤下士、以高尚的道德去获得老百姓的支持和拥戴。如季康子问政于孔子。孔子对曰：“政者，正也。子帅以正，孰敢不正？”这句话即强调“上梁”的重要性，只有“上梁”正了，“下梁”才不会歪。这种思想后来渗透到社会生活的各个领域，如我们强调“行胜于言”“身教胜过言教”都是强调表率的作用。

“千里送鹅毛，礼轻情意重”，为什么要送“鹅毛”而不送“鸡毛”或“鸭毛”呢？

对方送礼较轻，但是如果相去甚远，情深意笃，我们就会说：“千里送鹅毛，礼轻情意重。”为什么要用这个词语表达交情的深厚，送的为什么是“鹅毛”而不是“鸡毛”或“鸭毛”呢？

据说唐太宗时期，由于政治清明，社会经济得到很大的恢复和发展。当时的唐都长安城人口超过百万，有来自世界各国的使节和商人，是一个国际化的大都市。西域回纥国是大唐的藩国，为了表示对大唐的友好，回纥国王便派使者缅伯高带了一批奇珍异宝拜见唐王。在这批贡物中，最珍贵的是一只罕见的白天鹅。

缅伯高接到使命后，一点也不敢怠慢。第二天，便带着押送的车队出发了。珍宝倒好运输，唯独这关在笼子里的白天鹅不好侍弄。缅伯高担心它由于水土不服死了无法向两边国王交代，于是一路上小心翼翼。这一日，行至沔阳河边，白天鹅像是生病了，伸着头大声喘气。缅伯高心中不忍，把它从笼子里取出来，带到河边喂水。白天鹅一会儿就喝饱了，浑身上下也有了劲，它趁缅伯高不注意，突然用力一挣，飞上了天空。缅伯高气急败坏，奋力追赶，只拔下几根羽毛在手中。

这下缅伯高为难了，但很快便想出一个办法。他小心翼翼地把鹅毛包好，又在绸子上题了一首诗，尽言“千里送鹅毛，礼轻情意重”之义。到了长安城，缅伯高将其他金银财宝献给太宗皇帝，并附上鹅毛和那首诗。唐太宗看了大为感动，非但没有怪罪他，反而觉得缅伯高忠诚老实，不辱使命，就重重地赏赐了他。

这便是“千里送鹅毛，礼轻情意重”的由来，由于最初贡献是一只天鹅，而不是一只鸡或鸭，自然最后剩下的也只能是“鹅毛”，而不是“鸡毛”或“鸭毛”。现多用这个词表达送礼虽轻，但情意很重。

为什么把自家人冲突说成“大水冲了龙王庙”，这个说法有何由来？

“这真是大水冲了龙王庙——一家人不认一家人啊！”生活中经常听到这样的说法，比喻本来是自己人，而彼此之间发生冲突，产生误会。

龙，源于我国古老的图腾崇拜，中华儿女又称“龙的传人”。龙是中国古代神话的四灵之一，《太上洞渊神咒经》中有“龙王品”，将龙按方位分为“五帝龙王”，以海洋为区分的“四海龙王”分别是东海敖广、西海敖钦、南海敖润、北海敖顺。

话说东海龙王的三太子犯了天条，被贬受罚。为了赎罪，他决定做点好事。海边龙王庙东边有个菜园子，主人是个老头。三太子见他年迈，便在半夜从水井中跳出，帮老头把菜浇了。老头和龙王庙的和尚交好，把怪事讲给和尚听。和尚颇有武功，以为出了妖怪。连续三夜守在菜园里，果见一个怪物浇菜。第四夜，和尚持剑袭击三太子，三太子负伤。一怒之下，三太子掀开海眼，把周围搞得一片汪洋，结果把龙王庙给淹了。龙王闻讯，率虾兵蟹将来收怪物，没想到水淹龙王庙的竟是三太子，只得作罢。这个事传开去，人们都感叹说“大水冲了龙王庙——一家人不认一家人”。

后来就用这个典故来比喻自己人由于不认识或其他原因产生误会。

失去丈夫后，寡妇势单力薄，可人们为什么会说“寡妇门前是非多”呢？

“寡妇门前是非多”这是民间广为流传的一句俗语。寡妇指死了丈夫的女子，那为什么是非就多，人们为什么喜欢这么说呢？

中国古代是个男权社会，女子讲究三从四德。未嫁从父，出嫁从夫，夫死从子。通常男人在一个家庭中是顶梁柱，生活的日常开销、收入来源都是男人提供，女人在家的职责主要是相夫教子。经常一个人待在家中，很少外出或被别人瞧见，这无疑降低了是非发生的概率。

古代人称老婆为贱内、内人，其实是指她们长期待在内室，不出来活动。除非关系特别好的朋友和亲戚才邀入内室，将妻或子介绍给对方认识。

男女授受不亲，男女有别。我国封建礼教有一系列的伦理规范来约束男女关系。所以有男人的女子没有太多接触外界的机会，自然是非也少很多。但是寡妇就不同了，她们失去了丈夫的支持，需要经常抛头露面，这样增加了和他人沟通和交流的机会。此外，孤儿寡母，往往经济上很难独立，要依靠外来的帮助过生活，这样也会让人觉得有机可乘。

凡此种种，寡妇门前也就“是非”多了。

“哪壶不开提哪壶”源于一个怎样的故事，这句俗话与烧开水有关系吗？

“哪壶不开提哪壶”是一句口头语，原意为哪壶水没烧开（凉水）就提哪壶，比喻说风凉话，提不该提的事情。通常为有意为之。这源自我国古代的一个民间故事。

话说古代有父子两人开了一个小茶馆，虽说小本买卖，门面也不大，但是由于这父子俩十分热情好客，很有礼貌，加之每天开门很早，关店很晚，所以吸引了很多来喝茶的朋友。父子俩的生意也是越做越好。

本县的县令白老爷是个贪财、势利的人，仗着自己大老爷的身份，经常出入弄堂里巷，吃饱喝足后屁股一拍就走人，从不付账。本县的老百姓也只好忍着。这日，白老爷发现了这父子二人开的小店，于是进来喝茶。父子俩不敢怠慢，只得泡最好的茶，奉上花生米、豆腐干若干小菜供其消遣。

本来以为这次过后就不来了，可是白老爷好像喜欢上了这里，每天都来，却从不付账。小店本来就是小本买卖，这样长期下去如何是好。老掌柜因此病倒了，儿子打理小店的一切事务。他平时就对白老爷很看不惯，只是平时父亲挡着，所以才把气咽到肚子里。这天恰好县太爷过来，在外面叫“上茶”，水恰好没开，于是他灵机一动，提着没烧开的壶就去了。

县太爷喝了几次了，觉得不是那个味儿，就再也没有光顾小店。此后，“哪壶不开提哪壶”这个典故也就不胫而走。

“好汉不吃眼前亏”出于何处，为什么这么说？

“好汉不吃眼前亏”是指聪明人能识时务，暂时避开不利的处境，免得吃亏受辱。出自清代李宝嘉《官场现形记》第十七回：“好汉不吃眼前亏，且让他一步，再作道理。”

司马迁的《史记》中，记载有韩信受胯下之辱的故事，被后人概括为“好汉不吃眼前亏”。话说韩信在市场流浪，这天遇到一个年轻屠夫。他当众羞辱韩信，说：“你虽然个子很高大，还喜欢佩带刀剑，但实际上是个胆小鬼！这大家都知道。你如果不怕死，就拿剑来刺我；要是怕死，就从我的裤裆底下爬过去！”说着，那屠夫便站着不动，两脚叉开，双臂交叉抱在胸前，一副傲慢的样子。他略微仰着头，眼神里充满了挑衅和取笑。

韩信见此情景没有说话。他瞪大两眼，盯了那屠夫片刻，随后又从头到脚打量了那人一番。此时，他们周围已聚满了看热闹的人。人群里有人冲韩信大声喊道：“冲啊！冲上去！与他拼命！”周围吵嚷声不绝于耳。韩信朝四周看了一圈，然后在那屠夫面前趴下来，从他的裤裆底下慢慢爬了过去。满街的人都嘲笑韩信，认为他胆小怕事，是个懦夫。

后来，韩信从军，被汉王拜为大将军，叱咤风云，建立了不朽功业。人们才知道，韩信并非胆小怕事之辈，之所以甘受胯下之辱，乃是“好汉不吃眼前亏”。

“好汉不吃眼前亏”，说的意思就是要学会根据形势灵活采取策略，在自己不利的时候不妨暂时忍一下，再寻机战胜对手，是古人智慧的一种体现。

为什么说死不悔改的人是“不见棺材不掉泪”，这句俗话出自何处？

我们说死不悔改的人是“不见棺材不掉泪”，意思是不到彻底失败的时候不肯罢休。它与“不到黄河心不死”同义，与之相关的有个民间传说。

话说从前有个叫关财的人，祖辈都是很穷的农民，靠租种地主家的地为生。关财年龄很小的时候，有一年风雨不调，田里的庄稼颗粒无收。不但地主家的租子交不上，全家还得挨饿。父母伤心之下，上吊自杀了。剩下关财一人孤苦伶仃，只好以乞讨为生。

关财从小和当地民间艺人学得一手好箫，所以也能经常讨到些银两。黄员外家有个女儿叫黄河，十分喜欢听他吹箫。经常一听就是一个下午，怎么也不疲倦。后来干脆就派丫鬟叫关财到她绣楼下来吹。有一次，小姐听得入神，不自觉将手帕掉到楼下，被关财拾得，以为小姐有意于他，便害起相思病来。

黄员外后来知道了女儿叫关财到楼下吹箫的事情，把她狠狠斥责了一番。然后叫几个打手毒打了关财一顿，不允许他再在绣楼下面勾引小姐。关财伤得很重，数日不能出门。黄河小姐听不到他的箫声，心神不宁，就叫丫鬟前去打探。才得知其被父亲毒打，心中愧疚，想亲自去道歉。

关财因得了相思之疾，加上一阵毒打，又处寒冬腊月，在昏迷中连续叫了几声黄河小姐的名字就去世了。等到小姐赶到，只看到关财的一座新坟，于是泪如雨下。那坟也是奇怪，看到黄河小姐来到，竟自动从中裂开，现出关财的样子来。

这便是“不见棺材不落泪”的来历。但也有人认为是指睹物思人，更加悲伤。旧时逢丧事出殡活动，主人家多哭得死去活来，而看的人免不了也伤心落泪。念及逝去之人种种好以及不能再见，自然更加难过。后来借指不到彻底失败的时候不肯罢休。

人们把做事不惜代价称为“舍不得孩子套不住狼”，这句话从何而来？

人们把做事不惜代价称为“舍不得孩子套不住狼”，意思是要想套住狼，就得舍得孩子，意思是付出相当的代价。古人为什么要这么说呢？

狼是一种食肉动物。嘴尖，外形很像狗；毛黄褐色；经常昼伏夜出，伤害人、畜。狼现多分布于亚洲、欧洲、北美等地。狼性凶狠，经常群体行动，集体围杀羚羊、斑马等动物。狼也经常伤害人类驯养的家畜，因此遭到人们的大量捕杀，有些狼种已绝迹。

“舍不得孩子套不住狼”原为“舍不得鞋子捉不住狼”。狼的习性十分狡猾凶狠。成语“狼狈为奸”“狼子野心”“狼心狗肺”都是形容狼的阴险凶狠。由于经常伤害家畜，村民们就会委托有经验的猎户上山去捉。猎户从一开始跟踪狼，设置陷阱再到最后捕获经常要花十几天的时间。古人所穿的鞋一般为木屐或草鞋，并不耐磨，所以要想打到一头狼往往需要好几双鞋。于是有“舍不得鞋子套不住狼”之说。

几双草鞋和狼比起来代价肯定是小的。那何时“鞋子”成了“孩子”的呢？原来我国两湖、四川等地的一些方言中，“鞋子”一直被读成“haizi”。时间长了，人们就讹传为“舍不得孩子套不住狼”了。

为什么把“皮匠”与“诸葛亮”扯到一块儿，造出“三个臭皮匠，顶个诸葛亮”呢？

“三个臭皮匠，顶个诸葛亮”是句耳熟能详的成语，它是说三个普通人的智慧加在一起，能比得上一个诸葛亮的智慧。那么这个典故从何而来，有道理吗？

诸葛亮神机妙算，料事如神，智慧远非常人能及。据说有一次，他到吴国做客，吴王请他代为设计一座报恩寺塔。诸葛亮有意试探东吴是否真有杰出人才，于是设计出一个铜葫芦塔顶，高5丈，重达4000多斤。浇铸倒没有问题，但模具制起来就难了。吴王于是发下皇榜，征求能制模具之人，但一月过去竟无人来揭。诸葛亮就有点得意，感叹：“东吴果然无人矣！”

这话传到了三个长相丑陋的皮匠那里，心里很不服气。他们经过商议，用了三天三夜按照鞋样剪出个葫芦的形状，然后用牛皮缝制成一个大葫芦模型敬献给吴王。吴王大喜，赶紧浇铸，于是铜葫芦塔造好了。

另说认为，“皮匠”一词是“裨将”的讹音，意思是三个裨将一起探讨和研究破敌的计策，能顶一个诸葛亮。这是群策群力、集思广益的结果。

“一朝被蛇咬，十年怕井绳”出自哪里？

“一朝被蛇咬，十年怕井绳”是说一个人一旦被蛇咬了，那么在接下来的十年时间都会怕断了的井绳（如蛇）。多指因为遭遇挫折或失败留下心理阴影后，就变得胆小怕事或一蹶不振。这个词语最初与佛教用语有关。

把绳和蛇联系起来源自宋代子璿《起信论疏笔削记》卷十九：“知法如幻，故无所怯。绳蛇非毒、杌鬼无心，何所怯耶！”意思是世界一切外在不过是幻象，所以没有什么值得害怕的，就像绳蛇本身并没有毒，杌鬼本来没有心一样。

“一朝被蛇咬，十年怕井绳”原为“一度著蛇咬，怕见断井索”。语出自《续传灯录》卷二九，后成为一条运用广泛的俗语：“一朝被蛇咬，十年怕井绳。”谓吃过一次亏以后，便长时间地疑神疑鬼。

古人出于何种考虑，提出了“打人别打脸，揭人别揭短”的交际原则？

“打人不打脸，揭人别揭短”是世代相传的一条人际交往规则。意思是凡事都要留有余地，为别人留一定的面子。古人为什么这么说呢？

动手打人或者揭露他人，通常由嫌隙而起。双方矛盾激化后，一方就可能动手打人或者辱骂对方，有时还会揭露别人的隐私，为了满足自己的快感而对别人的一些生理缺陷或人格不足进行攻击。打人或者揭发他人往往是过激行为，缺乏理性思考。

为了确立一定的道德规范，古人说“打人不打脸，揭人别揭短”。那为什么不能打的是“脸”，不能揭的是“短”，而不是其他呢?这是由于脸是身体最重要的部分，我们常说“脸面”“颜面”都是指一个人的尊严。所以打脸是对一个人尊严最严重的侵犯，因此“打脸”多少是缺乏道德的。揭发别人当然是好的，是有正义感的表现，但是如果拿人的某些生理或心理上的缺陷加以嘲弄和侮辱，就有点缺德了。

当然“打人别打脸，揭人别揭短”只是确立了“打人”或“揭人”的一定道德准则。虽然有一定的让步，但总免不了皮肉之苦。其实打人和揭人之短的行为都是不对的，我们恐怕不光要求“打人别打脸，揭人别揭短”这类较低的交际原则，最好是以和为贵，彼此体谅，避免打人或互相辱骂行为的发生。

为什么把阿谀奉承叫作“拍马屁”，这个说法源于什么样的一种风俗?

“拍马屁”是讽刺不顾客观实际，专门谄媚奉承、讨好别人的行为。在中国漫长的封建时代，“拍马屁”是官场升官发财的秘诀。那为什么奉承讨好别人便是“拍马屁”呢?

顾名思义，“拍马屁”就是拍马屁股。关于它的来历，有三个说法，但都与蒙古族的生活习俗有关。蒙古族是马背上的民族，善于游猎；成吉思汗率领的蒙古骑兵，更是骁勇善战，横扫欧亚的很多国家。蒙古人家以有“骏马”为荣，所以谁家养了一匹好马，周围的邻居都会前来观看，很多人忍不住就会在马屁股上拍上一拍，然后称赞一番。这便是“拍马屁”的由来。

另说认为“拍马屁”其实是两个蒙古人牵马遇见，会互相拍一下马屁股，表示尊敬或打招呼。还有人认为蒙古族的好骑手为了骑乘烈马，会事先在马屁股上拍拍，以示亲昵或让马感到舒服，然后才跳上马背。

这些说法都颇有道理，可见“拍马屁”在蒙古人那里是“示好”的一种表现。蒙古人统一中原后，“拍马屁”一词不胫而走。后人用此词比喻人不顾实际地阿谀奉承、讨好他人。

拍马屁与赞美不同。赞美是由衷的肯定，有一定的事实基础，而拍马屁往往不符合实际，夸大或捏造事实。如清代韩邦庆《海上花列传》第十回：“还有朋友哚拍马屁鬼讨好，连忙搭俚买好仔家生送得去铺房间。”郭澄清《大刀记》第二章：“这老小子，专爱攀高结贵，是把拍马屁的好手!”

何谓“矮子看戏，随人叫好”，这句令人发笑的话出自何处?

“矮子看戏，随人叫好”是个俗语。语出自《朱子语类》卷二十七：“正如矮人看戏一般，见前面人笑，他也笑，他虽眼不曾见，想必是好笑，便随他笑。”这是朱熹打的一个比方，后来就用“矮子看戏，随人叫好”来讽刺那些没有主见，只能人云亦云的人。

旧时看戏并不像现在时兴搭台子，经常找块空地就可以开演。那时候也没人卖门票或者出面维持秩序。十里八村的乡亲一听说哪里有戏开演，就会早早地赶到。场地前经常是挤得水泄不通，那些后到的，尤其是矮个子根本看不到前面演什么，只能听到前面观众的议论或掌声。于是前面的人笑，他也跟着笑；前面的人说好，他也跟着喝彩。

这其实描写的一种从众心理。很多人面对生活中发生的一些事件，只是道听途说，并没有经过严格的分析，便人云亦云。清代学者赵翼的《诗论》中有：“矮子看戏何曾见，都是随人说短长。”《五灯会元·五祖法演禅师》：“这个说话，唤作矮子看戏，随人上下。”都是表达没有主见，随声附和。

“矮子看戏，随人叫好”当然是不好的，因为它缺乏个人的独立思考。我们认为，一个人只有学会独立思考，有自己的主见才不会人云亦云。一个人放弃主观思考的后果往往是被他人利用。一个健全的社会需要的是有独立精神的人，而不是只懂得“随人叫好”的人。

狗真的咬过神仙吕洞宾吗，怎么会有“狗咬吕洞宾，不识好人心”的说法？

吕洞宾是“八仙”之一，相传精通儒、道、佛三教。在他身上，很好体现了三者的结合。他最终得道，反映了道士的最高愿望；成仙后又发愿感化众生，堪有儒家“兼济天下”之志；生平乐善好施，又是佛教“施舍”思想的反映。

在他身上有很多民间故事，其中“狗咬吕洞宾，不识好人心”讲的是他和好友互相帮助的故事。“狗咬”是“苟杳”的音讹。据说吕洞宾未得道之时，有个同乡叫苟杳。苟杳虽然早年失去父母，但为人耿直，读书勤奋。吕洞宾很欣赏他，二人结为兄弟。

这日，吕家来了位林姓客人。见苟杳一表人才，便想把妹妹许配给他。吕洞宾担心苟杳因贪欢而失去上进心，就赶忙拒绝。但苟杳听说林家小姐十分貌美，就坚持要应允。吕洞宾无奈，却说：“结婚也行，不过新娘子我可要先睡三宿。”苟杳寄人篱下，只好忍气吞声。

结婚那三天，吕洞宾也不碰新娘子，只是读书，天明离开。第四天苟杳走进洞房的时候，新娘子早就哭红了眼睛：“官人，你怎么三天都不理我啊！”这下问得苟杳目瞪口呆，半天二人才明白，原来是吕洞宾的恶作剧。

后来苟杳考取功名到京城任职，而吕家却毁于一场大火，只好在破茅屋中度日。吕洞宾无奈，只好向昔时好友求助。谁知来到苟杳家半月，苟杳就是不谈帮忙之事。吕洞宾以为苟杳已无情义，便离开了。回到家一看新房已经盖好了，而且还送了很多金银财宝，夫妻俩都很高兴。

苟杳和吕洞宾都是好人，能够在彼此困难的时候互相帮助，但又都喜欢捉弄别人。所以，如果把他俩当成坏人就大错特错了。于是有“苟杳吕洞宾，不识好人心”一说。只不过“苟杳”音同“狗咬”，后来便传讹成了“狗咬吕洞宾，不识好人心”。

“闭门羹”是一种什么“羹”，它是谁调制的，又是给谁吃的？

“闭门羹”常用来比喻被委婉地拒绝。求人办事，对方不回应或者避而不见，关闭大门。你只能待在门外，便是吃了“闭门羹”了，这“羹”为何物，背后又有个什么样的故事呢？

“羹”在古代是指羊肉汤，后来粮食、蔬菜、水果也可做羹。如我们今天吃的粟米羹、莲子羹等，现在人们把普通的浓汁食品也称为羹。“闭门羹”一词始见于唐代冯贽《云仙杂记》所引《常新录》的一段话：“史凤，宣城妓也。待客以等差……下列不相见，以闭门羹待之。”

据说在唐朝，宣城女子史凤乃一代名妓，不仅姿容绝代，才艺更是无人能比。比如她曾作诗《锁莲灯》：“灯琐莲花花照罍罍，翠钿同醉楚台巍。残灰剔罢携纤手，也胜金莲送却回。”于是便有很多男子慕名前来，希望结交。但并非所有人都能遂愿。因为此女立下规矩，要求相见者必留诗一首，满意才见，如果诗文不好，则被婉拒以“羹”。

以羹待客就是拒绝会见的意思，所以人们便把这羹，称为史凤的“闭门羹”。这个故事流传下来之后，人们便把“闭门羹”作为拒绝的代名词，现在只取“闭门”之意而无“羹”可招待。

为什么解雇和辞退称为“炒鱿鱼”，这个说法是从哪里来的？

“炒鱿鱼”本来是一道菜，现在多用来指被解雇或辞退。那么这个词语是如何产生的呢？

鱿鱼是生活在海洋中的一种软体动物，营养价值很高。除了食用，还有很高的药用价值。长期食用可预防贫血、缓解视疲劳、抑制血液中的胆固醇含量、清肝明目。其含的多肽和硒等微量元素有抗病毒和射线的作用。中医传统理论认为，鱿鱼补虚润肤、滋阴养胃，堪为滋补佳品。

鱿鱼的做法众多，煎炒烹炸，无一不能。生鱿鱼一般为扁平状，但经煎炒起锅后会形成一个个小卷，再辅以一定的作料，吃起来嫩滑可口。但炒鱿鱼是如何和“解雇”联系在一起的呢？这与我国过去的雇工制度有关。那时候，劳动者没什么权利保障，老板说让你走人就没有多少可商量的余地。单位一般不提供被褥，所以被褥这些日常生活用品都是自备。一旦老板解雇你，就只好卷起铺盖卷走人。这和“炒鱿鱼”后卷曲的形状很像。于是有人就用“炒鱿鱼”来比喻被解雇或辞退。

现在由于劳动法和相关法律的实施，企业并不能随便炒员工鱿鱼。此外一些优秀的人才在发现更好的职位后，也可能反过来炒老板“鱿鱼”。因此“炒鱿鱼”也就有了两个方面的含义，一是被解雇，二是主动辞职。但是二者的效果却是一样的。

“宰相肚里能撑船”的说法是怎么来的？

“宰相肚里能撑船”是形容人肚量大、宽容，不与一般人见识。从字面上理解就是宰相的肚子很大，里面可以撑船。但是宰相的肚子真的能撑船吗？这背后又隐藏着怎样一个故事呢？

王安石是我国宋朝的著名政治家，官至宰相，曾实施变法，以图富国强兵。但他的个人生活却不顺利，中年丧偶。后来续了一房小妾，叫姣娘。姣娘年方十八，出身名门，长得闭月羞花，琴棋书画无所不通。这小娘子时值新婚，很需要男人的关心和呵护。但王安石却是整日忙于朝政，没有时间陪他。于是姣娘便与府中的一个年轻仆人好上了。

后来，事情传到王安石耳朵里。他欲捉奸，于是谎称上朝，却悄然藏在家中。入夜，他潜入卧室外窃听，果见姣娘与仆人在床上调情。他气得火冒三丈，刚想破门而入，忽然想到自己堂堂当朝宰相，为这点小事动怒犯不上。转身看见院里大树，树上有个老鸹窝，便拿起竹竿朝上捅。树上老鸹受惊，惊叫飞走，屋里仆人听到外面不对劲，赶紧逃走。事后，王安石装作什么都不知道。

一晃到了中秋节，王安石邀姣娘对饮。酒过三巡，王安石吟诗一首：“日出东来还转东，乌鸦不叫竹竿捅。鲜花搂着棉蚕睡，撇下干姜门外听。”姣娘是个才女，很快明白王安石诗中之意，惭愧之余，回道：“日出东来转正南，你说这话够一年，大人莫见小人怪，宰相肚里能撑船。”王安石转念一想，自己已过花甲，姣娘却正值青春，于是叫来仆人，赐给白银千两，让他们远走高飞。

这事后来不胫而走，传为美谈。人们很敬佩王安石的为人，便用诗中的一句“宰相肚里能撑船”来形容他的宽宏大量。现在我们也常用这个词语来表示大人不计小人过，宽以待人。

俗话说“不是一家人，不进一家门”，这句话什么意思，怎么来的？

“不是一家人，不进一家门”是句耳熟能详的俗语。它有两层含义，一是说家人关系的形成都是建立在一定的缘分基础之上，二是强调友谊和亲情的纯洁性。如果不是一家人，是不会主动走入别人家里的。

这句话源自我国传统文化对“家”的伦理概念。“家”从字面角度理解是“屋里有头猪”，这反映出农耕畜牧社会的特征。在我国长达2000多年的封建社会中，家庭长期作为社会经济基本组成单位存在，男耕女织是基本的生活方式。通常男子为一家之主，负责农田的播种、施肥、收获等，是家庭的主要劳力。妇女则主要照看孩子，做饭，织布养蚕。

“家”是以血缘为关系的纽带，西周开始实行的宗法制度对后世影响深远。“家”又经常和“家族”联系到一起，旧时一个村子或乡镇很可能都是同姓的人。这主要由于女子一般嫁到别的村庄，而男子通常就在父母原来住的地方另立门户，所以很容易形成“聚居”的现象。周围的亲戚朋友多，自然需要经常往来，彼此串门或相互致意。

“不是一家人，不进一家门”的词义便来自这里。旧时血缘关系划分三六九等，一般越亲密的关系来往越多，因此有“不是一家人，不进一家门”之说。在关系相对疏远的亲属和朋友之间，有时候也会产生密切的交往。这建立在双方互相信任、尊重和爱护的基础上。也就是说，只有彼此将对方当家人，才会有更进一步的交往。

“进家门”更多代指的是彼此的交往，是否被当作“一家人”取决于血缘关系或双方友谊的程度。物以类聚、人以群分，并非每个人都能得到别人的喜爱。有人欣赏你，自然就有人讨厌你，所以人们只会选择和自己志趣相投的人交往。“不是一家人，不进一家门”讲的就是这个道理。

民间有“儿大不由爷，女大不由娘”的老话，这句话有什么说道?

“儿大不由爷，女大不由娘”是说孩子长大了以后，就会经常做出和父母意见相左的事情来。那么，为什么人们喜欢这么说，它是一种普遍存在的现象吗?

“爷”在古代一般不用来表达“祖父”的含义，而是父亲的意思。如《木兰辞》：“旦辞爷娘去，暮宿黄河边。”“老爷”一词是对一家之主的尊称，旧时妻子对丈夫的称呼亦为“老爷”。“儿大不由爷”意思就是儿子大了，父亲的话往往就不听了。

我国古代伦理观念浓厚，家长制度的存在使得父母在子女的事情上具有绝对的权威，就连结婚也必须遵从“父母之命，媒妁之言”。孩子小的时候，由于自身心智并未发育成熟，缺乏独立的见解，所以往往父母怎么说，孩子就怎么做，很少有忤逆的行为发生。

但是孩子随着年龄和阅历的增加，心智逐步发育成熟，开始有了自己对于人和社会的看法，虽然很多仍然不成熟。另外，孩子也开始有了自己的生活和兴趣，难免有与父母唱对台戏的时候。所以，不少父母会生出“儿大不由爷，女大不由娘”的无奈。

那为什么不是“儿大不由娘，女大不由爷”呢？这与古代社会男女的分工有关。男孩一生下来便是读书、见世面，父亲管教得比较多。女子无才便是德，常常被锁在深闺，与母亲学习绣花等女红，主要为母亲教诲。大了后，孩子的叛逆性显现出来，便是“儿大不由爷，女大不由娘”。

为什么把无望的努力称为“死马当作活马医”？这个说法从何而来?

我们常把最后无望的努力称为“死马当活马医”。顾名思义，马都已经死了，还要当作活马医，这就是瞎折腾。比喻明知事情已经无可求药，仍然抱一丝希望，积极挽救。这个词语出自宋代集成的《宏智禅师广录》卷一：“若恁么会去，许尔有安乐分，其或未然不免作死马医去也。”

这个词语的来历据说和诊脉有关。“望、闻、问、切”又称“四诊法”，是我国古代中医看病的主要方法。“切”就是“切脉”，医生把手搭在病人手腕的动脉处，通过脉搏跳动的规律和强弱来判断病情。相传古代有个人已经病入膏肓，请了很多医生来看都是摇头。有一天，又来了一个大夫，他是个外地人，当他摸完病人的脉时，觉得没有希望了，就说死脉当成活脉医。因为是方言，所以很多人听成了“死马当活马医”，流传至今。

另说认为与象棋有关系。话说有两个人在一起对弈，结果一方把对方的一个马重重围困，已经是“死马”了。但那人心有不甘，又存有一丝侥幸心理，于是就说：“死马当活马移吧!”“移”和“医”同音，后人就讹传为“死马当活马医。”

现在“死马当作活马医”多表示不愿意放弃最后的尝试和努力。生活中常有这样的例子，当一件事物对自己具有非常的意义时，一旦失去心中就充满了不甘，有时候就会产生“死马当活马医”的心态，期待奇迹出现。

人们为什么把横插一杠子称为“半路上杀出个程咬金”，这个说法和程咬金有关系吗？

“半路上杀出个程咬金”常比喻事情进行到中途时，有新的因素介入或产生，从而影响了整个事件的进程。

程咬金是隋末农民起义军领袖，在小说中是个家喻户晓的人物。他原名程金，后称程知节，早年投奔瓦岗寨，先后跟随李密、王世充等人。失败后归顺唐朝，帮助李世民剿灭隋末群雄，到唐高宗时，官至大将军，后因率军西征无功而罢官，正史中有记载。

《隋唐演义》中说，隋末天下大乱。尤俊达想劫皇杠，但是人手不够，便找到程咬金。程咬金安置好老母，与尤俊达共同行动，三次在半路劫下皇杠，震动天下。押运皇杠的官兵最后知道是程咬金所为，说出了“半路杀出个程咬金”的话来。

据说程咬金为人憨厚耿直，以一对板斧为武器，武艺一般，但运气很好。打仗时，遇到武艺一般的敌手，只需要三板斧。遇到劲敌，要完三十六道板斧，如果还是无法取胜，便拍马逃去。现在的俗语“三板斧”“三十六道板斧”也是形容他的。“半路杀出个程咬金”是形容他常手执板斧，伏于半路杀出。

现多比喻在事情进行过程中出现了没预料的情况而最终导致功败垂成。所以我们在谋划或准备一件事情的时候，一定要提前考虑到可能出现的各种情况或被忽略的因素，这样才能避免“半路杀出个程咬金”的情况。

为什么说“好事不出门，恶事传千里”，这句话来自一个怎样的故事？

“好事不出门，恶事传千里”意思是说家里的好事往往不被外人所知，而丑事却可以传到千里之外。

这句话原是告诫大家要行善，不要作恶，因为人言可畏，坏事足以传到千里之外。士君子当以此为鉴。据说这句话来自“赵匡胤

《水浒传》插图

千里送京娘”的故事。赵匡胤年轻时，在太原清油观遇到被强盗掳掠来的美貌女子京娘。赵匡胤激于义愤，打跑强盗，把自己的马让给京娘，不远千里，历尽艰险把京娘送回老家。一路上，两人兄妹相称，了无私念。但当赵匡胤从蒲州回到太原，太原却盛传赵匡胤劫掠京娘以及不堪之事。赵匡胤哀叹：“真是好事不出门，恶事传千里。况且我并未做恶事，人心不古啊！”

明代施耐庵《水浒传》第二十四回亦有此语：“自古道：好事不出门，恶事传千里。不到半月之间，街坊邻舍，都知得了，只瞒着武大一个不知。”为什么好事和恶事在传播效果上却有如此大的差异呢？

这其实与人们的心理有关。一般谁家夫妻和睦团结，有好事发生，大家都不会主动去宣扬，因为这样其实只是抬高了别人，而对自己没有任何的帮助。有些人出于嫉妒心理，也不会主动在其他人面前去赞美自己的亲戚或邻居。坏事就不同，往往涉及家庭纠纷、桃色新闻等内容，世人多有猎奇的想法，而且贬低别人可以在一定程度上获得对自己生活的满足感。所以哪家要有了丑事，经常

一传十、十传百，很快周围的人都知道了。

“好事不出门，恶事传千里”当然更多是讲人言可畏，这是大家应该努力避免的，勿以善小而不为，勿以恶小而为之。

“天高皇帝远”这句话是怎么来的，最早说这话的人住的地方真的离皇帝很远吗？

“天高皇帝远”原来指偏僻的地方，后来借指地方机构不听上级领导机关的指挥，阳奉阴违或玩忽职守。这句话最早出自明代黄溥《闲中今古录》：“天高皇帝远，民少相公多。一日三遍打，不反待如何。”是说宋朝时候，台州与温州一带，官员不法，横征暴敛，百姓被逼无奈，拉大旗造反，他们在大旗上写了上述四句话。

“天高皇帝远”原作“山高皇帝远”。这与我国地理和古代行政区划有关。中国地域辽阔，其中华北、东北和长江中下游地区多为平原，是历朝历代定都所在，也是经济最为发达的地区。但中西部地区则多山，经济相对落后，政府机构就比较涣散。由于离中央所在地很远，就用“山高皇帝远”代指那些偏僻落后的地方。

通常，离中央机构越近的地方，官吏并不太敢胡作非为。但是一到了地方，特别是那些落后不发达地区，官员的懒惰情绪便开始滋生。很多不但疏于政事，还经常贪污受贿。上面有什么禁令，也满不在乎，阳奉阴违。在这些官员眼里，“天高皇帝远”，自己就是土霸王，谁也惹不起。因此人们也用这句话来比喻中央政令不畅，地方无法无天的状态。

“天高皇帝远”还与古代通信不发达有关。古代并没有现代化的通信工具，最快传递信息的工具是马，马通过驿站来传达指令。所以一个地方官的作为，中央并不容易查明，这就为谗言或彼此攻讦留下了余地。

何谓“三句话不离本行”，这句俗话是怎么来的？

“三句话不离本行”是说一个人的言语离不开他所从事的职业范围。行是行当，职业的意思。语出自清代李宝嘉《官场现形记》第三十四回：“每到一处，开口三句话不离本行，立刻从怀里掏出捐册送给人看。”

关于“三句话不离本行”还有个民间故事。很久以前，在一个小村里，有四个能说会道的人。一个是厨师，一个是裁缝，一个是车把式，还有一个是艄公。谁家遇上个红白喜事，打架抬杠的，都请他们去帮忙。

有一次，村子里有两兄弟闹分家，关系弄得很僵，就请这四个人前去说和。这四人先到厨师家研究如何调解。赶车的说：“这事俺们管得多了，只要前有车、后有辙，就不会出什么大格。”厨师说：“我看咱们还是快刀斩乱麻，别锅、碗什么的都分不清。”裁缝说：“说合不能走偏。要这针过去，那线也过去方可。”艄公很不耐烦：“咱们还是别在这儿争吵个没完了，还不如到了他两兄弟家，到时再见风使舵，怎样顺手就怎样给他们处理。”这时厨师老婆正在屋里做饭，听到他们的谈论，出来笑道：“你们真是拳不离手、曲不离口啊，卖什么吆喝什么。”谁知话没说完，三人一起大笑，原来这厨师老婆是做小买卖的。

“三句话不离本行”说的是一种语言习惯。那么，为什么人会经常使用本行当的词汇呢？这是由于每个人的成长经历不相同，对于本职工作往往是最熟悉的。在日常生活中，由于职业习惯就会不自觉地使用上这些专业领域的词汇或观点。又或者本行是自己的兴趣所在，和别人谈论起来自然津津有味。

人们爱用“半斤八两”表达“差不多”，可半斤是五两，怎么会和八两差不多呢？

“半斤八两”常用来比喻双方旗鼓相当，差不多。可是按现行计量单位，一斤等于十两，半斤只有五两；与八两相比，少了三两。难道少了三两的“半斤”真能和“八两”相等吗？

这还要从古代的度量衡说起。我国秦朝以前，各国的钱币和度量衡的单位都不统一，各国商贾和百姓之间的交易并不方便。秦朝统一六国后，秦始皇下令统一度量衡，由李斯负责起草文件。当时度量的标准已经基本确定，唯独这“衡”还拿不定主意，于是去请教始皇帝。秦始于是提笔写下“天下公平”四个大字。

李斯拿了四个大字百思不得其解。为防始皇帝怪罪，干脆把这四个字笔画一加，就成了“衡”的单位，一斤等于十六两，那么半斤就是八两，正好相等。十六进制确定后，在我国长达 2000 多年的封建社会一直沿用。直到新中国成立后，由于十六两制在计算的时候有些不方便，才改成现在的一斤等于十两。

民间把拌嘴较劲叫作“抬杠”，为什么会有这么奇怪的说法呢？

“抬杠”就是拌嘴，往往指故意和对方作对，不管别人说什么自己都表示反对。如《儿女英雄传》第三十三回：“只看孟子与告子两个抬了半生的杠，抬到后来，也不过一个道得个‘食色，性也’，一个道得个‘乃若其性，则可以为愈矣’。”

“抬杠”一词起源于我国北方的习俗。在每年农历正月十五这天，要举行“抬杠会”。由身强力壮的人抬着竹杠，上面有轿子，一个伶牙俐齿的小丑坐在里面。他们抬着竹杠和轿子在人群里走动，围观的人则和那个小丑比赛斗嘴。

抬杠的习俗由来已久。从起源角度来看，人和轿子里的小丑拌嘴显然不是为了一个“理”字，而是为了取乐，含有有意找茬的含义。现在在我国台湾地区还保留着这种习俗，是“台湾口水”的主要成分，它是一种借着嘴上功夫指责别人，而同时也闪避别人指责的文化习惯。

“抬杠”与一般理性的辩论不同。后者着重于一个“理”字，前者则根本不讲道理，只是靠耍嘴皮子功夫损人取乐。如《红楼梦》第六十五回：“三人抬不过一个理字去。”意思是说三个嘴巴奸巧的人在那里东拉西扯地“抬杠”，也抬不过一个“理”字。

“敲门砖”一词是怎么来的？

“敲门砖”是指敲门的砖头，门一旦打开，就弃之不用，比喻只是用来达到目的或追求名利的工具。那么这句话出自何处，古代真有这种专门用来敲门的砖头吗？

敲门砖语出自明代西湖居士《春游》：“这是敲门砖，敲开便丢下他。我们既做了官，作诗何用。”但更早有“敲门瓦砾”之说，宋代曾敏行《独醒杂志》卷五载：“一日，冲元自窗外往来，东坡问：‘何为？’冲元曰：‘绥来。’东坡曰：‘可谓奉大福以来绥。’盖冲元登科时赋句也。冲元曰：‘敲门瓦砾，公尚记忆耶！’”

明清时，科举制度更加僵化，八股成文。很多学子习八股不过是为了升官发财，所以“敲门砖”一说盛行。如明朝田艺蘅《留青日札·非文事》：“又如《锦囊集》一书……抄录七篇，偶凑便可命中，子孙秘藏以为世宝。其未得第也，则名之曰‘撞太岁’，其既得第也，则号之曰‘敲门砖’。”

由于八股盛行，有些学子便准备好几篇范文。到了考试的时候，拼凑一下就可以命中。如果还是没考中，就是“撞太岁”，自认倒霉；考中了便是敲门砖。所以鲁迅在《准风月谈·吃教》中写道：“清朝人称八股为‘敲门砖’，因为得到功名，就如打开了门，砖即无用。”

“敲竹杠”是敲诈勒索的代名词，这个说法是怎么来的呢？

“敲竹杠”比喻利用别人的弱点或把柄来索取财物。如清代李宝嘉《官场现形记》第十七回：“兄弟敲竹杠，也算会敲的了，难道这里头还有竹杠不成？”鲁迅《书信集·致郑振铎》：“《木刻纪程》是用原木版印的，因为版面不平，被印刷厂大大敲竹杠，上当不浅。”

关于“敲竹杠”说法的来历颇多。一说清朝末年，鸦片走私屡禁不止。很多不法商贩为了牟取暴利，采取各种手段逃避检查。其中一种方法便是将鸦片藏在撑船用的竹篙内。这种方法颇为高明，常常让那些得到可靠情报的官方侦缉人员扑空。有一次，一艘商船停靠浙江绍兴码头，当地负责检查的官员上船检查，并没有发现其他物品。但这时候师爷走过去，漫不经心地敲了竹篙两下。周围的人都没有在意，唯独老板吓得魂不附体，急忙将这位师爷请到船后，贿赂了大量金银。

另一说认为，这与四川地区的一种滑竿有关。四川属于丘陵地貌，多山。有钱人上山不方便，就乘坐一种叫滑竿的交通工具。滑竿类似于轿子，主要由两根长竹杠组成，更为轻捷。很多抬滑竿的收入很低，走到半山腰就敲着滑杠，要求加工钱，否则就不抬人，乘坐滑竿的只好加钱。

还有一种说法认为，竹杠是一种储钱的工具。清朝末年，有很多做小买卖的商贩和店主。市场上小额的交易也是以铜钱为主，店家收钱后就丢到用竹杠做成的钱筒里。当时上海城里有家店铺，老板很不实在，陌生顾客进门，往往随意提价。每当伙计在接待顾客时，店主就敲竹杠一下，暗示提价宰客。

虽然“敲竹杠”的来历说法不一，但都表达了敲诈勒索的含义。

为什么把夸口说大话叫作“吹牛皮”，而不叫“吹羊皮”“吹猪皮”呢?

生活中常提到“吹牛”或“吹牛皮”的说法，意思是不顾事实地胡乱夸大或吹嘘。为什么我们把夸口说大话说成“吹牛皮”，而不是“吹羊皮”“吹猪皮”呢?

牛皮厚而坚韧，人们最初用它来做鼓面的材料。敲击起来，发出咚咚的声响，非常有震撼力。在古代“击鼓”是进军的命令，鼓点象征着催人奋进的力量。在一些节日或民间习俗中，敲锣打鼓以示喜庆。牛皮制成的乐器一般是用来敲打的，与“吹奏”根本扯不上关系。那为何又有“吹牛皮”一词?

这要从“吹猪皮”和“吹羊皮”说起。“吹猪皮”是屠夫的一项技术活。杀猪时，为了便于拔毛和切割，屠夫首先在猪后蹄处划开一个小口，用钢钎捅开一个气道，然后用嘴对着小口吹气，还边吹边拍打，以使猪全身膨胀起来。

“吹羊皮”则和羊皮筏子有关。古时黄河上游，水流湍急，木船经常损毁。于是人们想出利用羊皮弹性制造皮筏子，在杀羊后留下一张完整的羊皮，晒干后吹上气使它鼓起来，然后将多个羊皮纵横排列相连，上面再缚上木板，人们就可以漂流了。

猪皮和羊皮虽然可以吹，但也要求所吹之人身体健壮、肺活量大。牛由于体形更为巨大，皮又很厚，一个成年人是很难把“牛皮”吹起来的。所以如果有人说他能“吹牛皮”，多半言不符实。后来就用“吹牛”或“吹牛皮”来形容那些言过其实，喜欢夸口说大话的人。

人们把不管不顾说成“不管三七二十一”，为什么要用这个数字呢，这个说法有何由来?

“不管三七二十一”意思是不顾一切，不问是非情由。如明代冯梦龙《警世通言》卷三十二：“若三日没有银时，老身也不管三七二十一，公子不公子，一顿孤拐，打那光棍出去。”那么，为什么要用这个数字呢，这个说法从何而来?

“三七二十一”是九九乘法口诀中的一句，在我国产生的历史很早。“不管三七二十一”就是不管好歹或其他因素，都要干一干、试一试。据说战国时期，张仪连横，而苏秦则主张合纵，以抵抗秦朝军队的进攻。他首先来到齐国面见齐宣王，约以合纵，但宣王慨叹国内兵力空虚。于是苏秦说：“齐都临淄，人口就有七万户，如果每户能出三个男丁，则计有二十一万大军，再加上周边地区的军队，兵力绝不是什么问题。”苏秦的说法当然有些脱离实际，因为每户的情况不一，或鳏寡孤独，或有女无男，不可能每家都出三个壮丁。

由于苏秦的说法不考虑具体情况，就是

“不管三七二十一”。后来借此表示不问是非曲直，一味蛮干的做法。

此外还有一个传说。从前，有个叫李元的财主，请了个小伙子当长工。允诺每天三顿干饭，每顿三碗饭。后来财主认为小伙子干活虽然卖力，但是吃得太多。于是私下吩咐妻子，以后每天三顿稀饭。小伙子每顿能吃七碗，但干活还是没有劲。眼看田里杂草丛生，财主便上前斥责：“我每天让你吃三七二十一碗饭，怎么干活还是这么有气无力的样子？”小伙子回答：“都是干饭的时候，虽然只有九碗，但我干活特别有劲；自从你换了三七二十一碗稀饭，我就一直想上厕所，哪还有心思种地啊！”李元很无奈，只得叫老婆：“算了，以后还是让他吃九碗干饭吧！不管他三七二十一。”

后来就用这个词语来表达不顾客观情况的作为（含有一定的贬义），但随着词义演变，这个词语逐渐中性化，也可指某人有魄力，有办法，不怕困难，不管三七二十一，总能把事情做好。

“花架子”指的是什么物件，这种架子为何这么不中用呢？

有人认为，中国功夫不能玩花架子。那什么是“花架子”，最初指的又是一种什么物件呢？

花架子在武术中特指不实用的功夫或学艺不精的武师。中国人在近代被侵略的过程中，一直被辱为“东亚病夫”；国粹武术也被诋毁，认为是中看不中用，不如日本的柔道和西洋搏击术。但霍元甲和陈真的出现，给中华武术争回了面子，也振奋了国民精神。李小龙在美国更是连续击败日本空手道、柔术和西洋搏击高手，在多次武术比赛中获得冠军。可见，武术并没有优劣，只是练武的人存在真功夫和“花架子”之别。

通常我们所说的“花架子”是指表面上好看但实际并无价值的东西，也比喻形式主义的做法。相传，元朝时黄道婆的织布技术远近闻名，在她的带领下，当地男女老少多数都会织布。镇上有个姓李的穷秀才，死要面子，虽然经常吃不饱，也不愿意学习纺织技术。后来他去了浙江湖州织里当了一名私塾老师，生活才有所好转。

湖州也是纺织之乡，村里人听说李秀才来自黄道婆的家乡，于是就纷纷上门请教他织布的新技术。这个李秀才自然对纺织一窍不通，但又碍于面子不好意思说不会。于是胡乱画了织布机的图纸，欺骗大家说只要按照样子就能造出织布机来。村民们很高兴，请来木匠师傅，但怎么也造不出真织布机来。后来，黄道婆的新式织机传到这里，人们才明白李秀才的织布机中看不中用，不过是“花架子”。

可见最初“花架子”是指中看不中用的织布机，现多用这词来表示那些表面好看，但实际没什么价值的东西或把式。

厉害的象棋杀招“马后炮”，怎么会成为“不及时举动”的代名词呢？

“马后炮”是象棋术语，是很厉害的杀招，但后来却成了不及时行动，作用消极的代名词。这是为什么呢？

象棋据说起源于春秋战国时期，这在汉代刘向的《说苑》中有记载。他说：“雍门周谓孟尝君曰：足下燕居斗象棋，亦斗战之事乎？”又说：“燕则斗象棋而舞郑女。”但也有人认为，象棋为北周周武帝所创，明朝的杨慎、胡文焕皆认同此说，且北周庾信著有《象戏赋》和《进象经赋表》两篇作品。象戏就是下象棋的游戏，《象经》乃是讲解象棋的图经。

古象棋与现代象棋不同。明代胡文焕的《事物纪原》载：“象棋乃周武帝所造，有日月星辰之象，与今象棋不同。”宋代司马光的《古局象棋图》中说：“此图以战国七雄并峙之局，列为象戏。七国各有一主将、一偏将、一裨将、一行人、一炮、一弓、一弩、二刀、四剑、四骑。”这就是说，下棋的人数不止两个，还可以是众人混战，最多可由 7 人参与，模仿战时七国合纵连横的战法。棋子数也与现在不一致，各国有17个棋子，马有4匹，但只有一个炮。也许在古人心目中，投石机是威力很大的武器，所以数量为最寡。

炮的行进规律是："一炮，直行无远近，前隔一棋乃可击物；前无所隔，及隔两棋以上，则不可击。"马则是："四骑，曲行四路，谓直一斜三。"与现在象棋中马、炮的走法基本相同。但古代是四马一炮，现在是二马二炮。有象棋经验的人都知道，马配合炮的威力很强，何况多出两个马来。但这只是针对己方的马而言，如果把炮放在对方的马后面，由于马的走法非常灵活，进退自如，所以马后炮几乎没什么威胁。

后来就用这个词语比喻事后才采取措施，但已无济于事。如元代无名氏《隔江斗智》第三折："今日军师升帐，大哥须要计较此事，不要做了马后炮，弄的迟了。"

为什么把男女间嫉妒情绪叫"吃醋"，这个说法是怎么来的？

人们常常把男女间的嫉妒情绪叫"吃醋"，用"醋坛子"形容那些喜欢嫉妒的女子。如《红楼梦》的第三十一回中："袭人听了这话……少不得自己忍了性子道：'妹妹，你出去逛逛，原是我们的不是。'晴雯听她说'我们'，自然是她和宝玉了，不觉又添了醋意……"那么"醋"是怎么和嫉妒联系在一起的呢？

据说唐太宗时期，房玄龄的老婆是个节烈女子。唐太宗多次想赏赐几个美女给房玄龄做妾，但都被其妻横加干涉，最后只能作罢。唐太宗不甘心，便令其在喝毒酒和纳小妾之中选择其一。没想到房夫人性格甚为刚烈，宁愿一死也不在皇帝面前低头，于是端起那杯"毒酒"一饮而尽。当房夫人含泪喝完后，才发现杯中只是酸酸的浓醋。从此便把"嫉妒"和"吃醋"联系起来，"吃醋"便成了嫉妒的代名词。

另据《续文献通考》载："狮子日食醋、酪各一瓶，吃醋之说本此。"而狮子又常用来形容爱嫉妒的妇人。自然喜欢嫉妒的女人也就经常心泛醋意了。

民间常说"说曹操，曹操到"，它是怎么来的呢？

"说曹操，曹操到"意思是正说着某人，某人就到了。顾名思义，它和东汉末年的丞相曹操有关。那么，为什么"说曹操，曹操到"？这个典故又从何而来呢？

曹操，字孟德，沛国谯人。东汉末年杰出的政治家、军事家、诗人。在政治军事方面，曹操消灭了众多割据势力，统一了中国北方大部分区域，并实行一系列政策恢复经济生产和社会秩序。据说曹操耳目众多，消息灵敏，做事雷厉风行，从不拖泥带水。有好几次在众将议论他的时候，他却突然出现，起到震慑的作用。

后来，人们常用"说曹操，曹操到"来表达心中想念或正在议论某人，那人突然出现在了面前。如《孽海花》二十九回："一壁笑着道：无巧不成书！说到曹操，曹操就到。职道才和美菽在裁判所里遇见陈千秋，正和美菽讲哩！这个人，职道从小认识的，是个极聪明的少年，可惜做了革命党。"

"女大十八变"是说女子到18岁开始变化，还是女孩大了会出现18种变化？

"女大十八变"形容女子长大以后容貌和性格都发生很大的变化，常含有"变好看"的意味。语出自宋代释道原《景德传灯录》："龙女有十八变，汝与老僧试一变看。"那么，为什么女大会十八变，这个典故又从何而来呢？

在《景德传灯录》上记录了这样一个故事：有一位尼姑准备开堂说法，去向谭空和尚询问，谭空和尚说："你是尼姑，女人是五障之身，不能开堂说法。"尼姑很扫兴，就反问道："龙女8岁就成佛了，又当怎讲？"谭空和尚回答道："龙女有十八变，你倒是变一变给我看看啊！"

其实成不成佛与性别并无必然联系。至

于“龙女十八变”与龙女成佛的故事有关，载于《法华经》的《提婆达多品》。据说文殊菩萨曾在龙宫说法，依靠一部《法华经》，度化了很多条龙。智积菩萨表示怀疑，说：“《法华经》是一部精深幽妙的佛经，听到它的人怎么可能那么快成佛呢？”

文殊菩萨回答：“龙王有女方8岁，虽年幼，但她具足慧根，凡是诸佛说的法她都能够听懂。因此她能速成菩提。”智积菩萨还是不信，这时龙女出现在法会中，拿出一颗宝珠，献给了佛。龙女问：“我献宝珠，佛接受，这件事快不快？”智积菩萨回答道：“快。”龙女说：“以您的神力观看我成佛，比这还要快。”于是龙女迅速现出男子身，立地成佛了。相传佛有三十二相和八十种好，十八种神变。龙女成佛后，成就了“十八种神变”，所以民间称“龙女十八变”，后来慢慢演变为“女大十八变”。

人们爱把做梦说成“梦周公”，周公是一个大政治家，怎么会和做梦扯到一块儿呢？

“哎，昨晚我又梦周公了！”意思是又做梦了。虽然我们经常这么说，但却很少有人知道历史上的“周公”是谁，也不明白周公为什么会和“梦”联系到一起。

周公姓姬名旦，是文王第四子，武王的弟弟，我国古代著名的政治家。因其封邑在周，爵为上公，故称周公。周公先后历文王、武王、成王三世，功勋卓著。据《曲阜县志》载：“武王十三年定天下，封公于少昊之墟曲阜，公不就封，留相武王，成王即位，命世子伯禽就封于鲁。”

成王初即位的时候，由周公辅政。他先后平定三监之乱，灭五十国，奠定了周王室国家的长治久安。回来后又制定礼乐，最后又还政于成王。“成康之治”的繁荣兴盛，周公有很大的贡献。孔子非常推崇周公，他一生倡导的都是周公的礼乐制度。

据说周公善于解梦，民间广泛流传着他关于解梦的书籍。所以后人就把做梦说成是“梦周公”，以表达对周公的敬仰，希望梦能给自己带来好运气。至于梦是否有特定的含义，现代科学一般认为梦是大脑神经细胞的无规律的活动。在人们睡眠时，多数神经细胞不活动而处于抑制状态，而少数神经细胞没有抑制而进行无规律活动。但以弗洛伊德为代表的精神分析学派却认为，梦具有一定的现实基础，是潜意识的反映。

为什么把狎昵女性的行为称为“寻花问柳”“拈花惹草”，“花柳”何以成了女性的别称？

生活中常用“寻花问柳”“拈花惹草”，表示男子花心，喜欢勾引或挑逗女性。那女人何以成了“花”和“柳”了呢？

“花”和“柳”其实是屡见不鲜的意象。通常用来表述春天来临，百花盛开，柳絮满天。这类诗词很多，如唐代诗人李白的诗句：“昔在长安醉花柳，五侯七贵同杯酒。”杜甫《严中丞枉驾见过》诗：“元戎小队出郊坰，问柳寻花到野处。”这两句中“花柳”皆指美好的春光，表达了诗人游玩观赏春日美景的情怀，并无他意。

但后来词义演化，遂成了男子风流狎妓的行为，“花柳”亦指娼妓。《金瓶梅》八二回：“韩道国与来保两个，且不置货，成日寻花问柳，饮酒宿娼。”清代曾朴《孽海花》：“与唐卿至亲，意气也很相投，都不会寻花问柳。”现代刘绍棠《草莽》中亦有：“我本想勒紧裤带攒几串子钱，过两年给你明媒正娶一个干净人家的女儿，谁想你不走正道，竟敢寻花问柳。”

究其原因，在于春天万物复苏，一派欣欣向荣，正是动物发情和交配的季节。故常以“春”指男女事，以“春心”描写女子动情。春天到来的时候，男子和女子三三两两，多有踏春的习俗，今人也有“春游”的活动；人们免不了要赏花赏草，甚至折断柳枝来表达内心的愉悦之情。由“春”之变义，“花柳”也就成了女子的代名词。

“花柳”在过去多指风尘女子、娼妓，所

以用这词形容女性其实带有狎昵女性的成分。

男人有艳遇时，人们便说他“走桃花运”，这种运为什么以“桃花”命名？

男子有艳遇时，人们便说他“走桃花运”。通常指男子得到女子的特别爱恋，也可泛指好运气。如钱钟书《围城》：“现在正交着桃花运，难保不出乱子，让他回家给方乡绅严加管不也好。”那么“桃花运”一词究竟是如何来的呢？

《诗经》是我国最早的一部诗歌总集，在《国风·周南·桃夭》中记录了这样一首诗：“桃之夭夭，灼灼其华，之子于归，宜其室家。桃之夭夭，有蕡其实，之子于归，宜其家室。桃之夭夭，其叶蓁蓁，之子于归，宜其室人。”这首诗讲述了在桃花盛开的时节，有一位桃花般美丽的新娘嫁给了新郎，二人携手而归；主家子孙满堂，像桃树一样果实累累、枝繁叶茂。古人在赞美、祝贺婚姻时常说“既和周公之礼，又符桃夭之诗”，就是典出这里。

可见“桃花”很早就用来代指女性，因为春天万物复苏，百花盛开。桃花为粉红，正是春天的代表，以之喻美丽的女子再合适不过了。“桃花”是我国古老命理学的一部分内容，它指申子辰在酉，寅午戌在卯，巳酉丑在午，亥卯未在子。意思是按照四柱八字排列一个人的生辰后，以年支或日支查四柱其他地支，见者就是。所以，古人认为命中带“桃花”的人一般容易和他人发生暧昧关系或风流韵事，所以又叫“桃花运”。

“一寸光阴一寸金”，古人为何要用“寸”等长度单位来度量“光阴”呢？

“一寸光阴一寸金，寸金难买寸光阴。”这句话的意思是一寸的光阴就像一寸的金子那么宝贵，时间过去了，就无法回来，即使用寸金也难以买回一寸的光阴。是励志和劝学的名句。

“光阴”指时间，它是如何与计量单位“寸”扯上关系的呢？这与我国古代最早的计时方法有关。在日晷发明以前，人们一般通过树影的长度来判断时间。后来专门在广场上立下一个石柱，并在地上画好刻度，通过度量影子的长度就可以方便地判断时刻。“寸”这样的计量单位和时间就联系到了一起。如《淮南子·原道训》：“故圣人不贵尺之璧而重寸之阴，时难得而易失也。”

光阴和金子发生关系则是在唐代，语出自晚唐诗人的王贞白：“读书不觉已春深，一寸光阴一寸金。不是道人来引笑，周情孔思正追寻。”王贞白是晚唐著名诗人，昭宗乾宁年间进士，后辞官专门治学。他著述颇丰，勤奋不辍，才华卓绝，品德和学问都为当时人所崇敬。这首诗中把光阴比为金子，强调时间的宝贵。

民间流传的“杀鸡给猴看”一语出于何处？

“杀鸡给猴看”是通俗语，源自成语“杀鸡儆猴”。比喻用惩罚一个人的办法来警告别的人。那为什么要杀鸡给猴看，真的能起到“儆猴”的效果吗？

猴子很聪明，要想抓住它并不容易。即使抓到了，它也不会老实就范去表演规定的动作。于是有人想出了杀鸡儆猴的妙招。猴子很害怕血，驯猴的人只要把公鸡在猴面前宰杀，猴看到后就会害怕，变得非常听话。

在意见分歧，工作受到阻挠的时候，为使步调一致，严明法度，处于领导地位的人就可能杀鸡儆猴来达到树立威信，贯彻执行的目的。

姜子牙就曾采用过此法。据说周朝灭了商纣，急需一批人才来治理国家。当时齐国有位贤人叫狂橘，很受地方上人士推重。姜太公慕名拜访多次，但都吃了闭门羹。姜太公一怒之下把他杀了，后来果然再没人敢不接受朝廷的召唤。

从干支纪年上看，每十二年就有一个“猴年马月”，可人们为何用它表示没指望呢？

“下次要等到猴年马月啊？”生活中为错

过很少发生的事感到惋惜时，我们就会这么说。意思是事情没有指望，愿望遥遥不可期。那为什么人们用“猴年马月”来表示没有希望呢？

这要从中国古代的干支纪年说起。“干”是指天干，共10个，“干支纪年法”从甲子开始，到癸亥结束，60年一个循环，也就是一甲子。其中地支12个在60年内要循环5次，每次循环是12年。其中地支“申”表示猴，从这个猴年到下个猴年要12年的时间。

除了年份有属相外，我国古代对月份同样规定了属相。按照农历，一年分为12个月，正好和12地支对应。但需要注意古代的月份是按节气划分的，一共24个节气，其中两个节气代表一个月。比如一月便是从“立春”开始到“惊蛰”的这段时间，而不是以大年初一作为新一年的开始。一月建寅，为虎月；二月属兔，三月属龙，四月属蛇，五月属马，故称“马月”，其他依次类推。

所以“猴年马月”指的就是生肖为猴的年份的五月。两个“猴年马月”之间相隔12年，时间比较远。所以人们就用“猴年马月”来表示等待时间漫长，没什么指望。但也有人认为“猴年马月”是“何年嘛月”谐音的变体，也有几分道理。

“马”和“虎”是不相干的两种动物，人们为什么把它们组成“马虎”，表示做事不认真呢？

“马虎”常用来形容人做事粗心大意，经常犯错误。但“马”和“虎”却是两种互不相干的动物，为何被人们扯到了一起，这个词语又是从何而来的呢？

据蒲松龄《聊斋志异·卷十一·牛犊》载：楚中一农人赴市归，暂休于途。有术人后至，止与倾谈。忽瞻农人曰：“子气色不祥，三日内当退财，受官刑。”农人曰：“某官税已完，生平不解争斗，刑何从至？”术人曰：“仆亦不知。但气色如此，不可不慎之也！”农人颇不深信，拱别而归。次日牧犊于野，有驿马过，犊望见误以为虎，直前触之，马毙。役报农人至官，官薄惩之，使偿其马。盖水牛见虎必斗，故贩牛者露宿，辄以牛自卫；遥见马过，急驱避之，恐其误也。

这段文字讲述的是，一个农夫赶集回来在路上遇到一个道士，道士告诉他：“你气色不好，三天内会杀财，还可能受点小刑罚。”农夫很不解：“官府的税已经交了，我也不喜欢和别人争斗，刑从哪里来呢？”道士也摇摇头，说：“我也不知道，但是气色如此，不可不防。”农夫不太相信，第二天，在野外放牛。这时候恰好有送信的马路过，牛以为是老虎，上前触之，结果马被顶死了，农夫不但赔了钱，还被官员打了一顿。

后面的解释说牛见到老虎必斗，如果有马路过，则牛经常会认识错误，将“马”当成“虎”。指“马”为“虎”，乃牛粗心所致，故有“马虎”一词。现在，“马虎”已是日常用语。

人们为何把闲聊叫作“谈天”而不叫“谈地”，因何又叫“侃大山”？

朋友聚会，经常闲聊，我们称之为“聊天”或“谈天”；东拉西扯，漫无边际的谈论我们称为“侃大山”。那为什么闲聊用“谈天”来表达，而不是“谈地”，“侃大山”又从何而来？

据说“谈天”和古代齐国的驺衍有关。齐国阴阳家驺衍喜欢谈论玄虚的东西，故称“谈天”。《史记·孟子荀卿列传》：“故齐人颂曰：‘谈天衍，雕龙奭，炙毂过髡。’”裴骃集解引刘向《别录》：“驺衍之所言，五德终始，天地广大，尽言天事，故曰‘谈天’。”后专指以天人感应来解释自然与人事的关系。

驺衍与人谈论，内容非常宏大。从仁义礼智信五德的来源到天地的广阔，无不涉及。当然谈论最多的还是“天”。所以闲聊有“谈天”之说。魏晋时期，清谈之风盛行，一些阴阳家、玄学家谈论最多的也是“天”，比如“天”的来历、形成，天和人的关系。西汉董仲舒倡导的“天人合一”的学说也是这种谈论的产物。但这种谈论往往漫无边际，很难证明，多在闲聊的时候出现，故称之为“谈天”。现代“聊天”一词便从此演化而来。

“侃大山”则是北京方言“砍大山”的变音，产生于20世纪末。北京方言“砍大山”的意思是东一斧头，西一榔头地乱凿（顾名思义，大山要砍起来并不容易，只能乱砍）。由此引申为闲聊、闲谈。20世纪90年代初，《北京晚报》登载了有关北京土话“砍大山”的文章，不久有民俗学家更正，说“砍大山”的“砍”的本字应是“侃”，后来其他出版社便均以“侃大山”替之。

“人在江湖，身不由己”中的“江湖”到底是什么呢？

“人在江湖，身不由己”意思是人在江湖上漂泊，往往会做出自己不情愿的事情。“江湖”在武侠小说中特指主人公所生活的豪侠社会，有闯荡江湖、江湖恩仇等。那么，“江湖”这个词语最初的含义就是这个吗？

“江湖”有人认为是指三江五湖，但具体指代却又不明确。这个词语最早见于《庄子·大宗师》：“泉涸，鱼双与处于陆，相掬以湿，相濡以沫，不如相忘于江湖。”意思是泉水干涸后，两条鱼未及时离开，受困于陆地的小洼，动弹不得，互相以口沫滋润对方，使对方保持湿润。这种互相呵护的方式还不如在水里彼此自由自在，互不相识。这里“江湖”是泛指江和湖的广阔区域，古人以此来表达“天下”或辽阔的疆域。

《汉书·货殖传·范蠡》：“乃乘扁舟，浮江湖，变姓名，适齐为鸱夷子皮，之陶为朱公。”宋朝姜夔《白石诗说》：“波澜开阖，如在江湖中，一波未平，一波已作。”清代叶燮《原诗》：“大之则江湖，小之则池沼，微风鼓动而为波为澜，此天地间自然之文也。”这些词句中“江湖”的含义基本相同，义为江河湖海，广阔的地方。

另说“江湖”指“江西”和“湖南”。相传禅宗马祖道一住在江西，学禅的人为了向他请教，纷纷前往江西访道。湖南石头和尚希迁住在湖南，乃禅宗高僧，很多人也去拜访他。这样希望参禅的人不是前往江西拜访马祖道一，就是去湖南访希迁，因此又叫“走江湖”，后来词义演变，“江湖”就泛指五湖四海的广大地方。

现在，“江湖”也指我们所处的社会，所谓有人的地方就会有江湖。

“黄色”原是古代最高贵的皇家专用色，为什么现代却成了“色情”的代名词？

“黄色”在中国古代是最高贵的皇家专用色，古代皇帝的銮仪、服饰和起居场所多使用黄色，“黄袍加身”便是指当上了皇帝。现代社会，黄色多指带有色情或不健康内容的东西，这种反差是如何产生的呢？

黄色是电磁波的可视光部分中的中波长部分，常给人轻快、辉煌的感觉，象征富有和权力，佛教中也多有“金光”之语。

自汉代以后，统治者多以服“黄”为主，后来禁止民间使用，成为皇家专用的颜色。从皇城的巍峨宫殿，到大内的亭台楼阁，从皇室的帐帷被褥到皇帝穿着的龙袍，均以黄为主色调。

黄色与淫秽、色情、暴力联系在一起，则是从西方传入的。19世纪末，英国有一本叫《黄杂志》的刊物，以“颓废派”作家为主要创作群体；作品多情色，但并不淫秽。后来出现一种低级媚俗的廉价小说，称为“yellowbook”。美国《太阳报》为了和《世界报》竞争，造了一个“黄孩子”形象，用其视角来展示下层人民的生活。“黄孩子”经常出没色情场所，发表了大量底层色情或暴力犯罪内容，也称“黄色新闻”。

后来，随着改革开放，一些西方不良文化的侵入，黄色小说或黄色电影等词语开始被人们逐渐所熟悉，成为色情类产品的代名词。这时候人们大多已忘记了在传统文化中“黄色”其实是一种很高贵的颜色。

想分得好处时，人们常说“分一杯羹”，最早要分一杯羹的人是谁，他要分得什么“羹”？

想分得好处时，人们常说“分一杯羹”。

“羹”，上“羔”，下“美”，最初指用羊肉烹制的浓肉汤，后来词义逐渐扩大。“分一杯羹”就是分一碗肉汤的含义。最早要分一杯羹的是刘邦。

据《史记·项羽本纪》载：“项王已定东海，来西与汉俱临广武而军，相守数月。当此时，彭越数反梁地，绝楚粮食，项王患之。为高俎，置太公其上，告汉王曰：‘今不急下，吾烹太公。’汉王曰：‘吾与项羽俱北面受命怀王，约为兄弟，吾翁即若翁，必欲烹而翁，而幸分一杯羹。’项王怒，欲杀之。项伯曰：‘天下事未可知，且为天下者不顾家，虽杀之无益，益祸耳。项王从之。’”

楚汉之争早期，项羽占有很大的优势。双方在广武城对峙多日，彭越绕道项羽背后，切断楚军粮道，项羽对此有些忧虑。为了威逼刘邦早点投降，项羽在大堂之上设置案板，将刘邦的父亲绑在上面。然后传话给汉王：“你如果不赶快投降，我就煮了你的父亲。”刘邦回答：“我和你都曾受命于楚怀王，彼此约为兄弟，我的父亲也是你的父亲。你如果要烹你的父亲，那么到时候分我一杯羹吧！”项羽听了大怒，想杀掉刘邦的父亲。项伯就说：“天下事也很难说得准，那些志在夺取天下的人往往是不在乎家的，即使杀了也对事情没有帮助，反而增加彼此的仇恨，还是算了吧！”项羽听从了他的意见。

后来随着“羹”的含义演变，“分一杯羹”也用来泛指分得一部分利益或好处。如：“战争刚结束，各派都来分一杯羹。”

当进退两难时，人们为什么说“骑虎难下”?

“骑虎难下”常用来形容进退两难的尴尬境地，只能硬着头皮一直坚持下去。语出自《晋书·温峤传》：“今之事势，义无旋踵，骑猛兽安可中下哉。”意思是说：“现在的事态，已经没有回旋的余地了，只能坚持到底。这就像骑在猛兽身上怎么可以中途下去呢！”

据说东晋成帝时，大臣温峤率军讨逆。战争初期联军接连失利，且粮草所剩无几。主帅陶侃心中着急，便对温峤说：“我来时，你说一切都已安排妥当，没想到交战才不久，军粮就快完了，如果不能马上供应军粮，我只能撤军。”温峤说：“我们现在是要内部团结啊，千万不要内讧。虽然现在缺乏粮草，处境艰难，但若即刻撤军，不仅会让其他人耻笑，叛军也会更加嚣张。我看现在的处境，只能一鼓作气，坚持到底。这正如骑在猛兽的身上，不把猛兽打死，怎么下得来呢？”陶侃接受了温峤的意见，二人同心，终于打败了叛军。

温峤原句为：“骑猛兽安可中下哉。”只提到“猛兽”，而非特指老虎。“骑虎难下”源自唐代大诗人李白《留别广陵诸公》诗：“骑虎不敢下，攀龙忽堕天。”为什么骑虎难下？从词源上考虑应为与猛兽搏斗，不能下来，若跳下背来，则有可能为其所伤，故“骑虎难下”。

后来就用这个词语来表达陷入进退两难的境地，只能坚持到底。如《明史·袁化中传》：“惧死之念深，将铤而走险，骑虎难下。”

鸿门宴壁画　汉

“井水不犯河水”是人们常用俗语，为什么要说“井水”“河水”而不说“江水”呢？

“井水不犯河水”常用来形容两不相干，互不侵犯。语出自清代曹雪芹《红楼梦》第六十九回：“我和他‘井水不犯河水’，怎么就冲了他？”为什么是“井水”不犯“河水”，而不说“河水”不犯“江水”呢？

这与早期人类的生活有关。远古时期，人们靠渔猎和采集为生，多住在大江大河边。这是由于江河可以解决人们的饮水问题，水中的鱼类还可以提供食物。我国远祖逐水草而居，经常迁徙。后来人们先是发现山泉，又通过掘地的方式找到地下水，这便是“井水”。井水为人们提供了生产和生活必需的用水，而畜牧和农耕的发展又提供了丰富的食物资源，因此人们对于江河的依赖降低了，开始往山高林密的地方迁徙。

农耕社会逐步确立后，建立了封建政权，边境的少数民族仍然逐水草而居，成为游牧民族。他们在迁徙的过程中经常会进行劫掠，而汉族文明由于稳定性很少去侵犯少数民族地区，故有“井水不犯河水”之说。

在古人眼中，井水和河水是截然不同的，一个在地上，一个来自地下（他们没有水循环的概念），而且不会相冲。而溪流必然进入大河，河流入江，江河入海，这些水流都是彼此联系的，只有井水、河水互不干涉。

何谓“阳关道”，何谓“独木桥”，为什么说“你走你的阳关道，我走我的独木桥”？

生活中两个人闹了矛盾，不想再彼此往来，就会说：“你走你的阳关道，我走我的独木桥。”意思是“大路朝天，各走一边”，互不妨碍或影响。“独木桥”很好理解，那什么是“阳关道”，为什么这两者之间不搭界呢？

阳关位于甘肃敦煌西南，地处玉门关之南，故名阳关。阳关和玉门关都是汉唐通往西域的交通门户。唐代大诗人写过一首著名的《送元二使安西》：“渭城朝雨浥轻尘，客舍青青柳色新。劝君更尽一杯酒，西出阳关无故人。”文中的“安西”指安西都护府，在今新疆维吾尔自治区库车县境内。这首诗主要表达朋友之间的依依惜别之情。

阳关较之玉门关更靠近中原，据《阳关赋》：“阳关之雄，盘踞于龙首山前，横卧于古董滩间。西出敦煌凡一百四十里。南依党金山而险凭祁连、昆仑；北扶马鬃山而阻借合黎、天山。经途所亘，狭长四千余里。”可见为通西域的必经之路，汉唐时期由于商业的繁荣，往来商贾如云，所以逐渐形成大路。今日尚存的阳关大道宽约36丈，可知当初的车水马龙的繁华景象。

阳关道上由于地处西部内陆，风沙弥漫，河流经常干涸无水，自然无须架桥开路。所以走“阳关道”和“独木桥”代表了两个不同的方向。我国地势西高东低，独木桥不适于大江大河，唯江南水乡小道用之。一个向西，一个向东，自然难以扯上关系。现多比喻二者毫不相干，没什么联系或必然的利益冲突；也指和别人脱离关系，不再来往或交流。

为什么把事情露馅说成“露马脚”，这种情况与“马脚”有什么关系？

“露马脚”常用来比喻露出破绽或事情败露。如明代荻岸散人《玉娇梨》第八回：“但张轨如这个先生与别个先生不同，原意不在书，又肯使两个瞎钱，又一团和气，肯奉承人，因此大大小小都与他讲得来，虽有些露马脚的所在，转都替他遮盖过了。”那么，为什么真相暴露叫“露马脚”，和马的脚真有关系吗？

据说这与朱元璋的夫人马氏的一双大脚有关。明太祖朱元璋幼时家境贫寒，成年后与农民出身的马氏结为夫妻。那个时代的妇女都是要裹足的，并且脚越小越美，叫“三寸金莲”。而马氏从小就要下地干活，所以没有缠足，生就一双大脚。朱元璋在当了皇帝后，虽然也感到马氏大脚有损体面，但患难夫妻岂敢轻忘，马氏仍为当朝皇后。马氏在宫中虽然尽享荣华富贵，但对一双大脚也很无奈。每当有大臣来见，就用长长的衣服裙子遮住。据说有一次，马氏乘轿到金陵街头游玩，突然大风吹来，将轿帘掀起一角，马氏搁在踏板上的两只大脚，暴露在光天化日之下，她急忙把脚缩了回去，可人们早已看得一清二楚。

这事传开后，人们便用“露马脚”形容真相暴露或露出破绽。实际上，明朝以前的文献中就已经有“露马脚”一词。如元杂剧《陈州粜米》：“这老儿不好惹，动不动先斩后奏，这一来怕我们露出马脚了。”可见，马皇后并非最早“露马脚”的人。再往上溯，北宋《续传灯录》：“佛手难藏，驴脚自露。”这里“马脚”变成了“驴脚”。

再据《朝野佥载》记载：“唐杨炯呼朝士为麒麟楦，或问之，曰：‘今假弄麒麟者，必修饰其形，覆之驴上，宛然异物，及其去皮，还是驴耳。无德而失紫，何以异是?’”这里杨炯以“假弄麒麟”作比，斥责朝士弄虚作假。所谓“假弄麒麟”是古代一种游戏。在节日庆典之时，将描绘好的麒麟皮，装饰于驴或马身上，用以助兴。但马脚或驴脚难以包装掩饰，要弄起来，难免露出马脚或驴脚来。

可见，“露马脚”一词应源于这一民间游戏。麒麟本来珍贵无比，马或驴自然难以相比，露出脚来自然让人难堪，有失身份。现泛指一切露出破绽或暴露真相的行为。

人们为什么用“坐蜡”一词表示陷入困境?

“坐蜡”是我国北方方言，有两层含义：一是受到斥责、批评，二是指陷入困境。这个词语最初源自佛教习俗“坐腊”。

“坐蜡”又称“安居”“结夏”“坐腊”。根据佛家的戒律，众僧应于每月望晦两日即农历十五日和三十日，齐集一处共诵《戒本》，自我反省有无违反佛家戒律之事。如有则要面壁思过。而一年之中，从农历四月望日起，到七月十五日结束，应取一月定居禅修，不能随意走动或他住，这便是“结夏”。

在戒律的最后一天，农历七月既望，众僧聚集一堂，开展大规模的“批评与自我批评”。此曰“自恣”。经过“自恣”，受戒的年头才算增长一岁，称“一腊”。这里的长一岁是指“戒龄”的增长。至于为何称“一腊”，则与古代计算年龄也有关系：每年只有一个腊月，所以“坐一腊”便是一年。旧时计算年龄也是以受孕时开算，以农历新年的到来作为新一岁的起算点。所以“坐腊”有年龄增长的含义。

后来，人们把“腊”和“蜡”讹同，于是便有了“坐蜡”一说。从字面理解，也很形象。人坐在蜡上被粘住，比喻陷入困境。

人们把不好好干活，有意拖延叫“磨洋工”，这是为什么?

“磨洋工”经常用来形容那些不好好干活，出工不出力的现象。其实，最初“磨洋工”并不是指磨蹭、怠工的含义，而是指建筑工程的一道工序。中国旧式的房屋建筑，官宦人家一向讲究“磨砖对缝”。磨工，就是指对砖墙的表面进行打磨，使之平整、光滑，相当于现在的勾缝和打磨之类的装修。

这是由于古代建筑多用砖和整块的大石板。这些烧制的砖或新开凿出来的大石板往往参差不齐，表面毛糙。在对砖或石板堆砌、衔接过程中就需要打磨周边，才能结合得更精密。一些贵族富户为了美观，可能还需要打磨整个墙体的表面甚至增加雕刻、镂花等工序。因此“磨工”是一个不能缺少的工种。

“磨工”产生的时间很早，但“磨洋工”一词则是近代才产生的。20 世纪初，八国联军侵略中国，清政府签订丧权辱国的《辛丑条约》，赔款总数为白银 4.5 亿两，史称“庚子赔款”。美国为了扩大自己的影响力，从庚子赔款中抽出一部分兴建“协和医院”。工程的整个设计和监理都由洋人来完成，但雇用大量中国人做工，因此也叫“做洋工”。其中参加这项洋工程的磨工，叫作“磨洋工”。这个词便由此而来。

至于为何产生消极怠工的含义，可能与工人的反帝情绪有关。出工不出力，以此发泄对于帝国主义侵略行径的不满和仇恨。

现多用“磨洋工”表示不认真，有意拖延的行为。

今人呐喊助威的“加油”一词起于何时，有什么来历？

无论是体育比赛，还是个人生活中遇到的挑战，我们鼓励对方的时候总会说：“加油!”

那么，“加油”一词是如何产生的呢？由于“油”的解释众多，所以众说纷纭。大致可归纳为三类：一是给机器加燃油的意思，其中最贴切的是踩油门儿。二是往饭菜、油灯、火把上加油。三是机械上加润滑油。虽然说法存在差异，但都表达了加“油”，使更强大或美好的意思。

较为准确的说法是来自我国古代的“榨油”号子。我国传统榨油工艺是先把花生或油菜籽等原料经烘烤、碾、蒸等工序处理后，做成“油饼”。然后置于木制的榨槽内，通过向两侧加木楔以榨取菜油。加楔是个力气活，往往要几个人合作。大家掌锤时会喊号子，以鼓励士气，如“一二三，加油”。这里“加油”是“增加出油”的意思，而不是通常解释的“添加用油”。

榨油号子因时而迁、因地而异。人们往往喜欢望文生义，便先入为主地以为“加油”便是“增加用油”的含义。其实这个词语最早来自榨油坊。现在其原意早已发生变化，成了我们鼓励别人的口头禅。

人们常说的“世界大同”中的“大同”指的是什么？

“大同”，是儒家所提出的最高范畴的社会理想，《礼记·礼运》中记载孔子对大同世界的描绘：“大道之行也，天下为公。选贤与能，讲信修睦，故人不独亲其亲，不独子其子，使老有所终，壮有所用，幼有所长，矜寡孤独废疾者，皆有所养。男有分，女有归。货，恶其弃于地也，不必藏于己；力，恶其不出于身也，不必为己。是故谋闭而不兴，盗窃乱贼而不作，故外户而不闭，是谓大同。”清末康有为为宣传变法改制而将孔子的大同理想与西方的近代社会制度相比附，并亲著数十万字的《大同书》来表述自己的政治理想。孙中山对大同世界的理想描述也是十分推崇，并将“天下为公”作为自己的政治格言。“大同”是孔子对人类理想社会的构想，表达了自己对“天下为公”的大同世界的向往。

第十八章
别称代指·本源流变

人们常说“黎民百姓”，古代“黎民”和“百姓”都是指平民吗？

在文学作品里，往往用“黎民百姓”来代指普通平民，这个说法怎么来的呢？

要是追溯“黎民”一词的由来，就要从我们的祖先炎黄二帝说起了。相传在炎黄二帝还并存之时，中国大地上还有东夷、西戎、南蛮和北狄等部落。据说在南蛮中，一个以猛兽为图腾的部落联盟最为强大。这个联盟由9个部落组成，名为九黎族，以蚩尤为首。后来，蚩尤看上了水土肥美的黄河流域，就率众前来争夺。

当时生活在这一领域的是炎帝部落。为了保卫家园，炎帝和蚩尤部落展开大战，炎帝战败。失败后的炎帝，投靠了西方的黄帝部落，组成炎黄联盟。于是，为了争夺中原地区，炎黄部落与蚩尤部落再次激战。黄帝不仅打败九黎部落，并且取下了蚩尤的首级。战败后九黎族人成了阶下囚，被炎黄部落的人称为“黎民”。当然，这个称呼含有蔑视低贱的味道。

在炎黄部落里实行着这样一种制度，只有有身份地位的人才有姓氏权。一般来说，姓指的是妇女，氏指的是男人，比如说轩辕氏、神农氏。据《说文解字》说，轩辕随母亲姓，而他的儿子，姓氏则由黄帝指定。这一转变，反映了当时由母系氏族向父系氏族过渡的历史事实。炎黄二帝时期，中原大地形成了一个以他们为首的部落联盟，这个联盟约有100个氏族，各氏族有自己的姓氏。所以，这个统治集团便成为“百姓”。由此可知，“百姓”开始时，乃是部落里各氏族首领的合称，身份高贵，并非平民。

据《尚书》记载，舜时期曾经强迫黎民劳作，为的就是供养“百姓”。《尚书·尧典》记载“平章百姓，百姓昭明”，后来的学者解释说，“百姓就是指百官”，汉代的郑玄注曰：“百姓，君臣之父子兄弟。”可见，在古代相当长的一段时间里，“姓”只有王公贵族才有，布衣平民是没有资格拥有“姓”的。

随着社会动荡、朝代更替，黎民有发家的，“百姓”有落魄的，因而这种区分就不是十分明显了。战国时旧贵族彻底没落，“黎民百姓”也就成了人民大众的统称。

“天下兴亡，匹夫有责”，这里的“匹夫”指普通人，古人为何这么叫？

学历史的时候，我们知道，明末清初著名的思想家顾炎武曾在他的《日知录》卷十三中提出过这样的观点：“保天下者，匹夫之贱，与有责焉。”也就是现在我们所说的“天下兴亡，匹夫有责”。古代人通常将男子或平民称为“匹夫”，为什么要这么叫呢？

古代汉语中，“夫”是对男子的统称。“匹”其实是古代的一种数量单位，一匹相当于四丈。有人说，“匹夫”来源于古词语“匹妇”，原因是古时的布匹是从两端分别向中间卷起，两端分别有两个轴，意为“二”“两”。古时人们的衣服比较短，夫妻两个人一匹布就够了，是相合的意思，按照这个意义就有了“匹夫匹妇”，以此泛指一般夫妻。段玉裁注《说文》中说：“虽其半，亦得云匹也，犹人言匹夫也。”也就是说，“匹妇”可以拆开来使用，各指男女。所以，后来匹夫、匹妇，就有了普通人的意思。

但是，古籍所载，除了这一说法外，“匹夫”还有其他寓意。《左传》中说道：匹夫是对人的一种蔑称，也就是身份卑微者的代名词。《论语》中，所谓匹夫，指的就是庶人。古书中说：“匹夫者，士大夫以上则有妾媵，庶人无妾媵，唯夫妇相匹，其名既定，虽单亦通称谓之匹夫匹妇。”这里不单指出夫妻二人的相合，更说明平民因为只有妻，而没有妾。夫妻二人相匹配，所以叫“匹夫匹妇”。《孟子·梁惠王下》：“抚剑疾视曰：‘彼恶敢当我哉！’此匹夫之勇，敌一人者也。”这里的“匹夫”指的是不经思考，莽撞行事的人。

后来，在词语的使用过程中，“匹夫”也曾被冠以一个人的意思。但是在大多数典籍使用中，“匹夫”仍被用来指代男子。

在古代文学意义延伸的基础上，近代，“匹夫”一词被扩展到了普通人身上。

古人关于年龄有很多诸如“古稀”“耳顺”之类的别称，它们起源于哪里?

古书中记载：“二十弱冠；三十而立；四十不惑；五十知天命；六十花甲子；七十古来稀；八十为耄耋之年。”这里说的是人生各年龄阶段的雅称，那么这些称谓又有怎样的内涵呢？孔子在《论语》中说了这样一段话：“吾十有五而志于学，三十而立，四十而不惑，五十而知天命，六十而耳顺，七十而从心所欲，不逾矩。”意思是：“十五岁的时候我立志一生学习不止；三十岁的时候我已经可以独当一面了；到了四十岁，我已经不会对发生的事情感到茫然无解了；五十岁的时候，我领悟了天地间事物存在的合理性；六十岁我就可以应天而行；到了七十岁，对于世间的很多事情我已经看透，波澜不惊。”孔子以自己的一生为例，总结了人生不同年龄阶段应该具有的心态。

按《礼记》的说法，人们称年满二十的男子为“弱冠”，是因为古人在男子二十的时候要行“冠礼”，意为已经长大成人，加冠授字，只是身体相对比较孱弱，还没长结实，因而称之为“弱冠”。

30岁，称而立之年，出自《论语》。

40岁，称不惑之年，出自《论语》。

50岁，称知天命，出自《论语》；还称知非之年，出自《淮南子·原道训》：“伯玉年五十，而有四十九年非。”意思是春秋卫国有个蘧伯玉，不断反省自己，到50岁时知道了以前49年中的错误，后世因而用“知非”代称50岁。

60岁，称耳顺之年，出自《论语》；又称花甲之年，在天干地支纪年里，天干地支循环相配组成60甲子，60年一轮回，所以60岁称花甲。

70岁，称古稀，出自杜甫《曲江二首》：“酒债寻常行处有，人生七十古来稀。”

80、90岁，称耄耋之年，出自《礼记·曲礼》：“八十九十曰耄。”

百岁老人，称期颐，出自《礼记·曲礼》：“百年曰期颐。”意为百岁之人需要有人照顾，颐养天年。

除了这些，人们称不满周岁的孩子为襁褓，幼年孩子泛称总角，十来岁的孩子叫幼学，15岁至20岁之间为舞象。

对于女子，13岁左右被称为豆蔻年华，15岁成人及笄之年，16碧玉破瓜年华，20桃李年华，24花信年华。

人们为什么把单身汉称为“王老五”?

现在，很多的大龄单身汉们被称为“王老五”，这是为什么呢?

有关“王老五”的来历，实在是无据可考，但是很早以前，民间就有“王老五，命真苦，裤子破了没人补”的俗语。

通常，被称为“王老五”的人并不是老王家的老五，只是人们习惯对那些单身汉的统称，相较于其他青年来说，他们不一定不优秀，也不一定没有钱，只是在常理看来该有妻室的年纪里，却一个人形单影只。

现代社会，“王老五”一词似乎使用频率

并不高，反而由它衍生出来的“钻石王老五”大行其道。“王老五”升级成“钻石王老五”后，便用来称呼那些青年新贵。这些人通常有耀眼的职位，显赫的家世。他们谈吐优雅，风度翩翩，是众多女人心仪的对象。

古人为何要用沉鱼落雁、闭月羞花来形容美貌女子？

“沉鱼落雁、闭月羞花”的女子，定是倾国倾城，无与伦比的。那么，这“沉鱼落雁、闭月羞花”是从何而来呢？

其实沉鱼落雁、闭月羞花指的是我国古代的“四大美女”，她们所拥有的美貌不但男人见了倾心，就连草木生灵见了，都会为之失色。

“沉鱼”说的是西施。相传西施是春秋时期越国人，被送去迷惑吴王，终助勾践复国。西施本是一名浣纱女，浣纱溪边，水中倒影与翩翩衣袂相互辉映，美艳绝伦。水里的鱼儿看见如此漂亮的浣纱少女，竟忘了甩尾巴，不觉沉入水底去了。因而，苦于找不到形容西施美貌的人们，便称其有“沉鱼之色”。

“落雁”说的是王昭君。她是汉元帝的掖庭待诏，但无缘得见君王。匈奴呼韩邪来朝，愿与汉朝和亲，汉元帝答应选送后宫女子给他。王昭君宁愿远赴大漠，也不想终老深宫，于是就挺身而出，自愿和亲。临行时，皇帝见她美貌非凡，后悔不已。去往匈奴途中，昭君手抱琵琶，琴声幽幽。南飞的大雁侧耳倾听，耽于昭君的美貌歌声，一时间忘记飞翔，纷纷落地。于是，出塞的昭君就有了“落雁”的美誉。

昭君出塞图青花瓷罐　元

元代，各朝各代的历史故事经常成为文学作品的主题。这件青花瓷罐的昭君出塞图富有浓厚的戏剧性。

“闭月”说的是貂蝉。貂蝉乃东汉末年司徒王允的歌女，不但貌美，还有忧国忧民之心。为助王允保住东汉社稷，在董卓和吕布之间周旋，最后挑拨吕布杀了董卓。貂蝉喜欢赏花拜月，一日，她赏月之时，月隐云后。众人感叹：连广寒宫的嫦娥都自愧姿色不如貂蝉啊。所以，貂蝉美貌就有了“闭月”之称。

“羞花”说的是杨玉环。杨玉环不仅体态丰腴，还多才多艺，娇贵一生最终香消玉殒在马嵬乱军中。她的身材不必多说，单说她的姿色，一天，她在花中游赏，开放的百花见了她，都闭上了花瓣。宫女见了，都感叹：连花都觉得逊色呀。于是，“羞花”一说由此得来。

时至今日，人们对那些姿色傲人的美女冠以“沉鱼落雁、闭月羞花”的美誉。

为什么古人把做媒称为“作伐”，把媒人称为“伐柯人”？

在民间，人们通常把促成姻缘的人叫媒人，古书中媒人还有“伐柯人”一说，这是什么意思？

说起“伐柯人”就要从古代的媒妁说起了。据《礼记》记载，男人和女人如果没有媒人介绍，是不会知道彼此名字的，更不可能像现在这样有交往。足见要想延续生命，媒人是多么重要。长期以来，父母之命、媒妁之言都是婚嫁的前提。

因而，有关媒人的记载也就多了起来，其名称更是多不可数。称媒人为“伐柯人”是源自《诗经·豳风·伐柯》，文中说，要怎么样才能把大树砍倒呢？要是不借助斧子的力量，这事难办。要怎么才能娶个老婆呢？这婚没有媒婆是结不了的。所以，伐柯的关键是有斧子，结婚的重点是有媒人。于是，人们便将媒人保媒称为“作伐”“执柯”，媒人也就有了“伐柯人”的称呼。

宋人有文说“其伐柯人两家通报，择日过帖”，指的就是媒婆两家忙活，最终促成好事。相较于其他称呼，“伐柯人”不常见于生活中，通常，人们叫媒人“媒婆”“红娘”等多一些。

知识链接

红娘

在古代，替人保媒促成好事的人被称为媒婆、媒人等，后来又出现了一个好听的名字“红娘”。这个名字又是如何得来的呢？在元稹的《莺莺传》中，红娘是小姐崔莺莺的一个丫鬟。张生与莺莺的相爱，红娘在其中起了穿针引线的作用。其中的红娘热情如火、口齿伶俐，极尽其能地鼓动莺莺接受张生，给人们留下了深刻印象。后来，人们便把促成好事之人称为红娘。

古人将出家人称为“方外之人”，“方外”是什么意思？

古代对出家之人有“方外之人”的称呼。通常，我们叫寺庙的主持“方丈”，那么这“方外之人”指的是什么呢？

最早的时候，方外是指中原以外的夷狄之地，也指中原之外的边远地方。成书于春秋的《诗经》和成书于战国的《管子》中都有“方外”一词，说的也都是这个意思。而后，方外一词的意思有所转变。战国时的大思想家庄子赋予“方外”以崭新的内涵。《庄子》中有言“彼游方之外者也”，这里的“方外”指的是“浮世”之外，带有超越世俗的意思。

在“方外”一词中，“方”是“道”的意思，也指国家法律和世俗秩序。因此，“方外”就是世俗之外的意思了。寻常百姓都是世俗之人，都叫“方内”之人。而僧侣、道士都是出家人，无须遵守人世道德规范，也不受世俗律法的约束，故称“方外”之人。这种说法思想上来源于儒家思想。因为中国的道德律法，都以儒家思想为主导，中国社会整个都是按照儒家之道（方）设计的，所以，在这个秩序约束之内，叫“方内”，不接受儒家思想的其他宗教和思想都叫“方外”。

相对而言，外来的佛教文化，在世俗人看来就是方外之学，早已不问红尘世事的出家人，摆脱了世俗的羁绊，所作所行，已不能再用凡世的规定戒条来衡量了。他们的思想，他们的七情六欲，都已不再被世俗所染，于是，出家人就有了“方外人士”的称号。

为什么把海外华人称为“海外赤子”，这一说法起于何时，“赤子”又指什么？

远居异国他乡的华人，表达自己的爱国之情时，总说“赤子之心”，而且，像他们一类的人，还被国人称为“海外赤子”，那么，“赤子”一词是从何而来的呢？

最初，“赤子”指的是刚出生的婴儿，古书解释说，小孩子刚出生的时候，因为还没有长出头发眉毛，整个身体呈现出一片红色。还有人说，古代的尺和赤是通用的，刚出生的小孩大概有一尺长，所以就用“赤子”作为新生儿的代名词。

将“赤子”用在比喻有某种热忱思想情感的人身上的人，应该始于老子。在《道德经》中，老子说，那些道德深厚、修养不俗的人，就像是刚出生的小孩子一样纯洁，就连毒虫都不会蜇他们，猛兽也不会伤害他们，就连苍鹰都不会对他们展开攻击……也就是说，老子借初生的婴儿，形容心性纯朴、品德高尚的人。

在之后的资料典籍中，我们会发现“赤子”除了比喻思想，还有指代黎民百姓的意思。《汉书》中“故使陛下赤子，盗弄陛下之兵于潢池中耳”指的就是这个意思。相传，唐太宗统治时期，唐太宗殿试射箭比赛，就有官员劝谏说：“您贵为天子，这么多人在大殿之上剑拔弩张，万一有个居心叵测的人放个冷箭，我们防不胜防啊。”唐太宗毕竟是胸怀坦荡之人，答道：“王者视四海为一家，封域之内，皆朕赤子……”唐太宗在说这番话的时候，用了“赤子”指其统治之下的黎民百姓们。

由此引申，居一国之内、忠贞赤忱的人，都被称为海内赤子。后来许多人侨居海外，但他们仍然心系故里，一片爱国之情鼓荡于胸。故而，他们或以“海外赤子”自称，或被国人称为“海外赤子”。

称老年人为“老头子”颇为不敬，这个称呼怎么来的，又是如何演变的？

人们通常认为，称别人为“老头子”是对老年人的不敬，含有“糟老头，倚老卖老”的讥讽味。那么，“老头子”是怎么来的呢？

最初，老头子是个贬义词。相传，素有“铁齿铜牙”之称的纪晓岚，受命编纂《四库全书》。有一天，天气酷热，实在让人受不了。纪晓岚看了看周围，反正也没外人，就把衣服给脱了，光膀子干了起来。就在他刚坐下来校阅书稿时，乾隆帝优哉游哉视察来了。光膀子见皇上着实不敬，穿衣服已经来不及了。纪晓岚眼珠一转，钻桌子底下避会儿吧。等了半天，纪晓岚听着没什么动静了，估计乾隆走了，就探了探身问道：“老头子走了吧？”坐在旁边的乾隆帝问道：“谁是老头子啊？”

纪晓岚灵机一动说道：“老头子是说万岁您哪！您老称万岁这算‘老’，人间万民之首这是‘头’啊，真龙天子这是所谓的‘子’，合起来不就是‘老头子’嘛！”乾隆帝自然知道其中原委，哈哈一笑也就过去了。

事虽过去了，但是“老头子”却叫开了。“老头子”后又泛指上了年纪的老年人。在一些方言中，通常会加上姓一起叫。

“手足”“耳目”本是人体组成部分，怎么会成为对特定人的称谓？

古人常用“左膀右臂”来形容那些辅佐君主成就大业的人，而那些随着主公征战南北、出谋划策、出生入死的人也常被人们称为“心腹大将”，“手足兄弟”等。人们为什么要用身体的组成部分来称代这些人呢？

《三国演义》第十四回“曹孟德移驾幸许都，吕奉先乘夜袭徐郡”讲道：吕布联合曹豹占了徐州城，堵了刘备的家门。张飞因为鲁莽贪酒放松了警惕，以至于丢了城池。他跑到刘备跟前，痛哭流涕，好一顿自责。玄德叹曰：“得何足喜，失何足忧!”关公曰：“嫂嫂安在?”飞曰：“皆陷于城中矣。”玄德默然无语。关公顿足埋怨曰：“你当初要守城时说甚来？兄长分付你甚来？今日城池又失了，嫂嫂又陷了，如何是好!”张飞闻言，惶恐无地，掣剑欲自刎。玄德向前抱住，夺剑掷地曰：“古人云：‘兄弟如手足，妻子如衣服。衣服破，尚可缝；手足断，安可续?’吾三人桃园结义，不求同生，但愿同死。今虽失了城池家小，安忍教兄弟中道而亡？况城池本非吾有；家眷虽被陷，吕布必不谋害，尚可设计救之。贤弟一时之误，何至遽欲捐生耶!”说罢大哭。关、张俱感泣。

刘备一席话让张飞、关羽感动不已，以后就更加忠于刘备了。“兄弟如手足”究竟源自何时，并没有资料可考，但是一经刘备说出，却家喻户晓。

“耳目”作为“刺探消息之人”之说，最早见于《国语》，书中说：“若先，则恐国人之属耳目与我也。”其中就含有了监视、审查的意思。后人根据耳目的作用，又对它进行了发挥，于是“耳目”又有指代间谍，打探情报的人的意思。

由于汉字的意义深远，而且可以用来指代具有引申意义的事情，所以，诸如“手足”“心腹”“耳目”之类的词，就被形象地用在了特殊称谓上。

古代的“丫头”到底是指小女孩还是指伺候人的丫鬟？

在古代，“丫头”一词并非人人都能叫。

宋代的王洋有诗《大阳道中题丫头岩》说：“不谓此州无美艳，只嫌名字太粗疏。”王洋自作注说，吴地一代，把婢女称为丫头。相传吴越一代的妇女，有一种保养秀发的秘方——每年除夕，女人们都会抓一只乌鸦来，好生地饲养它们。每天清晨，女人们会以木梳梳理它们的羽毛，还念念有词地说希望自已有一头美丽的秀发。于是，人们便称当地女孩为“鸦头”。

据史书记载，古时的丫鬟经常梳一种垂髻。这种发式有很长的辫子垂于脑后，看起来像个“丫”字形，于是“丫头”替代“鸦头”。由此看来，丫头确有指代丫鬟的意思。

在一些文学作品里，我们发现，很多时候被人们称为“丫头”的人并非是丫鬟。在古代，女子成年之前，所梳发式大都是少女式样，一般是头上两个对称的“髻”，像个“丫”字。有这种头饰的女孩子，通通是没有行笄礼的小女孩。所以，叫小女孩为“丫头”。这种称呼含有了一种长辈对晚辈的宠爱之情。

由此意义引申，即使孩子已经长大了，父母长辈还会叫她们“丫头”。于是，一些关系较好的人都会这样称呼女孩子。现在唤“丫头”，已不再有丫鬟这一意思了。

“不倒翁”是一种什么样的人，这样的人是不是永远不会摔倒?

关于“不倒翁”的名字，有这样一个传说：春秋楚国卞和得到一块玉璞，但是美玉却被包裹在顽石里面，卞和三番五次想把玉璞进献给楚王。楚武王看到顽石觉得卞和在戏弄他，命人将卞和的双足砍下，卞和伤心欲绝对着荆山号啕大哭。楚文王听说了，觉得其中有隐情，便命人把卞和叫了回来。当工匠剖开顽石一看，一块上好的美玉横空出世。楚文王感叹道：“这卞和真是个不倒之翁啊。”于是，那些不畏权势、坚持观点的人就被人们称为“不倒之翁”。

在民间，关于“不倒翁”还有一个传说。相传，清朝有个大官，很多人依附在他的门下。大官巧设名目，暗示门生们送礼。其他人都送珍宝，有个门生只抱了个大木盒子。大官打开盒子一看，竟是大小不一的不倒翁。

等人都走了，大官的老婆孩子迫不及待地挑着自己喜欢的东西。他们发现，门生送的最大的不倒翁后面写着：“头锐能钻，腹空能受，冠带尊严，面和心垢，状似易倒，实立不扑。”

因而，那些善于钻营、能根据环境不时调整自己保持权势的人，也就成了“不倒翁”。

什么样的人才被称为“两面派”，这个称呼是怎么来的呢?

两面派，就是指那些口是心非，表里不一，表面一套背后一套的人。

相传，元朝末年朝廷腐败，逼得各地百姓纷纷起义。朱元璋领导的起义军是其中势力较强大的一支，主要活动在河南和安徽一带。当时，双方在豫北作战，僵持不下，今天你占我的城池，明天我夺你的阵地。

双方军队不但打仗，还骚扰百姓，兵丁进城，要求百姓必须在门上张贴标语表示热烈欢迎。如果是救星来了，欢迎还情有可原，可是这两方军队今天你来，明天他来，都是来搜刮掠夺的。百姓苦不堪言，被逼无奈，想出一个应对的办法。

他们每家都找到一张薄木板，一面写着“保境安民”，这是欢迎元军的；另一面写着“驱除鞑虏，恢复中华”，这是欢迎起义军的。元军来了，将木板翻到欢迎元军的标语那一面，朱元璋的人来了，就翻到另一面。

可是好景不长，一天，大将常遇春在夺得的怀庆府视察，看见家家户户都贴着醒目的标语，心里自然高兴。一阵风吹过，有几家人贴标语的木板被刮倒在地。常遇春定睛一看，是欢迎元军的“保境安民”标语。常遇春很生气，于是下令，凡是有欢迎元军标语的人家通通满门抄斩。怀庆府的人们挂“两面牌”，只是图省事，没想到却招来了灭顶之灾。

后来，人们便将具有“两面牌”性质的人，谐音叫成了“两面派”。

人们常把贪吃的人称为“饕餮之徒”，饕餮是什么样的动物，为何成为贪吃的代名词?

据说，龙的九子之一睚眦经常吃人，号称饕餮，那么饕餮究竟是一种什么样的动物呢?《辞海》中解释说，饕餮是一种贪食的恶兽，多作为钟鼎彝器上的装饰。

有关饕餮的样子古书记载中很多，《山海经》说：羊身，眼睛在腋下，虎齿人爪，是一种想象中的神秘怪兽。《神异经·西荒经》中记载：“饕餮，兽名，身如牛，人面，目在腋下，食人。”《神魔志异·异兽篇》说：神州极南有恶兽，四目黑皮，长颈四足，性凶悍，极贪吃，行进迅疾若风，为祸一方。

因为没有实物可考，所以古代是否真有这种动物，学术界至今仍没有定论。

另有传说，说饕餮性情暴躁，稍不如意就怒瞪双眼，而且眼大如牛。只是这怪兽只有一颗大头，没有身子。虽然没有肚子，但是饕餮却极其能吃。不论好不好吃，见到东西就往嘴里吞。于是饕餮就被人们视为凶残且贪恋美食的怪兽。《吕氏春秋》中记载说，周代的钟鼎之上刻有饕餮纹，只有一颗头却没有身子，虽描述了饕餮的样子，但是并没有具体轮廓，后世也大都以钟鼎纹饰为依据。

由于饕餮所具有的凶残贪吃本性，在出土文物中，饕餮纹多出现在盛食物的鼎、簋、酒樽等地方。于是，人们便以饕餮代称贪吃的人。《左传》中有：“缙云氏有不才子，贪于饮食，冒于货贿，侵欲崇侈，不可盈厌；聚敛积实，不知纪极；不分孤寡，不恤穷匮。天下之民以比三凶，谓之饕餮。”

为什么把代人受过者称为“替罪羊”，难道羊真的代替人承受灾祸了?

人们常说金牛、福猪、祥龙等，但是说到羊，人们却经常说“替罪羊”，这是为什么?

羊自古以来都被人们视为吉祥温顺的象征。古人在祭祀的时候，羊是必不可少的祭品。

《孟子·梁惠王上》记载了发生在梁惠王身上的一个故事：一天，有个人牵着一头牛来到梁惠王面前。他看着那牛瑟瑟发抖，就对那个牵牛的人说：“你要把牛牵哪去啊?”“新铸了几口大钟，要用它祭钟。”梁惠王说：“你看它吓得那样，我不忍心让一头无辜的牛做出牺牲，放了它吧。”“那我们不祭祀了吗?”“当然要祭，去牵头羊来祭祀。”有人说，这就是“替罪羊”的由来。

事实上，“替罪羊”是个外来词汇。《旧约》中记载说，上帝为了试探亚伯拉罕是否虔诚，就叫他杀掉儿子献给上帝。亚伯拉罕虽然心痛，但是他更忠于上帝，所以，就将自己的儿子绑了准备祭献。这时，一位天使出现了，对他说：“上帝知道你的虔诚，前面林子里有只羊，你用它来祭献吧。”于是，亚伯拉罕就用羊代替儿子行了献祭礼。

在基督教文化中，犹太新年过后的第十天是“赎罪日”，古犹太人会在这天举行祭祀。通常会选取两只公羊，宰杀一只公羊做供献；另一只由大祭司手覆其额头，将犹太人一年的罪过宣读，意味着这只羊承受了犹太人犯下的所有罪过。然后将羊放逐旷野赎罪，最后将赎罪羊火祭。“替罪羊”一词便由此产生。

后来，人们把那些代别人受过的人称为“替罪羊”。

“河东狮吼”是凶悍的老婆的代名词，这个奇怪的名称是怎么来的?

相传北宋年间，工部尚书的儿子陈季常，性格随和，嗜酒好剑。因家境殷实，经常呼朋引伴，饮酒宴乐。但是，他也并非只知吃喝玩乐，还常和朋友讨论佛法。陈季常的妻子柳氏对他的作为很不满意，看他每天带着歌伎，漫天花钱，便十分生气。所以，柳氏总是在陈季常酒酣耳热之际，猛敲墙壁。陈季常虽然没说什么，但是宾客都明白怎么回事，只好识趣地散了。

于是，陈季常怕老婆被传得沸沸扬扬。有一天，苏轼邀陈季常一起赏春。柳氏说什么也不让他去，在陈季常连保证带发誓之后，柳氏才答应。晚上陈季常回到家，柳氏大发雷霆，陈季常也只能受罚。恰巧苏轼来访，看见这番情形，便吟道：“龙丘居士亦可怜，谈空说有夜不眠。忽闻河东狮子吼，拄杖落手心茫然。”

有关“河东狮吼”的由来还有另外一个观点：苏东坡所说“河东狮吼”另有所指。陈季常经常和朋友柳真龄讨论佛法，柳真龄总是训斥棒喝陈季常。“河东狮吼”便是指与陈季常讨论佛法的柳真龄。

但多数人都认同第一种说法，“河东狮吼”也就成了悍妇的代名词。

知识链接

狮子吼

苏轼《寄吴德仁兼陈季常》中所引用的“河东狮子吼”其实是出自佛家用语。相传释迦牟尼诞生时，一手指天，一手指地，作狮子吼：“天地之间，唯我独尊。”而在佛经中，也有关于“狮子吼”的记载。《维摩诘所说经》中说：“演法无谓，犹狮子吼，其所讲说，乃如雷震。”由此可见，狮子吼威力非同一般。因而，在少林武学中，也有同名奇功。据说此武功不用出招，发功人靠内力发出呼啸巨声，能传到数里之外，所到之处摄人魂魄、百木枯竭。但是，现在这门功夫已经没人能够修炼成了。

人们为什么把小偷叫作“三只手”?

常干些偷鸡摸狗的小偷被人们称为“三只手”，这是为什么?

“三只手”在词典中解释为：“偷东西的小偷。”其实“三只手”是外来词汇，出自古罗马喜剧作家普劳图斯的《一坛黄金》。

这部戏剧的主人公名叫尤克里奥，他是个有名的守财奴，每天抱着自己的黄金罐子数来数去。有一天，他发现自己的黄金少了一坛，找了好久都没找到。

尤克里奥便认定家里出了内鬼，并发誓要把他揪出来。于是，他召集家里的奴隶，让他们把手伸出来一一检查。可是他检查遍了，也没发现什么。但是，他认定金子一定被他们中的一个藏了起来。尤克里奥说：“把你们的第三只手都给我伸出来。”伴随着普劳图斯喜剧的流传，“三只手”也就成了对小偷的称呼。

在中国民间，也有关于“三只手”的传说。相传“三只手”是北宋年间赫赫有名的神偷，因为身手麻利，近身取物，所以人送外号“三只手”。

为什么用“不三不四”来指称行为不端的人，这里的“三”和“四”做何解释?

父母教育孩子的时候，经常会说：“近朱者赤，近墨者黑，在学校里少跟那些不三不四的人来往……”父母教育得没错，毕竟环境塑造人。可是，为什么那些行为不端的人就被称为“不三不四”的人了呢?

在《易经》中，每卦六爻，而三、四爻正好居于中间位置。所以有人说，《易经》中的三、四爻意味着主体正道，有端正的意味。于是“不三不四”就有了行为不端的意思。《儒林外史》中胡屠夫说范进：“不三不四，就想天鹅屁吃。”可见，“不三不四”早成了蔑词，指的就是那些整天不务正业、言行不端的人。

“二百五”的说法起于何时，人们为什么常用它来称呼容易犯傻的人?

从前有一个秀才，寒窗苦读多年都没能金榜题名，于是便草草成家。结婚不久，老婆就给他生了两个儿子。秀才觉得自己追求功名大半辈子，却一无所获，便给俩孩子起名为成事和败事。平日里，秀才在家教孩子读读书，日子倒也充实。一天，秀才跟妻子说：“我要出去逛逛，你督促老大写三百字，老二写二百字，回来我检查。”过了半天，秀才回来了。妻子对他说：“成事不足，败事有余，两个都二百五。”

生活中，我们经常称那些办事欠考虑，说话不正经，傻头傻脑好出洋相的人为“二百五”，这个称呼是怎么来的呢?

古代货币中，10两银子算一锭，500两银子作为一封，250两银子就是半封。“半封”和“半疯”谐音，有傻里傻气、疯癫的意思。故而，人们就用“二百五”来指代“半疯半傻”的人，这是关于“二百五”由来的第一个说法。

第二个说法与大名鼎鼎的苏秦有关。春秋战国时期，身为六国宰相的苏秦树敌甚众，想除掉他的人不在少数，但都苦于没机会。后来，苏秦竟然不明不白地在齐国被暗杀了。齐王感到很心痛，毕竟这是一名难得的人才啊。齐王决定为苏秦报仇。为了引凶手自投罗网，他想出了一个主意。他命人将苏秦首级割下，悬挂在城门示众三天，并在城门上张贴榜文说：苏秦是个吃里爬外的内奸，齐国一直苦于无计除掉他，今日他死于非命，真是大快人心。所以要重赏刺杀之人，给他加官晋爵，赐以黄金千两。

果真有人揭榜，而且一来就是四个。齐王命人把他们带过来，问道：“你们一起来了四个人，究竟谁是功臣，这千两黄金该赏谁啊?”四个人听了，异口同声地回答：“是我们四人一起干的，请大王分我们每人二百五十两。”齐王听了，顿时火冒三丈，命人将这四个“二百五”拖出去斩了。

那些视金钱如生命的人往往被人称为“吝啬鬼”，这个讽刺的说法从何而来?

夏洛克、阿巴贡、葛朗台、泼留希金是世界文学著作中的四大吝啬鬼，他们的共同特点是爱财如命。可是，为什么人们称他们为“吝啬鬼”呢?

吝，有过分爱惜的意思。啬，意义众多，本训是穑的古文，有收割的意思，还有爱惜、贪恋、悭吝、刻薄的意思。《易·说卦》中说“坤为地，为母，为布，为釜，为吝啬”。说的是，大地保护着草木，草木离地就会枯死，这是大地保护自己财产的方式。于是后人便将“吝啬”迁移到了那些过分守护财产的人身上。

关于“吝啬”民间还流传着一个故事。

从前有两个人，一位姓吝，一位姓啬。俩人都很有钱，是当地的大户。由于他们太过小气，没人愿意搭理他们。说来也巧，这俩人臭味相投，没事的时候便在一起讨论怎样才能让钱生钱。

一天，俩人相约到子虚亭饮酒赏月，赏月当然少不了美酒佳肴。于是俩人商量好吝先生带酒，啬先生带菜。然而，到了约定的时候，两人居然都是两手空空而来。原来他们都指望着占对方点便宜。

既然来了，也不能索然无味地回去啊，于是吝先生就以手做举杯状说：“兄台，月光如水水如酒，我先干为敬。”啬先生一听，美酒都敬我了，我也得表示表示，于是说道：“池中游鱼鱼是菜，请吝先生品尝。”俩人你来我往吃得挺开心。可是路人看见了，觉得这俩人像梦游，荒唐可笑。乡里头认识这俩“铁公鸡”的人调侃道：“你们不明白，这俩人是有名的小气鬼。他们吃的是吝啬菜，喝的是吝啬酒，活着是吝啬人，死了是吝啬鬼。”

后来，“吝啬鬼”也就成了视财如命人的专指。

“马大哈”是办事马虎者的别称，这个说法从何而来?

为什么那些马马虎虎的人要被叫作“马大哈”呢?

其实，“马大哈”源自相声界泰斗马三立老师的相声《买猴儿》。

《买猴儿》讲了这样一段妙趣横生的故事。说有一个差不多先生名叫马大哈，办事马马虎虎、大大咧咧、嘻嘻哈哈。尽管当了领导，他依然因循陋习。都说人以类聚，物以群分，马大哈先生的领导及下属和他都有一个毛病，什么事差不多就行，马马虎虎就过去了。

话说有一天，马大哈下了个公告，意思是说公司没货了，请上级批准到天津市东北角买50箱猴牌肥皂回来。马大哈于是向上级提出申请，并在申请书上写道：“到东北买猴50只。”上级接到申请，心想，这人办事我们放心，于是看都没看就批了。

领导的决策自然有他的道理，就算下属

觉得再不合逻辑，也得全力执行。只是这猴子确实不好买，怎么说猴子现在也是国家的保护动物，哪能说买就能买得到。经过多方洽谈，又历经了一系列手续，50只猴子终于采购齐了。

当采购员将50只猴子带回公司的时候，全公司都热闹了起来。为了制伏这50只猴子，全公司乱作一团，上演了一场笑料百出的闹剧。

相声一经播出，人们立即在生活中找到了形形色色的“马大哈”。于是，那些事事无所谓、差不多就行、丢三落四、马马虎虎的人便被称为“马大哈”。

商界有实力的女人往往被赞为“女强人”，古代的“强人”就是这个意思吗？

生活中，人们将那些巾帼不让须眉的事业型女人称赞为“女强人”。她们虽不一定身体强壮，但是大都本领高强、能力超群。可以说，“强人”含有褒奖之意，能被称为“强人”的人，通常是在某一方面出类拔萃，但古汉语中的“强人”并非此义。

据《宋史·兵志四》记载：“咸平四年，募河北民，谙契丹道路，勇锐可谓间伺充强人，置都头指挥使。”意思说，咸平四年的时候，朝廷征召了一批河北、陕西等地方的山寨组织，派他们到边防抵挡契丹的骚扰。他们英勇善战，势头强劲。朝廷特将他们编入军队，主要负责侦察契丹情况。时人称这个官兵种类为“强人”。如此看来，古代“强人”是对与“强盗”抗衡的官兵的专有称谓。

其他古代文献中，“强人”又有其他的含义。《大宋宣和遗事》中记载说：“是时宴会已散，各人统率强人略州劫县放火杀人。”受宋朝时局动荡影响，当时的很多“强人”开始脱离官兵队伍，最终演变成了占山为王的强盗。

“女强人”一说，起源甚晚，出处已不可考，但其中的“强人”与古汉语大相径庭。

古人把啸聚山林的人叫作“绿林好汉”，这个说法有何来历？

“绿林好汉”一词源自绿林军起义。

西汉末年，汉元帝、汉成帝荒淫无度，朝政腐败，土地兼并严重，导致阶级矛盾尖锐。公元8年，外戚王莽夺权篡位。

篡位后的王莽不但没有休养生息，还朝令夕改，不断发动对少数民族的战争，加深了人民的疾苦。改全国土地为王田的政策触犯了地主官僚的利益，改私家奴婢为私属的政策又得罪了贵族阶层，加之天灾不断，于是各路人士纷纷起义反抗。

据说，在荆州南郡和江夏郡一带，灾荒闹得极为严重，百姓终日靠草根树皮过活。由于灾民太多，当地的草根树皮根本供给不上，所以，许多百姓流离失所。

在这些穷苦百姓里，有两个深明大义的人，他们劝百姓说：“咱们都是受苦受难的人，我们之所以没饭吃，都是王莽闹的。我们应该推翻他，这样大家才能都有饭吃。”百姓觉得他们说得很有道理，于是推举他们两个做了首领，打起了起义的大旗。这两个号召大家起义的人就是史书上说的王匡、王凤。

反抗王莽统治的人不断增多，迅速发展到了上千人。公元17年的时候，他们占领了绿林山，并且以此山为据点，迅速向周边扩张势力。这支集结在绿林山的起义队伍，被人们称为“绿林军”。

绿林军在反抗王莽的斗争中，得到了樊崇领导的赤眉军和刘秀的支持。公元23年，绿林军攻进长安，取得了反抗斗争的胜利。

尽管绿林军后来分化瓦解，但是绿林军反抗暴政，深得民心，人们就称他们为“绿林好汉”。后来，“绿林好汉”就成了对那些啸聚山林的人的称呼。

“狗腿子”是帮凶的代名词，这个词是怎么来的？

那些充当汉奸，与恶势力为伍的人，通常被称为“走狗”“狗腿子”。人们为什么要用“狗”来形容他们呢？

有关于“狗腿子”的来历，民间流传着一个传说。

据说，李时珍和李二癞子曾经一起在李家坑学医。两人虽然是叔伯兄弟，但是脾气秉性却相差十万八千里。李时珍一心钻研医学药理，李二癞子却终日游手好闲。后来，李时珍成了远近闻名的大夫，李二癞子却改了行，靠着阿谀奉承在衙门里混了个差事。

李二癞子进了衙门，极尽迎合奉承之能事。为了巴结县太爷，他没少做坏事，欺行霸市，横行乡里。

李时珍开了个药铺，生意很是红火。这让李二癞子嫉妒得要命。说来也巧，县太爷腿疾犯了，请了很多郎中都没看出个子丑寅卯。县太爷发下话来：“要是谁给我看好了，重重有赏；看不好，阎王殿里告状去吧。”李二癞子一想，这么多大夫都没看好，李时珍肯定也不行，不如就趁这个机会除掉他。于是，他就极力推荐李时珍给县太爷看病，县太爷也就答应了。

李时珍来了一看，有点难。李二癞子看李时珍不说话了，说道：“大人，看他那愁眉苦脸的样儿估计不成，您看咱……”县太爷

李时珍采药

刚想命人将李时珍押进大牢，李时珍说话了：“大人，您别急。我看了，您这腿有救，只要找个能懂大人心思、视大人如再生父母的人，将他的腿换到您身上，保证大人健步如飞。”“这人我哪儿找去啊。”“我看李二癞子就不错，鞍前马后，没少替大人办事，就用他的腿吧。”

李二癞子一听傻了，但他不敢说半个不字啊。于是，李时珍把李二癞子的腿接到了县太爷身上，果真好了，得到县太爷重赏。

李二癞子没害成李时珍，自己反而丢了一条腿，就去求李时珍也给他找个腿接上。刚好一条大黄狗经过门前，李时珍就把狗腿接到了李二癞子身上。因为李二癞子有一条狗腿，所以得名“狗腿子”。后来，那些充当恶势力帮凶的人也就有了如此形象的绰号。

“黄牛”的形象本来忠诚勤恳，可是现在人们为什么将倒票人称为“黄牛”？

近几年，曾经为牛郎织女牵线搭桥的老黄牛，又火了起来。倒不是牛郎和织女的故事重新上演了，而是“黄牛”们又有了新的工作。尤其春运期间，那些买不到票的人，都要到“黄牛”那里瞧一瞧。

如今的“黄牛”不能望文生义。他们是专门倒卖票据的团体，人们又叫他们“黄牛党”，俗称“票贩子”。

“黄牛党”由来已久，不同时期，“黄牛党”扮演着不同角色。在新中国成立前，一些人看准战乱时局不稳，经常会囤积一些人们需要的东西，比如法币、医药、布匹等，等到时局混乱、商店关门粮价暴涨，这些人便高价出售囤积的货物，从中赚取差价，牟取暴利。在20世纪六七十年代，“黄牛党”主要倒卖的对象是三大件，那些家庭收入较高的人都会置办这些东西，于是就给了“黄牛党”赚钱的机会。

现在，人们的生活水平提高了，精神消费逐渐增加起来。听场交响乐、看场球赛成了人们休闲消遣的首选。需求的人多了，票成了紧缺的资源，于是，“黄牛党”又发现了

赚钱的苗头，高价倒卖门票也就成了他们只赚不赔的买卖。

那么“黄牛党”一称是如何得来的呢？

《方言词典》中解释说，那些责任心差、不履行自己诺言的人通常被人们称为黄牛。黄，在方言里，有告吹的意思。而“党”是上海方言里对一些现象划分类别时常用的说辞。当那些人抢购囤积物资票券时，就像骚动的黄牛群，场面混乱不堪。人们便将这类人称为“黄牛党”。

其实说他们是“黄牛党”，最重要的一点是黄牛一年换两次毛，而且皮硬毛多，和票贩子们非法获取毛利有相似的地方，所以，“黄牛党”是最形象的称呼。

什么样的人才被称为“浪子”，为什么说“浪子回头金不换”？

“浪子”主要是指四处漂泊，居无定所的人。另外，不务正业、游手好闲的人被称为浪子；那些不修边幅，放荡不羁的人也被称为浪子。

对于浪子，古往今来评价不一，但是“浪子回头金不换”这句俗语却是亘古不变，这又是为什么呢？

相传，鄱阳太守周鲂之子周处，年少时是个臭名昭著的浪子。他终日横行乡里，为所欲为，当地民众都敢怒不敢言。当时，义兴河里有一条作怪的蛟龙，山上还有只行凶的白虎，所以，当地百姓就将周处和这两大怪兽并称为“鄱阳三大害”。白虎蛟龙害人尚可躲，但是周处却是无可躲避。于是，就有人诱导周处去斩杀白虎蛟龙。如果鄱阳三害互相厮杀，其中必定有死伤，百姓也就能减轻点痛苦。生性好斗的周处经不住诱惑，开始了斩龙杀虎的行动。斩杀山上猛虎后，周处又去斗蛟龙。周处下河几天都没回来，百姓都以为周处死了，便张灯结彩锣鼓庆祝。

周处费了九牛二虎之力解决了蛟龙回到乡里，看见人们这么欢呼雀跃，开始还以为是欢迎自己，一问才知道，原来自己在乡人眼里是如此不堪。经历了生死考验，周处有了改过自新的想法。于是，他找到陆机、陆云两位圣贤之人，在他们的指导下潜心修身。后来，周处出仕，一身清廉，刚正不阿。虽因得罪小人而最终屈死沙场，但是他改过后的所作所为，皆为善表，他的事迹一直被后人传诵。

陆云说：“就算曾经臭名昭著，如果参悟了圣贤之道，痛改前非，即使晚上死了，也没有什么遗憾的！”所以，对于浪子来说，悔过自新重新做人的精神，比金子还纯，更难能可贵。

徒有其表的人往往被称为“银样镴枪头”，这是为什么？

通常人们将空有外表，却败絮其中的人称为“银样镴枪头”，这一称呼是如何来的呢？

“银样镴枪头”出自《西厢记》。在《西厢记》的第四本第二折中，张生和莺莺私下幽会的事被老夫人知道了，张生六神无主求助红娘帮忙，于是红娘骂道：“你原来是苗而不秀，呸！你是个银样镴枪头。”意思说，你张生堂堂七尺男儿，竟如此不当事。

词典中，对“银样镴枪头”的解释为：镴，也叫白镴或锡镴。是一种锡铅合金，可以用来焊接金属，也可以制作器物。

银样镴枪头，指的就是外表看起来还不错，但实际上中看不中用，就像锡铅合金的枪头一样。

《红楼梦》中说：“纵然生得好皮囊，腹内原来草莽。潦倒不通世务，愚顽怕读文章。行为偏僻性乖张，哪管世人诽谤！”字里行间，便将宝玉仪表堂堂，却终日不思进取的“镴枪头”形象尽展无遗。

后来，那些头重脚轻腹中空的人，都被说成是“银样镴枪头”。

第十九章
天地玄奥·中华奇观

"老皇历"能不能写成"老黄历"，为什么？

年龄偏长的人聚会，聊起今昔过往，调侃之间总要回句"这都老黄历了，你还记得？不提也罢"。《平凡的世界》里写道："既然社会的变化已经成为铁的事实，那么聪明人就不应该再抱着一本老皇历念到头。"生活中这"老皇历"和"老黄历"究竟有什么区别吗？

中国古代实行的历法有很多，这些历法就是一种编算天文的年历，它们包括了中国古代天文学的许多重要内容。作为炎黄子孙的华夏民族，最初使用的是由黄帝创造的黄帝历，也就是黄历。

它采取阴阳合历的方式记载时间及节气时令，与现行阳历相比，它将地球绕太阳公转的规律、天体运行与地球的相对位置，以及天体运行对地球的影响等因素总结归纳编成历法，其中包含了中国古代哲学、天文、地理、自然生态等很多方面的丰富内涵，指导人们根据节气时令来顺应自然，安排生产，调整生活。由于黄历的表述结合阴阳，理连天地，后来成了人们占卜凶吉的参考，带有迷信色彩。

在一些文学作品里，我们还时常看到"老皇历"一词，这里是笔误还是通假呢？

古人向来重视历法，每逢江山易主，新皇帝登基都会重定国号，颁布新历，为的是史册上能够留载这样一段辉煌。公元 9 世纪初，中国出现了第一部由皇帝下令编制、全国统一实行的历法。其中包含了很多天文学内容，用来指导人们的生产生活。因此，百姓便把"黄历"叫成了"皇历"。自辛亥革命后，皇朝颠覆，白话文得以推广，"皇"又恢复成了"黄"。

由于每年的黄历都重新发行，新一年的历法不同于去年，所以查询事宜就不能翻看之前的黄历，因而人们就用"老黄历"形容那些因循守旧、不思进取，时节已改却仍行事如昨的人。

知识链接

万年历

万年历指的是一种将公历、农历、干支历相互对应，编排在一起的工具书。查询万年历时依据干支纪年法，通过观察天象，结合实际，总结出规律，以体现出阴阳五行学的说法。相较其他历法比较全面，因而在诸多历法中，有着不可替代的作用。传说万年历是中国最古老的一种历法，为体现它的流传久远定名为"万年历"。

现在我们所使用的万年历，其实是记录一段时间范围内的具体阳历或阴历日期的年历，方便人们查询过去的时间，与原始历法已经联系不大。

什么是"花甲子"，它与干支纪年有何关系？

60 岁的老人常被人们称为"花甲子"，所谓"二十弱冠，三十而立，四十不惑，五十知天命，六十花甲子，七十古来稀，八十为耄耋之年"。这是人们对不同年龄阶段人的别称。不仅如此，在历史事件中，我们还经常看到"甲午战争""辛亥革命"一类的名词，那么古人为什么不说"多少岁""几几年"呢？

“甲子”一词，源自中国古代使用的干支纪年法。据相关资料记载，早在商代时期，中国就已经采用干支法纪年了。到了东汉光武帝时期，天文学家在总结前人历法的基础上，制定并开始实行干支纪年法。干支纪年法是由天干（甲、乙、丙、丁、戊、己、庚、辛、壬、癸）和地支（子、丑、寅、卯、辰、巳、午、未、申、酉、戌、亥）组成。

所谓的“干”“支”是中国古代的一种计数、计时符号。将10天干与12地支循环相配，可以构成60组（甲子、乙丑、丙寅……癸亥），人们将它们合称为“六十甲子”。每60年，花甲子正好是首尾相接，循环一次。所以一个周期的第一年，也就是人60岁的时候，被称为“花甲之年”。

“花甲子”也有五行纳音的说法，根据五行学说，古人将金、木、水、火、土五行与60甲子相结合，每行纳入12干支，组成了60个纳音，建立了纳音学说。比如，“甲子乙丑海中金，丙寅丁卯炉中火”等。因而，在60花甲里也就有了五行的属性。在沈括的《梦溪笔谈》中，就有“六十甲子有纳音，今人鲜知其原意。盖六十律旋相为宫法也。一律含五音，十二律纳六十音。纳音之法，同类娶妻，隔八生子，此《汉志》语也”的说法。

生活中我们常会说到“丁是丁，卯是卯”，指的就是天干地支相互搭配循环，没重复，无遗漏错位的引申意义。

知识链接

“天干地支”是谁发明的

相传，轩辕时代的大挠氏是最早创造天干地支的人。但是，这只是个传说。关于天干的起源，缺乏史料和证据。而相关资料表明，十二地支最早起源于古巴比伦的十二宫后，后来传入中国。中国古人在借鉴的基础上，创造出十二地支。

阳历有“闰年”，农历有“闰月”，为什么要设“闰月”，有什么规律吗？

翻看日历的时候我们会发现，二月的天数不像其他月份那么固定，每四年就会有一个29日，通常人们把二月里多出一天的年份称为闰年。因而阳历2月29号出生的人，若要过阳历生日，则要四年才有一次。过阴历生日的人，还会发现另一个奇特的现象，有的时候一年里，会有两个生日，这为什么呢？

其实，这是闰月造成的。中国现行阳历是根据地球自转而定的历法。在古代，人们是根据月相天体运行规律来划分月份的。在长期的生产实践中，人们发现回归年的总长度比12个朔望月构成的阴历年多将近11天，每个月平均多一天。按照这样的数值推算下去，经过若干年后，农历与阳历所载就会出现矛盾，甚至出现“冬夏错位”的现象。

为了使两部历法协调一致，不产生分歧，古人在参考大量天文资料的基础上，找出了回归年日数与朔望月日数的最小公倍数。根据这一数值，经过计算，采用了“十九年七闰”的方法，才使农历的岁首保持在春初，四季就与阳历基本吻合了。

农历的大月为30天，小月为29天，若要使朔日成为每个月的头一天，几个大月、几个小月相连的现象就会经常发生，因而，如何置闰就要看农历年的平均长度与回归年的长度相差多少了。秦代以前，人们习惯将闰月加在每年的最后一个月之后，称十三月。到了汉代，人们将闰月提前，置在九月后面，这样虽然得出的阴历与阳历所指相差不多，但始终没有固定的加法。直到汉武帝年间，加闰的方式才比较规范化，从冬至开始，把二十四节气中没有“中气”的月份定为闰月，称它为“闰”上个月的名称。

根据相关资料统计，每隔19个农历年，闰月的月份相同或者前后相差一个月，并且有农历三年一闰、五年两闰、十九年七闰的规律。

知识链接

二十四节气

在中国有“立秋吃黄瓜，抓秋膘”的民俗，不仅是立秋，我们经常会听到“雨水”

“惊蛰”等一类的词语，这些词语是怎么被定义出来的呢？

这一类的词是二十四节气中的节气名称，它是根据太阳在黄道上的位置来划分的，用以表示一年里的天时和气候变化。古人将黄道分成360度，每15度为一个节气，春分点定为零度，其他分别为：立春、雨水、惊蛰、春分、清明、谷雨、立夏、小满、芒种、夏至、小暑、大暑、立秋、处暑、白露、秋分、寒露、霜降、立冬、小雪、大雪、冬至、小寒、大寒。这样，虽没有精准的日历可以查询，农民依然能根据节气来指导生产。

“二月二龙抬头”的说法是什么意思，有何来历？

在中国漫长的发展历程中，人们在不断推动时代进步的同时，更为历史增添了很多魔幻的色彩。民间关于龙的传说多不胜举，因而被尊崇的神龙们便多了几分神秘，显得威严不可侵犯。因此，民间也就多出了很多禁忌来。在正月里，民间有不理发的习俗，人们总是续着旧年的长发，待到二月二这天，剃个龙头，趁龙抬头之时，讨个吉利。那么在二月二，龙真的会抬头吗？

根据天体运行规律，二月二这天“龙”真的会抬头。原来，由于地球公转，在南中天附近的二十八宿之东方青龙，冬季时隐匿在天空中，到农历二月左右，龙角便会重新出现在地平线上。与此同时，世间正值春回大地，天气开始转暖。古代的天文器具虽比不了今天，但是善于发现总结的劳动人民却从这一规律中推算出了时令，以便安排生产。早在唐朝，人们就有了在二月二这天祭春龙的习俗。

农历二月初二正处在“惊蛰”前后，严冬过去，大地开始解冻，很多冬眠蛰伏的动物都开始苏醒过来，农民也开始在这个时候准备新一年的耕种。因而，古人又把“二月二”叫作“上二日”，也称“春耕节”。

所谓的惊蛰，就是人们通常神化了的“龙”。在《帝京景物略》卷二中这样记载道：“二月二日龙抬头，煎元旦祭余饼，熏床炕，曰熏虫儿，谓引龙，虫不出也。”说的就是在这一天的景况，人们通常会吃面条、炸油糕、爆米花，意为“挑龙头”“吃龙胆”“金豆开花”“龙王升天，兴云布雨，五谷丰登”；或打着灯笼到井边或河边挑水，回到家里便点灯、烧香、上供，以这样隆重的方式，请“龙”寄愿，期待这一年风调雨顺。

知识链接

惊蛰

农谚中有“到了惊蛰节，锄头不停歇”。说的是惊蛰这天，农民就开始了忙碌的春耕，为什么春耕要在惊蛰后开始呢？

蛰意为藏，所以惊蛰就有震醒藏在地下冬眠的动物的意思。惊蛰节气，太阳直射点在赤道附近，一般在阳历3月的4～7日。

古代将惊蛰分为三候，一候桃花红、李花白，二候黄莺叫，三候燕飞来。说明大地解冻，气温回升，春耕时节来临。

这一时期的温度利于病虫害的发生和蔓延，因而，人们通常会在惊蛰前后吃养肝补气、强健脾胃的食物。

“七月流火”出自何处，是不是指天热得像下火一样？

“七月流火”是用来说明节气、气候的。它出自《诗经·豳风·七月》：“七月流火，九月授衣。一之日觱发，二之日栗烈，无衣无褐，何以卒岁？”《辞海》这样解释“流火”：“流”，指移动、落下；“火”为星名，“大火星”，也就是二十八宿中的心宿星。

早在3000多年前，人们使用的历法为太阴历，七月指的是阴历的八九月份，此时正值夏转秋季节。在这个季节里农民准备收割粮食，置备御寒衣物。《诗经》中所反映的是农民辛勤劳作了一季，转眼到了收获的季节，农历的七月里，时至黄昏，心宿星渐渐向西偏落下去。意在说明天气转凉了，暑气渐退，引出后面的“九月授衣”。

若要断章取义，而后的“二之日栗烈，

无衣无褐，何以卒岁”就没有办法解释了。这一点孔颖达也做过相关评论：“于七月之中有西流者，是火之星也，知是将寒之渐。”因而，农历的七月里，骄阳似火的天气就不容易出现了。

在天文器械还不完善的古代，人们通过对日月星辰运行的变化、物象和气象的变化进行观察来确定农时。所以大学者顾炎武在《日知录》一书中写道：“三代以上，人人皆知天文。‘七月流火’，农夫之辞也。”如此一来，还在盛夏大喊“七月流火”的人，可要留下笑柄了。

知识链接

二十八宿

“七月流火”中所说的大火星，指的是二十八宿中的心宿星，那么二十八宿指的是二十八颗星吗？

关于二十八星宿，最早记载于《尚书·尧典》，二十八星宿，又名二十八舍或二十八星，二十八宿是一种恒星群系统，它把赤道和黄道一带南中天的恒星分成了二十八群，从角宿开始，由东向西，与日月同向运行。民间有天帝派四兽守卫人间的传说，因此古人把二十八宿分为四象，每象七宿。即东方称青龙：角、亢、氐、房、心、尾、箕；南方唤朱雀：井、鬼、柳、星、张、翼、轸；西方作白虎：奎、娄、胃、昴、毕、觜、参；北方名玄武：斗、牛、女、虚、危、室、壁。

什么是“星期”，我们为何把七日叫“一星期”呢？

我们通常把7天称为一周、一星期，或者礼拜。这一制度源于巴比伦。

早在公元前7世纪，巴比伦人就创立了星期制。他们将一个月分为四周，每周七天，由于每一天都会有一位星神掌管，所以他们建立了七星坛祭祀星神。七星坛从上到下分日、月、水、土、木、金、土七层，每一天祭祀一个星神，并且以星神的名字来命名这一天。因此，就有了七日一周期，或称作七曜星期周的说法。巴比伦人将周日到周六，分别称为：日曜日、月曜日、火曜日、水曜日、木曜日、金曜日和土曜日。

公元4世纪的时候，巴比伦人的星期制传入中国。据记载，中国最早使用的是十天记日法。在中国古代历法中，有闰月一说，为了使阴历与阳历所记载的日期相近，人们根据月亮在天空中的运动规律，创造出加闰的办法。根据观察，人们发现从朔日到下弦，历时七天，这与巴比伦所采用的七日一星期制度恰好吻合。于是，古人便在七日一星期制度基础上，将日月和五行中的火、水、木、金、土按顺序排列，从朔日到下弦，分别以日曜日、月曜日、火曜日、水曜日、木曜日、金曜日、土曜日命名，这样就形成了有中国本土特色的星期制度。

关于七天定为一星期还有一种说法：明朝末年，基督教传入中国，据《圣经》所载，上帝用六天造了世界，第七天为休息的日子，俗称休礼拜。因而，一星期也就有了一礼拜的说法。

我们常说“弹指一挥间”，“弹指”究竟是多长时间？

人们经常用“弹指一挥间”来形容时间飞快，具体来说，“弹指一挥间”到底有多长呢？

平常我们是否计算过弹一下手指，挥一下手臂需要多长时间？在印度，“弹指”是一种风俗，用来表示喜好或顿悟。《吉藏义疏》中说：“弹指者，表觉悟众生。”所以在使用的时候，没有人会去计算它的真正用时。但是在佛家，“弹指”确是有具体时间的。

“弹指”，《僧祇律》上解释说：“二十念为一瞬，二十瞬名一弹指，二十弹指名一罗预，二十罗预名一须臾，一日一夜有三十须臾。”

根据佛家的这一说法，一天一夜有86400秒之多，一须臾相当于2880秒，如此推来，一弹指就仅为7.2秒之短。

如此短暂的时间，又如何能指代实际意

义上很长的时间呢?

佛语中常说“一念成佛，一念成魔”，向来以慈悲为怀、以普度众生为追求的佛教在其道义上，分秒体现了向善的本质。因而，诸如“弹指一挥间”“立地”“须臾”之类的词，便被广泛使用在典故中，以表示时间短暂的意思。

随着文化的渗透迁移，“弹指一挥间”开始被人们经常使用在表时间上，虽然使用的是它较模糊的概念，但是，所表达的意思，却大抵相同。

在一些文学作品里，我们会看到“二十年弹指一挥间”“弹指间六十年过去”，这些都含有感叹时间飞快，回首沧桑的意味。而一些武侠小说里，则经常用“弹指一挥间”表示事态急剧转变。

知识链接

刹那和须臾

“刹那”和“须臾”都是来自于梵语，属于外来词语。佛经中对于刹那有多种解释，其一说六十刹那为一弹指，其二说一念之间便是一刹那，一刹那间就有九百生灭，其三解释为刹那是数字所不能形容的短暂时间。

关于须臾的解释也有很多，《仪礼·燕礼》中须臾有悠然自得之意；《中庸》中须臾是从容，苟延的意思；《荀子·劝学》中，须臾有了时间的概念，指片刻；还有一种观点说须臾是古代阴阳家的占卜术。

现如今，人们淡去了须臾在梵语中的诸多用法，仅表示时间短暂。

古人爱说“夜观天象”，他们是进行天文观测吗，观天象的目的何在?

观象授时是农业社会最初级的天文观测需要，劳动人民通过观察天体运行，总结季节变化的规律，最终形成历法指导生产实践。

但是，中国古人夜观天象最重要的目的则是比附人事。战国时期，天人学说兴起，到西汉董仲舒建立完整的天人感应体系，以天象比附人事形成了比较系统的理论。借助这一理论，君王和大臣都会注意观察天象，期望通过天象的变化，来预测国家和社会将出现的重大事件。并且，这样的观察记录史不绝书，例如：“景帝三年，天北有赤者如席，长十余丈，或曰赤气，或曰天裂，其后有七国之兵。”“晋惠帝元康二年二月，天西北天裂，按刘向说曰：‘天裂阳不足，地动阴有余，是时人主昏瞀，妃后专制。’”“穆帝升平五年八月己卯夜，天中裂，广三四丈，有声如雷，野雉皆鸣。是后哀帝荒疾，海西失德，太后总万机，桓温专权，威震内外，阴气隆，阳道微也。”也就是说，当出现“赤气”或“天裂”这种天象时，就意味着人世间将出现不利君王的事件，或有人犯上作乱，或君王受制于后宫，或朝内出现威迫君王的权臣，如此等等。

比如，古人认为“月亮五星冲犯左、右执法星，大臣有忧患”。于是，关于这种天象也受到天文官的重视。例如，穆帝永和二年八月壬申日，金星冲犯左执法星。占卜说：“将军将死，亲近大臣离去。”还有，古人认为，“井”宿受到月星冲犯，便意味着地上将有水灾。于是，这样的星象也备受关注，如：“梁武帝天监七年九月己亥，月犯东井。占曰：‘有水灾。’其年京师大水。”“魏明帝青龙三年七月己丑，填星犯东井距星。占曰：‘填星入井，大人忧。’行近距，为行阴。其占曰：‘大水，五谷不成。’”

由此可见，古人观天象的真正目的是推测国家大事，天文记录则是附带成果而已。

知识链接

中国古代天文学

天文学是中国古代最发达的四门自然科学之一。中国也是世界上天文学产生最早的国家之一。早在尧舜时期，就设立了天文官。《春秋》一书中，有关于哈雷彗星的记录，被认为是世界上对哈雷彗星最早的记录。

战国时期，由甘德、石申撰写的《甘石星经》是世界上最早的天文学著作。隋唐时期又测得了子午线的长度。不仅如此，中国古代还发明了很多先进的天文仪器，如测量日影的圭表、西汉落下闳改制的测量天体位置的浑仪、张衡发明的地动仪等。到了元代，天文学家郭守敬根据记载的天文数据，创出了最完备的《授时历》。

什么是“北斗七星”，它们有什么文化内涵？

繁星满天的夜空，举首仰望，在北方的天空中，你会很容易地发现一组比较特别的星星，它们的排列不是杂乱无章的，而是像一柄勺子一样规则地分布着。人们通常称它们为北斗七星，又名北斗。约为斗口两颗星五倍远的地方，就是北极星的所在。那么，是从什么时候开始它们被称为北斗七星的呢？

中国开展天文学研究较早，有关天象的记载比比皆是。关于北斗七星，《春秋运斗枢》中便有较详细的记载，北斗七星分别名为枢、璇、玑、权、衡、开阳、摇光。其形似舀酒的斗，由七星组成，常出现于北方天空中。其中勺斗部分名为魁，勺柄部分名为杓。

通过北斗七星，我们不仅可以找到北极星的所在，还能够通过它来寻找其他的星座，这为北斗星地位的重要性奠定了坚实的基础。古代人除了通过北斗七星辨别方向外，还通过它们判断季节。根据北极星勺柄指向的不同，人们总结出，柄东为春，柄南为夏，柄西为秋，柄北入冬。在《尚书纬》中还记载了根据北斗七星建时政的说法。

自道教形成以后，北斗七星便被神化为七元解厄星君：贪狼阴明星君、巨门阴精星君、真人禄存星君、廉贞丹元星君、文曲玄冥星君、武曲北极星君、天关破军星君。道书中还对各星宿进行了职责划分，他们各司其职，掌管人间生死婚丧命运，因此，北斗七星也成了人们用来占卜的基础。由此出发，北斗七星被赋予了更多的文化内涵。

知识链接

北斗七星的形状是否一成不变

相关科学研究表明，北斗七星最初勺柄部分比较长，勺子部分并不是很深，虽然北斗七星以相差无几的速度运行着，但是天枢和摇光二星却是背道而驰的。因而，现在北斗七星柄三斗四的形状，是经过几十万年的运动形成的，随着北斗七星的不停运转，它的形状还在发生着变化。

天降大灾皇帝会下罪己诏，天灾真是上天的警告吗？

每逢新皇帝登基，或重大国庆喜事，皇帝都要下诏大赦天下。如果遭逢天灾人祸，皇帝又会采取什么措施呢？

在史书中，有很多关于天降大灾皇帝下诏痛陈己过，以求苍生原谅、平息天怒的记录。

天子诏告天下，痛述己过被称作“罪己诏”。有关“罪己诏”的由来，据说源自商汤时期。相传大禹登上王位后，看到人心涣散，感到很伤心，于是痛哭流涕陈述自己的领导不力。商灭掉夏国后，汤颁《汤诰》，其中罗列了夏的种种恶行，陈述自己灭夏的原因，并表明自己定都的原因。在这之后，每逢天降灾祸，汤都要将罪过揽到自己身上，希望能够以此消除灾难。

“罪己诏”是古代帝王效仿先祖，在天降大灾、国家出现危机时，祈愿上苍缓和矛盾、笼络民心的一种政治手段。这种做法的理论依据就是“天人感应”学说。该学说认为，天降灾异是对皇帝不良统治的警示，而天降祥瑞则是上天对皇帝善法美政的肯定和褒奖。用现在科学的观点看，所谓天灾是自然现象，并非天子一人所能主宰，即使是至高尊者，同样无法阻止自然灾害的发生。

“罪己诏”一般会罗列出皇帝认为自己犯下的至大之罪，或原则上、或修养上的问题。措辞讲究、语言真挚，其中也不乏帝王对自己统治行为的反思，这种行为也体现了古代“民为邦本，本固邦宁”的政治思想。

在中国历史上，除了夏禹商汤，还有周成王、秦穆公、汉武帝等很多帝王颁布过“罪己诏”。据史料记载，最为有名的“罪己诏”出自汉武帝，而颁布“罪己诏”最多的朝代则是封建皇权走向没落的清朝。

知识链接

轮台罪己诏

在历代帝王颁发的“罪己诏”中，要数汉武帝的“罪己诏”最为著名。

汉武帝晚年，派出讨伐匈奴的士兵全军覆没，又因巫蛊之祸导致太子自杀，朝政混乱。于是汉武帝静思反省，在轮台宫写下罪己诏，陈述了自己兴兵劳师常年征战，导致人民生活痛苦；兴建宫殿园林，劳民伤财等一系列罪过，由于颁发诏令及时，汉武帝扭转了当时的不利局面，没有让汉朝重蹈秦朝灭亡的覆辙。因此，轮台罪己诏也被称为是天下第一诏，是历史上最著名的罪己诏。

为什么山川形胜被古人统一命名为“地理”呢?

如今我们所学的地理不仅包括与宇宙天文、山川河流相关的内容，还涉及风景名胜、社会人文等相关知识。在古代，人们通常将“山川形胜”统称为地理，既然地理包含这么广阔的内容，为什么不叫这一学科为社会自然百科，而要叫“地理”呢?

有关“地理”一词，早在先秦资料中就出现过。唐代的孔颖达为《周易》作注的时候解释说：“地有山、川、原、隰，各有条理，故称理。”

《现代汉语词典》里，山川多指山岳、江河、名山大川一类；“形胜”则指地势优越壮美。

早在《尚书》中，人们就对地形地貌进行了初步的阐述。东汉班固撰《汉书》时编写的《地理志》，是最早的一部详细记载疆域山川物产的著作，也是中国历史上第一部以“地理”为名的科学文献。后来的一些史书，也大都效仿《汉书》的体例编写《地理志》。

通过对综合现象的分析，东汉的张衡发明了地动仪；唐代的僧一行等人对子午线的长度进行了初步的测量；明代地理学家徐霞客总结旅游经历，开创了描述自然的新方向。他所写的《徐霞客游记》不仅系统地考察了祖国的地貌地质，还描绘出了中华大地博大秀美的风景资源。

也就是说，后来的“地理”所包含的内容并不仅局限于山川河流。它所涵盖的内容上至天文、下至山川河流，其中还包括人文景观，以及天、地、人之间的相互关系。这在班固所撰写的《地理志》基础上，有了进一步的扩展。于是，人们便将“地理”的词义扩大，用来指代所有的山川形胜。

古人所说的“中国”指哪里，为什么后来演变成华夏神州的代称?

学过历史的人都知道，在古代，中国的版图几经变化，从远古时代黄河流域的传说开始，经过战国的诸侯征战，封建的改朝换代，到清末的割地赔款，一系列的纷争融合，才确立了如今的中国版图。显而易见，“中国”所指，不可能一成不变。那么，古代的中国指的是哪里呢?

“中国”最早并不是用来指国家的，《诗经》“民亦劳止，汔可小康，惠此中国，以绥四方”中的“中国”就译为京都。汉代学者刘熙也说：“帝王所都为中，故曰中国。”因而，“中国”成了“京师”“京都”的代名词。

相传周武王时期，在河南登封，周公以土圭测得夏至日这天中午，八尺之表周围的景物都没有影子，于是就认为此地是大地的中心，于是就把周朝统辖之地叫作“中央王国”，简称“中国”，有正中、正统的意思。除了这里的其他地方，则被称为蛮、夷、戎、狄。

据资料文献所载，起自黄河流域的华夏民族，以汉文化为主导，在融合了多民族文化的基础上，创造了华夏文明。也就是说，在很长的时间里，华夏文明为天下正统，再加上中原一带物产丰饶，中原成为历代王侯争夺的焦点，故有“得中原者得天下”之说。因而，资料中所载“中国”一词在这一时期指的是中原一带。

尽管后来历经朝代更替，但有史记载的朝代都是以国号代称，并没有国家的名字，所以古时的“中国”仅仅为地域的指代。晚明到清朝，随着对外交流的增加，中国被注入新的内涵。到中华民国成立，“中国”正式成为中华民族的国家名，指代全国上下。

何谓“赤县神州”，人们为何用它代指中国？

“赤县神州”一词最早见于《史记·孟子荀卿列传》：“先列中国名山大川……及海外人之所不能睹……以为儒者所谓中国者，于天下乃八十一分居其一分耳。”中国名曰赤县神州。这种说法是战国时期驺衍所创的“大九州”说，它推翻了中国就是全天下的说法，并且提出世界有九大州，中国只是其中之一，称“赤县神州”。需要指出的是，荀子说的“中国”泛指现在的中原一带。

这种观念，虽然能促进人们对地理的认识，但是仍存在局限。

“赤县神州”通常被人们分说成“赤县”和“神州”。源起黄河流域的华夏民族拥有中原肥沃的土地，发展出繁荣的经济。他们以龙为图腾，自称为龙族。“龙”，神也，所以他们心中的产龙之地中国便名为“神州”。古汉语中，“华”又通“花”，有“赤色”的意思。脉承炎黄的华夏民族向来以“红”“黄”两色为尊。因而，在进一步认知生活环境的基础上，古人便以“赤县神州”指代全国。

通过资料文献，我们可以发现，“赤县神州”如今已被广泛使用在指代中国上，南北朝时期，梁朝的江淹作《游黄蘖山》，诗中有“南州饶奇怪，赤县多灵仙”。

知识链接

海外赤子

如今，我们把海外归国的华人叫作“海归”，迁居国外的国人叫作海外赤子。海外我们都理解，它指的是中国以外的其他国家。那么又为什么把侨居国外的华人叫赤子呢？

现代汉语词典中解释说：“赤子，初生的婴儿。”有赤诚纯洁的意思。后来人们便引申为拥有赤诚之心的人。李世民曾说过：“王者视四海如一家，封域之内，皆朕赤子，朕一一推心置其腹中，奈何宿卫之士亦加猜忌乎！”意为：我对各族人民都推心置腹，以诚相待，四海之内都是一家人，又怎会有嫌隙呢？于是，人们便以海内赤子来形容百姓的赤胆忠心。到了后世，侨居海外的华人身在异乡心系祖国，便以赤子自称，以表心中的爱国之情。

中国古代的“九州”指哪里，“九州”真的是大禹所划吗？

陆游在《示儿》中写道：“死去原知万事空，但悲不见九州同。”诗中所写的“九州”指的是哪里呢？

相传大禹治水凿开龙门，开通九沟，才将洪水引到了大海里，从此人民安居乐业。大禹在治理洪水的时候，把天下划为冀州、兖州、青州、徐州、扬州、荆州、豫州、梁州、雍州，名为九州。然而，九州真的是大禹所划吗？

九州又名九囿、九围、九隅、九有、九土等。在西汉以前，人们坚信“九州”是大禹治水后所划。到了东汉之后，“九州”被视为周制或殷制，是夏商时期沿用下来的行政区划。

但史籍所载的九州，具体州名并不是十分确定的。《尚书》中说“九州”为：冀、兖、青、徐、扬、荆、豫、梁、雍。《周礼》中又说有幽、并，而无徐、梁。《尔雅》中则记载有幽、营，而无青、梁……由于各家各有所依，关于“九州”的划分并没有明确的结论。

《尚书》中所载的“九州”与大部分史料记载相同。根据《尚书》的记载，当时的九州涵盖了今天的河南省北部、山东省西南部（兖州）；河北省南部、山西省东南部（冀州）；山东省东部和北部（青州）；河南省东北部、山东省东南部，安徽省、江苏省北部（徐州）；安徽省南部、江苏省中部、江西东部、浙江和福建部分地区（扬州）；湖南、湖北两省，及河南、贵州、广东、广西部分地区（荆州）；河南省南部、安徽省北部一带（豫州）；陕西南部、四川省东部（雍州）；陕西、甘肃、宁夏部分地区（梁州）。这一说法的提出，虽然佐证了大禹治水划九州的说法，但在有些文献资料里，九州所提山川、地名，实为战国之后方才出现的。虽然至今还不能确定九州是否真的是大禹所划，但作为发源于黄河流域、上承尧舜的华夏民族，仍然相信并推崇这个说法。

西汉司马迁在《史记·孟子荀卿列传》中，又赋予了九州新的内涵：九州指的是诸天下，中国乃九州之一。因而，在现代，九州便以新的文化内涵被使用着。

知识链接

八荒

汉代的刘向在《说苑·辨物》中说：“八荒之内有四海，四海之内有九州。”五湖四海和九州，我们都知道指的是哪里，那八荒又是何处呢？

颜师古解释说，八荒为八方荒芜极远之地。《现代汉语词典》里，八荒也指八方，分为东、西、南、北、东南、东北、西南、西北，指的是离中原一带比较远的地方，后来人们用四面八方来代称天下。《过秦论》“囊括四海之意，并吞八荒之心”中的八荒就有这个意思。

史书上的“南洋”位置在哪里，是指现在的中国南海吗？

在中国很多的历史文献中，都有关于南洋的记录。那么，南洋在哪里呢，指的是中国的南海吗？在明清时期，中国人通常将江苏以北的沿海地区叫作“北洋”；江苏以南的地区称为“南洋”；将马六甲以西，远及欧洲，甚至更远的地方视为“西洋”；而以日本为主体的日本群岛则称为“东洋”。当然，这是以中国为中心而言。

南洋是中国古代对东南亚地区的统称，广义上的南洋包括现在的越南、老挝、缅甸、泰国、马来西亚、新加坡、印尼等 11 个国家。而狭义上的南洋则以当时中国人迁居较多的新加坡、爪哇为主。

据《史记》《汉书》等记载，在公元 1 世纪左右，中国就和缅甸、越南等国家有来往。唐朝时候，就有人因为躲避赋税和战乱南迁到南洋。唐朝末年，移居南洋的人开始增多。由于早期的华侨多因躲避战乱，谋求生计迁居这里，所以，定居之后，他们便大力发展农耕。这里地广人稀，土壤肥沃，经济很快繁荣起来。到了北宋，由于对外贸易的频繁，更多的人迁到南洋。元明之际，大陆战乱频仍，南洋成了当时国人寻求生存机会的最佳选择，更多的华侨漂洋过海，到那里讨生活。明朝灭亡后，大批汉族人移居南洋，史上称“下南洋”。明清之际，部分华人精英，凭借为数众多的华侨和雄厚的经济实力，甚至在南洋地区建立起政权，其中著名的有三佛齐王国、延平郡王和吞武里王朝。

历史上的“下南洋”大潮，给南洋带来了丰富的劳动力和先进技术，大大促进了这一地区的开发，推动了南洋地区的社会进步和经济繁荣。

如今，“南洋”一词已经很少被用到，只有一些历史较悠久的学校工厂，至今还保留着有南洋特点的名字，中国的广东一带以及东南亚的一些地区，依然有使用南洋命名地名的习惯。

知识链接

洋

学世界地理的时候，我们说世界有七大洲四大洋。地球是由陆地和海洋组成，洲指的是水中的陆地。为什么把除了陆地的部分叫作洋呢？为什么不说七大洲四大海呢？

洋，指的是海的主体部分，一般远离大陆，位于海的中心。人们常把海洋连起来，表示所有围绕陆地的水体。而海相对来说接近陆地的边缘，水相对来说较浅；而洋是海洋中心，相对远离陆地，面积较大，水深平均在 3000 米以上。因而人们便将世界上的水分成了四大洋，而不是四大海。

中国的古书上把日本称为“扶桑”，这是为什么？

宋代诗人蔡襄作《耕园驿佛桑花》：“溪馆初寒似早春，寒花相倚媚行人。可怜万木调零尽，独见繁枝烂熳新。清艳衣沾云表露，幽香时过辙中尘。名园不肯争颜色，灼灼夭桃野水滨。”这首诗为我们描绘了一种名为佛桑的灌木植物。佛桑又名扶桑、佛槿等，因为它的叶子像桑叶，而且花朵硕大，四季开花，所以人们叫它为扶桑。在古书上，我们也称日本为扶桑，这与扶桑花有关吗？

的确如此。《山海经》中说，太阳从扶桑树下升起，因而认为扶桑就是日出的地方，扶桑也就有了指代太阳的意思。但是太阳所倚的神木究竟在哪里，并没有资料明确记载。屈原有诗曰：“饮余马于咸池兮，总余辔乎扶桑。”汉朝王逸注释说：“扶桑，日所扶木也。”明确指出扶桑木在日本。

将日本国名拆开解释，“日”有太阳的意思，而“本”则有草木根，事物本源的意思。所以，按照古书注释，“日本”正是太阳所出的地方。而在日本，很早就有地方以扶桑自称。《南齐书·东南夷传赞》中说：“东夷海外，碣石、扶桑。”因而，中国人便把日本称为扶桑国。

但是，《梁书·扶桑国传》却有如下记载：“文身国，在倭国东北七千余里……大汉国，在文身国东五千里……扶桑国者，扶桑在大汉国东二万余里，地在中国之东，其土多扶桑木，故以为名。”于是，有人据此否认日本就是扶桑国的说法。因为根据当时的国家方位推算，日本与扶桑国不吻合；而且一些古籍中，日本被称作倭奴国，倭奴与扶桑是两个地方。所以他们认为，古书中所谓的扶桑，指的是现在美洲的墨西哥。同时，墨西哥出土的一些文物，与中国古籍所载吻合，使这个观点更有说服力。尽管如此，许多人还是相信，日本就是扶桑国。

知识链接

倭

明朝中期，中国东南沿海倭寇猖獗。后来，在戚继光等人的率领下，明军取得了抗倭斗争的巨大胜利。那么倭寇指的是谁，倭又指的是哪里呢？

东汉史学家班固的《汉书》将日本诸岛称为“倭”，而当时的日本人也没有否定这一说法。因而，在汉魏晋南北朝时期，日本一直被称为倭奴国。光武帝建武中元二年的时候，倭奴人来汉朝贡，光武帝还曾赐“汉倭奴国王”金印给倭奴国王。

公元 6 世纪，倭国吸收外国先进技术，改革政治制度，经济得到迅速发展，倭奴国王便将倭改为日本，自称“日出处天子”。

所谓的倭寇，指的就是日本国内战争中落败的武士，他们勾结海上流民，组成了海盗集团，以骚扰中国沿海诸地为生，中国人称他们为倭寇。

世界上最早“测量地球”的人是谁，他测量得准确吗？

古希腊的物理学家、数学家阿基米德曾经说过：“假如给我一个支点，我能撬动整个地球。”当时听到这句话的人会觉得很好笑，这么庞大个地球，你如何能撬动它？其实，阿基米德说这句话意在表明力学原理，那么，阿基米德说这句话之前有人测量过地球有多大吗？

人类对地球的探索活动始终没有停止过，据记载，最早测量地球的人是中国唐代的僧一行。唐开元年间，为了制定出一部比较完善的历法，僧一行组织了一次大规模的天文实测。在这次测量中，一行等人发明创造了很多测量仪器，不仅测量出了春分、秋分、冬至、夏至日正午时分八尺之表的日影长和北极高度，还初步测算了子午线的长度，这在当时天文学上是一次大的创举和飞跃。在实地测量过程中，其测量范围南到交州，北抵铁勒，共设置了 12 个测量点。他们使用测

僧一行像

量比较法，以白马和上蔡为测量点，得出它们的实地距离与日影相差 2.1 寸，又以此测量比较了其他地方的差距，最终得出地上南北相差 351.27 里，北极高度相差一度，经过单位换算，得出了北极高度变化一度，南北距离为现在的 129.22 公里的结论。根据这次测量得出的结论，间接地求出了子午线的长度。随着人们对地球认识的不断加深，发现这条线就是地球的经线。

公元 814 年，阿拉伯的阿尔·花剌子模等天文学家对子午线进行了实际的测量，算出的结果是子午线一度约为 111.815 公里，但这次测量比一行的测量已经晚了 90 年。

在天文仪器尚不精准的古代，僧一行的测量准确吗？

用现代科学的仪器计算，一度相当于 111.2 公里，这样看来，僧一行的测量结果确实不够准确，但是僧一行的这一测量，却是人类历史上最早的探索发现，并且证明了张衡所谓的“地圆”学说，为人类研究地球提供了科学依据。

象棋棋盘中间写有“楚河汉界”，它有什么来历，其位置在哪里？

在两个人分道扬镳、互不来往的时候，经常会听到“从此楚河汉界，互不相扰”的说法，其中的意思我们明白，但是为什么要用“楚河汉界”这个词呢？

据史料记载，公元前 204 年至公元前 203 年间，楚霸王项羽与汉王刘邦在荥阳成皋一带展开激战。两军长期对垒，而项羽处在不利的地理位置。由于汉军袭扰粮道，楚军开始粮食匮乏，而刘邦此时则粮草充足，于是发动攻势，击败项羽夺得了成皋地区。随后，汉军向荥阳东北地区进军，并且攻占了包括昌邑在内的 20 多个城池，这也就彻底地将楚军的粮草通道截断，使楚军陷入进退两难的境地。被逼无奈，项羽提出“中分天下，割鸿沟，以西为汉，以东为楚”的要求。于是，项羽和刘邦偃旗息鼓，各自整顿军队。楚汉分占东西，而且在“鸿沟”两岸，分别建起了霸王城、汉王城，以表所属。从此，鸿沟就有了“楚河”“汉界”之说。

自古，河南荥阳成皋一带就因地势险峻、地形复杂而成为兵家必争之地。它北临黄河，西连邙山，东接平原，南依嵩山，不仅成就了“楚汉相争”这一历史事件，更承载了很多军事文化内涵。因而提到成皋，人们就会想到古战场，更会记起“楚河汉界”，因而，经过文化的渗透，“楚河汉界”也就有了划地为界、分而治之的意思。

中国象棋棋盘中间写着的“楚河汉界”就是取自这一历史典故，意为两军各占一方，以“楚河汉界”为标，相互展开对攻。河南荥阳也因为是“楚汉相争”这一历史事件的发生地，后来发展成为中国的象棋之都。

知识链接

鸿沟

楚汉相争，划鸿沟为界，分而治之。后来，鸿沟被人们引申为隔阂、划清界限。

据史料记载，鸿沟是真实存在着的一条河。它是战国时期由魏惠王开始兴建的一条人工运河，西汉时期，又称狼汤渠。这条运河也是中国古代最早的一条由人工开凿，并沟通了黄、淮两河的水上交通航线。它引荥阳以北的黄河水，途经中牟北、开封、尉氏东，太康西、淮阳后，分成两支，分别注入颍河、沙河，最后汇入淮河。是古代一条比较重要的交通航线。

“我们来自五湖四海”，其中的“五湖四海”具体指哪些地方？

《论语·颜渊》中有：“四海之内，皆兄弟也。”吕岩《绝句》中有：“斗笠为帆扇作舟，五湖四海任遨游。”两处都使用了“四海”一词。周游列国的孔子见多识广，料想必定到过四海，以道家精神修身养性的吕岩，也应能遍览五湖。但是，这五湖四海具体是指什么地方呢？

关于四海，从古至今有很多说法。汉代的刘向在《说苑·辩物》中认为“环绕九州之地为四海”；《尔雅·释地》认为，四海就是《礼记·祭义》中提到的“东海”“西海”“南海”和“北海”。虽然没有指出明确海域，但是这一说法的提出，也为后来人们划分四海提供了参考。到了宋代，洪迈在《容斋随笔》中解释道：“四海一也。”意思是说四海是一个整体，代指天下。

关于五湖，说法更是各不相同，郦道元的《水经注》中说五湖指的是长荡湖、太湖、射湖、贵湖、滆湖，司马贞又提出具区、洮滆、彭蠡、青草、洞庭湖为“五湖”……一时之间关于五湖四海的说法众说不一。

时至今日，人们对五湖四海做了进一步阐释，其在地理上的定位相对缩小，并且有了具体所对应的湖泊海洋。五湖即洞庭湖、鄱阳湖、太湖、洪泽湖、巢湖；四海指渤海、黄海、东海、南海。又因为在其从古至今的演变中，包含了广阔疆域的意思，人们便借五湖四海代指全国各地。从更广意义上说，“五湖四海”的范围不仅仅局限于本国，而是指全天下。

知识链接

沧海桑田

“东临碣石，以观沧海。”这是曹操的《观沧海》中的诗句。诗中提到了沧海，那么沧海指的是哪里呢？人们常说的沧海桑田又是什么意思呢？

其实，沧海并无对应海域，而是大海的泛指。沧海桑田是指地球上的一种自然现象，地球内的物质都在不停地运动着，经过几千年几万年的缓慢移动，板块与板块间的运动造成了地形地貌的改变。因而，当海陆板块相互作用时，海陆位置就会发生变化，原来是陆地的地方可能会成为海洋，原来是海洋的地方可能会成为陆地。于是，整个世界像是被重新创造了一番。后来人们就用沧海桑田来比喻人世间事物变化极大。

史上著名的三山五岳具体指哪些名山，它们都真实存在吗？

关于“三山五岳”的说法，很早的时候就被提了出来。自盘古开天辟地，就有盘古的四肢五体化成四极五岳的说法，三山五岳也因此具有了传奇的色彩。关于三山，有这样几种说法。《史记·秦始皇本纪》中写道：徐福等人上书说，海中有三神山，分别名为蓬莱、方丈和瀛洲。秦始皇还在蓬莱修建了蓬莱仙阁，以求长生。此后也引得历代想要长生不老的皇帝纷至沓来，寻找不死之药。这也是继盘古开天传说之后的又一段传奇。故而，三山也就成了神山的代名词，并不是真实存在的山体。

到了近代，在地理划分时，有人把中国西部的喜马拉雅山、昆仑山和天山三道雄伟山脉称为三山，而更多的人则注重文化内涵，把浙江雁荡山、江西庐山、安徽黄山称为传统上的三山。

五岳是中国五大名山的总称，即东岳泰山、西岳华山、中岳嵩山、北岳恒山和南岳衡山。虽然中国山河众多，但是都以五岳为尊。五岳之山各有所长，泰山壮，衡山雄，华山险，恒山峻，嵩山奇。因为东岳、西岳和中岳都处在中国文明的发祥地黄河岸边，较其他山峰虽不够高峻，却仍获得了极为崇高的地位。

在中国常有“三山五岳小天下”的说法。更有甚者，一生游遍群山峻岭，唯独感叹三山五岳为天下精华。因而，三山五岳又被用来指代祖国的名川大山。

知识链接

五岳以“泰山”为首

群山以五岳为尊，五岳又以泰山为首，论海拔，泰山显然不是最高的；论景致，五岳各有其优，既然如此，东岳泰山因何成为五岳之首呢？

泰山文化历史悠久，尤其是分布在泰山南北两麓的大汶口文化和龙山文化遗址，更为泰山增添了历史光辉。泰山所在正是齐鲁大地，这里是古代南北东西交通的交会处，孔子故里曲阜就在泰山脚下。这样，自然风光中又被注入了文化内涵。

不仅如此，泰山还是中国历史上历代皇帝封禅祭祀的名山，《史记》中就有关于七十二帝封禅的记录。古人以东为上，所以，泰山被认为是最接近天的地方，因而，天下以泰山为至尊，五岳以泰山为首。

中国古代很多城市里都建有城隍庙，“城隍”有什么含义？

在鲁迅的小说里，我们经常会看到“城隍庙”，这里或是插科打诨的混乱场所，或是风声鹤唳、阴森恐怖的“人间地狱”。在民间，城隍庙更是个神出鬼没、怪事连连的场所。

庙，我们都知道是用来做什么的，它是古代祭奉神灵的场所，用来做宗教祭祀。城隍庙又是种什么庙呢？“城隍”最早可以追溯到《周易·泰封》：“城复于隍，勿用师。”这里所言的“城”指城壁城墙，“隍”指城堑，也就是城外的壕沟，古代又叫护城河。因而，城隍也就有了守护城池的护城河之意。中国人民自古就有寄希望于诸神，供神祈福的习惯，因而，“城隍”一词便由其本意被幻化为城市的守护神。

《礼记·郊特性》有载“天子大蜡八”，也就是说，腊月天子要祭祀八位神灵，其中第七位神就是水庸神。郑玄解释说，水即是隍，庸就是城，水庸神即城隍神。由此可见，周代“水庸神”还是自然神。在三国时期，民间开始祭祀城隍神，不过，当时的城隍并没有具体的姓名，也是自然神。

到了唐朝，随着城市的兴起和商业经济的繁荣，城隍信仰开始盛行。许多官吏为地方消灾祈福时，往往去祭拜城隍神，比如大名鼎鼎的韩愈、杜牧、韦良宰、张九龄等人都曾为地方风调雨顺而去祭拜祈求城隍，并留下相关诗文。

这一时期，城隍神本身也发生转变，城隍由原来的自然神，演变成文臣武将死后的人鬼神。比如，杭州城隍庙所供奉的神乃是吴尚书屈晃之子屈坦；绍兴府的城隍名叫庞玉，此人曾当过越州总管；鄂州城隍名为焦明……可见，唐代各地所奉城隍神都是有名有姓的人，不再是模糊的自然神。此时，城隍神的职掌也发生变化，他们不仅是城市的守护神，也是掌管一方民众生老病死的冥官。因而民间又开始祭奉城隍爷，为的是超度亡灵，惩凶佑善。宋朝以后，城隍庙更是门庭若市。

到了明朝，出身市井，与土地庙曾有因缘的朱元璋将城隍爷推崇到了极致。据史料记载，朱元璋曾下旨封开封、临濠、東和、平滁四城的城隍为王；封各府城隍为监察司氏城隍威灵公；州城隍为监察司氏城隍显佑侯；县城隍为监察司氏城隍显佑伯，并且下令重建各地城隍庙，其规格与当地官署衙门一模一样。

从有史记载到现在，城隍已经被人们赋予了很多传奇色彩，它不仅是一个崇拜对象，更承载着一部民俗文化演变史。

“夜郎自大”的“夜郎”在什么地方？那里的人为什么会“自大”？

相传，汉武帝派往西南的使者，途径小国夜郎。夜郎国王便问汉朝使者：“汉朝和我们大夜郎国比，谁大啊？”使者知道，夜郎国交通不便，向来与外界交流甚少，且周边只有小国，人们根本不知道远方异地有很多比他们大得多的国家。后来，人们就笑称夜郎国孤陋寡闻、妄自尊大，就有了成语“夜郎自大”。那么，妄自尊大的夜郎国究竟在何方，到底有多大呢？

据史料记载，夜郎是战国、秦汉时期的一个国家。西汉时，夜郎国神秘消失，其地被汉朝廷设置郡县。我们只知道夜郎是西南夷中面积较大的一个国家，至于其具体位置，史书没有明确记载。

根据相关资料和出土文物可知，中国的贵州省西北部、云南的东北及四川的南部，以及东南亚的一些国家都是当时夜郎国的管辖范围。此地气候适宜，雨量丰沛，很早就有人类在这里开展农业生产。时至汉代，已经是一个经济相对发达的地区了。

汉朝派使者出使身毒（今印度），途径滇国，滇王也向使者问了和夜郎王相同的问题。可见，怀有“自大”情结的并非只有夜郎一国。

在当时的西南夷，流行一种名为“耶朗”的同盟制度，夜郎国周围大大小小的部族都来参加。在所有参加同盟的部族中，夜郎国最大。《史记·西南夷列传》中也写道：“西南夷君长以什数，夜郎最大。”夜郎国不仅拥有不小的国土面积，而且土地相当富饶。与此同时，夜郎国还是中国南方丝绸之路的中转站，过境贸易为其带来大量财富。环顾四周，夜郎王觉得本国足可以傲视群雄，堪称“泱泱大国”，再加上“窃闻夜郎所有精兵，可得十余万”，这便是夜郎自大的资本。

也就是说，当时的夜郎国土广饶，经济繁荣，人们生活富裕，兵精粮足，并非可以小觑的“小国”。因此，夜郎人自大一点也是说得过去的。只不过与汉朝相比，它确实小了一点儿。

敦煌是汉语还是外来音译，这个名字有何来历？

敦煌莫高窟被称为东方世界的艺术博物馆，这里不仅有庞大的洞窟群、精美的彩塑、辉煌的壁画，还有数量惊人的佛教经卷。1900年，被外国人偷走的藏经洞文献，在当时便震撼了全世界。敦煌的文化源远流长，是考古学家和文艺界研究的焦点。翻开历史卷册，我们不难发现，随着朝代的变迁，很多地理名称都会有或多或少的变化，唯独敦煌，几乎没有任何更改，这是为什么呢？

“敦煌”一词最早出现在《史记·大宛列传》中。据该书记载，张骞出使西域，途径“敦煌”。返回长安后，他向汉武帝讲述了出使途中的所见所闻，便提到“敦煌”。张骞对它赞美有加，使汉武帝对此地生出几分向往。后来，西汉获得此地，便设立了敦煌郡。

敦煌位处西域的交通要道上，关于敦煌地名的由来，一直没有得出定论。有观点说，敦煌是汉武帝设郡而得名。比如，东汉应劭就说：“敦，大也。煌，盛也。”后人李吉甫补充说：“敦，大也，以其广开西域，顾以盛名。”显然，他们认为“敦煌”是汉朝命名的。但是，随着对文献研究的加深和考古资料的不断出土，这个说法逐渐被否定。

据《史记》和《汉书》记载，“敦煌”一词在敦煌郡、敦煌县之前已经出现，所以有学者认为，“敦煌”当是少数民族语言的音译。证据是张骞在写给汉武帝的奏折中，经常把“敦煌”“祁连”连用。“祁连”是少数民族语言音译，而“敦煌”也应如此。

考古资料表明，敦煌原著居民为火烧沟人。在战国至秦汉时期，敦煌与祁连山之间住着塞族人、乌孙人和月氏人。后因月氏人强大而独占河西水草丰美之地。北方匈奴冒顿单于崛起后，击败月氏人，这里成了匈奴的领地。因而，有学者认为“敦煌”是匈奴语的音译，但是匈奴对此并没有文字记载。

还有学者认为，根据人们习惯将边疆地区的地名、族名取两个字简译的习惯，认为“敦煌”是吐火罗的简译。《山海经·北山经》中所载吐火罗的简译为“敦薨”，从而得出《史记·大宛列传》中的“敦煌”也是源于这一族名。

有关“敦煌”来历，一直没有得出确切结论，但是学术界可以肯定的是，“敦煌”是少数民族语言的音译。

知识链接

敦煌莫高窟

位于敦煌市东南25千米处的敦煌莫高窟，被外国游者评价为“世界上最长、规模最大、内容最丰富的画廊”，更有甚者说看到了敦煌莫高窟，便看到了全世界的古代文明。

敦煌莫高窟又叫千佛洞，始建于十六国的前秦时期，经过历代的扩建，最终形成现在的规模。敦煌莫高窟经历了自然的侵袭和人为的破坏，保存到现在的，只有十六国到元朝的492个洞窟了。

莫高窟集古代建筑、雕塑、壁画之大成，尤以彩绘艺术最为出名。另外，几乎每洞都有雕塑，因而又被称为雕塑馆。在敦煌藏经洞中，人们发现了5万多件古代文物和大量资料文献，这也就促成了敦煌学的兴起。1987年，敦煌莫高窟被列为世界文化遗产，因此被更多的人所景仰。

古代的“山东”“山西”与现在的“山东”“山西”是同一区域吗?

“山西出将，山东出相”，这是班固在《后汉书》中根据历代各地所出人才总结出来的规律。这个说法，颇让一些山东人和山西人骄傲。可是，认真阅读史料，不难发现，古代的文献所说的“山东”“山西”与现在的“山东”“山西”对不上号，这是怎么回事呢?

早在战国时期，诸侯国将“山东”视为诸夏，把“山西”视为戎狄，划分山西、山东的那座“山”指的是函谷关附近的崤山。唐宋以前，人们还一直以崤山（今河南省三门峡市东南）或华山（今陕西省华县东）为界来区分山东、山西地区。根据当时的割据形式划分，山东泛指如今太行山以东的大部分地区，包括韩、魏、赵、楚、燕、齐所占有的今河北、山西、山东、河南、江苏、安徽等地。山西指的是函谷关以西地区，主要是以秦都咸阳、汉都长安及其所占有的今陕西、甘肃、四川等地。

随着兼并融合的战争不断发生，中国的版图也随历史格局的变化而发生着改变。与之相应，行政区划也在不断变更，作为地名，山东、山西的相对位置也有了变动。唐朝末年起，开始有人用“山东”专指齐鲁大地，不过还不普遍。金人占领黄河以北后，在齐鲁大地设山东东路和山东西路，山东才由地区名称变为行政区名称。到了明朝，朝廷初设山东行省，后改为山东布政使司。清朝时设立山东省，山东作为行政区名称定型。位于黄土高原的山西同样历山西东道、山西布政使司，最后定名为山西省。新中国成立之后，山西、山东作为省名也就一直沿用下来。

如今的山东、山西，从中国地图上看并不是相连的，它们中间隔着河北、河南。但是，作为习惯，人们已经接受了这种说法。不过，我们在阅读古书的时候，一定要搞清唐朝以前“山东”“山西”所指地区，不要把它们与现在作为行政区的“山东”“山西”混淆了。

知识链接

“三十年河东，三十年河西”指的是哪条河

在《儒林外史》中，有这样一段话：“大先生，三十年河东，三十年河西。就像三十年前，你二位府上何等气势，我是亲眼看见的。而今彭府上，方府上，都一年胜似一年。”意思是说人事兴衰无常，变化多端。那么，为什么要说“三十年河东，三十年河西”呢?

“三十年河东，三十年河西”中的河所指的是黄河。发源于巴颜喀拉山的黄河流经黄土高原地区，由于人类的破坏，这里的植被覆盖率逐年下降，裸露的黄沙越来越多。黄河流经此地，经常会携带大量的泥沙，并在平原地区沉淀下来，形成地上悬河。悬河不稳，会经常改道。因而，有些本来在黄河东面的村镇，一经黄河改道，就会跑到黄河的西面，于是人们便将这种现象用到了生活中来。

赤壁之战是在哪里开打的？古赤壁现在的位置到底在哪里？

据史料记载，东汉建安十三年（公元 208 年）冬，曹军与孙刘联军对垒于长江赤壁一带，虽曹操人多势众，但依然被诸葛亮的火烧连营打得落花流水。这便是有名的“赤壁之战”。

赤壁之战，家喻户晓，但关于长江赤壁，却记载模糊。更兼当今有好几个赤壁，使那些想一览当年古战场景象的人们无从选择。那么，古战场赤壁到底在哪儿呢？

据《水经注》记载，赤壁山在嘉鱼县东北，沿长江而上，有方圆两百里乌林。这一说法得到了地理学家杨守敬和王力等人的支持。

也有资料表明，赤壁应在湖北蒲圻县西北。《元和郡县图志》中写道：“赤壁山在蒲圻县西一百二十里，北临大江，其北岸即乌林，即周瑜用黄盖策，焚曹公舟船败走处。”随后的一些考古挖掘，更是支持了这一观点。在蒲圻赤壁对岸的乌林里，先后出土了东汉晚期的铜马镫、陶器，以及作战武器等物。其数量之多，足以让更多的人相信，此地便是当年赤壁之战的战场。《中华人民共和国地图》也将赤壁标在蒲圻县西北的长江南岸。

还有人相信苏轼的话，认为赤壁在黄冈。苏轼有词曰：“故垒西边，人道是，三国周郎赤壁。乱石穿空，惊涛拍岸，卷起千堆雪。”当时，苏轼所在是黄冈的赤壁矶，因其山峰陡峭，壁成赤色，他把这里当成了赤壁之战的古战场。无独有偶，早在唐朝，杜牧也将这里视为古赤壁的所在。

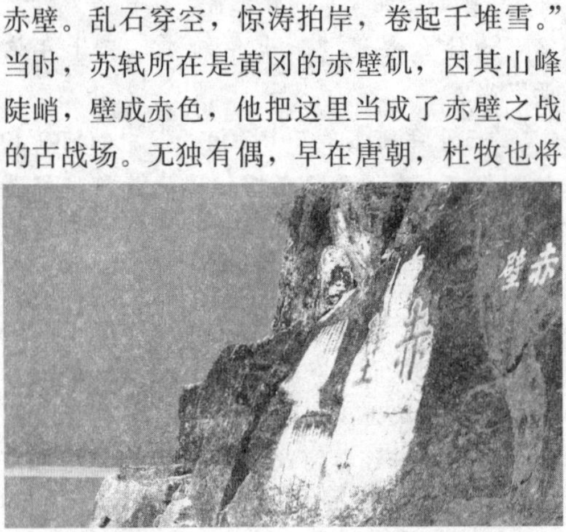

赤壁之战旧址

在诸说中，最有说服力的是“蒲圻赤壁说”。尽管如此，仍有很多人坚持赤壁矶或嘉鱼赤壁为古战场赤壁，因而人们便将苏轼等人所说的黄冈赤壁矶称为文赤壁，湖北蒲圻、嘉鱼的赤壁称为武赤壁。

“十里长亭”真的很长吗，古人为何喜欢在长亭送别？

提到离别饯行，人们总是“何处是归程？长亭更短亭”，十八里相送，总要在长亭话别，这是为什么呢？

早在春秋战国时期，中国就出现了驿传制度。到了秦汉时期，驿传制度成型。为迅速传递军政公文，加强中央与地方的联系，秦汉政府大力修建沟通全国的交通大道。在这种驿路上，每隔 30 里设置一个驿站，这些驿站最早专供过往官吏和信使更换车马和歇脚之用。后来，历朝统治者都沿袭了这一制度，并对驿站做了进一步完善，每 10 里修建一座亭子，谓之长亭；5 里修一所较小的亭子，叫短亭。这里的长亭并非距离很远，只是相对短亭的一种称呼而已。唐宋以后，商业不断发展，在官道上临近驿站之处，兴起了许多民间旅馆，供来往客商住宿。

古时候，为出门行路的人祭祀路神和设宴送行的礼仪，名为祖道。据《汉书》记载，西汉时期，汉武帝的妻弟李广利率军队出征，“丞相为祖道，送至渭桥”。其中的“祖道”说的就是这种礼仪。上行下效，民间有人出远门，亲戚朋友也会在他离家之前，祭拜一下路神，饯行送别。随着国家驿传系统的完善和长亭短亭的修建，以及长亭边旅馆客舍的兴起，送别亲人自然而然地选在长亭。长亭相别，有依依惜别之意，更有期望亲人一路平安的美好愿望。

古代交通不便，一旦远行，便不知何时能再相见，因而送别时难免会让人伤感。所以到后来，送别的长亭成了人们凭吊思念、寄托哀愁的代名词。在很多文化读本里，送别也会以“长亭”为背景。

历代文人骚客都喜欢借景抒情，情未表，景物描写便已渲染出七分气氛，“南浦、长亭、西楼”是古代人常用的诗词意象。宋代词人柳永在《雨霖铃》中便有“寒蝉凄切，对长亭晚，骤雨初歇”的名句。

知识链接

四大名亭

在各种名胜古迹建筑楼阁中，我们经常听人们提起四大名亭，那么四大名亭都有哪四亭呢？它们分别为：安徽滁州的醉翁亭、北京的陶然亭、湖南长沙的爱晚亭、杭州西湖的湖心亭。

欧阳修在《醉翁亭记》中，描述了醉翁亭的环境：“环滁皆山也。其西南诸峰，林壑尤美。”醉翁亭就坐落在滁州西南的琅琊山。北京的陶然亭位于南二环陶然桥西北侧的陶然公园内，建于清代，它的名字取自于白居易的“更待菊黄家酿熟，与君一醉一陶然”，名为“亭”，实则无亭，是三间开放式的大厅。湖南爱晚亭位于岳麓书院后青枫峡的小山上，彩绘琉璃瓦，蔚为壮观，其原名为“红叶亭”“爱枫亭”，后根据“停车坐爱枫林晚”的诗意改名为爱晚亭。浙江杭州的湖心亭，位于西湖中心的小岛上，又叫振鹭亭，初建于明嘉靖三十一年，于万历年间重建改称湖心亭。

海外华人聚居地往往被称为“唐人街”，为什么这么叫？

说起唐人街，首先要从唐人说起。秦汉时期，中国北方（中原和关中）经济繁荣，人文荟萃，那里的居民因大汉王朝的缘故以汉人自居。到了唐朝，从贞观之治开始，到开元年间，社会经济便进入高度繁荣，封建文化也灿烂辉煌，世界各国使节来朝不断，国家实力臻于鼎盛。唐朝的疆域最西到达咸海，最北达西伯利亚。这一时期，与唐朝来往的各国就已经开始称华人为唐人了。尽管唐朝走向衰亡，但唐朝经济文化对外国的影响始终是其他朝代无法企及的，因而“唐人”一称一直沿用下来。《明史·真腊传》记载：“唐人者，诸蕃呼华人之称也，凡海外诸国尽然。”

随着经济文化的交流，国人开始迁居国外。在异国他乡，华人群居而生，形成了一个小的聚居地，开展他们的海外生活。纳兰性德在《渌水亭杂识》中记载道：“日本，唐时始有人往彼，而居留者谓之‘大唐街’，今且长十里矣。”后来“唐人街”也就被用来指代海外华人居住的地方。

唐人街又被称为华埠或者中国城。据相关历史遗迹及出土文物表明，早在12～14世纪，印尼的苏门答腊岛东北岸就出现了中国城。后来，印度、欧洲、美国等地都出现了唐人街。在美国、加拿大、澳大利亚等国的唐人街上，华人凭借本国的工艺及所学技能，在异乡生存。随着唐人街人口的增多，那里的华侨逐步修建和完善各种公共设施，修寺庙、兴学堂，积极开展各种文化活动，传承和传播中华文明。

久而久之，唐人街就在全球各地形成了一种文化，一种有东方特色的专属镇，虽然其范围不止一条街，但人们仍然习惯用“唐人街”来指代这样一种华人居住区域。

知识链接

唐装的来历

2001年的上海APEC会议，也是富有中国特色的一次盛会。前来参加峰会的亚太领导齐着“唐装”，场面甚是壮观。外国人称中国人为“唐人”，唐人所住的地方叫“唐人街”，那“唐装”自然就表示唐人穿的衣服了。

唐装流行于明清时期，不仅做工考究，而且雍容华贵。侨居海外的中国人对这种着装文化的热衷，让更多的外国人了解了中国人的服装。于是，外国人便把唐人街的人所穿的有中国特色的服装称为“唐装”。如今的唐装已经在传统工艺的基础上加入了现代的流行元素，更富活力。

什么是天府之国，起初它指什么地方，从什么时候开始代指四川？

四川是一个山水相绕、人杰地灵的地方，被誉为“天府之国”。而“天府之国”的本义指的是土地肥沃、物产丰富的地区。纵观全天下，比四川自然条件丰厚的地方不在少数，为什么偏偏四川被誉为“天府之国”呢？自古以来，四川就有这样的美誉吗？

“天府”一词，最早见于《周礼》，天府原本是一种官职的名称，指为“天子”掌握“府库”的官员。因其所管的东西都是奇珍异宝，得到的油水也就最多。因而，人们便把土地肥沃、物产丰富的地方称为“天府之国”。

秦汉时期，被称为“天府”的地方是当时经济发达，且为政治中心的关中地区。《史记·留侯世家》载道：“夫关中左肴函，右陇蜀，沃野千里，南有巴蜀之饶，北有胡苑之利，阻三面而守，独以一面东制诸侯。诸侯安定，河渭漕挽天下，西给京师；诸侯有变，顺流而下，足以委输。此所谓金城千里，‘天府之国’也。”

后来，由于西汉末年的战乱及一系列天灾人祸，使曾经繁荣昌盛的关中地区惨遭破坏，满眼荒芜。因而，“天府之国”不再是关中的别称。

四川自秦国蜀郡太守李冰修建都江堰，对岷江进行了大规模的治理之后，便“水旱从人，不知饥馑”。三国时期，诸葛亮又推行了一系列措施，支持农耕、发展经济，以致物阜民丰。此后，人杰地灵、名人辈出的四川，便独享了“天府之国”的美名。

知识链接

史上的天府之国

在中国历史上，除了四川之外，还有很多地方被称为“天府之国”，它们或因物产丰富土地富饶、文化深厚而得名，或因曾经在此建立过政权或国都而得名。总之，被称为天府之国的地方有7个之多。

它们是：战国时期至汉代的关中平原，沿用至今的成都平原，五代十国时期的太原一带，北宋时期的江淮以南地区，明清时代的华北平原，闽中地区和沈阳。

广州为什么被称为“羊城”，其来历与“羊”有关吗？

素有“国际花园城市”之称的广州，位于北回归线附近，年平均温差很小。广州一年四季气候温润，百花盛开，因而便得了“花城”的美誉，但是广州还被人们称为“羊城”，这就让人费解了，经贸发达的广州难道还产羊？

广州被称为“羊城”已经有2200多年的历史了。相传公元前9世纪，广州只是西周的一个小城邑，名叫楚庭。在西周末期，广州一带连年灾害，土地荒芜，农民颗粒无收。上苍看到百姓怨声载道，便派出五位仙人，骑着五色仙羊，踏着五朵祥云来救难。仙人施法，向人间普降甘露；每只羊衔来一棵麦穗，施雨后仙人把五棵麦穗赠予人间，以保人间永无饥渴。随后，仙人腾空而去，而五只仙羊则化为石头留在广州的山坡上。从此，广州风调雨顺，人民丰衣足食，成为岭南地区的富饶之地。过上安康生活的人们并没有忘记仙人的恩泽，他们修五仙观来祭拜五位仙人，广州也就有了“羊城”“五羊城”“穗城”的别称。

其实，在这个神话的背后，有着这样的历史底色：在远古时代，大约5000年前，广州一带就有人类在此捕鱼开展农业活动。据史料记载，西周末年，天灾连年，诸侯征战不断，民不聊生。因而中原一带的百姓便开始了举家南迁，这在中国历史上是一次较大规模的迁徙活动。当时的广州地处珠江三角洲地区，南面临海且雨量丰沛，气候温和，自然是南迁百姓的首选。凭借广州的临海之利，还有肥沃的土地，来到此地的人民过上了丰衣足食的生活。秦汉时期，广州经济繁荣起来，随着对外贸易的兴起，它也成为海上“丝绸之路”的始发港。

关于仙人所乘之羊，《说文解字》中解释道“羊，祥也”，至今广州一带还有“种姜养羊，本少利长”的说法。相关资料表明，羊是北方动物，是随着人们南迁，迁移到南方，并开始圈养。“五羊衔穗降恩泽”的神话传说虽然具有神话色彩，但是却从另一个侧面体现出了人们的美好生活愿望，折射出了当时的历史概况。

知识链接

羊城八景

据史书记载，广州自宋代开始就有羊城八景的评选，这也是邦安国兴的一种表现，自宋以后，评选羊城八景成了传统。由于时代变迁，人类的活动的影响，各地景观也会发生相应变化，因而，历朝都要重新评选羊城八景。

在宋代，羊城八景有扶胥浴日、石门返照、珠江秋月（色）、光孝菩提、海山晓霁、菊湖云影、蒲涧帘泉、大通烟雨。

元代的羊城八景为扶胥浴日、石门返照、大通烟雨、蒲间濂泉、粤台秋月、景泰僧归、白云晚望、灵洲鳌负。

明代羊城八景有粤秀松涛、穗石洞天、番山云气、药洲春晓、琪林苏井、珠江静澜、象山樵歌、荔湾渔唱。

清代羊城八景有粤秀连峰、琶洲砥柱、五仙霞洞、孤兀禺山、镇海层楼、浮丘丹井、两樵云瀑、东海渔珠。

1963年羊城八景是白云松涛、罗岗香雪、越秀远眺、珠海丹心、红陵旭日、双桥烟雨、鹅潭夜月、东湖春晓。

1986年羊城八景有红陵旭日、黄埔云樯、云山锦绣、珠海晴波、黄花浩气、越秀层楼、流花玉宇、龙洞琪林。

如今的羊城新八景为云山叠翠、珠水夜韵、越秀新晖、天河飘绢、古祠留芳、黄花皓月、五环晨曦、莲峰观海。

《岳阳楼记》是范仲淹的名作，他写此文时到过岳阳楼吗？

《岳阳楼记》是范仲淹的名篇，其中的名句“先天下之忧而忧，后天下之乐而乐”脍炙人口。不仅如此，文中描绘之景，生动形象，也颇为壮观。如此深刻而又贴切的文章，是不是范仲淹身临其境，有感而作呢？

据相关史料记载，范仲淹写《岳阳楼记》时，本人并不在那里。南宋文学家楼钥在《范文正公年谱》中说，在宋仁宗庆历四年的时候，范仲淹已经58岁了，当时他正在邓州任职。在《岳阳楼记》的第一段中，范仲淹也说明，写这篇文章是受被贬岳州的滕子京所邀，记述岳阳楼重修一事。

按照宋代人的习惯，写“记”以及散文一类的文章，本人并不一定要身在其地，主要是通过这种文章记录事情、写景、记人来抒发作者的感情或见解，借景抒情，托物言志。古时，邀人作记通常要附带一份所记之物的样本，也就是画卷或相关文献之类的资料，以供作记之人参考。据有关资料表明，滕子京虽然被贬岳州，但他在任期间，做了三件政绩工程，希望能够取得朝廷的谅解。为了提高其政绩工程的知名度，他向范仲淹求作两记，一则就是我们现在所看到的《岳阳楼记》，另一则是《偃虹堤记》。《岳阳楼记》所述内容有实物可查，然而《偃虹堤记》则无迹可寻。但是在《偃虹堤记》中，范仲淹也同样将偃虹堤描写得具体翔实，相较岳阳楼毫不逊色。因而，便引发了学者关于“范仲淹写《岳阳楼记》时，是否去过岳阳楼”的争议。

虽然写作《岳阳楼记》时，范仲淹不在现场，但他到过岳阳楼是可以肯定的。因为其中记录的岳阳楼四个时节的奇特景观十分真实，虽掺杂了范仲淹依实写虚的成分，但是单凭滕子京所提供的资料和自己的想象，范仲淹是无法将洞庭之景写得如此之美的。并且，范仲淹之前去过岳阳楼也是有史料可查的。

知识链接

四大名楼

诗词歌赋里描写亭台楼阁的名句数不胜数，杜甫的“昔闻洞庭水，今上岳阳楼”，李白的“故人西辞黄鹤楼，烟花三月下扬州”，等等。

那么古人常写在诗中的名楼都有哪些呢?

中国有“四大名楼”之说，一种说四大名楼指的是：岳阳楼、滕王阁、黄鹤楼、蓬莱阁；另一种说法是四大名楼分别为：黄鹤楼、岳阳楼、滕王阁、越王楼；还有一种说法为：黄鹤楼、岳阳楼、滕王阁、鹳雀楼。其中岳阳楼、滕王阁、黄鹤楼又被称为“江南三大名楼”。

“山海关”因何被称为“天下第一关”?

相传，明朝洪武年间，明太祖朱元璋派中山王徐达、军师刘伯温二人到山海关一带修建城防。考察完地形后，徐达督促人夫，修关筑城。当时那里的地名为渝关，又称临闾关，其地南面大海，北依群山。因而，在关城筑好后，刘伯温上奏朱元璋，将其命名为“山海关”。那么，山海关又是如何被称为“天下第一关”的呢?

山海关正处在华北与东北的交界处。它北连燕山，南临渤海，地势十分险要。这里是东北草原民族南下的必经之地，也是中原王朝战略防守的要点，所以，自古就是兵家必争的军事要地。当年徐达在此修长城、建关隘，就是看中了这里地理位置的极端重要。

山海关的城池，周长约4000米。整个城池与长城相连，以城为关。城高14米，厚7米。气势宏伟，坚不可摧。关城采用箭楼样式，城台高12米，楼高13米，东西走向达10.1米，南北长度为19.7米。其建筑雄视四方，而且关内建筑雄而不粗，城楼上下层次分明，造型雄伟，有“一夫当关，万夫莫开”之势。站在关城北望长城，犹如龙身蜿蜒不断，真是处处险要。整座关城襟山带海，作为万里长城的东方龙头，威严无比。在山海关城楼南北，还分别筑有靖边楼、牧营楼和临闾楼等建筑，势如众星捧月，磅礴雄伟。它是控制长城的机枢，故而赢得了“天下第一关”的美名。古人曾这样赞美它：“两京锁钥无双地，万里长城第一关。”

在山海关的城楼上，赫然悬挂着苍凉雄浑的“天下第一关”匾额。据有关史料记载，山海关匾额，原为明朝萧显所书。而今，山海关内置两块牌匾，二楼正面所挂为光绪年间王治摹刻；外楼所挂是民国杨宝清所刻，匾上大字气势磅礴，每字都一米有余，笔锋雄劲，与山海关相得益彰。

这里不仅是兵家争夺的军事要地，还是中原与草原民族经济文化沟通的要道，起到中转集会的作用。早在春秋战国时期，这一带的碣石港已经成了古代五大港口之一，到了近代，秦皇岛港兴起，这里依然商旅辐辏，贸易发达。作为天下第一关，山海关还有着别样的风采。

知识链接

九大名关

中国地名以数字统称的不在少数，“三山五岳”“五湖四海”“四大名亭”“八大胡同”等，中国的名关也有九大关之说。

除了位于河北省秦皇岛市的“天下第一关”之外，位于北京市昌平区的居庸关则以高山翠柏、形势险要闻名。位于山西省平定县东的娘子关，扼守山西、河北两省咽喉，现存的城关是明代中期所筑，相传因平阳公主率娘子军在此驻扎而得名。以“三关冲要无双地，九塞尊崇第一关”闻名于三关之一的雁门关，是长城要口之一。

位于山西省繁峙县东北的平型关，是晋北的交通要道，曾发生过著名战役“平型关大捷”。被称为“义阳三关”之一的武胜关在河南省信阳南部，是大别山关口之一。

依山傍水、地形复杂的紫荆关位于河北省易县城西的紫荆岭上，其险要堪与天下第一关相较。作为万里长城西端终点的嘉峪关，在甘肃省嘉峪关市嘉峪关山的东南山坡上，素有“天下第一雄关”的称号。位于广西凭祥西南的友谊关，关如其名，自古便是中国通往越南的要塞。

为什么说天坛是最有中国特色的建筑，它体现了中国人怎样的观念?

北京作为历史古都，用于祭祀的庙宇数不胜数。其中最富中国特色的庙坛建筑，当数位于天安门东南的天坛了。天坛是明清时期皇帝的祭天场所，也是中国历史上规模最大的祭天建筑。1961年，国务院将天坛列为“全国重点文物保护单位”。1998年天坛被联合国教科文组织确评为“世界文化遗产”。天坛号称是最有中国特色的建筑，不仅仅是因为它的规模宏大，更重要的是因为它所承载的文化内涵。

帝王又称天子，作为君权神授的一国之君，自然将祭拜天地视为最重要的礼法。北京天坛始建于明朝永乐十八年，最初名为天地坛。后来，嘉靖皇帝认为天地合祭不合礼法，于是便在安定门外兴建地坛，天地坛便更名为天坛，只做祭天之用。如今我们所见的天坛，是清乾隆、光绪帝改建后形成的模样。

天坛不仅是中国建筑史上的璀璨明珠，更是世界建筑艺术的佼佼者。它集古代哲学、历史、数学、力学、美学、生态学于一身，集中体现了中国古代“天人合一”以及“天圆地方”的建筑思想。作为紫禁城中的一部分，俯瞰天坛建筑群，整座天坛建筑呈现出一个“回”字结构，天坛北面的城墙呈现圆形，南面的城墙呈现方形，体现出中国人“天圆地方”的哲学理念。天坛被两重垣墙分割成内外两坛，圜丘坛、皇穹宇、祈谷坛是中轴线上的三个主要建筑。

在古人心目中，天空浩渺，人类只不过是沧海一粟，天才是神秘而伟大的。因而天坛内部墙壁，以及祈年殿的房顶，都是由蓝、黄、绿三色的琉璃瓦铺成，在视觉上，凸现天宇的神秘和尊严。而且祈年殿和皇穹宇的房顶都采用了圆形层叠收缩向上的设计，体现出古人关于天人关系的思考。这样的建筑，使人们在敬仰天神的同时，也能接近探究天体的实质。

天坛的整个建筑规划，是古人参照《周易》的五行学说和天文学理论设计的。祈年殿内的大柱以及它的开放式敞厅分别被赋予一年四季、二十四节气、十二月以及十二时辰等种种寓意。同时，其色调和建筑蕴含的数字，无不彰显着皇家气象。这一切，都使得天坛成为中国古代建筑艺术中文化内涵最为突出的一座庙坛。

故宫被称为“紫禁城”，与“紫色”有关吗，与“紫微星”有何关联？

1407年开始，明成祖朱棣下令在北京修筑故宫，历时14年修成。后来，明清诸皇帝多有扩建，最终成了现在的规模。故宫堪称中国历史上最大最宏伟的皇宫，到皇帝彻底退出历史舞台，先后有24位皇帝在此居住过。故宫又名紫禁城，将它命名为紫禁城，这是为什么呢，难道与紫色有关吗？

去过紫禁城的人就会明白，向来以红黄标榜尊威的皇家宫殿，自然以红砖黄瓦为主要色系。用“紫”来定名，与古代“天人合一”思想有关。

古人喜欢夜观天象，因而经常将一些天文现象与生活联系起来。古代的天文学家把天上的恒星分三垣、二十八宿以及其他星群。通过观察，古人发现，三垣之一的紫微垣在三垣中间，位置几乎不变。它的周围，有北斗七星，以及其他恒星围绕，形成群星拱卫之势。因而，古人就把紫微星看作是“星帝”，有“斗数之主”的称号。

古人所说的紫微星其实就是北极星。这么命名并不是因为它是紫色的，而是因为它位居中正。人们认为，它所在的位置就是天帝住的地方紫宫，是天地中央。封建帝王登基即位，以天子自称，善于游说纵横的人便以紫气东来、福光满天来奉迎。这就为皇权增加了神秘色彩。帝王为天子，于是，帝王的宫殿便以“紫极”“紫垣”等来命名。紫禁城的称呼便由此而来。

紫禁城的修建，不仅体现了古代的封建宗法礼制，还参考紫微垣的天体分布来进行设计。其中轴线上从前到后坐落着三殿、三宫和御花园，两边又筑殿宇楼阁。紫禁城占地72万平方米，不仅规模宏大，屋宇众多，还在周围筑起10米多高的城墙，四面修筑高大宫门，墙外是宽达52米的护城河。朝廷规定，进出紫禁城的人员都要经过严格检查，除了宫女太监，大臣都要经皇帝宣了才能入内。如此体现皇家威严的帝王之都，黎民百姓只能远远观瞻，帝王之都成了名副其实的禁地，因而人们便将故宫称为“紫禁城”。

故宫到底有多少间房屋，总房间数为双数还是单数？

北京的故宫号称是世界上最大的皇家宫殿建筑群，占地面积约72万平方米，宫殿楼阁9000多间，气势恢宏，金碧辉煌。然而近年来，关于故宫房间数的话题一直是人们关注的热点，这样庞大的一座建筑，究竟有多少房间呢？

据史料记载，故宫历经了560多年沧桑，见证了24位皇帝的历史。历朝帝王不断扩建，其规模不断增大。相传故宫房间有9999间半，作为真龙天子的帝王，为了彰显他的至高无上，又表明他对天的敬仰，所住宫殿仅比万间天宫少半间房。

古人认为数分阴阳。在尊崇五行学说的古代，以阳为尊，而九是阳数中的最大者，五居中央，因而九五有高贵帝王之尊。纵观整个故宫，它的建筑充分展示了国家中心、天子之尊的思想，整座皇宫建筑以单数为基底、阳尊为主调。

在故宫的整个建筑格局中，到处都蕴含着“九五”之数。位于中轴线上的天安门城台设五个门洞，面阔九间，进深五间。而故宫中那座设计精巧，造型独特的九龙壁更是将“尊九”理念发挥到了极致。故宫中的半间房，指的是文渊阁楼下西头的一小间面积格外小的房间。它虽然打破了房间数奇数的惯例，但是却取“九五至尊”之说，承“天一生水，地六成之”之意。故宫在建筑结构上不仅对称美观，还符合了帝王尊贵至上的心理。

事实上，相关资料表明，故宫中有大小院落90多座，房屋有980座，房间数为8707间，这里所指的房间，并不是传统意义上的房间，而是指包括四柱亭阁在内的殿、堂、宫、楼、轩、阁、斋等，其规模之大，建筑类型之全，装饰之富丽堂皇，令人叹为观止。

“天安门”原名是什么，设计者是谁？

如今我们看到的天安门，是几经战火洗礼，多次重建起来的。天安门始建于永乐十五年，3年后落成。在当时，这座黄瓦三层五间式木质结构牌楼，并不叫“天安门”，而是叫作“承天门”。

作为皇家宫殿的重要组成部分，这座门当时被赋予了“承天启运，受命于天”的寓意，故曰“承天门”。明天顺元年，承天门城楼遭到雷电袭击，遭到破坏，直至成化元年才重新建造起来。然而好景不长，崇祯十七年，李自成打进北京城，一把大火将承天门烧成废墟。顺治八年，清政府决定重修此门。这座造型庞大、气势威严的城门重建后，更名为“天安门”，意为“受命于天，安邦治国”。

天安门是明清两代举行帝王登基、册封皇后大典的地方，也是皇帝金殿传胪、招贤纳士的场所。位于北京城中轴线上的天安门，城高37.4米，由城台和城楼两部分组成。我们看到的天安门是新中国成立后扩建的，相较于之前的城楼，更加开放，与门前长安街浑然天成。

这座城楼雄伟庄严，充分展现了皇家的威严；而今更是作为中华人民共和国的象征，备受敬仰。那么，这样一座不朽的建筑，最初的设计者是谁呢？

据记载，天安门的主持设计者是明朝有“蒯鲁班”之称的蒯祥。明成祖朱棣决定迁都后，为修建北京城，在全国范围内招募能工巧匠。当时著名的雕刻家陆祥、设计大师蔡信、瓦工杨青等都曾参与了北京城的建设。但是，在这群艺术家之中，蒯祥最为突出。他不仅在绘图设计上技术高超，还具有极高的艺术天赋。同时，他的木工技术也是一流的。因而，很多皇家工程都交给他来主持。《宪宗实录》中记载：“凡百营造，祥无不与。”因为营建北京城居功至伟，蒯祥被朝廷提拔为工部左侍郎。

为什么“九龙壁”被视为国宝，中国有几处“九龙壁”?

中国被称为东方巨龙。早期的中国人也把龙作为图腾崇拜，古代的帝王也以真龙天子自居，因而，在皇宫中、龙袍上，到处可见龙纹图案。并且，在一些大规模的建筑群中，我们偶尔会看到刻有九龙图案的壁墙。这种九龙壁墙有什么特殊寓意吗?

龙壁其实是影壁的一种。在中国古代建筑中，常会在大门里面建造一面和门口相对的屏蔽墙，这样便可以遮挡门外的视线。最早，影壁有“隐避”的意思，它形象地将门内隐、门外避的特点展现出来。

九龙壁是影壁中最为尊贵的一类。在古代，还有一龙壁、三龙壁、五龙壁等形式的影壁，而能使用九龙壁的建筑，通常是帝王的宫殿、苑囿，或者皇家寺院。九龙影壁代表着最尊贵的地位，因而数量并不多。在国内现存的九龙壁中，以故宫九龙壁、大同九龙壁和北海公园九龙壁最为著名。

位于山西大同的九龙壁号称“九龙壁之首”，兴建于洪武末年，是朱元璋第十三子府前的一座影壁，因而又名朱桂九龙壁。壁前设有映壁池，龙游其中，壁水相应，很是有趣。壁上雕龙造型雄壮，栩栩如生。这座影壁也是中国规模最大、建筑最早的九龙壁。

坐落在北京北海公园北岸澄观堂东北的北海九龙壁，其建筑年代一直备受争议。相较于大同单面九龙壁，北海九龙壁两面各有巨龙九条，更加美观富丽。此壁壁上之龙，以彩色琉璃为主体雕塑，光彩照人。北海九龙壁也以此驰名中外，广受赞誉。

位于北京故宫东路皇极殿门前的故宫九龙壁，建于乾隆三十七年。此壁长达29.4米，高度为3.5米，与殿前广场相得益彰。与前两处九龙壁相比，故宫九龙壁所雕之龙玲珑纤细，形态多姿；壁上为黄琉璃瓦庑殿式顶，壁面又分饰碧水青天，彰显腾飞巨龙的磅礴气势；下部是汉白玉石须弥座。九条盘龙自然分踞五个空间，黄龙居正，以彰显帝王“九五之尊”。这座影壁，也是中国唯一一座与原建筑一同保留下来的九龙壁。

知识链接

九五至尊的由来

人们将古代帝王称为“真龙天子，九五至尊”。视皇帝为“龙”，因为图腾的缘故我们可以理解，那为什么又称之为九五至尊呢?

有说法称“九五”一词来源于《周易》。这部一直被国人视为哲学经典的著作中，乾意为天，坤意为地，而乾卦正是六十四卦之首。乾卦是极阳极盛之相，它又以第五爻九五最好。所以，人们便用九五来代表帝王之相，至尊之卦。另外，乾卦九五之爻的爻辞为“飞龙在天”，故为帝王采用。

还有人认为，称皇帝为“九五”，是因为古代数字分阴数和阳数，偶为阴，奇为阳，而阳数中九最大，五居其中。九又谐音“久”，有长长久久、万世万代的意思。因而，便用九五来代称皇帝的至高无上，天子正统，万寿无疆。

尽管说法不一，但是二者都有标榜皇权至上、贵尊四方的意思。所以，后世也就沿用了下来。

承德“避暑山庄”真的是用来避暑的吗，为什么又在外头修建“外八庙”?

位于河北省承德市中心的避暑山庄，享有“中国地理形貌之缩影”和“中国古典园林之最高范例”的盛誉。庄内山水相依，亭台楼榭，交相辉映，无一不让络绎不绝的游客流连忘返。既然这里叫“避暑山庄”，那它真的是用来避暑的吗?

避暑山庄又名承德离宫或热河行宫，始建于1703年。决定修建这座园林的皇帝，乃是大名鼎鼎的康熙皇帝。这位拥有赫赫武功、政绩卓越，并开创康乾盛世的一代明君为何要大兴土木，兴建这样一座庄园呢?

据史料记载，清军入关之后，进行了一

避暑山庄的江南水乡景观

避暑山庄的江南水乡景区是仿照苏浙水乡而建的一组建筑群，整体建筑以山、水、田园情趣为主。

系列巩固政权的措施，平定了国内的叛乱。但是，当时的西北地区仍不安定，尤其是噶尔丹叛乱后，西北边疆更是危机四伏。康熙二十二年，皇帝在木兰围场进行过一次大规模的狩猎活动，其规模相当于一次大型军事演习。在这次狩猎中，康熙帝对承德一带的山水有了一定的了解。

清军来自东北的白山黑水，那里气候寒冷。定鼎北京后，每到夏天，皇帝和来自东北的满洲贵族都感到炎热难耐。他们到处寻找夏天能够避暑的地方，于是，北京西郊相继兴建畅春园和圆明园。在热河围猎时，康熙帝发现这里是一个不错的避暑之地，因此起了修建行宫之意。但是，热河行宫的修建，有着更深远的政治目的。康熙年间，西北的蒙古诸部时叛时服，噶尔丹更是兴兵挑战皇帝的权威，康熙帝虽然多次用兵，但仍不能彻底驯服蒙古。他决定改变策略，笼络蒙古。热河处于中原与蒙古的交界处，在此设立宫殿，便于就近处理蒙古事务。因此，康熙决定兴建热河行宫。

自山庄建成时起，康熙帝几乎每年都去住上一段时间。其间，皇帝一般会会见蒙古等民族首领，举行会盟。然后率满蒙王公、朝廷诸臣及八旗将士围猎，举行秋狝大典。这样的大型活动，既反复确认皇帝对蒙古各部的统治，又能密切满蒙关系，极大地促进了边疆的稳定。在康熙看来，热河会盟和木兰秋狝，对稳定边疆的作用超过了万里长城。

为了加强对少数民族的控制，除了给少数民族首领封号授爵外，乾隆帝还在庄外修建了12座规模宏大的“外八庙”。其豪华程度甚至比山庄还胜一筹。乾隆帝采取“因其教，不易其俗”的政策，顺应各少数民族（特别是蒙古族）上层人物的信仰，密切了他们同中央政府的联系。这样一来，少数民族不但每年进贡朝廷，朝拜寺庙，还在行为上受到了清朝的牵制，从而达到建庄治夷的目的。避暑山庄，正是清朝统治者怀柔政策的体现。

知识链接

承德避暑山庄的建筑风格

游览避暑山庄，除了赞叹建筑宏伟，享受怡人的景致外，会发现其对比鲜明的两种风格：外八庙的金碧辉煌和山庄的青砖灰瓦，为什么避暑山庄会采用青砖灰瓦呢？

避暑山庄的建造是从康熙帝开始的。乾隆帝即位后，根据康熙帝遗愿，继续修建山庄。相比外八庙的金碧辉煌、高大巍峨、雕栏彩绘，避暑山庄显得古朴清幽。康熙帝向来主张勤俭兴邦，因而，建这样一座朴素的离宫是为了自勉，也是为了鞭策王公大臣。

“天下第一泉”是指哪道泉水，“天下第二泉”在哪里？

国人自古好品茶，而品茶之人都知晓：好茶还要好水泡。泡茶之水以泉水为上，因而，寻找名泉便成了品茶之人的所好。于是，寻找好水，品评名泉也就顺理成章。既然如此，天下第一泉在哪里，仅次于它的天下第二泉又在何方呢？

唐代“茶圣”陆羽游遍名山大川，找到庐山的谷帘泉，发现其水清、冷、香、柔、甘、净、不噎人，且可预防疾病，是泡茶的上等品，从而定谷帘泉为“天下第一泉”。

继陆羽之后，关于“天下第一泉”又有了很多说法，评判标准不同，各有所依。除了谷帘泉，有据可考的“天下第一泉”还有：济南的趵突泉、镇江的中冷泉、北京的玉泉、峨眉山的玉液泉、安宁碧玉泉、衡山水帘洞泉。到了近代，“天下第一泉”便“花落”济南72泉之首——趵突泉。

明代晏璧有诗句“渴马崖前水满川，江水泉迸蕊珠圆。济南七十泉流乳，趵突洵称第一泉”。关于趵突泉的记载最早可以追溯到商代。南北朝时期的郦道元在《水经注》中也对趵突泉做了相关评价。趵突泉处于济南市中心，又名槛泉，是泺水的源头。趵突腾空，三窟并发，声音如隐雷轰隆作响，是世界独特的景观，这也是趵突泉当选为“天下第一泉”的原因。

紧随趵突泉之后的是江苏的惠山泉，盲人阿炳的一曲《二泉映月》让更多的人知道了它的芳名。相传，惠山泉为唐朝无锡县令敬澄派人开凿。惠山多清泉，据说有93泉之多，其水甘甜爽口，醇香清凉，而且所含矿物质较多，可以延年益寿，清火理气。惠山泉便是93泉中的最优者。而后，陆羽品此泉水，在《茶经》排惠山泉为天下第二。宋代诗人苏轼来此游历，曾留下“独携大上小团月，来试人间第二泉”的诗句。到了清朝，乾隆皇帝御封惠山泉为“天下第二泉”。惠山泉不仅泉水上佳，更以美景而闻名天下。二泉分上、中、下三池，三池各有所长。来此之人，除了要尝一尝这里的泉水，更应该欣赏一下这里水中映月的奇景。

知识链接

中国怪泉

在中国的一些地方，有很多与一般泉水不一样的怪泉，其中以历史传说而知名的怪泉当属云南哑泉、药泉及眼泉。相传哑泉、药泉都与诸葛孔明有关。据现代科学考察，这三口泉也确实泉如其名。如果误饮哑泉之水，人便口不能言，声音嘶哑；药泉有治病理疗的作用；而眼泉能使眼睛明亮治疗眼疾。

除了这三口怪泉，在中国的其他地方还有一些较有特点的怪泉。

在中国台湾省台南县白河镇东约8公里的关子岭北麓，有一处水火交融的奇泉。由于台湾处在环太平洋火山地震带上，地下岩浆活动频繁，含有油气成分的地下水被加热烘烤涌出地面而形成这一景观。

类似这样的怪泉，还有广西南宁的虾泉、陕西蓝田的冰泉、河南焦作的甘苦泉、贵州的珍珠泉、四川新宁的雌雄泉、安徽寿春的喊泉、浙江余姚的桃花泉和四川广元的含羞泉等。

“飞来峰”真是“飞来”的吗，还有其他“飞来”的景点吗？

杭州灵隐寺前有一座飞来峰，又名灵鹫峰，山高168米，山体由石灰岩构成，由于长期受地下水侵蚀，形成了洞壑遍布、无洞不幽、无石不奇的特点。而且在岩洞及石壁上，保留着从五代到元朝大概470多尊石刻。整座飞来峰古藤清幽，冷泉相绕，峰棱如削。

相传有一天，灵隐寺的疯和尚济公算知有一座山峰要从远方飞来，于是就跑到灵隐寺前的村子里，告知村民赶快离开，然而却没有人信他的话。眼看山峰就要飞来了，正苦于无计可施的济公看到一户人家正在娶亲，于是冲进厅堂背起新娘就跑。村民见状，赶紧都追了出来，刚跑至村外不久，狂风大作，天地轰鸣，一座山峰落到了原来的村子上，济公因此救了村民的性命。后来，这座山峰就被人们称为飞来峰。

飞来峰真的是飞来的吗？

当然不是。据地质学家考察发现，飞来峰其实是一种地质构造，一般是由“推覆构造”或“冰山漂砾”造成的。

20世纪20年代末发现的彭州飞来峰，处于西北向东南推覆的构造带上，在地球内力的推挤下，周围的山体从下向上挤压，褶皱形成断层，经过多次地质运动与侵蚀作用。形成了老岩石覆盖在新岩石上的特点，而有专家认为，飞来峰大部分是石灰岩构造，它极易受到重力或流水侵蚀的破坏，若形成老岩石覆盖新岩石的特点，运动过来的岩石是受到了冰山的包裹保护，随着海陆变迁而形成的。

总之，这些结论都是地质学家根据考察

研究后得出的结论，具有很高的科学性。

目前存在于中国的以“飞来”命名的景观除了灵隐寺的飞来峰、四川彭州的飞来峰外，还有北京白塔山上的瑞安塔，广东清远飞来峡后的飞来寺，安徽黄山、江西庐山、广西壮族自治区兴安的飞来石，河北承德双塔山上的飞来庙，四川峨眉山外的飞来岗等。

皇家建筑为何用“红墙黄瓦”，古代民间建筑墙体和屋顶的颜色有限制吗？

中国人喜红色，因为红色意味着吉祥、喜庆。生长在皇城根儿的人都知道，朱红的城墙，明黄的琉璃瓦是皇城最气派的标志性建筑。走访历代古都，几乎都有这一特点。红墙黄瓦为什么如此受皇家的喜爱呢？

古代的帝王，不仅要将自己的出身渲染得神乎其神，以显示他的神圣不可侵犯，就连他的居住场所也要处处彰显尊贵，因而，吉祥高贵的红色一直被古代帝王定为宫殿的主色。公元前 11 世纪的周代王宫，就采用红色来修饰宫殿。到了汉朝，汉高祖以“赤帝之子”自称，把红色定为皇家御用色彩。

在五行学说里，土位居中央，其色为黄。相生相克原理，赤火与黄土相生，是吉相。

唐朝初年，唐高祖规定民间不得用赤黄为衣，黄袍成为皇帝的专利。唐高宗更是规定黄为贵色，民间的一切都不得用黄色。北宋时期，宋仁宗颁布法令，将黄色定为皇家所有，黄色也就成了真龙天子的垄断色、主题色。故而，皇帝居住的地方便以赤黄两色居多，红砖黄瓦，金碧辉煌。

除了皇宫，我们还会看到一些庙宇、宫观等地方都有同样的红砖黄瓦建筑，难道红砖黄瓦不是皇家专利吗？古代帝王自然是世间之王，可是他同样尊崇神明，因而，在供奉祭拜神明的场所，自然也肯下一番功夫以表虔诚。特别是供奉玉皇大帝的宫观，自然是可以享受皇室规格的。另外，一些皇家寺院，也是可以使用红墙黄瓦的。

在中国古代的民间，建筑风格因地方不同而呈现出迥异的特点。区别于皇家的庄严恢宏，民间的屋顶墙体一般采用灰色陶土瓦。有些豪门大家为了彰显尊贵，在宅所上颇为张扬，因而，雕栏彩绘、彩色琉璃也是有的，但一般不会有皇家的红墙黄瓦。

为什么古代建筑的屋顶上常会排列一些装饰兽？

我们经常会看到很多不同于今日钢筋水泥的建筑。它们或金碧辉煌，或青砖碧瓦，雕栏彩绘可谓艺术之作。除了这些之外，在建筑的屋顶上，或脊、或檐都有各种各样的小动物装饰，而且大小数量不等，难道这是古人建筑审美的一种表现吗？

中国古代传说有四灵，它们分别是麒麟、凤凰、龟和龙，人们认为是它们各自行使神权，守护着人间，为人们带来和平安康。所以人们便把这四灵称为“四大吉祥兽”。人们喜欢佩戴有四大吉祥兽的配饰。建筑中，将这四大神兽筑于屋顶，以保家宅平安，人丁兴旺。

很多建筑上出现的装饰兽，都是由这四灵派生出来的。通过观察我们会发现，不同的建筑物上，排列的装饰兽多少、大小各不相同，这有什么规律吗？

唐宋时期，脊兽的数量还仅有一只。后来人们根据传说，不断增加脊兽数量，到了清代便已初步形成完整的体系。按类型划分，房顶上的装饰兽可分为屋脊走兽、檐角走兽、垂脊吻兽和仙人走兽，一般房屋的正脊上安放吻兽和望兽，垂脊上安放垂兽，戗脊上安放戗兽。

安放装饰兽数量的多少，还被视为标榜等级的方式，据相关文献记载，数目越多，表示等级越高。在皇权至上的古代，只有皇帝主持朝政的金銮殿可以安置十尊脊兽，其他地方根据等级规模一般安置一、三、五等单位数的装饰兽。而安放何种装饰兽，更是要根据各种动物所代表的意义放置，讲究颇多。现在我们在故宫太和殿所看到的一系列装饰兽，便是根据民间传说铸造的“仙人骑凤”系列。重脊的顶端为骑凤仙人，后面次序则为：一龙二凤三狮子，海马天马六押鱼，狻猊獬豸九斗牛，最后行什像个猴。

安放装饰兽不仅有尊崇神明的意思，也有使用功能。中国古代建筑大部分为砖木结构，房顶所放的琉璃瓦很容易顺着木制檩梁朝房檐向下滑动，因而古人便用瓦钉将檐前的瓦片固定。用一些动物装饰掩饰裸露在外面的瓦钉，这也是古代劳动人民讲究建筑美观的一种艺术表现手法。

知识链接

四大吉祥兽

考古发掘中，专家经常能发现一些刻有各种动物图案的装饰物。根据古代文献记载，这些都是古人所尊崇的吉祥之神，那么在古代，最著名的吉祥神兽都有什么呢？

自古以来，华夏民族就以龙为图腾，因而龙也就是古代四大吉祥神兽之首。有福泽众生、镇宅安邦的神能，至高无上，神武威严。

作为百鸟之王的凤凰是古代最有名的吉祥鸟，它一直被人们视为吉祥、美丽、惠泽天下的象征，因而有人用凤来代指母仪天下的皇后。

古语有云“盛世出麒麟”，生长着龙头、鹿角、马蹄、牛尾、狼额并拥有五彩鳞片的麒麟一直被视为消灾解难、驱邪避魔的灵异之物。

最为接近生活的要数龟了，因它的寿命较长，人们便笃信它具有通古知今的能力，也因此成为人们尊崇的神兽之一。

“女墙”是什么墙，它和普通的城墙有区别吗？

刘禹锡在他著名的《石头城》中写道：“山围故国周遭在，潮打空城寂寞回。淮水东边旧时月，夜深还过女墙来。”收录此诗的书下注释说：“女墙，城墙上的矮墙。”既然是矮墙，为什么要叫作女墙呢？

女墙又叫“女儿墙”，指的是凸凹不平的小墙。女墙并不高，在建筑中，它常见于房上或城墙上，因而它又被称为“压檐墙”或“垛墙”；建在楼台屋顶之上的女墙充当了护栏的作用，因而相对比较精致。

《释名释宫室》中说：“城上垣，曰睥睨，亦曰女墙，言其卑小比之于城。”意思是说，古代女子身份卑微，就像城墙上那些凸凹不均的小墙一样。而且，古代对女子的约束也很严，女子无才便是德，所以，古代的女子深居简出，很少抛头露面。被深锁庭院的女子们，便会通过这些看似屏蔽外界的小墙，偷偷地望一望外面的世界。因而，女墙还包含着窥视之义，有女子“睥睨”之态的意思。很多女墙的设计也是参考了这种说法而成。

中国古代有很多诗句假借女墙的三分阻挡、七分显彰的建筑特点，谱写了浪漫的情事。苏东坡的《蝶恋花》就有诗句描写“墙里秋千墙外道，墙外行人墙内佳人笑”。叶绍翁更是将女墙的矮小发挥到淋漓尽致：“满园春色关不住，一枝红杏出墙来。”

在城墙之上的女墙，通常作为防御敌人的箭孔和护跺。在《三国演义》中，就提到了女墙的这种用途。第五十一回中说“只见女墙边虚搠旌旗，无人守护”。在女墙之上，通常设有瞭望口，守城的士兵可以凭借女墙的掩护，观察敌军情况。而且在瞭望口的下面还设有通风口，这就好比行军打仗的盾牌，因而古代在很多外城墙上都修筑了矮墙。

如今，女墙已经成为建筑结构中的一种常见矮墙，已经没有那些意味深远的含义了，但是它一直是建筑中不可或缺的一部分。

知识链接

萧墙

“祸起萧墙”的萧墙指的是什么地方，为什么祸患要发生在这里呢？

相传春秋末年，鲁国的政权掌握在孟孙氏、叔孙氏和季孙氏三家大夫之手。其中，季孙氏是最有权势的，但是他还是担心国君借颛臾之地夺回政权，于是想出兵攻打颛臾。

孔子听说了这件事，对他的两个弟子说：“季氏的目的并不是在颛臾，而是在王室的萧墙内，也就是整个国家啊。”因而后世就以这一典故表示国家内部祸乱的意思。

萧墙，其实是古代君王宫室大门里面对门口的屏障，又叫照壁或塞门，是防止外人偷窥，遮挡视线的屏蔽，因而古人常以萧墙内指代内部。

“胡同”指的是什么，这个词怎么成了街巷的名字？

2008 年北京奥运会，除了奥运会场馆及开幕式引起轰动外，北京传统四合院、胡同以及地方民俗也是外国人津津乐道的话题之一。汪曾祺曾写过《胡同文化》，通过文章，我们不仅对北京的胡同有了初步了解，还知道了胡同所承载的文化内涵。但是说到胡同，人们不禁要问：为什么会有这个名字呢，胡同又和街巷有什么关系呢？

汉语词典里，“胡同”也叫“里弄”“巷”。是指城镇或乡村里主要街道之间的、比较小的街道，分死胡同和活胡同。死胡同末端连着居民区，活胡同则是沟通村镇里各条街道的路径。

“胡同”最初意为行走之地，该词最早出现在元杂剧中。因而，有学者据此得出胡同一词始于元朝的结论。但是，这个说法并没有得到普遍认可，关于“胡同”一词的由来，众说纷纭。综合各家说法，主要的观点有以下几种：

其一，“胡同”源于蒙语“水井”，最初发“忽洞”的音。蒙古人习惯以“井”作为地方命名的依据，于是建立元朝后，便将此语带到中原，谐音做“胡同”。

其二，蒙古人进关之前，中原人称他们为胡人，所以，元建都后，人们就把他们居住的地方叫作“胡同”。

还有观点认为胡同实为南宋“火巷”的转译音。当时所建“火巷”鳞次栉比，和胡同相连的四合院形状极为相似，后传成“胡同”一词。

那么，“胡同”是从什么时候开始变为街巷的专有名称的呢？

据有关资料显示，在元代，“井”和“胡同”都有“市”的意思。在一些文学作品里，就常用“市井”来表示民间。元朝定都大都，也就是现在的北京城，其建筑风格呈现出豆腐块风格，街道多为南北分布，东西穿插小巷，街道布局形成“井”字结构。“胡同”也就和“井”同称为市井街道了。

从元朝开始，北京有史记载的胡同最多时有 6000 条之多。经过不断的演变，胡同成了北京城的一大特色。它不仅仅是一种交通通道，更是传承文化、记载历史、讲述社会生活的一部实物史诗。

知识链接

八大胡同

提起北京，就不能不提胡同文化，提到胡同，就不能不说八大胡同。

北京“八大胡同”主要指百顺胡同、胭脂胡同、韩家潭、陕西巷、石头胡同、王广福斜街、朱家胡同、李纱帽胡同，兴起于清朝中期，在清末至民国年间达到鼎盛。八大胡同里，会集了北京最有名的秦楼楚馆，歌儿舞女、明妓暗娼各逞妖娆。对八大胡同，历史上有“销金窟，风流处，公子王孙集散地”的评价。其实，在当时的大栅栏一带，不止这八条胡同经营着歌舞妓院，只不过这八条胡同档次最高而已。

第二十章

奇闻逸事·百工器物

伯夷、叔齐没什么功业，又饿死首阳山，可他们为何被古人推崇？

在中国古代，君王的儿子都会为争夺王位而进行明争暗斗。一般而言，只要不算太过火，都算是正常的继承了。但是，曾经有这么两兄弟，作为君主的儿子，两人不仅不争抢王位，反而相互谦让。最终，两个人谁也没登上王位。后来，又一块儿饿死在了河南偃师市的首阳山上。这对兄弟便是商周时期的伯夷、叔齐二人。

伯夷和叔齐是商朝孤竹国（今河北卢龙县）国君的两个儿子。按制度，长子伯夷应该继承王位。但孤竹国君因喜欢次子叔齐，在死前留遗言让他继位。于是，伯夷和叔齐相互推让。伯夷认为应该遵守父王的遗愿，为避免因自己的存在而影响叔齐继位，干脆出走了。叔齐却觉得自己继承王位不符合制度，也出走了，并且找到伯夷，俩人一块儿在国外逛荡。最后，国人就只好立他们的另一个兄弟为王。

后来，伯夷、叔齐听说周文王敬养老人，便商量去投奔周国。在前往周国的路上，他们遇到周武王载着周文王的棺材向东进发，要讨伐纣王。伯夷、叔齐上前对周武王劝阻说："父亲死了尚未安葬，就动起干戈来，能说得上是孝吗？以臣子的身份去讨伐君王，能说得上是仁吗？"武王身边的人想杀死他们，太公姜尚说："不可，这是两位义士啊！"将他们送走了。武王击败殷商以后，天下纷纷归顺。而伯夷、叔齐却不承认周朝的合法性，因此坚持不吃周朝的粮食。最后天下都归顺了周朝，他们兄弟俩便隐居到首阳山上，以采集薇（一种野菜）充饥，最终饿死。后人对伯夷叔齐两人一向非常尊崇，视之为坚持大义之人。

在我国古代，人们一般认为一个人所做的事有"三不朽"，即立德、立功、立言。我们通常所说的立下功业，便是"三不朽"中的立功，一般指的是在政治或军事上有所作为。但相比于立功，人们更为推崇的是立德，并将其排在了第一位。伯夷、叔齐二人虽然没有立下什么功业，但是，他们身上所体现出来的对于大义的坚持，却为后世之人在德行方面立下了榜样。这具有一种可传万世的精神价值，比实际的功劳更值得尊重。因此，他们受到了古人的推崇。

知识链接

三不朽

"三不朽"乃是我国伦理思想史上的一个重要命题，具体指立德、立功、立言。其说法来自于春秋时鲁国大夫叔孙豹。立德是指在德行方面为世人所敬仰，如孔孟、伯夷叔齐兄弟等；立功一般指政治作为或军功，往往归于那些显官或大将，如王安石、郑成功等；立言则指留下真知灼见，文人的人生价值主要体现在此，如朱熹、陈寅恪等文人学者。三者之中，只要在一方面做出成就，便可载入史册，流芳百世。

建安七子之一的王粲去世后，曹丕在他的墓前学驴叫，这是为什么？

一般情况下，活着的人为自己的亲朋送

葬时，所做的事情无非是摆放一些供品，在其墓前哭泣一番，或者写一篇悼文追述一下死者的生平与功绩之类。但是，三国时期的曹丕为王粲送行时，却是在其墓前学起了驴叫，以此为其送行，这是怎么回事呢？

建安时期，我国文学艺术多有发展，涌现了以曹操父子和建安七子为代表的一批文学才子。曹氏父子对文学事业非常热心，经常在铜雀台上举行文学沙龙。曹丕当时身为文坛领袖，与建安七子的关系十分密切，以至“行则连兴，止则接席”。事实上，“建安七子”的说法，就是曹丕首先提出来的。建安七子之中，王粲乃最富才华，兼擅诗、赋、散文三种当时流行的体裁。王粲有一个怪癖，便是喜欢听驴叫，有时自己还学驴叫，引得大家捧腹不已。

建安二十二年，王粲死于瘟疫，消息传来，整个文坛被震动了。曹丕更是不胜伤感，亲自为王粲举行了隆重的葬礼。下葬当天，在王粲墓前，按照规矩该念悼文时，曹丕却说道：“仲宣（王粲的字）平日爱听驴叫，让我们学一次驴叫，送他入土为安吧！”随即自己学了一声驴叫，此声不仅惟妙惟肖，而且凄厉高亢，如同悲鸣。众才子听后，无不受到感染，悲从中来，于是都认真地学了一声驴叫。

曹丕之所以会有这种怪异的举动，与魏晋南北朝时期崇尚绝世弃俗、洒脱不羁的社会风气有关。当时文人崇尚自由，鄙弃规则，

建安七子

“建安七子”分别是孔融、王粲、阮瑀、陈琳、徐干、应玚、刘桢。其诗作崇尚风骨，多悲凉慷慨之气，抒发救国安邦、忧国忧民之志。

放达出格。随便举例，“竹林七贤”之一的刘伶，纵酒佯狂，经常是抬棺狂饮，且全身一丝不挂躺在屋中。人见均嗤之，他却反唇相讥：“我以天地为房屋，以房屋为衣裤，你们干吗要钻到我裤裆里来呢？”当时风气可见一斑。

知识链接

建安七子

“建安七子”指东汉建安年间（公元196～220年）七位文学家的合称，分别是孔融、陈琳、王粲、徐干、阮瑀、应玚、刘桢七人。这种说法最早由曹丕提出，也得到时人与后世的承认。就生平而言，“七子”基本都经历了在东汉大乱中颠沛流离、困顿不得志的命运，之后投奔曹操，才开始过上了安定、富贵的生活。因此他们多视曹操为知己，想依赖他干一番事业。其中，孔融任过少府、王粲任过侍中这样的高级官职，其余也都是曹氏父子的近臣。不过，孔融后来与曹操政见不合被曹操所杀。在文学才能上，七人基本代表了建安年间除曹操父子之外的优秀文人，与曹氏父子共同代表了建安文学的风格。

形容男女之间亲昵行为的“卿卿我我”一词是怎么来的？

提到“卿卿我我”，可能大家心里都十分明白是怎么回事，多半也不讨厌这种行为。但如果要描述这种行为，却又不好描述，只能笼统地说这是男女间的一种亲昵行为。那么，这个由两个称呼语组合起来的词，为什么用来形容男女间的亲昵呢？

“卿卿我我”乃是人们根据南朝宋刘义庆的《世说新语·惑溺》中的一个故事总结而来。这是一则关于竹林七贤之一的王戎的小故事。原文记载：“王安丰妇，常卿安丰。安丰曰：‘妇人卿婿，于礼为不敬。后勿复尔！’妇曰：‘亲卿爱卿，是以卿卿。我不卿卿，谁当卿卿！’遂恒听之耳。”文中的王安丰指的便是王戎，王戎跟随晋武帝司马炎平叛吴国有功，被司马氏封为安丰县侯，世人

称之为王安丰。王戎之妻经常故意调皮地以“卿”称呼王戎（按理妻子应称丈夫为“君”，而“卿”是丈夫对妻子的爱称），显得很亲热。王戎有一天对妻子说：“妻子称丈夫为卿，这似乎不合礼数啊，以后不要这样了。”他妻子却说：“我喜欢你、爱你，才这样亲热地称呼你，我不这样称呼你，谁应该这样称呼你呢？”王戎一听，无可奈何，只好听之任之了。于是后世便根据这个故事发展出“卿卿我我”这个成语，用以形容男女间的亲昵。

知识链接

竹林七贤

“竹林七贤”乃是晋朝七位名士的合称，包括魏正始年间（公元240～249年）的嵇康、阮籍、山涛、向秀、刘伶、王戎和阮咸。七人常聚在当时的山阳县（今河南辉县、修武一带）竹林之下，喝酒聊天，故世谓竹林七贤。在思想上，他们大多藐视礼教，崇尚自然，是儒家文化的反叛者。在行为上，他们不拘一格，旷达洒脱，可算是中国历史长河中最另类、先锋，也是最可爱的一部分文人。在文学上，他们七位乃是建安文学的直接继承者。其中，文章写得最好的乃是阮籍和嵇康。在政治上，嵇康、阮籍、刘伶对司马氏集团均持不合作态度，嵇康因此被杀。山涛、王戎等则先后投靠司马氏，历任高官，成为司马氏的心腹。

什么是“气数”，人们为什么说濒临灭亡的事物“气数已尽”？

在古典小说中，经常可见“气数”一词。比如在明代小说《封神演义》第一回中，纣王到女娲宫进香，看到女娲娘娘塑像漂亮，于是在墙上留了首淫诗。女娲娘娘真身归宫，见题诗大怒，骂道：“成汤伐桀而王天下，享国600余年，气数已尽。”那么，“气数”究竟是什么意思呢？

从逻辑上看，气数似乎是一种常人看不出来的深层次的必然性。拿商纣王举例，商纣王之所以丧国，并非是偶然的，而是一种必然。事实上，在我国古代，存在一种重要的思想，便是“气运”，即气数与命运。其中命运往往针对个体生命而言，而气数则往往被用于解释王朝更替，两者其实是一个原理。就气数而言，所谓“气”，就是万事万物变化运行的背后是无差别、无分别的基本物质。“气”运行的表现形式与结果就是“数”的演化与分布——形成世界的现实秩序。形象点说，原子是构成万物的物质性的基本微粒，而气则是构成万物的精神性的微粒。并且，气这种微粒随时都处于运动变化之中，这种量变性的运动达到质变之后，便通过数表现出来。因此，气是内在原因，数是外在表现；气是量变，数是质变。气数便同时包含了事物的内在状态与外在表现。

而古人还认为，在气之下，有个更为深层次的“理”，所谓“理在气先”。古人以为是“理”在导引着“气”的运行。而这个“理”，乃是一种先验的存在。因此，气数遂变成了事物发展之前预先设置的“天数”“定数”。事物的存在便必须在此“定数”之内，有固定数目的气数一旦尽了，事物便必然会死亡。而这种气数是否已尽世人并不能看出，但一旦这个事物眼看要灭亡了，人们便通过这个“气数原理”反推出该事物气数已经尽了。

古人认为女人是“红颜祸水”，他们为何有这个观念？

我们知道，中国长期以来流行一种“红颜祸水”的观念。古人认为君王身边的美女往往会迷惑君王，使其变得昏庸，最终给国家带来灾难。比如夏桀因专宠妹喜，不理朝政，导致夏朝灭亡；商纣王则因宠幸妲已而亡国；西周则有褒姒，周幽王为博美女一笑，“烽火戏诸侯”，结果丢了江山；春秋时期则有西施迷惑吴王夫差，致其丧国；唐朝则有杨玉环致使“从此君王不早朝”；明末的陈圆圆则导致吴三桂“冲冠一怒为红颜”，引清人入关，等等。几乎大多数的丢失江山的背后，都有一个妖媚的女子在起着关键的作用。看起来，“红颜祸水”的说法还真是有理有据啊。那么，美女真的是祸水吗？

我们知道，自古英雄难过美人关，男人爱女人，本是人之常情，无论君王也罢，常人也罢。宠幸美女，并不是只有那些亡国之君如此，贤能君王也同样如此。一些君王自我管束能力不强，不能适当安排工作与娱乐的关系，结果误国殃民。最后大家不去指责皇帝本人，却归过于弱女子身上，显然有失公允。其实，古人也并非不明白这一点，提此说法也是逼不得已。因为皇帝是不容指责的。因此，古人其实是借“红颜”而指责皇帝罢了。

事实上，“红颜祸国”主要是封建史家们从君王本位与男人本位两种偏激立场出发，出于维护统治者利益的目的而提出的一种说法。

世上本无鬼，可是汉语却有“活见鬼”，难道古人真能看见鬼吗？

之所以叫“活见鬼”，乃是强调“活”字。按古人理解，人死了便要到阴间去生活，那里全是鬼，而且自己也是鬼，见鬼，自然不稀奇。而活着见到鬼，这就稀奇了。因此人们一般是以此来比喻自己遇到了解释不通的事情。“活见鬼”往往只是一种比喻，不过古人倒是记载过不少“活见鬼”的故事。

明代冯梦龙的短篇小说集《古今谭慨》中记载了这样一个故事：有一个人赴宴后深夜回家，又赶上天下大雨，就撑起伞来遮雨。看见一人站在路旁房屋的滴水檐下，那人跑过来一下子钻到了自己的伞下，和自己一块儿走起来。走了好一阵，那人也不说话。他怀疑是鬼，就用脚撩试，正巧没碰着，更加害怕，于是用力把那个人挤下桥去，撒腿就跑。

当时正是做糕的人清早起床的时候。他赶紧跑到糕点铺门口，告诉大家自己遇见鬼了。不一会儿，又见一个人，浑身湿淋淋的，跌跌撞撞地跑来，大喊着“有鬼”。两人互相看看，目瞪口呆，随即不觉大笑起来。

其实，通常所谓的“活见鬼”，往往就是这种情况。正所谓“人吓人，吓死人”。当然，这只是个故事。而历史记也载过一些似乎比较真实的见鬼事件，唐明皇见杨贵妃的鬼魂是其中之一。

当年唐明皇在马嵬坡被逼赐死杨贵妃之后，对之非常思念。他听说有个叫杨通幽的道士有招魂之术，于是将这个道士召进宫。这道士折腾了一年之后，真招来魂。并且是唐明皇本人也认为自己见到了杨玉环的鬼魂，并因此解开了心结，十分满意。不过，对于此，现代的一些学者也有相应解释。他们猜测杨通幽是对唐明皇实施了催眠疗法。

在契约文书上，古人往往要“签字画押”，这是怎么一回事？

在我国古代乃至现代，人们往往要在各种文书或契约后面“签字画押”，以作为一种自己确认的明证。那么，签字画押到底是怎么一回事？

“签字”很容易理解，古时的签字与现在的签字差不多。“画押”，可能许多人都不清楚到底是怎么做。“画押”自然不像笑话中说的那样乃是“画鸭”，应该说其是不识字的民众的一种简单签字法。

在我国唐代之前，文人们在书信和公文的结尾署名时往往用草书。因为草书形体花哨，人们称之为“花押”。宋代时，由于习俗演变，人们在各种公私书信或公文的结尾多不再署名，而是写上本人的字，称为“押字”或“草字”。这其中最有个性的应该算是北宋宰相王安石了，他既不署名，也不写字，而是在自己的大名中取个“石”字，作为自家标记。据说他先是写上一横一撇后，于撇的中间画一圆圈。由于性子急，这个圈总是画得不圆，并且非常潦草，于是有人私下称他写的是个“反”字。王安石听说后，画圈时便十分仔细，尽量将圈画得圆一些。

文人可以“押字”，但那些不识字的百姓

需在一些诸如地契、房契等契约上签名确认时，一般是将食指放在契约上，然后用笔在纸上搁放指尖和指节处画上一道横线（总三短横），作为标记。比较重大的合约，如买卖人口的合约则需用整个手掌沾满墨迹签押。而朝廷犯人在被解押到新的地方时，则用其拇指沾上墨迹签押，类似于现在的按手印。后来，王安石的故事传开后，许多人也开始模仿王安石的签字法，只是不再写一横一撇，而是直接画个圆圈。另外，民间还出现过一种“十”字押，就是画一个“十”字。总之，百姓一般不会写字，所用方法更多像是一种画法，所以称之为“画押”。

另外，因为文人用草书签署自己的名字，书写日渐熟练后，字体日渐形成一种别人模仿不来的特点，离原字越来越远，像是一种图画，也称得上是“画押”了。因此古时文人的签字与百姓的画押，也逐渐没了界限，连在一起形成了签字画押的说法。

古人有没有身份证，他们是如何证明自己身份的？

古代没有身份证，但一般情况下，人们也不需要这种东西。一个普通人需要证明自己身份时，用书信或信物即可。而对于官员这种特殊身份，则有相应的办法来防止冒充事件的发生。古代官员上任，别的可以不带，但有两样东西必带，一是敕牒，一是告身。敕牒是朝廷发给的委任状，上盖有吏部大印，很难作假。官员到任后，首先需要交出敕牒作为凭证，并将之押在报道的衙门备案。告身则是用于证明上任者本人身份的凭证，为防仿制，由国家专门机构制作。据《宋史·职官志》记载，宋代时的告身由吏部属衙官告院统一制作，所用绫巾裱带等材料，均由特定地点生产供应。在告身上，除赴任官员的籍贯、年龄等，一些形貌特征也会被写在告身上。因此，告身即使被别人偷走或捡到，别人也难以冒充。而告身制度早在南北朝的北魏时已经产生。告身在官员赴任时证明自己的身份之后，并不上缴，而是由官员留下，用于其他需要证明身份的时候用。

另外，除告身外，古代官员还有一些其他凭证用以证明身份。唐代官员每个人都配有一种“鱼符”，三品以上以黄金为材料，以下则或银或铜。鱼符上刻官员姓名、任职衙门及品级等，用以证明身份。宋代则有“牙牌”，是一种用象牙、兽骨、金属等制成的版片，上刻有持牌人姓名、职务、履历及所在衙门等。除官吏外，一些官宦之家的奴仆也有这类东西。另外，古代僧人的“度牒”则是一种僧人的身份证明。

知识链接

度牒

度牒是国家发给僧尼的出家凭证，上面记载僧尼的本籍、俗名、年龄、所属寺院、师名以及官署关系者的连署等。

度牒制度始于唐代，之后一直沿用至清。度牒制度出现的原因一方面是因僧尼在古代享有免除赋税、徭役等特权，许多人冒充出家人逃避赋税徭役；另一方面，即使是真正的僧尼，数量太多之后，也影响国家财政收入，因此统治者以限制度牒数量来限制僧尼数量。在古代，不向政府领取度牒私自出家，属于犯法，要受到相应的惩罚。而历代僧人领取度牒，都是要交钱的，数目从几两到十几两不等。因此，卖度牒的收入也是国家相当可观的一笔财政收入。尤其宋代的度牒，几乎可以当货币在市场上流通。

名册就是名册，可古人偏偏叫它“花名册”，这是为什么？

生活中，我们对各种名册不叫名册，而是习惯给它添上个字，叫它“花名册”。这是为什么呢？

“花名册”其实与花并没有什么关系，而是与古代的户籍登记制度有关。古代为便于收税以及控制人口流动，自春秋时期就建立了户籍登记制度。经过历代补充完善，这种制度逐渐成为统治者管理百姓的重要基础。在做户口登记时，负责登记的人习惯上将户口册子上的户名叫作“花户”，人名称为“花名”。花，这里是掺杂不一的意思。《元典章》记载：“差科户役先富强，后贫弱，贫富等者先多丁，后少丁，开具花户姓名。”明代王瑀《寻亲记》中又有：“好不识，官司立下文籍，点起花名都上册。”“花名册”的说法由此而来。

后来，“花名册”的说法便逐渐超出了户籍的范围，凡是名册之类的东西都被称为“花名册”。

现在跳槽或找工作都需要填写履历表，古时候有履历表吗？

我们身边的许多东西，看似新奇，其实都不是凭空产生的，往往在古时候有其相应的渊源，履历表也不例外。所谓履历表，尽管花样繁多，但说到底无非都是一种书面式的自我介绍。古代的陌生人见面，固然大多数时候做口头自我介绍便行了，但总会遇到比较严肃正规的场合，需要在书面上介绍自己。要说最严格的场合，莫过于官场。事实上，早期的履历表便产生于官场，只是当时不叫履历表。

我国最早有文字记录的履历表，应该是隋炀帝时期的“脚色”，简称“色”。隋朝奸臣虞世基任内史侍郎时，便是根据官员贿赂多少来评定考核结果。贿赂多的，则不吝赞誉地褒奖，使其加官晋爵；未曾贿赂他的，则在记录该官员任职经历的表单上注色做记号。因此，这种记录官员经历的表单便得名“脚色”。

宋代时，凡“入仕”都要填写一份自传式文书，也叫“脚色”，或称为“脚色状”。“脚色”所填写项目与内容由朝廷统一规定，首先是个人家庭基本情况，具体包括“乡贯、户头、家口、年龄、个人经历、三代名衔（即祖宗三代的功名官衔）”等项目。显然，这与现代的履历表已经差不多了。其次，还要填写社会关系以及政治立场，其内容则往往围绕当时的重大政治事件而定。比如，宋徽宗崇宁大观年间，因范仲淹的“庆历新政”失败，守旧派官员得势，“脚色”上必须注明非元党人亲戚；而在蔡京、童贯等六奸臣被查办之后，则要在“脚色”上标明非“六贼”亲戚。在宋宁宗庆元年间，因为朱熹之学被斥为伪学，规定入仕者脚色必须注明“不习伪学”，否则不让做官。

总体来说，古时比较正规的履历表乃是产生于官场。另外，参加科举考试的报名表也是比较正规的一种履历表。

人们常说的“五花八门”中，“五花”指什么，“八门”又是指什么？

生活中，我们常常用五花八门来形容事物花样繁多或变化多端，令人眼花缭乱。那么所谓“五花”指哪五花？“八门”又指哪八门呢？

最早，“五花”与“八门”都是古代兵法中的阵法名称。“五花”指的是“五行阵”，“八门”则指“八门阵”。两种阵都以变化多端、使人眼花缭乱为特点。“五行阵”中的五行，系指金木水火土，此阵是利用道家五行原理所布的一种阵。据说春秋战国时期，许多战略家都懂得使用这种五行阵。八门阵也称八卦阵，这个阵势，原来是按照八卦的次第列为阵势的。八八可变成六十四卦，常使对方军队陷入迷离莫测之中。相传春秋时期的孙武、孙膑最早运用八门阵，三国时期的诸葛亮又将八门阵改变成为“八阵图”。

后来，“五花”和“八门”，也被人们用来作为各行各业暗语。其中“五花”分别是：金菊花，指卖茶的女人；木棉花，指街上为人治病的郎中；水仙花，指酒楼上的歌女；火辣花，指玩杂耍的；土牛花，指某些挑夫。而“八门”，则同样指八种职业，分别为：一门巾，指算命占卦；二门皮，指卖草药的；三门彩，指变戏法的；四门卦，指江湖卖艺的；五门平，指说书评弹者；六门围，指街头卖唱的；七门调，指搭篷扎纸的；八门聊，指高台唱戏的。

后来可能因为五花与八门所代表的职业

相当繁多，让人感觉乱七八糟的也记不住。人们干脆不管它具体指的是什么了，直接用它来形容一种花样繁多、变化多端的情况。并且也不限于职业，可以用以形容各种事物，“五花八门”便由名词转变成了一个形容词。

“三百六十行，行行出状元”，三百六十行的说法是怎么来的?

“三百六十行，行行出状元”可谓是妇孺皆知的一句俗话了。人们一般用这句话来激励自己或他人，无论做什么工作，只要努力肯干，都能做到出类拔萃。那么这三百六十行的说法是怎么来的？这个数字是谁统计出来的呢？

其实，这里所说的三百六十行，并非确数，只是个笼统说法，泛指各行各业。而三百六十这个数字的具体来源，则与早期的“三十六行”的说法有关。自唐代起，人们口头普遍产生了“三十六行”的说法。在当时只是一种笼统说法，但到宋代时，周辉则在《清波杂志》上凑出三十六行，分别是：肉肆行、宫粉行、成衣行、玉石行、球宝行、丝绸行、麻行、首饰行、纸行、海味行、鲜鱼行、文房用具行、茶行、竹木行、酒米行、铁器行、顾绣行、针线行、汤店行、药肆行、扎作行、仵作行、巫行、驿传行、陶土行、棺木行、皮革行、故旧行、酱料行、柴行、网罟行、花纱行、杂耍行、彩兴行、鼓乐行和花果行。可以看出，这三十六行虽然不可能穷尽所有的行业，但也基本上代表了社会生产生活中的各种常见行业。

那么三十六行如何被增加了10倍，成了“三百六十行”呢？清末徐珂的《清稗类钞》载：“三十六行者，种种职业也。就其分工约计之，曰三十六行；倍之，则七十二行；十之则三百六十行。”可见“三百六十行”乃是人们在三十六行的基础上形成的。而这个“三百六十行”的新说法很可能出现在明清时期。因为明清之际，中国农业、手工业获得极大发展，商品经济日渐繁荣。许多原本由家庭生产的用品都开始从家庭中分离出去，成为专门行业；另外也出现了诸如金融、报行等新兴第三产业。可能人们普遍感觉生活中的行业越来越多，于是便在三十六的基础上乘以10，形成了“三百六十行”的说法。而实际上，应该还不止三百六十行。

“青楼”是妓院的代名词，用“青楼”代指妓院起于何时?

唐代诗人杜牧的《遣怀》诗中有：“十年一觉扬州梦，赢得青楼薄幸名。”因妓院听起来太露骨，人们历来用各种别称来代替它，比如平康、北里、章台、行院、秦楼楚馆等。而这其中，最常用的要算“青楼”了。而事实上，“青楼”一词在早期时跟妓院并无多少瓜葛。

“青楼”这个词，原本指豪华精致的雅舍，有时则作为豪门高户的代称。三国时期的曹植的《美女篇》云：“借问女安居？乃在城南端。青楼临大路，高门结重关。”唐代邵谒的《塞女行》也有言：“青楼富家女，才生便有主。”看来古人往往用青楼借指美女、富家小姐住的地方。另外，青楼早期也指南朝齐武帝的一座楼。关于此，清代的袁枚在《随园诗话》中专门讲过：“武帝兴光楼，上施青漆，世人谓之‘青楼’。”并进一步指出：“今以妓院为青楼，实是误矣。”

至于青楼是如何逐渐变为妓院的代称的，可能还是在古人的诗作中逐渐转化的。其最早与娼妓联系起来，是在南北朝梁代刘邈的《万山采桑人》一诗中，内有“娼妾不胜愁，结束下青楼”之句。不过这里说的“倡妾”，可能只是“家妓”而已。因为“青楼”一词经常用在诗作中指美女或富家小姐的住所，而古代妓院里的女子许多都是既美丽，又有才华。因此“青楼”一词作为妓院代称是很容易被人在心理上接受的。于是，大概自南北朝开始，青楼除有原来的意思之外，作为妓院的意思也逐渐传开。尤其到唐代，青楼作为妓院的代称经常在诗作中出现。到明清小说中，青楼已经基本上失去了早期的意思，

东山携妓图　明　郭诩

东晋谢安曾隐居会稽东山，故后人多以“东山”称之。此图即描绘谢安东山携妓游玩之事。

成了妓院的专门指称。

现代人把更换工作叫“跳槽”，这个词据说来自于青楼，怎么回事呢？

“跳槽”一词，作为换工作的一种代称，至今已是人人挂在嘴边的流行语了。这个词的最初流行可以往前推几百年，而其当时的意思与今天完全不同。

在明清时期的小说和笔记中，“跳槽”乃是经常出现的一个词，可见此词在那时已十分流行。但在当时，“跳槽”不是换工作之意。清人徐珂在《清稗类钞》中对之专门做过解释：“原指妓女而言，谓其琵琶别抱也。譬以马就饮食，移就别槽耳。后则以言狎客，谓其去此适彼。”说这个词原是说妓女的。妓女丢弃旧爱，另攀高枝，如同马从一个槽换到另外一个槽吃草，称为“跳槽”。后来这个词被用到嫖客身上。一个嫖客对一个妓女厌倦了，又另结新欢，这种行为被称为“跳槽”。

明代冯梦龙编的民歌集《桂枝儿》里就有一首名叫《跳槽》的歌，歌词为：“你风流，我俊雅，和你同年少，两情深，罚下愿，再不去跳槽。恨冤家瞒了我去偷情别调。一般滋味有什么好，新相交难道便胜了旧相交？匾担儿的塌来也，只教你两头儿都脱了。”在歌中，一个妓女在幽怨地抱怨嫖客本来已经和自己发过誓不再跳槽了，结果没想到他又偷偷去找别的妓女。那种事情不都是一般滋味吗，为何还要去找别的妓女呢？

“跳槽”原初含义是何时消失的已不可考，现在它被赋予了新的含义重新利用了起来。

历史上真有丐帮吗？

在武侠小说中，通常少林是第一大派，而丐帮则是与之齐名的第一大帮。小说中的丐帮往往人数众多，组织严密，形成了帮主、长老、舵主、香主等层次分明的权力体系，并且还有严格的帮规以约束本帮弟子的行为。那么，历史上真有丐帮吗？

历史上，乞丐们虽然不曾组织过小说中所说的那种大江南北大一统的丐帮，却的确组成过局部地域范围的帮会组织。并且乞丐形成帮会，乃是普遍现象，只是在地域范围上不大。这种地域性质的“丐帮”，组织体系也比较简单，一般是按地域大小自下而上存在层级不同的头目，称为“丐头”。一个地面上的乞丐都服从于本地的丐头，每月要固定向他交纳“份例”。如果不交，便休想在本地乞讨。丐头则负责维持行内规矩，惩罚违规乞丐等。总体上，这种乞丐组织主要目标是求生存、求财。

明清时期，这种乞丐组织则很大程度上直接受官府控制。因明太祖朱元璋自己以盲流身份夺得江山，于是，对乞丐这种最大群体的盲流格外关注。据说他曾亲自分封过各省丐头，以加强对这些社会盲流的控制。于是整个明代乃至清代，各地丐头都得到当地政府承认，涉及乞丐管理事宜，往往通过丐头处理。

另外，根据丐者信奉的开山祖师的不同，“丐帮”也存在诸多派系，但只是一种口头说法，并不存在严格的组织实体。

中国理发业的祖师是谁?

关于理发行业的祖师爷，不止一说。

旧时记载理发业行规行语与隐语的《净发须知》中记载，理发业的祖师乃是唐代人罗隐，理发师们称其为罗祖。据说罗祖7岁时便学会理发，后来还中了举。在做官的同时，还经常给唐玄宗理发。而民间剃头师傅则传说，武则天的儿子驴头太子脑袋形状怪异，剃头师傅无从下手，驴头太子为此杀了不少剃头师傅。有次罗祖的师傅被召进宫为驴头太子剃头，年幼的罗祖遂自告奋勇替师前去。结果驴头太子很满意，从此让他剃头。罗祖因挽救了天下的剃头师傅而被尊为祖师。

另一说法则是将吕洞宾奉为理发行业的祖师爷。传清代皇帝雍正头上长癞疤，很难剃，不少剃头匠因此被杀。一天来了一位道人自动为皇帝剃头，剃得很好，只是皇帝脖子上出现一道红圈，便被拉出去砍头。但头砍掉后又长了一个，最后才知理发的道人是仙人吕洞宾，那道红圈是为皇帝治癞疮的。雍正这才答应今后不再杀剃头师傅，并敕封理发师为“半副銮驾，小执事”，并赠对联：“做天下头等事业，用世间顶上功夫。”从此吕洞宾就被理发师们尊为祖师了。

人们为何称厨师为“大师傅”，称助厨为“二师傅”?

我们知道，人们一般习惯称呼有手艺的人为师傅。比如古代便有的铁匠师傅、木匠师傅、瓦匠师傅等。但有一门手艺的师傅却比较特殊，就是做饭的厨师被称为大师傅，而助厨则被称为二师傅。这是为什么呢?

传说，有个皇帝找了各种匠人修建宫殿。有一天，皇帝来工地视察。看到各种能工巧匠在那里有条不紊地工作着，他突然觉得各种工作都挺不简单的，于是说：“你们的工作虽然很不起眼，但仔细看都挺不简单的，就是不知道哪种工匠的本事最重要，我想封这个工匠为师傅。”工匠们一听，都来劲了。

木匠说：“要说重要，谁也没有我们木匠重要，房子的梁托、斗拱、门窗，哪一样少得了我们木匠呀！所以我们当之无愧是师傅。”

瓦匠一听不乐意了：“光你们木匠做得再好，如果我们瓦匠不给你装上琉璃瓦，门窗还不是没几天就腐烂了，我们才是真正的师傅。”

画匠也说话了：“哼，做得再好的房子，要是没有我们画匠描画上漆，也不好看!”

铁匠说：“我说你们都别说了吧，没有我铁匠的钉子固定，再好看的房子，一阵风也就稀里哗啦了，所以要说师傅，该是我才对吧!”

接下来的泥瓦匠、锡匠等也都纷纷发言，表示自己的重要性，结果大家互不服气。最后皇上说：“看来各行都不能少，都封为师傅吧。”

负责做饭的一对姐妹见皇上在封师傅，便跑上前问道：“我们是不是师傅呀?”大家“哄”的一声笑开了，“做饭有什么难，一点技术含量没有，当什么师傅”！姐妹俩一听，不吭声走了。结果到收工该吃饭时，锅里空空的。这对姐妹说：“既然做饭没技术含量，你们自己做吧。”这几百号工匠大眼瞪小眼，谁也做不了这么多人的饭菜。只好找到大臣，请求他去向皇帝为做饭的姐妹俩讨个封号。皇上问道："那这做饭的该叫什么师傅呢?"大家说："她们俩最大，谁也离不开，我们都甘拜下风。"皇上说："那就封姐姐为大师傅，妹妹是个帮手，就封为二师傅吧。"结果，人们便称厨师为大师傅，助厨为二师傅。

宋朝创办了世界上最早的消防队，当时叫什么名称，消防设备如何?

现代人一般认为，1666年英国伦敦大火之后所建立的消防队是世界上第一支消防队。其实，在此前600年的北宋年间，中国就已经建立了一种叫作"军巡铺"的专业灭火组织，这才是世界上最早的消防队。

北宋时期，城市化进程迅速推进，各城市以街巷制代替坊市制扩充城市。当时的都城东京（今开封）十分繁华，人口已经达到150万。各种商铺鳞次栉比，瓦舍勾栏等娱乐场所也棚屋相连。城市建筑繁盛，必然带来火灾隐患。据史料记载，在北宋的100多年里，东京火灾频起，仅重大火灾就有44起。宋仁宗时，甚至皇宫都曾发生火灾，仁宗与皇太后不得不转移到延福宫。

鉴于火灾频发的情况，北宋朝廷组建了专门的灭火组织"军巡铺"。相比于现在的消防队只负责灭火的职责，北宋的"军巡铺"的职责则是一条龙式的，不仅负责灭火，而且还负责寻找火警、报火警。据《东京梦华录》中记载，东京城中每隔二三百步置一军巡铺，以兵卒三五人为一组，发现火情随时扑灭。政府还在城内高处筑有望火楼，由专人昼夜轮班观望，下驻军卒百余人，随时待命。观望台上的人一旦发现火情迅即报警，白天以旗帜为号，指示方向，夜间则以灯为号。看到信号，"军巡铺"在第一时间奔往火灾现场。遇有重大灾情，甚至连宰相也要亲临现场指挥扑救。

据史料记载，当时的灭火工具主要分为三类。一类是水桶、水囊、水袋、洒子等储水工具，用来浇灭火焰；另一类则是梯子、斧、锯、火钩、火叉等，这些工具一般是用来攀登或拆除障碍；还有一类是大索、带有长链的铁锚儿，这些是用以套住或挂住房梁立柱，将之拉倒，以阻止火势蔓延。这些设备自然跟现在没法比，但就当时条件而言，也相当专业了。并且在当时的灭火工具中，还有一个相当了不起的工具，便是唧筒。唧筒由一根长竹竿制成，是一种利用大气压力原理制成的一种手动喷水枪。这种喷水枪一是可以将水送得更远，二是可以将水集中起来浇灭一处，有更好的灭火效果，应该说相当先进了。

在牙刷出现之前，古人是如何清洁牙齿和口腔的?

现代人已经习惯每天刷牙，可能一天不刷牙就觉得异常难受。因此可能有人便会想，古人没有牙刷牙膏，得多难受。其实，古人虽然没有牙刷，但并非便对口腔不管不顾，而是有相应的办法来清洁口腔和牙齿。

在《红楼梦》中，小姐们吃完饭后，丫鬟便要端来茶以漱口。以茶漱口，是古人很早便已形成的清洁口腔的手段。事实上，古人清洁口腔和牙齿的手段，首先便是通过"漱"。据说更早时候，人们使用酒、醋、盐水、茶及温水漱口。酒、醋、盐水等具有杀菌消毒的作用，有"清旦盐刷牙，平日无齿疾"的说法。而茶，古人认为它可以去油腻，并使牙齿坚固。据现代药理分析，茶里含有氟和维生素，确实具有清洁口腔和防蛀的功能。

古人另一种洁牙手段便是用专门的药物擦牙。在6世纪的南朝，人们发明了一种叫"口齿乌鬃"的药粉。这种药粉由皂角、荷叶、青盐等各种药物研熬而成，对牙齿具有清洁杀菌、消炎镇痛的作用，并且还对牙齿有增白的功能。到唐代，这种擦牙药粉得到改进，人们将天麻、细辛、沉香、寒水石等研成粉末，用以擦牙洁齿。宋代，人们又在这种药粉中加入了一些清热解毒的中药，使之除清洁作用外，还具有治疗口腔疾病的效果。具体的擦牙方法，一种是用手指，另一种则是用一种叫“杨枝”（葛蔓、楮、桃、槐、柳等枝条）的植物枝条。这其实与现在的牙刷有些类似了，只是以手或树枝代牙刷，以药粉代替牙膏。

另外，在洁牙方面，佛教也做出了自己的贡献，“杨枝”便是佛教的发明。据佛经记载，僧侣们每日咀嚼“杨枝”来清洁口腔和牙齿。据说这具有清除口腔污物、消炎解毒、发口香等作用。名医李时珍就很称赞这种方法，称用嫩柳枝“削为牙枝，涤齿甚妙”。后来这种方法也流传到民间，“杨枝”也进一步成了人们常用的“牙刷”。

从“沐”字组词情况看，古人沐浴很频繁，他们是怎样洗澡的呢？

沐浴，我们知道，是洗澡之意。而除“沐浴”之外，古人用“沐”字所造的词还有许多，比如沐发、沐澡、沐濯、沐芳、沐巾、沐盆，等等，这些词也都与洗澡有关。既然古代产生了这么多与洗澡有关的词汇，想必古人洗澡是比较频繁了。那么，古人是如何洗澡的呢？

先秦之际，洗澡不仅是一种清洁行为，而且被视为一种礼节。《礼记》中明文提出，人们应该三天一洗头，五天一洗澡。并且后辈对于家里行动不便的老人，以及主人对于住在自己家里的客人，也必须做到这一点。另外，人们在祭祀之前，要先洗澡，以示虔诚；臣子上朝见君王，也要先洗澡以示尊重。在这一点上，孔子便做得很严格，他“沐浴而朝”的习惯，世人皆知。

到汉代，人们更重视洗澡，将“三日具沐，五日具浴”的礼仪用法律形式固定下来。朝廷每五天便给官吏放一次假，以让他们回家洗澡，因此这个假日也被名曰“休沐”。只是到了唐代，可能考虑到五天一放假太频繁了，才改为官吏每10天休息洗浴一次，叫作“休浣”。

宋元时，随着城市的发展和商业经济的繁荣，城市中出现公共澡堂，文人士大夫尤其喜欢光顾。据说苏东坡很喜欢到公共澡堂洗浴，并且一洗就会词兴大发。而一般城市市民都在房内设有浴室，沐浴更为方便。

明清之际，公共澡堂与家庭沐浴更加普及。就连客人远道而来，主人相迎也要先设香汤给客人沐浴，再摆筵席招待，名曰洗尘。古代的接风洗尘，可是实实在在的“洗”。另外，朋友前来串门，主人也经常以洗澡招待。

古代没有洗衣粉，人们是用什么来洗涤衣物的？

我们知道，洗衣粉乃是一种化学产品，近代才发明。那么，古代没有洗衣粉，人们是如何洗涤衣物的呢？

事实上，古人早就发明了各种各样的土制洗涤物品。先秦时期的《考工记》中就记载了古人发明的一种“清洁剂”——灰水。这种灰水乃是将草木灰泡水后形成。《礼记·内则》言：“冠带垢，和灰清漱；衣裳垢，和灰清。”可见，古人洗涤衣裳冠带，所用的就是这种草木灰浸泡的溶液。因为草木灰中含有碳酸钾，所以能去污。这种易于取用的洗涤剂，在古时是十分常见的。

另外，《考工记》中还记载了一种由贝壳灰与栏木灰混成的混合洗涤剂。贝壳灰中含有氢氧化钙，与栏木灰作用后，可以生成氢氧化钾。用它的水溶液洗涤丝织品时，会与丝表面附着的油脂发生化学反应，生成钾肥皂，从而能够把丝洗得干净亮丽。

到魏晋时期，便出现了一些新的洗涤剂——皂角和澡豆。皂角，也叫皂荚，是豆科植物皂荚树所结的果实。皂角中含有皂甙，它的水溶液能生成泡沫，有去污性能。当时社会上甚至已出现售卖皂荚的店铺，可见它作为洗涤用品颇为流行。后来，有人更进一步把去除了种子的皂荚捣烂，做成如橘子般大小的圆球，供洗衣、洗身之用，俗称“肥皂团”。这种经过简单加工的肥皂，携带起来方便，效果也更好。明代李时珍的《本草纲目》中记载了它的制作方法：“十月采荚，煮熟捣烂，和白面及诸香作丸，澡身面去垢而腻润胜于皂荚也。”后来人们发现了一种叫皂叶的植物，揉碎后也可以当肥皂用。

实际上，由于各地物产不同，古人用来制造的土制洗涤剂还不止这些。

为何把女子的脚称为“金莲”，“三寸金莲”真的只有三寸吗?

古代女子的脚之所以称为“金莲”，要从古代女子的缠足习俗说起。据说五代时期，南唐后主李煜的妃子窅娘为讨李煜喜欢，用布将自己的脚缠成了新月形状。窅娘本来就体态轻盈，加上一双小脚，跳起舞来便别有一番韵味。李后主十分疼惜她，其他嫔妃便纷纷效仿。后来这习俗又传到民间，于是缠足之风开始流行。到北宋时，缠足之风大盛，直至民国时期才被废除。

女孩子缠起来的脚之所以叫“金莲”，有人认为乃是因为当时李后主曾为窅娘建造过一个舞台，上面装饰了许多金莲花，让其在上面跳舞。于是人们便习惯称女子的小脚为“金莲”。不过，另有学者认为，女子小脚被称为莲花的原因大概与佛教有关。因为莲花出淤泥而不染，在佛门中一直被视为清净高洁的象征。佛教传入中国后，莲花崇拜也被带到在中国。人们将莲花视作美好、高洁、吉祥、珍贵的象征。而在古代，女孩子的小脚在男子的眼中也非常重要，认为是女孩子美的重要象征。因此，女子的脚也便很自然地与莲花联系了起来。所以称为“金莲”，则是因为古人习惯在贵重和美好的事物前加个“金”字，比如“金口”“金銮殿”等。

至于“三寸金莲”，则只是一种笼统的说法。事实上，缠足是纯粹的民间行为，它是以约定俗成为基础的，并没有严格的尺度。“三寸金莲”只是对于小脚女子的脚的一种赞美性称呼。而只要缠足了，女子便都可获此“美称”，并不一定真小到三寸。

知识链接

缠足

所谓缠足，即是用布帛将脚紧紧地包裹起来，然后无论白天黑夜都要一直缠着。缠足乃是通过外力故意阻碍脚的正常发育，使软组织挛缩，从而改变脚的形状。在这个过程中，脚经常处于肿胀状态，甚至血迹斑斑，对于古代女子是一种严重的心理和身体上的摧残，可以说是一种酷刑。因此后世研究缠足的学者称之为“女子酷刑缠足”。古代女子缠足，一般从 5～8 岁便开始，一直缠到 20 岁左右。

缠足的目的是使脚变得美观，而事实上，缠过之后的脚往往严重畸形，并不好看。因此，古代男子的这种心理很难让人理解。缠足大概始于五代时期，民国时期被废除。很难想象，这样一种荒谬的行为竟然在中国堂而皇之地存在了 1000 多年。

不少人喜欢跷“二郎腿”，“二郎腿”的说法是怎么来的?

许多人都有跷“二郎腿”的习惯，因为这种将一条腿架在另一条腿上的坐姿可以将身体的重心后移，人往往感到比较舒服自在。那么，这种姿势为何取名为“二郎腿”呢?

据蜀中民间传说，秦时郡守李冰在修都江堰时，其次子李二郎曾协助父亲“凿离堆、开二江”，并斩杀危害百姓的蛟龙，立下了大功，死后被封为二郎神。

而实际上，“二郎腿”的原创者还并非这位李氏二郎神，而是大禹。诗人流沙河曾专门探究过“二郎腿”的来历，并就此写了《二郎腿的解释》一文。他在文中指出，所谓二郎腿，本来叫作禹步。相传禹治洪水，殚精竭虑，十年不入家门，水治好后落了个偏枯之病（偏瘫），一条腿僵死，成了跛子。如此一来，大禹坐时只好将跛腿架在正常的那条腿上，人们便称此姿势为禹步。李二郎同为治水英雄，人们将其塑为禹步坐姿，大概是出于一种尊崇。久而久之，蜀人便习惯唤这种姿势为“二郎腿”。

人们为什么把第二个指头叫作“食指”，而不是依据位置叫“二指”呢?

我们知道，手的第二个指头称“食指”，

可是如果细想一下的话会发现这个名字有点怪，它既不像小指的名字那样与其个头大小有关，也不像中指的名字那样与其位置有关。这是为什么呢？

其实之所以取名为食指，的确是和食物有关。在我国古代，人们在吃食物之前，习惯先用食指蘸点汤水或食物，然后放入嘴中吮吸一下，以感觉下冷热、生熟，或尝一下味道。之所以这样，乃是因为上古时代的人们还没有发明筷子，只能用手抓食物吃。因此，这个指头也便被称为食指，而之所以选择这个指头来品尝食物，大概是因为这个指头比较灵活好用。

而说到食指与食物的渊源，这里还有个有趣的故事。春秋时期的郑国贵戚公子宋的食指具有预测美食的功能，每当他的食指跳动，第二天他便必然会遇到未吃过的美食。比如，他一次出使晋国时，食指跳得很厉害。到了晋国，果然吃到了美味的石花鱼；出使齐国时，同样食指大动，齐国招待他吃了天鹅肉；后来他在吃到合欢橘之前，食指也同样提前做了预报。

有一次，郑灵公准备了美食，叫群臣前来。公子宋的食指又正常发出了预报，却没想到郑灵公故意不给公子宋分美食。公子宋因为难堪而恼羞成怒，自己走到放美食的鼎旁，将食指伸入鼎中，尝了一口之后离开了。郑灵公因为公子宋的无礼要治他的罪，没想到公子宋先下手将郑灵公杀了。于是郑国发生内乱，公子宋也在内乱中被杀，郑国自此衰落。

看来，“食指”一词故事颇多。“食指大动”和“染指”都是由公子宋的故事而来。

史上赫赫有名的传国玉玺为什么缺了一个角，今人知道它的下落吗？

传国玉玺相传由秦始皇所制。公元前221年，秦始皇灭六国统一中国后，命人以蓝田玉为材料琢出了一块传国玉玺。又命丞相李斯在其上篆“受命於天，既寿永昌”八个虫鸟字，由玉工孙寿刻到上面，将之作为皇帝继位的凭信，打算一代一代传下去。另也有说法称此传国玉玺取材自和氏璧。从此，这个四寸大小的传国玉玺便成了历代皇帝作为正统继承者的标志。

秦灭汉兴，传国玉玺被献给汉高祖刘邦。西汉末年，2岁的皇帝刘婴登基，传国玉玺由王莽的姑母汉孝元太后代管。王莽篡权后，命大臣王舜向孝元太后索取传国玉玺，孝元太后虽为王家人，却忠心于汉朝，不肯交出。被逼不过，孝元太后一怒之下将这个宝贝掷在地上，据说玉玺的一角因此被摔掉了。后来王莽用黄金镶补，尽管手艺精巧，但玉玺终归是留下缺角之痕。

后来，光武帝刘秀从王莽手中夺回玉玺。东汉末年天下大乱，关东各路诸侯讨伐董卓时，率先攻入洛阳城的孙坚从井中捞出的宫女尸身上找到一只红色匣子，匣中之物正是传国玉玺。之后孙坚之子孙策为向袁术借兵马，将之献于袁术。袁术兵败后，玉玺又落到曹操手中。之后，经过魏、西晋、前赵、冉魏、东晋、宋、南齐、梁、北齐、周、隋、唐，至五代时期失去踪影。有关玉玺的失踪详细说法，现时有三种：一种说法认为乃是后唐末帝李从珂在洛阳被契丹人攻破之际，怀抱传国玉玺在玄武楼上自焚，玉玺自此下落不明；另一说则认为公元946年后晋出帝被辽太宗捕获之时玉玺丢失。但还有一说则认为传国玺一直传到了元朝，是在元朝末帝顺帝手上失踪的。总之，至今，这个传国玉玺未曾找到。

鼎为何物，楚庄王为什么要“问鼎中原”，人们为何要推崇“一言九鼎”？

鼎是古人用来做饭的器皿，相当于现在的锅。鼎分为两类，一类圆形三足，另一类方形四足。需要做饭时，直接在鼎下面烧火即可。因此，鼎其实附带了灶的功能。早期的鼎是用黏土烧制的陶鼎，后来则为青铜鼎。青铜鼎刚出现时，一度是王权的象征。秦代后，这种意义消失，鼎被抬到寺院里做了香炉。

楚庄王“问鼎中原”是一个出自《左传》

的典故。相传夏禹为首领时，曾用天下九州所贡的青铜制造了9个鼎。从此，这些鼎便成了王权的象征。夏朝灭亡时，商朝统治者将九鼎抬到商都亳京；商朝灭亡，周朝统治者又将九鼎抬到周都镐京。自此，建立新的王朝也便称为“定鼎”。

东周时期，周王室衰微，诸侯争锋。春秋五霸之一的楚庄王一次打败了戎族之后，得意扬扬，派兵到周定王的边境阅兵，以显示楚国的强大。周定王派大臣王孙满到楚国慰问。楚庄王问王孙满：“我听说大禹曾铸造了9个鼎，从夏朝传到现在，成了世界上的宝贝。据说现在洛阳，它到底有多大？有多重？”这显然不是臣子该问的。王孙满用“在德不在鼎”回答了楚庄王。王孙满在讲述了鼎的渊源和周朝历史之后，声称周朝当传30世，国运当有700年，现在还没有到丢鼎的时候，回击了楚庄王的狂妄。后世于是便将企图篡位称为“问鼎”“问鼎中原”。

“一言九鼎”则出自迁《史记·平原君列传》。战国时，秦国军队包围赵国都城邯郸，赵国国君派平原君到楚国求援。平原君打算带领20名门客前去完成这项使命，已挑了19名，尚有一个定不下来。这时，毛遂自告奋勇提出要去，平原君勉强带着他一起前往楚国。

平原君到了楚国后，与楚王谈及“援赵”之事，谈了半天也毫无结果。这时，毛遂对楚王说：“我们今天来请你派援兵，你一言不发，可你别忘了，楚国虽然兵多地大，却连连吃败仗，连国都也丢掉了，依我看，楚国比赵国更需要联合起来抗秦呀！”毛遂的一席话说得楚王口服心服，立即答应出兵援赵。平原君回到赵国后感慨地说：“毛先生一至楚，而使赵重于九鼎大吕。”

“一言九鼎”就此成为成语，形容一个人说话的分量重、作用大，后来也形容人说话信誉极高，说到做到。

大臣们在朝见皇帝的时候，手里拿的板子叫什么，有什么用途？

在古代影视剧中，我们发现古时大臣上朝时手里都拿了块奇怪的板子。在殿上与皇帝对话时，大臣们总是双手将板子擎在面前，似乎是故意要将自己的脸遮挡起来。那么，大臣们为何要带这么一个东西呢？

这块板子，名叫笏，也叫笏板、手板或朝板，是自周代直到明代臣子面见皇帝时都要拿的东西。关于其作用，《礼记·玉藻》记载：“凡有指画于君前，用笏；受命于君前，则书于笏。”看来笏的作用主要有两个，其一，臣子向君主奏事，为了避免遗忘，事先把要奏之事写在笏板上。另一方面，早期时候没有纸，笏可以记下君主的吩咐，就相当于随身笔记本。其实除上述功能外，据说笏还有个重要的功能。古代臣子与君王说话时不能直视君王，要看着举在前面的笏，以体现君主的威严。

《礼记》中对笏的大小做了规定：“长二尺六寸，中宽三寸。”笏的材料通常为玉、象牙或竹木。不同品级官员的笏的材料是不同的，唐代规定，五品以上的官员执象牙笏，六品以下的官员执竹木笏。明代规定，五品以上的官员执象牙笏，五品以下的官员不执笏。另外，不同品级的官员的笏的形状也有所区别。到清代，规定施跪礼，笏也就废弃不用了。

正因为笏乃官员专用，因此在古代一直被当成身份与地位的象征。《红楼梦》“好了歌”中的“陋室空空，当年笏满床”，就是用笏堆满床来象征当年贾府子孙为官的盛况。另外，明朝归有光的《项脊轩志》载：“顷之，持一象笏至，曰：‘此吾祖太常公宣德间执此以朝，他日汝当用之。’”归有光的祖母拿先人的笏勉励他勤奋读书，希望归有光将来也能执笏在朝为官，可见笏在古人心目中的象征意义。

县太爷审案时使用的惊堂木是什么东西，什么样子？

在影视作品中，我们会看到古代的县太爷审案时手边总是放有一个木块。一旦下面的犯人不老实，或者大堂上因为诉讼双方争吵显得有些混乱时，县太爷便举起木块“啪”的一声敲在桌子上，犯人便收敛起来，整个大堂也顿时肃穆起来，县太爷顿时变被动为主动。这块木头就是惊堂木。

早在春秋时期，各级官府便开始使用惊堂木，直至民国时期的法官还使用过这个东西。惊堂木是一块长方形的硬木，有角有棱，其大小一般单手正好握住。唐代之前，惊堂木并无图案。唐太宗以后，为求美观，在惊堂木上刻上龙、狮、虎等动物图案。武则天时期，朝廷则规定惊堂木图案为龙形，取龙乃皇权象征之意，之后各朝一直沿用。至于惊堂木的制造材料，一般选用黄花梨、紫檀等高档木料制作。这类木材质地坚硬，文理细腻，敲打桌案时声音响亮。另外，北方也有用桑、枣、黑槐木制作惊堂木的。

在古代，官职不同，惊堂木的具体名称还有所不同。皇帝用的“惊堂木”称为“震山河”；宰相等一二品大员用的“惊堂木”叫“佐朝纲”；元帅、将军等高级武官手中的则称为“惊虎胆”；只有普通下级官员手中的那个小木块才叫“惊堂木”。

另外，从惊堂木的实际功用来看，其并非官员专用，其他行业也有类似物品。比如僧道用于醒神之用的“戒规”“醒木”；说书艺人用于提醒听众的“醒木”“止语”；私塾先生用于维持课堂纪律的“呼尺”“醒误”等。虽然名称和所起的最终作用，与官员的惊堂木有所区别，但本质上都是起一种提醒别人注意的“惊堂”的作用。因此，应该说，惊堂木并非官员所专用。

“分道扬镳”一语从何而来，这里的“镳”是什么东西？

分道扬镳，我们都知道它的意思是本来是一伙的人因为意见不合或其他原因，而出现分裂，最后各走各路。“分道”，很容易理解，既然各走各路，当然要“分道”了，但“扬镳”是什么意思？

原来“镳”是马嚼子上的一部分，马嘴里的那部分马嚼子叫“衔”，马嘴边上那部分则叫“镳”。镳一般由铁或青铜所造，也有骨制或角制的，上面可系上铃铛。“扬镳”就是扬起马嚼子，意思是赶马前行。

分道扬镳这个成语出自《北史·河间公齐传》。孝文帝时期，北魏迁都洛阳，当时的洛阳令是河间公拓跋齐的儿子拓跋志。他自幼聪慧过人，饱读诗书，是一个有才华但又有些骄傲的年轻人。有一天，他乘车上街，迎面碰上了御史中尉李彪的车子。李彪的官职比他要高，按规矩应该是他给李彪让道。但拓跋志却不愿让道，李彪很不高兴。他忍住火气对拓跋志说道：“年轻人，我堂堂一个御史中丞，比你洛阳令的官职高多了，按规定你应该给我让道吧！”拓跋志回答道：“凭你多大的官，只要居住在洛阳，我身为洛阳的行政长官，你便在我的管辖之下，我怎么能给你让路！”李彪拉拓跋志一起来到孝文帝那里评理。孝文帝做了个和事佬，对他们说道：“我觉得你们说的都有道理，我看这样吧，你们以后干脆分路扬镳，各走路的一半。”两人觉得此法可行，于是出皇宫来，找了把尺子，把路量好，各自走了半边。

“唐三彩”仅仅有三种颜色吗，为什么要用“三彩”来命名？

唐三彩是一种盛行于唐代的彩陶工艺品，以造型生动逼真、色泽艳丽和富有生活气息而著称。从质地上讲，唐三彩是一种低温釉陶器。所谓“三彩”，并非只有三种颜色。在其制作过程中，人们将彩釉涂在陶坯上，并在色釉中加入不同的金属氧化物，经过焙烧，便可形成浅黄、赭黄、浅绿、深绿、天蓝、褐红、茄紫等多种色彩。因以黄、褐、绿三色为多，因此得名“唐三彩”。“唐三彩”这个名称，并不是唐朝人起的，而是民国时期之人总结其颜色规律后给出的称呼。现在的专业研究者一般将之称作“唐彩色釉陶”，因为从严格意义上讲，在制作工艺上，唐三彩是“釉”而算不上“彩”。

唐代是中国封建社会的鼎盛时期，唐三彩从一个侧面反映了唐王朝的政治、经济、

三彩腾空马俑　唐

生活，跟唐代诗歌、绘画、建筑等其他文化一起，共同昭示了唐朝的繁盛。从艺术上讲，唐三彩器物形体圆润、饱满，与唐代艺术的丰满、健美、阔硕的特征是一致的。另外，唐三彩吸取了中国国画、雕塑等艺术的特点，采用堆贴、刻画等形式装饰图案，线条粗犷有力，独具一种狂放之美。从造型上讲，唐三彩的造型丰富多彩，一般可以分为动物、生活用具和人物三大类，而其中尤以动物居多。三彩人物和动物的比例适度，形态自然，线条流畅，生动活泼。在动物俑中，以马和骆驼为多，尤其马俑，造型多样，神态传神，栩栩如生。在人物俑中，武士肌肉发达，怒目圆睁，剑拔弩张；女俑则高髻广袖，亭亭立玉，悠然娴雅，十分丰满，是我国古代雕塑的精品。

唐三彩是唐代陶器中的精华，在初唐、盛唐时达到高峰。“安史之乱”以后，三彩器制作逐步衰退。后来又产生了“辽三彩”“金三彩”，但在数量、质量以及艺术性方面，都远不及唐三彩。

青花瓷是如何发明的，它的颜色是简单的青色吗？

青花瓷又称白地青花瓷器，乃是景德镇四大传统名瓷之一。其瓷恬淡素雅，清新明快，给人以耳目一新的美感享受，素有“人间瑰宝”之称。青花瓷产生自元代，至明清则成瓷器生产的主流。

相传元代之前的瓷器上的花纹图案都是用专门的铁刀刻上去的，相当麻烦。元代，瓷器名镇景德镇上有一个叫赵小宝的青年，干的便是给瓷器刻花纹的工作。小宝有个未婚妻叫廖青花，有一天她问小宝道：“这瓷器上的图案，要是能用笔画上去不是更方便吗？”小宝说：“我们也都这么想啊，不过一直没有找到适合在瓷器上作画的颜料啊！”这个话题就这么过去了，但廖青花却把这事记在了心里。青花有个舅舅是窑厂的找矿师傅，她软磨硬泡，最后说服舅舅带自己上山，希望能找到适合在瓷器上作画的石料。

三个月过去了，小宝见青花和舅舅还未回来，便冒着严寒进山找他们。小宝找了三天三夜，最后却只找到了青花和舅舅冻僵的尸体。在他们的尸体旁边，堆着许多他们所选的石料。小宝十分悲恸，在掩埋了青花和舅舅之后，他将这些石料带回镇上。小宝将青花采集的石料细心研成粉末之后，配成颜料，用笔画到瓷坯上，上釉后，用高温烧炼。瓷器上出现了美丽非凡的蓝色花朵，青花瓷就此诞生。人们为纪念青花的贡献，就把这种釉下彩绘的蓝花起名为“青花”，烧造这种蓝花的彩料，则起名为“青花料（廖）”。

青花瓷的产生，结束了我国瓷器以单色釉为主的局面，把人类使用瓷品的历史推进到釉下彩绘的新时代。并且因青花瓷具有中国水墨画的特点，成为最具中国民族特色的瓷器，至今享誉于世。

需要说明的是，青花瓷并非就是简单的青色。青花瓷的瓷器本身有些白中泛青，而其花纹图案则一般都是蓝色调，具体表现为淡蓝、黑蓝、正蓝、青蓝等。但无论何种蓝色，总体给人的感觉都是一种青翠欲滴之感。

知识链接

景德镇四大传统名瓷

景德镇瓷器基本上都是天下瓷中名品，其中的青花瓷、玲珑瓷、粉彩瓷、颜色釉瓷四种则尤其珍贵，被称为景德镇四大传统名瓷。

青花瓷被誉为四大名瓷之首，其釉色晶莹、透彻、素静、雅致。青料溶于胎釉之间，发色青翠，虽色相单一，但感觉丰富。玲珑瓷在明宣德年间产生，以其玲珑剔透、晶莹雅致而蜚声中外。清代瓷工把青花和玲珑巧妙地结合一体，还形成了人人喜爱的青花玲珑瓷。粉彩瓷亦称软彩，始创于清康熙晚期。由于它的色调淡雅柔和，有粉润之美，故称为“粉彩”。颜色釉瓷有“人造宝石”之称，其蕴含丰厚，光彩照人。

走马灯产生于何时，它又是怎么转起来的呢?

在春节、元宵等节日的晚上，古人有赏灯习俗。各种彩灯争奇斗艳，煞是好看。这其中，最受欢迎的一种大概算是走马灯了。走马灯是一种能够转起来的灯，它一转，灯壁内事先放好的一些人呀马呀之类的剪纸便会动起来，从外面看上去人马追逐、物换景移，煞是好看。

走马灯又叫跑马灯、串灯、转灯，早在宋代便已经产生，当时叫“马骑灯”。南宋吴自牧的《梦粱录》中已有京城临安夜市买卖走马灯的记载。周密《武林旧事》也有“若沙戏影灯，马骑人物，旋转如飞”的记述。文学家范成大的诗文记载得更为具体，并在一首记述苏州正月十五上元节灯会的诗里，描绘了千姿百态的灯。诸如飘升天空的孔明灯，在地上滚动的大滚灯，以及“转影骑纵横”的走马灯等。当时似尚无“走马灯”之名，诗人自注称为“马骑灯”。诗人所记为南宋淳熙十一年（1184 年）的事。这些记载表明，走马灯在南宋时已极为盛行。

走马灯虽然只是一种供人玩耍的小玩意儿，其所包含的智慧还是相当令人称道的。其之所以能旋转，乃是根据热空气上升产生推力的原理，类似于近代燃气轮机。在一个或方或圆的纸灯笼中，插一铁丝做立轴，轴上方装一叶轮，其轴中央装两根交叉细铁丝，在铁丝每一端粘上人、马之类的剪纸。当灯笼内灯烛点燃后，热气上升，形成气流，从而推动叶轮旋转，于是剪纸随轮轴转动。它们的影子投射到灯笼纸罩上。因为走马灯所表现的多为战争体裁和武将人物，看上去似乎是各时代英雄人物反复登场退场，来去匆匆。于是人们也便用“像走马灯似的”来比喻历史的兴衰变化和时代大人物的频繁更替。

“照不见菱花镜里形影瘦”，古人为何把镜子称为菱花镜?

在《红楼梦》中著名的《红豆曲》中有这么一句：“照不见菱花镜里形影瘦。”这里将镜子称为菱花镜。而事实上，在古典文学作品中，经常看到“菱花镜”这个词。比如古典小说《赵飞燕外传》中便有：“飞燕始加大号婕妤，奏上三十六物以贺，有七尺菱花镜一奁。”元代关汉卿的《玉镜台》第二折又有：“缑山无梦碧瑶笙，玉台有主菱花镜。”那么为何古人将镜子称为菱花镜呢?

菱花，乃是菱角的花。菱角是一种水生植物，常见于我国南方的湖泊河塘中。其果长在水下，清脆香甜，深受人们喜爱，因为有弯弯的角，所以称为菱角。菱角开一种黄颜色的小花，人们常用此花比喻镜子。之所以如此，首先与古代镜子的材料有关。古代没有玻璃，将青铜表面磨光滑至能反光后用以做镜。这种铜镜在日光照射之下，其颜色看上去便如同菱花。南北朝时期庾信的《镜赋》中言：“照日则壁上菱生。”宋代《埤雅·释草》中言：“旧说，镜谓之菱华（花），以其面平，光影所成如此。”另外，还与古代镜子的形状有关。唐代以前的铜镜，除少数为方形外，多数为圆形，这在日光照射下就更像圆形的菱花了。后来人们干脆模仿菱花的样子制成一种边缘多角的镜子，或者在镜子背面刻上许多菱花花纹，菱花镜也即更加名副其实了。唐代以后，这种菱花镜成了最流行的一种款式。

李白诗句“床前明月光”中的“床”与现在的床是一回事吗，其用途是什么?

1000 多年来，李白的《静夜思》一直被作为中国第一思乡诗而脍炙人口。在学界，关于此诗中的“床”是否便是现在我们所说的床，历来是存在不同意见的。

一些学者提出，唐代的建筑，门是非常小的板门，不透光，窗也非常小，月光很难进入室内，尤其是当窗户糊上纸的时候更是如此。李白能够在屋内举起头便看到月亮，似乎不大可能，因此他们推测李白当时其实是在院子里的。而李白显然不大会将真正的床抬到院子里去睡，于是他们认为，诗中所说的床，其实是胡床。

胡床，实际上并非床，乃是一种可以折叠起来的小凳子。这种胡床在汉代由西域传进中原，因其从胡人那里传来，也称胡床。胡床刚传入中原时，汉人在屋内依然习惯席地而坐。只有在院子里时，因地上太脏，石头上太凉，才坐在胡床上。胡床因为可以折叠，在院子里坐完了便收起来，也相当方便。而在唐代时，这种胡床已经相当普遍，因此李白在院子里或坐在胡床上或站在胡床旁写了《静夜思》的可能性还是相当大的。

胡床的另一个功能是行军打仗时，作为高层指挥人员临时休息之用。在魏晋南北朝时期的史籍中，便常常可以见到将帅在战争中使用这种家具的记载。比如《三国志·魏书》中记载说，当年曹操西征时，曾坐在“胡床”上指挥军队过河。另外，古代皇族、达官富户出外打猎，也时常让仆人携带胡床作临时休息之用。

另外，除了将诗中的“床”解作胡床之外，还有学者则认为诗中的床乃是井床，即井栏。因为在古人心目中井就代表家乡，所以有“背井离乡”等词语。由井（床）而想到家乡，也是合乎人之常情的。

但不管怎么说，多数人还是习惯将诗中的床理解为真正的床。毕竟人们对于这首诗的整体意象的想象已经固化。

梁山好汉用坐交椅来排座次，这里的“交椅”是什么家具？

在小说《水浒传》中，众好汉排定位次先后时，称为坐第几把交椅。这里，交椅成了权力的象征。而后世的组织受《水浒传》影响，往往也以交椅的座次指代头领权力的大小。我们现在所普遍使用的“一把手”“二把手”的说法，多半也是“第一（二）把交椅”说法的一种演变。那么，交椅到底是一种什么椅子呢？

交椅是中国最早的一种高脚椅子，又名“交床”“胡床”“绳床”，由汉时从西域传入中原的胡床改造而来。交椅的结构是前后两腿交叉，交结点做轴，上横梁穿绳代座，可以折合，后面安一圈状靠背。整个造型，从侧面看似多个三角形组成。既轻巧美观，又不失其稳固。因其有两腿交叉的特点，故称交椅。因为交椅能够折叠起来，轻巧灵便，所以宋、元、明乃至清代，皇室贵族或官绅大户外出巡游、狩猎，都会带着这种椅子，以便随时随地坐下来休息。因此，交椅又被称为“行椅”或“猎椅”。

唐宋之际，人们逐渐改变了席地而坐的习惯，在家里也开始坐椅子。于是，交椅开始从野外用品演变为厅堂用具。因为不再需要经常折叠，因此椅子下面的交叉腿变成了四条竖直腿，而上部分仍然是交椅的样子。这种新的厅堂椅子被称为“圈椅”，但人们仍习惯性地称之为交椅。由此，交椅的意思开始扩大，有泛指椅子的意思。

“交椅”一词现在仍有使用，一般喻指权力。